県立千葉・東葛飾中学校

〈 収 録 内 容 〉

JN078664

⬇ 便利な DL コンテンツは右の QR コードから

解答用紙

過去年度

問題は
紙面に掲載

⇒

※データのダウンロードは 2025 年 3 月末日まで。
※データへのアクセスには、右記のパスワードの入力が必要となります。 ⇒ 272096

本書の特長

実戦力がつく入試過去問題集

▶ 問題 ………… 実際の入試問題を見やすく再編集。

▶ 解答用紙 …… 実戦対応仕様で収録。

▶ 解答解説 …… 解答例は全問掲載。詳しくわかりやすい解説には、難易度の目安がわかる「基本・重要・やや難」の分類マークつき（下記参照）。各科末尾には合格へと導く「ワンポイントアドバイス」を配置。

入試に役立つ分類マーク

基本▶ 確実な得点源！
受験生の90％以上が正解できるような基礎的、かつ平易な問題。
何度もくり返して学習し、ケアレスミスも防げるようにしておこう。

重要▶ 受験生なら何としても正解したい！
入試では典型的な問題で、長年にわたり、多くの学校でよく出題される問題。
各単元の内容理解を深めるのにも役立てよう。

やや難▶ これが解ければ合格に近づく！
受験生にとっては、かなり手ごたえのある問題。
合格者の正解率が低い場合もあるので、あきらめずにじっくりと取り組んでみよう。

合格への対策、実力錬成のための内容が充実

▶ 各科目の出題傾向の分析、最新年度の出題状況の確認で、入試対策を強化！

▶ その他、学校紹介、過去問の効果的な使い方など、学習意欲を高める要素が満載！

解答用紙ダウンロード 解答用紙はプリントアウトしてご利用いただけます。弊社ＨＰの商品詳細ページよりダウンロードしてください。トビラのＱＲコードからアクセス可。

---

famima PRINT 原本とほぼ同じサイズの解答用紙は、全国のファミリーマートに設置しているマルチコピー機のファミマプリントで購入いただけます。※一部の店舗で取り扱いがない場合がございます。詳細はファミマプリント（http://fp.famima.com/）をご確認ください。

UD FONT 見やすく読みまちがえにくいユニバーサルデザインフォントを採用しています。

●　●　● 公立中高一貫校の
入学者選抜 ●　●　●

　ここでは，全国の公立中高一貫校で実施されている入学者選抜の内容について，
その概要を紹介いたします。

　公立中高一貫校の入学者選抜の試験には，適性検査や作文の問題が出題されます。

　多くの学校では，「適性検査Ⅰ」として教科横断型の総合的な問題が，「適性検査Ⅱ」として作文が
出題されます。しかし，その他にも「適性検査」と「作文」に分かれている場合など，さまざまな形
式が存在します。

　出題形式が異なっていても，ほとんどの場合，教科横断的な総合問題(ここでは，これを「適性検
査」と呼びます)と，作文の両方が出題されています。

　それぞれに45分ほどの時間をかけていますが，そのほかに，適性検査がもう45分ある場合や，リス
ニング問題やグループ活動などが行われる場合もあります。

　例として，東京都立小石川中等教育学校を挙げてみます。

①　文章の内容を的確に読み取ったり，自分の考えを論理的かつ適切に表現したりする力をみ
　る。

②　資料から情報を読み取り，課題に対して思考・判断する力，論理的に考察・処理する力，的確
　に表現する力などをみる。

③　身近な事象を通して，分析力や思考力，判断力などを生かして，課題を総合的に解決できる力
　をみる。

　この例からも「国語」や「算数」といった教科ごとの出題ではなく，「適性検査」は，私立中学の
入試問題とは大きく異なることがわかります。

　東京都立小石川中等教育学校の募集要項には「適性検査により思考力や判断力，表現力等，小学校
での教育で身に付けた総合的な力をみる。」と書かれています。

　教科知識だけではない総合的な力をはかるための検査をするということです。

　実際に行われている検査では，会話文が多く登場します。このことからもわかるように，身近な生
活の場面で起こるような設定で問題が出されます。

　これらの課題を，これまで学んできたさまざまな教科の力を，知識としてだけではなく活用して，
自分で考え，文章で表現することが求められます。

　実際の生活で，考えて，問題を解決していくことができるかどうかを学校側は知りたいということ
です。

　問題にはグラフや図，新聞なども多く用いられているので，情報を的確につかむ力も必要となりま
す。

　算数や国語・理科・社会の学力を問うことを中心にした問題もありますが，出題の形式が教科のテ
ストとはかなり違っています。一問のなかに社会と算数の問題が混在しているような場合もありま
す。

　少数ではありますが，家庭科や図画工作・音楽の知識が必要な問題も出題されることがあります。

作文は，文章を読んで自分の考えを述べるものが多く出題されています。

文章の長さや種類もさまざまです。筆者の意見が述べられた意見文がもっとも多く採用されていますが，物語文，詩などもあります。作文を書く力だけでなく，文章の内容を読み取る力も必要です。

調査結果などの資料から自分の意見をまとめるものもあります。

問題がいくつかに分かれているものも多く，最終の1問は400字程度，それ以外は短文でまとめるものが主流です。

ただし，こちらも，さまざまに工夫された出題形式がとられています。

それぞれの検査の結果は合否にどのように反映するのでしょうか。

東京都立小石川中等教育学校の場合は，適性検査Ⅰ・Ⅱ・Ⅲと報告書（調査書）で判定されます。

報告書は，400点満点のものを200点満点に換算します。

適性検査は，それぞれが100点満点の合計300点満点を，600点満点に換算します。

それらを合計した800点満点の総合成績を比べます。

このように，形式がさまざまな公立中高一貫校の試験ですが，文部科学省の方針に基づいて行われるため，方向性として求められている力は共通しています。

これまでに出題された各学校の問題を解いて傾向をつかみ，自分に足りない力を補う学習を進めるとよいでしょう。

また，環境問題や国際感覚のような出題されやすい話題も存在するので，多くの過去問を解くことで基礎的な知識を蓄えておくこともできるでしょう。

適性検査に特有の出題方法や解答方法に慣れておくことも重要です。

また，各学校間で異なる形式で出題される適性検査ですが，それぞれの学校では，例年，同じような形式がとられることがほとんどです。

目指す学校の過去問に取り組んで，形式をつかんでおくことも重要です。

時間をはかって，過去問を解いてみて，それぞれの問題にどのくらいの時間をかけることができるか，シミュレーションをしておきましょう。

検査項目や時間に大きな変更のある場合は，事前に発表がありますので，各自治体の教育委員会が発表する情報にも注意しましょう。

県立 千葉（ちば）中学校

https://cms1.chiba-c.ed.jp/chiba-j/

〒260-0853　千葉市中央区葛城1-5-2
☎043-202-7778
交通　ＪＲ外房線本千葉駅　徒歩10分
　　　千葉都市モノレール県庁前駅
　　　徒歩10分
　　　京成千葉線千葉中央駅
　　　徒歩15分

［カリキュラム］

・同じ学習範囲をレベルを上げながら、繰り返し学ぶ**スパイラル学習**が特徴。6年間を見通したカリキュラムで段階的に理解を深め、実力をつけていく。

・一日の授業は**6時限**まで行われる。ただし週に一日、7時限まで授業を行う日がある。

・学校設定教科「**学びのリテラシー**」では、アンケート調査やグループ発表を通して、プレゼンテーション能力やコミュニケーション能力を鍛える。

・総合的な学習の時間には「ゼミ」と「プロジェクト」を設定。「ゼミ」は現代的、教科横断的なテーマ設定で1年間を通して開講され、一人ひとりがテーマをもって発表を行う。3年次には論文の執筆も行う。「プロジェクト」では県立千葉高校の卒業生の協力を得て、職場体験や社会人講演会を実施する。

［部活動］

・兼部している生徒もいるため、参加率は100%以上。

・中学校では以下の部活動が設置されている。高校と合同で活動している部もある。

★設置部
　陸上競技、柔道、バレーボール（男女）、サッカー（男女）、剣道、卓球、ソフトテニス、美術、郷土研究、書道、オーケストラ、化学、卓球、合唱

［行　事］

4月	オリエンテーション合宿（1年）
8月	職場体験学習（3年）
9月	千秋祭（文化祭）
10月	伝統文化学習（2年）、体育大会
11月	合唱祭、校内語学研修（3年）
2月	卒業論文発表会（3年）
3月	総合学習発表会、海外異文化学習（希望者）

［進　路］

母体校である県立千葉高校は医学部進学者が多く、前年度に医学部に合格した卒業生による**医学部対象面接講座**が行われている。

★卒業生の主な合格実績（千葉高校）
東京大、京都大、東北大、茨城大、大阪大、お茶の水女子大、千葉大（医）、筑波大、東京医科歯科大、東京外国語大、東京藝術大、東京工業大、東京農工大、一橋大、横浜国立大、福島県立医大、防衛医科大学校、早稲田大、慶應義塾大

［トピックス］

・明治11年に創立された名門校、県立千葉高等学校の併設中学校として、平成20年4月に開校。

・**併設型中高一貫教育校**なので、千葉高校進学時に入学試験は行われない。

・高校進学後は、高校からの入学生と1年次から同じクラスで学ぶことになる。

・生徒募集は**千葉県全域**から。ただし、本人と保護者がともに**県内に居住し**ている必要がある（志望する中学校の校長に志願の承認を特別に得た場合を除く）。また、他の公立中等教育学校、公立併設型中学校との併願は県内・県外ともにできない。なお、千葉大学教育学部附属中学校は国立のため併願可能。

・2025年度の**受検日程**は以下の予定。
　出願期間　2024年11月18日（月）
　　　　　　〜20日（水）
　一次検査　2024年12月7日（土）
　結果発表　2024年12月18日（水）
　二次検査　2025年1月24日（金）
　合格発表　2025年1月31日（金）

・2024年度の**入学候補者決定方法**は以下の通りだった。
　二次検査受検候補者の決定は、「一次検査」（適性検査1-1、適性検査1-2）の結果を資料として行われる。
　入学許可候補者の内定は、「小学校の校長が作成した報告書」、「志願者から提出された志願理由書等の書類」の審査と「一次検査」および「二次検査」（適性検査2-1、適性検査2-2）の結果を資料に、千葉中学校で行う学習活動等への適性等を総合的に判定して行われた。なお、2024年度の二次検査の「面接等」は集団面接を行った。

入試！インフォメーション

※本欄の内容はすべて2024年度入試のものです。

受検状況
（数字は男/女/計。仕切られていない場合は男女問わず。）

募集定員	一次検査				
	志願者数	志願倍率	受検者数	受検倍率	二次検査受検候補者数（※）
	550	6.9	540	6.8	320

募集定員	二次検査		
	受検者数	受検倍率	入学許可候補者内定数
80	296	3.7	80

※　二次検査受検候補者は募集定員の4倍程度（男女同数を基本）とする。

（3）

県立 東葛飾 中学校 (ひがしかつしか)

https://cms1.chiba-c.ed.jp/tohkatsu-jh/

〒277-8570　柏市旭町3-2-1
☎04-7143-8651
交通　ＪＲ常磐線柏駅　徒歩８分
　　　東武野田線柏駅　徒歩８分

［カリキュラム］

・二学期制。
・標準よりも２時間多い**週31時間授業**を実施。
・授業は**少人数学習**や**アクティブラーニング**を活用しながら行い、「揺るぎない学力」と「自己規律力」の一層の醸成による「世界で活躍する心豊かな次代のリーダー」を育成する。また、土曜日には高校の「**東葛リベラルアーツ講座**」（教養講座）に参加する。
・カリキュラムを速く進めるだけの単なる先取り学習ではなく、内容をより深化させた**発展的な学習**を行う。また、**各種検定試験**の合格を目指す（ハードルクリア型学習）。
・キャリア学習は実践的な内容で実施し、**職場体験学習やボランティア活動**への参加を行う。
・学校独自の教科として、情報・外国語・社会を統合した内容の「**つながる力**」を設置。ＩＣＴを利用した情報発信力や英語を使ったプレゼンテーション能力を鍛えると共に、日本や自分の住む地域についての理解を深める。また、授業の一環として伝統文化学習旅行や海外研修を行う。

［部活動］

・７時間授業の日があるため、部活動が行われるのは週３日程度。
・理科部が科学の甲子園ジュニアで準優勝、**書道部**が高野山競書大会で高野山管長賞などの成績を収めた経験がある。
・母体校である**東葛飾高校**のフェンシング部は県大会女子団体優勝の、陸上競技部は全国大会出場（2020年度男子400m）の実績がそれぞれあり、文化部も理科部・生物部の合同チームで「科学の甲子園」千葉県大会に優勝した経験がある。

★設置部
　バスケットボール、バレーボール、硬式テニス、フェンシング、サッカー、陸上、理科、書道、音楽

［行　事］

・合唱祭や文化祭は**中高合同**で行う。
5月　伝統文化学習旅行（2年）
6月　合唱祭
9月　文化祭
3月　海外研修（3年）

［進　路］

・東葛飾高校へ無試験で進学することができる。なお、高校の学級編成は併設中学校以外からの入学者との**混合クラス**となる。
・東葛飾高校では１年生の５月から**医歯薬コース**が開設される。医学などの一端に触れることで、中学段階でも同コースを視野に入れた学習を行う。

★卒業生の主な進学先（東葛飾高校）
　東京大、京都大、大阪大、宇都宮大、お茶の水女子大、群馬大、埼玉大、千葉大、筑波大、電気通信大、東京外国語大、東京学芸大、東京工業大、一橋大、信州大、神戸大、東京都立大、防衛医科大学校、早稲田大、慶應義塾大

［トピックス］

・平成28年４月開校。通学区域は**県内全域**であり、応募資格は千葉中学校と同じ。
・入学者の決定は、県立千葉中学校と**同一の日程**で行われる予定。また、適性検査（筆記）には両校ともに**共通の問題**が使用される。なお、2021年度の二次検査の「面接等」は中止となった。

入試！インフォメーション

※本欄の内容はすべて2024年度入試のものです。

受検状況　（数字は男／女／計。仕切られていない場合は男女問わず。）

	一次検査				
	志願者数	志願倍率	受検者数	受検倍率	二次検査受検候補者数（※）
募集定員	762	9.5	756	9.5	323
	二次検査				
	受検者数		受検倍率		入学許可候補者内定数
80	304		3.8		80

※　二次検査受検候補者は募集定員の４倍程度（男女同数を基本）とする。

出題傾向の分析と 合格への対策

●出題傾向と内容

例年，2次の検査が実施される。いずれも2種類の適性検査で構成され，それぞれ試験時間は45分。ほとんどすべての大問にボリュームがあり，問題文の読解力，正答に対する表現力，解答速度が求められる厳しい検査になっている。

それぞれの内容をみてみよう。一次の適性検査1−1は，現代の社会の動きや状況をテーマにして出題された，社会・算数・国語分野の総合問題である。さまざまな種類のグラフや資料を読み取る力，課題に対して，筋道を立てて考え，表現する力などが問われている。家庭科の問題が問われることもある。

1−2は算数・理科分野を中心とした出題となっている。単純な計算問題はなく，文章題が中心である。理科分野をテーマにした問題でも，算数の能力を試される問題が出題される。

二次の2−1は，理科・算数分野中心の構成である。いずれの問題も1−2とは異なる知識や読み取り能力を試される問題が出題される。

2−2は放送問題(小説や説明文の聞き取り)と文章の読解問題である。話を聞きながら要点のメモを取る力，課題文の要点や筆者の主張を的確にまとめ，それに関連付けて自分の意見を述べる文章構成力が求められている。字数指定は問題によって異なるため，指定された字数におさまるように短時間で考えを整理する必要がある。

● 2025 年度の予想と対策

例年同様の出題が続く場合，問題文の量も記述の量もかなり多いため，読解と記述の速度を上げる練習が必要である。いきなり文章問題を解くのではなく，短めの文章を読んで要点をまとめる練習をするとよい。書くことに慣れていない場合は，今日の出来事とそれに対する自分の考えを書いたり，料理の手順を絵入りの説明文にまとめたりなど，自分で取り組みやすい方法をみつけよう。

出題内容は，教科書の内容をふまえてはいるが，基礎知識をどう応用するかという点に重点がおかれている。社会分野では，気になるニュースについて家族で話し合うといった方法などで，出来事の原因・理由にまで興味を深めておくとよい。理科は授業に積極的に参加し，実験における手順や反応を体験して学ぶだけでなく，日常生活や周囲の自然を通して授業の内容を復習することが大切である。算数はまず教科書レベルの問題を身につけた上で，文章題を解く練習をしたい。図形の問題は特に注意が必要。何度も確認し，思い違いによる間違いがないようにしたい。また，解答にたどり着くまでの過程を，自分の言葉で説明する練習もしておくとよい。

✔ 学習のポイント

読解力・記述力をつけるために，毎日まとまった量の文章を読み，書く練習をしよう。新聞やテレビのニュースを見て，世の中の出来事に興味を持ち，疑問がわいたら事典などで調べたり，家族と話し合ったりして知識を深めよう。

大切なことはメモしておこうネ！

2024年度
★★★★★★★★★★★★★★★★★★★★

入　試　問　題

2024年度

千葉県立中学校入試問題（一次）

【適性検査１－１】（45分）　＜満点：100点＞

1　まささんは，持続可能な社会の学習をきっかけに「環境にやさしい生活」について興味を持ちました。会話文をふまえながら，あとの(1)〜(10)の問いに答えなさい。

> まさ：昨日，ほしかった長そでシャツが安く売られていたので，同じようなものを３枚も買ってしまい，家の人にしかられました。
>
> 先生：それは大変でしたね。みなさんにも，買い物をするときに考えてほしいことがありますので，「１人あたり（年間平均）の衣服消費・利用状きょう」を示した**資料１**を見てください。
>
> **資料１**　１人あたり(年間平均)の衣服消費・利用状きょう
>
> | 買った服 | 手放す服 | 着用されない服 |
> |---|---|---|
> | 約18枚 | 約12枚 | 約25枚 |
>
> ＊手放す服や着用されない服には，以前から持っている服も含まれるため，それらの合計は買った服の枚数と一致しない場合がある。
> （資料１　環境省ホームページより作成）
>
> まさ：**資料１**の状きょうがくり返されると，買った服の枚数が手放す服の枚数より多くなるね。すると，家にある服が増えて，着用されない服も増えてしまうよ。
>
> けい：そうですね。つまり，買い物をするときには，　あ　を考えることが大切だということですね。
>
> 先生：そのとおりです。
>
> ゆう：しかも，手放す服が増えることで，ごみの量が増える可能性もありそうですね。
>
> 先生：そうですね。それでは，国内で新たに供給※1された衣服が処理されるまでの流れを示した**資料２**を見てみましょう。
>
> ※1　供給：売るために商品を提供すること。
>
> **資料２**　衣服が供給されてから処理されるまでの流れ
>
>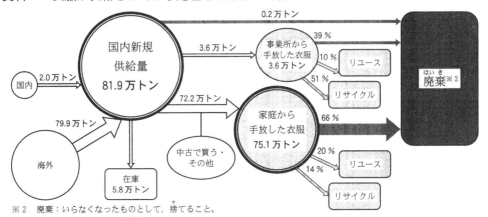
>
> ※2　廃棄：いらなくなったものとして，捨てること。
> （資料２　株式会社日本総合研究所「環境省 令和２年度 ファッションと環境に関する調査業務」より作成）

けい：**資料2**から，廃棄された衣服の量が い 万トンもあるのに，家庭から手放した衣服のうち，廃棄されずに活用されている衣服の量が う 万トンしかないことがわかります。

先生：よいところに気がつきましたね。

ゆう：どうして，こんなに多くの衣服が廃棄されてしまうのでしょうか。

先生：衣服の供給量や価格から考えてみましょう。**資料3**と**資料4**を見てください。

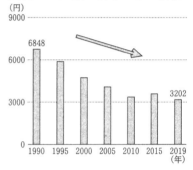

資料3　国内での衣服の供給量と市場規模※3の変化

資料4　衣服1枚あたりの価格

※3　市場規模：商品を売買したり，取引したりした金額等のこと。

（**資料3，資料4** 環境省ホームページより作成）

けい：**資料3**と**資料4**から，全体的に国内での衣服の供給量が え ということがわかります。つまり，**資料2**（前ページ）～**資料4**を見ると， お 生産・ お 消費が拡大していることで， お 廃棄につながっていると考えられますね。

先生：そのとおりです。衣服の供給や廃棄などにおける問題に気づくことができましたね。

まさ：廃棄される衣服が増えると，廃棄される際に二酸化炭素が出てしまい，環境にもよくないですね。

先生：よいところに気がつきました。では，二酸化炭素に着目して，さらに環境について考えてみましょう。

(1) あ にあてはまる言葉として最も適当なものを，次のア～エのうちから1つ選び，その記号を書きなさい。

ア　安全性　　イ　通気性　　ウ　必要性　　エ　意外性

(2) い , う にあてはまる数を書きなさい。ただし，それぞれ四捨五入して，小数第1位まで書くこと。

(3) え にあてはまる言葉として最も適当なものを，次のア～エのうちから1つ選び，その記号を書きなさい。

ア　減少しており，市場規模も小さくなっているのは，衣服1枚あたりの価格が下がっているためである

イ　減少しているのに，市場規模が大きくなっているのは，衣服1枚あたりの価格が上がっているためである

ウ　増加しており，市場規模も大きくなっているのは，衣服1枚あたりの価格が上がっているためである

エ 増加しているのに，市場規模が小さくなっているのは，衣服1枚あたりの価格が下がっているためである

(4) お に共通してあてはまる言葉を，**漢字2字**で書きなさい。

まさ：衣服以外にも，私(わたし)たちが買っているものはたくさんあるよ。ごみとして廃棄されるときに，二酸化炭素が出るのはわかるけれど，ものを生産するときはどうなのかな。

先生：よいところに気がつきましたね。ものを生産したり消費したりする過程でも，二酸化炭素が排出(はいしゅつ)[1]されます。

ゆう：そうなのですね。でも，生産などの過程で二酸化炭素がどのくらい排出されているかは，私たちがものを買うときにはわからないですよね。

先生：それを示す方法として，「カーボンフットプリント」というものがあります。**資料5**のピーマンの例を見てください。

　　※1　排出：外に出すこと。

資料5 カーボンフットプリント（例：ピーマン）

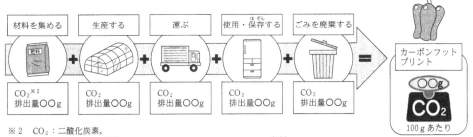

　　※2　CO_2：二酸化炭素。
（資料5 宮崎県・宮崎県経済農業協同組合連合会 みやざきブランド推進本部「環境にやさしいみやざきブランド」より作成）

けい：**資料5**を見ると，「材料を集める」から「ごみを廃棄する」までの過程で か したものが，カーボンフットプリントだということがわかりますね。

先生：そのとおりです。

まさ： き からも，環境へのえいきょうを「見える化」して意識できることが利点ですね。

先生：よく考えられましたね。そうすることで，どちらの立場からでも環境への負担(ふたん)を減らす方法を考えることができるようになりますね。ものの生産の過程で，環境に負担をあたえてしまうことが他にもあるか考えてみましょう。

けい：水の使いすぎも環境に負担をあたえているのではないかな。

ゆう：生活科の授業でピーマンなどの野菜を育てたとき，毎日欠かさず水をあげたよね。クラスの全員が野菜を1つずつ育てていたから，かなりたくさんの水を使った気がするよ。

まさ：それなら，食品の生産に水がどれだけ使われるかを調べてみよう。

(5) か にあてはまる言葉を，**10字以上15字以内**で書きなさい。

(6) き にあてはまる言葉を書きなさい。ただし，解答らんにしたがい，それぞれ**ひらがな3字**で書くこと。

まさ：昨日の夕食で肉じゃがを食べたよ。その1人分の食品に，どのくらいの水が関係しているか「バーチャルウォーター」量を調べてみたよ。**資料6**を見てください。

資料6 肉じゃが1人分の食品のバーチャルウォーター量

食品名	1人分の量(g)	バーチャルウォーター量(L)
ジャガイモ(アメリカ産)	100	19
インゲン(メキシコ産)	11	3
牛肉(オーストラリア産)	50	1030

（資料6　環境省ホームページより作成）

ゆう：バーチャルウォーターとは，何でしょうか。

先生：輸入した食品を自分の国で生産するとしたら，どのくらいの水が必要か推定※したものをバーチャルウォーターといいます。

けい：どうして，ジャガイモやインゲンに比べて，牛肉のバーチャルウォーター量が多いのかな。

ゆう：牛は，水をたくさん飲むからじゃないかな。

けい：それだけで，そんなにバーチャルウォーター量が変わるのかな。

先生：では，**資料6**のようにジャガイモやインゲンに比べて，牛肉のバーチャルウォーター量が多い理由を，**資料7**から考えてみましょう。ただし，トウモロコシはジャガイモよりも，さらにバーチャルウォーター量が多いです。

※推定：たぶんこうではないかと考えて決めること。

資料7 1kgの牛肉を生産するのにかかるトウモロコシ等のえさの量とバーチャルウォーター量

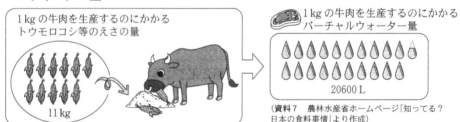

1kgの牛肉を生産するのにかかるトウモロコシ等のえさの量

11kg

1kgの牛肉を生産するのにかかるバーチャルウォーター量

20600 L

（資料7　農林水産省ホームページ「知ってる？日本の食料事情」より作成）

まさ：**資料7**から，牛肉のバーチャルウォーター量が多いのは，牛が飲む水の量だけではなく，牛が ［ く ］ に必要な水もふくまれているからということですね。

先生：そのとおりです。

けい：そうすると，**資料6**に示された牛肉やジャガイモ，インゲン等の食品を輸入している日本は，それらを生産している遠くはなれた ［ け ］ も輸入しているのと同じことになりそうですね。

先生：よいところに気がつきました。食品の輸入について考えていくことも環境への配りょにつながっていきそうですね。

(7) ［ く ］ にあてはまる言葉を，10字以上15字以内で書きなさい。

(8) ［ け ］ にあてはまる言葉を，5字以内で書きなさい。

けい：私は日ごろ買い物をするときに，安さや便利さばかりを優先していたけれど，最近は，「エシカル消費」という取り組みが大切だと新聞で読みました。

ゆう：エシカル消費とは，具体的にどのような取り組みですか。

先生：エシカル消費とは，社会問題や地球環境に配りょした商品を選んだり，持続可能な社会を実現するための行動をとったりすることです。

けい：エシカル消費の具体的な取り組みについて調べてみたので，**資料8**を見てください。

資料8　けいさんが調べたエシカル消費の具体的な取り組み例

A　水産資源の保護に配りょして行われる漁業の水産物を選ぶ。	B　売上金の一部が被災地への寄付につながる商品を買う。	C　動物のことを考えた取り組みを行っている生産者から商品を買う。
D　リサイクル素材を使って生産された商品を買う。	E　障がいがある人の支えんにつながる商品を買う。	F　伝統的な料理を食べたり，伝統工芸品を買ったりする。
G　フェアトレード※1で生産された商品を選ぶ。	H　ペットボトル入りの飲み物を買わず，水とうを持っていく。	I　地産地消を意識して，野菜や肉などの商品を買う。

※1　フェアトレード：発展途上の国でつくられた製品・農作物を買う場合に，公正な価格で取り引きするしくみのこと。

まさ：**資料8**のような取り組みは，それぞれどのようなことに配りょしているのかな。

けい：さらに，エシカル消費について調べて，**資料8**のA～Iの取り組みを配りょの対象ごとに**資料9**のようにまとめてみました。

資料9　けいさんがまとめたエシカル消費の取り組み

配りょの対象	具体的な取り組み	関係する課題
人・社会	さ	貧困，児童労働，差別など
こ	B・F・I	過そ化※2，経済の活性化，復興支援など
環境	し	地球温暖化，生物多様性※3の減少など

※2　過そ化：農村などの人口が少なくなっていくこと。
※3　生物多様性：たくさんの種類の生きものが，さまざまな環境にいること。

先生：よくまとめられていますね。千葉県でも「千産千消デー」という私たちが住んでいる　こ　でとれたものを，給食に活用する取り組みが行われています。

まさ：千産千消メニューの日は，近くでとれたおいしい野菜や肉が給食に使われるから楽しみです。こういうことも，エシカル消費につながっているのですね。

(9)　次の①，②の問いに答えなさい。

①　**資料9**と会話文をふまえて，　こ　にあてはまる言葉を，3字以内で書きなさい。

②　**資料9**の　さ　，　し　にあてはまる取り組みとして最も適当なものを，**資料8**のA，C，D，E，G，Hのうちから**すべて**選び，その記号をそれぞれ書きなさい。ただし，同じ記号を2回以上使わないこと。

先生：千葉県の「ちばエコスタイル※1」という取り組みの中で，マイバッグ※2を使うことを
　　　すすめる「ちばレジ袋削減※3エコスタイル」というものがあります。

ゆう：私も知っています。二酸化炭素を減らすためにマイバッグの使用が大切だと聞いたか
　　　ら，マイバッグを3つも持っています。

まさ：ゆうさんは，これまで買い物で何回くらいマイバッグを使ったのですか。

ゆう：3つとも夏休みに買ってから，それぞれ10回くらいは使ったよ。でも，少しよごれてき
　　　たものもあるから，二酸化炭素の削減のためにも，また新しいマイバッグを買おうと
　　　思っているよ。

けい：ゆうさんのマイバッグの使い方だと，二酸化炭素の削減につながっているとは言えない
　　　かもしれないよ。資料10を見てください。

　　　※1　ちばエコスタイル：ごみを減らすために，身の回りでできることを行う千葉県の取り組み。

　　　※2　マイバッグ：自分で用意する，買った品物を入れるための買い物袋。エコバッグとも言う。

　　　※3　削減：数や量を減らすこと。

資料10　マイバッグやレジ袋を買い物に使用した回数と二酸化炭素排出量の関係

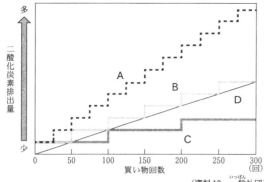

A ------　マイバッグを25回で買い替える
B ......　マイバッグを50回で買い替える
C ━━━━　マイバッグを100回で買い替える
D ───　常にレジ袋を使用する

＊A～Cは，同じマイバッグを使用するものとする。
＊マイバッグを買い替えるごとに二酸化炭素排出量が
　増える。
＊レジ袋は，買い物をするたびに新しいものを使用し，
　くり返し使用しないこととする。

（資料10　一般社団法人プラスチック循環利用協会パンフレット他より作成）

まさ：資料10から，す<u>ゆうさんのマイバッグの使い方が，常にレジ袋を使用した場合と比べて，
　　　二酸化炭素の削減につながっていない</u>ということがわかりますね。

先生：そのとおりです。

ゆう：マイバッグをたくさん持っているだけでは，二酸化炭素の削減につながらないのです
　　　ね。

先生：みなさん，とても大切なことに気がつきましたね。これからも，「ちばエコスタイル」
　　　にある「誰でも，すぐに，簡単に」取り組めることを心がけていきましょう。

⑽　下線部すについて，ゆうさんのマイバッグの使い方が，二酸化炭素の削減につながっていない
　理由を，資料10からわかる二酸化炭素を削減するためのマイバッグの使い方を示して書きなさ
　い。ただし，資料10のA～Dのすべてのグラフにふれながら書くこと。

2　けんさんと弟のこうさんは，「公共交通」について家族で話をしています。会話文をふまえながら，あとの(1)～(8)の問いに答えなさい。

> けん：今度，地域のバドミントンクラブの仲間と「中央駅」に９時に集合して，そこから公共交通を利用して「さくら動物園」へ遠足に行くことになったよ。そこで，「中央駅」から，電車と徒歩で行く方法と路線バスで行く方法のどちらにするかを，**資料１**を見て話し合ったよ。
>
> **資料１**　「中央駅」から「さくら動物園」へ行く方法の時間と運賃のちがい
>
> | | 電車と徒歩 | 路線バス |
> |---|---|---|
> | 出発時間 | 中央駅発　９時10分 | 中央駅発　９時５分 |
> | 移動時間 | ＜電車＞15分　＜徒歩＞５分 | ＜路線バス＞20分 |
> | 運賃（大人運賃） | ＜電車＞200円 | ＜路線バス＞230円 |
>
> 母　：最終的には，どちらの行き方に決まったの。
>
> けん：**資料１**で，「中央駅」から「さくら動物園」に行くための，時間と運賃を比べると，電車と徒歩で行く方法には，　**あ**　という利点があったけれど，路線バスで行く方法の　**い**　という利点を優先して，みんなで路線バスで行くことにしたよ。
>
> 母　：なるほど，路線バスで行く方が　**い**　から，「さくら動物園」に着いてから９時30分の開園までに少し余ゆうがあるということだね。いっしょに行くのは，どのようなメンバーなのかな。
>
> こう：**資料２**を見て。遠足のしおりにいっしょに行く９人のメンバーがのっているよ。
>
> **資料２**　遠足に行くバドミントンクラブのメンバー
>
> | 名前 | 学年と年れい | 名前 | 学年と年れい | 名前 | 学年と年れい |
> |---|---|---|---|---|---|
> | まさとし | 大学生（コーチ）22歳 | けん | 小学６年生12歳 | たくや | 幼稚園年長６歳 |
> | かほ | 中学１年生13歳 | こう | 小学４年生10歳 | りな | 幼稚園年長５歳 |
> | ももね | 中学１年生12歳 | はるふみ | 小学２年生　７歳 | ゆい | 幼稚園年長５歳 |
>
> けん：ぼくは，路線バスの運賃をそれぞれ計算して合計金額を出す係になったよ。
>
> こう：路線バスの運賃は，区分によってちがうから計算が大変だよね。
>
> 母　：そうだね。**資料３**を見て考えてごらん。
>
> **資料３**　路線バスの運賃について
>
> | 区分 | 適用される運賃 |
> |---|---|
> | 大人：12歳以上（中学生以上） | 大人運賃 |
> | 小児：６歳以上12歳未満
　＊12歳であっても，小学生は小児料金です。 | 小児運賃（大人運賃の半額）
　＊10円未満の数は，切り上げます。 |
> | 幼児：６歳未満
　＊６歳であっても，幼稚園児・保育園児は，幼児料金です。 | １人で乗車する場合：小児運賃
区分にある大人１人が同伴※する幼児２人まで：無料
　＊大人１人につき幼児３人以上の場合，３人目から小児運賃が必要です。 |
>
> ※同伴：いっしょに行くこと。
>
> けん：**資料１**～**資料３**を見ると「中央駅」から「さくら動物園」に行くまでにかかる，９人の

路線バスの運賃の合計は， う 円になることがわかるね。

母 ：よく計算できたね。みんなで楽しく遠足に行ってらっしゃい。

(1) あ ， い にあてはまる言葉を，それぞれ5字以上10字以内で書きなさい。

(2) う にあてはまる数として最も適当なものを，次のア～エのうちから1つ選び，その記号を書きなさい。

ア 1050 　イ 1160 　ウ 1170 　エ 1280

母 ：遠足の日の「さくら動物園」への路線バスには，多くの人が乗っていたかな。

けん：思っていたより，路線バスの乗客は少なくて，「さくら動物園」へは，自動車で来ている人が，たくさんいたみたいだよ。

父 ：なるほど。資料4を見てごらん。「三大都市圏」とよばれる東京，大阪，名古屋といった大きな都市周辺の地域と，「地方都市圏」とよばれる三大都市圏以外の地域で主に利用されている交通手段の割合を，平日と休日に分けて示したものだよ。

資料4　三大都市圏・地方都市圏の主な交通手段の利用率

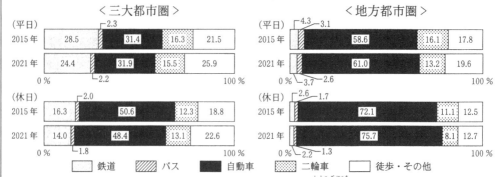

（資料4　国土交通省「令和3年度全国都市交通特性調査結果」より作成。ただし，四捨五入の関係で合計が100％にならない場合がある。）

けん：資料4を見ると，ₑ交通手段の利用についてのちがいや変化がわかるね。

父 ：そうだね。公共交通の利用率も全体的に低くなっていて，路線バスについても，利用者の減少にともなって縮小したり，廃止したりしているところもあるよ。

こう：でも，身近な路線バスがなくなっていくと，子どもや一部のお年寄りのように お しない人にとっては，1人で遠くへ移動するときにとても不便だよね。

けん：路線バスなど，これまでの公共交通に代わる取り組みがないか調べてみよう。

(3) 下線部えについて，次のア～エのようにまとめた内容として，適切なものには○を，適切でないものには×を，資料4からだけでは読み取れないものには△を，それぞれ書きなさい。

ア 平日・休日とも，どちらの年においても，三大都市圏よりも地方都市圏の方が自動車を利用する割合が高い。

イ 地方都市圏では，平日・休日とも，2015年から2021年までの毎年，バスを利用する割合が前年を下回っている。

ウ　三大都市圏・地方都市圏とも，どちらの年においても，休日より平日の方が自動車を利用する割合が高い。

エ　三大都市圏では，平日・休日とも，2015年に比べて2021年のバスの利用者数が減少している。

(4) 　お　にあてはまる言葉を，5字以上10字以内で書きなさい。

けん：身近な公共交通の新しい取り組みについて調べてみたら，となりのＡ市で，新たに小型のコミュニティバス※1などを活用した「デマンド交通」というしくみが導入されていることがわかったよ。

こう：現在の路線バスのしくみとは，何がちがうのかな。

けん：デマンド交通についてまとめた資料5と資料6を見て。

　　　※1　コミュニティバス：住民の交通の便利さを高めるために，一定の地域内で運行するバス。

資料5　けんさんがまとめたＡ市の路線バスとデマンド交通のしくみのちがい

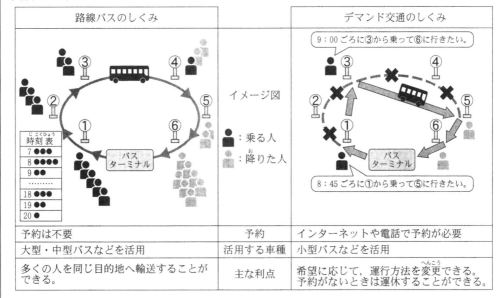

資料6　Ａ市のデマンド交通の利用者への案内

・予約の内容や数に応じて，乗り降りの時間や場所，目的地までの最短ルート※2を決めます。
・希望するバス停での乗り降りだけでなく，自宅の前でも乗り降りができるので，とても便利です。
・他の利用者といっしょに乗車することもあり，予約が多くなった場合は，目的地に着くまでにかかる時間が長くなることがあります。

※2　ルート：バスなどが通る経路。

こう：資料5と資料6から，路線バスは，それぞれの路線に道順があって，それぞれのバス停の時刻表に合わせて「バスが，　か　場所を　か　時間に走るもの」で，デマンド交通は，利用者の行きたい場所へ行くために「バスが，　き　場所を　き　時間に走るもの」ということがわかるね。

父　：そうだね。デマンド交通のしくみは，利用者にとって予約の手間がかかったり，予約が多くなると時間がかかったりすることもあるけれど，それぞれの利用者のニーズ※3に合わせた運行ができるのだよ。

※3　ニーズ：求めていること。要求。

(5)　か，き にあてはまる言葉を，それぞれ3字以上5字以内で書きなさい。

けん：公共交通が十分に行きわたっていない地域では，新たなしくみだけではなく，新しい車両を導入する動きもあるみたいだよ。最近，「グリーンスローモビリティ」という車両についてのニュースを見たよ。

こう：グリーンスローモビリティとは，どのような車両なの。

父　：グリーンスローモビリティというのは，「時速20km未満で公道※1を走ることができる電動車※2」のことだよ。

けん：グリーンスローモビリティの特ちょうを資料7にまとめてみたよ。

※1　公道：国や都道府県などがつくった，誰でも通れる道。

※2　電動車：電気自動車など，車両の動力に電気を使う車。

資料7　けんさんがまとめたグリーンスローモビリティの特ちょう

車両の大きさ	同じ乗車定員の他の自動車に比べて，約8割くらいの大きさ。
車両の側面	窓ガラスやドアはないので，開放感があり，外の風やにおいを感じられる。
最高時速	時速20km未満で，高れい者でも安心して運転することができる。
動力源	電力で走る。家庭用コンセントでもじゅう電可能な車両もある。
走行可能きょり	じゅう電1回：30～100km＊ガソリン車は給油1回で，約500km以上。

（資料7　国土交通省総合政策局環境政策課「グリーンスローモビリティの導入と活用のための手引き」他より作成）

こう：資料7を見ると，グリーンスローモビリティには，<u>く大きさや形などの特ちょうから，他の自動車に比べて，いろいろな利点があることがわかるね。</u>それならば，すべての公共交通を，グリーンスローモビリティにすればよいのではないかな。

父　：そうだね。ただ，利点だけではなく，利用や運行において注意すべき点もあわせて考えることが大切だよ。例として，速度で考えてごらん。

けん：ゆっくりとした速度で走行することは，安全面からみた利点だけど，5km進むのに最も速い速度で15分くらいかかるから，目的地へ け したい場合の利用には向いていないよね。また，他の自動車との速さのちがいによって，渋滞などを引き起こす可能性があるから，ルートを決める時には こ が多い道路をあまり通らないようにすることも注意すべき点ではないかな。

父　：よく考えられたね。それぞれの地域にあった方法で，よりよい公共交通を整えていくことが大切だね。

けん：ぼくたちがくらす地域の公共交通の様子について調べてみよう。

(6) 下線部くについて，**資料7**から読み取れることとして適当なものを，次の**ア〜オ**のうちから**2つ**選び，その記号を書きなさい。

ア 電動車なので，排気（はいき）ガスの量が増える。

イ 1回のじゅう電で，長いきょりの走行が可能なので，長いきょりの輸送に適している。

ウ 車両の大きさが小さいので，せまい道でも通行しやすい。

エ 走行する速度がおそいので，高れい者だけが運転することができる。

オ 側面に窓（まど）ガラスやドアがないので，外の景色を楽しみながら走行することができる。

(7) け ， こ にあてはまる言葉を，それぞれ**5字以内**で書きなさい。

けん：ぼくたちがくらす地域の3つの地区の公共交通についてまとめた**資料8**を見て，それぞれの地区の人々にとっての「よりよい公共交通」について考えてみよう。

資料8　けんさんが地域の公共交通についてまとめたノート

地区	それぞれの地区の特ちょう
A地区	博物館や歴史あるお寺，桜（さくらなみき）並木などの観光名所が多い地域。他の地域から電車で中央駅に来て，周辺の観光のために公共交通を利用したい観光客が多い。しかし，道のはばがせまく，バスやふつうの自動車は通れないので，徒歩での観光が中心となり，駅前の観光名所ばかりに観光客が集まっている。
B地区	かつて多くの人が働く工業地帯だった場所に，新しい集合住（じゅうたく）宅が多く立ちならぶ地域。通勤（つうきん）や通学のために，行きも帰りも毎日同じ時間帯に，中央駅との間で公共交通を利用したい会社員や学生が多い。現在，路線バスはあるが，やや不便なので，中央駅との間を自家用車を利用して移動する人が多く，朝や夕方は道路が混雑する。
C地区	住民が少なく，田んぼや畑が広がる中に住宅が散らばっている地域。病院や商店街など，遠い場所へ出かけるため，公共交通を都合のよい時間に利用したい高れい者が多い。しかし，自宅から路線バスのバス停までが遠く，高れい者にとって1人で出かけることは，大きな負担となっており，高れい者の外出する機会が少なくなっている。

<地域の地図>　■■■：路線バスのルート　○：B地区から駅までのルート上のバス停

<路線バスの時刻表>

B地区バス停

時刻	中央駅行き	
6	15	45
7	15	45
8	15	45
〜	〜	〜
17	00　15　30	45
18	00　15　30	45
19	00　15　30	45

中央駅バス停

時刻	B地区行き	
6	00　15　30	45
7	00　15　30	45
8	00　15　30	45
〜	〜	〜
17	15	45
18	15	45
19	15	45

＊上記以外の時間帯は，すべて1時間に1本ずつ運行している。

こう：たとえば，B地区から中央駅に向かう路線バスの1日の総本数をもっと増やしたり，C地区を通るようにルートを増やしたりすることはできないのかな。

父　：この地域の現在の道路状きょうや人口の減少が進む状きょうを考えると，路線バスの1日の総本数やルートを増やすこと以外の方法で，「よりよい公共交通」に向けた取り組

みが求められているのだよ。

こう：これまでに見た公共交通の特性をふまえて改善したり，活用したりすることで，それぞ
れの地区の利用者にとって「よりよい公共交通」にできるのではないかな。

けん：**資料8**（前ページ）から，こんな案を考えてみたよ。 さ

母 ：それはよい案だね。これからは，さまざまな視点で公共交通を考えていこう。

⑻ さ にあてはまる内容を，**資料8**と会話文をふまえて書きなさい。ただし，①～③の指示にし
たがって書くこと。

① 解答らんにしたがい，「よりよい公共交通」に向けた取り組みを行いたい地区をＡ地区～Ｃ地
区のうちから１つ選び，○をつけること。なお，いずれを選んでも得点にえいきょうはありま
せん。

② 解答らんにしたがい，①で選んだ地区の「よりよい公共交通」に向けた取り組みを９ページ
～12ページの会話文や資料からわかる，公共交通の特性にふれながら，書くこと。

③ 解答らんにしたがい，②に加えて地区の課題がどのように改善できるかを書くこと。

【適性検査1－2】（45分）　＜満点：100点＞

1　みおさんとれいさんは，日常生活の中で疑問に思っていることについて，先生と話をしています。会話文をふまえながら，あとの(1)～(3)の問いに答えなさい。

> みお：先日，インターネットで5色の層に分かれた液体の画像を見つけました。イメージとしては図1のようなものです。
>
> れい：私も見たことがあります。液体の中身は，絵の具で色をつけた食塩水のようですが，なぜこのような層ができるのですか。
>
> 先生：良い質問ですね。それは，同じ体積の水にとけている食塩の量がそれぞれちがうからです。そのちがいによって層ができるのです。以前，他の実験で使用した食塩水が5つ残っているので，これらにそれぞれ色をつけたものを食塩水A，B，C，D，Eとして，5つの層を作ってみましょう。図2のように，まずは食塩水Aを空のガラス容器に，次に食塩水Bを同じ容器にゆっくりとガラス棒を伝うように入れてみてください。どうなりますか。
>
> 図1
>
> 図2 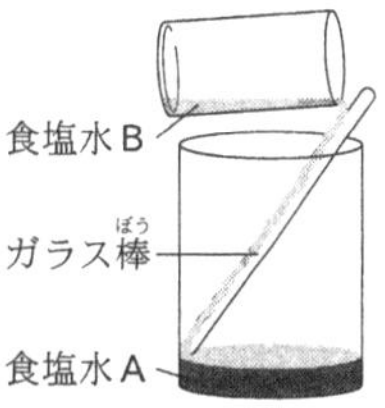
>
>
>
> 食塩水B
> ガラス棒
> 食塩水A
>
> みお：2つの層ができました。
>
> 先生：今度は逆に，まずは食塩水Bを空のガラス容器に，次に食塩水Aを同じ容器にゆっくりとガラス棒を伝うように入れてみてください。
>
> れい：層ができず，色が混ざってしまいました。
>
> 先生：そうですね。これは，同じ体積の食塩水を比べたとき，食塩水Aのほうが食塩水Bよりも，食塩が多くとけているためです。ですから，層を作るには，食塩水を入れる順番が重要なのです。では，表1を見てください。これは，図2のような手順で，食塩水を2つずつ入れ，層ができたかどうかについての結果をまとめたものです。この結果をもとに5つの層を作ってみてください。
>
> 表1
>
> | 初めに入れた食塩水 | 後に入れた食塩水 | 層の有無 |
> | --- | --- | --- |
> | C | D | 層ができない |
> | A | E | 層ができる |
> | D | A | 層ができる |
> | B | E | 層ができない |
> | A | C | 層ができない |
>
> みお：空のガラス容器に食塩水 ア を最初に入れ，次に イ ， ウ ， エ ， オ の順に入れると，食塩水の5つの層を作ることができました。
>
> 先生：よくできました。今回使った5つの食塩水の体積と重さは，表2（次ページ）のとおりです。5つの層を作ったとき，上から一番目の層の食塩水と二番目の層の食塩水をそれぞれ同じ体積にして重さをはかると，どういうことがわかりますか。

表2

食塩水の体積〔mL〕	67	85	72	120	94
食塩水の重さ〔g〕	73	91	80	126	106

れい：_カ上から一番目の層の食塩水より，二番目の層の食塩水のほうが重いです。

先生：そうです。このように2つ以上の液体で層を作る場合，同じ体積では重いほうが下の層になるのです。これで，液体にできる層のことがわかりましたね。それでは，かたづけをしましょう。

みお：では，食塩水を排水口（はいすいこう）に流します。

先生：そのまま食塩水を流してしまうと，排水管がさびやすくなったり，下水処理（しょり）に負担（ふたん）がかかったりするので，水でうすめてから流しましょう。

れい：どのくらいうすめればよいのですか。

先生：_キ食塩水の体積100mLあたりの重さが101gになるようにうすめれば，流してもよいです。

みお：たくさんの水が必要なのですね。

先生：そうです。たくさんの水を使ってしまい，もったいないと思うかもしれませんが，下水処理設備を守ることを考えて，こうした配りょが必要です。

(1) 次の①～③の問いに答えなさい。

① ［ ア ］ ～ ［ オ ］ にあてはまる記号を，A～Eのうちからそれぞれ1つ書きなさい。

② 下線部カについて，表2の食塩水をそれぞれ10mLずつはかり取り，重さをはかったとき，上から一番目の層の食塩水と二番目の層の食塩水の重さはそれぞれ何gか，四捨五入（ししゃごにゅう）して小数第1位まで書きなさい。

③ 下線部キについて，表2の食塩水をすべてまとめて排水口に流すとき，最低何mLの水でうすめる必要があるか書きなさい。

　　ただし，水1mLあたりの重さは1gとすること。

れい：私は，理科の授業で使った棒温度計の中には，灯油が入っていることを知り，他のものでも温度計を作ることができないか考えました。そこで，図3のように空気と水を使った温度計を作りました。

みお：なるほど。れいさんが作った温度計の材料は何ですか。

れい：材料は，ペットボトル，直径6mmのストロー，色のついた水，プラスチック用接着剤（せっちゃくざい）です。ペットボトルに空気が出入りしないようにすることと，ストローを水面に対して垂直（すいちょく）にすることに気をつけて作りました。

みお：温度が高くなると，ペットボトルの中の空気と水の体積が大きくなって，ストローの中の水面の位置が ［ ク ］ なるのですね。

図3

先生：そうですね。みおさん，しくみがよくわかっていますね。

れい：私は，**表3**のように，午前8時のときのストローの中の水面の位置を0cmとし，2時間ごとに気温と水面の位置を記録して，ストローに目盛りをつけてみました。

表3

時刻（じこく）	8時	10時	12時
気温	25℃	27℃	31℃
位置	0 cm	4.8 cm	14.3 cm

みお：**表3**をみると，気温が25℃から27℃に上がったとき，水面が4.8cm上がっています。ペットボトルの形が変わらないものとすれば，ペットボトルの中の空気と水を合わせた体積が，　ケ　cm³大きくなったということがわかりますね。

先生：そのとおりです。午後は記録しなかったのですか。

れい：午後はさらに気温が上がり，ストローから水が外にこぼれてしまったので，高い温度になったときの記録をつけることができませんでした。さまざまな温度がわかる温度計にしたいのですが，どうすればよいですか。

みお：水は，空気よりも温度による体積の変化が小さいので，ペットボトルの中をすべて水で満たしてみてはどうですか。

先生：そうですね。それと，**図4**のように，おけの中に温度を調整した水を入れて，そこにペットボトルを入れてみましょう。しばらくしたら，ストローの水面の位置に目盛りをつけてみてください。この方法であれば，おけの中の水の温度を調整できるので，気温のえいきょうを受けずに，効率的に記録をとることができますよ。

図4

れい：その方法でやってみます。おけの中の水を今の気温と同じ28℃に調整したときのストローの水面の位置を0cmとして，おけの中の水の温度を上げて記録をとると，**表4**のようになりました。

表4

温度	28℃	29℃	30℃
位置	0 cm	0.3 cm	0.6 cm

みお：温度の変化に対して，水面の位置の変化が小さいですね。

れい：そうなのです。そこで，ｺ条件を1つ変えたところ，温度の変化に対して，水面の位置の変化が大きくなったので，そのまま40℃までの記録をとり，**表5**のようにまとめました。

表5

温度	28℃	29℃	30℃	・・・	39℃	40℃
位置	0 cm	0.7 cm	1.4 cm	・・・	9.2 cm	10.1 cm

先生：目盛りのはばが広くなり，変化が分かりやすくなりましたね。

れい：しかし，**表5**をみると，目盛りのはばが一定ではありません。くり返し実験しても同じ結果でした。どこかで失敗してしまったのでしょうか。

先生：いいえ，それはｻ水の性質によるものです。れいさんが作った温度計はよくできています。

(2)　次の①～④の問いに答えなさい。

①　 ク にあてはまる言葉を書きなさい。

②　 ケ にあてはまる数を四捨五入して，小数第1位まで書きなさい。

　　ただし，円周率は3とすること。

③　下線部コについて，条件を変えた内容として適切なものを，次のあ～えのうちから1つ選び，

　その記号を書きなさい。

　あ　ペットボトルの中の水を温めておく。

　い　ストローを，今使っているものより，直径の小さいものに変える。

　う　ペットボトルをよくふっておく。

　え　ペットボトルの中の水に氷を入れる。

④　下線部サについて，表5から考えられる水の性質を，解答らんにしたがって書きなさい。

みお：私が作ってみたい温度計は，図5のように，水が入った大ビンの中
　　　にある小ビンが，温度によって浮きしずみするようすで，間接的に
　　　気温がわかるしくみです。例えば，18℃に対応する小ビンが大ビン
　　　の真ん中あたりに浮かんでいたら，そのときの温度は18℃だという
　　　ことがわかります。

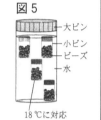
図5
大ビン
小ビン
ビーズ
水
18℃に対応
する小ビン

れい：私が作った温度計とはしくみがちがいますね。どのように作るので
　　　すか。

みお：作り方はインターネットや科学の本で調べました。メモをとったので，みてください。

― メモ ―

【用意するもの】

・ふた付きのガラスの大ビン1個・ふたの色がそれぞれちがうガラスの小ビン4個

・ビーズ・棒温度計・水・お湯・氷

【作り方】

1　大ビンに水を入れ，さらに氷水やお湯を入れて，水の温度を18℃にする。

2　1つ目の小ビンにビーズを半分くらいになるように入れ，しっかりとふたを閉め，水
　　が入った大ビンに入れる。

3　小ビンが大ビンの真ん中あたりに浮かぶように，何回か取り出して，小ビンの中の
　　ビーズの量を調整する。

4　3ができたら，大ビンにお湯を入れて，シ大ビンの中の水の温度を3℃高くする。

5　2つ目の小ビンも2と同じようにして，3のように調整する。

6　4のように大ビンの中の水の温度を変え，2，3と同じように3つ目と4つ目の小ビ
　　ンも調整し，最後に大ビンのふたを閉める。

れい：ビーズの量の調整が難しそうですね。

みお：はい，何回かくり返して調整しないといけないから大変です。しかし，図6（次ページ）
　　　を利用すれば，必要なビーズの量を計算で出すことができます。

図6

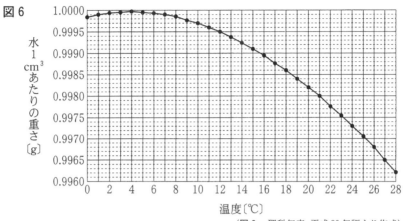

（図6　理科年表　平成29年版より作成）

れい：**図6**は何を表しているのですか。

みお：温度ごとの水1㎤あたりの重さの変化を表しています。小ビン1㎤あたりの重さと大ビンの中の水1㎤あたりの重さが同じになれば，その小ビンが大ビンの真ん中あたりに浮かぶようになります。

先生：そうですね。それならば，小ビンの体積もわかっていなければなりませんね。

みお：小ビンの体積は，ス電子てんびん，温度計，水，コップ，それに**図6**を利用すればわかりそうです。

先生：良い発想ですね。では，用意した小ビンの体積と重さをはかってみてください。

みお：体積が16㎤で重さが12gでした。それから，ビーズは重さを細かく調整できるように大きさが異なるものを3種類用意し，大きい順に**F**，**G**，**H**としました。それぞれ1個あたりの重さを電子てんびんではかると，**表6**のとおりでした。これで，材料がそろったので，まずは18℃に対応する小ビンを作ります。小ビンに入れるビーズの重さは，**図6**をもとに計算し，四捨五入して小数第2位までにすると　**セ**　g必要だということがわかりました。

表6

	F	G	H
重さ〔g〕	0.52	0.32	0.18

先生：そうですね。他の温度ではどうですか。

みお：同じようにして，ソ24℃や27℃に対応する小ビンは作ることができたのですが，21℃はできませんでした。

先生：なぜできなかったのかを考えることも大切なことです。さらなる工夫をして完成できるようがんばってください。

(3)　次の①〜④の問いに答えなさい。

①　下線部シについて，1つ目の小ビンが大ビンの中に入ったままで，大ビンの中の水の温度を3℃高くしたとき，1つ目の小ビンはどうなるか書きなさい。
　　ただし，小ビンの体積は温度によって変化しないものとすること。

②　下線部スについて，小ビンの体積がわかる方法を書きなさい。

③ 　セ　にあてはまる数を書きなさい。また，このときのビーズの個数が合計で最も少ない個数になるのは，F，G，Hがそれぞれ何個のときか書きなさい。

④ 　下線部ソについて，できなかった理由として考えられることを，ビーズの重さに着目して書きなさい。

2 　ひろさんとゆきさんは，算数の授業をきっかけにして，自分で学習したことについて先生と話をしています。会話文をふまえながら，あとの(1)～(3)の問いに答えなさい。

> ひろ：私（わたし）は，プログラミングに興味を持ったので，公民館のプログラミング講座（こうざ）に参加して，図形をえがくプログラムについて学習しました。
>
> ゆき：「プログラミング」とは，どういう意味の言葉ですか。
>
> 先生：コンピュータは，いろいろな命令を組み合わせて動きます。この命令の組み合わせのことを「プログラム」といって，プログラムを作ることを「プログラミング」といいます。ひろさん，学習したことを紹介（しょうかい）してください。
>
> ひろ：私は，矢印「▷」が，矢印の向きに直線を引いて図形をえがくプログラムを作りました。スタート位置を決めて地点「●」とし，そこから，矢印「▷」が直線を引いたり，回転して向きを変えたりしながら，再び地点「●」にもどるまで，いくつかの命令を順番に実行するプログラムです。
>
> ゆき：どのような図形をえがくことができるのですか。
>
> ひろ：例えば，図1のプログラムを実行すると，図2のような手順で図形をえがくことができます。
>
> 図1
> | 命令Ⅰ「5cmの直線を引く」 |
> | 命令Ⅱ「左に120度回転する」 |
> | 命令Ⅲ「命令Ⅰ，Ⅱをこの順にくり返す」 |
>
> 図2 　（実行前）
>
>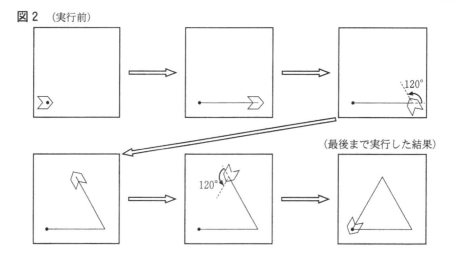
>
> （最後まで実行した結果）
>
> ゆき：正三角形の1つの角の大きさは60度なのに，図1の命令Ⅱで，左に回転する角度は120度なのですね。
>
> 先生：面白（おもしろ）いところに気がつきましたね。もし，図1の命令Ⅱを「左に60度回転する」とした

ら　 ア 　をえがくことができます。

ひろ：同じように考えれば，図1の命令Ⅱを「左に　 イ 　度回転する」としたら，正十角形をえがくことができます。

先生：そのとおりです。図1の命令Ⅱを「右に　 ウ 　度回転する」としても，図2の正三角形と合同な正三角形をえがくことができます。これも面白いですね。

ゆき：正多角形をえがくときに回転する角度は，どのように考えて求めるのですか。

先生：いろいろな考え方があります。ひろさんは，正十角形をえがくときに回転する角度をどのように考えたのですか。

ひろ：正十角形は，合同な二等辺三角形10個をすきまなくしきつめた図形であることを使って考えました。

ゆき：それは，どのような二等辺三角形ですか。

ひろ：等しい2つの角のそれぞれの大きさが　 エ 　度である二等辺三角形です。

先生：そうですね。図形の性質をよく理解できています。

ゆき：正多角形ばかりではなく，例えば，図3のような星形をえがくことはできないでしょうか。

ひろ：図4のプログラムで，図3のような星形をえがくことができます。また，このプログラムの実行前と，最後まで実行した結果を表したのが図5です。

図3

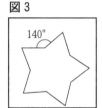

140°

図4

命令Ⅰ「2cmの直線を引く」
命令Ⅱ「左に　 オ 　度回転する」
命令Ⅲ「2cmの直線を引く」
命令Ⅳ「右に　 カ 　度回転する」
命令Ⅴ「命令Ⅰ～Ⅳをこの順にくり返す」

図5（実行前）　　　（最後まで実行した結果）

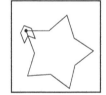

先生：そのとおりです。よくできましたね。

(1)　次の①，②の問いに答えなさい。

　①　 ア 　にあてはまる正多角形を，次のあ～えのうちから1つ選び，その記号を書きなさい。

　　あ　正三角形　　い　正五角形　　う　正六角形　　え　正八角形

　②　 イ 　～ カ 　にあてはまる数をそれぞれ書きなさい。

　　ただし，0以上180以下の整数でそれぞれ書くこと。

ゆき：私は，分数の学習で苦労したので，昔の人は分数についてどのように考えていたのだろうと疑問に思っていました。そこで，図書館で調べたところ，古代エジプトでは，私とは異なる見方で分数をとらえていたことがわかりました。

ひろ：異なる見方というのはどういう意味ですか。

ゆき：例えば $\frac{3}{5}$ について，私は「1を5等分した $\frac{1}{5}$ を3つ合わせた数」と考えるけれど，古代エジプトでは「3を5等分した数」と考えたのです。

先生：ゆきさんは，古代エジプトの考え方をふまえて，単位分数を使った表し方について学習したのですね。

ひろ：単位分数とは何ですか。

ゆき：$\frac{1}{2}$，$\frac{1}{3}$，$\frac{1}{4}$ など，分子が1である分数のことを単位分数といいます。

先生：それでは，単位分数を使うと，$\frac{3}{5}$ はどのように表すことができますか。

ゆき：「3枚の紙を5等分する」と考えて，図6のような手順でやってみようと思います。

　　　まず，3枚の紙をそれぞれ2等分すると，$\frac{1}{2}$ の紙が6枚できます。

　　　次に，それを1枚ずつに分けます。

　　　そして，このうちの1枚をさらに5等分すると，$\frac{1}{10}$ の紙が5枚できます。

図6

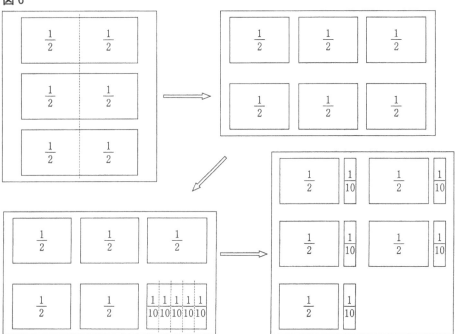

ひろ：なるほど，ゆきさんの考えによれば，$\frac{3}{5}=$ □キ $+$ □ク のように2つの異なる単位分数の和で表すことができますね。

先生：そのとおりです。もし，はじめに3枚の紙をそれぞれ3等分して分けるとしたら，$\frac{3}{5}=\frac{1}{3}+\frac{1}{6}+$ □ケ $+$ □コ のように，4つの異なる単位分数の和で表すこともできます。

ゆき：本当ですね。分けていく手順を変えると，和の表し方も変わるのですね。

先生：今度は $\frac{2}{9}$ を異なる単位分数の和で表してみましょう。そのときに，どのように考えたのか，「3枚の紙を5等分する」ことの説明を参考にして，説明をしてください。

ひろ：はい。私は，次のように考えました。

┌─【ひろさんの考え】─────────────────────────────

　まず，2枚の紙をそれぞれ　サ　等分すると，　シ　の紙が　ス　枚できます。

　次に，それを1枚ずつに分けます。

　そして，このうちの1枚をさらに　セ　等分すると，　ソ　の紙が　タ　枚できます。

　このことから，私は，$\frac{2}{9} = \frac{1}{5} + \frac{1}{45}$と単位分数の和で表しました。
└──

ゆき：　私は，$\frac{1}{5}$と$\frac{1}{45}$以外の，2つの異なる単位分数の和で$\frac{2}{9}$を表しました。
　　チ

先生：2人ともよくできましたね。どちらも正しい考え方です。

(2)　次の①，②の問いに答えなさい。

①　キ　～　タ　にあてはまる数をそれぞれ書きなさい。

　　ただし，キ，ク，ケ，コ，シ，ソ　はそれぞれ単位分数で書くこと。

②　下線部チについて，【ひろさんの考え】の書き方を参考に，ゆきさんの考えを順序立てて書きなさい。

先生：学習を深めるのはすばらしいことです。ところで，ひろさんが行った公民館では，予約をすれば図書館の本を借りることができるのを知っていますか。

ひろ：知りませんでした。そういえば，公民館で本を借りている人を見かけました。実際にどのくらいの冊数（さっすう）を貸し出しているのでしょうか。

先生：次の表は，4月23日から5月12日までの20日間に，その公民館で貸し出した本の冊数をまとめたものです。このうち5日間の冊数をA，B，C，D，Eの文字で，かくしますから，いくつかのヒントを手がかりに当ててみましょう。

表

日にち	4/23	4/24	4/25	4/26	4/27	4/28	4/29	4/30	5/1	5/2
冊数	A	4	19	9	6	20	11	B	10	15
日にち	5/3	5/4	5/5	5/6	5/7	5/8	5/9	5/10	5/11	5/12
冊数	21	26	C	D	23	24	E	8	22	11

┌───

ヒント①　A，B，C，D，Eの順に冊数が多かったです。

ヒント②　A，B，C，D，Eもふくめて，20日間に貸し出した冊数の分布をグラフで表したものが図7（次ページ）です。

ヒント③　貸し出した冊数が最も多かった日と最も少なかった日とでは，25冊の差がありました。

ヒント④　1日当たりの平均貸し出し冊数は，16冊でした。

ヒント⑤　1日当たりの平均貸し出し冊数を下回った日は，10日間でした。

ヒント⑥　冊数が多かった10日分の冊数の合計と，それ以外の10日分の冊数の合計
└───

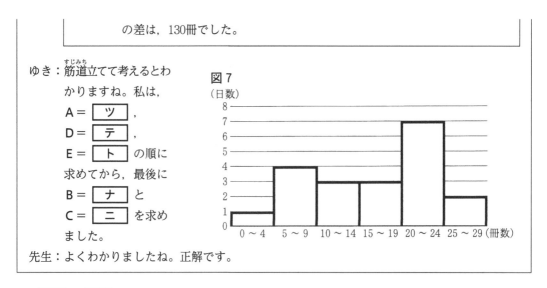

の差は，130冊でした。

ゆき：筋道立てて考えるとわかりますね。私は，

A＝ ツ ，

D＝ テ ，

E＝ ト の順に

求めてから，最後に

B＝ ナ と

C＝ ニ を求めました。

先生：よくわかりましたね。正解です。

図7
（日数）

0～4　5～9　10～14　15～19　20～24　25～29（冊数）

(3) ツ ～ ニ にあてはまる数をそれぞれ書きなさい。

2024年度

千葉県立中学校入試問題（二次）

【適性検査2-1】（45分）　＜満点：100点＞

1　たつさんとあきさんは，先日訪（おとず）れた科学館でのできごとについて先生と話をしています。会話文をふまえながら，あとの(1)～(4)の問いに答えなさい。

先生：科学館で印象に残った展示（てんじ）は何ですか。

たつ：鏡の部屋です。

あき：私（わたし）が見た部屋では，鏡が回転していました。

先生：どのような部屋でしたか。

あき：図1のように，**鏡を見る人**が**かくれた人**を見ることができるように，床（ゆか）に垂直（すいちょく）な2つの長方形の鏡（鏡あと鏡い）が回転するしくみになっていました。図2は，図1を上から見た図で，これを**はじめの状態**とし，鏡あと鏡いの鏡の面は直線ABと平行になっています。図2のように，鏡あと鏡いには片面（かためん）にのみ鏡が付いていて，軸（じく）を中心に反時計回りに回転します。図3のときに，**鏡を見る人**は，**鏡あ**に映（うつ）る**かくれた人**を見ることができました。そのときに**鏡を見る人**の目に届（とど）く光の道すじを「――→」でかきました。

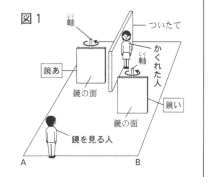

図1

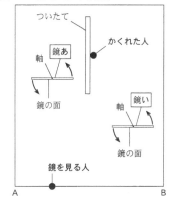

図2　はじめの状態

先生：ここでは，**鏡を見る人**と**かくれた人**の体の大きさや形は考えずに「●」とし，鏡の厚みは考えないものとしているのですね。光はとても速く伝わるので，目に届くまでの時間は考えなくてよいものとしましょう。

あき：図4（次ページ）のように，光は鏡に当たると，当たる角度と同じ角度で反射（はんしゃ）する性質があります。その光の道すじを「――→」でかいています。

たつ：この性質を使うと，鏡の角度を求めることができます。図3の状態になるのは，**はじめの状態**から鏡あが　ア　度回転したときであり，鏡いが　イ　度回転したときです。

先生：そのとおりです。

あき：実際に科学館で見た鏡は，自動で回転していまし

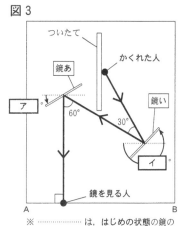

図3

※　……………… は，はじめの状態の鏡の位置を表している。

た。２つの鏡は**はじめの状態**から同時に回転し始め，鏡あは１秒間に10度，鏡いは１秒間に15度回転していました。

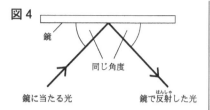

図4

鏡

同じ角度

鏡に当たる光　　　　鏡で反射した光

先生：２つの鏡がちょうど**図３**（前ページ）の状態になるのは，**はじめの状態**から何秒後になるかを求めてみましょう。そのために，まず，鏡あについてのみ考えましょう。「鏡あが**はじめの状態**から ア 度回転した状態」を**状態Ⅰ**とします。

たつ：鏡あが回転し始めて，最初に**状態Ⅰ**になるのは，**はじめの状態**から ウ 秒後であり，２回目に**状態Ⅰ**になるのは，**はじめの状態**から エ 秒後です。

先生：そのとおりです。このように，鏡あは，１回目，２回目，３回目と何度も**状態Ⅰ**になりますね。鏡あが**状態Ⅰ**になる回数を x として，鏡あが x 回目に**状態Ⅰ**になるのは，**はじめの状態**から何秒後ですか。

あき：x には１以上の整数が入るものとして，x を用いた式で書くと オ 秒後です。

先生：次に鏡あと同じように鏡いについてのみ考えましょう。「鏡いが**はじめの状態**から イ 度回転した状態」を**状態Ⅱ**とします。鏡いが**状態Ⅱ**になる回数を y として，鏡いが y 回目に**状態Ⅱ**になるのは，**はじめの状態**から何秒後ですか。

たつ：y には１以上の整数が入るものとして，y を用いた式で書くと カ 秒後です。

先生：正解です。 オ と カ が等しくなるような，x と y にあてはまる数を見つけることで，**図３**の状態になるのが何秒後かを求めることができますね。

あき：最初に**図３**の状態になるのは，**はじめの状態**から キ 秒後です。

たつ：次に**図３**の状態になるのは，**はじめの状態**から ク 秒後です。

先生：正解です。２人ともすごいですね。

(1) 次の①～③の問いに答えなさい。

① ア ～ エ にあてはまる数をそれぞれ書きなさい。ただし， ア ， イ には，０以上360以下の数を入れること。

② オ にあてはまる式を x を用いて， カ にあてはまる式を y を用いてそれぞれ書きなさい。

③ キ ， ク にあてはまる数をそれぞれ書きなさい。

たつ：鏡に物体が映るしくみをもう少し学びたいです。

先生：まずは，光があるところで物体が見えるというのは，どのようなことなのかを考えてみましょう。そもそも光がないところで，物体は見えるのでしょうか。

あき：光があるところで物体が見える理由は，光が物体に当たっているからであると私は考えまし

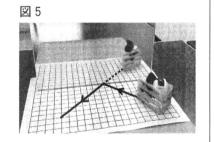

図5

た。だから，光がないところでは物体は見えないと思います。

先生：そのとおりです。物体に当たって反射した光が目に届くことで物体を見ることができます。

たつ：そうなのですね。

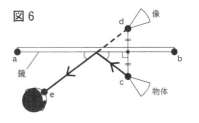

図6

先生：鏡の話に戻りましょう。**図5**のように物体を鏡に映すと，鏡のおくに物体があり，そこからまっすぐに光が進んできたように見えます。このように見えるのは，物体で反射した光が鏡で反射し，それが目に届くためです。鏡のおくに物体があるように見えるとき，これを物体の像といいます。**図6**のように，物体の像は直線abを対称の軸として線対称の位置に見えます。物体の点**c**の像を点**d**としたとき，像からまっすぐに進んできたように見える光の道すじを，**みかけの光の道すじ**と呼ぶこととします。**図6**の場合，**みかけの光の道すじは直線deです。**

あき：よくわかりました。

先生：鏡についてもう少し考えましょう。真正面から鏡を見たとき，自分の全身を見ることができる鏡を，床に垂直に取り付けます。**図7**のように，頭の点**f**と目の位置の点**g**とつま先の点**h**は，一直線上にあるものとし，この3つの点を結ぶ直線fhは床と垂直になっていて，この直線fhを全身とみなします。

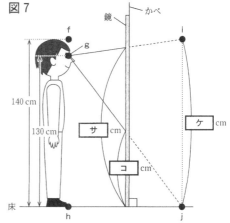

図7

この人は，全身の像を，鏡のどの範囲に見ることができるでしょうか。

たつ：直線fhの長さ（身長）は140cmで，直線ghの長さ（目の位置から床まで）は130cmですね。点**f**の像を点**i**，点**h**の像を点**j**とします。像は鏡を対称の軸として線対称の位置に見え，直線ijの長さは **ケ** cmです。

先生：すばらしい。それでは，点**i**と点**j**のそれぞれから，点**g**に**みかけの光の道すじ**の直線をかいてみましょう。

あき：この人は，全身の像を，鏡の，床から高さ **コ** cm以上， **サ** cm以下の範囲に見ることができますね。

先生：よくできました。それでは，**図8**のような部屋で，長方形の鏡に映る棒の像を見ることを考えます。鏡の面と棒は，床に垂直になっているものとします。四角形**ABCD**は床を表し，長方形です。辺**AB**上のどの範囲で棒の像を見ることができますか。**図9**（次ページ）は，**図8**を上から見た図です。ここでは，棒を「●」（点P_0）とし，直線P_0C，直線P_0Dの長さは等しいものとします。

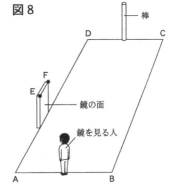

図8

たつ：直線ADを対称の軸として，点P_0，点**B**，点**C**の線

対称の位置に，それぞれ点P₁(棒の像)，点G，点Hがあります。それらを線「‥‥‥」で結んでいるのですね。

先生：そのとおりです。像（点P₁）から2つの**みかけの光の道すじの直線**をかくことで，シ辺AB上で棒の像（点P₁）を見ることができる範囲を，図にかくことができます。

あき：やってみます。

図9

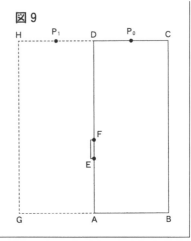

(2) 次の①，②の問いに答えなさい。

① [ケ] ～ [サ] にあてはまる数をそれぞれ書きなさい。

② 下線部シについて，辺AB上で棒の像（点P₁）が見える範囲を，例にならって解答らんの図に ▬▬▬▬▬ のように，太い線でかきなさい。なお，作図に使う直線は三角定規を使ってかき，消さずに残したままにすること。（例 A ▬▬▬▬▬ B ）

たつ：私の見た鏡の部屋には，図10のように，床に垂直な長方形の鏡が2つあり，横に動かすことができるしくみになっていました。棒に反射した光が鏡うで反射し，さらに鏡えで反射して，鏡を見る人に届くときの光の道すじを「——→」でかきました。四角形ABCDは床を表し，長方形です。

先生：まず，鏡を静止させて考えましょう。辺AB上のどの範囲で棒の像を見ることができますか。図11は図10を上から見た図です。棒を「●」（点Q₀）とし，直線Q₀C，直線Q₀Dの長さは等しいものとします。

図10

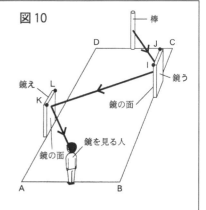

あき：この場合の像の考え方を説明します。まず，点Q₀の鏡うによる像は，直線BCを対称の軸として線対称の位置（点Q₁）となります。そして，点Q₁の鏡えによる像は，直線ADを対称の軸として線対称の位置（点Q₂）となり，この点Q₂が図10の場合の棒の像となります。

図11

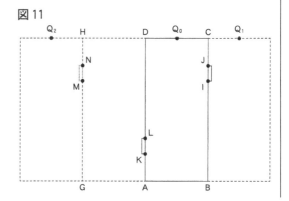

先生：そのとおりです。鏡うの上部のかどの点 I，点 J の鏡えによる像を，それぞれ点M，点
　　　Nとしましょう。

あき：<u>ス図11の状態で，鏡えに棒の像（点Q₂）を見ることができる辺AB上の範囲は，点Q₂か
　　　ら鏡うの像を通り，鏡えを通る２つのみかけの光の道すじの直線をかくことで，図にか
　　　くことができます。</u>

(3)　下線部スについて，辺AB上で棒の像（点Q₂）が見える範囲を，例にならって解答らんの図に
　　■■■■■ のように，太い線でかきなさい。なお，作図に使う直線は三角定規を使ってかき，消
　さずに残したままにすること。（例 A ━━━━━━ B ）

先生：そのとおりです。では，今度は鏡を動かしてみましょう。

たつ：図10の部屋について，説明します。図12のよう
　　　に，鏡が動き出す前には，点 J と点C を結ぶ直
　　　線と，点K と点A を結ぶ直線は，それぞれ床と
　　　垂直になっています。鏡うは点B に向けて，鏡
　　　えは点D に向けて，それぞれ秒速10cmで同時に
　　　動き出し，80秒後に止まります。鏡うの直線JI
　　　の長さ，鏡えの直線KLの長さはそれぞれ１ｍで
　　　す。鏡が動き出す前には，辺AB上のどの位置か
　　　らも，鏡えに棒の像（点Q₂）を見ることができ
　　　ませんでした。その後，辺AB上のある位置（点
　　　Rとする）から鏡えに棒の像（点Q₂）が見え始
　　　めました。

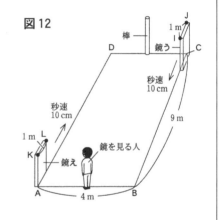

図 12

先生：棒の像（点Q₂）が見え始めるとき，
　　　点Q₂，鏡うの像，鏡え，点Rはどのよ
　　　うな位置関係にありますか。

あき：図13のように，点Q₂からかいた直線
　　　（みかけの光の道すじ）が，点M，点
　　　L を通るときで，その直線と辺AB が
　　　交わる点が点Rになると思います。

先生：そのとおりです。直線ARの長さは
　　　何ｍですか。

たつ：ななめの線で示した２つの三角形が
　　　合同になるので，直線ARの長さは
　　　　セ　mです。

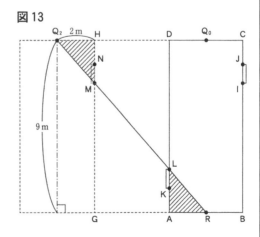

図 13

先生：では，図13のようになるのは，鏡が動き出してから何秒後ですか。

あき：拡大図と縮図の関係が見られるので，直線ALの長さを求めることができ，鏡えが移動し
　　　た長さは　ソ　mとなり，鏡が動き出してから　タ　秒後とわかります。

先生：正解です。2人ともすごいですね。

(4) 次の①，②の問いに答えなさい。

① セ ～ タ にあてはまる数をそれぞれ書きなさい。

② 辺AB上で棒の像（点Q_2）を見ることができる位置のうち，点Aから最もはなれた位置を点Sとします。図13（前ページ）の状態から時間が経過し（鏡うと鏡えがさらに移動し），点Q_2からかいた直線（みかけの光の道すじ）が，点N，点Lを通るとき，その直線と辺ABが交わる点が点Sとなります。そのときの，鏡えが移動した長さと，直線ASの長さをそれぞれ書きなさい。

2 てつさんとみちさんは，車や電車での移動について先生と話をしています。会話文をふまえながら，あとの(1)～(3)の問いに答えなさい。

てつ：この前の休みの日に，車を利用して，家族で博物館に出かけましたが，渋滞（じゅうたい）で予定時刻（よていじこく）よりも到着（とうちゃく）が遅（おそ）くなってしまい，大変でした。

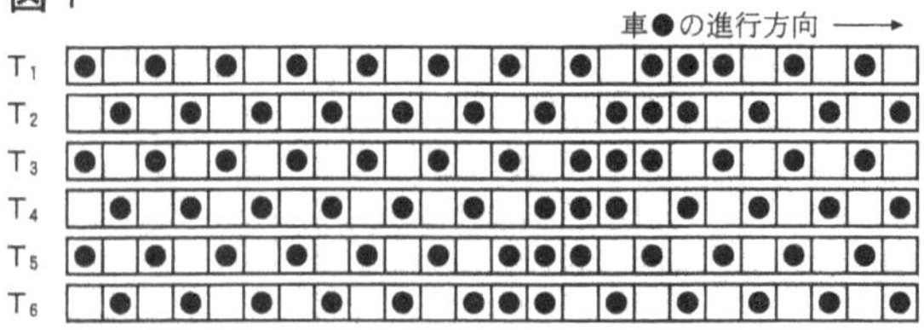

みち：渋滞はどうして発生してしまうのかな。

先生：渋滞について考えることができるモデルがあります。**図1**を見てください。**渋滞モデルのルール**も示しました。

図1

車●の進行方向 ⟶

T_1, T_2, T_3, T_4, T_5, T_6

渋滞モデルのルール

ⓐ 車は1台を1つの ● で表し，道路は□をならべて表す。

ⓑ T_1, T_2, T_3, T_4, T_5, T_6の順に，時間が経過している。

ⓒ T_1, T_2, T_3, T_4, T_5, T_6それぞれの間は，同じ時間が経過している。

ⓓ 車の進行方向は**図1**の右側とする。

ⓔ 1つの□には最大で1台の ● しか入らない。

ⓕ 1つ右（前）の□が空いていれば，時間が経過するごとに ● は1つ右（前）に進む。ただし，1つ右（前）の□に ● が入っていると進めない。

ⓖ ●● のように ● が続く状態が渋滞を表す。

ⓗ ● は左のはしから1つおきに入り，右のはしから出ていく。

ⓘ ⓐからⓗにしたがって，T_1からT_3までの，車 ● が動いていくようすを下図に示した。

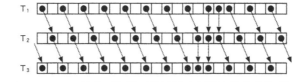

てつ：**図1**にあるように，T_1からT_6へと時間が経過しても渋滞は解消されていませんね。

先生：面白いですよね。図1（前ページ）では渋滞を解消することができていませんが，ァ図1のT₁から車●を1台減らすと，T₃で渋滞を解消することができますよ。ただし，車●は，渋滞していないところから1台減らしてください。

みち：図1のT₁で車●を1台減らして，T₃で渋滞を解消することができました。

先生：すばらしい。では次に，図2のように，図1の道路の右はしと左はしをつなげ，車●が循環※する循環渋滞モデルを考えてみましょう。

　　　※循環：ひとまわりして元にかえり，それをくり返すこと。

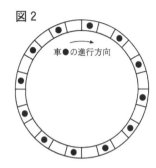

図2

車●の進行方向

てつ：図2の道路全体における□1つあたりの車の台数は，　イ　台なので，この場合，□1つあたりの車の台数が，　イ　台よりも多くなれば，渋滞が発生してしまいますね。

先生：よく理解できていますね。では，図2の状態をT₁とした場合について考えましょう。T₁からT₂までの時間に動かすことのできる車の台数を，**車が流れる量**と呼ぶこととします。

てつ：この場合，**車が流れる量**は12台ということですね。

先生：そのとおりです。では，ゥ□の数は変えずに，図2の状態から車●の台数を減らしたり，図2の状態から車●の台数を増やしたりした，様々な状態のT₁を考えます。**渋滞モデルのルール**の⑩，ⓗ，ⓘ以外にしたがいながらT₁からT₂までの**循環渋滞モデル**について，縦軸を**車が流れる量**，横軸を□1つあたりの車の台数として，図（解答らんの図）に表してみましょう。すると，図（解答らんの図）の縦と横の目盛り線が交わる場所に，5つの点をとることができますよ。

みち：5つの点を直線で結んでみたところ，渋滞のようすがわかりやすくなりました。

てつ：このようなモデルを使うことで，実際の渋滞のような現象を理解することができるのですね。

先生：2人ともすばらしい。

(1)　次の①～③の問いに答えなさい。

①　下線部アについて，図1のT₁から車●を1台減らし，T₃までに渋滞が解消していくようすを解答らんの図に●でかきなさい。また，図1のT₁で車●を1台減らした□を解答らんの図に⊠でかきなさい。

②　　イ　にあてはまる数を書きなさい。

③　下線部ウについて，解答らんの図に5つの点を×でかきなさい。また，5つの点×を三角定規を使って直線で結び，折れ線グラフをかきなさい。ただし，縦軸の**車が流れる量**は，T₁からT₂までの時間に動かすことのできる車の台数とすること。

みち：渋滞のことを考えたら，渋滞がない電車での移動の方が良いかもしれないね。

てつ：日本の電車の運行は，時刻表どおりで，とても正確だと聞いたことがあります。どのよ

うに電車の運行を管理しているのですか。

先生：図3は，運行ダイヤと呼ばれ，横軸に時刻，縦軸に駅の間の距離を表しています。例えば，電車あはA駅を10時00分に発車して，B駅に10時08分に到着し，6分間停車して，10時14分にB駅を発車して，C駅に10時30分に到着します。このような運行ダイヤをもとに電車の運行は管理されています。

図3

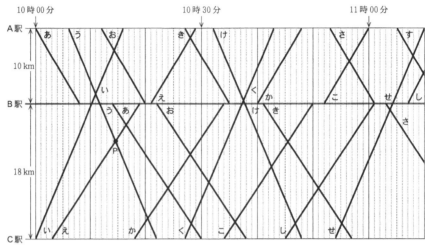

みち：電車あは各駅に停車しますが，電車うはどうなっているのですか。

てつ：まず，電車あは各駅に停車するので，各駅停車であり，電車うはB駅を通過するので，快速電車です。電車うは10時06分にA駅を発車して，B駅で先に発車した電車あを追いこして，C駅に10時22分に到着することになります。

先生：よくわかりましたね。

みち：電車は速さが変わるはずなのに，図3では直線で表されています。

てつ：一定の速さで走っていることにして，直線で表しているのですね。

先生：そのとおりです。では，例えば，図4
のように，A駅を出発して，C駅に到着する電車が，A駅とC駅の間を一定の速さで走っていることにした場合，その速さはいくつになるでしょうか。

図4

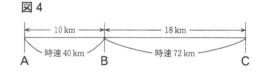

てつ：時速 エ kmになります。

先生：よく理解できていますね。

みち：図3の直線の交わりは何を示しているのですか。

てつ：直線の交わりは，ある電車が逆向きに進む電車とすれ違う時刻と，その場所を示しています。

先生：そのとおりです。

みち：電車に乗っていて逆向きに進む電車とすれ違ったとき，すれ違った電車の速さがものすごく速く感じるよね。

先生：そうですね。電車に乗っている人から見える，逆向きに進む電車の速さは，自分の乗っている電車の速さと，逆向きに進む電車の速さとの和になります。この考え方を使うと，図3の電車うと電車えがすれ違う点Pの時刻と場所を求めることができます。

てつ：なるほど。計算してみます。電車うの速さと，逆向きに進む電車えの速さとの和は分速 オ mとなるので，電車うと電車えがすれ違う時間は，電車うが出発してから カ 分 キ 秒後になります。

先生：てつさん，すばらしい。

みち：点Pの時刻は，10時06分から カ 分 キ 秒経過した時刻，点Pの場所は，A駅から ク mの場所になりました。

先生：みちさんもすばらしい。

みち：では，電車が運行ダイヤから遅れてしまった場合はどうしているのですか。

先生：少しの遅れが発生しても，遅れを回復できるような余裕をもって運行ダイヤは設定されています。

みち：そうなのですね。

(2) 次の①～③の問いに答えなさい。

① エ にあてはまる数を書きなさい。

② オ ， カ ， キ にあてはまる数を書きなさい。ただし，時間の求め方については，「分」の小数第2位まで計算し，例にならって「分」の小数第2位を四捨五入して「秒」を求めること。

　　例　7.48分は7分30秒となります。

③ ク にあてはまる数を書きなさい。

てつ：他の電車の運行ダイヤを変えなければならない遅れが発生した場合は，どうするのですか。

先生：他の電車の運行ダイヤを変えなければならない遅れが発生すると，回復運転と呼ばれる，いくつかの電車の運行ダイヤの調整を行います。

みち：難しそうですね。先生，回復運転の計算をしてみたいです。

先生：では，A駅を10時00分出発予定の電車あが，混雑の影響で5分遅れている状況を考えてみましょう。この場合の回復運転のようすを運行ダイヤ上にかきましょう。ただし，次の回復運転のルールにしたがうこととします。

　回復運転のルール

　ⓐ　できるだけ早く遅れを解消させる。

　ⓑ　A駅に到着する電車，C駅に到着する電車の，到着する順番は，図3（前ページ）で示されている順番から変えない。

　ⓒ　各駅停車の電車あは，C駅に到着後，次にC駅を発車する各駅停車の電車ことして，再びA駅へ向かう。

　　　快速電車の電車うは，C駅に到着後，次にC駅を発車する快速電車の電車くとして，再びA駅へ

向かう。

ⓓ すべての電車はB駅で折り返しをせず，A駅からC駅，またはC駅からA駅まで向かう。

ⓔ 電車の安全な運行のため，同じ方面行きの電車（快速電車をふくむ）の発車や到着，通過，およびC駅での折り返しの間かくは2分以上とする。

ⓕ 電車の速さは，図3（30ページ）で示されているそれぞれの電車の速さから変えない。
    各駅停車の電車の，A駅とB駅の間の所要時間は8分間である。
    各駅停車の電車の，B駅とC駅の間の所要時間は16分間である。
    快速電車の，A駅とC駅の間の所要時間は16分間である。

ⓖ 予定時刻より早く出発することはできない。

ⓗ 各駅停車の電車のうち，快速電車にぬかれない電車のB駅での停車時間は2分以上とする。

ⓘ 各駅停車の電車のうち，快速電車にぬかれる電車のB駅での停車時間は6分以上とする。

てつ：電車あのA駅出発が5分遅れている場合の回復運転の運行ダイヤを考えました。電車う，お，か（B駅からA駅まで），く，この5本の電車を動かして，| ケ |のようにします。

先生：すばらしいですね。よくできました。

みち：算数で学んだことが様々なところで活用されているのですね。

(3) てつさんが| ケ |で示した回復運転のようすを，解答らんの図にかきなさい。ただし，次のかき方の条件にしたがうこと。

かき方の条件

・電車の運行のようすは，解答らんの図に，三角定規を使って，ていねいに直線でかくこと。

・次の例にしたがって，電車の運行のようすを表す直線の横に，電車の記号をかくこと。

　例　

・どの駅に何時何分ちょうど（何時何分00秒）に出発，または到着したかがわかるように，直線を端までていねいにかくこと。

らよいと考えるのか、具体的に説明すること。

イ　解答らんを**縦書き**で使い、十五行以上、二十行以内で書くこと。

ただし、一行に書く字数は特に指定しない。各段落の先頭は一文字

分あけ、正しい文字や言葉づかいで、ていねいに書くこと。

なつ　【1】の「ことば」と【2】の「言葉」は共通点もあるけれど、性質がちがうような気がするよ。

ふみ　うん。【1】の「ことば」は「飛行機」など、自分の外部にある物が例に挙がっているね。でも、【2】では（　①　）「言葉」にも注目しているね。

なつ　そうか。だから【2】は「他人には絶対に伝わらない言葉」について述べているのだね。具体的にはどんな「言葉」だろう。

ふみ　この間、帰り道に見た夕焼けがあまりにきれいだったから、次の日、なつさんに興奮して語ったことを思い出したよ。「すごくきれいだった！」と言ってから、この言い方だとあの感動した「きれい」が伝わっていないと思って、わたしは【1】に書かれているようなことをしたよね。でも、完全には伝わったと思えなくて、もやもやした気分になったよ。いま思うと、夕焼けに感じた「きれい」は【1】の「ことば」ではなく、【2】の「他人には絶対に伝わらない言葉」だったと思う。

なつ　確かに、わたしは、実際にその夕焼けを見ていないから、ふみさんの感動した内容を全てわかったのか自信がないよ。でも、ふみさんがどんなことに心を動かされる人なのかを、知ることができた。ふみさんの新たな一面がわかって、うれしかったよ。

ふみ　ありがとう。いま、なつさんが話してくれたことは、まさに【2】でいう（　③　）ことを指しているね。

(3)　（2）の会話文をふまえて、問題二【2】と問題三【2】の共通点を次のように整理するとき、Ａにあてはまる言葉を、問題二【2】より、三字でぬき出して書きなさい。

問題二【2】…自分からその土地に
問題三【2】…伝わらなくても人と

⇩

鎌倉の土地について
伝える人と

| 理解 | が深まる。

| Ａ | をもとうとする。

を深めてもらえる。

(4)　あなたの小学校では、他県の小学校との交流会に向けて、学校の魅力を紹介するための「学校の歌」を作ることになりました。あなたはその「学校の歌」の「歌詞作成チーム」の一員として活動します。その活動について、問題二【1】【2】、問題三【2】の文章をふまえて、次のア、イの【条件】にしたがって、あなたの考えを書きなさい。

【条件】
ア　以下の指示にしたがい、二つの段落に分けて書くこと。

一段落目…「歌詞作成チーム」として活動を進めていくときに、あなたがチームのメンバーに提案しようと考える取り組みを、問題二【1】【2】の考え方を取り入れて、具体的に書くこと。また、その取り組みを行う理由についても説明すること。

二段落目…問題三【2】をふまえて、「歌詞作成」を進めるときに課題になると考えられることを具体的に挙げること。また、その課題を解決するために、どのような対策をした

三　次の【1】は、学者の今井むつみさんが書いた文章、【2】は、詩人の最果タヒさんが書いた文章です。これらを読んで、あとの(1)～(4)の問いに答えなさい。

【1】

※問題に使用された作品の著作権者が二次使用の許可を出していないため、問題を掲載しておりません。

（出典：今井むつみ『ことばの発達の謎を解く』より）

【2】

　私は、人は生まれて、言葉を獲得し、そうして少しずつ覚えながら、慣れながら、言葉というものを、肉体と同じように育てていくのだと思っています。だから、言葉というのは他人と似ているところもあるはずだけれど、実はみんな形が違っているのが当然で、なにもかもが伝わることはないし、なにもかも、わかりあうことなんて、絶対にありえない。誰にでも、「他人には絶対に伝わらない言葉」というものが心の中にあるのだと信じています。そしてそんな言葉を、伝わらなくても、届いてくれたらと思いながら発することで、その人は他者の中に自分の存在を残していくのかもしれない。

（最果タヒ「巻末エッセイ」（谷川俊太郎『星空の谷川俊太郎質問箱』所収）より）

(1)　ふみさんは、【1】の「深化と進化」についてまとめる中で、【2】の内容と共通する考え方があることに気づき、次のようにノートに整理しました。①～⑤にあてはまる言葉を、①～④は、下の①～④に

【ふみさんのノート】

○【1】ことばの意味の「深化と進化」について

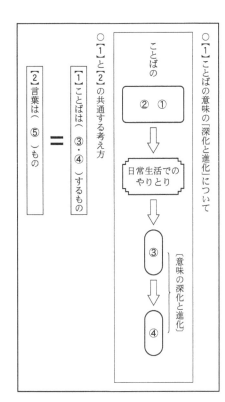

○【1】と【2】の共通する考え方
　【1】ことばは（　③・④　）するもの
　【2】言葉は（　⑤　）もの

①～④に使う言葉

┌─────────────────────┐
│ ア　修正　　イ　創造　　ウ　練習 │
│ エ　発達　　オ　発見　　カ　会話 │
└─────────────────────┘

使う言葉」のア～カの中からそれぞれ一つずつ選び、記号で答えなさい。なお、同じ番号には同じ言葉が入ります。また、⑤は、【2】より五字でぬき出して書きなさい。

(2)　次は、なつさんとふみさんが、【1】【2】の文章について話し合っている場面です。①にあてはまる言葉を、【2】より六字でぬき出して書き、②——線部にあたる、ふみさんがとった行動を、【1】をふまえて、自分で考えて具体的に十字以上、十五字以内で書きなさい。また、③にあてはまる言葉を、【2】より十六字でぬき出し、その最初の五字を書きなさい。

※1　カーナビ……「カーナビゲーションシステム」の略。自動車に取り付けて、自動車の今いる位置と、目的地までの道順を、動きにつれて画面で示すそう置。

※2　ランドマーク……その土地の目印や象ちょうとなる建造物。

※3　ひとかたならぬ……ふつうの程度ではない。大変な。

※4　開闢……物事のはじまり。

（1）なつさんの学級は、【1】でいう、「『なんにもわからない』のままでいる」とはどういう状態なのかを、授業で次のようにまとめました。

①～④にあてはまる言葉を、①は、【1】より九字でぬき出して書き、②は、【1】をもとに自分で考えて、十字以上、二十字以内で書きなさい。また、③は、二字で、④は、十字以内で、それぞれ自分で考えて書きなさい。

【授業のまとめ】

（　①　）ことさえできればよいと思い、（　②　）状態のこと。

つまり、言いかえると、ぎ問に思ったことの（　③　）がわかれば満足なので、そのぎ問の（　④　）わけではなく、結果的に理解が不十分な状態のこと。

（2）
（1）をふまえて、なつさんは、【1】でいう、「わかる」状態について、授業でわかりやすい説明を行うために、【2】の文章を資料として使うことにしました。次は、なつさんが作成した、説明文の一部です。①、②にあてはまる言葉を、①は、【2】をもとに自分で考えて書き、②は、【2】より五字でぬき出して書きなさい。

【なつさんの説明文の一部】

【1】でいう、「わかる」状態とは、【2】でいう、地図を使って鎌倉の自たくから大船市内のホームセンターまで行く場合におこると考えました。地図を使うことで（　①　）ので、ホームセンターの場所だけでなく、（　②　）にもくわしくなると思います。つまり、結果としてその土地についての理解が深まっていくことになります。これが、【1】でいう、「わかる」ということに結びついていくと思います。

（3）なつさんは、【1】でいう、「わかる」状態について、今度は、自分の体験をもとにノートにまとめることにしました。なつさんになったつもりで、【2】をふまえて、具体例を挙げながら、【1】の「わかる」状態をくわしく説明しなさい。ただし、次の【テーマ】のア～ウの中から一つ選び、解答らんに記号を書いてから説明すること。

【テーマ】

ア　食べ物について
イ　スポーツについて
ウ　身近な生き物について

(2) まきさんとはるさんが話していた内容をふまえて、あなたがはるさんなら、このあと、りくさんとどのように話し合いを進めていくのか、説明しなさい。ただし、解答らんにあわせて、二行以内で書くこと。

二　次の【1】は、小学六年生のなつさんが、授業のあとに、図書館で見つけた文章です。【2】は、なつさんが、授業のあとに、図書館で見つけた、【1】に関連する文章です。これらを読んで、あとの(1)〜(3)の問いに答えなさい。

【1】授業で読んだ文章

「わからない」をスタート地点とすれば、「わかった」はゴールである。スタート地点とゴール地点を結ぶと、「道筋」が見える。

「わかる」とは、実のところ、「わからない」と「わかった」の間を結ぶ道筋を、地図に書くことなのである。「わからない」から「わかった」にたどり着くことだけなのである。「わかる」ばかりを性急に求める人は、地図を見ない人である。常にガイドを求めて、「ゴールまで連れて行け」と命令する人である。その人の目的は、ただゴールにたどり着くことだから、いくらゴールにたどり着いても、途中の道筋がまったくわからない——だから、人に地図を書いて、自分の通った道筋を教えることができない。「わかった」の数ばかり集めて、しかしその実「なんにもわからない」のままでいるのは、このような人である。

（橋本治『「わからない」という方法』より）

【2】図書館で見つけた文章

カーナビを使うと道順をおぼえることができない。誰にでも経験のあることだと思うが、なぜカーナビを使うと道順をおぼえられな

くなるのだろうか。

カーナビを使うようになる前、私たちは地図を見て、目的地までのルートを決め、その道順をおぼえて、その通りにたどるように集中して運転していた。設定した道順通りにたどるには、途中で目印となるランドマークを見つけなければならない。代表的なランドマークとして交差点や道路の名前、目立つ建物、スーパーマーケット、コンビニ、川にかかる橋等々が考えられる。

たとえば私は今も自家用車にカーナビをつけていないのだが、そのカーナビ無しの私が鎌倉の自宅から大船市内のホームセンターに出かけるときは、まず自宅前の坂道をくだって江ノ電極楽寺駅までたどり、長谷寺前の道を大仏方面にのぼり、〈手広〉という交差点を右折して……という道順をたどる。その際、とても当たり前の話なのだが、私は今あげたようなランドマークを確認しながら現在位置を把握している。鎌倉に引っ越して一年、今でこそ道を記憶しているが、越したばかりで周辺の地理に不案内なときは、外出のたびに道路地図を見て道順を暗記し、自信がないときは車を停めてまた地図を確認していた。地図を見てランドマークになりそうな交差点の名前やコンビニの位置を頭にたたきこみ、それが出てくると、嗚呼おれは今、正しい道にいるようだ、とひとかたならぬ心の平安をえて、さらに目的地にむかって前進する、とこのようなことをひたすら大船までくりかえすわけである。

この一連の作業の過程で私と外界とのあいだで生じているのが、まさに関わりであり、そこから開闢する世界そのものだ。

（角幡唯介『そこにある山』より）

けで意見があうなんてめったにないってことだよ。でも、そんなわかりあえない人同士でも何とかして、共有できる部分を見つけて、少しずつそれを広げていくことならできるかもしれないよ。だからりくさんとももう一度話し合ってみたらどうかな。

はるさん　：なるほど。たしかに、人はお互いにわかりあえないこともあるけれど、今の話を聞いたら、りくさんと話し合いがうまくできそうな気がしてきたよ。まきさん、ありがとう。

まきさん　：がんばってね。

（平田オリザ『わかりあえないことから』をもとに作成）

（2秒後）

以上で放送を終わります。それでは、問題用紙を開き、すべての問題に答えなさい。

一　放送で聞いた内容から、次の⑴、⑵の問いに答えなさい。

⑴　まきさんとはるさんが話していた内容を、次の　【図】　のようにまとめました。　【図】　の①～③にあてはまる言葉を、①は、　②に使う言葉　、③は、あとの　③に使う言葉　のア～エの中からそれぞれ最も適当なものを一つずつ選び、記号で答えなさい。

字以内で書き、②は、あとの　②に使う言葉　、③は、あとの　③に使う言葉　のア～エの中からそれぞれ最も適当なものを一つずつ選び、記号で答えなさい。

【図】

【はるさんの思い】
りくさんとの関係が気まずくなった。
　　↑
人は（　　①　　）とはわかりあえない。

【まきさんのアドバイス】
わかりあえないと決めつけない方がよい。
なぜなら…

【本の内容】
人は（　　②　　）わかりあえない。
　　↑
人との関係は（　　③　　）ものである。

②に使う言葉

ア　心から　　　　　イ　最初からは
ウ　どうやっても　　エ　決して

③に使う言葉

ア　大切にする　　　イ　つながっていく
ウ　つくりあげていく　エ　変わらない

【適性検査二―二】（四五分）〈満点：一〇〇点〉

【注意】 放送で指示があるまでは、開かないこと。

（放送台本）

これから、適性検査2―2を始めます。外側の用紙が解答用紙です。内側に問題用紙があります。内側の問題用紙は、指示があるまで開いてはいけません。

それでは、外側の解答用紙を開き、受検番号と氏名を書きなさい。

（20秒後）書き終わったら元どおり問題用紙を挟んで閉じなさい。

（5秒後）最初は、放送を聞いて問題に答える検査です。放送はすべて1回だけです。それでは、裏返して「メモらん」と書いてある面を上にしなさい。今から「メモらん」にメモを取ってもかまいません。

（5秒後）これから、まきさんとはるさんが話をしているところを放送します。まきさんがはるさんにアドバイスとして伝えている内容に注意して、放送を聞きなさい。

（3秒後）では、朗読を始めます。

（3秒後）

まきさん：どうしたの、はるさん。

はるさん：意見が違う人とわかりあうことは、無理だと思ったよ。

まきさん：何があったの。

はるさん：今、クラスの絆を深めるためのお楽しみ会の内容を考えていてね。この前、同じクラスのりくさんと話し合いをしたんだけれど、りくさんとぼくの意見が合わなかったんだ。それでりくさんとの関係も気まずくなっちゃってね。意見が違う相手とわかりあうのは無理なんだと思ったよ。

まきさん：それは困ったね。でもはるさん、まだ無理だと決めつけない方がいいかもしれないよ。この前、はるさんの悩みに役立ちそうな本を読んだよ。その本には、人間関係についてこんなことが書かれていたよ。

（出典：平田オリザ『わかりあえないことから』をもとに作成）

※問題に使用された作品の著作権者が二次使用の許可を出していないため、問題を掲載しておりません。

はるさん：人間関係のことでそんなふうに考えたことなんてなかったよ。まきさん、どういうこと？

まきさん：私がこの本を読んで思ったことは、1回話し合っただ

大切なことはメモしておこうネ!

2024 年度

解 答 と 解 説

＜適性検査1－1解答例＞

1 (1) **あ** ウ

(2) **い** 51.2(万トン)

う 25.5(万トン)

(3) **え** エ

(4) **お** 大量

(5) **か** はい出された二酸化炭素量を合計

(6) **き** つくる(立場だけでなく)つかう(立場)

(7) **く** 食べるトウモロコシ等の生産

(8) **け** 外国の水

(9) ① **こ** 地いき

② **さ** E，G

し A，C，D，H

(10) **す** 資料10中の，Cのグラフのように１つのマイバッグを多く使うことで，常にレジぶくろを使用するDのグラフの場合に比べて，二酸化炭素のさく減につながる。しかし，AやBのグラフのような使い方では，二酸化炭素のさく減にはつながらない。ゆうさんのマイバッグの使い方は，Aのグラフよりも買いかえるまでの買い物回数が少ないため，二酸化炭素のさく減につながらない。

2 (1) **あ** かかる運ちんが安い

い 動物園に早く着く

(2) **う** ア

(3) **え** ア ○ イ △ ウ × エ △

(4) **お** 自分で自動車を運転

(5) **か** 決められた

き 予約された

(6) **く** ウ，オ

(7) **け** 早くとう着

こ 交通量

(8) **さ** ① A地区

② グリーンスローモビリティを導入する(ことで，)道のはばがせまい駅周辺でも，観光客を乗せて走行する(ことができる。)

③ (それにより)駅前以外の観光名所にも観光客がおとずれる(という改善にもつながる。)

○配点○

1 (1)・(3) 各2点×2 (2) 各4点×2 (4)・(5)・(7)・(8)・(9)① 各4点×5(問題の趣旨にあっていれば点を与える。) (6) 完答4点(問題の趣旨にあっていれば点を与える。)
(9)② さとしで完答4点 ⑩ 10点(問題の趣旨にあっていれば点を与える。部分点を与える場合がある。)

2 (1)・(5)・(7) 各4点×6(問題の趣旨にあっていれば点を与える。) (2) 2点 (3)・(6) 完答4点×2 (4) 6点(問題の趣旨にあっていれば点を与える。) (8) 10点(問題の趣旨にあっていれば点を与える。部分点を与える場合がある。) 計100点

＜適性検査1-1解説＞

重要 1 （社会・算数・家庭科：持続可能な社会，割合(わりあい)，資料の読み取り）

(1) **あ** 資料1を見ると，| あ |の直前のまささんの発言から，買った服の枚数(まいすう)が手放す服の枚数よりも多いこと，資料1の状きょうが続くと家にあるのに着用されない服の枚数が増えていくことが読み取れる。つまり，本当は必要ではない衣服を買ってしまっていると考えられ，買い物をするときには必要性を考えることが大切だとわかる。よって，| あ |には**ウ**の必要性があてはまる。

(2) **い** 資料2より，国内新規供給量は81.9万トン，その中で廃棄(はいき)されるのは0.2万トンであることがわかる。また，事業所から手放した衣服3.6万トンのうち，39%が廃棄されている。これは，$3.6 \times 0.39 = 1.404$(万トン)に相当する。さらに，家庭から手放した衣服75.1万トンのうち，66%が廃棄されている。これは，$75.1 \times 0.66 = 49.566$(万トン)に相当する。これらをたし合わせると，$0.2 + 1.404 + 49.566 = 51.17$(万トン)になる。解答は四捨五入して小数第一位までにするため，51.2(万トン)である。資料2から必要な情報を読み取って計算する。

う 資料2によると，家庭から手放した衣服75.1万トンのうち，廃棄されずに活用されている衣服はリユースされた20%と，リサイクルされた14%の合わせて34%である。リユースとは，再使用を意味し，交換や買取に出すことでくり返して使うことであり，リサイクルとは，再生利用を意味し，もう一度資源として生かすことである。したがって，廃棄されずに活用されている衣服の量は，$75.1 \times 0.34 = 25.534$より約25.5万トンとなる。資料2から必要な情報を読み取って計算する。

(3) **え** 資料3は国内での衣服の供給量と市場(しじょう)規模(きぼ)の変化を，資料4は衣服1枚あたりの価格の変化を示したグラフである。市場規模とは，商品を売買したり，取引したりした金額などのことであり，市場での商品の売上高の合計が大きくなると市場規模は大きくなり，商品の売上高の合計が小さくなると市場規模は小さくなる。資料3からは国内供給量が全体的には増加している一方で，国内市場規模は小さくなっていることが読み取れる。資料4からは衣服1枚あたりの価格が1990年から2019年にかけて約半分にまで下がっていることが読み取れる。したがって，全体的に国内での衣服の供給量は増加しているのに，市場規模が小さくなっているのは，衣服1枚あたりの価格が下がっているからだと考えられる。よって，| え |には**エ**があてはまる。

(4) **お** 資料2，資料3から，国内での衣服の供給量が増加していること，国内で新たに供給された衣服の多くが活用されずに廃棄されていることがわかる。先生とまささんの会話文からも，衣服1枚あたりの価格が下がっているために，必要ではない服を買うケースも増え

ており，手放す服が増えることでごみの量も増えていると考えられる。このように，あまりにも多くの衣服が生産・消費されることで，多くの廃棄につながっているという意味になるような漢字２字の言葉として，「大量」が考えられる。

(5) **か** 資料５では，ピーマンを例に，「材料を集める」，「生産する」，「運ぶ」，「使用・保存する」，「ごみを廃棄する」というそれぞれの過程で排出された二酸化炭素量を合計し，カーボンフットプリントとしてピーマン100gあたりの二酸化炭素排出量が示されている。したがって，排出された二酸化炭素量を合計しているということを字数制限に気をつけながら説明できればよい。

(6) **き** き の直後の先生の発言から，カーボンフットプリントを通じて，「どちらの立場からでも環境への負担を減らす方法を考えることができるように」なるとわかる。したがって，二つの立場について考える。

　　会話文からは，「ものを生産したり消費したりする過程でも，二酸化炭素が排出」されていること，ゆうさんが「生産などの過程で二酸化炭素がどのくらい排出されているかは，私たちがものを買うときにはわからない」と考えていることが読み取れる。つまり，消費者であるゆうさんたちは，ものの生産などの過程で二酸化炭素がどれくらい排出されているかわからないが，カーボンフットプリントによって，生産者だけでなく消費者にも環境への負担を「見える化」することができるとわかる。よって，どちらもひらがな３文字で表すと，「つくる」，「つかう」などの言葉が考えられる。解答らんにあてはまるように，言葉の順序と選び方に注意する。

(7) **く** 資料７を見ると，１kgの牛肉を生産するのにかかるトウモロコシ等のえさの量は11kgであるとわかる。また， く の直前の先生の発言によると，トウモロコシは，ジャガイモよりもさらにバーチャルウォーター量が多い。したがって，牛の生産のために必要なえさであるトウモロコシ等の生産には，多くのバーチャルウォーターが必要であり，牛肉のバーチャルウォーター量が多いのは，牛が飲む水の量だけでなく，牛が食べるトウモロコシ等の生産に必要な水もふくまれているからだといえる。このことを，字数制限に気をつけてわかりやすくまとめるとよい。

(8) **け** 先生の発言によると，バーチャルウォーターとは，「輸入した食品を自分の国で生産するとしたら，どれくらいの水が必要か推定したもの」である。したがって，資料６に示された牛肉やジャガイモ，インゲン等の食品を輸入している日本は，生産などに必要な分の水を海外に依存しているといえる。ここから，日本は食料を輸入することで，それらを生産している遠くはなれた外国の水も間接的に輸入していると考えられる。

(9) ① **こ** 資料８のⅠで示された地産地消とは，その地いきで生産したものをその地いきで消費することであり，地元の農業や漁業を支え，経済を活性化する効果が期待できる。
　　資料９を見ると，B・F・Ⅰはいずれも特定の地いきの過疎化対策，経済の活性化や，復興支援を目指したものだとわかる。したがって，千葉県の「千産千消デー」とは，地産地消になぞられて，先生たちが住んでいる地いきである千葉県でとれたものを給食で活用する取り組みであると考えられる。よって， こ には「地いき」があてはまる。

② 資料９を見ると， さ の配りょの対象は「人・社会」であり，関連する課題は「貧困，児童労働，差別など」であるとわかる。また， し の配りょの対象は「環境」であり，関連する課題は「地球温暖化，生物多様性の減少など」であるとわかる。資料８のA，C，D，E，G，Hそれぞれについて， さ ， し のどちらにあてはまるか考える。

A 「水産資源の保護に配りょして行われる漁業の水産物を選ぶ」とあることから，海や川の生物多様性の保護や，水質環境に配りょした取り組みだと考えられる。よって，Aは し にあてはまる。

C 「動物のことを考えた取り組みを行っている生産者から商品を買う」とあることから，生物多様性の減少を課題とした取り組みだと考えられる。よって，Cは し にあてはまる。

D 「リサイクル素材を使って生産された商品を買う」とあることから，リサイクルによって廃棄するものを減らし，持続可能な社会を目指す，環境に配りょした取り組みだと考えられる。よって，Dは し にあてはまる。

E 「障がいがある人の支えんにつながる商品を買う」とあることから，障がいを理由に差別をされたり，貧困状態にあったりする人の支えんを目指した取り組みであると考えられる。よって，Eは さ にあてはまる。

G 「フェアトレードで生産された商品を選ぶ」とある。フェアトレードとは，資料8にも示された通り，発展途上の国でつくられた製品・農作物を買う場合に，公正な価格で取り引きをするしくみであり，低賃金で働く貧しい人々や教育の機会をうばわれて働いている子どもたちを救うことにつながる。したがって，フェアトレードは発展途上国の貧困や児童労働を課題とした取り組みだと考えられる。よって，Gは さ にあてはまる。

H 「ペットボトル入りの飲み物を買わず，水とうを持っていく」とあることから，ごみを減らし，地球環境に配りょした取り組みだと考えられる。よって，Hは し にあてはまる。

以上より，さ にはEとG，し にはA，C，D，Hがあてはまる。

(10) す 資料10のグラフを見て，ゆうさんのマイバッグの使い方が，二酸化炭素の削減につながっていない理由を説明する。

まず，資料10から，マイバッグを100回で買い替えるCは，常にレジ袋を使用するDと比べて二酸化炭素の排出量が少ないのに対し，AやBでは二酸化炭素の排出量の削減につながっていないことが読み取れる。つまり，Cのように1つのマイバッグを多く使うことは二酸化炭素の削減につながるが，使用回数が少ないと効果はないことがわかる。さらに，会話文中のゆうさんの発言から，ゆうさんはマイバッグを3つ持っていること，それぞれ10回ぐらい使ったこと，また新しいマイバッグを買おうと思っていることがわかる。したがって，ゆうさんのマイバッグの使い方は，マイバッグを25回で買い替えるAよりも買い替えるまでの使用回数が少ないため，二酸化炭素の削減にはつながらないと考えられる。これらの内容を資料10のA～Dのすべてのグラフにふれながら，わかりやすくまとめるとよい。

2 （社会・算数・国語：図表の読み取り，言葉の理解，資料の読み取り）

(1) あ 資料1から，電車と徒歩で行く方法と，路線バスで行く方法のそれぞれの時間と運賃を比べる。電車と徒歩で行く方法では，電車の運賃(大人運賃)200円がかかるのに対し，路線バスで行く方法では，路線バスの運賃(大人運賃)230円がかかるとわかる。したがって，電車と徒歩で行く方法は，かかる運賃が安いという利点があるといえる。

い 会話文中の母の発言に，「路線バスで行く方が い から，開園までに少し余ゆうがある」とあることから，「さくら動物園」に着く時間を比べる。電車と徒歩で行く方法では，「中

央駅」を9時10分に出発し，電車で15分，徒歩で5分かかるため，「さくら動物園」には9時30分に着く。路線バスで行く方法では，「中央駅」を9時5分に出発し，20分かかるため，「さくら動物園」には9時25分に着く。よって，路線バスで行く方法には動物園に早く着くという利点があるといえる。

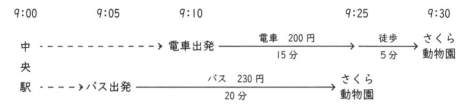

(2) **う** 資料1，2，3より，バスの運賃とバドミントンクラブの9人のメンバーの年齢（ねんれい）を読み取る。**資料3**をもとに，9人の路線バスの運賃の合計を考える。まさとしさん，かほさん，ももねさんの3人は12歳以上（中学生以上）のため，大人運賃となる。したがって，230×3＝690（円）である。こうさん，はるふみさんの2人は6歳以上12歳未満，けんさんは12歳になっているが小学生なので，3人は小児（しょうに）運賃となる。小児運賃は大人運賃の半額になるので，230÷2＝115（円），10円未満を切り上げて，120円である。したがって，120×3＝360（円）となる。たくやさん，りなさん，ゆいさんの3人は幼稚園児（ようちえんじ）であり，区分にある大人が3人同伴（どうはん）しているため，全員運賃は無料になる。よって，9人の路線バスの運賃の合計は，690＋360＝1050（円）となり，**ア**があてはまる。

(3) **え** 下線部えについて，次の**ア～エ**の選たくしの内容を**資料4**をもとに整理する。

 ア 平日に自動車を利用する割合（わりあい）はどちらの年も三大都市圏（さんだいとしけん）で約3割，地方都市圏で約6割であり，地方都市圏の方が割合が高い。また，休日に自動車を利用する割合は，どちらの年も三大都市圏で約5割，地方都市圏で約7割と地方都市圏の方が割合が高い。よって，適切である。

 イ 地方都市圏では平日・休日ともに，2015年よりも2021年の方がバスを利用する割合が下がっている。しかし，「2015年から2021年までの毎年，バスを利用する割合が前年を下回っている」とはグラフからは読み取ることができない。

 ウ 三大都市圏・地方都市圏とも，どちらの年においても，平日より休日の方が自動車を利用する割合が高い。よって，適切ではない。

 エ 三大都市圏で平日・休日ともに2015年に比べて2021年のバスを利用する人の割合が減少していることは読み取れるが，全体の人数がわからないので，利用者数については資料4からだけでは読み取ることができない。

(4) **お** 「身近な路線バスがなくなっていくと，子どもや一部のお年寄りのように」という前置き（まえおき）があるので，彼らは路線バスがなくなると「1人で遠くへ移動するときにとても不便だ」という言葉をもとに考えればよい。地方都市圏では主な交通手段利用率は自動車が一番高いため，自動車の免許（めんきょ）を持てない子どもや運転をやめたお年寄りは身近な路線バスがなくなると生活がとても不便になると考えられる。したがって，**お**には，自分で自動車を運転するといった意味の言葉を5字以上10字以内で書けるとよい。

(5) **か** 資料5を見ると，路線バスでは時刻表（じこくひょう）でバスが来る時間が決まっていること，バス停を回る順番が決まっていることがわかる。したがって，⧉**か**⧉には「決められた」などの言葉を3字以上5字以内で書けるとよい。

き　資料5と資料6を見ると，デマンド交通では，利用者が利用を希望する時間や乗り降りする場所を指定し，インターネットや電話で予約する必要があること，予約の内容や数に応じてバスの運行時間や運行ルートが変更されることがわかる。したがって，　き　には「予約された」，「必要な」などの言葉が3字以上5字以内で書けるとよい。

(6)　く　ア～オの選たくしについて，資料7から読み取れることとして適切なものを選ぶ。

　　　ア　「動力源」の項目を見ると，グリーンスローモビリティは電力で走る電動車であるとわかる。電動車はガソリン車と比べて，排気ガスの排出量が少なく，環境にやさしい車である。よって，適切ではない。

　　　イ　「走行可能きょり」の項目を見ると，ガソリン車が給油1回で約500km以上走ることができるのに対し，グリーンスローモビリティはじゅう電1回で30～100km走ることがわかる。したがって，グリーンスローモビリティは1回のじゅう電で長いきょりを走ることができるとはいえない。よって，適切ではない。

　　　ウ　「車両の大きさ」の項目を見ると，「同じ乗車定員の他の自動車に比べて，約8割ぐらいの大きさ」であるとわかる。したがって，車両の大きさが小さく，せまい道でも通行しやすいと考えられる。よって，適切である。

　　　エ　「最高時速」の項目を見ると，グリーンスローモビリティの最高時速は20km未満であること，高れい者でも安心して運転することができることがわかる。しかし，高れい者だけが運転することができるとは書かれていない。よって，適切ではない。

　　　オ　「車両の側面」の項目を見ると，グリーンスローモビリティには窓ガラスやドアがないため，開放感があり，外の風やにおいを感じられるとわかる。よって，適切である。

(7)　け　　け　の前後を読むと，グリーンスローモビリティは「5km進むのに最も速い速度で15分くらいかかる」ほどゆっくり走行するため，　け　の場合には「向いていない」というデメリットがあるとけんさんが考えているとわかる。したがって，ゆっくりとは逆の「早くとう着」のような解答が考えられる。5字以内という字数制限に注意し，空らんの前後のつながりが自然になるようにする。

　　　こ　　こ　の前後を読むと，他の自動車との速さのちがいによって，渋滞などを引き起こす可能性があるため，ルールを決めるときには　こ　が多い道路をあまり通らないようにするとある。例えば渋滞は，車がたくさん通る交通量の多い道で起こりやすい。したがって，「交通量」などの解答が考えられる。

重要　(8)　さ　資料8と会話文を見ながら，「よりよい公共交通」にするための案を考える。

　　　まず，資料8のそれぞれの地区の特ちょうから，A地区は，観光名所が多く，公共交通を利用したい観光客が多いこと，道のはばがせまく徒歩での観光中心になるため，駅前の観光名所ばかりに観光客が集まっていることなどの問題点が読み取れる。

　　　次に，会話文や資料からわかる公共交通の特性にふれながら，「よりよい公共交通」に向けた取り組みを考える。資料7でふれたグリーンスローモビリティの特ちょうに注目すると，グリーンスローモビリティは，道のはばがせまいA地区の駅周辺でも，観光客を乗せて走行できると考えられる。

　　　最後に，「よりよい公共交通」に向けた取り組みによって，地区の課題がどのように改善できるかを書く。グリーンスローモビリティが駅周辺を走行することで，これまで駅前ばかりに観光客が集まっていた状きょうが改善され，駅前以外の観光名所にも観光客がおとずれることが考えられる。①～③の指示にしたがい，解答らんに合うように解答する。

　B地区，C地区を選んだ場合は，次のようなことを書けばよい。

　B地区では通勤や通学のために朝や夕方は道路が混雑することが問題だと考えられる。〈路線バスの時刻表〉を見ると，朝はB地区から中央駅周辺への移動が多いがバスの本数が少なく，夕方の中央駅からB地区への移動についても同じことが言える。会話より，路線バスの1日の総本数やルートを増やす以外の方法を考えることに注意する。よって，B地区から中央駅行きのバスの朝の本数を増やし，夕方の本数を減らすことで，総本数を変えずに朝・夕のバスの本数のバランスを考える取り組みなどが考えられる。

　C地区には公共交通を都合のよい時間に利用したい高れい者が多いこと，自宅から路線バスのバス停までが遠く，高れい者には負担であるために外出する機会が少なくなっていることに注目すると，資料5，資料6で取り上げられていたデマンド交通を採用する取り組みが考えられる。利用者が自分の都合のよい時間と場所でバスを予約するデマンド交通は，高れい者の負担を減らすことができる。したがって，高れい者の外出の機会を増やすことができるという効果が考えられる。

★ワンポイントアドバイス★

問題量が非常に多いため，文章や資料を素早く理解し，集中して解答し続ける力が求められる。資料の読み取りは要点を考えながら進め，解答につながる部分をおさえていこう。会話文にヒントがある場合もあるので，重要だと思うところには線を引いたり印をつけたりしておくと見落としが防げる。記述は自分の言葉で書くことが求められるが，資料の中から使える表現を活用したり，書き始める前に順番を考えたりして，わかりやすくなるように心がけよう。

＜適性検査1－2解答例＞

1　(1)　①　ア　D
　　　　　　イ　C
　　　　　　ウ　A
　　　　　　エ　E
　　　　　　オ　B
　　　　②　カ（上から一番目の層）10.5(g)
　　　　　　　（上から二番目の層）10.7(g)
　　　　③　キ　3362(mL)
　　(2)　①　ク　高く
　　　　②　ケ　1.3
　　　　③　コ　い
　　　　④　サ　（水は，温度の変化が一定であっても，）体積の変化が一定ではない（と考えられる。）
　　(3)　①　シ　しずむ
　　　　②　ス　水で満たしたコップの重さを電子てんびんではかる。水で満たしたコップの中に小ビンをしずめる。コップから小ビンを取り出し，コップの重さをはかる。

コップからあふれ出た分の水の重さを計算して求める。コップに入っている水の温度を温度計ではかる。コップからあふれ出た分の水の重さと水の温度から図6を使って小ビンの体積を計算して求める。

③ セ （必要なビーズの重さ）3.98(g)

（合計が最も少ない個数になるとき）

F　6（個）　　G　1（個）　　H　3（個）

④ ソ　21℃のときに，必要なビーズの重さは3.97gであり，用意したビーズでは，3.97gの重さの組合せを作ることができないため。

2 (1) ① ア　う

② イ　36

ウ　120

エ　72

オ　40　　カ　112

(2) ① キ　$\dfrac{1}{2}$　　ク　$\dfrac{1}{10}$

ケ　$\dfrac{1}{12}$　　コ　$\dfrac{1}{60}$

サ　5　　シ　$\dfrac{1}{5}$　　ス　10

セ　9　　ソ　$\dfrac{1}{45}$　　タ　9

② チ　まず，2まいの紙をそれぞれ6等分すると，$\dfrac{1}{6}$の紙が12まいできます。次に，それを1まいずつに分けます。

そして，このうち3まいをさらにそれぞれ3等分すると，$\dfrac{1}{18}$の紙が9まいできます。

このことから，わたしは$\dfrac{2}{9}=\dfrac{1}{6}+\dfrac{1}{18}$と単位分数の和で表しました。

(3) ツ　29

テ　15

ト　6

ナ　21

ニ　20

○配点○

1　(1)① 完答4点　　② 各2点×2　　③ 4点　　(2)① 4点(問題の趣旨にあっていれば点を与える。)　　②，③ 各4点×2　　④ 4点(問題の趣旨にあっていれば点を与える。)

(3)① 4点(問題の趣旨にあっていれば点を与える。)　　② 6点(問題の趣旨にあっていれば点を与える。部分点を与える場合がある。)　　③ 各3点×2　　④ 6点(問題の趣旨にあっていれば点を与える。部分点を与える場合がある。)

2　(1)① 3点　　② イ，ウ，エ 各3点×3　　オ・カ 完答3点　　(2)① キ・ク，ケ・コ 完答3点(順不同)×2　　サ・シ・ス，セ・ソ・タ 完答3点×2　　② 8点(問題の趣旨にあ

っていれば点を与える。部分点を与える場合がある。）　　（3）　各3点×5
計100点

＜適性検査1－2解説＞

1　（理科・算数：単位量あたりの重さ，温度計の性質，水の密度の温度変化）

（1）　①　ア～オ　会話文から，空のガラス容器に，食塩水A，食塩水Bの順で食塩水を入れると2つの層ができるが，空のガラス容器に，食塩水B，食塩水Aの順で食塩水を入れても層ができなかったことがわかる。また，先生が，空のガラス容器に，食塩水B，食塩水Aの順で食塩水を入れても層ができなかったのは，「同じ体積の食塩水を比べたとき，食塩水Aのほうが食塩水Bよりも，食塩が多くとけているためです。ですから，層を作るには，食塩水を入れる順番が重要なのです。」と言っている。

　　よって，食塩水の5つの層を作るためには，同じ体積の食塩水を比べたときに食塩がより多くとけている食塩水から順に容器に入れる必要があるとわかる。つまり，層ができるときは，はじめに入れた食塩水のほうが多く食塩がとけており，層ができないときは，後から入れた食塩水のほうが多く食塩がとけているということである。ここで表1に注目する。上から順に同じ体積にとけている食塩の量を不等号で表してみると，D＞C，A＞E，D＞A，E＞B，C＞Aとわかる。これらを合わせて考えると，D＞C＞A＞E＞Bとなる。

　　よって，D，C，A，E，Bの順に食塩水を空の容器に入れていけば，食塩水の5つの層を作ることができる。

②　カ　表2の5つの食塩水について，食塩水の体積が10mLであるときの食塩水の重さを計算し，四捨五入して小数第1位までにしたものを表にまとめると，表2（改）のようになる。

表2（改）

食塩水の体積[mL]	67	85	72	120	94
食塩水の重さ[g]	73	91	80	126	106
体積10mLあたりの食塩水の重さ[g]	10.9	10.7	11.1	10.5	11.3

　　下線部カの直後で先生は，「2つ以上の液体で層を作る場合，同じ体積では重いほうが下の層になるのです。」と言っていることから，食塩水の5つの層において，上から一番目の層の食塩水は重さが一番目に軽い食塩水，上から二番目の層の食塩水は重さが二番目に軽い食塩水であることがわかる。したがって，上から一番目の層の食塩水の重さは10.5gであり，上から二番目の層の食塩水の重さは10.7gである。

③　キ　下線部キには，食塩水の体積100mLあたりの重さが101gであれば，排水口に流してもよいと書いてある。これを，食塩水の体積1mLあたりに直すと，食塩水の体積1mL（100÷100＝1[mL]）あたりの重さが，1.01g（101÷100＝1.01[g]）であれば，排水口に流してもよいということになる。今回，表2の食塩水をすべて合わせた体積は，67＋85＋72＋120＋94＝438（mL）であるので，食塩水の体積438mLあたりの重さが，438×1.01＝442.38（g）であれば排水口に流すことができる。しかし，実際の食

塩水の重さは, 73+91+80+126+106=476(g)なので, 476−442.38=33.62(g)より33.62gだけ排水口に流してよい重さより食塩水のほうが重い。

残り33.62g分の食塩水をうすめるのに必要な水の体積を□[mL]とすると, 問題文より, 水1mLあたりの重さは1gであるから, 食塩水をうすめるのに必要な水の重さは□[g]となる。食塩水の体積1mLあたりの重さが1.01gであれば, 排水口に流してもよいから, 食塩水の重さは(1.01×□)[g]となり, 水の重さと食塩水の重さの差は, (0.01×□)[g]となる。つまり, 食塩水の重さのほうが(0.01×□)[g]だけ重くなっている。よって, この重さの差が33.62gと等しくなるので, 33.62=0.01×□より, □=3362mLであると求められる。

(2) ① ク ペットボトル内の空気と水の温度が高くなることで, 空気と水のそれぞれの体積が大きくなるので, ストローの中の水面の位置が高くなる。

② ケ 気温が25℃から27℃に上がったときに増えた「ペットボトルの中の空気と水を合わせた体積」は, 気温が25℃から27℃に上がったときに増えた「ストロー内の水の体積」と同じである。よって, 気温が25℃から27℃に上がったときに増えた「ストロー内の水の体積」を求めればよい。ここで, れいさんが温度計を作るのに使ったストローの直径は6mm(=0.6cm)なので, このストローの半径は3mm(=0.3cm)だとわかる。気温が25℃から27℃に上がったときに, 半径0.3cmのストローの水面が4.8cm上がったことを図に表すと, 次のようになる。

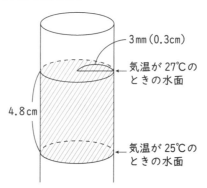

気温が25℃から27℃に上がったときに増えた「ストロー内の水の体積」は図の斜線部分の円柱の体積である。円柱の体積は,「{(底面の半径)×(底面の半径)×(円周率)}×(円柱の高さ)」で求められるから, 斜線部分の体積は, 0.3×0.3×3×4.8=1.296(cm³)となる。答えは四捨五入して小数第1位まで書くので, 1.3cm³である。

③ コ 円柱の体積が,「{(底面の半径)×(底面の半径)×(円周率)}×(円柱の高さ)」で求められることをふまえると, 円柱の体積が同じとき, 底面の半径が小さいほうが円柱の高さが高くなる。例えば, 体積が同じ108cm³の円柱であっても, 半径が6cmの円柱よりも半径が3cmの円柱のほうが高さが高くなる。

体積が同じ 108cm³の円柱 (円周率を 3 とする)

　　　　したがって，ストロー内の水の体積(円柱の体積)が同じであるとき，ストローの半径(底面の半径)が小さいほうが水面の高さ(円柱の高さ)が高くなることがわかる。また，半径は直径の半分であるから，ストローの半径を小さくすることは，ストローの直径を小さくすることと同じことである。よって，ストローを今使っているものより直径の小さいものに変えれば，温度の変化に対して，水面の位置の変化が大きくなる。

④　**サ**　表5より，28℃から29℃にかけてと，29℃から30℃にかけては，温度が1℃上がると水面の位置が0.7cm上がっているが，39℃から40℃にかけては，温度が1℃上がると水面の位置が0.9cm上がっていることがわかる。このことから，温度の変化が1℃ずつで一定でも，水面の位置の変化，すなわち水の体積の変化は一定ではないということがわかる。したがって，水には，温度の変化が一定であっても，体積の変化が一定ではないという性質があると考えられる。これを解答らんに合うように書けばよい。

重要　(3)　①　**シ**　会話文の中でみおさんは，「小ビン1cm³あたりの重さと大ビンの中の水1cm³あたりの重さが同じになれば，その小ビンが大ビンの真ん中あたりに浮かぶようになります。」と言っている。**メモ**の③では，大ビンの水の温度を18℃にし，小ビンが大ビンの真ん中あたりに浮かぶようにしたので，このとき，小ビン1cm³あたりの重さと大ビンの中の水1cm³あたりの重さが同じになっている。**メモ**の④で，大ビンの中の水の温度を3℃高くしたので，このときの大ビンの中の水の温度は21℃になる。ここで，図6を見ると，18℃から21℃にかけて，水1cm³あたりの重さが減少していることがわかる。このことから，大ビンの中の水の温度が18℃から21℃に上がると，小ビンの体積は温度によって変化しないので小ビン1cm³あたりの重さは変化しないが，大ビンの中の水1cm³あたりの重さは減少すると考えられる。よって，21℃においては，大ビンの中の水1cm³あたりの重さよりも小ビン1cm³あたりの重さのほうが重くなるので，小ビンはしずむ。

②　**ス**　ものの体積を求める方法として，水で満たした容器にものをしずめたとき，あふれた水の体積がしずめたものの体積と等しくなることを利用する。

　　　　まず，水で満たしたコップの重さを電子てんびんではかる。次に，水で満たしたコップの中に小ビンをしずめる。そして，コップから小ビンを取り出し，コップの重さを電子てんびんではかる。ここまでの操作により，コップからあふれ出た分の水の重さを，「(水で満たしたコップの重さ)－(小ビンを取り出したあとのコップの重さ)」で求めることができる。

　　　　ここで，コップからあふれ出た分の水の体積は，小ビンの体積と等しくなっていることを利用するため，あふれた水の重さから体積を考える。温度計でコップの中の水の温度をはかり，図6から，その温度における水1cm³あたりの重さを読み取る。そ

して，小ビンの体積を，「（コップからあふれ出た分の水の重さ）÷（温度計ではかった水の温度における水１cm³あたりの重さ）」の式により求める。

　　解答は，ここまでの内容をまとめればよい。

③　セ　図６から，18℃における水１cm³あたりの重さを読み取ると0.9986gであることがわかる。用意した小ビンの体積が16cm³なので，ビーズが入った小ビンの重さは，0.9986×16＝15.9776（g）にすればよいとわかる。15.9776gから小ビンの重さ12gをひくと3.9776gであり，四捨五入して小数第２位までにすると，3.98gとなる。このことから，小ビンに3.98gのビーズを入れれば，小ビン１cm³あたりの重さと大ビンの中の水１cm³あたりの重さが同じになり，小ビンが大ビンの真ん中あたりに浮かぶようになると考えられる。

　　ビーズの重さの合計が3.98gで，ビーズの個数の合計が最も少なくなるようなＦ，Ｇ，Ｈそれぞれの個数を求める。まず，3.98gを，最も重いＦのビーズの重さ0.52gで割ると，Ｆのビーズの最大個数は約7.65個と求められるので，Ｆのビーズが７個であると仮定した場合から考える。Ｆのビーズが７個のとき，ビーズの重さの合計は，0.52×7＝3.64（g）となる。3.98gにするために必要な残りのビーズの重さは，3.98－3.64＝0.34（g）であるが，0.34gの重さのビーズはなく，ビーズＧ，Ｈを組み合わせても0.34gにならないことから，Ｆのビーズが７個のときはビーズの重さの合計を3.98gにすることができない。次に，Ｆのビーズが６個であると仮定した場合を考える。Ｆのビーズが６個のとき，ビーズの重さの合計は，0.52×6＝3.12（g）となる。3.98gにするために必要な残りのビーズの重さは，3.98－3.12＝0.86（g）である。0.86gを，Ｆのビーズの次に重さが大きいＧのビーズの重さ0.32gで割り，Ｇのビーズの最大個数を求めると，約2.69個となるので，Ｇのビーズが２個であると仮定した場合から考える。

　　Ｇのビーズが２個のとき，ビーズの重さの合計は，0.32×2＝0.64（g）となる。0.86gにするために必要な残りのビーズの重さは，0.86－0.64＝0.22（g）であるが，残りのビーズＨだけでは0.22gにならないことから，Ｇのビーズが２個のときはビーズの重さの合計を3.98gにすることができないといえる。

　　次に，Ｇのビーズが１個であると仮定した場合を考える。Ｇのビーズが１個のとき，ビーズの重さの合計は，0.32×1＝0.32（g）となる。0.86gにするために必要な残りのビーズの重さは，0.86－0.32＝0.54（g）である。ここで，最も重さが小さいＨのビーズを３個用いると，0.18×3＝0.54（g）となる。したがって，ビーズの重さの合計が3.98gでビーズの個数の合計が最も少なくなるようなＦ，Ｇ，Ｈそれぞれの個数は，Ｆが６個，Ｇが１個，Ｈが３個である。

④　ソ　21℃，24℃，27℃について，③と同様に必要なビーズの重さを四捨五入して小数第２位まで求めると，それぞれ3.97g，3.96g，3.94gとなる。また，24℃と27℃について，③と同様にＦ，Ｇ，Ｈそれぞれの個数を求めると，24℃ではＦが７個，Ｇが１個のときに3.96gになり，27℃ではＦが６個，Ｇが２個，Ｈが１個のときに3.94gとなる。しかし，21℃についてはＦ，Ｇ，Ｈのビーズをどのように組み合わせても3.97gにならない。したがって，24℃や27℃に対応する小ビンは作ることができたのに21℃ではできなかったのは，21℃では，Ｆ，Ｇ，Ｈのビーズをどのように組み合わせても必要なビーズの重さにならないからだと考えられる。

2 （算数：正多角形の内角，単位分数，図表の読みとり）

基本

(1) ① **ア** 会話文の中でゆきさんが，「正三角形の
１つの角の大きさは60度なのに，**図１**の命
令Ⅱで，左に回転する角度は120度なので
すね。」と言っている。このことから，**図
１**のプログラムでは，１つの内角の大きさ
が「180度−(**図１**の命令Ⅱで回転する角
度)」である正多角形がえがかれるという
ことがわかる。右の図のように，**図１**の命
令Ⅱを「左に60度回転する」としたときに
えがかれる図形は，180−60＝120(度)よ
り，１つの内角の大きさが120度の正六角

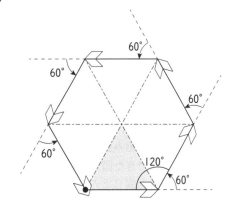

形であるとわかる。120度は正三角形の１つの角である60度のちょうど２倍なので，
１つの角が120度になる図形は上の図のように正三角形を６個しきつめた正六角形に
なる。

② **イ・エ** 正十角形の１つの角の大きさの
考え方は，　**イ**　の次のひろさん
の発言にヒントがある。「二等辺三
角形10個をすきまなくしきつめた
図形」は図のようになるので，10
個の二等辺三角形は合同なので，
中央の●の角の大きさは，360÷
10＝36(度)になる。三角形の３つ
の角の合計は180度なので，図の
○の角の大きさは，(180−36)÷
2＝72(度)になる。よって，正十
角形の１つの内角の大きさは，○
が２つ分なので，72×2＝144(度)であると

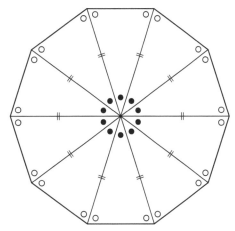

求められる。したがって，180−36＝144
(度)より，右の図のように，**図１**の命令Ⅱを
「左に36度回転する」とすれば，１つの内角
の大きさが144度となり，正十角形をえがく
ことができる。

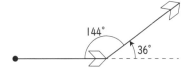

ウ **図１**の命令Ⅰを実行した後，**図２**の正三角形と
合同な正三角形をえがくには，右の図のようにな
ればよい。よって，180−120＝60(度)より，**図
１**の命令Ⅱを「右に120度回転する」とすれば，
１つの内角の大きさが60度となり，**図２**の正三角
形と合同な正三角形をえがくことができる。

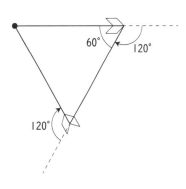

オ　図4の命令Ⅰから命令Ⅲを一度だけ行った後の
図は右の図のようになる。命令Ⅰで引いた2cm
の直線と命令Ⅲで引いた2cmの直線がつくる角
の大きさを140度にするためには，180−140＝
40(度)より，図4の命令Ⅱを「左に40度回転す
る」とすればよい。

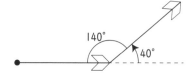

やや難

カ　次の図①，②において，図4の命令Ⅳで右に回転させる角を□で示した。図3の星
形は，下の図①のように，正五角形の各辺のまわりに斜辺で示した二等辺三角形を5
つ組み合わせてできた図形であるとみなすことができる。また，図3の星形の内部に
できた図形は正五角形であることがわかる。正五角形の5つの角の和はイの正十角形
と同じように考えると，180×5−360＝540(度)であるから，正五角形の1つの内角
の大きさは，540÷5＝108(度)であると求められる。また，図②のように補助線とし
て，えがきたい星形の太線を，交点のむこうまでのばした点線を引くと，交わった2
つの直線の向かい合う角の大きさは等しいから，図②の●で示した角2つと108度を
たした角の大きさが140度になることがわかる。よって，●で示した角の大きさは，
(140−108)÷2＝16(度)となり，図②の○で示した角の大きさは，40＋16＝56(度)
であると求められる。

　また，図②の5つの二等辺三角形のうちの一つに注目すると，○で示した2つの角
の大きさは等しく，どちらも56度である。よって，三角形の3つの角の和は180度で
あることから，図②の△で示した角の大きさは，180−(56×2)＝68(度)であると求
められる。

　ここで，△で示した角と□で示した角をたすと180度になるから，下の図の□で示
した角の大きさは，180−68＝112(度)であると求められる。□は図4の命令Ⅳで右
に回転させる角であるから，図3のような星形をえがくためには，図4の命令Ⅳで「右
に112度回転する」とすればよい。

図①

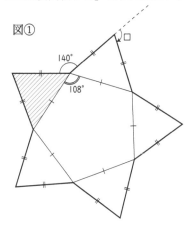

図②

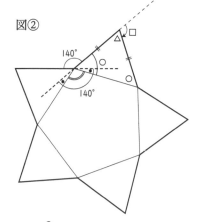

(2)　①　**キ・ク**　図6の最後の図が，単位分数を使った$\frac{3}{5}$の表し方を示していると考えられる。
この図に注目すると，$\frac{3}{5}$の紙は，$\frac{1}{2}$の紙と$\frac{1}{10}$の紙を1枚ずつ組み合わせてできる
ことがわかる。よって，$\frac{3}{5}$は，$\frac{3}{5}＝\frac{1}{2}＋\frac{1}{10}$のように表せる。

ケ・コ 図6のような手順で求める。まず，3枚の紙をそれぞれ3等分すると，$\frac{1}{3}$の紙が9枚できる。次に，これを1枚ずつに分ける。ここで，会話文の中で先生が，「はじめに3枚の紙をそれぞれ3等分して分けるとしたら，$\frac{3}{5}=\frac{1}{3}+\frac{1}{6}+\boxed{\text{ケ}}+\boxed{\text{コ}}$のように，4つの異なる単位分数の和で表すこともできます。」と言っているので，$\frac{1}{3}$の紙をさらに2等分して$\frac{1}{6}$の紙を作ればよいとわかる。$\frac{1}{3}$の紙が5枚残るように，9枚の$\frac{1}{3}$の紙のうちの4枚をさらに2等分すると，$\frac{1}{6}$の紙が8枚できる。次に，8枚の$\frac{1}{6}$の紙のうちの5枚が残るように3枚をさらに2等分して$\frac{1}{12}$の紙を6枚作る。最後に，6枚の$\frac{1}{12}$の紙のうちの5枚が残るように1枚をさらに5等分して$\frac{1}{60}$の紙を5枚作れば，$\frac{1}{3}$の紙，$\frac{1}{6}$の紙，$\frac{1}{12}$の紙，$\frac{1}{60}$の紙がそれぞれ5枚ずつできる。よって，$\frac{3}{5}$は，4つの異なる単位分数を用いて，$\frac{3}{5}=\frac{1}{3}+\frac{1}{6}+\frac{1}{12}+\frac{1}{60}$のように表せる。

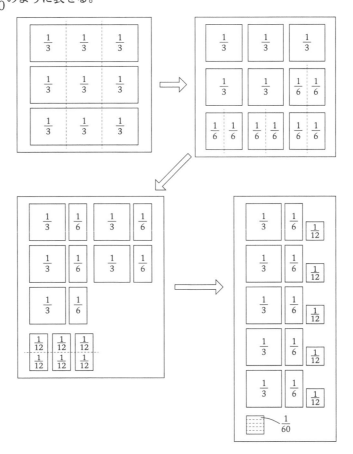

サ～タ 【ひろさんの考え】の最後の段落を見ると，ひろさんは $\frac{2}{9}$ を「$\frac{2}{9}=\frac{1}{5}+\frac{1}{45}$」のように表したことがわかる。よって，$\frac{1}{5}$ の紙と $\frac{1}{45}$ の紙を9枚ずつ作ればよいことがわかる。これについても**図6**の手順と同様に考えればよい。2枚の紙をそれぞれ5等分すれば $\frac{1}{5}$ の紙が10枚でき，$\frac{1}{5}$ の紙のうちの1枚をさらに9等分すれば $\frac{1}{45}$ の紙が9枚できるので，$\frac{1}{5}$ の紙，$\frac{1}{45}$ の紙がそれぞれ9枚ずつできる。よって，$\frac{2}{9}$ は「$\frac{2}{9}=\frac{1}{5}+\frac{1}{45}$」のように表せる。

② **チ** $\frac{2}{9}$ が $\frac{4}{18}$ のようにも表せることに気づく。$\frac{4}{18}$ は「$\frac{4}{18}=\frac{3}{18}+\frac{1}{18}$」で表され，$\frac{3}{18}$ は $\frac{1}{6}$ に約分できるので，$\frac{2}{9}$ は，$\frac{2}{9}=\frac{1}{6}+\frac{1}{18}$ のように表せる。あとは，$\frac{2}{9}$ を「$\frac{2}{9}=\frac{1}{6}+\frac{1}{18}$」で表す方法を，【ひろさんの考え】の書き方を参考にまとめればよい。約分すると $\frac{2}{9}$ になるような分数を考えることができるかどうかがポイントである。

やや難 (3) 貸し出した冊数がA，B，C，D，Eである日にちをA，B，C，D，Eで表すことにする。まず，**図7**と**表**を見ながら，冊数の分布と日数についてまとめると，**表1**のようになる。0～4冊，10～14冊については，日数と同じ個数の日にちが**表1**に入っている。しかし，5～9冊，15～19冊，20～24冊，25～29冊では日数よりも少ない個数の日にちしか入っていないことがわかる。**表1**では，足りない日にちを○で示した。

表1

冊数	日数	当てはまる日にち
0～4	1	4/24
5～9	4	4/26，4/27，5/10，○
10～14	3	4/29，5/1，5/12
15～19	3	4/25，5/2，○
20～24	7	4/28，5/3，5/7，5/8，5/11，○，○
25～29	2	5/4，○

ここで，ヒント①に，「A，B，C，D，Eの順に冊数が多かった」とあるので，**表1**の○に当てはまる日にちは，**表2**のようになる。

表2

冊数	日数	当てはまる日にち
0～4	1	4/24
5～9	4	4/26，4/27，5/10，**E**
10～14	3	4/29，5/1，5/12
15～19	3	4/25，5/2，**D**
20～24	7	4/28，5/3，5/7，5/8，5/11，**B**，**C**
25～29	2	5/4，**A**

次に，ヒント③に，「貸し出した冊数が最も多かった日と最も少なかった日とでは，25冊の差があった」とあるので，**表2**を見ると，貸し出した冊数が最も多かった日として考えられる

のは，5/4とAであり，貸し出した冊数が最も少なかった日は4/24である。ここで，**表**を見ると，4/24の貸し出した冊数は4冊であり，5/4の貸し出した冊数は26冊であることがわかるが，4/24と5/4の冊数の差は22冊であり，ヒント③に合わない。よって，貸し出した冊数が最も多かった日はAであり，Aは4/24の貸し出した冊数よりも25冊多い29冊であったことがわかる。

次に，ヒント④とヒント⑤より，「1日当たりの平均貸し出し冊数は16冊であり，「1日当たりの平均貸し出し冊数を下回った日は，10日間で」あったことがわかる。ここで，**表**を見て，平均貸し出し冊数を下回った日を確認すると，4/24，4/26，4/27，4/29，5/1，5/2，5/10，5/12の8日間であることがわかる。10日間まであと2日足りないことと，表2より，DとEが16冊を下回っていると考えられる。ここで，表2を見ると，Dとして考えられる15～19冊の冊数の中で16冊を下回るのは15冊だけであるので，Dは15冊であることがわかる。

続いて，ヒント⑥より，「冊数が多かった10日分の冊数の合計と，それ以外の10日分の冊数の合計の差は130冊で」あったことがわかる。ここで，冊数が多かった10日以外の10日分の冊数の合計は，**表**と表2より，D・Eをふくむことがわかるため，表の冊数が少ないほうから8日分とD・Eをたして，4+9+6+11+10+15+8+11+D+Eと表され，Dに15を入れると，（89+E）冊となる。また，冊数が多かった10日分の冊数の合計は，A+19+20+B+21+26+C+23+24+22と表され，Aに29を入れると，（184+B+C）冊となる。これらの差が130冊であるから，（184+B+C）−（89+E）=130より，B+C−E=35…（☆）とわかる。

また，ヒント④より，すべての日にちの貸し出し冊数の合計は，16×20=320（冊）であるとわかる。**表**から求められる合計の冊数は，（184+B+C）+（89+E）=273+B+C+E（冊）であることから，273+B+C+E=320より，B+C+E=47…（★）とわかる。

☆，★と表2から，E，B，Cに当てはまる冊数を求める。表2を見ると，Eは5～9冊のいずれかになるとわかるので，まず，E=5とすると，☆はB+C=40，★はB+C=42となるため，適さない。次に，E=6とすると，☆はB+C=41，★はB+C=41となり，適切である。BとCは20～24冊のいずれかであること，BはCよりも大きいことから，Eが6冊，Bが21冊，Cが20冊とわかる。

★ワンポイントアドバイス★
難しい計算問題が多くあるが，必要に応じて図や表を用いることで，答えが求めやすくなる。頭の中だけで答えを出そうとせずに，図や表を書きながら計算問題を解く練習をするとよい。また，会話文がとても長いので，何度も読み直さなくていいように，メモを取ったり，重要なところに線を引いたりしながら読み進めることが大切である。全体的に問題が難しいので，自分で問題の難易度を見極め，できる問題から解くように心がけよう。

2024 年 度

解 答 と 解 説

＜適性検査2－1解答例＞

1 (1) ① ア 30(度)　イ 225(度)　ウ 3(秒後)　エ 39(秒後)

② オ $3+36×(x-1)$(秒後)

カ $15+24×(y-1)$(秒後)

③ キ 39(秒後)

ク 111(秒後)

(2) ① ケ 140(cm)　コ 65(cm)　サ 135(cm)

② シ

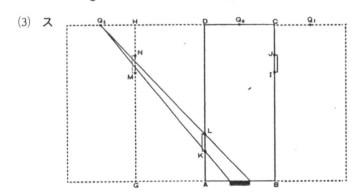

(3) ス

(4) ① セ 2(m)　ソ 1.25(m)　タ 12.5(秒後)

② 鏡えが移動した長さ　2(m)

直線ASの長さ　3(m)

2 (1) ① ア
| T₁ | ● | | ● | | ● | | ● | ● | | ● | ● | ● | ● | ⊠ | ● | ● | ● | ● | | ● | | ● |

② イ 0.5(台)

③ **ウ**

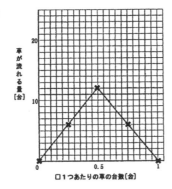

(2) ① **エ** (時速)56(km)

② **オ** (分速)2875(m)   **カ** 8(分)   **キ** 36(秒)

③ **ク** 15050(m)

(3) **ケ**

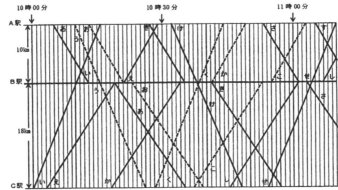

○配点○

1 (1)① 各3点×4   ② 各4点×2(問題の趣旨にあっていれば点を与える。)   ③ 各5点×2   (2)① 各2点×3   ② 4点(問題の趣旨にあっていれば点を与える。部分点を与える場合がある。)   (3) 4点(問題の趣旨にあっていれば点を与える。部分点を与える場合がある。)   (4)①各3点×3   ② 完答7点

2 (1)① 4点(部分点を与える場合がある。)   ② 3点   ③ 5点(部分点を与える場合がある。)   (2)① 2点   ② 各4点×3   ③ 4点(問題の趣旨にあっていれば点を与える。)   (3) 10点(部分点を与える場合がある。)   計100点

＜適性検査2－1解説＞

重要 **1** （理科，算数：鏡の性質，角度，合同，拡大図と縮図）

(1) ① **ア** 鏡あについて，会話文と**図4**で解説されている通り，右の図の角あと角いは同じ大きさであり，あ＋い＋60°＝180°であるから，

あ＋い＝120°

あ＝い＝120°÷2＝60°

右の図より，[ア]°＋い＝90°なので，

[ア]°＝90°－い

　　　＝90°－60°＝30°

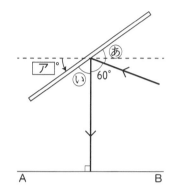

イ 右の図で，角うの大きさは，直角三角形に注目して，

う＝180°－(60°＋90°)＝30°

次に，角えと角おの大きさは，**ア**と同じように考えると，

え＝お＝(180°－30°)÷2＝75°

したがって，か＝え－う＝75°－30°＝45°

以上から，[イ]°＝180°＋か＝180°＋45°＝225°

ウ 最初に**状態Ⅰ**になるのは，鏡あが30°回転したときである。鏡あは1秒間に10度回転するので，最初に30°回転するのは，

30°÷10°＝3(秒後)

エ 2回目に**状態Ⅰ**になるのは，最初に**状態Ⅰ**になったときからさらに1回転したときである。よって，3＋360÷10＝39(秒後)である。

② **オ** **エ**と同じように考えると，x回目に**状態Ⅰ**になるのは，最初に**状態Ⅰ**になったときからさらにちょうど$(x-1)$回転したときである。よって，

3＋360÷10×$(x-1)$＝3＋36×$(x-1)$　(秒後)

カ **ウ**～**オ**と同じ順序で考える。まず，最初に**状態Ⅱ**になるのは，鏡いが225°回転したときである。鏡いは1秒間で15度回転するので，最初に**状態Ⅱ**になるのは，225°÷15°＝15(秒後)である。

したがって，鏡いがy回目に**状態Ⅱ**になるのは，最初に**状態Ⅱ**になったときからさらに$(y-1)$回転したときだから，

15＋360÷15×$(y-1)$＝15＋24×$(y-1)$　(秒後)

③ [オ]と[カ]の式のxとyに小さい順に数字をあてはめていき，**状態Ⅰ**，**状態Ⅱ**になるまでの時間を表で整理すると，次のようになる。

x	1	2	3	4	5
状態Ⅰになるまでの時間(秒)	3	39	75	111	147

y	1	2	3	4	5
状態Ⅱになるまでの時間(秒)	15	39	63	87	111

キ 上の表より，最初に**図3**の状態になるのは，**はじめの状態**から39秒後である。このと

き，鏡あは2回目に**状態Ⅰ**に，鏡いも2回目に**状態Ⅱ**になっている。

ク 上の表より，次に**図3**の状態になるのは，**はじめの状態**から111秒後である。このとき，鏡あは4回目に**状態Ⅰ**に，鏡いは5回目に**状態Ⅱ**になっている。

(2) ① **ケ** 会話文と**図6**より，物体の像は鏡の面を対称の軸として，線対称の位置に見えるので，直線ijの長さは直線fhと同じ，140cmである。

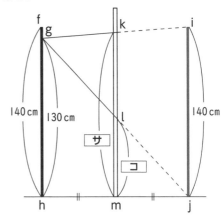

コ 右の図のように鏡と直線gi，直線gj，床との交点をそれぞれ点k，l，mとする。物体の像は鏡を対称の軸として，物体と線対称の位置に見えるので，直線hmと直線jmの長さは等しく，hm：jm＝1：1より，jm：jh＝1：2である。三角形jghは三角形jlmと同じ形であり，三角形jlmを2倍に拡大した図形とわかる。よって，拡大図と縮図の関係がみられる。拡大図と縮図では，対応する辺の長さや高さの比は等しいため，直線lmの長さ（□**コ**□）を求めることができる。

jm：jh＝lm：gh
　1：2＝lm：130
　　lm＝65

よって，□**コ**□は65(cm)である。

サ □**コ**□と同様，三角形gijは三角形gklを2倍に拡大した図形であることから，直線klの長さを求めると，

hm：hj＝kl：ij
　1：2＝kl：140
　　kl＝70

よって，□**サ**□＝lm＋kl＝70＋65＝135(cm)である。

② 辺AB上で棒の像(点P_1)が見えるのは，点P_1からそれぞれ点E，点F(鏡の面の両はじ)を通るように引いた直線(みかけの光の道すじ)と辺ABとの2つの交点の間の範囲である。よって，その範囲を太い線にすればよい。

(3) 下線部**ス**から，**図11**の状態で，辺AB上で棒の像(点Q_2)が見える位置は，点Q_2と鏡うの像・鏡えを通る直線と，辺ABの交点の位置である。**図11**の状態で点Q_2からそれぞれ点L，点Kを通るように線を引くと，どちらの線も鏡うの像を通っているので，それらの直線と辺ABとの2つの交点の間を太い線にすればよい。

(4) ① **セ** 合同な三角形は対応する辺の長さが等しいので，直線ARの長さは直線HQ_2の長さと等しい。直角の位置と照らし合わせて辺の対応を考えるとよい。

ソ　図13において，下の図のように点Oをとる。

今回の問題で拡大図と縮図の関係が見られるのは，三角形OQ₂Rと三角形ALRである。**図12**より直線ABの長さは4mで，**図13**より直線Q₂Hの長さは2mなので，直線ORの長さは，2+4+2=8(m)である。

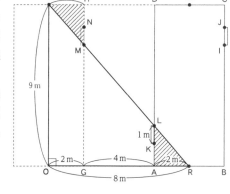

よって，直線ARと直線ORの長さの比は，2:8=1:4である。したがって，直線ALと直線OQ₂の長さの比も1:4である。直線OQ₂は9mなので，直線ALの長さは，9÷4=2.25(m)である。

鏡えが移動した長さは，直線ALの長さから鏡の長さを引くと求められる。よって，答えは2.25−1=1.25(m)である。

タ　鏡は秒速10cmで動く。1.25mは125cmなので，求める時間は，125÷10=12.5(秒後)となる。

② 点Q₂からかいた直線(みかけの光の道すじ)が，点N，点Lを通るときの状態を下の図に示す。

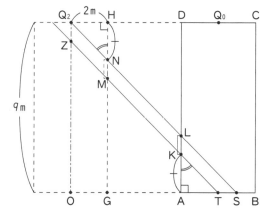

点Q₂からかいたみかけの光の道すじに平行で，点Mと点Kを通る直線を引き，直線ABとの交点を点Tとする。2つの鏡は同じ速さで動くので，NH=KAであり，三角形NHQ₂と三角形KATは合同である。よって，直線ATの長さは直線HQ₂と同じで2mである。

次に，図のように点Zをとると，直線Q₂Zの長さは，直線NM，直線LKと同じ1mなので，直線ZOの長さは，OQ₂−Q₂Z=9−1=8(m)である。また，直線OTの長さは，OG+OA+AT=2+4+2=8(m)である。よって，三角形ZOTは辺ZOの長さと辺OTの長さが等しい直角二等辺三角形である。ここで，三角形ZOTと三角形KATは対応する角の大きさがそれぞれ等しく，形を変えずに大きさを変えた三角形である。したがって，三角形ZOTと三角形KATは拡大図と縮図の関係にあるので，三角形KATも直角二等辺三角形である。よって，KA=AT=2(m)なので，鏡えが移動した長さは2mとわかる。

直線LAの長さは，直線KAの長さと鏡の大きさを足したものなので，2+1=3(m)である。三角形KATと三角形LASも拡大図と縮図の関係にあるので，三角形LASも直角二等辺三角形であり，直線ASの長さは3mとわかる。

やや難 2 （算数：速さときょり，ダイヤグラム）

(1) ① 渋滞を解消したいので，渋滞の近くの車を減らすことを考える。

渋滞の前の1台を減らすと下のようになり，渋滞は解消されない。

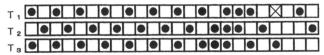

渋滞の後ろの1台を減らすと下のようになり，渋滞が解消されるので，このように図をかけばよい。

② **図2**の中に□は24個あり，車は12台あるので，□1つあたりの車の台数は，$12÷24＝0.5$(台)である。

③ ②より，□1つあたりの車の台数が0.5台のとき，**車が流れる量**は12台である。そして，□1つあたりの車の台数が0台と1台のときは**車が流れる量**は0台である。また，それぞれの間について考えると，車の台数が6台のときと18台のとき，つまり□1つあたりの車の台数が0.25台，0.75台のときの**車が流れる量**はそれぞれ6台である。

(2) ① A駅とB駅の間を走るのにかかる時間は，10kmを時速40kmで走っているので，$10÷40＝0.25$(時間)である。

B駅とC駅の間を走るのにかかる時間は，18kmを時速72kmで走っているので，$18÷72＝0.25$(時間)である。

よって，A駅とC駅の間を一定の速さで走っていることにした場合，28kmを0.5時間で走るので，$10＋18＝28$(km)より，$28÷0.5＝$(時速)56(km)である。

② **オ** 電車うは10時06分にA駅を出発し，10時22分にC駅に到着する。28kmを16分で走っているので，$28000÷16＝$(分速)1750(m)である。

電車えは10時03分にC駅を出発し，10時19分にB駅に到着する。18kmを16分で走っているので，$18000÷16＝$(分速)1125(m)である。

よって，電車うの分速と，逆向きに進む電車えの速さの和は，$1750＋1125＝$(分速)2875(m)になる。

カ，キ 電車えは電車うより3分早く出発してその間に，$1125×3＝3375$(m)進んでいる。よって，電車うと電車えがすれ違う時間は，電車うが出発してから，$(28000－3375)÷2875＝8.56…$(分)，つまり小数第二位を四捨五入して8.6(分)である。$0.6×60＝36$(秒)なので，求める時間は8分36秒となる。

③ **ク** 点Pの場所は，電車うがA駅から分速1750mで8.6分進んだ場所なので，$1750×8.6＝15050$(m)の場所である。

(3) 快速電車がA駅からB駅を通過するまでにかかる時間は，$16÷28×10＝5.71…$(分)なので，5分から6分の間であることに注意する。

5分遅れた電車あがB駅に到着するのは，10時13分なので，**回復運転のルール⑥**より電車うは10時15分以降にB駅を通過しなければならない。したがって，電車うがいちばん早くA駅を出発できる時刻は10時10分である。

このとき，電車うがC駅に到着するのは，10時26分なので，電車くがいちばん早くC駅を出

発できる時刻は**回復運転のルール⑥**より10時28分である。電車**く**がB駅を通過するのは，10時38分から39分の間であるので，電車**く**がB駅を通過するときにB駅に停まっている電車**か**がB駅からいちばん早く出発できる時刻は10時41分である。

　最後に，電車**あ**が10時35分にC駅に到着しているので，電車**こ**がC駅を出発できるいちばん早い時刻は，10時37分である。電車**こ**のB駅での停車時間は快速電車にぬかれないため，2分間でよい。線を解答らんにかき入れて，他の電車との間かくも確認する。

★ワンポイントアドバイス★

会話文と図や表を利用して答えを求める問題が多い。問題ごとに必要な情報や条件を読み取って整理し，ていねいに解答する力が求められる。制限時間に対して問題量が多く難しい問題も多いため，問題ごとの時間配分をよく考える必要がある。難易度の低い問題は必ず正解したい。ケアレスミスのないように，作図や計算，見直しに慣れておこう。

＜適性検査2−2解答例＞

一　(1)　①　意見がちがう人
　　　　②　イ
　　　　③　ウ
　　(2)　共有できる考えを見つけて，それを広げて意見を出し合い，話し合いを進めていく。

二　(1)　①　ゴールにたどり着く
　　　　②　通った道すじを教えられない
　　　　③　答え
　　　　④　解き方がわかっている
　　(2)　①　目印を確にんする
　　　　②　周辺の地理
　　(3)　テーマ　ア
　　　　　わたしは，カレーライスを自分で作ってみて，食べたときにはわからなかった材料を使うことで，おいしく作れることを知りました。にんにくやヨーグルトなどをかくし味として入れたら，おいしくできました。

三　(1)　①　イ
　　　　②　オ
　　　　③　ア
　　　　④　エ
　　　　⑤　育てていく
　　(2)　①　心の中にある
　　　　②　何度も他の言葉で言いかえた
　　　　③　他者の中に

(3)　**A**　関わり

(4)　わたしは，チームのメンバーに，歌しに取り入れる内容について，全ての学年から意見を集めることを提案します。そのために，高学年には，クラスの代表に話し合いに参加してもらいます。低学年は，話し合いの場では，きん張してしまうと思うので，チームで手分けして，直接，クラスに聞きに行き，インタビューしようと思います。この取り組みによって，実際に生の声を聞くことができるので，みんなの考えをより深く理解できます。だから，なぜその歌しにしたのかを質問されたときに，説明ができます。

　　歌しを作っていると中で，中庭にある大きな木のすばらしさや，花だんの美しさをどのように伝えるのか，苦労すると思います。実際に中庭を見た人にしか伝わらないと思うからです。対さくとして，チーム以外の友達に，協力をお願いします。その友達に作成中の歌しを見せて，歌しでは伝わりきらない中庭の様子やその他にも伝わりきらないと思う点を挙げてもらいます。その部分を，学校のタブレットを使って，写真にとって来てもらいます。それを「学校の歌」を発表するときに，スクリーンにうつしてもらえないか，先生にたのみます。そうすれば，歌しで伝わりにくいところが，伝わりやすくなるはずです。

○配点○

一　(1)①　4点(問題の趣旨にあっていれば点を与える。)　(1)②③　各4点×2　(2)　6点(問題の趣旨にあっていれば点を与える。部分点を与える場合がある。)

二　(1)①・(2)②　各4点×2　(1)②③④・(2)①　各4点×4(問題の趣旨にあっていれば点を与える。)　(3)　8点(問題の趣旨にあっていれば点を与える。部分点を与える場合がある。)

三　(1)①②③④　完答8点(①②は順不同)　(1)⑤・(2)①③・(3)　各4点×4　(2)②　6点(問題の趣旨にあっていれば点を与える。)　(4)　20点(問題の趣旨にあっていれば点を与える。部分点を与える場合がある。)　計100点

＜適性検査2－2解説＞

重要 一　(国語：音声聞き取り，条件作文)

(1)　①　①の空らんは〔はるさんの思い〕をまとめた〔図〕にある。はるさんとまきさんの会話の中で，はるさんがわかりあえない相手をどのように表現していたか思い出せればよい。また，〔図〕には「りくさんとの関係が気まずくなった。」とあるため，どのような理由で気まずくなったのかを思い出すことが答えのヒントになる。はるさんの「意見が違う人とわかりあうことは，無理だと思ったよ。」という最初の発言がそのまま答えとなるが，完全に同じ文言である必要はないため，「考えがちがう人」など，内容と合った表現ができればよい。

　　②　まず②の空らんは〔まきさんのアドバイス〕の中の〔本の内容〕にあることを確かめる。まきさんがはるさんに，本に書かれていたことをしょうかいしたことを思い出したい。具体的にまきさんが本からぬき出した文は，「心からわかりあえないんだよ，すぐには」「心からわかりあえないんだよ，初めからは」という二つの文であった。とう置法が用いられていることで，「すぐには」と「初めからは」がそれぞれの文で強調されており，この言葉が重要であることがわかる。選たくしの**ア**の「心から」をあてはめると意味が異なってしまうため，本に書いてあったからといって，選んでしまわないようにしたい。また，本に書かれていた文を思い出せなくても，その意味についてまきさんが説明するところを聞いてい

れば答えにたどり着ける。

③　①や②のときとは異なり，答えに直接結びつく言葉が会話の中で出ていないため，二人が話している内容を理解し，選たくしにある言葉で言いかえる必要がある。まきさんは本に書かれていた内容をふまえ，「でも，そんなわかりあえない人同士でも何とかして，共有できる部分を見つけて，少しずつそれを広げていくことならできるかもしれない」と言っていた。一度わかりあえなかった相手であっても，わかりあおうとすることが大切であり，人間関係は自分でつくりあげるものであると理解できれば答えを選ぶことができる。

(2)　はるさんとりくさんは意見の違いからわかりあうことができず，関係が気まずくなってしまっていた。意見の違う人とどのようにわかりあうことができるかについて，「共有できる部分を見つけて，少しずつそれを広げていく」という方法をまきさんが発言していた。これを参考にして，設問の答えになるように簡潔にまとめる。

(放送文)

まきさん：どうしたの，はるさん。

はるさん：意見が違う人とわかりあうことは，無理だと思ったよ。

まきさん：何があったの。

はるさん：今，クラスの絆を深めるためのお楽しみ会の内容を考えていてね。この前，同じクラスのりくさんと話し合いをしたんだけれど，りくさんとぼくの意見が合わなかったんだ。それでりくさんとの関係も気まずくなっちゃってね。意見が違う相手とわかりあうのは無理なんだと思ったよ。

まきさん：それは困ったね。でもはるさん，まだ無理だと決めつけない方がいいかもしれないよ。この前，はるさんの悩みに役立ちそうな本を読んだよ。その本には，人間関係についてこんなことが書かれていたよ。

「心からわかりあえないんだよ，すぐには」
「心からわかりあえないんだよ，初めからは」

はるさん：人間関係のことでそんなふうに考えたことなんてなかったよ。まきさん，どういうこと？

まきさん：私がこの本を読んで思ったことは，１回話し合っただけで意見が合うなんてめったにないってことだよ。でも，そんなわかりあえない人同士でも何とかして，共有できる部分を見つけて，少しずつそれを広げていくことならできるかもしれないよ。だからりくさんともう一度話し合ってみたらどうかな。

はるさん：なるほど。たしかに，人はお互いにわかりあえないこともあるけれど，今の話を聞いたら，りくさんと話し合いがうまくできそうな気がしてきたよ。まきさん，ありがとう。

まきさん：がんばってね。

基本 二　（国語：文章読み取り）

(1)　①　【1】の文章から，「わかる」ということは，「わからない」状態から「わかった」状態になるために通った道筋を理解することであるとわかる。逆に「『なんにもわからない』のままでいる」状態とは，この道筋に注目せず，ゴールにたどり着くことで「わかった」と思

いこんでいる状態であると読み解くことができる。空らんにあてはまる言葉をぬき出すときは、字数もヒントになる。空らんの次の言葉ときちんとつながるか確認してからぬき出すとよい。

②　①でも読み解いた【1】の文章の内容をふまえて解答する。字数制限に気をつけて、自分で空らんにあてはまる言葉をまとめる必要がある。解答例のように、【1】の文章の中の「だから、人に地図を書いて、自分の通った道筋を教えることができない。」という一文を参考にして解答を考えるとよい。

③　〔授業のまとめ〕では、①と②の空らんがある文のあとに「つまり、言いかえると、」とあり、次の文に続いている。このことから、③と④の空らんがある文も前の文の内容と同じ内容であることがわかる。③は二字という指定があるため、文ではなく単語であると考えられる。【1】でゴールと表現されていたことを言いかえられればよい。

④　③と同じ文の中の空らんであるため、③で解答した単語と対応するように考えたい。解答例では③を「答え」としたため、【1】で「道筋」と表現されていたことは「解き方」と言いかえられる。

(2)　①　①の空らんがある〔なつさんの説明文の一部〕を読み、空らんの場所を確認する。【2】の二段落目では、地図を見ながら目的地までの道順を決め、その道順通りにたどるには目印となる「ランドマークを見つけなければならない」と書かれている。そして、三段落目には、「ランドマークを確認しながら現在位置を把握している」とある。つまり、地図を使うと、実際にランドマーク、つまり目印を確認する必要があるという内容が書かれているため、この内容を表現できればよい。

②　②の空らんがある文のあとに、「つまり、結果としてその土地についての理解が深まっていく」とある。よって、この文と②の空らんがある文は同じような内容だとわかるので、②には「土地」について理解するために必要なものが入ると考えられる。

(3)　ここまでの内容から、「わかる」状態とは、最終的な答えを知ることではなく、その答えが出るまでの過程を理解することであった。解答例では〔テーマ〕を「食べ物について」とし、カレーライスをおいしく作るためまでの過程を、料理を通して理解したという具体例で説明している。三つのテーマから、自分にとって書きやすく、思いつきやすいものを選ぶとよい。

やや難　三　（国語：文章読み取り、条件作文）

(1)　①②　【1】の文章からキーワードをぬき出す。最後の文で、「『発見』と『創造』がことばの発達を前進させる原動力となり得るのです。」とあり、原動力とは、物事のもととなる力のことを意味する。〔ふみさんのノート〕でも、①と②は一連の流れの中のスタートに位置するため、原動力と対応していると考えられる。

③　【1】の文章の最後の文で、「『修正』ができるからこそ、…ことばの発達を前進させる」とある。〔ふみさんのノート〕と照らし合わせると、「日常生活でのやりとり」から③と④につながっており、③と④は〔意味の深化と進化〕を示している。「『修正』ができるからこそ」とあるため、③には「修正」が入るとわかる。また、意味の「深化」にあてはまる言葉は修正であることがわかる。

④　③と同様に考えると、④にあてはまる言葉は、意味の進化を示す言葉である。「『修正』ができるからこそ、…ことばの発達を前進させる」という文から、「ことば」を修正することで発達が前進するとわかるので、④には「発達」が入るとわかる。また、進化と発達は類義語なので、言いかえていることがわかりやすい。

　　⑤　〔ふみさんのノート〕の,「○【1】と【2】の共通する考え方」をみると, ⑤は, ③の修正と④の発達, つまり「意味の深化と進化」に対応する言葉があてはまるとわかる。【2】を読むと, はじめの文で,「言葉というものを, 肉体と同じように育てていくのだと思っています。」と書いてあり, 進化や発達と似たような意味でとらえられる, 育てるという言葉に気がつければよい。五字でぬき出し,「育てていく」が空らんに自然にあてはまることを確認する。

(2)　①　①の空らんの前には「でも」という接続詞(せつぞくし)があり, このふみさんの発言では【1】と【2】でちがっている点を挙げていることがわかる。そこでふみさんの発言をみると,【1】では「自分の外部にある物が例に挙がっている」とあるため, ①の空らんでこれと反対の意味にするためには,「自分の内部にある」ことを表す表現があてはまると考えられる。よって, これと同様の表現を【2】の文章から探(さが)せばよい。

　　②　【1】の文章では, ぴったりと合うことばを知らない子どもが, 独自の言いかえをする例が挙がっていた。ふみさんも,「きれい」という言葉では夕日を見たときの感動を完全には伝えられていなかったと話しており, ちがう言葉を組み合わせて創作(そうさく)したり, 言いかえたりしたと考えられる。

　　③　なつさんはふみさんの「他人には絶対に伝わらない言葉」を通じて, ふみさんの新たな一面がわかったと話している。これが,「まさに【2】でいう」という言葉で空らんにつながっているので, なつさんの発言と同じ内容のところを探せばよい。【2】の最後の文で,「他人には絶対に伝わらない言葉」について,「伝わらなくても, 届(とど)いてくれたらと思いながら発することで, その人は他者の中に自分の存在(そんざい)を残していくのかもしれない。」とあるので, 答えは, 空らん⑤にあてはまるようにぬき出すと,「他者の中に自分の存在を残していく」の部分になる。解答らんには最初の五字を書くということに注意する。

(3)　問題二の【2】と問題三の【2】で共通する点について整理されたものを見ると, Aがあったことで理解が深まっていることがわかる。問題三の【2】では, 伝わらなくても届いてほしいという思いをこめて相手に伝えようとすることが理解へとつながっていた。これにならって, 問題二の【2】を確認すると, 最後の文で「この一連の作業の過程で私と外界とのあいだで生じているのが, まさに関わりであり, そこから開闢(かいびゃく)する世界そのものだ。」とあり, その前の内容もふまえると, 私と外界の関わりによって, 外界(土地)への理解が深まったとわかる。問題三の【2】でも, 相手に伝えようとすることは, 相手と関わりを持とうとしていることと言いかえられるので,「関わり」が答えだとわかる。

(4)　〔条件〕の中で段落構成が示されているので, それに沿(そ)って書く。各段落の内容は次のようになる。

　　　一段落目…　歌詞(かし)作成活動において, メンバーに提案することを問題二の【1】【2】の内容をふまえて理由とともに具体的に書く。作品を完成させるという「ゴール」だけでなく, その作品ができるまでの過程が重要であったことを思い出し, 解答例では歌詞を決めた理由も説明できるように工夫している。

　　　二段落目…　歌詞作成活動において, 問題三の【2】の文章をふまえて, どのような課題点があり, それにどのように対処すべきかまとめる。解答例では, 歌詞に「他人には絶対に伝わらない言葉」がふくまれてしまうことをふまえ, 言葉だけでなく写真を使って, 歌詞を相手に伝えることを提案している。

★ワンポイントアドバイス★

文章を読んだあとに，内容がまとめられた資料と照らし合わせて解答する必要がある。文章理解だけでなく，資料の文脈を読むこと，空らんの前後のつながりや文字数などの設問の条件をすべて確認することも大切にしよう。

大切なことはメモしておこうネ！

2023年度

★★★★★★★★★★★★★★★★★★★★★★

入 試 問 題

2023
年
度

2023年度

千葉県立中学校入試問題（一次）

【適性検査１－１】 （45分）　＜満点：100点＞

1　はるさんと妹のあきさんは，「食品の保存」について家族で話をしています。会話文をふまえながら，あとの(1)～(8)の問いに答えなさい。

あき：牛乳パックやおかしのふくろなどには，年月日が書かれているよね。

母　：それは期限表示といって，「ふくろや容器を開けていない状態で，表示された保存方法を守って保存すると，いつまでその食品を食べることができるのか」ということを示しているのよ。

あき：期限表示の「消費期限」と「賞味期限」には，どのようなちがいがあるのかな。

はる：消費期限は，食品の安全が保証されている期限を示しているもので，賞味期限はおいしさが保証されている期限を示しているものだと学校で勉強したよ。最近では，賞味期限として「年月」までしか表示されていないものが増えてきたみたいだよ。**資料１**を見て。

資料１　はるさんが食品の期限表示についてまとめたもの

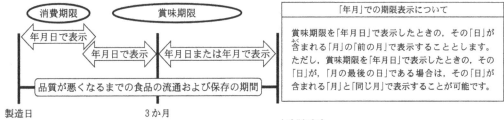

（資料１　消費者庁「加工食品の表示に関する共通Q&A」より作成）

母　：賞味期限を表示する食品のうち，製造日から賞味期限までが３か月をこえる食品は，「年月」で表示することができるということがわかるね。

あき：つまり，「年月」で賞味期限を表示する場合は，**資料２**のように表示することができるということだね。

資料２　保存の期間が３か月をこえる食品の表示について

	年月日表示	年月表示
賞味期限	令和４年12月31日	あ
賞味期限	令和５年１月10日	い

父　：そのとおりだね。年月表示にすることで，捨てられてしまう食品が減るといいね。

---

(1)　資料２の あ ， い にあてはまる数を，資料１をふまえて，それぞれ書きなさい。ただし，解答らんにしたがって書くこと。

(2) 期限表示についての説明として最も適当なものを，次のア～エのうちから１つ選び，その記号を書きなさい。

ア　食品はすべて，未開ふうかどうかに関わらず，賞味期限内であれば，おいしさが保証されている。

イ　年月日表示の賞味期限を年月表示にすると，賞味期限はすべて短くなる。

ウ　消費期限が過ぎたら，未開ふうの状態で保存方法どおりに保存した場合でも，安全に食べることができなくなる。

エ　消費期限が３か月をこえる食品については，年月表示にしなければならない。

あき：だいぶ前に炊飯器でたいて，冷凍しておいたご飯を，さっき温め直して食べたら，たきたてのご飯に比べて，あまりおいしくなかったよ。

父　：それは，冷凍されるうちに，ごはんに含まれている水分が，氷の結晶※1になって，その結晶が大きくなることで食品へのダメージが大きくなったために，おいしさや栄養が失われてしまったからだね。

はる：では，なぜ市販※2の冷凍食品は，おいしく食べられるのかな。

父　：家庭で食品を冷凍する場合と市販の冷凍食品を作る場合では，冷凍の方法が異なるからだよ。資料３を見て。①と②のグラフは，２つの冷凍の方法による温度変化のちがいを表しているよ。どちらが市販の冷凍食品を表しているかわかるかな。

はる：　う　だよね。つまり市販の冷凍食品は，工場などで　え　に冷凍させることで「最大氷結晶生成温度帯」にとどまる時間を短くしているんだね。

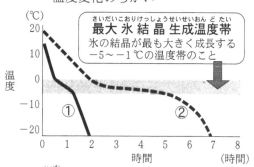

資料３　２つの冷凍の方法による温度変化のちがい

最大氷結晶生成温度帯
氷の結晶が最も大きく成長する
－５～－１℃の温度帯のこと

（資料３　一般社団法人日本冷凍食品協会ホームページより作成）

父　：そうだね。そこが家庭で食品を冷凍する場合とはちがう点だね。－18℃ 以下に管理されていれば，カビなどが増える心配はないから，安心なんだよ。

※1　結晶：雪や氷などにみられる規則正しい形をしたもの。

※2　市販：広く店で売っていること。

---

(3)　う　にあてはまるものを，資料３の①と②のうちから１つ選び，その番号を書きなさい。また，　え　にあてはまる言葉を，資料３をふまえて，５字以内で書きなさい。

はる：レトルト食品※やかんづめなど，包装を工夫して，長期間の保存ができるようにしているものがあったよ。私たちもよく利用する，レトルト食品やかんづめについて，資料４と資料５を見つけたよ。　　　　（資料４と資料５は次のページにあります。）

※レトルト食品：調理済みの食品をふくろにつめたもの。

資料4　国内のレトルト食品の品目別生産量の割合^{わりあい}

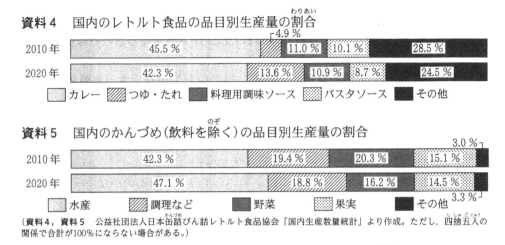

	カレー	つゆ・たれ	料理用調味ソース	パスタソース	その他
2010年	45.5 %	11.0 %	4.9 %	10.1 %	28.5 %
2020年	42.3 %	13.6 %	10.9 %	8.7 %	24.5 %

資料5　国内のかんづめ（飲料を除^{のぞ}く）の品目別生産量の割合

	水産	調理など	野菜	果実	その他
2010年	42.3 %	19.4 %	20.3 %	15.1 %	3.0 %
2020年	47.1 %	18.8 %	16.2 %	14.5 %	3.3 %

（**資料4**，**資料5**　公益社団法人日本缶詰^{かんづめ}びん詰レトルト食品協会「国内生産数量統計」より作成。ただし，四捨五入^{ししゃごにゅう}の関係で合計が100％にならない場合がある。）

あき：**資料4**と**資料5**中の，レトルト食品とかんづめの品目別生産量の割合^{わりあい}が最も高い「カレー」と「水産」を見ると，2010年に比べて2020年の「カレー」は，割合が減っているから生産量も減っていて，「水産」は割合が増えているから生産量も増えているということかな。

はる：そう見えてしまうかもしれないけれど，**資料4**と**資料5**だけでは，生産量の増減は，判断できないよ。それは，**資料4**と**資料5**に加えて，　**お**　について示された資料を用いて計算するとわかるよ。

父　：そのとおりだね。それぞれ，品目別に生産量の割合を比べてみると，増えているものも減っているものもあるよね。でも実際は，レトルト食品は，すべての品目で生産量が増えていて，かんづめは，すべての品目で生産量が減っているんだよ。

(4)　**お**　にあてはまる言葉を，書きなさい。

あき：今のように冷凍，冷蔵^{れいぞう}技術や包装技術が発達していなかったころは，どうやって食品を長持ちさせていたのだろう。

父　：昔の人が食品を保存するための知恵^{ちえ}の1つに，「乾物^{かんぶつ}※1にして保存」するという方法があるよ。

はる：**資料6**を見て。調理実習でみそしるを作ったときに，具として乾燥^{かんそう}わかめを使ったよ。

　※1　乾物：かわかして，水分を少なくし，長く保存できるようにした食べ物。

資料6　乾燥わかめを使ったみそしるの作り方（4人分）

①なべに，だしじるを入れて火をつける。	②お湯が，ふっとうしたら，乾燥わかめを入れる。	③火を止めて，少しずつみそを入れる。	④再びふっとうしたら，すぐに火を止めて完成。
だしじる（乾燥しいたけと乾燥こんぶ）800 mL	乾燥わかめ 小さじ2	みそ 大さじ2	

あき：４人分を作るのに，乾燥わかめは，小さじ２はいだけで足りるのかな。

父 ：たしかにそう感じるね。では，**資料７**と**資料８**を見てごらん。

資料７　みそしるで使用する乾物のもどし率※2

食品名	もどし率
乾燥わかめ	12 倍
乾燥しいたけ	4 倍
乾燥こんぶ	3 倍

資料８　みそしるで使用する食品のかさ密度※3

食品名	かさ密度
乾燥わかめ	0.2
みそ	1.15
水	1

かさ密度が１の場合
大さじ１＝15ｇ
小さじ１＝ 5ｇ

（資料７，資料８　文部科学省「日本食品標準成分表 2020」ほかより作成）

※２　もどし率：乾物を水などでもどしたとき，重さが何倍になるかの割合。

※３　かさ密度：さじに入れたある食品の重さを体積で割った値。

はる：か乾燥わかめに比べて，できあがったみそしるの中のわかめは，水分を吸収することで，１人あたり６グラムになるということだね。

母 ：水分をぬいて乾燥させた食品は，長持ちするし，水でもどすと少しの量でも，重さもかさも増えるから，とても便利だね。

⑸　下線部**か**について，はるさんは，できあがったみそしるの中のわかめの重さを，どのように求めたのか書きなさい。ただし，**資料６～資料８**の言葉や数を使って，求め方の手順を説明すること。

あき：ここまで，長期間の保存ができる食品を見てきたけれど，傷まないようにするための保存方法には，食品によってちがいがあるのかな。

はる：**資料９**に，家にある食品の箱やふくろに書かれた保存方法をまとめてみたよ。

資料９　はるさんがまとめた食品の保存方法の一部

食品名	冷凍コロッケ	レトルトカレー	カップめん	さばのかんづめ	チョコレート
保存方法	－18℃以下で保存すること。	直射日光を避けて，常温保存※1 すること。	においが強いもののそばや直射日光を避けて常温保存すること。	直射日光や高温多湿※2を避け，常温，暗所で保存すること。	28℃以下のすずしい場所で保存すること。

※１　常温保存：とくに温めたり冷やしたりせずに，保存すること。

※２　高温多湿：温度が高く，湿気が多いこと。

あき：食品が傷まないようにするために，いろいろな方法があるんだね。つまり，できるだけ食品を長持ちさせるためには，　**き**　で保存するということが大切なんだね。

⑹　　**き**　にあてはまる言葉を，10字以上15字以内で書きなさい。

はる：ところで，長期間の保存ができる食品でも，保存して使わないまま賞味期限が切れてしまい，捨てられてしまうことはないのかな。

母 ：前に，災害時の備えとして，買って保存しておいた，水や乾パン，アルファ米※などの非

常食を，食べずに捨ててしまったことがあったよ。賞味期限は，5年や10年と長期間だったけれど，しまいこんだままだったのよ。

あき：私たちの家で乾パンやアルファ米などの非常食は，一度も食べたことがないよね。

はる：そうだね。ところで，私たちの家の非常食って，どんなふうに保存しているの。

母　：非常食は，7日分あるとよいとされているから，私たちの家でも，家族4人分の非常食を物置や勝手口のすみなどに，非常食置き場を作って保存しているよ。

はる：非常食は，日ごろあまり確認しない場所に置いてしまうから，使わないまま賞味期限が切れたことにも，気づきにくいかもしれないね。

父　：そうならないための方法の1つとして，日ごろから食べている食品を活用する「ローリングストック法」というものがあるよ。**資料10**と**資料11**を見て。

　　　※アルファ米：たいた後に乾燥させたご飯で，水やお湯を加えるだけで食べることができる。

資料10　ローリングストック法

	ローリングストック法
備える食品例	非常食用の特別な食品ではなく，日ごろから食べている，カップめん，レトルトご飯，レトルトカレー，さばのかんづめ，フルーツかんづめや飲料水などの「日常食品」が中心。災害時にも使用できる，すぐに食べたり飲んだりできるもの。
保存場所	キッチンなど，目につきやすくて，管理のしやすい場所。

資料11　ローリングストック法のイメージ

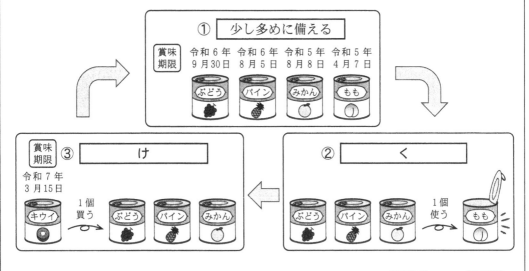

はる：日ごろから食べている食品について，「①少し多めに備える」「② く 」「③ け 」をくり返すことで，賞味期限切れになってしまう食品を減らすことができるという利点があることがわかるね。

あき：**資料10**と**資料11**を見ると，私たちの家でも，ローリングストック法を用いて「日常食品」を定期的に活用することで，他にも こ という利点があると思うよ。

はる：せっかく長期間の保存ができる食品が作られても，保存方法や利用方法を知らなかったり，まちがったりすることで，食品をむだに捨ててしまうことになってしまうね。

母　：そうだね。私たちも食品の保存方法や利用方法について見直していこうね。

(7) 　く ， け にあてはまる言葉を10字以上15字以内で書きなさい。

(8) 　こ にあてはまる言葉を書きなさい。ただし，ローリングストック法を活用することで，はる
　　さんの家にどんな利点があるか，次の①と②の指示にしたがって書くこと。

　① 　はるさんの家での，非常食の保存や利用についての課題が，ローリングストック法を活用す
　　ることで，どのように改善（かいぜん）されるかを書くこと。

　② 　句読点を含めて，30字以上40字以内で書くこと。

2 　うみさんたちは，けい示用のポスター作成をきっかけに「デザインすること」について調べるこ
　とにしました。会話文をふまえながら，あとの(1)～(8)の問いに答えなさい。

　あお：最近，そうじ用具を，決められた場所に片付（かたづ）けない人がいて困（こま）ったよ。
　うみ：そうだよね。そこで，**資料1**の①を②のように，美化委員会のポスターのデザインを，見
　　　　やすく作り直してみたよ。

資料1 　うみさんが作った美化委員会のポスター

①修正前　　　　　　　　　　　　　②修正後

　あお：**資料1**の②を見ると，①と比べてどのそうじ用具を，どこに片付ければよいかが，わかり
　　　　やすくなったね。
　先生：見る人のことを考えて，工夫（くふう）できていますね。デザインには，**資料2**のような原則があり
　　　　ます。うみさんは，4つの原則のうちの3つを取り入れたのですね。

資料2 　デザインの4原則

まとめる

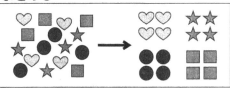

強調する

整列する

くり返す

うみ：さらに，４つ目の原則も取り入れて，　あ　ことで，修正してみます。

りく：他にも役に立ちそうな，デザインによる効果を調べてみよう。

(1)　あ　にあてはまる言葉を，10字以上15字以内で書きなさい。ただし，解答らんにしたがい，う みさんが取り入れる４つ目の原則を１つ選び，○をつけること。

うみ：デザインによる効果を調べていたら，**資料３**を見つけたよ。**資料３**の①〜③のそれぞれ で，うさぎを探してみて。

資料３　デザインの効果による，うさぎの見つけやすさの比較

①効果なし　　②トンネル効果　　③矢印効果

りく：**資料３**の②と③は，うさぎにすぐ目がいくから，①よりうさぎを見つけやすいね。

先生：これらのデザインの効果によって，なぜうさぎに目を向けさせることができるか，わかり ますか。

あお：トンネル効果は全体を暗くし，　い　ことで，矢印効果は，　う　ことで，それぞれ視 線の動きをコントロールしているからです。

りく：「デザインすること」の意味には，「見た目を整えたり，形を作ったりすること」だけでは なく，作る人から見る人に対して，「　え　ことを明確に表すこと」も含まれているん ですね。

先生：そのとおりです。みんなが学校で使っている，身近なもののデザインにも，注目してみま しょう。

(2)　い　，　う　にあてはまる言葉を，それぞれ10字以上15字以内で書きなさい。ただし，**資料３** をふまえて，書くこと。

(3)　え　にあてはまる言葉を，**資料１〜資料３**をふまえて５字以内で書きなさい。

りく：えん筆のデザインについて，調べてみたよ。私（わたし）たちが使っているえん筆は，もともと黒え
んを手でつかんで，目印を書いたことが始まりみたいだよ。

うみ：黒えんとは何ですか。

先生：黒えんとは，地中からほり出される，くずれやすい性質の黒い石（こく）のようなもので，こすり
つけると線が書けます。えん筆のしんの材料になっています。

あお：資料4を見て。えん筆が今のデザインになるまでの過程をまとめてみたよ。

資料4　現在のえん筆ができるまでの過程

黒えんのかたまり

①	困っていることを聞く	手がよごれる。
②	お	手をよごさずに書きたい。
③	か	持つところを作ればよい。
④	具体的なデザインを示す	糸を巻（ま）くこと。

細くして糸を巻いた黒えん

①	困っていることを聞く	かたまりの黒えんが足りない。
②	お	こなごなの黒えんも使いたい。
③	か	こなごなの黒えんを固めればよい。
④	具体的なデザインを示す	固めた黒えんのしんを木で包むこと。

現在のえん筆

うみ：資料4から，使う人や作る人が，困っていることを解決するために，まず，　お　，次
にそれをもとに　か　ことによって，具体的なデザインを示してきたということがわか
りますね。

先生：そのとおりです。えん筆はだれもが手軽に書けるように作られてきたのですね。

あお：えん筆には六角形が多いけれど，三角形や丸型のデザインもあります。どうしていろいろ
なえん筆があるのですか。

先生：三角形のえん筆は，小さい子でも正しい持ち方でしっかりと書けるように，丸型のえん筆
は，絵をかきたい人が，自由にいろいろな持ち方で，えん筆を持つことができるように，
それぞれ作られています。

うみ：つまり，えん筆を例に考えると，使う人や作る人のさまざまな考えが，デザインの対象と
なる「もの」の　き　ことのきっかけとなった，ということですね。

(4)　お　，　か　にあてはまる言葉として最も適当なものを，次のア～エのうちから，それぞれ1
つずつ選び，その記号を書きなさい。

　ア　解決したいことをとらえる

　イ　原因を追究する

　ウ　改善（かいぜん）の方向性を決める

　エ　特ちょうを整理する

(5)　資料4と会話文をふまえて，　き　にあてはまる言葉を，5字以上10字以内で書きなさい。

うみ：えん筆の例から考えると，「使う人や作る人の考え」が，デザインを具体化させるための，よい着眼点になったと言えますね。

りく：つまり，解決策につながる目の付け所ですね。さまざまな意見から重視する点をしぼり，「デザインしたものを使う人や作る人が，必要としていること」を考えるのですね。

先生：そう考えると「デザインする対象」を「もの」だけでなく，「仕組み」として考えることもできます。そこで，ある仕組みについて改善を図る過程を，**資料5**の例で考えてみましょう。

資料5 デザインを考えるときの過程を使って仕組みを改善する例

手順	①共感	②問題定義	③創造	④試作	⑤改善
要点	困っていることを挙げる。	求められていることを考える。	根本的な課題をとらえ，解決方法を考える。	試作をくり返し，評価を受ける。	実際の場面で評価を受ける。
改善の過程	さまざまな立場の人から，具体的な意見を出してもらい整理する。 出された意見	出された意見から，人びとの「ねらいや実現のための考え」を想像し，複数の着眼点をもつ。 着眼点A 着眼点B 着眼点C	仕組み全体を見通し全ての着眼点を満たす解決方法を考える。 着眼点A 着眼点B 着眼点C → 仕組みを改善するための根本的な課題 解決のアイデア	試作した新しい仕組みを提案し，評価を受ける。 試作Ⅰ 評価△ 試作Ⅱ 評価△ 試作Ⅲ 評価○	試作Ⅲを実際の場面に合わせてテストする。 実際の場面での評価○ 新しい仕組み

あお：**資料5**では，まず，さまざまな立場の人から出された意見を整理し，その中にある考えから人びとの ☐ く ☐ をくみ取って問題を定義することで，複数の着眼点をもったことがわかります。次に，仕組み全体を複数の着眼点から ☐ け ☐ 的に考え，根本的な課題の解決に向け，解決のアイデアを練り，さらに，評価を受けながら試作をくり返すのですね。最終的に，実際に使う人に，高く評価された試作から，新しい仕組みができあがるということですね。

うみ：「仕組み」をデザインするには，関わる人びとが ☐ こ ☐ できるような新しい仕組みにすることが重要なのですね。

先生：よく考えられましたね。では，こうした考え方による，仕組みの改善についての具体例を見てみましょう。

(6) ☐ く ☐ ～ ☐ こ ☐ にあてはまる言葉を，それぞれ**3字以内**で書きなさい。

りく：**資料5**の考え方をもとに，自治体が，次のページの**資料6**のように行政サービスの改善を図った取り組み例を見つけました。

先生：**資料6**の行政サービスとは，住民の申込みに対して自治体などが，書類を交付※するなどのサービスを提供することです。　　　※交付：役所などが，書類やお金などをわたすこと。

資料6　行政サービスの改善例

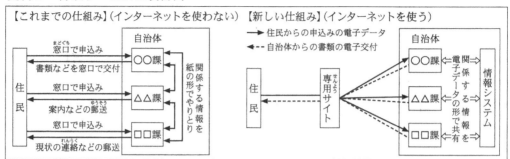

先生：**資料6**の**【新しい仕組み】**では，書類を必要とする住民が自宅のパソコンなどを使って入力した申込みの電子データは，専用サイトをとおして自治体に送られます。自治体は，申込みに対して，情報システムから取り出した情報をもとに，書類を作成し，電子交付という形で，専用サイトをとおして住民に提供します。

あお：インターネットを使って，電子データでやりとりすることで，│　さ　│ことができるように，解決を図ったということですね。

りく：**資料6**の**【これまでの仕組み】**で読みとれる，住民の申込みの負担と，自治体の各課の間でのやりとりの負担が，仕組みの改善のためのよい着眼点になっていますね。

先生：そのとおりです。みなさんの身近にも，改善すべき仕組みはありますか。

りく：先日，学年全体で実施した「クイズ大会」の運営が大変だったので，次の「クイズ大会」に向けて改善を図ろうと考えているところです。

うみ：そこで，出された意見をもとに，根本的な課題を設定し，**資料6**をふまえて，それらを改善できる「解決のアイデア」を，**資料7**のようにまとめました。

資料7　クイズ大会をしたときの課題などのまとめ

出された意見	着眼点	根本的な課題	解決のアイデア
紙の解答用紙の配付に時間がかかった。 ルールの説明をする時間が長かった。	一つのことにかかる時間。	│　す　│する仕組みの改善。	│　せ　│
解答用紙に学級名のらんがなくて，整理に困った。 集めた解答用紙の点数の集計方法が複雑だった。	│　し　│。	解答用紙を確認する仕組みの改善。	

先生：よく考えられています。出された意見を，具体的にどのように解決できるか，よくわかるアイデアです。次回に向けて，仕組みを試作し，改善を図りましょう。

⑺　│　さ　│にあてはまる言葉を書きなさい。ただし，解答らんにしたがい，それぞれ5字以内で書くこと。

⑻　│　し　│～│　せ　│にあてはまる言葉をそれぞれ書きなさい。ただし，│　し　│，│　す　│は10字以上15字以内で，│　せ　│は解答らんにしたがい，それぞれ書くこと。

【適性検査1－2】（45分）　＜満点：100点＞

1　けいさんとゆきさんは、私たちの住む地球について先生と話をしています。会話文をふまえながら、あとの(1)～(3)の問いに答えなさい。

けい：宇宙から撮影した地球の写真（図1）から、私たちが住んでいる地球は丸いことがわかるけれど、実際に地面に立っていても、丸いと感じることはあまりないよね。

ゆき：宇宙から地球を撮影できなかった頃の人は、地球が丸いことをどのように調べたのかな。

先生：昔の人は、身の回りのさまざまな事実から地球が丸いことを調べました。例えば、夜空の北極星の見え方です。日本の北の夜空では、北極星を中心に他の星が反時計回りに動いているように見えることは学習しましたね。その理由は、地球がコマのように回転していて、図2のように、北極星は地球が回転する軸（北極と南極を結んだ線）を真北に延ばした線の先の方向にあるためです。

ゆき：日本の北の夜空では、北極星を中心に他の星が反時計回りに動いているように見えるということは、地球は北極星から見て、　ア　回りに回転をしているということですね。

先生：そのとおりです。それでは、日本ではなく、北極や赤道上で夜空の北極星を観察した結果をまとめた図3を見てください。北極や赤道上で、地上の同じ高さから観察したら、北極星を見上げる角度はどうなるか、図3を使って考えてみましょう。北極星を見上げる角度については、地上の平らな面と平行な角度を0度とします。

けい：赤道上の北の夜空では、　イ　と考えました。また、北極では、　ウ　と考えました。

先生：よくわかりましたね。これらの北極星の見え方が、地球が丸い証拠の1つとなります。地球が丸くなく、平らな面であった場合、北極星は、同じ方向で、見上げる角度が等しくなるように見えますからね。

ゆき：難しいですね。図3の、赤道上から見た北極星の★が、地球が回転する軸を真北に延ばした線の先の方向にかかれていないのはなぜですか。また、地球が平らな面であった場合、北極星が同じ方向で、見上げる角度が等しくなるように見える理由がわかりません。

けい：ゆきさん、どちらの理由も同じで、北極星が　エ

図1

（気象庁ホームページより引用）

図2

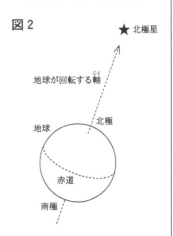

図3

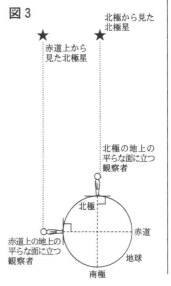

ためです。図4－1，図4－2の，地球から北極星へ向かう線上にある「■」「○」，観察者から見た北極星を表す「★」との位置の関係を考えれば，どちらの理由も説明できますよ。

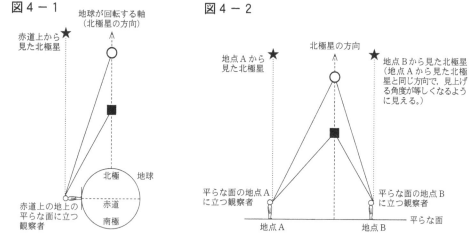

図4－1

図4－2

先生：けいさん，よく気がつきましたね。

ゆき：なるほど。地球上の異なる場所での北極星の見え方のちがいが，地球が丸い証拠の1つとなる理由がよくわかりました。

(1) 次の①～③の問いに答えなさい。

① ｜ア｜ にあてはまる言葉を書きなさい。

② ｜イ｜，｜ウ｜ にあてはまる言葉を，次のあ～えのうちからそれぞれ1つずつ選び，その記号を書きなさい。

あ 北極星を見上げる角度は日本と同じである

い 北極星を見上げる角度は日本より大きくなる

う 北極星を見上げる角度は日本より小さくなる

え 北極星はまったく見えない

③ ｜エ｜ にあてはまる言葉を書きなさい。

けい：私たちがわかったつもりでいることは，他にもたくさんありますよね。例えば，地球の半径を6370km，1日24時間で地球が1周まわる（自転）と考えると，赤道上に立っている人は，秒速 ｜オ｜ mでとても速く動いていることになります。でも，私は，地球の自転を実感したことはありません。

先生：たしかに地球の自転を実感することは難しいです。地球の自転の証拠となったのは，君たちが学習した振り子です。

けい：そういえば，先日，博物館に行ったときに，天井から長くて大きな振り子がつるされているのを見ました。

先生：それは地球の自転の証拠となった振り子ですね。実験で確認してみましょう。

[実験Ⅰ]

回転している台に取りつけた振り子の動きを観察する（図5）。

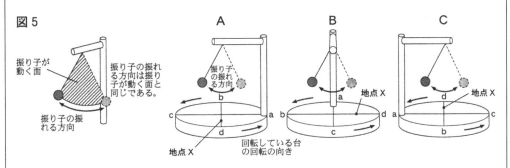

図5

Bは，台がAから90度回転したとき，Cは，台がAから180度回転したときのようすである。

けい：[実験Ⅰ]について，振り子の振れる方向の変化を，回転している台の外から，同じ場所で観察すると，台は回転しても振り子の振れる方向は変わりませんね。

先生：よく気がつきましたね。これは地球の自転の証拠につながる振り子の大事な性質です。さらに考えてみましょう。回転している台の上にある地点Xから，振り子の振れる方向の変化が観察できたとするとどのように見えるでしょうか。

ゆき：台が図5のAからちょうど1周まわったとき，回転している台の上にある地点Xから観察すると，振り子の振れる方向が，図5のAに比べて　カ　度回転しているように見えると考えました。

先生：そのとおりです。では，回転している台に取りつけた振り子の動きのまとめとして，振り子が1往復するのにかかる時間（条件1）と回転している台が1周まわるのにかかる時間（条件2）の2つの条件のみを変化させたときにどうなるのか，コンピュータを使って調べてみましょう。

ゆき：どのように調べたらよいでしょうか。

条件1

振り子が1往復するのにかかる時間
2秒
4秒
6秒
8秒

条件2

回転している台が1周まわるのにかかる時間
4秒
8秒
12秒
16秒
20秒
24秒
28秒

先生：振り子が振れているようすを真上から記録しましょう。次のページの図6は台のaとcの方向に振り子が振れているようすを太線━━で表しています。

ゆき：振り子の動きがわかりやすくなりますね。

けい：**条件1**と**条件2**を設定し，回転している台がちょうど1周まわったときまでを記録すると，**図7**のようになりました。

ゆき：振り子の**条件1**が2秒であったとき，**図7**のようになる回転している台の**条件2**は　**キ**　秒になりますね。

先生：そのとおりです。では，回転している台のまわる速さを変えずに，振り子の糸の長さを長くしたら，**図7**と比べて，振り子が振れているようすの記録は，どのように変わりますか。

けい：**図7**と比べて　**ク**

先生：よく理解できましたね。まとめとして，ヶ[**実験Ⅰ**]をもとにして地球の自転の証拠を調べるための方法を説明してみましょう。

図6

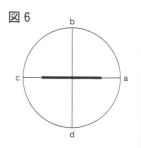

図7

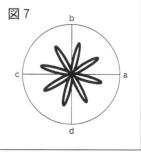

(2) 次の①〜⑤の問いに答えなさい。

① 　**オ**　にあてはまる数を書きなさい。ただし，地球は球であることとする。また，円周率は3とし，　**オ**　は小数第一位を四捨五入して，整数で書きなさい。

② 　**カ**　にあてはまる数を書きなさい。

③ 　**キ**　にあてはまる数を書きなさい。また，そのように考えた理由を書きなさい。

④ 　**ク**　にあてはまる説明を書きなさい。

⑤ 下線部ケについて，[**実験Ⅰ**]からわかることにふれながら，実際に地球で調べなければならないことの説明を書きなさい。

けい：地球に住んでいて，私たちがわかったつもりでいることを，身近なものを利用して調べる方法は，他にもあるのかな。

先生：そうですね。実験をして，その結果から地球の周りの長さ（円周）を求めて，地球の大きさを実感してみるのはどうですか。

ゆき：おもしろそうですね。やってみましょう。

[**実験Ⅱ**]

[方法]

ⓐ 運動場で方位磁針を使って方位を調べる。

ⓑ 自分自身の歩幅を調べるために，運動場を同じ歩幅でまっすぐ20歩歩き，その長さをメジャーで測る。

ⓒ 次のページの図8のように，地点Aから北へまっすぐに，ⓑと同じ歩幅で120歩進んだ場所を地点Bとした。

ⓓ GPS装置※で，地点A，地点Bの緯度と経度を調べる。

ⓔ ⓑとⓓの結果から地球の周りの長さ（円周）を求める。

※GPS装置：グローバル・ポジショニング・システムの略称。現在地の緯度，経度を調べることができる装置。

図8

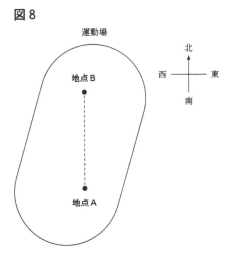

運動場

北
西　東
南

地点B
地点A

[結果]

ⓑ　13.0m

ⓓ　**地点A**　緯度　北緯35度38分45.69秒　　経度　東経140度07分10.32秒

　　地点B　緯度　北緯35度38分48.20秒　　経度　東経140度07分10.32秒

けい：これだけの［結果］から地球の周りの長さ（円周）を求めることができるのかな。

ゆき：緯度と経度の35度，140度はわかるのですが，38分や45.69秒とはどういうことですか。

先生：2人とも角度の単位は度で表すことは知っていますね。度よりも小さい角度を分や秒を使って表します。1度は60分，1分は60秒です。

ゆき：分や秒は，時間の単位と同じですか。

先生：時間の単位とはちがいます。あくまで，1度よりも小さい角度を表すために，分や秒という単位を使っています。

けい：なるほど。では，1度は　コ　秒ということですね。

先生：そのとおりです。では，地球の形が球であることとして，［実験Ⅱ］の［結果］から地球の周りの長さ（円周）を求める計算をしてみましょう。

ゆき：　［実験Ⅱ］の［結果］から求めた地球の周りの長さ（円周）

先生：よく理解できましたね。

けい：地球に住んでいて，私たちがわかったつもりでいることも，それが正しいかどうかを調べることはとても難しいことなのですね。

ゆき：わかったつもりでいることも，きちんと自分で調べていく姿勢を大切にしていきたいな。

(3)　次の①，②の問いに答えなさい。

　①　　コ　にあてはまる数を書きなさい。

　②　［実験Ⅱ］の［結果］から求めた地球の周りの長さ（円周）を書きなさい。ただし，どのような値を使って求めたのか，計算方法を示しながら書くこと。

　　　また，［実験Ⅱ］の［結果］から求めた地球の周りの長さ（円周）の単位はキロメートル（km）とし，小数第一位を四捨五入して，整数で書きなさい。

2 たえさんとけんさんは，校外学習について先生と話をしています。会話文をふまえながら，あとの(1)～(3)の問いに答えなさい。

先生：今日は校外学習について話し合いましょう。

たえ：校外学習は5年生16人と6年生20人でいっしょに行くのですよね。とても楽しみです。

先生：午前は班別行動，午後は遊園地で自由行動です。班別行動では，6年生のみなさんが，積極的にリーダーシップをとって計画しましょう。

けん：はい，わかりました。班別行動の班は，どのように分けるのですか。

先生：3人班か5人班のどちらかに分けることにしましょう。ただし，全員が，いずれかの班に必ず入るようにしてください。

たえ：3人班だけに分けたときには ア 班に分けることができます。

先生：そうですね。そのように分けると，班の数が最も多くなります。

けん：同じように考えると，5人班だけに分ければ班の数が最も少なくなるのかな。

たえ：けんさん，5人班だけに分けることはできませんよ。

先生：たしかにそうですね。3人班と5人班がそれぞれいくつかできるように考えたらどうですか。

けん：3人班を イ 班，5人班を ウ 班に分けるとき，班の数が最も少なくなります。

先生：そのとおりです。

たえ：班の数は最も多くも少なくもありませんが，他にも，3人班を エ 班，5人班を オ 班にする分け方もありますね。

先生：そうですね。どのように考えたのですか。

たえ：私は，ヵ3人班の数をx，5人班の数をyとして，xとyの関係を式に表して考えました。

先生：よく考えましたね。たしかに，文字を使って考えると，筋道を立てて調べることができますね。さて，みなさんにもう1つ考えてほしいことがあります。それは，どの班も，6年生が班長になるようにしてほしいということです。

けん：そうすると，いろいろな分け方を考えなくてはいけないから，とても大変そうですね。

先生：それでは，すべて3人班に分ける場合で考えてみましょう。

たえ：わかりました。5年生だけの班ができないようにすればよいと思うのですが，6年生だけの班ができてもよいですか。

先生：6年生の方が5年生よりも人数が多いのですから，6年生だけの班ができることも認めます。それをふまえて，いろいろな場合を考えてみましょう。

たえ：6年生全員をどのように分けるかに着目すればよいのですね。

けん：それなら，6年生3人の班の数をa，6年生2人と5年生1人の班の数をb，6年生1人と5年生2人の班の数をc，として考えたらよいのかな。

先生：そうですね。けんさんの言うように，文字を用いて，それぞれの班の数の組み合わせを(a, b, c)と表すことにしましょう。

たえ：例えば，6年生3人の班を4班，6年生2人と5年生1人の班を0班，6年生1人と5年生2人の班を8班に分けることができるので，この場合は，$(4, 0, 8)$と表すのですね。

先生：そのとおりです。キ(a, b, c)の組み合わせは，他にもありそうですね。

(1) 次の①～③の問いに答えなさい。

① ア ～ オ にあてはまる数を，それぞれ書きなさい。

② 下線部カについて，文字 x と y の関係を表す式を書きなさい。ただし，等号を用いること。

③ 下線部キについて，たえさんの表し方を参考に（4，0，8）以外の組み合わせをすべて書きなさい。

先生：さて，いよいよ今度は班別行動について考えてみましょう。図1のA地点からスタートして，B地点の遊園地までが，班別行動の範囲です。

たえ：進み方に決まりはないのですか。

先生：図1の線――は道を示していて，道以外は通ることができません。つまり，道を1マス進むことを1回として，右に5回，上に5回，合わせて10回進むようにルート※を考えましょう。

　　　※ルート：経路，道すじのこと。

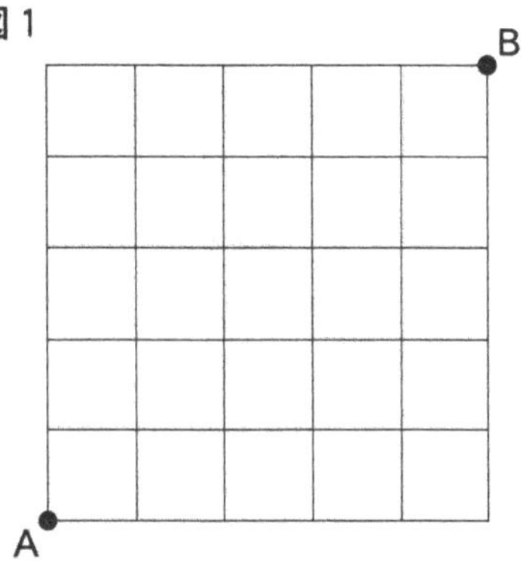

たえ：わかりました。例えば，図2の太線――のようなルートが考えられるということですね。

先生：そのとおりです。図3の太線――のように回り道をしてはいけません。

けん：先生，見学ができる施設は範囲内のどこにあるのですか。

先生：図4のように，C～Oの13施設があり，道に接したところが出入口です。

図1

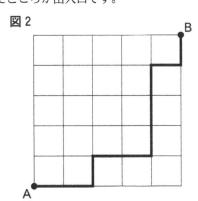

図2

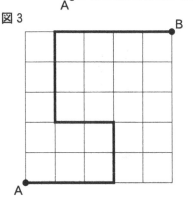

図3

けん：出入口が1か所の施設は7施設で，出入口が2か所ある施設は6施設だね。

たえ：例えば，図2のルートなら，施設H，K，M，N，Lの5施設を見学することができますね。

先生：そのとおりです。出入口を通るならば，その施設を見学することとしましょう。

たえ：最も多くて ク 施設を見学することができますね。

けん：1施設も見学できないルートの数は， ケ 通りありますね。

図4

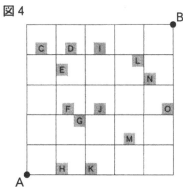

先生：たしかにそうですね。けんさんはどの施設を見学したいですか。

けん：施設Ｆと施設Ｉの両方を見学したいです。

たえ：それなら，Ａをスタートして，施設Ｆを見学してから施設Ｉを見学して，Ｂに向かえばよいのですね。

先生：けんさんが見学したいルートを「Ａ→Ｆ→Ｉ→Ｂ」と表すこととします。まずは「Ａ→Ｆ」「Ｆ→Ｉ」「Ｉ→Ｂ」のルートの数をそれぞれ求め，それらをもとにして「Ａ→Ｆ→Ｉ→Ｂ」のルートの数を考えましょう。

けん：はい。まず，「Ａ→Ｆ」のルートの数は ┃ コ ┃ 通り，「Ｆ→Ｉ」のルートの数は ┃ サ ┃ 通り，「Ｉ→Ｂ」のルートの数は3通りです。だから，「Ａ→Ｆ→Ｉ→Ｂ」のルートの数は ┃ シ ┃ 通りになります。

先生：そのとおりです。段階的によく考えることができましたね。ところで，たえさんはどこか行きたい施設はないのですか。

たえ：私は，施設Ｆと施設Ｉと施設Ｌの中で，少なくとも2施設は見学したいです。

けん：2施設を見学できる場合は，「Ａ→Ｆ→Ｉ→Ｂ」のときと同様に考えればよいので，「Ａ→Ｆ→Ｌ→Ｂ」のルートの数は36通り，「Ａ→Ｉ→Ｌ→Ｂ」のルートの数は30通りありますね。

たえ：3施設とも見学できる場合は，「Ａ→Ｆ→Ｉ→Ｌ→Ｂ」のルートの数だから，┃ ス ┃ 通りあります。

先生：すばらしい。2人とも，条件を整理して正しく求めることができています。

けん：それでは，_セたえさんが希望するルートの数は ┃ シ ┃ ＋36＋30＋ ┃ ス ┃ によって求められますね。

先生：けんさん，その考え方には誤りがあります。もう一度，よく考えてみましょう。

(2) 次の①～②の問いに答えなさい。

① ┃ ク ┃ ～ ┃ ス ┃ にあてはまる数を，それぞれ書きなさい。

② 下線部セについて，けんさんの考え方の誤りを，ルートを示しながら書きなさい。また，正しいルートの数は何通りかを書きなさい。

けん：班別行動のあと，午後は遊園地ですね。どの乗り物に乗ろうかな。

先生：13時ちょうどに集合場所から自由行動をスタートして，16時までに再び集合場所にもどります。よく計画しておくとよいですね。

たえ：私は，乗り物Ⓐが好きだから，乗り物Ⓐにだけ乗り続けます。

けん：私は，乗り物Ⓑ，乗り物Ⓒの順番で交互に乗り続けます。

たえ：乗り物Ⓐ，乗り物Ⓑ，乗り物Ⓒについての情報を表1にまとめました。

表1

乗り物	運転時間	待ち時間	集合場所と乗り物の間の移動時間	他の乗り物までの移動時間
乗り物Ⓐ	3分	16分	5分	乗り物Ⓑまで4分，乗り物Ⓒまで3分
乗り物Ⓑ	4分	19分	2分	乗り物Ⓒまで2分，乗り物Ⓐまで4分
乗り物Ⓒ	2分	10分	4分	乗り物Ⓐまで3分，乗り物Ⓑまで2分

先生：運転時間や待ち時間，移動時間は一定で，**表1**以外の時間はかからないこととして，乗り物の乗車回数や，スタートしてからの経過時間を考えてみましょう。

たえ：私の場合は，乗り物Ⓐまでの移動時間も考えると，スタートしてから1回乗り終わるまでに24分かかります。また，乗り終わってすぐに並（なら）ぶことができるので，2回乗り終わるまでに43分かかります。これをくり返すと，ちょうど6回乗り終わったときの時刻（じこく）は　ソ　時　タ　分です。

けん：スタートしてから，私が乗り物に4回乗り終わるまでの経過時間をまとめると，**表2**のようになります。

表2

乗り物の乗車回数（回）	1	2	3	4
スタートしてからの経過時間（分）	25	39	チ	ツ

先生：2人とも，よく理解していますね。では，テたえさんとけんさんの乗り物の乗車回数を比べると，自由行動の時間内にどちらが多く乗車できるのでしょうか。

(3) 次の①～②の問いに答えなさい。

① 　ソ　～　ツ　にあてはまる数を，それぞれ書きなさい。

② 下線部テについて，どちらが多く乗車できるのか，または同じなのか，理由を示しながら書きなさい。ただし，表などを用いてもよいこととする。

大切なことはメモしておこうネ！

2023年度

千葉県立中学校入試問題（二次）

【適性検査2－1】（45分）　＜満点：100点＞

1　はくさんとりるさんは，四輪の車が曲がるときのタイヤの進み方について先生と話をしています。会話文をふまえながら，あとの(1)〜(3)の問いに答えなさい。ただし，ここでは，車が曲がるとき，タイヤはすべらないものとして考えます。なお，ここで考える車は，4つのタイヤがすべて同じ大きさで，車が曲がるときは，前輪の向きが左右に変わり，後輪の向きは変わらないつくりであるものとします。

また，辺の長さや2つの点を結ぶ直線の長さを**AB**，**BC**などと表し，そのことを使って，次の**例**のように，長さや面積などを式に表すことができることとします。

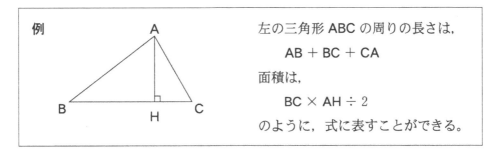

りる：本当ですね。今まで，注意して見たことがなかったので，気がつきませんでした。4つのタイヤはそれぞれどのように進むのでしょうか。

はく：**図2**の小さな模型の車を動かして調べてみましょう。

りる：タイヤにインクをつけて，紙の上で前輪の向きを左側いっぱいに変えた状態で1周動かしたら，**図2**のように4つの円ができました。4つの円について調べてみると何かわかりそうですね。

図1

図2

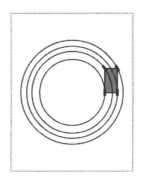

はく：４つの円は，大きさは異なりますが，中心は同じ位置にありそうですね。

りる：**図2**の紙を折ってみれば，それらの円の中心を見つけることができますよ。

はく：どのように折るのですか。

りる：円の中心は ｜ ア ｜ ので，｜ イ ｜ 。

はく：これで円の中心は見つかりましたね。次は，円の大きさが異なることについて調べてみましょう。

先生：おもしろいことを調べていますね。タイヤの動きについて考えるには，車のつくりについての知識も必要になるので，私(わたし)も少し手伝いましょう。

はく：お願いします。私は，左右のタイヤの進み方のちがいについて気がついたことがあります。それは，前輪どうし，後輪どうしで比べると，右側のタイヤが通る円より，左側のタイヤが通る円の方が小さいということです。

先生：そうですね。円の大きさを半径で比べてみましょう。次の**図3**の長方形ABCDを見てください。タイヤが地面に接している面の中心を，右の前輪から順にA，B，C，Dとし，４つのタイヤが通る円の中心をOとすると，OA，OB，OC，ODが，それぞれ４つの円の半径になります。

図3

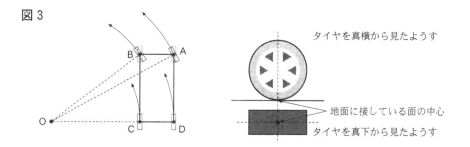

りる：後輪どうしでは，左側のタイヤと右側のタイヤの間の長さ，つまり**CD**の分だけ左側のタイヤが通る円の半径が短いですね。

はく：前輪どうしでは，｜ ウ ｜ の分だけ左側のタイヤが通る円の半径が短くなります。半径が短い分，ｪタイヤが通る円の円周も短くなりますね。

先生：そのとおりです。

(1) 次の①〜③の問いに答えなさい。

① ｜ ア ｜ にあてはまる円の性質を書きなさい。また，｜ イ ｜ にあてはまる紙の折り方と円の中心の見つけ方の説明を書きなさい。

② ｜ ウ ｜ にあてはまる式を書きなさい。ただし，直線の長さは**図3**に示したアルファベットを使って表すこと。

③ 下線部ｪについて，**図3**の前輪どうしでは，左回りに１周する間に左側のタイヤが回転する回数は，右側のタイヤが回転する回数の何倍になるか，式に表しなさい。ただし，直線の長さは**図3**に示したアルファベットを使って表すこと。また，必要があれば，円周率を3.14，タイヤが１回転で進むきょりを a として式に表すこと。

りる：今度は，前後のタイヤの進み方のちがいについて考えてみます。**図2**（21ページ）を見て，左側のタイヤどうし，右側のタイヤどうしで比べると，前輪が通る円よりも後輪が通る円の方が小さいことがわかります。

先生：そうですね。**図2**のように左回りをしているときの左側の前輪と後輪の通る円の半径の差を内輪差といいます。内輪差は右回りでも生じます。

はく：交通安全教室で聞いたことがあります。左折や右折をする車の内側を通行するときは，内輪差に気をつけるようにと話がありました。

先生：そうですね。内輪差は，トレッド，ホイールベース，最小回転半径とよばれる3つの長さを使えば，計算で求めることができます。**図4**の長方形**ABCD**を見てください。トレッドは，左右のタイヤの間の長さで，**図4**では**AB**と**CD**です。ホイールベースは，前後のタイヤの間の長さで，**図4**では**AD**と**BC**です。最小回転半径は，ハンドルをいっぱいに左や右に回した状態で車が進むときの，外側の前輪が通る円の半径で，**図4**では**OA**です。これら3つの長さは，車の種類ごとに，設計によって決まっています。

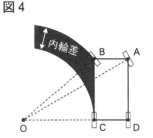

図4

はく：**図4**の内輪差は，**OB**−**OC**ですから，それら3つの長さを使って**OB**や**OC**の長さを求めることができるのですね。

先生：そのとおりです。では，**図4**の車のトレッドを1.6m，ホイールベースを2.8m，最小回転半径を5.7mとして，具体的な長さで考えてみましょう。これは，普通の乗用車くらいのサイズです。このように3つの長さが具体的にわかっていれば，次の**図5**，**図6**のような，**図4**の三角形**AOD**と三角形**BOC**の縮図をかくことができます。この縮図を使って考えましょう。

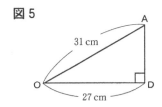

図5

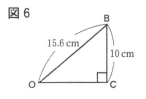

図6

りる：わかりました。**図4**では，**OB**＝ ┃ オ ┃ m，**OD**＝ ┃ カ ┃ m，**OC**＝ ┃ キ ┃ mになります。そうすると，**図4**の車の内輪差は， ┃ ク ┃ mですね。

先生：そのとおりです。次は，**図7**の長方形**EFGH**を見てください。**図7**を，トレッドが1.7m，ホイールベースが4.4m，最小回転半径が7.2mの小型バスくらいの車とみて，内輪差を計算してみましょう。今度は，縮図を使わずに直角三角形の性質を使って，実際の長さのまま計算する方法を紹介します。

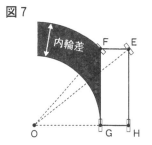

図7

はく：直角三角形の性質とは，どのような性質ですか。

先生：図8の直角三角形PQRを例にすると，直角三角形には，
直角を作る2辺PR，QRと，直角の向かいにある辺PQの
間に，（PR×PR）＋（QR×QR）＝（PQ×PQ）という関係
があります。前のページの図7の直角三角形に，この性
質を使ってみましょう。

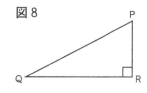

図8

りる：三角形FOGにこの性質を使っても，今わかっているトレッド，ホイールベース，最小回転
半径の長さだけではOFの長さはわかりませんね。

はく：では，三角形EOHに直角三角形の性質を使って，OGから考えてみましょう。（OH×OH）
＋（EH×EH）＝（OE×OE）で，今わかっている長さを使うと（OH×OH）＋（4.4×4.4）＝
（7.2×7.2）となります。このことから，OH×OH＝ ケ がわかります。OHは，2回か
け合わせて ケ となる数を探せばよいので，およそ コ mです。したがって，OG
は， サ mです。

りる：これでOGの長さがわかったので，三角形FOGに直角三角形の性質を使って，OFの長さは，
およそ5.95mになることがわかりますね。つまり，このバスの内輪差は， シ mです。

先生：そのとおりです。

(2) 次の①〜③の問いに答えなさい。

① オ 〜 ク にあてはまる数をそれぞれ書きなさい。ただし，必要に応じて四捨五入し，い
ずれも小数第二位まで書きなさい。

② ケ 〜 シ にあてはまる数をそれぞれ書きなさい。ただし， コ は小数第一位までの数
で最も近い数を書きなさい。

③ 先生が示した直角三角形の性質を使って辺の長さを求めることができるのはどのようなとき
か，はくさんとりるさんがOFの長さを求めた手順をふまえて書きなさい。

先生：さて，これで内輪差を計算することができましたが，車の動きを想像するためには，図を
かいてみるとわかりやすいです。

はく：そうですね。では，車が動き出す前の状態を図9の⑦として考えてみます。図9の⑦は，
トレッドとホイールベースで長方形をかき，タイヤがある位置をかきこんだものです。さ
らに，車体も長方形でかきました。この車が左折するときの内輪差が生じる範囲を図に表
してみます。

図9 ⑦

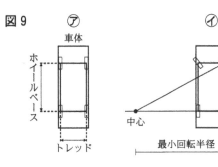

⑦

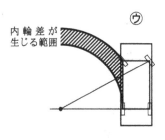

⑦

りる：まず，各タイヤが進む円の中心を求めた方がよいですね。後輪のトレッドを左に延長した直線と，右側の前輪の中心から最小回転半径の長さで引いた直線の交わる点が，各タイヤが進む円の中心になるので，**図9**の㋑がかけますね。

先生：そうですね。では，内輪差が生じる範囲を 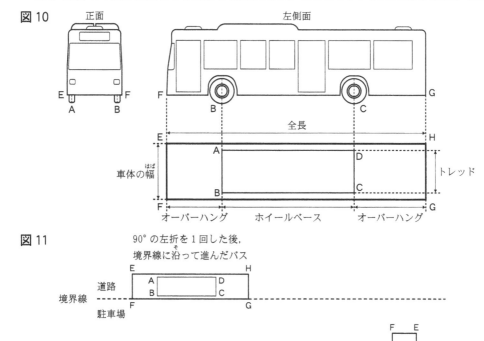 のようにななめの線でかいてみましょう。

はく：コンパスを使って，前のページの**図9**の㋒のようにかくことができました。

りる：図に表すと，内輪差がよくわかりますね。タイヤの動きにともなって車体も動くわけですから，車体が通過する範囲にも注意が必要ですね。

先生：よく気がつきましたね。特にバスのような大型の車が曲がるときには，内輪差だけでなく，車体のオーバーハングが通過する範囲にも注意する必要があります。

はく：オーバーハングとはなんですか。

先生：**図10**のように，タイヤの中心から前後に出ている車体の部分です。例えば，**図10**のようなバスは，後方のオーバーハングが長いため，曲がるときに後方のオーバーハングが車線をはみ出すことがあります。

りる：**図10**のバスが左折するときの，車体が通過する範囲も調べてみたいです。

先生：それでは，**図11**を見てください。**図11**は，**図10**のバスが駐車場を少し前進してから道路へと90°左折して進んだようすを上から見た図です。このとき，バスの車体が通過する範囲

　　　はどうなるか調べてみましょう。
はく：前のページの**図11**のように，バスが90°の左折を１回したときに，左側面がちょうど道路と駐車場の境界線に沿うようにするためには，どれくらい前進すればよいのでしょう。
りる：**ス**そうですね。では，まず，どれくらい前進する必要があるかを求めましょう。その後，左折にともなって車体が通過する範囲を図に表してみましょう。
先生：よく考えることができましたね。

(3)　下線部**ス**について，バスが前進した後の車体（長方形**EFGH**）を，解答らんの図にコンパスと三角定規を使ってかきなさい。また，その後の左折にともなって車体が通過する範囲を，解答らんの図にコンパスと三角定規を使ってかき，その範囲を ▨ のように，ななめの線でかきなさい。なお，バスが左折するときは，車が止まった状態からタイヤの向きを左いっぱいに変えて進むものとし，90°の左折を１回完了したときに**FG**が**図11**の境界線と一致することとします。ただし，バスの最小回転半径は，**図11**に示された長さを使うこととします。

2　あいさんとこうさんは，フィンランドという国の伝統的なかざりであるヒンメリについて話をしています。会話文をふまえて，あとの**(1)**～**(3)**の問いに答えなさい。

図１

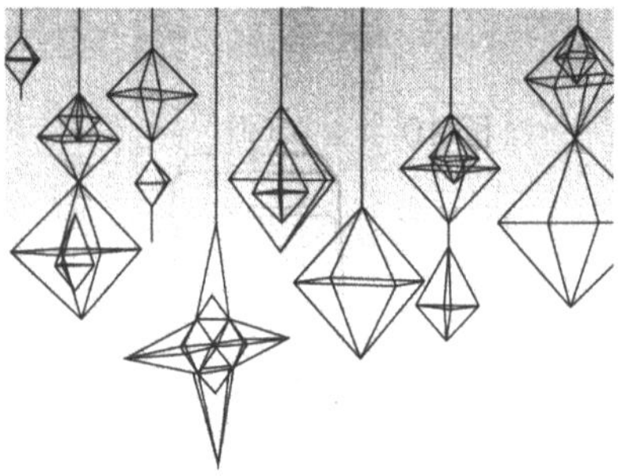

図２

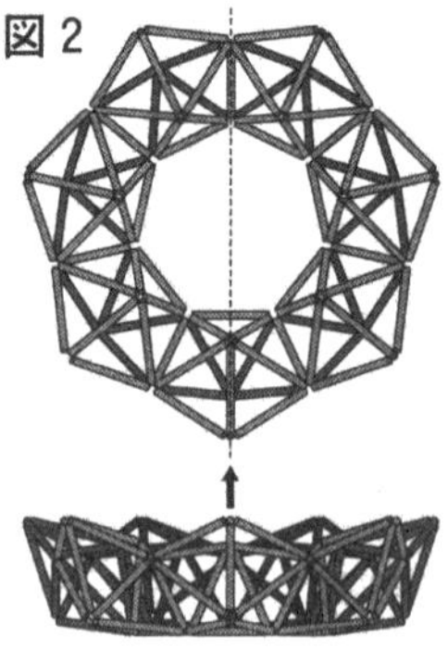
水平な台の上に置いて真上から見たようす
↑の方向から水平に見たようす

あい：ヒンメリは，**図１**のようなフィンランドの伝統的なかざりで，天井などにつるしてその美しい形を楽しむものです。
こう：とてもきれいですね。
あい：私は，クリスマスのかざりとして，**図２**のようなヒンメリを作りました。
こう：すてきですね。複雑な形ですが，どのように作るのですか。
あい：**ア**ヒンメリは，ストローのような筒状の素材にテグスという丈夫な糸を通して，つなぎ合わせて作ります。**図２**は，始めに，同じ長さのストローを15本つなげて次のページの**図３**の㋐のような形を作ります。次に，**図３**の㋑のように，始めの１個の正五角形の部分の一辺として使用されているストローを使って，**図３**の㋐と同じ形をもう１個つなげて作ります。その後も同じように，**図３**の㋐と同じ形をつなげていき，最後の１個は，**図３**の㋒のように，始めの１個の正五角形の部分の一辺として使用されているストローを使ってつなげ，輪の形にします。**図２**は，**図３**の㋐の形を７個つなげて輪の形にしたものです。
こう：**イ**たくさんのストローを使うことになるので，大変な作業ですね。
あい：そうですね。今回，私は，**図３**の㋐を７個つなげた輪の形を作りましたが，最小で４個，

ウ<u>最大で10個つなげた輪の形を作ることができます。</u>

図3

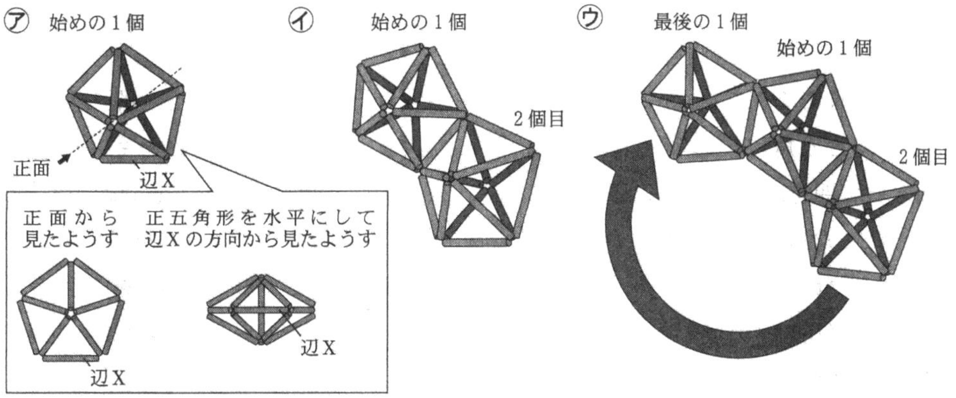
㋐ 始めの１個
正面
辺Ｘ
正面から見たようす
正五角形を水平にして辺Ｘの方向から見たようす
辺Ｘ
辺Ｘ
㋑ 始めの１個
２個目
㋒ 最後の１個
始めの１個
２個目

⑴ 次の①～③の問いに答えなさい。

① 下線部**ア**について，次の**図４**のヒンメリを，１本のテグスを通して作るときのテグスの通し方を考えます。**図４**のヒンメリは，テグスの結び目を考えないものとすると，どの頂点の付近も**図５**のようになっています。**図６**は，**図４**のヒンメリを作る途中で，テグスの両端が**Ａ**と**Ｆ**から出たところまでのテグスの通し方を表したものです。**Ａ**から出たテグスと**Ｆ**から出たテグスを，この後どのようにストローに通せばよいか，通す順番を**Ａ**～**Ｌ**の記号と→を使ってかきなさい。ただし，テグスは，最後に**図６**の●の位置で引き締めて結ぶこととします。

図４

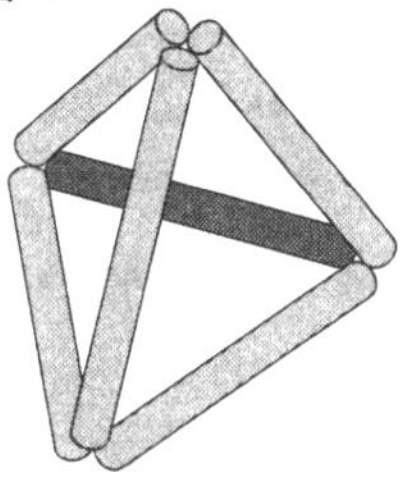

図５

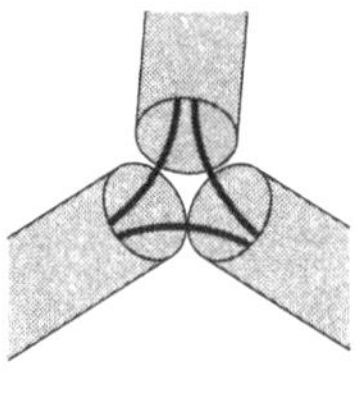

図６

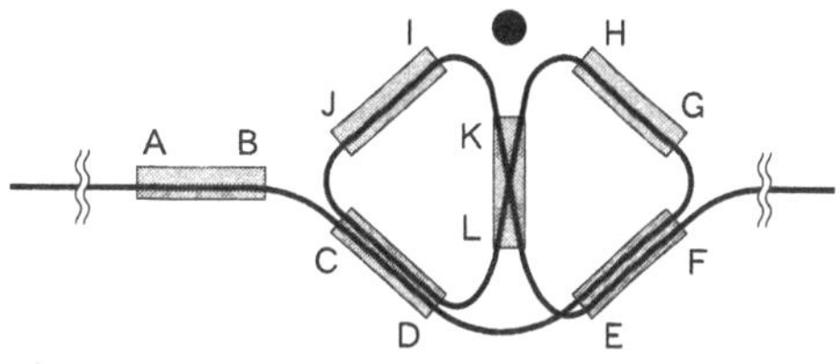
I
H
J
G
A
B
K
L
C
F
D
E

② 下線部**イ**について，前のページの**図２**のヒンメリと同じ作り方で，**図３**の㋐の形を９個つなげた輪の形のヒンメリを作るために必要なストローの本数を書きなさい。また，**図３**の㋐の形を a 個つなげた輪の形のヒンメリを作るために必要なストローの本数を，a を使って式に表しなさい。ただし，a は４以上，10以下の整数とします。

③ 下線部**ウ**について，**図２**のヒンメリと同じ作り方で，**図３**の㋐の形をつなげて輪の形のヒンメリを作るとき，最大で10個しかつなげることができない理由を書きなさい。ただし，正五角形を10個つなげた**図７**を参考にすること。

図７

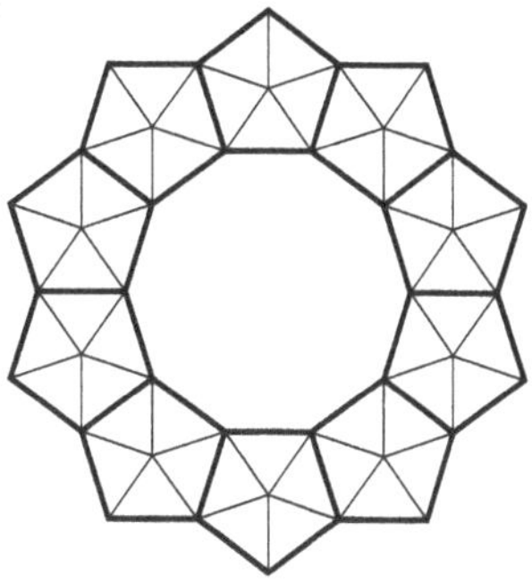

あいさんとこうさんは，**図8**のようなモビールというかざりについて話をしています。モビールは，ヒンメリと同じように天井などにつるすかざりで，それぞれの棒（ぼう）が水平につり合うように作られています。ここでは，モビールに使う棒の重さや糸の長さと重さは考えないものとします。

図8

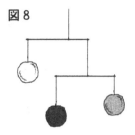

> あい：モビールは，ひとつの棒で，てこが水平につり合うときのきまりを使って，支点から力点までのきょりとかざりの重さを考えて作られているのですよね。
>
> こう：はい。そのきまりを使えば，**エ図9の㋐のように支点の左右が対称（たいしょう）につり合う状態だけでなく，図9の㋑のように，支点を棒の中心からずらしても水平につり合う状態や，図9の㋒のように，左右につるしたかざりの個数が異（こと）なる状態など，いろいろな形を作ることができる**ので，おもしろいですね。
>
> 図9
>
>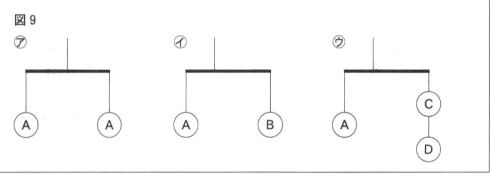

(2) 下線部**エ**について，**図9の㋐**のモビールを，右のような具体的な数で考えます。このとき，**図9の㋐の具体例**の状態から，支点を左右のどちらかにずらし，さらに，右のかざりを2つにしてつり合う状態にする調整の方法を，次の**あ～え**のうちから**すべて**選び，その記号を書きなさい。

図9の㋐の具体例

4 cm　4 cm

20 g　　　20 g

あ 支点を左に1cmずらして，右のかざりを5gのかざり2つにかえた。

い 支点を左に1cmずらして，左のかざりを50gにかえ，右に10gのかざりを加えた。

う 支点を右に2cmずらして，右のかざりを25gと30gのかざりにかえた。

え 支点を右に2cmずらして，左のかざりを15gにかえ，右に25gのかざりを加えた。

あいさんとこうさんは，ヒンメリをモビールのようにつるしてかざりを作ろうと考えています。ここでも，モビールに使う棒の重さや糸の長さと重さは考えないものとします。また，ヒンメリに使うテグスの重さも考えないものとします。

> こう：ヒンメリをモビールのようにつるしてかざりにするのはどうでしょう。
>
> あい：それはおもしろそうですね。すてきなかざりができそうです。さまざまなつり合いの状態

を組み合わせて，例えば，**図10**のような複雑な形のモ
ビールを作ってみたいですね。

こう：では，私が作った次の**表1**のヒンメリを使って作りま
しょう。私は，金属製のパイプを使って，**A2**から**D5**
までの12種類のヒンメリをそれぞれ1個ずつ作りまし
た。

図10

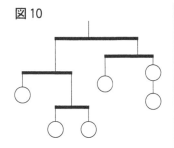

表1

ヒンメリの種類			A	B	C	D
ヒンメリの形						
使用したパイプの本数			3本	6本	9本	12本
ヒンメリの名前	パイプ1本の長さ	2cm	A2	B2	C2	D2
		3cm	A3	B3	C3	D3
		5cm	A5	B5	C5	D5

【使用した材料について】

　金属製のパイプ…同じ金属製のパイプから，2cm，3cm，5cmに切り分けたもの
　　　　　　　　　を，それぞれ30本用意して使用した。

あい：それぞれのヒンメリの重さを調べる必要がありますね。

こう：重さを量らなくても　**オ**　ので，　**カ**　を使えば，モビールのつり合いを考えること
　　　ができますよ。

(3)　次の①，②の問いに答えなさい。

　①　　**オ**　にあてはまる説明と，　**カ**　にあてはまる言葉を書きなさい。

　②　あいさんとこうさんは，30cmの棒を1本と，糸を十分に用意し，**表1**のヒンメリをかざりに
　　使ってモビールを作ることにしました。どのようなモビールを作ることができるか，解答らん
　　の方眼を利用して設計図を1つかきなさい。ただし，次の設計の条件とかき方の条件にしたが
　　うこと。

> 設計の条件
> ・30cmの棒から切り分ける棒は4本とし，30cmすべてを使い切る。
> ・かざりは棒の端（はし）につるし，棒は曲がらないものとする。
> ・図10のように，支点を棒の中心からずらしたかしょを，2かしょ以上作る。
> ・図10のように，かざりを2つ連ねてつなげたかしょを，1かしょ以上作る。
> ・支点から力点までのきょりの単位はcmを使用し，値（あたい）は整数とする。
> ・A2からD5までの12種類のヒンメリは，それぞれ1個しか使用できない。

かき方の条件

・棒と糸は，三角定規を使って濃くはっきりと直線でかくこと。

・支点から力点までのきょりは，方眼を1㎝と考えて，棒の上に，次の例1のようにかくこと。ただし，糸の長さはかかないこと。

例1

・どのヒンメリも，次の例2のように4マス分の○で示し，使用するヒンメリの名前を○の中にかくこと。次の例2は，B3のヒンメリを使用する場合を示している。ただし，ヒンメリを示す○はフリーハンドでかくこと（三角定規やコンパスなどを使わずにかくこと）。

例2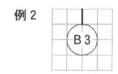

【図】

嫌になっても続けていると、取り組みが雑になる。

意欲が湧いたときに行うと、取り組みが丁寧になる。

↓

始めたことを途中でやめるのは、（　）ことにつながる。

↓

「義務感」を手放そう。

(2) 次は、みつきさんとゆたかさんが問題二と問題三の文章を読み比べたあとで、おたがいに気がついたことをもとに話し合っている場面です。これを読んで、①～③にあてはまる言葉を、①、②は問題三の文章中の言葉を使って、六字以上、十字以内で書き、③は自分の言葉で漢字二字で書きなさい。

みつきさん 「武田さんが『義務』ではなく『義務感』という言葉を使うのはなぜなのかな。」

ゆたかさん 「（ ① ）になっているという感覚を伝えるためだと思うよ。」

みつきさん 「なるほど。すると武田さんは、『義務』を果たす必要がない、と言いたいのではなく、（ ② ）ことを『義務』だと考えている人にアドバイスしたい思いのほうが強いのかな。」

ゆたかさん 「たしかに、武田さんと有川さんの考え方はちがう、と単純にとらえることはできないね。二人の考え方を整理してみようよ。」

みつきさん 「有川さんは（ ③ ）の一員という見方で『義務』を取り上げているわ。武田さんは実際に物事に取り組む立場で『義務感』を話題にしているわね。『義務』の取り上げ方がちがうのね。」

ゆたかさん 「どちらも、役に立つ考え方だね。うまくちがいを生かして使えるといいね。」

(3) あなたの小学校では、六年生が卒業前に、お世話になった方々へ「感謝の気持ちを伝える活動」を行うことになり、学級ごとにその内容を考えることになりました。そして、あなたはそのために作られた「感謝の気持ちを伝える活動　実行委員会」の委員に立候補し、進んで活動します。問題二、問題三の文章をふまえて、次のア、イの【条件】にしたがって、あなたの考えを書きなさい。

【条件】

ア 以下の指示にしたがい、三つの段落に分けて書くこと。

一段落目…あなたの学級は、だれに向けて、どのような感謝の気持ちを、どのような方法で伝えるのかを具体的に書き、その方法に決めた理由を説明すること。ただし、伝える相手は、自分の学校の先生や子どもたち以外とする。

二段落目…問題二【1】の考え方を使って、実行委員としてあなたは、どういうことを大切にして活動しようと考えるのかを、具体的に書くこと。

三段落目…実行委員として学級の活動を進めていく中で、問題三の考え方をどのように取り入れるのかを書くこと。

イ 解答らんを縦書きで使い、十五行以上、二十行以内で書くこと。ただし、一行に書く字数は特に指定しない。各段落の先頭は一文字分あけ、文字や言葉づかいを正しく、ていねいに書くこと。

た例のように【1】の「働く人」が、自分の「義務」を果たすため
に（ c ）を必要とする場合があるのです。【2】のようなこと
がはじめからある人は、【1】によって【2】のようなことが強ま
ることもあると思います。

わたしは、このようにいろいろな人の考え方を知ることで、それ
ぞれの考え方を結びつけて、より深く考えることができました。

（問い）

① 【1】の「義務」を果たす中で【2】のようなことが起こる場合に
ついて、具体的に説明します。【1】に紹介されている「働く人」の
うち、いずれか一つを選びなさい。みくさんになったつもりでa、b
にあてはまる内容を自分なりに考えて、具体的に書きなさい。ただ
し、aには選んだ「働く人」を入れて文章を作ること。

② cに入る言葉を、自分の言葉で五字以内で書きなさい。

三 次の文章は、書道家の武田双雲さんが「義務感」について述べた文
章です。これを読んで、あとの(1)～(3)の問いに答えなさい。

始めたことを途中でやめるのは、一般的にはよからぬことと思わ
れがちです。

でも、ちょっと考えてみてください。

渋々、嫌々最後まで終わらせるのと、嫌になったところでいった
んやめて、また気分が上がったときに再開するのとでは、最終的に、
どちらのほうがいい結果になるでしょうか。

僕は断然、後者だと思います。

なぜなら、渋々、嫌々では雑になってしまうに違いないからです。

それよりも、「あ、また始めたいなぁ」と意欲が湧いたときに、
丁寧に味わいながら取り組んだほうが、ストレスなくいいエネル
ギーでできるでしょう。

そう考えると、※初志貫徹という言葉もまた、自分を「義務感」
でがんじがらめにする呪文に思えてきます。

人間、「最後までやり抜かなくてはいけないこと」なんて、たぶん、
ほとんどありません。

自分がやりたいとき、ワクワクできるタイミングで、やりたいよ
うにやる。

たいていは、それでいい、それがいいはずなのです。

みなさんも自分自身に「義務感」を手放す許可を出してみてくだ
さい。

※ 初志貫徹……最初に心に決めた目標を最後まで持ち続けること。

（武田双雲『丁寧道』より）

(1) 武田双雲さんの考えを、次のページの【図】のようにまとめました。
空らんにあてはまる言葉を、筆者である武田双雲さんの考えをもとに
して、五字以上、七字以内で書きなさい。

人は働くことでそれぞれ違う義務を果たしながら、自分以外の誰かの役に立っているということです。それに、家族がいる人は、働いて稼いだお金を家族にも分けられますから、「家族のため」にも働いています。大好きな家族のためと思えば、つらいことが少しくらいあってもがんばろうとします。

そんなふうに誰かのために義務を果たす姿を、私はとてもカッコいいと思います。

世の中の働く人たちはみんな自分のための楽しみではなく、誰かのために時間や労力を使っているカッコいい人たちです。会社で書類を作る人も、ビルを建てる人も、お菓子を作る人も、みんな誰かのためになる義務を果たすために一生懸命なのです。

（有川浩「自分が楽しいから、好きだからではなく」
（宮本恵理子編著『大人はどうして働くの？』所収）より）

【2】

何かができるようになりたいという気持ちは、「何かを達成して、自分が世界のなかで効力※1を持てる存在になりたいという気持ち」でもあります。自分を含めただれかの苦しみを取り除きたいとか、だれかに楽しさを与えたいといった目的を持ち、そのために何かができるようになりたいというのが人間の学びへの動機※2になります。

（河野哲也『問う方法・考える方法』より）

※1　効力……他のものに、効果をおよぼすことができる力。
※2　動機……きっかけ。

（1）みくさんは、【1】と【2】の文章を読み終えて、【1】の「義務」を果たす中で【2】のようなことが起こる場合があることに気がつきました。それを説明するために、【1】と【2】の文章の関係をノートに整理しました。次は、整理した内容の一部です。①～③にあてはまる言葉を、①は十二字以内、②、③は【1】、【2】の文章中の言葉を使って、三字以内で書きなさい。

みくさんのノート

【1】の「働く人」がそれぞれの「義務」を果たすことも、【2】の「何かができるようになりたいという気持ち」を持つことも、どちらも（ ① ）ことである。

・（ ① ）ことによって…
・「働く人」にとって「義務」は（ ② ）になる。
・学ぶ（ ③ ）を見いだし、それが学ぶ動機につながる。

（2）みくさんは、（1）の【みくさんのノート】をふまえて、気がついたことをみんなに伝えるための発表原稿を作成しました。次は、その原稿の一部です。これについて、あとの（問い）に答えなさい。

【みくさんの発表原稿】

【1】の「義務」を果たす中で【2】のようなことが起こる場合があります。そのことについて具体的に説明します。

たとえば、【1】の「働く人」を例に挙げます。そのことについて、（ a ）ために、

このとき、（ b ）というような場合です。

このとき、【2】のようなことが起こるのです。つまり、今挙げ

千歩も踏み出せると考えてしまうと、結果にがっかりするわけで、ちっぽけな一歩でいいんだ、いまはちっぽけな一歩だけどそれでも続けるんだということ。」

仁さん　たしかに共通しているね。二つの本から、今後、行うとよいこともわかってきたよ。

（キム・スヒョン『私は私のままで生きることにした』、西研、佐藤幹夫『哲学は何の役に立つのか』より作成）

（2秒後）

以上で放送を終わります。それでは、問題用紙を開き、すべての問題に答えなさい。

一　放送で聞いた内容から、次の(1)、(2)の問いに答えなさい。

(1)　仁さんと空さんは、それぞれ紹介した本から「今の自分がやるべきこと」と「共通した考え方」を学びました。それを次の〔図〕のようにまとめるとき、①～③にあてはまる言葉を、①、③は三字以上、六字以内、②は七字以上、十三字以内で書きなさい。

〔図〕

〔仁さんが紹介した本〕
今の自分がやるべきこと
↓
自分の「才能」を（　①　）こと。

〔空さんが紹介した本〕
今の自分がやるべきこと
↓
まずは（　②　）こと。

どちらも（　③　）ことでなくてよいという考え方。

(2)　仁さんは、二つの本から「今後、行うとよいこともわかってきた」と言っています。(1)をふまえて、それぞれの本の内容から、「今後、行うとよいこと」について、次のア、イの〔条件〕にしたがって、書きなさい。

〔条件〕
ア　「才能」「何かをしようとするとき」という言葉を使うこと。
イ　三行以内で書くこと。

二　次の【1】は、小説家の有川浩さんが「義務」について述べた文章、【2】は学者の河野哲也さんが「何かができるようになりたいという気持ち」について述べた文章です。これらを読んで、あとの(1)、(2)の問いに答えなさい。

【1】

　「自分が楽しいから」とか「好きだから」という理由ではなく、「誰かのためになるから」という理由で、働く人たちはみんながんばっています。

　一つ一つの職業に、それぞれ違った「義務」があります。義務を果たすことで、誰かのためになるようになっている。「義務」は「役割」と考えてもいいかもしれません。

　例えば、電車の運転士さんであれば、電車を安全に運行するという義務を果たすことで、お客さんを目的地まで連れていくことができます。会社の社長さんだったら、会社が倒産しないようにしっかり経営をすることが、その会社で働く社員さんたちの生活を支えることになります。

【適性検査二－二】 （四五分） 〈満点：一〇〇点〉

【注意】 放送で指示があるまでは、開かないこと。

（放送台本）

これから、適性検査二－二を始めます。外側の用紙が解答用紙です。内側に問題用紙があります。内側の問題用紙は、指示があるまで開いてはいけません。

それでは、外側の解答用紙を開き、受検番号と氏名を書きなさい。

（20秒後） 書き終わったら元どおり問題用紙を挟んで閉じなさい。

（5秒後）

最初は、放送を聞いて問題に答える検査です。放送はすべて一回だけです。それでは、裏返して「メモらん」と書いてある面を上にしなさい。

今から「メモらん」にメモを取ってもかまいません。

（3秒後）

これから、仁（じん）さん、空（そら）さんの会話を放送します。二人は自分の悩みを解決するヒントになる本に出会いました。二人が紹介する本の内容に注意して、放送を聞きなさい。

（5秒後）

では、朗読を始めます。

（3秒後）

仁さん　将来の職業のことで悩んでいたけれど、「才能」に対する考え方について書かれた本に出会って、今やるべきことがわかったよ。読んでみるね。

「多くの人は、才能を見つけろと言われると、芸術的なものや、少し特別なものばかりを思い浮かべる。つまり、ずば抜けた才能にしか価値がないと考えてしまう。そういう考えにとらわれると、自分の才能や長所にきちんと目を向けられなくなる。

才能は鍛えることができるものだし、レベルに合わせて違った使い方もできる。たとえば、文章を書けるからといって、全員が文学賞に挑戦する必要はない。大切なのは、才能の度合いではなく、自分にどんな才能があるのかを『具体的に』知ること。」

空さん　わたしの本も仁さんの本と同じように、今やるべきことを教えてくれたよ。「何かをしようとするとき」について書かれた本なの。仁さんの本と共通するところを、紹介するね。

「社会の問題を考え、何かをしようとするとき、いきなり大したことができるわけではないですね。最初は、ほんとうにちっぽけな一歩です。それをわきまえつつ二歩三歩と踏み出し続け、その持続のなかで、少しは影響力やら貢献やらができるかもしれない。いま優れた仕事をしている人たちでも変わりませんね。いきなり百歩も

大切なことはメモしておこうネ！

2023 年 度

解　答　と　解　説

＜適性検査1－1解答例＞

1　(1)　あ　（賞味期限　令和）4（年）12（月）
　　　　い　（賞味期限　令和）4（年）12（月）
　　(2)　ウ
　　(3)　う　①
　　　　え　急速
　　(4)　お　レトルト食品とかんづめそれぞれの，2010年と2020年の総生産量
　　(5)　か　資料8から，かんそうわかめは，かさみつ度が0.2だから，小さじ1ぱいが1gとなる。みそしるに入れる小さじ2はい分は2gで，資料7から，もどし率が12倍なので完成したみそしるの中のわかめは，水分をふくんで24gとなる。資料6は4人分の作り方なので，1人分は，24gを4でわって6gとなる。
　　(6)　き　それぞれの食品に適した方法
　　(7)　く　賞味期限の古いものから使う
　　　　け　使った分だけ買い足す
　　(8)　こ　物置や勝手口のすみではなくキッチンなどで保ぞんするため，食品を管理しやすくなる

2　(1)　あ　うみさんが取り入れる4つ目の原則：強調する
　　　　　　場所を表す文字を大きくする
　　(2)　い　うさぎの周りだけを明るくする
　　　　う　うさぎに矢印の先を向ける
　　(3)　え　伝えたい
　　(4)　お　ア
　　　　か　ウ
　　(5)　き　形を変えていく
　　(6)　く　要望
　　　　け　総合
　　　　こ　なっ得
　　(7)　さ　（住民は）申しこみ（が1回ですみ，自治体は）紙での作業（を減らす）
　　(8)　し　解答用紙を集めた後の作業
　　　　す　時間内で効率よく作業
　　　　せ　解答用紙を電子データにし，参加者がタブレットを使用（することで）解答用紙や説明を事前に送信し，解答用紙の整理や集計を自動化できる（ように解決をはかる。）

○配点○

1 (1) 各4点(完答)×2　(2) 4点　(3) 完答4点(問題の趣旨にあっていれば点を与える。)　(4) 6点(問題の趣旨にあっていれば点を与える。部分点を与える場合がある。)

(5)・(8) 各8点×2(問題の趣旨にあっていれば点を与える。部分点を与える場合がある。)

(6) 4点(問題の趣旨にあっていれば点を与える。部分点を与える場合がある。)　(7) 各4点×2(問題の趣旨にあっていれば点を与える。)

2 (1)・(7) 完答各4点×2(問題の趣旨にあっていれば点を与える。)　(2)・(3)・(5)・(8)し，す 各4点×6(問題の趣旨にあっていれば点を与える。)　(4) 完答4点　(6) 各2点×3(問題の趣旨にあっていれば点を与える。)　(8)せ 完答8点(問題の趣旨にあっていれば点を与える。部分点を与える場合がある。)　計100点

＜適性検査1－1解説＞

重要 **1** （社会・算数・家庭科：食品の消費と保存，非常食，計算，資料の読み取り）

(1) 食品の「年月」での期限表示について，**資料1**より次のことがわかる。

　　賞味期限を年月日で表したとき，その「日」が「月の最後の日」である場合は，その「日」が含まれる「月」と「同じ月」で表示し，「月の最後の日」以外である場合は，その「日」が含まれる「月」の「前の月」で表示する。よって，**あ**は月の最後の日なので「令和4年12月」，**い**は「月の最後の日」以外なので「前の月」の「令和4年12月」となる。

(2) **ア**　母の最初の発言で「ふくろや容器を開けていない状態で，表示された保存方法を守って保存すると，いつまでその食品を食べることができるのか」と，期限表示の説明がされている。つまり，未開ふうの場合のみ，賞味期限内であれば，おいしさが保証されるということなので，誤り。

　　イ　年月日表示の賞味期限が，「月の最後の日」の場合，年月表示にしても賞味期限は短くならないので，誤り。

　　ウ　はるの発言に，「消費期限は，食品の安全が保証されている期限」とある。つまり，消費期限をすぎると，未開ふうであっても安全に食べることはできなくなるということなので，正しい。

　　エ　母の2回目の発言に，「製造日から賞味期限までが3か月をこえる食品は，『年月』で表示することができる」とあり，強制ではないので，誤り。

　　よって，残った**ウ**が答えである。消費期限は「食品の安全が保証されている期限を示している」と，会話中のはるの言葉でも説明されている。

(3) **う**　はるの発言の中の「工場などで　**え**　に冷凍させることで『最大氷結晶生成温度帯』にとどまる時間を短くしている」という部分から，最大氷結晶生成温度帯にとどまっている時間がより短い①が，工場で冷凍された，市販の冷凍食品であるとわかる。

　　え　「最大氷結晶生成温度帯」にとどまる時間を短くするためには，そもそも冷凍するのにかかる時間自体も短くなる必要がある。冷凍にかかる時間を短くする，という意味になり，えに入る5字以内の言葉としては，「急速」，「急激」などが考えられる。

(4) **お**　**資料4・資料5**はどちらも品目別生産量の割合を示したものである。割合とは，全体に対してあるものがしめている比率を示す値であり，実際にどれほどの量が生産されていたかについてはこのグラフを見ただけではわからない。そのため，生産量の増減を判断したい場合は，2010年と2020年のレトルト食品全体の生産量，そして2010年と2020年のか

んづめ全体の生産量がわかる資料を用意し，それに各品目の割合をかけ合わせることで求める必要がある。**お**には必要な資料の説明を書けばよいので，レトルト食品・かんづめそれぞれの2010年と2020年の総生産量がわかる資料が必要だということを説明する。

(5) **か**　**資料6**の作り方を見ると，この作り方では乾燥（かんそう）わかめを小さじ2の分量で用いることがわかる。また**資料8**を見ると，乾燥わかめのかさ密度（みつど）が0.2であるとわかる。「かさ密度が1の場合　小さじ1＝5g」という説明をもとに考えると，今回用いるのは小さじ2はいの乾燥わかめなので，かさ密度が1のとき，5×2＝10(g)となる。わかめのかさ密度は0.2なので実際にみそしるに使う乾燥わかめは，10×0.2＝2(g)であるとわかる。

　　　また**資料7**を見ると，みそしるで使用する乾燥わかめのもどし率は12倍，つまりみそしるに入れたわかめは水分を吸収（きゅうしゅう）することで重さが12倍になるとわかる。もとが2gなので，みそ汁に入れてからの重さは2×12＝24(g)，また今回の作り方は4人分の作り方なので1人あたりのわかめの重さは24÷4＝6(g)である。**資料6**～**資料8**の内容をふまえて，正しい計算と適切な説明がなされていればよい。

(6) **き**　**資料9**に書かれている保存方法を見てみると，温度の制限が食品によってさまざまであり，常温保存のものから冷凍保存のものまで存在（そんざい）する。また，なかには直射日光（ちょくしゃにっこう）を避（さ）けるべきものや暗所に入れるべきもの，においが強いものの近くに置かない方がよいものなど，細かな対応が必要なものも存在する。これらの条件を見ると，全て同じような場所・方法で保管するのではなく，それぞれの食材に適した保存方法で保管しておくことが，食品を長持ちさせる方法であるとわかる。そのため「それぞれに合った方法で」という意味合いがふくまれた記述をする。

(7) **く**　**資料11**の②の図を見ると，最も賞味期限の短い「もも」が使われている。4つのかんづめのうち最も賞味期限が短く，早くに期限をむかえてしまう「もも」のかんづめをまず消費すれば，たとえば令和5年の4月に残りの3つの缶詰が残っていても，期限切れの食品を生まずにすむという利点がある。賞味期限の古い(短い)ものから使うといった説明ができればよい。

　　け　新しく買っているかんづめの個数と賞味期限に注目する。**資料11**の③の図では，最も賞味期限が長く，期限をおそくむかえるかんづめを新たに1つ買っている。この新しく買ったかんづめの数は前に消費した「もも」のかんづめの個数と同じである。つまり，「消費した分だけ新たに買う」という点が重要なのである。食品を備えるという点では，消費した後に買い足すのは必要なことであるが，必要以上の食品を買い足してしまうと，消費が間に合わなくなってしまい，食品をむだにしてしまいかねない。自分の消費ペースに合わせて買い足すことが必要であり，それが上手く伝わる記述をすればよい。

(8) **こ**　**資料10・資料11**より，ローリングストック法の特ちょうは，大きく分けると「災害時にも使用できる『日常食品』を備えること」と「目につきやすくて，管理しやすい場所に備えておくこと」の2つであるとわかる。つまり，「乾パンやアルファ米のような非常食」ではなく「カップめんやかんづめ，レトルト食品」を保管することのよい点，そして「物置や倉庫」ではなく「キッチンや生活している室内」に保管することのよい点を考えればよい。保管するものの中身についてであれば，日常生活の料理の中で使えるものであること，非常時以外にもおいしく食べられるものであることなどが理由としてあげられるだろう。

　　　また保管場所についてであれば，いつも食品を保管している場所の中に非常食も置くことで，非常食専用（せんよう）の保管場所がいらないことや，目につきやすいため，定期的に消費することを忘れにくく，いざというときも期限切れのものを食べずにすむことなどが挙げられ

るだろう。

2 （社会・算数・国語：デザイン，仕組み，図表の読み取り，言葉の理解，資料の読み取り）

(1) **あ** まず，**資料１**の②のポスターの作成において，デザインの４原則のうちどの原則が用いられているかを考える。そうじ場所ごとに必要な道具がかためられている点や，その場所ごとに左下・中央上・右下の３か所にまとめられている点に注目すると，「まとめる・整列する・くり返す」の３つが用いられていることがわかり，逆に「強調する」はどこにも用いられていないことがわかる。よって，うみさんが取り入れるべき原則は「強調する」である。②のポスターの欠点は「どのそうじ場所にどの道具のセットを片付けるのか」がわかりづらいことである。そのため，強調の方法として，そうじ場所を示す単語（教室・トイレ・体育館）を大きくする・太字にするなどの形が効果的だと考えられる。

(2) **い** 「なぜうさぎに目が向くのか」の説明として，「トンネル効果」を用いてうさぎを目立つようにしていると述べられている。その工夫の仕方を10字以上15字以内で書けばよい。トンネル効果は，昼間にトンネルに入りその中から出口を見ると，外の景色が明るいために出口部分だけが明るく目立って見えることに由来している。そのため，**資料３**の②の図を見れば分かるように，もうさぎ以外の部分が暗く，うさぎの部分だけが明るくなっていることで，うさぎが目立って見えるという内容を説明すればよい。

う 「なぜうさぎに目が向くのか」の説明として，「矢印効果」を用いてうさぎを目立つようにしていると述べられている。その工夫の仕方を10字以上15字以内で書けばよい。矢印効果は，その名前のとおり矢印の先に対象となる物を置くことでその物が矢印に指され，目立つという効果である。そのため，**資料３**の③の図を見れば分かるように，矢印の先にうさぎを置く（もしくはうさぎを指すように矢印を置く）ことで，うさぎが目立って見える，という内容を説明すればよい。

(3) **え** **資料１**ではそうじ場所とそうじ道具の配置が一目でわかるようにポスターを作りかえ，**資料３**ではうさぎが目立つようにするためのデザインの工夫がなされ，**資料２**ではそれらのもととなる原則が説明されていた。これらはどれも対象となる物を「わかりやすく」，「見やすく」するための工夫であり，わかりやすくするのは「道具の片付け場所がどこであるか」，「うさぎの場所がどこであるか」という，作る人が見る人に伝えたい情報を示すためであった。そのため，見る人に伝えたいことをわかりやすく，明確に表すことも「デザインすること」であるということが，これらの資料からわかる。

(4) **お** えん筆を作る過程の中で「手をよごさずに書きたい」，「こなごなの黒えんも使いたい」という部分はどちらも「～（し）たい」の形で書かれる内容，つまり最終的にこのようなものを作りたいという願望であるとわかる。黒えんのかたまりを細い黒えんにした際も，細い黒えんをえん筆にした際も，困っている課題があった。それを解決して「こういう形にしたい」という願望がおの部分であるといえる。そのため，選たくしの「ア　解決したいことをとらえる」が最も適している。

か えん筆を作る過程において「持つところを作ればよい」，「こなごなの黒えんを固めればよい」という部分は，「手がよごれる」，「黒えんがこなごなでかたまりの部分が足りない」といったなやみを解決するための具体的なアイデアであるといえる。これらのアイデアは，選たくしの言葉でいえば「改善の方向性」であり，それが実現した先に具体的なデザインが決まるため，**ウ**が最も適している。

(5) **き** 「えん筆を例に考えると」という前置きがあるため，**資料４**にそって考える。使う人や作

る人の考えとは「手をよごしたくないから持ち手を作ろう」という部分や，「こなごなの黒えんを固めて木で包んでみよう」という部分にあたる。デザインの対象とは，「黒えんのかたまり」，「細くして糸を巻いた黒えん」にあたる。こういった考えが，もともとは石のようなかたまりで，あつかいづらかった黒えんの形を改め，現在私たちが使っているえん筆の形を生み出すきっかけになったといえる。よって「き」には，ものをもとの形から変えること，もののあり方を変えることといった意味合いの言葉が 5 字以上10字以内で書けるとよい。

(6) 3字以内という字数制限に注意する。

く 直後に「問題を定義することで」とあることから，**資料 5** の「②問題定義」の部分について話しているとわかる。問題定義では「出された意見から，人びとの『ねらいや実現のための考え』を想像」するとあるため，「ねらいや実現のための考え」を示すような単語がくに入ればよい。解答としては「要望」，「願望」，「要求」などといった言葉が適切である。

け 前後を読むと，「仕組み全体を複数の着眼点から」考え，「解決のアイデアを練る」という，**資料 5** の「③創造」の部分について話していることがわかる。複数の考えをふまえて 1 つの結論に向かっていく際の表現を「〜的」と書いていることを考えると，「総合」的，「複合」的のような解答が考えられる。

こ 「関わる人びとが　こ　できるような新しい仕組み」の指す意味としては，関わる人がみなよいと思える仕組み，関わる人がこう定的な気持ちをもてる仕組みということがいえる。こういった意味を表す言葉として，解答らんに収まるものを考えると「なっ得」が適切であるといえるだろう。

(7) **さ** **資料 6** と会話文を見ながら，解答らんに合うように住民・自治体それぞれにとっての利点を考える。まず住民にとっての利点は，申込みの手続きが簡単になることである。**資料 6** を見ると，インターネットを使わない場合の手続きは，○○課・△△課・□□課のそれぞれに対して申込みに行く必要があり，そのたびに窓口に足を運ぶ必要があった。それがインターネットを使う手続きに変わったことで，専用サイトに一度申込みの情報を登録するだけでよくなり，いくつもの課に行くことも，そもそも役所まで足を運ぶ必要もなくなったとわかる。このように，「申込み」が一度で済むことが住民によっての大きな利点である。

　続いて自治体側の利点だが，これはやり取りする際に用いる情報の形式に関係がある。インターネットを使わない場合では，すべての手続きを紙の書類で行っていたため，その書類を各課の間で共有していた。しかしインターネットを使うようになってからは，これらの情報がすべて電子化され，1 つの情報システムの中でまとめて管理できるようになった。紙の書類を管理する負担がなくなったのである。つまり「紙での作業」が減ったことが大きな利点であったということである。

(8) **し** 「解答用紙の整理」，「解答用紙の点数の集計」は，どちらもクイズ大会が「終わった後の作業」に関する意見であるところが共通点である。また，これらはどちらも「解答用紙の取りあつかい」に関する意見だという点も共通している。そのため，「大会の後の作業である」，「解答用紙に関する作業である」という 2 点に注目し，指定された文字数でまとめればよい。

す 「紙の配布にかかる時間」，「ルール説明にかかる時間」は，どちらも作業に時間がかかるという意見である。これらの問題を改善するためには，限りある時間の中で効率的に行程を進められるように工夫しなくてはならないはずである。そのため，「時間内に作業を終わ

らせる」ための仕組みを作る，という内容がふさわしい。

せ　文末に気をつけながら，解答らんに合うように答える。

　　「説明に時間がかかる」という点については，事前にルールに目を通していれば解決でき，「解答用紙の配布に時間がかかる」点は，参加者全員に同時に解答用紙を配る方法があれば解決できる。また，解答の集計が複雑だという問題に関しては，はじめから生徒の情報が解答用紙とひもづけられていたり，自動で採点をできたりすれば解決が可能である。

　　ここで，**資料6**に挙げられていた行政サービスの改善例をふり返ると，紙での作業をなくし電子データで作業をするようになったことで，作業の手間が減っていた。この「紙での作業をなくし電子データで作業をする」という仕組みをクイズ大会にもあてはめることができる。全員に電子データで情報を送ることができれば，ルール説明も解答用紙の配布の手間も不要になる。また，生徒それぞれが自分のタブレットやパソコンから回答をすれば，クラスや名前をわざわざ登録せずとも簡単に集計することができる。加えて，電子データで解答を管理することで，自動採点を使えば簡単かつ早く点数の集計が行えるという利点もある。

　　このように，タブレット(もしくはパソコン，スマートフォン)を導入し，その中に電子データを送るという形でクイズ大会を行うことで，大会で挙げられている問題点を総合的に解決することができる。解答する際は，前半部分にシステム導入の形式・方法，後半部分にそれによってもたらされる効果について書けるように分けて答える。

───　★ワンポイントアドバイス★　───

問題量が非常に多いため，素早く文章や資料を理解し，集中して解答し続ける力が求められる。資料の読み取りは要点を考えながら進め，解答につながる部分をおさえていこう。会話文にヒントがある場合もあるので，重要だと思うところには線を引いたり印をつけたりしておくと見落としが防げる。記述は自分の言葉で書くことが求められるため，メモをしながら書く内容をまとめたり，わかりやすく書くための順番を書き始める前に考えたりしよう。

＜適性検査1－2解答例＞

1 (1) ① ア　反時計(回り)
　　　　② イ　う
　　　　　 ウ　い
　　　　③ エ　はるか遠くにある
　　(2) ① オ　(秒速)442(m)
　　　　② カ　360(度)
　　　　③ キ　8(秒)
　　　　(理由) 回転している台が1周まわる間に，ふり子が4往復しているためです。
　　　　④ ク　ふり子が1往復したことによってえがかれたもようの数が，減ります。
　　　　⑤ ケ　回転している台上でふり子を観察すると，ふり子のふれる方向が回転しているように見えることが[実験Ⅰ]でわかったため，地球上でも同じように，ふり子のふれる方向が回転しているように見えれば，地球が自転していることの証ことなります。
　　(3) ① コ　3600(秒)
　　　　② 地点Aと地点Bのい度の差は
　　　　　35度38分48.20秒－35度38分45.69秒＝2.51秒
　　　　　地点Aと地点Bの間のきょり□は
　　　　　20歩：120歩＝13m：□m
　　　　　□＝78m
　　　　　地点Aと地点Bの間のい度の差ときょりと，地球の周りの長さ△との関係は
　　　　　(360度×3600秒)：2.51秒＝△m：78m
　　　　　△＝40274103m＝40274.1km
　　　　　地球の周りの長さは，およそ40274kmです。

2 (1) ① ア　12
　　　　　 イ　2
　　　　　 ウ　6
　　　　　 エ　7
　　　　　 オ　3
　　　　② カ　$3×x+5×y＝36$
　　　　③ キ　(3, 2, 7), (2, 4, 6), (1, 6, 5), (0, 8, 4)
　　(2) ① ク　6
　　　　　 ケ　8
　　　　　 コ　3
　　　　　 サ　1
　　　　　 シ　9
　　　　　 ス　6
　　　　② セ　「A→F→I→B」「A→F→L→B」「A→I→L→B」のルートの数には，それぞれ「A→F→I→L→B」のルートの数がふくまれています。けんさんは，「A→F→I→L→B」のルートの数を重複して数えてしまっているため，考え

方があやまっています。

「A→F→I→B」「A→F→L→B」「A→I→L→B」のルートの数から，それぞれ「A→F→I→L→B」のルートの数を引くと，9−6=3，36−6=30，30−6=24となります。だから，正しいルートの数は3+30+24+6=63(通り)となります。

(3) ① ソ　14
　　　　タ　59
　　　　チ　64
　　　　ツ　78

② テ　2人の乗車回数と，スタートしてから乗車し終えたときまでの経過時間を表にまとめると次のようになります。

乗り物の 乗車回数(回)	1	2	3	4	5	6	7	8	9	…
たえさんの 経過時間(分)	24	43	62	81	100	119	138	157	176	…
けんさんの 経過時間(分)	25	39	64	78	103	117	142	156	181	…

それぞれの乗り物から集合場所までの移動時間を考えると，乗車回数と，スタートしてから集合場所にもどってきたときまでの経過時間は次のようになります。

　　　たえさん　8回乗車すると162分　9回乗車すると181分
　　　けんさん　8回乗車すると160分　9回乗車すると183分

自由行動は3時間なので，180分以内に集合場所にもどらなければなりません。したがって，たえさんもけんさんも，それぞれ8回まで乗車することができます。このことから，自由行動の時間内に乗り物に乗車できる回数は，2人とも同じです。

○配点○

1　(1)　①　3点(問題の趣旨にあっていれば点を与える。)　②　各3点×2　③　4点(問題の趣旨にあっていれば点を与える。部分点を与える場合がある。)　(2)　①・②・③キ　各3点×3　③(理由)・④　各4点×2(問題の趣旨にあっていれば点を与える。部分点を与える場合がある。)　⑤　8点(問題の趣旨にあっていれば点を与える。部分点を与える場合がある。)　(3)　①　3点　②　9点(問題の趣旨にあっていれば点を与える。部分点を与える場合がある。)

2　(1)　①　ア　2点　イ，ウ・エ，オ　各3点×2(完答)　②　3点(問題の趣旨にあっていれば点を与える。)　③　完答5点　(2)　①　各2点×6　②　7点(問題の趣旨にあっていれば点を与える。部分点を与える場合がある。)　(3)　①ソ，タ　完答3点　チ，ツ　各2点×2　②　8点(問題の趣旨にあっていれば点を与える。部分点を与える場合がある。)

計100点

＜適性検査1－2解説＞

1 （理科・算数：星の観察，振り子，緯度と経度，図の読み取り）

(1) ① ア 直前にある「北極星を中心に他の星が反時計回りに動いているように見える」という文に注目する。他の星が動いているように見えるのは，地球が自転しているからである。地球から見て星が反時計回りに見えるということは，相対的には地球から見て地球自身は時計回りをしている。これは北極星から見ると逆回りの反時計回りをしているように見えるので，答えは反時計回りとなる。自転の方向は，太陽が東からのぼり西へしずむようすを思いうかべるとよい。

② イ 日本は赤道と北極の間に位置している。右の図を見ると，赤道上からは日本よりも見上げる角度が小さいことがわかる。よって，うが答えとなる。

ウ イと同様に考えると，北極から北極星を見上げる角度は約90度であるから，いが答えとなる。

③ エ 図4－2を見ると，■より○の方が遠くにあり，見上げる角度は大きくなっている。この考察から，極めて遠い場所になると，観察者からその地点を見上げる角度はどこにいてもほぼ90度とみなせることに気づきたい。よって，はるか遠くにあるという内容を答えればよい。

(2) ① オ 地球が1日で1周する速さを求めればよい。地球の半径を6370km，円周率を3とすると，地球の周りの長さは6370×2×3＝38220(km)である。単位をメートルに変えると38220×1000＝38220000(m)となる。また，24時間を秒にすると，24×60×60＝86400(秒)になる。よって，地球の動きは秒速にすると38220000÷86400＝442.3…(m)，小数第一位を四捨五入して，秒速442mだと求められる。

② カ AからBで振り子の振れる方向は90度回転している。AからBで台は90度回転しているので，台が1周360度回転したときは，振り子も360度回転しているように見える。

 ③ キ 図7を見ると，台が1周まわる間に台の上を振り子が4往復したようすがかかれているとわかる。振り子が1往復するのにかかる時間を2秒とすると，4往復するのにかかる時間は2×4＝8(秒)だと求められる。理由についても，4往復分の印があることにふれながらわかりやすくまとめればよい。

④ ク 振り子の糸の長さが長くなると，振り子が1往復するのにかかる時間が長くなる。そのため，台が1周するのにかかる時間を変えない場合，台が1周回る間に振り子が往復する回数は，図7のときよりも減る。つまり，振り子が振れているようすの記録も，図7に比べると減ると考えられるため，そのことをまとめて書けばよい。

 ⑤ ケ ［実験Ⅰ]では，回転している台の上の**地点X**から振り子を見たときに，振り子の振れる方向が回転して見えるということがわかった。地球が自転しているかどうかを調べるためには，地球が[**実験Ⅰ**]で示した台と同じように回転しているといえる必要がある。つまり，台の上の**地点X**のような地球上のある地点においても，振り子が回転して見えれば，地球も回転しているということができる。解答するときは，実験でわかった結果と，それをふまえて地球で調べるべきことをどちらも書くことに気をつけるとよい。

(3) ① **コ** 会話文の中に「1度は60分，1分は60秒」という文があることに注目する。これを用いて1度を秒でかん算すると，60×60＝3600より，1度は3600秒だとわかる。

② 地球の周りの長さを求めるためには，緯度または経度と，長さを用いた計算が必要である。緯度（または経度）に対する実際の長さがわかれば，地球1周分，つまり360度に対応する長さも求められる。

[**実験Ⅱ**]の計測に用いられている**地点A**と**地点B**を比べると，経度は全く同じだが，緯度が少しずれていることがわかる。また，2地点の実際のきょりについては，実験者の120歩分の長さということもわかっており，また同じ人の20歩分の長さが13.0mであることもわかっているため，これらの値を用いて計算をする。

まず，2地点の緯度の差は2.51秒であり，きょりの差は120歩分である。20歩分の長さが13mなので，120歩分の長さは120÷20＝6(倍)，つまり13×6＝78(m)だとわかる。

次に，緯度の単位である度を秒に変かんすると3600秒であることを用いると，地球1周分の角度は360×3600(秒)だとわかる。よって，長さと緯度を比で表すと，

地球全体：**地点AB**間＝360×3600秒：2.51秒＝△m：78m

という式が成り立つ。これを計算すると，地球1周分の長さ，つまり△には40274103が入り，40274103mが実際の長さだとわかる。これをkmにすると，40274.103kmとなり，小数第一位を四捨五入すると，約40274kmが求められる。

計算過程の部分には，用いた数値や数式を書き，順を追って説明が書ければよい。

2 （算数：場合の数）

(1) ① **ア** 会話文のたえさんの言葉から，5年生が16人，6年生が20人，合わせて36人で校外学習に行くということがわかる。36人を3人ずつの班に分ければいいので，36÷3＝12(班)に分けることができる。

イ・ウ 5人班だけに分けようとすると，36÷5＝7(班)あまり1(人)，とあまりが出てしまい，うまく班をつくることができない。そのため，5人班と3人班を組み合わせて全員を分ける方法を考える。班の数を少なくするために，1班に入れる人数がなるべく多くなるように，つまりなるべく3人の班が少なくなるような班分けにする。3人班が1つの場合を考えると，36－3＝33(人)，33÷5＝6(班)あまり3(人)と，これも班を分けきることができない。続いて，3人班が2つの場合を考えると，36－3×2＝30(人)，30÷5＝6(班)，と全員を班に分けきることができる。よって，3人班を2つ，5人班を6つ用意すると，班の数を最も少なくして全員を班に分けられる。

エ・オ　イ・ウの解き方同様，３人班と５人班に分ける方法を考える。３人班の数が１つのときから順に計算をしていくと，以下のような結果になる。

３人班の数	５人班の数	あまる人数
1	6	3
2	6	0
3	5	2
4	4	4
5	4	1
6	3	3
7	3	0
⋮	⋮	⋮
12	0	0

　３人班が２つ，５人班が６つのパターンは，班の数が最も少ない分け方である。また，３人班だけで分けると，班の数は最大になる。よって，「３人班が７つ，５人班が３つ」の分け方が解答にふさわしい。

② **カ**　３人班の数をx，５人班の数をyとおき，36人を班に分けるときの式を立てる。３人班の人数は，$3×x$(人)，５人班の人数は$5×y$(人)となり，合計が36人なので，「$3×x+5×y=36$」と表すことができる。

③ **キ**　けんさんの分け方を参考に，各班６年生の人数ごとに３人の班をa，２人の班をb，１人の班をcと分け，たえさんの示し方に合わせて(a, b, c)の形で表記する。すべての班が３人班である場合について考えるので，a+b+c＝12(班)である。また，aの班には５年生が０人，bの班には１人，cの班には２人いるように分けるという点も考えながら班分けを行う。６年生に比べると５年生の人数の方が少なく，かつ５年生は１班に対して１人もしくは２人しか配分できない(５年生だけで３人の班を作ることができない)ため，５年生の人数が１人の班をb，２人の班をcとして分け方のパターンを考えると，(b, c)＝(0, 8)，(2, 7)，(4, 6)，(6, 5)，(8, 4)，(10, 3)，(12, 2)，(14, 1)，(16, 0)の９通りが挙げられる。しかし，(b, c)＝(10, 3)，(12, 2)，(14, 1)，(16, 0)の4通りでは，b+cが12よりも大きくなってしまい，班の数が12より多くなってしまうため，適切でない。(b, c)＝(0, 8)，(2, 7)，(4, 6)，(6, 5)，(8, 4)の場合においては，６年生を各班に振り分け，余った６年生を６年生だけの３人班に分けると，(a, b, c)＝(4, 0, 8)，(3, 2, 7)，(2, 4, 6)，(1, 6, 5)，(0, 8, 4)の５通りの班分けが成立する。このうち，(4，0，8)以外を答える指定があることに注意する。

やや難　(2) ① **ク**　右に５回，上に５回しか動けないことに注意しながら，各道についてその道を通るとのがしてしまう施設の数を図のように数え上げる。そのうち，合計が最も少なくなるルートを選び，そのときに通った施設の数を答えればよい。

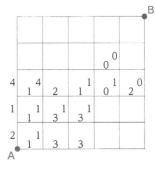

ケ 図のように，S，T，U，Vをおく。施設を1つ
も見学できないルートは必ずSと，T，U，Vのう
ち1つを通るから，施設の前を通らないAからSま
でのルートの数を数え上げる。SまでにTを通るル
ート，Uを通るルート，Vを通るルートの3つがあ
る。「A→T→S」は1通り。「A→U→S」は「A→U」
で3通り，「U→S」で2通りなので，3×2=6(通り)。
「A→V→S」は1通りあるので，1+6+1=8(通り)
である。

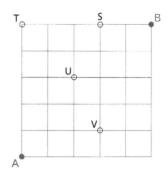

コ A→Fまでには右に1回，上に2回動かなければならない。「右上上」，「上右上」，「上
上右」の3通りのルートが考えられる。

サ F→Iは，「上上右」の1通りのルートしかない。

シ A→Fのそれぞれのルートに対して，A→Fは3通り，F→Iは1通り，I→Bの
ルートは3通りある。よって，3×1×3=9(通り)とわかる。

ス A→Fは3通り，F→Iは1通り，I→Lも1通り，L→Bは2通りだから，3×
1×1×2=6(通り)とわかる。

② **セ** 「A→F→I→B」，「A→F→L→B」，「A→I→L→B」にはそれぞれ「A→F→
I→L→B」のルートがふくまれている。よって，正しいルートの数を求めるときは，
「A→F→I→B」，「A→F→L→B」，「A→I→L→B」のそれぞれのルートの数か
ら，「A→F→I→L→B」のルートの数をひけばよい。

(3) ① **ソ・タ** 2回乗り終わってから，6回乗り終わるまでには，運転時間と待ち時間しかか
からないから，(3+16)×4=76(分)かかる。したがって，13時から乗り始めると，
6回乗り終わるまでに，43+76=119(分)かかる。119分=1時間59分なので，
6回乗り終わったときの時刻は14時59分だとわかる。

チ 乗り物©から乗り物®まで行くのに2分かかり，待ち時間と運転時間があるので，
3回乗り終わったときの経過時間は，39+2+19+4=64(分)である。

ツ 同様に，乗り物®から乗り物©まで行くのに2分かかり，待ち時間と運転時間があ
るので，4回乗り終わったときの経過時間は，64+2+10+2=78(分)である。

② **テ** 乗り物の乗車回数，スタートしてからの経過時間を表にまとめる。

乗り物の乗車回数(回)	1	2	3	4	5	6	7	8	9	…
たえさんの経過時間(分)	24	43	62	81	100	119	138	157	176	…
けんさんの経過時間(分)	25	39	64	78	103	117	142	156	181	…

この表から，たえさんもけんさんも8回まで乗車できるとわかる。ていねいに計算
しながら表にまとめれば，楽に答えられるはずである。

★ワンポイントアドバイス★

問題文や図をもとに頭の中でさまざまなパターンを考え，ていねいに答えを求める必要がある。会話文の中にヒントや使うべき数量が与えられている場合もあるので，読み落としのないよう注意する。難易度の高い問題が多いので，1つの問題に時間をかけすぎず，難しい問題は飛ばして後で解くなど，解き方も工夫することが重要である。必要に応じて適切なメモを取ったり，図や表にまとめたりすることを普段から心がけるとよい。

二 次

2023 年 度

解 答 と 解 説

＜適性検査2－1解答例＞

1 (1) ① ア 直径上にある

　　　　イ 円を半分に折った折り目をいくつかつけ，折り目の直線が交わる点を見つければ，それが円の中心です

　　② ウ OA－OB

　　③ エ （OB×2×3.14÷a）÷（OA×2×3.14÷a）

(2) ① オ 4.37(m)　　カ 4.96(m)　　キ 3.36(m)　　ク 1.01(m)

　　② ケ 32.48　　コ 5.7(m)　　サ 4.0(m)　　シ 1.95(m)

　　③ 直角三角形の3辺のうち，2辺の長さがわかっているとき。

(3) ス

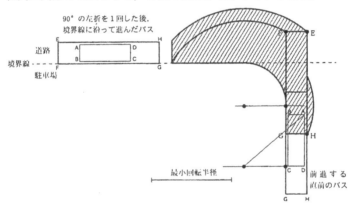

2 (1) ① ア （Aから出たテグス）（A→）G→H（→●）

　　　　　 （Fから出たテグス）（F→）A→B→J→I（→●）

　　② イ （9個）126(本)　　（a個）14×a(本)

　　③ ウ 正五角形の1つの角は，540°÷5＝108°で，正十

　　　　角形の1つの角は，1440°÷10＝144°です。

　　　　　図7で，内側にできる正十角形の1つの頂点の周り

　　　　には，正五角形の角が2つと，正十角形の角が1つ集

　　　　まるので，108°×2＋144°＝360°になります。

　　　　　図3の㋐の形を11個以上つなげて輪の形を作ろうと

　　　　すると，1つの頂点に集まる角度が360°をこえてし

　　　　まうので，図3の㋐の形は最大で10個しかつなげることができません。

(2) エ い，え

(3) ① オ ヒンメリの重さは，使用したパイプの長さの合計に比例する

　　　　カ ヒンメリに使用したパイプの長さの合計

②

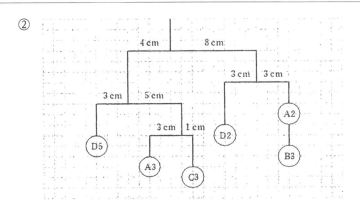

○配点○
1 (1)①**ア**・② 各3点×2(問題の趣旨にあっていれば点を与える。) ①**イ** 6点(問題の趣旨にあっていれば点を与える。部分点を与える場合がある。) ③ 5点(問題の趣旨にあっていれば点を与える。) (2)①**オ**,**カ**・②**ケ**,**コ** 各3点×4 ①**キ**,**ク** 各2点×2 ② **サ**,**シ** 各1点×2 ③ 3点(問題の趣旨にあっていれば点を与える。部分点を与える場合がある。) (3) 12点(部分点を与える場合がある。)
2 (1)① 完答6点 ② 各4点×2(a個の場合について,問題の趣旨にあっていれば点を与える。) ③ 8点(問題の趣旨にあっていれば点を与える。部分点を与える場合がある。) (2) 完答6点 (3) ①**オ** 6点(問題の趣旨にあっていれば点を与える。部分点を与える場合がある。) ①**カ** 4点(問題の趣旨にあっていれば点を与える。部分点を与える場合がある。) ② 12点(問題の趣旨にあっていれば点を与える。部分点を与える場合がある。)
計100点

＜適性検査2－1解説＞

重要▶ 1 （算数：図形を利用した計算，円と円周）

(1) ① **ア** 円の中心は常に円周のすべての位置から等しいきょりにあり，直径は必ず中心を通る，という性質がある。この性質について書ければよい。

イ 紙の折り方と中心の見つけ方について答える。アで答えたようにすべての直径が中心を通るため，複数の直径が重なる点がわかればそこが円の中心だと特定できる。円の直径を探すには，円を半分に折り曲げてあとをつければよいので，円をさまざまな角度で半分に折り曲げ，すべての線が通る1点を探せば，中心を特定することができる。

② **ウ** 前輪2つ，つまりAとBそれぞれが通る円の半径の差を式で示せばよい。Bの前輪は，半径をOBとする円の円周を通り，Aの前輪は半径をOAとする円の円周を通る。図を見ると，Aの前輪が通る円の方が半径が大きいことがわかる。したがって，2つの前輪がえがく円の半径の長さの差はOA－OBであるとわかる。

③ **エ** Bが1周する間にタイヤが回転する数を考える。円周の長さの公式は直径×円周率であり，その長さをタイヤが1回転で進むきょりを表すaで割れば回転回数を求めることができる。Aについても同様であるため，それぞれ式にまとめると，

B（左側のタイヤ）は，OB×2×3.14÷a,

A（右側のタイヤ）は，OA×2×3.14÷a

となる。左側のタイヤが右側のタイヤの何倍回転しているかを求めればよいので，

$(OB×2×3.14÷a)÷(OA×2×3.14÷a)$の式で求めることができる。

(2) ① **オ** 先生の発言より，**図4**では，AB＝CD＝1.6m，AD＝BC＝2.8m，OA＝5.7mである。**図6**の縮図を使うと，2.8mのホイールベースがBCと対応するので，OBの長さは，OB：2.8＝15.6：10と比で表すことができる。これを解くと，OB＝2.8×15.6÷10＝4.368(m)より，小数第三位を四捨五入して4.37(m)が答え。

カ **図5**の縮図を使うと，5.7mの最小回転半径がOAと対応する。これを計算すると，OD：5.7＝27：31と比で表せる。これを計算すると，OD＝5.7×27÷31＝4.964…(m)より，小数第三位を四捨五入して4.96(m)が答えとなる。

キ OC＝OD－CD＝4.96－1.6＝3.36(m)である。

ク 内輪差はOB－OCなので，4.37－3.36＝1.01(m)である。

② **ケ** $(OH×OH)＝(7.2×7.2)－(4.4×4.4)＝32.48(m)$

コ 5×5＝25，6×6＝36より，5から6の間の数だと目星をつけて探す。5.7×5.7＝32.49より，およそ5.7(m)だとわかる。

サ GHはトレッドを表すので1.7(m)である。よって，OG＝OH－GHより，5.7－1.7＝4.0(m)となる。

シ 内輪差はOF－OGであるから，5.95－4.0＝1.95(m)である。

③ 直角三角形の3辺の長さについての性質が示されているので，求めたい辺以外の2辺の長さがわかるときでないと使えないことを読み取る。

(3) **ス** まず，どれくらい前進すればよいか求める。

今いる場所で最小回転半径を用いて中心Oを定める。

図のように考えると，前進したあとの中心O'がPO'＝O'Iになるまで前進すればよいことがわかる。手順としては，三角定規を用いてOを通り境界線に垂直な補助線をひいて，境界線からOIの長さで境界線と平行な線ℓ'をひく(ℓ')。この平行線にCDが来るようにバスは前進すればよいので，この平行線とCDまでの長さをコンパスではかり，バスの各頂点に対して同じ長さだけ前進した点を取れば，前進したバスの車体をかくことができる。

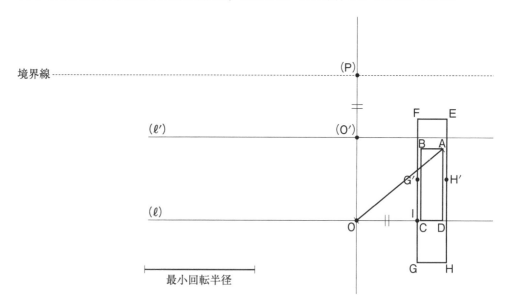

次に，進んだ状態の新たな中心O'から各頂点について回転半径をコンパスでかき，車体

が通過する範囲をななめの線で表す。図のH'の点を忘れないように注意する。部分点がつく可能性もあるので，解ききることができなくても，自分の考えた過程がわかるように残しておくことが大切である。

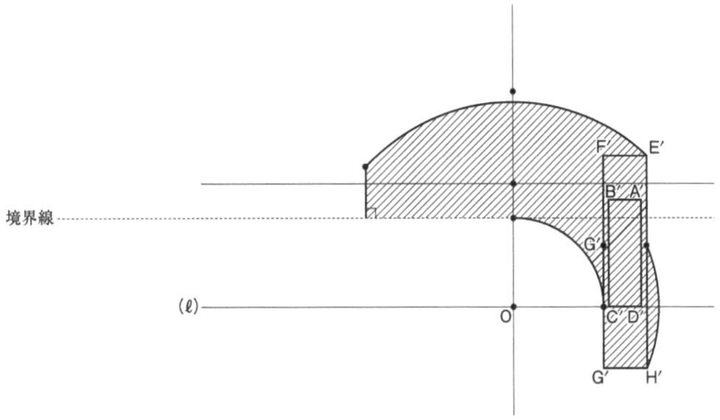

やや難 2 (理科・算数：正多角形，立体図形，てことおもり)

(1) ① Fの先からテグスが通っている方向を→で表し，今できあがった形を表すと図のようになる。図6の段階では，テグスの先は○に位置する。テグスの通っている方向と，各ストローに2本通すこと，●で結ぶことを考えると，Aから出たテグスは，A→G→H→●で，Fから出たテグスはF→A→B→J→I→●の順番で通せばよいことがわかる。

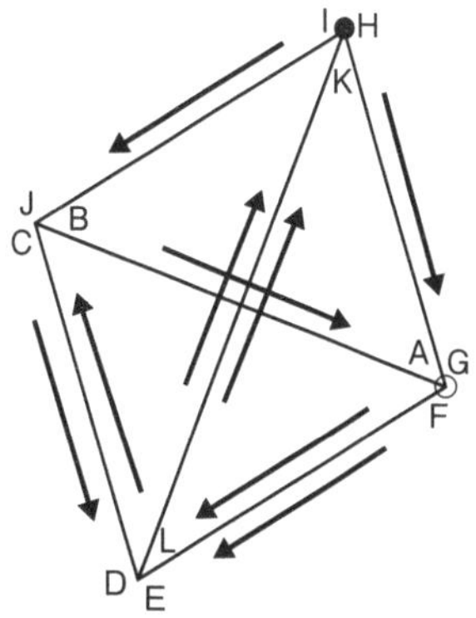

② ㋐の形をつなげるときに，2つの㋐は1本のストローを共有している。したがって，㋐の形を9個つなげた輪の形のヒンメリは，㋐の形から1本を取って14本のストローで構成された形を9個つなげて輪にしているので，必要なストローの本数は，14×9＝126(本)だとわかる。同じように，a個つなげた場合に必要なストローの本数は，14×a(本)とわかる。

③ 正五角形の1つの角の大きさは108°，正十角形の1つの角の大きさは144°である。内側にできる正十角形の頂点の周りは，108°×2+144°でちょうど360°であるが，五角形を1個増やして内側を正十一角形にすると，その角の大きさは144°よりも大きく，頂点の周りの角度が360°よりも大きくなってしまうので，これ以上㋐の形を増やせないことを答える。

(2) てこが水平につり合うときは，支点から力点までのきょりとおもりの重さの積が左右で等しくなっているという性質を用いる。

あ 左は3×20＝60，右は5×10＝50なので左にかたむく。

い 左は3×50＝150，右は5×30＝150なのでつりあう。

う 左は6×20＝120，右は2×55＝110なので左にかたむく。

え 左は6×15＝90，右は2×45＝90なのでつりあう。

よって，答えは**い**と**え**である。

(3) ① 同じ金属製のパイプを使って作っているので，ヒンメリの密度が同じこと，その重さは，使用したパイプの長さの和に比例する。

② 図10の形と同じように考えていく。

　2つ連ねてつなげた部分は複雑になるので，左右同じ長さの棒(ぼう)にすると多少わかりやす
い。また，ヒンメリの重さについて，①の考え方を利用して，使用したパイプの長さの合
計を重さに置きかえて考えていく。

　図のように番号をふって考える。下のヒンメリ
から考えていくと，仮に4にD2，5と6にA2
とB3をあてはめたとすると，4，5，6の重さの
和は(2×12)+(2×3)+(3×6)=48である。

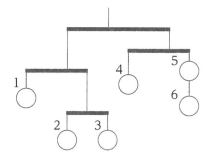

　次に1，2，3について考えるが，4，5，6の重
さの和が48であり，支点を棒の中心から1:2の
比でずらすことを考えると，1，2，3の重さの和
は96になる必要がある。1にD5をあてはめたと
すると，96-(5×12)=36より，2，3の重さの
和は36である。このとき，1と2，3で重さが60:36=5:3になっているので，棒の長さ
は3:5になると予想できる。2にA3，3にC3をあてはめると，2と3の重さの比は9:
27=1:3なので，長さの比は3:1になる。

　ここで，2と3の間の棒については，2の方へ3(cm)，3の方へ1(cm)，1と2・3
をつなぐ棒については，1の方へ3(cm)，2，3の方へ5(cm)使うことを考える。すると
今，12(cm)使っていることになるので，残りの18(cm)を，一番上の横棒と，4と5・6
をつなぐ棒にわりふる。4と5・6をつなぐ棒は1:1の比であるので，どちらも3(cm)と
すると，残りは18-3×2=12(cm)である。一番上の棒は1:2の長さの比となるので，左
が4(cm)，右が8(cm)にすれば，つり合いのとれたモビールが完成する。

　てこの法則を利用しながら，自分が考えていきやすい順番で1つずつヒンメリをあては
めていく必要がある。あたえられた条件を全部満たしているか最後に確認(かくにん)することを忘れ
ないようにする。

─★ワンポイントアドバイス★─

会話文だけでなく，図や表を活用して解答する問題が目立つ。問題ごとに順序立
てて，的確かつていねいに解答する力が求められる。制限時間に対して問題量が
多く，問題の難易度(なんいど)も高いため，計算が複雑な問題や解けそうにない問題は後回
しにし，時間をかけすぎないよう見極める必要がある。一部の問題では作図や図
へのかき込みが求められる。必要な計算をむだなくこなし，解答を下書きしてか
ら書くなど工夫(くふう)をすることで，ケアレスミスを減らす意識を持とう。

＜適性検査2-2解答例＞

一 (1) ① 具体的に知る
　　　② 小さな一歩をふみ出す
　　　③ 特別な
(2) 才能は，きたえたり，レベルに合わせてちがった使い方をしたりするとよい。また，
何かをしようとするときは，小さな一歩をふみ出し続けていくとよい。

二 (1) ① だれかのために力をつくす

　　 ② 役わり

　　 ③ 目的

　 (2) ① a 電車の運転士が，乗客を安全に運ぶ

　　　　 b 運転技術を高めたい

　　 ② c 新しい知識

三 (1) 成果を出す

　 (2) ① がんじがらめ

　　 ② 最後まで終わらせる

　　 ③ 社会

　 (3) 　わたしの学級は，交通安全のボランティアの方々に，どんな天気の日にも登下校を見守ってくださったことに対する感謝の気持ちを伝えます。その方法として，ボランティアさんの似顔絵をかいたバッジを作る活動を考えています。理由は，バッジならば花束とちがって残るうえ，似顔絵入りならば，世界にたった一つのバッジになるので気持ちが伝わると考えたからです。

　　　わたしは実行委員として，学級のみんなの活動が進むように気を配りたいです。五年生の時に，一部の人の意見で活動日が決まり，活動に参加できない人がいました。そうならないように，みんなの予定や要望をきいて，できるだけみんなが気持ちよく取り組めるように，力をつくしたいと思います。

　　　活動する中で何かを決めなければならないとき，みんなの意見がわれて話し合いが進まないこともあると思います。そのような場合は時間をおいてから話し合うよう提案し，活動を一度，止めます。みんなが気分転かんしてから，だれのために活動しているのか，活動の目的を改めて確にんして，みんながやる気を失わず，何度でも話し合いができるふんいきを作りたいと思います。

○配点○

一 (1) 各4点×3(問題の趣旨にあっていれば点を与える。)　 (2) 8点(問題の趣旨にあっていれば点を与える。部分点を与える場合がある。)

二 (1)① 4点(問題の趣旨にあっていれば点を与える。)　 (1)②・③ 各4点×2　 (2)① 完答8点(問題の趣旨にあっていれば点を与える。部分点を与える場合がある。)　 (2)② 8点(問題の趣旨にあっていれば点を与える。部分点を与える場合がある。)

三 (1) 8点(問題の趣旨にあっていれば点を与える。)　 (2)① 8点　 (2)② 8点(問題の趣旨にあっていれば点を与える。)　 (2)③ 4点(問題の趣旨にあっていれば点を与える。)

　 (3) 24点(問題の趣旨にあっていれば点を与える。部分点を与える場合がある。)　 計100点

＜適性検査2-2解説＞

重要 一 (国語：音声の聞き取り，条件作文)

　 (1) ① 仁さんが紹介した本の内容をまとめると，特別な才能を持つことに気を取られるのではなく，自分が持っている才能に目を向けるべきだということが書かれていた。また，朗読の最後の部分に「大切なのは，才能の度合いではなく，自分にどんな才能があるのかを『具

体的に』知ること」という一文がある。音声聞き取りのときにこの部分をメモしていれば，答えることができる問題である。

② 　空さんが紹介した本の内容をまとめると，大きな問題に対して何か行動をしようとする場合には，いきなり大きくふみ出そうとするのではなく，小さなことを続けてやっていくことが大切であるということが書かれていた。また，朗読の最後の部分に「いきなり百歩も千歩も踏み出せると考えてしまうと，結果にがっかりするわけで，ちっぽけな一歩でいいんだ，いまはちっぽけな一歩だけどそれでも続けるんだということ」という一文がある。「いまは」という言葉もふくまれていることから，この部分が解答を考える際にヒントになると考えられる。「ちっぽけな一歩だけどそれでも続ける」という言葉から，小さな一歩をふみ出し続けるという意味合いの言葉が空らんに入るとわかる。音声聞き取りのときは，最後にまとめが述べられていることが多いので，最後の部分をメモしておくことが解答作成のヒントになる。

③ 　「～ことでなくてよい」という部分に注目する。仁さんの紹介した本と空さんの紹介した本で共通している部分は，大きなことや特しゅなことではなく，自分にできることから少しずつ取り組めばよいという内容であり，「～でなくてよい」の前に入る言葉はその逆，つまり大きなことや特しゅなことをわかりやすく示す言葉となる。よって，「普通」と対の意味である「特別」が適切な言葉である。

(2) 　「才能」は仁さんの，「何かをしようとするとき」は空さんの紹介した本の中でそれぞれ用いられていた言葉であることに注目し，２つの本の内容をふまえながら「今後，行うとよいこと」についてまとめる。「才能」については，仁さんの紹介する本の一節に「才能は鍛えることができるものだし，レベルに合わせて違った使い方もできる」という部分があることから，才能について今後行うべきことの内容は，この部分を生かして書けるとよい。また，空さんの紹介する本の一節には，「社会の問題を考え，何かをしようとするとき，いきなりたいしたことができるわけではないですね。最初は，ほんとうにちっぽけな一歩です。それをわきまえつつ二歩三歩と踏み出し続け，その持続のなかで，少しは影響力やら貢献やらができるかもしれない」という部分がある。これを生かし，何かをしようとするときには小さいことから始め，それをねばり強く続けることが大切であるという内容をわかりやすくまとめればよい。

（放送文）

仁さん　将来の職業のことで悩んでいたけれど，「才能」に対する考え方について書かれた本に出会って，今やるべきことがわかったよ。読んでみるね。

「多くの人は，才能を見つけろと言われると，芸術的なものや，少し特別なものばかりを思い浮かべる。つまり，ずば抜けた才能にしか価値がないと考えてしまう。そういう考えにとらわれると，自分の才能や長所にきちんと目を向けられなくなる。

才能は鍛えることができるものだし，レベルに合わせて違った使い方もできる。たとえば，文章を書けるからといって，全員が文学賞に挑戦する必要はない。大切なのは，才能の度合いではなく，自分にどんな才能があるのかを『具体的に』知ること。」

空さん　わたしの本も仁さんの本と同じように，今やるべきことを教えてくれたよ。「何かをしようとするとき」について書かれた本なの。仁さんの本と共通するところを，紹介するね。

「社会の問題を考え，何かをしようとするとき，いきなりたいしたことができるわけではないですね。最初は，ほんとうにちっぽけな一歩です。それをわきまえつつ二歩三歩と踏み出し続

け，その持続のなかで，少しは影響力やら貢献やらができるかもしれない。いま優れた仕事をしている人たちでも変わりませんね。いきなり百歩も千歩も踏み出せると考えてしまうと，結果にがっかりするわけで，ちっぽけな一歩でいいんだ，いまはちっぽけな一歩だけどそれでも続けるんだということ。」

仁さん　たしかに共通しているね。2つの本から，今後，行うとよいこともわかってきたよ。

基本 二　（国語：文章の読み取り）

(1)　① 【1】の文中に，「義務を果たすことで，誰かのためになるようになっている。」，「人は働くことでそれぞれ違う義務を果たしながら，自分以外の誰かの役に立っているということです。」とある。これらの他にも，「誰かのために」という言葉が文中に何度も登場しているのがわかる。また【2】より，「だれかの苦しみを取り除きたいとか，だれかに楽しさを与えたいといった目的を持ち，そのために何かができるようになりたいというのが人間の学びへの動機になります。」とある。【1】，【2】の文章に共通していえることは，どちらも「誰かのために何かをしたい」，「誰かのためになることをしたい」という点であり，解答にはその内容を十二字以内でわかりやすくまとめて書けばよい。

② 【1】に，「『義務』は『役割』と考えてもいいかもしれません。」とある。この部分の後にも，仕事の中での役割分担に合わせた仕事の内容や，その仕事をすることで誰の役に立っているかといった内容が具体的に書かれており，仕事における役割を果たすことが，仕事における義務を果たすことと同じであるということが強調されている。

③ 【2】に，「自分を含めただれかの苦しみを取り除きたいとか，だれかに楽しさを与えたいといった目的を持ち」とある。「見いだし」という表現は本文中にはないが，学ぶ動機として何らかの目的を持つということは，目的がなかったところに新たに見いだすことと同じ意味であるといえる。本文でも「学びへの動機になります」の前の近い部分にあることから，空らんには「目的」が入るとわかる。

(2)　① まず，「【1】の『義務』を果たす中で【2】のようなことが起こる」という部分の意味を考える。【1】の義務とは，働く人が仕事の中でやりとげるべき内容のことであり，電車の運転士が電車を安全に運行することや，会社の社長が会社を経営することなどが挙げられていた。また，【2】のようなことが起こる，つまり【2】の内容とは，本文と(1)の〔みくさんのノート〕を参考にすると，「何かができるようになりたいという気持ち」を持つことを指しているとわかる。つまり，仕事をする中で，それに関連して何かができるようになりたいという向上心を持つことについて，a で【1】に，b で【2】にふれながら説明をすればよいとわかる。

まず a について，問題文に「【1】に紹介されている『働く人』のうち，いずれか一つを選びなさい」とある。また，a には選んだ「働く人」を入れて文章を作るよう指示があることから，【1】の中で紹介されている内容を確認する。具体的な働く人の例について説明されている部分としてわかりやすいのは，接続詞「例えば」から始まる段落である。また，最後の段落で「会社で書類を作る人」，「ビルを建てる人」，「お菓子を作る人」といった仕事についてもふれられているため，これらを用いて a の解答を作成してもよい。つまり a では，「○○（職業名）の人が，□□（義務の内容）を果たす（ために）」という形になるように解答を考えればよく，運転士であれば安全に電車を運行するため，パティシエであればおいしいお菓子をお客さんに届けるため，などといった解答例が考えられる。また b では，その仕事に関連してできるようになりたいと思うようになることについて書けばよいため，

運転士であれば運転の技術をみがくこと，パティシエであれば調理の技術や知識を身につけることなどといった解答例が考えられる。

② c に入る言葉を考える。発表原稿の「【2】のようなことが起こるのです」の後に順接の接続詞「つまり」があることを考えると，その後に述べている「c を必要とする」が，【2】のようなこと，つまり新しい何かができるようになりたいと思うことと似た意味合いの表現であるといえる。仕事をすることに関連して，その技量を上げるために必要になるものを考えれば，その仕事に関する新しい知識や新しい技術があてはまると考えられる。

やや難 三 （国語：文章読み取り，条件作文）

(1) 武田双雲さんの本文の内容を確認すると，始めたことを嫌々最後まで続けることと，嫌になったら途中でやめてまた気分が上がったら再開することを比べ，どちらがよい結果をもたらすかについて論じている。一般的には途中でやめることはよからぬこと(＝よくないこと)と思われがちだが，筆者は，始めたことを途中でやめ，気持ちが乗るようになってから再開したほうが，結果としても生み出す成果としてもよいものになると考えている。よって空らんには「結果を出す」，「成果を上げる」といった意味合いの言葉を自分で考えて書けばよい。

(2) ① 「義務」ではなく「義務感」という言葉を使っている理由は，本文にある「最後までやり抜かなくてはいけない」のような「〜なければいけない」の要素，つまり自分をしばっているルールとしての意識を強く示すためだと考えられる。本文中にある言葉で，このしばりつけるような意味を持つ言葉を探すと「がんじがらめ」が適していると考えられる。

② 武田さんの主張は全体を通して一かんしており，「義務感」を手放したほうがよい，最後までやりとげなければいけないわけではない，という論をくり返している。つまり，武田さんがアドバイスをしたい人は，今がんじがらめになっている人，「義務感」を感じている人，言いかえると，始めたことを最後までやりとげなければならないという考えにとらわれている人である。この内容に合うように，文章中の言葉を使って指定の文字数で②の空らんに入る言葉を考えればよい。

③ 問題二の【1】の有川さんの本文をふり返ると，それぞれの人が仕事をするという役割を世の中で果たしていることを「義務」ととらえていることがわかる。よって，それぞれの人が社会の中で役割を担っているという内容を「〜の一員」の表現に合わせた漢字二字の言い方で示すと「社会の一員」が最もふさわしいといえる。

(3) まず，〔条件〕アの中で段落構成が示されているのでそれにそって書く。各段落の内容は次のようになる。

一段落目… 「感謝の気持ちを伝える活動」で，誰にどんな気持ちをどのような形で伝えるのかを理由とともに説明する。保護者の方々や，地域のボランティアの方，公民館の方など，身近なお世話になった方を想像すると書きやすい。内容については，何かプレゼントを作る，手紙を書く，歌や楽器の演奏を発表する，などさまざまな例が考えられるが，なるべく具体的に，そしてそれを選んだ理由が説明しやすい内容を選んで書けるとよい。

二段落目… 問題二【1】の考え方をふまえて，実行委員として活動するときに大切にしたいことについて書く。つまり，みんながそれぞれ自分の仕事や役割を担いながら過ごすことが誰か他の人のためになるという考え方を取り入れながら，それが実行委員としての動き方にどう関わり，なぜ大切なのかを自分の言葉で説明できるとよい。

三段落目… 実行委員としての活動を進める中で，**問題三**の考え方をどう取り入れるのかについて書く。つまり，一度始めたことを無理に続けるのではなく，嫌になったりうまくいかなくなったりしたら一度止め，気持ちややり方を変えてからやり直すことを，実行委員の活動でどのように応用できるかを考えて書ければよい。

また，〔**条件**〕**イ**で行数や書き方についても指定があるため，条件にそって書くことを忘れないように気をつける。

★ワンポイントアドバイス★

問題文を正確に読み取ることだけでなく，同時に指定された字数や条件に合う言葉を考えて答えることも要求される問題が多い。文章に書かれていることを理解した上で，その内容を自分の言葉でも説明できるようになろう。また，問題ごとにつながりがあるので，文章を読んでわかったことなどは整理し，必要であればメモをするなど，次の問題に取り組みやすいように工夫ができるとよい。放送文でも作文でも，キーワードとなる言葉を正確に見つけることで，全体の理解がしやすくなり，解答の精度も上がる。

大切なことはメモしておこうネ！

2022年度
★★★★★★★★★★★★★★★★★★★★★★★

入 試 問 題

2022年度

2022年度

千葉県立中学校入試問題（一次）

【適性検査1-1】 （45分） ＜満点：100点＞

1　なおさんたちは，社会科での産業の発展の学習をきっかけに「日本の情報通信技術」について興味を持ちました。会話文をふまえながら，あとの(1)～(8)の問いに答えなさい。

なお：昨日，自動販売機に付いている電光掲示板に，市役所からの情報が表示されていたよ。

かず：自動販売機は，夜中や休みでお店が閉まっていても，いつでもものが買えたり，サービスが利用できたりして便利ですよね。

先生：では，自動販売機について考えてみましょう。自動販売機の普及※台数と自動販売機の年間の販売金額について，**資料1**と**資料2**を見てください。

※普及：広く行きわたること。

資料1　自動販売機の普及台数

[自動販売機の総台数] 約494万台（2016年）

| 飲料 50.1 | コインロッカー・両がえ機など 26.2 | 日用品雑貨 17.4 | その他 6.3 |

0%　　　　　　　　　　　　　　　　　　　　　　　　　　　　　　　　100%

資料2　自動販売機の年間の販売金額

[自動販売機の総販売金額] 約4兆7,000億円（2016年）　　※2016年はうるう年のため366日

| 飲料 42.9 | 券類 38.6 | 日用品雑貨 9.9 | その他 8.6 |

0%　　　　　　　　　　　　　　　　　　　　　　　　　　　　　　　　100%

（資料1，資料2　日本自動販売機工業会
「自販機普及台数及び年間自販金額 2016年（平成28年）版」より作成）

なお：自動販売機は約494万台もあるのですね。自動販売機は実際に飲料を買うお客さんによって，どのくらい利用されているのでしょうか。

先生：**資料1**と**資料2**から，飲料自動販売機の販売金額や利用時間を求めることができます。考えてみましょう。

ゆう：はい。次のページの**資料3**のように，順を追って①～④の計算をすると，飲料自動販売機1台あたりの1日の販売金額約2,226円が，求められます。<u>かその販売金額を使って考えると，飲料を買うために，飲料自動販売機が利用される時間の1日の合計が，約3分になることがわかります。飲料1本の金額を120円，飲料1本の販売に利用される時間を10秒として，考えてみました。</u>

かず：自動販売機は24時間動いているのに，約3分間しか飲料を買う人に利用されていないのですね。

資料3　飲料自動販売機1台あたりの1日の販売金額
　　　　と利用時間の求め方

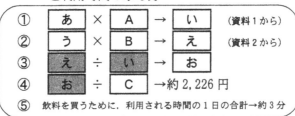

① あ × A → い （資料1から）
② う × B → え （資料2から）
③ え ÷ い → お
④ お ÷ C →約2,226円
⑤ 飲料を買うために，利用される時間の1日の合計→約3分

(1)　資料3の あ ～ お にあてはまる言葉として最も適当なものを，次のア～オのうちからそれぞれ1つずつ選び，その記号を書きなさい。また， A ～ C にあてはまる数を，それぞれ書きなさい。

ア　飲料自動販売機の総台数

イ　自動販売機の総台数

ウ　飲料自動販売機の年間の総販売金額

エ　自動販売機の年間の総販売金額

オ　飲料自動販売機1台あたりの年間の販売金額

(2)　下線部かについて，ゆうさんは，飲料を買うために，飲料自動販売機が利用される時間の1日の合計を，どのように求めたのか書きなさい。ただし，求め方の手順を説明すること。

なお：最近では，自動販売機に関する新しい技術やしくみが開発されています。資料4に，情報に関わる自動販売機の機能についてまとめてみたよ。

資料4　情報に関わる自動販売機の機能

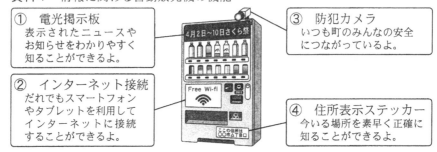

① 電光掲示板
表示されたニュースやお知らせをわかりやすく知ることができるよ。

② インターネット接続
だれでもスマートフォンやタブレットを利用してインターネットに接続することができるよ。

③ 防犯カメラ
いつも町のみんなの安全につながっているよ。

④ 住所表示ステッカー
今いる場所を素早く正確に知ることができるよ。

なお：資料4の①の機能のおかげで，4月にお祭りがあることがわかったよ。

かず：資料4を見ると，自動販売機には，本来の使い方である飲料などの商品を購入(こうにゅう)することができるだけではなく， き ことがわかるね。

先生：日ごろ何気(なにげ)なく使っている自動販売機の新たな価値(かち)に，気づくことができましたね。

かず：他にも，情報に関わる便利なものが，身近にあるか考えてみよう。

(3)　 き にあてはまる言葉を書きなさい。ただし，「どのような人」が，「どのような使い方」をすることができるのか書くこと。

なお：私_{わたし}はQRコード※を使うことがあるよ。スマートフォンのカメラなどを使って，QRコードを読み取ることで，すぐにホームページなどにつながるのでとても便利です。

先生：QRコードは，最近いろいろな使い方がされていますよね。

ゆう：旅行に行ったときに，スマートフォンに表示されたQRコードを，お父さんが乗り口の読み取り機にタッチして飛行機に乗りました。

かず：スマートフォンだけで，飛行機に乗ることができたのですか。

ゆう：はい，そうです。**資料5**を見て。航空券_{けん}を買ってから飛行機に乗るまでの手順を，ホームページでQRコード航空券を買う場合と，窓口_{まど}で航空券を買う場合とで説明するね。

　　　※QRコード：模様_{もよう}に文字・数字などの情報を入れる技術，またはその模様のこと。

資料5　航空券を買ってから飛行機に乗るまでの手順

＜ホームページでQRコード航空券を買う場合＞

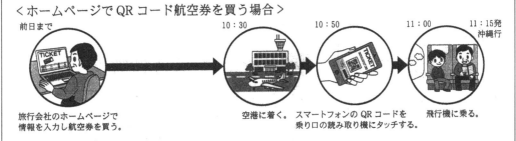

＜窓口で航空券を買う場合＞

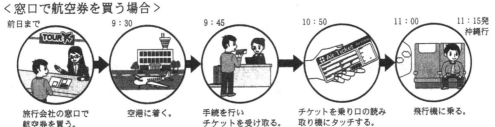

なお：ホームページでQRコード航空券を買う場合は，窓口で航空券を買う場合よりも， く することができるということですね。

ゆう：そのとおりです。だから，飛行機に乗るまでのよゆうができたよ。

(4)　 く にあてはまる言葉を，10字以内で書きなさい。

ゆう：さらに，旅行会社からQRコード航空券以外にもいろいろな情報につながるQRコードが送られてきて，とても役に立ったよ。次のページの**資料6**は，旅行会社と利用客の情報のやりとりのイメージについてまとめたものです。

かず：旅行会社は，インターネットやQRコードを活用して，利用客から得られた情報を整理し，行き先に関する情報を，利用客に送っているのですね。

先生：**資料6**のように，情報の分析_{ぶんせき}や提供_{ていきょう}，活用がくり返されることで， け にも結びついているということです。

ゆう：世の中では，たくさんの情報がやりとりされているのですね。

なお：ところで，みんなが大量に情報のやりとりをするようになると困ってしまうことはないのかな。

資料6　旅行会社と利用客の情報のやりとりのイメージ

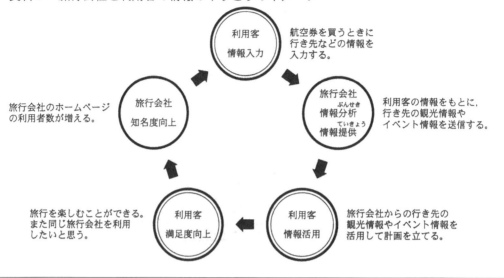

(5)　け　にあてはまる言葉を書きなさい。ただし，解答らんにしたがい，それぞれ10字以内で書くこと。

かず：お母さんがコンサートのチケットを予約しようとしたとき，インターネットにつながりませんでした。

先生：それは，輻輳が起こっていたのかもしれませんね。

かず：「輻輳」とは何ですか。

先生：「輻輳」という言葉は，本来，多くのものが一か所に寄り集まることを意味します。情報通信技術において「輻輳」とは，通信が混み合って，なかなかつながらないということです。

なお：輻輳が起こったら，どうなるのですか。

先生：インターネットに接続する際，輻輳が起こると，**資料7**のようにインターネットに接続するための通信を減らすことで，輻輳はコントロールされます。

資料7　インターネット接続時の輻輳コントロールのイメージ

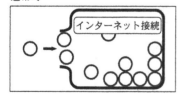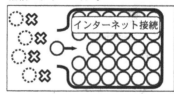

かず：だから，お母さんはインターネットにつながらなかったのですね。

ゆう：通信がつながらないのは，困ってしまいますよね。もし，災害時に電話の通信で輻輳が
　　　起こってしまったら，大変だと思います。

先生：よいところに着目しましたね。災害時に，被災地へ向けた電話の通信による輻輳が起
　　　こった場合は，**資料8**のような方法でコントロールされます。

資料8　災害時の電話の輻輳コントロールのイメージ

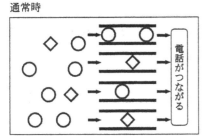
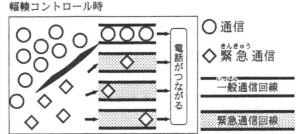

かず：輻輳がコントロールされなければ，電話が混み合ったままになり，すべてつながらなく
　　　なってしまうということですね。

なお：**資料7**（前のページ）と**資料8**をもとに，輻輳コントロールの方法と目的について，**資料
　　　9**にまとめました。

資料9　輻輳コントロールの方法と目的

種　類	方　法	目　的
インターネット	通信の数を減らす。	こ　するため
災害時の電話	通信を制限する。	

ゆう：なるほど。輻輳コントロールのおかげで，インターネットにも電話にもよい効果が生ま
　　　れるのですね。

かず：輻輳コントロールは，　こ　するために有効な手段なのですね。

先生：そのとおりです。輻輳コントロールは，情報通信技術において必要なことなのです。

ゆう：情報通信技術には，いろいろな方法やしくみがあることがわかりました。

なお：<u>さ</u>今度行う学習発表会に向けて，情報通信技術を活用してみたいな。

(6)　情報通信技術における輻輳についての説明として最も適当なものを，次の**ア～エ**のうちから1
　　つ選び，その記号を書きなさい。

　ア　輻輳が起こると，情報通信機器は故障する。

　イ　インターネットの輻輳コントロールでは，被災地へ向けた通信が優先される。

　ウ　災害時の電話での通信は，輻輳が起こるとすべてつながらなくなる。

　エ　輻輳が起こる原因は，通信が集中することによるものである。

(7)　　こ　にあてはまる言葉を，**5字以上10字以内**で書きなさい。

(8)　下線部**さ**について，なおさんたちは，情報通信技術を活用して，次のページの【目標】の達成
　　を目指しました。これらの【目標】を達成するにあたって考えられる課題を書きなさい。ただし，
　　①～③の指示にしたがい，句読点を含めて，**20字以上40字以内**で書くこと。

【目標】
> ア　地域のより多くの人々に学習発表会について，伝えられるようにする。
> イ　参加希望者に申し込みをしてもらい，連絡先を取りまとめられるようにする。
> ウ　参加希望者の連絡先を利用して，連絡や質問などのやりとりができるようにする。

① 　解答らんにしたがい，ア～ウのうちから，達成したい目標を１つ選び，○をつけること。
② 　解答らんにしたがい，このとき活用する情報通信技術の特徴を次のA～Cのうちから１つ選び，○をつけること。

　A　資料４からわかる特徴
　B　資料５，資料６からわかる特徴
　C　資料７，資料８からわかる特徴

③ 　①で選んだ【目標】の達成を目指し，取り組むときに考えられる課題を，②で選んだ情報通信技術の特徴にふれながら，書くこと。なお，①，②ともにいずれを選んでも，得点にえいきょうはありません。

2 　ともさんたちは，平均を求める学習をきっかけに「データのあつかい方」に興味を持ち，考えてみることにしました。会話文をふまえながら，あとの(1)～(8)の問いに答えなさい。

> とも：**資料１**を見てください。５人の友達のある１日の活動時間を，３つの活動に分類して，表にまとめてみました。
>
> 先生：**資料１**にある１次活動とは，「睡眠，身の回りの用事，食事」，２次活動とは，「通勤・通学，仕事，学業，家事など」，３次活動とは，「趣味，スポーツなどの余暇※活動」のことですね。
>
> 　　※余暇：仕事などの合間や，終わったあとの自由な時間。
>
> **資料１　ある１日の５人の活動時間を示した表**
>
> | | １次活動の時間【分】 | ２次活動の時間【分】 | ３次活動の時間【分】 |
> |---|---|---|---|
> | Aさん | 635 | **あ** | 372 |
> | Bさん | 636 | 416 | 388 |
> | Cさん | 637 | 420 | 383 |
> | Dさん | 640 | 413 | 387 |
> | Eさん | 641 | 417 | 382 |
>
> しま：表にすると，５人の活動時間のすべての値がわかるね。
>
> さわ：そうですね。どの活動の時間も人によって，多少のちがいがあります。でも，**資料１**のように近い値が並んでいると，そのちがいが見えづらいね。
>
> とも：次のページの**資料２**を見て。**資料１**のデータを使って，円グラフを作成してみたよ。これならどうですか。
>
> しま：円グラフだと，一人ひとりの１日の生活の中で，１次活動の時間の割合が高いことが一目でわかるね。ただ，５人を比べてみると，３つの活動時間のそれぞれの割合は，ほとんど変わらないように見えてしまうな。

とも：どのように表せば，ちがいが見えやすくなるかを考えてみよう。

資料2　ある1日の5人の活動時間を示した円グラフ

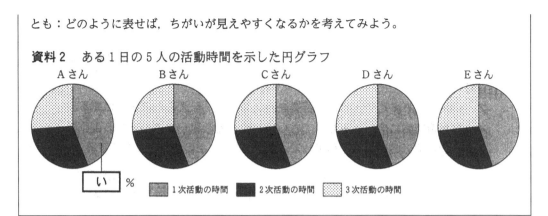

（1）資料1の あ ，資料2の い にあてはまる数を，それぞれ書きなさい。ただし， あ は整数で， い は四捨五入して，小数第1位まで書くこと。

先生：では，**資料3**の①と②を比べてみましょう。**資料3**の①と②は，**資料1**のデータを使って作成したものです。

資料3　ある1日の5人の活動時間を比べた棒グラフ

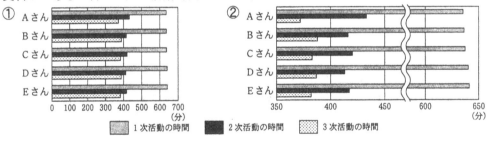

さわ：**資料3**の①は，どの活動時間も5人とも同じように見えるけれど，②は，5人のそれぞれの活動時間のちがいが大きく見えます。

しま：**資料3**の①と比べて，**資料3**の②は， う ことによって，ちがいが見えやすくなったのですね。

先生：そのとおりです。何を見せたいかによって，グラフの示し方が変わります。

さわ：1次活動，2次活動，3次活動それぞれの活動時間のちがいについて見てきましたが，3つの活動時間はたがいに関係があるのかな。

先生：よいところに気がつきましたね。では，次に次のページの**資料4**を見てください。これは散布図といいます。

とも：散布図は，横軸の項目と縦軸の項目の関係性を示したいときに使うのですね。

しま：同じデータから作ったグラフでも，伝えたいことによって示し方が異なるのは，おもしろいですね。

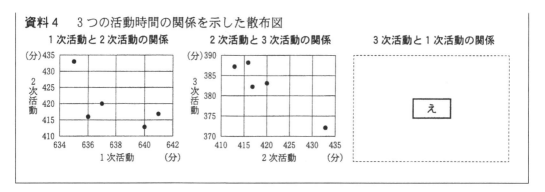

資料４　３つの活動時間の関係を示した散布図

(2) 　う　にあてはまる言葉を，具体的な数を使って書きなさい。

(3) **資料４の　え　にあてはまる散布図として最も適当なもの**を，次の**ア～エ**のうちから１つ選び，その記号を書きなさい。

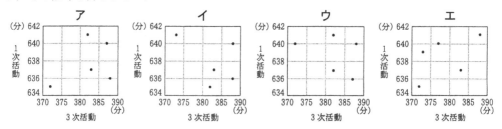

先生：散布図で示すことによって，どのようなことがわかるのか，次の例で考えてみましょう。次のページの**資料５**を見てください。この散布図では，横軸は，各都道府県の総人口を，縦軸は，各都道府県のゴミの総排出量を表しています。また，関東地方の７都県の値を散布図の中に示してあります。お<u>この散布図からどのようなことが読み取れますか</u>。

しま：散布図の点は，一列に並んでいるようにみえますね。

先生：そうですね。**資料５**のように散布図の点が，ななめに直線的に並ぶとき，「相関関係がある」といいます。反対に，それぞれの点がばらばらに広がっているとき，「相関関係がない」といいます。「相関関係」とは，一方が変化すると，他方もそれにともなって変化するという関係のことです。散布図からは，２つの項目の関係についての傾向を読み取ることができます。

さわ：**資料５**からは，各都道府県の総人口と，各都道府県のゴミの総排出量との間に，相関関係があるといえますね。

とも：そうですね。つまり，　か　なる傾向がみられます。

しま：散布図は，２種類のデータについて，ただ数を並べるだけでは見つけることのできない関係をつかむことができるのですね。

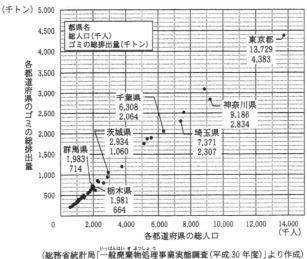

資料5　各都道府県の総人口と各都道府県のゴミの総排出量の関係を示した散布図

（総務省統計局「一般廃棄物処理事業実態調査（平成30年度）」より作成）

(4)　下線部**お**について，**資料5**から読み取れることとして**適切でないもの**を，次の**ア～エ**のうちから1つ選び，その記号を書きなさい。

　ア　総人口が600万人をこえる都道府県は，6つある。

　イ　総人口が400万人に満たない都道府県のゴミの総排出量は，すべて100万トン以下である。

　ウ　人口1人あたりのゴミの排出量は，東京都より茨城県の方が多い。

　エ　関東地方の7都県のうち，栃木県が総人口，ゴミの総排出量ともに最も少ない。

(5)　　**か**　にあてはまる言葉を，解答らんにしたがい，それぞれ書きなさい。

とも：1次活動，2次活動，3次活動それぞれの活動時間には，たがいに相関関係があるのかな。

先生：では，次のページの**資料6**を見てください。**資料6**は，都道府県別の，1次活動のうち「睡眠」，2次活動のうち「通勤・通学」，3次活動の「余暇」，それぞれの平均時間の関係をまとめた散布図です。それぞれの傾向をみてみましょう。

さわ：**資料6**の①からは，　**き**　という傾向を，②からは，　**く**　という傾向を読み取ることができます。

先生：そのとおりです。3人ともよく考えられましたね。伝えたいことによって，用いる表やグラフでの示し方はさまざまなのですね。

資料6　睡眠時間と通勤・通学時間，余暇時間の関係を示した散布図

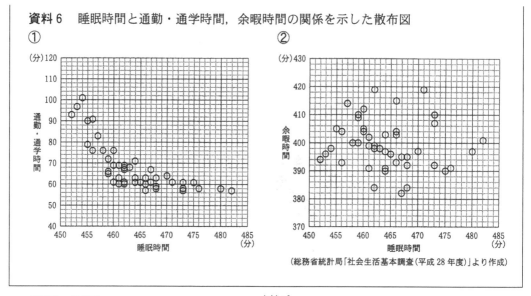

（総務省統計局「社会生活基本調査（平成28年度）」より作成）

(6)　き ，く にあてはまる言葉を，散布図の特徴をふまえて，それぞれ書きなさい。

　後日，ともさんたちは，先生から47都道府県のすし店の事業所数と人口のデータをもらいました。そこで，これまで学習したことを生かして，伝えたいことをグラフでどのように示すか，話し合っています。

しま：47都道府県のデータをもとに，伝えたい内容を**資料7**の表とグラフで示そうと思います。表は，ある値を大きい順に並べて，その上位10都道県を示したものだよ。さらに，このあと，グラフの特徴を生かして，棒グラフを作ろうと思います。**資料8**は，この10都道県のデータだよ。

資料7　しまさんが伝えたい内容

け の順位

順位	都道県
1	山梨県
2	石川県
3	東京都
4	福井県
5	静岡県
6	富山県
7	北海道
8	新潟県
9	長崎県
10	秋田県

棒グラフ

資料8　資料7の10都道県のすし店の事業所数と人口

都道県	事業所数	人口（千人）
北海道	1,229	5,400
秋田県	224	1,037
東京都	3,620	13,390
新潟県	517	2,313
富山県	244	1,070
石川県	346	1,156
福井県	183	790
山梨県	255	841
静岡県	850	3,705
長崎県	302	1,386

（総務省政策統括官「生徒のための統計活用～基礎編～（平成28年5月発行）」より作成）

とも：**資料8**のデータをそれぞれ並べかえても，**資料7**の順位にはならないよね。**資料7**は，

何の順位なのですか。

しま：　け　の順位です。

さわ：なぜ，円グラフや散布図ではなく，棒グラフを使用するのですか。

しま：　こ

さわ：おもしろいね。複数のデータをもとに考えると，伝えたい内容を新たに見つけることができて，さらにグラフで示すことによって，わかりやすく伝えることができるね。

とも：私（わたし）も他にどのような示し方ができるか，考えてみよう。

(7)　け　にあてはまる言葉を書きなさい。

(8)　こ　にあてはまる内容を書きなさい。ただし，棒グラフ，円グラフ，散布図のそれぞれの特徴にふれながら，書くこと。

【適性検査１－２】（45分）　　＜満点：100点＞

1　ゆきさんは，植物の成長について先生と話をしています。会話文をふまえながら，あとの(1)～(3)の問いに答えなさい。

ゆき：植物は，動物のように食べ物を食べていないのに，からだが大きくなることが不思議です。

先生：そうですね。動物は成長するために必要なものをからだに取り入れていますが，植物はどうしていると思いますか。

ゆき：前にアサガオを育てたときは，太陽の光に当てなかったり，水をやらなかったりすると，枯（か）れてしまいました。光や水が，植物にとっての食べ物なのかな。

先生：そのとおりです。**図１**のような黒いシートが畑で使われているのを見たことがありますか。これは，雑草が生えないように，つまり，黒いシートの下の植物が成長できないようにするためのものです。

図１

ゆき：黒いシートが太陽の光をさえぎって，植物が成長できないようにしているのですね。

先生：そうです。日なたに育つ植物が成長するために必要な光の強さは，少なくとも500lx※です。それ以上の光が，黒いシートを通ってしまうと，シートの下で植物が成長してしまいます。最も光が強い時期の，晴れたときの光の強さは10万lxにもなります。では，そのときに黒いシートの下の植物を成長させないためには，シートはどれくらいの光をさえぎればよいのでしょうか。

　　※　lx：ルクス。明るさ（光の強さ）をあらわす単位。

ゆき：黒いシートは　ア　％以上の光をさえぎればよいのですね。植物の成長に光が大きく関わっているのですね。理科の授業で，植物は，水や二酸化炭素（きゅうしゅう）を吸収して酸素を放出していることを学習しましたが，水や二酸化炭素も植物の成長に関わっているのですか。

先生：そのとおりです。植物は，水や二酸化炭素をもとに，光を受けて，デンプンなどをつくり，デンプンや根から吸収した養分を使って，からだを成長させています。

ゆき：植物はすごいですね。では，雑草をどんどん成長させて，植物による二酸化炭素の吸収量を増やしたら，空気中の二酸化炭素の量を減らすことができるのではないですか。

先生：そう簡単（かんたん）にはいきません。雑草は，二酸化炭素を吸収しますが，１年の間に枯れてしまうものがほとんどです。枯れてしまった雑草は，ミミズなどの小さな生物の食べ物になります。雑草が吸収した二酸化炭素とほぼ同じ量の二酸化炭素が，枯れた植物を食べた小さな生物などの呼吸（こきゅう）によって空気中にもどってしまいます。大きな木も雑草と同じように，枯れてしまえば小さな生物の食べ物になります。ただし，ｲ成長する植物が雑草ではなく，森をつくる大きな木であれば，空気中の二酸化炭素の量を減らすことにつながる可能性があります。

ゆき：とても興味深いです。そういえば，年輪から植物の育った環境がわかるという新聞記事を見ました。

先生：日本のような四季があるところでは，木には年輪がつくられます。木は，季節によって成長の速さがちがい，成長がおそくなると，輪のような色の濃い部分がつくられます。このようにして1年に1本の輪が外側に新しくでき，10年で10本の輪となります。

ゆき：色の濃い輪と輪の間が1年分の成長ですね。

先生：そのとおりです。年輪の幅，つまり色の濃い輪の間隔は一定ではなく，せまいところもあれば，広いところもあります。図2は，最近切られたスギの木の断面です。スギなどの植物は，春先の期間の気温が高い年は，年輪の幅が広くなり，春先の期間の気温が低い年は，年輪の幅がせまくなることがわかっています。年輪の幅に関わっている環境の変化は，他にもいくつかありますが，気温以外の影響を考えないとすると，図2のスギが育った環境はどのように変化したと考えられますか。

図2

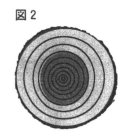

ゆき：図2のスギの育った環境は， ウ と考えました。

先生：そのとおりです。植物の成長には，光や二酸化炭素，気温が関わっていることがわかりましたね。植物が，水と二酸化炭素をもとに，光を受けて，デンプンと酸素をつくるしくみである「光合成」について考えると，さらにくわしくわかります。

(1) 次の①〜③の問いに答えなさい。
① ア にあてはまる数を書きなさい。
② 下線部イについて，そのように考える理由を，雑草と大きな木のちがいにふれながら説明しなさい。
③ ウ にあてはまる説明を，本文中の内容をふまえて書きなさい。

ゆき：植物の光合成について，くわしく知りたいです。

先生：次のページの図3〜図5を見てください。これは，ある植物について，光の強さ，空気中の二酸化炭素の割合，温度の3つの条件をいろいろと変えて，光合成とどのように関わっているのかを調べたものです。水は十分にあるものとします。光合成がどのくらい起こったかを表す量，すなわち光合成量は，二酸化炭素の吸収量で表すことができます。図3を見てください。温度が30℃のもとで，空気中の二酸化炭素の割合が変化すると，光合成量がどう変わるかを，光の強さが3klxと20klxの場合について示したグラフです。図4と図5は，二酸化炭素の割合が0.2%のもとで，光の強さや温度の値が変化すると，光合成量がどう変わるかを，それぞれ2つの条件の場合について示したグラフです。グラフ上のそれぞれの「○」は，二酸化炭素の割合が0.2%，光の強さが20klx，温度が30℃の条件にしたときの光合成量を表す点です。縦軸は，このときの光合成量を1としたときの割合で示しています。

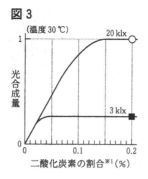

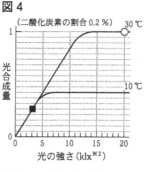

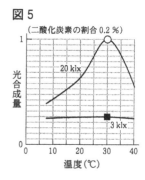

※1　二酸化炭素の割合：図3～図5では空気中の二酸化炭素の割合のこと。

※2　klx：キロルクス。1 klx ＝ 1000 lx。

ゆき：二酸化炭素の割合や光の強さを大きくしたり，温度を高くしたりすると，光合成量が増加していますね。でも，ある値から一定になったり，減少したりしています。

先生：よいところに気がつきましたね。図3～図5からわかるように，光合成量には，3つの条件が大きく関わっています。例えば，二酸化炭素の割合が0.2%，光の強さが3 klx，温度が30℃のとき，光合成量をさらに増加させる要因※3は，3つの条件のうちどれになるか，わかりますか。

※3　要因：物事が起こるおもな原因。

ゆき：図3～図5に，そのときの光合成量を示す点を「■」でかいてみました。図4を見ると，光の強さを3 klxより大きくすると光合成量が増加することがわかるので，光合成量をさらに増加させる要因は，光の強さだと考えました。

先生：そのとおりです。ある条件における光合成量をさらに増加させるための要因は，3つの条件のうち1つであることがわかっています。3つの条件のうち，ある1つの条件を増加させたときに，光合成量も増加していれば，その条件が光合成量をさらに増加させる要因です。

ゆき：でも，グラフ上に点がかけない条件のときは，どうすればよいのですか。

先生：新しいグラフをかけば，考えることができますよ。例えば，図4で，この植物の温度の条件だけを5℃や20℃に変えたときのグラフは，10℃や30℃の温度のグラフの形を参考にすると，図4にどのように表すことができるでしょうか。

ゆき：最初は光が強くなるほど，10℃や30℃のときと同じ傾きで光合成量が増加していき，ある光の強さ以上では増加せず一定となると考えました。

先生：そのとおりです。光合成量が一定となるときの光の強さの値は，温度が低いほど小さくなります。

ゆき：ェ図4に新しいグラフを考えてみたら，このグラフ上に点をかくことで，光合成量をさらに増加させる要因がわかりました。

(2)　あとの①～③の問いに答えなさい。

①　図3～図5からわかることをまとめたものとして，「適切であるもの」，「適切でないもの」，図3～図5からだけでは「読み取れないもの」を，それぞれ次のページの**あ～え**のうちから**すべて選び**，その記号を書きなさい。

あ　この植物の光合成が最もさかんとなる二酸化炭素の割合は，0.1％である。

い　この植物の光合成が最もさかんとなる光の強さは，10klxである。

う　この植物の光合成が最もさかんとなる気温は，30℃である。

え　この植物は，気温が0℃のときにも光合成をおこなうことができる。

② 　二酸化炭素の割合が0.03％，光の強さが20klx，温度が30℃のとき，光合成量をさらに増加させる要因を書きなさい。

③ 　下線部エについて，前のページの**図4**，**図5**をもとに，二酸化炭素の割合が0.2％，光の強さが15klx，温度が15℃のときの光合成量を示す点を解答らんの図に「●」でかき，「●」をかくために必要となる点を解答らんの図のグラフ上に「＋」でかきなさい。また，この条件のとき，光合成量をさらに増加させる要因を書きなさい。

ゆき：光合成には，光と二酸化炭素と温度が関わっていることがよくわかりました。もっとくわしく光合成のしくみを知りたくなりました。

先生：**図6**を見てください。これは，植物のからだの内側でおこなわれている光合成のしくみを，しくみ㋐としくみ㋑で簡単に示したものです。**図6**の左側のしくみ㋐は，光を受けて，植物が根などから吸収した水が変化して酸素がつくられるしくみです。

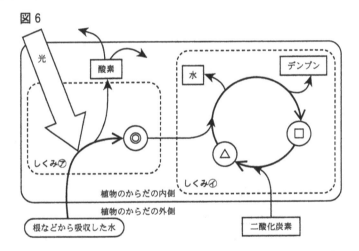

図6

ゆき：**図6**の右側のしくみ㋑は，二酸化炭素や水が変化した△や◎から，水とデンプンと□がつくられ，□と二酸化炭素から△がつくられるという流れがくり返されているしくみですね。

先生：そのとおりです。しくみ㋐としくみ㋑の関係はどうなっているでしょうか。

ゆき：しくみ㋑の流れがくり返されるためには，しくみ㋐で水から変化してできた◎が必要なので，しくみ㋐も大事なのですね。しくみ㋐が動くためには，しくみ㋑も大事なのかな。

先生：よい質問ですね。しくみ㋐としくみ㋑の関係を調べるためには，どのような実験をしたらよいと思いますか。ただし，水は十分にあるものとして考えてみましょう。

ゆき：しくみ㋐は光，しくみ㋑は二酸化炭素が重要なので，光，二酸化炭素の条件を変えてみたら，しくみ㋐としくみ㋑の関係がわかるのかな。

先生：よく気がつきましたね。ある植物を，気体がもれないように閉じられた容器の中に入れ
　　　て実験をしました。ただし，実験開始時には，前のページの図6の△のみがあるものと
　　　します。図7は，光や二酸化炭素の条件を一定時間ごとに，A，B，C，Dの順で，連
　　　続して変えていったときの光合成量を調べた結果です。縦軸が光合成量，横軸が時間を
　　　示しています。

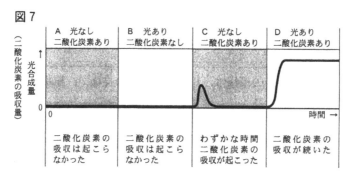

図7

ゆき：Aの時間帯と同じ条件なのに，Cの時間帯は二酸化炭素の吸収が起こっていますね。

先生：そうですね。Cの時間帯に，光がないのに二酸化炭素の吸収が起こっているのはどうし
　　　てだと思いますか。

ゆき：しくみ㋐，しくみ㋑と，図7のそれぞれの時間帯の条件をふまえて，　オ　だと考えま
　　　した。

先生：そのとおりです。

ゆき：植物のからだの内側で，このような複雑なしくみが働くことが，植物の成長につながる
　　　のですね。

(3)　次の①〜③の問いに答えなさい。

①　図7のDのあとに続けて「光あり・二酸化炭素なし」の条件にして，実験をおこなったとき，
　　図6の◎，△，□のうち，一時的に増加するものの記号をかきなさい。ただし，「二酸化炭素
　　なし」にしたとき，二酸化炭素が関わる変化以外はしばらく続くものとします。

②　次のあ〜かの説明のうち，図6，図7の両方から，光合成についてわかることを**すべて**選び，
　　その記号を書きなさい。

　　あ　光合成では，しくみ㋐が先に起こり，しくみ㋑が後に起こる。

　　い　光合成では，しくみ㋑が先に起こり，しくみ㋐が後に起こる。

　　う　光合成では，しくみ㋐としくみ㋑の間に順序はない。

　　え　植物に光をあたえるだけで，光合成の変化のすべてが起こる。

　　お　光合成で発生する酸素は，吸収した水が変化したものである。

　　か　光合成で発生する酸素は，吸収した二酸化炭素が変化したものである。

③　　オ　にあてはまる説明を，本文中の内容をふまえて書きなさい。ただし，図6の◎，△，
　　□の記号を使うこと。

2 れんさんとりささんは，着物などに使われている模様について先生と話をしています。会話文をふまえながら，あとの(1)～(3)の問いに答えなさい。

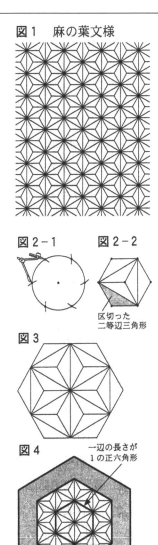

図1　麻の葉文様

図2－1　　図2－2

区切った
二等辺三角形

図3

図4

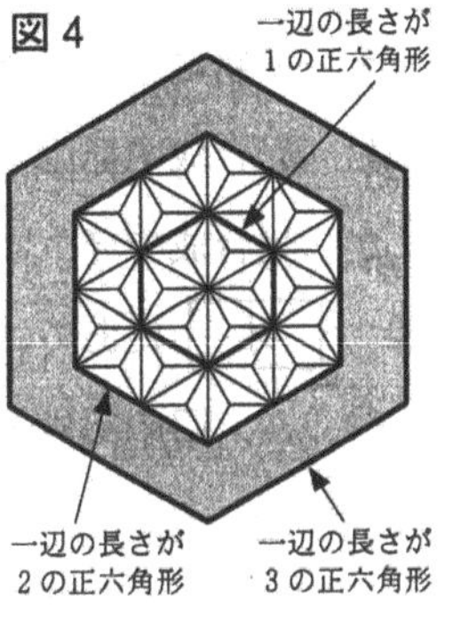

一辺の長さが
1の正六角形

一辺の長さが
2の正六角形

一辺の長さが
3の正六角形

先生：図1の模様は，日本の伝統的な文様で，植物のアサの葉に似ていることから，「麻の葉文様」と呼ばれています。アサは成長が早く，また，まっすぐにのびるため，この文様は赤ちゃんの着物などに使われています。

れん：昔の人は，文様をどのようにかいていたのですか。

先生：麻の葉文様のように昔から伝わる文様は，「分廻し」と呼ばれる竹製のコンパスと定規を使ってかいていました。麻の葉文様をかく方法の1つに，正六角形をつくってかく方法があります。

りさ：やってみます。図2－1のように，円をかき，半径と同じ長さに開いたコンパスで，その円の周りを順に区切って6個の点をとりました。図2－2のように，この6個の点を結んで正六角形をつくり，6個の同じ形の二等辺三角形で区切ると，麻の葉文様の一部がかけました。

れん：図3の中に図2－2の正六角形が全部で　ア　個あるので，図2－2の一部分を重ねながら図3をかいたのですね。図3で図2－2の正六角形が重なった部分の面積は，区切った二等辺三角形　イ　個分ですね。

先生：そのとおりです。この「区切った二等辺三角形」と同じ形の三角形を「基本の三角形」と呼びましょう。

りさ：図2－2を見ると，基本の三角形は3個集まると正三角形になりますね。ということは，基本の三角形の3つの角の大きさは，それぞれ　ウ　度です。麻の葉文様は，基本の三角形が集まってできているね。

れん：図1には，基本の三角形が集まった，いろいろな大きさの正六角形があるよ。例えば，基本の三角形の一番長い辺の長さを1とすると，図4のように一辺の長さが1や2の正六角形をみつけたよ。一辺の長さが2の正六角形の周りに，基本の三角形をすき間なく　エ　個かくと，一辺の長さが3の正六角形になるよ。

りさ：麻の葉文様は，対称な図形がたくさんあるから，周りに加える三角形の個数も，工夫して数えることができるね。

先生：2人とも，そのとおりです。では，線対称な図形について考えてみましょう。図5では，正六角形の中に麻の葉文様をかき，基本の三角形にあ～つの名前をつけていま

図5

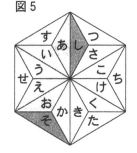

す。**図5**の中には線対称な図形がたくさんあります。基本の三角形は，これらの図形の対称の軸（じく）で折ったときに，重なった基本の三角形に移動することにします。例えば，**し**は**そ**まで，**し**→**あ**→**い**→**う**→**え**→**お**→**そ**と，対称の軸を６回変えると移動することができます。

れん：**あ**と**い**の間の線を対称の軸にすれば，**し**→**う**と移動することもできますね。**し**を**そ**まで移動する他の方法を考えると，対称の軸を最小 [オ] 回変えると移動することがわかりました。

先生：そのとおりです。

りさ：線対称になっているということは，紙を折った折り目を使って，麻の葉文様をつくることができるのではないかな。調べてみます。

(1)　次の①～③の問いに答えなさい。

①　[ア] ～ [エ] にあてはまる数をそれぞれ書きなさい。

②　基本の三角形の一番長い辺の長さを１とします。右の図のように，一辺の長さが x の正六角形の周りに，基本の三角形を何個かかくと，一辺の長さが（$x+1$）の正六角形になりました。一辺の長さが x の正六角形の周りにかいた基本の三角形の個数を，x を使った式に表しなさい。

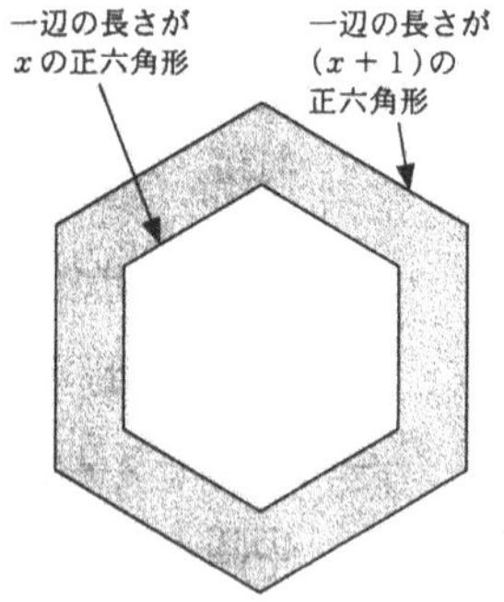
一辺の長さが
x の正六角形
一辺の長さが
（$x+1$）の
正六角形

③　[オ] にあてはまる数を書きなさい。また，最小の回数での移動の方法を，**あ**～**つ**のあてはまる文字と矢印→を使って，**すべて**書きなさい。

れん：図書館で折り紙について調べてみたよ。折り紙を折り，はさみで切って文様をつくる「紋切り遊び（もんきりあそび）」という遊びをみつけたよ。

りさ：おもしろそうだね。やってみたいな。

先生：それでは，麻の葉文様を折る前に，簡単（かんたん）な型の切りぬきをおこなってみましょう。**図6**を見てください。㋐～㋓のように，折った折り紙を切って三角形を切りはなし，色のついた部分を開いてみましょう。

図6

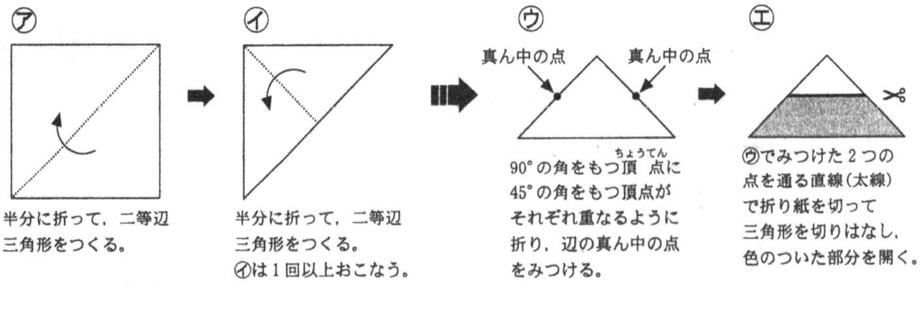
㋐
半分に折って，二等辺
三角形をつくる。
㋑
半分に折って，二等辺
三角形をつくる。
㋑は１回以上おこなう。
㋒
真ん中の点
真ん中の点
90°の角をもつ頂点（ちょうてん）に
45°の角をもつ頂点が
それぞれ重なるように
折り，辺の真ん中の点
をみつける。
㋓
㋒でみつけた２つの
点を通る直線（太線）
で折り紙を切って
三角形を切りはなし，
色のついた部分を開く。

れん：㋑を１回おこなったときと，２回おこなったときは，次のページの**図7**，**図8**になったよ。

図７

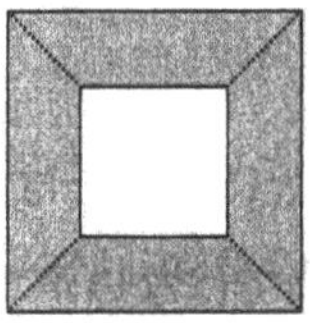

㋑を１回
点線……は折り目

図８

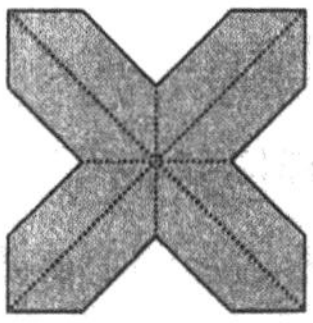

㋑を２回
点線……は折り目

図９

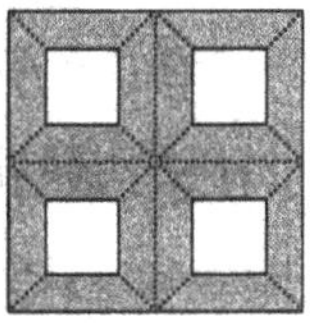

㋑を３回
点線……は折り目

りさ：㋑を３回おこなったら**図９**になったよ。どれも対称できれいだね。㋑を４回おこなったときもつくってみたかったのだけれど，紙が厚くなってうまく折れなかったよ。

れん：紙を42回折ると，その厚さは月まで届(とど)くと聞いたことがあるよ。きまりを考えれば，実際に折れなくても形がわかるのではないかな。例えば，**図７**の図形の面積は，最初の正方形の面積の [カ] 倍だね。㋑を何回おこなっても，開いた図形の面積は，必ず最初の正方形の面積の [カ] 倍になることが㋓からわかるよ。

りさ：確かにそうだね。では，折り目がついていく様子を調べてみるね。最初の正方形の辺と㋑を１回おこなったときの折り目との間の角は45°だね。切って開いた**図７**，**図８**，**図９**に，折り目などをかき足して，切る前の正方形を考えてみたよ。キ最初の正方形の辺と㋑をおこなったときの折り目との間の角は，㋑を何回おこなっても必ず45°か90°のどちらかになることがわかったよ。

れん：りささんの考えを参考に，㋐のあとに㋑を４回おこなったときの折り目をかくと，**図10**のようになったよ。紙が厚くなって折れなかった㋑を４回おこなったときは，㋓で切っているから，**図11**のようになることがわかったよ。

図10

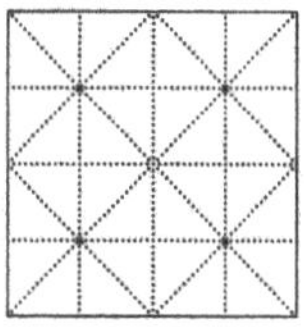

㋑を４回
点線……は折り目

りさ：実際に折らなくてもわかったね。では，切り取り線を，**図12**のように，90°の角をもつ頂点(ちょうてん)に45°の角をもつ頂点が重なるように折ってつけた線（**図12**の太線）に，変えたときを考えてみよう。ク㋑を４回おこなって，**図12**の太線で切って三角形を切りはなし，色のついた部分を開くときを，考えることができたよ。

図11

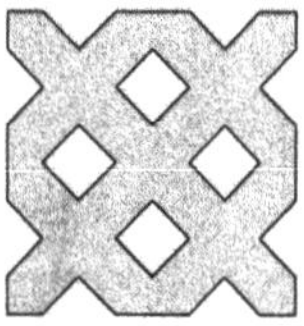

㋑を４回

れん：すごいね。では，こんな問題はどうかな。**図12**の太線で切って三角形を切りはなし，色のついた部分を開くと，**図13**のように正方形の穴(あな)があいていました。この穴が64個あるとき，㋑を何回おこなったでしょうか。りささん，解けるかな。

図12

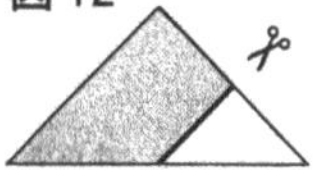

りさ：㋑をおこなった回数や，折り目のつき方，それから，正方形の穴のでき方などを考えると，㋑を [ケ] 回おこなったのではないかな。

図13

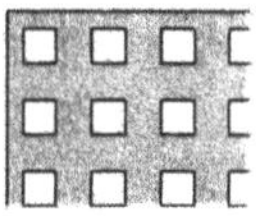

れん：そのとおりです，りささん。実際にできないことをいろいろ調べてみたいね。

先生：２人ともよくできました。

⑵　次の①～④の問いに答えなさい。

①　[カ] にあてはまる分数を書きなさい。

②　下線部**キ**について，最初の正方形の辺と㋑をおこなったときの折り目との間の角が90°になるのはどのようなときか，㋑をおこなった回数にふれながら書きなさい。

③　下線部**ク**について，色のついた部分を開いたときの図形を，次の**あ**～**え**のうちから**2つ**選び，その記号を書きなさい。

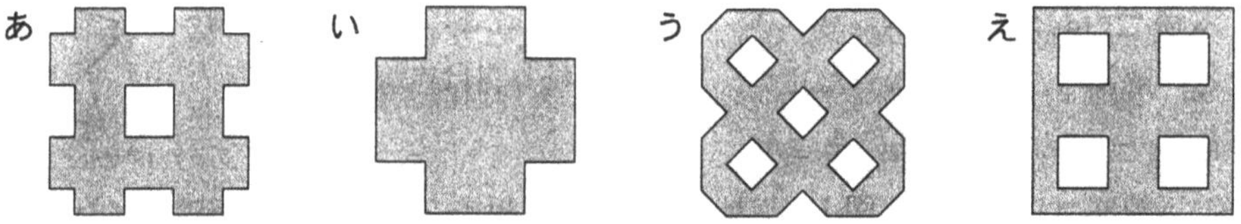
あ
い
う
え

④　[ケ] にあてはまる数を書きなさい。

先生：いよいよ，**図14**のように折り紙を折って，麻の葉文様をつくってみましょう。

図14

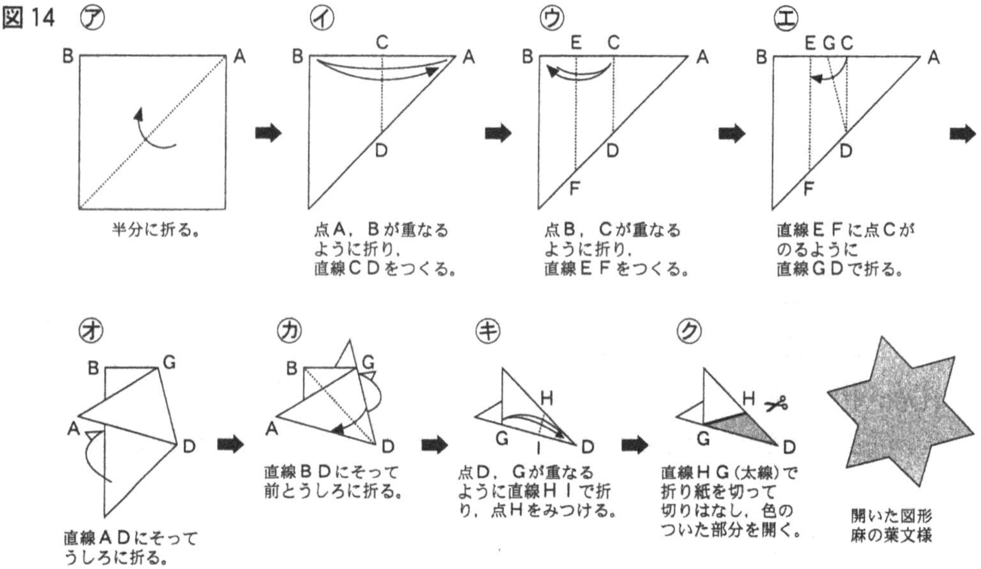
㋐
B
A
半分に折る。
㋑
C
B
A
D
点A，Bが重なるように折り，直線CDをつくる。
㋒
E C
B
A
D
F
点B，Cが重なるように折り，直線EFをつくる。
㋓
E G C
B
A
D
F
直線EFに点Cがのるように直線GDで折る。
㋔
B
G
A
D
直線ADにそってうしろに折る。
㋕
B
G
A
D
直線BDにそって前とうしろに折る。
㋖
H
G
I
D
点D，Gが重なるように直線HIで折り，点Hをみつける。
㋗
H
G
D
直線HG（太線）で折り紙を切って切りはなし，色のついた部分を開く。
開いた図形
麻の葉文様

りさ：麻の葉文様ができました。㋗の色のついた部分を開くと麻の葉文様ができているから，三角形HGDは基本の三角形ですね。確かにコ㋗の三角形HGDの3つの角の大きさも，それぞれ [ウ] 度（17ページ）になっています。これは，㋓や㋔で折ったときに同じ角度ができるので，㋕の角Dの大きさが，180°÷3で60°になるからですが，なぜ㋐～㋔の折り方で㋕の角Dの大きさが60°になるのでしょうか。

先生：よく考えられました。なぜ60°になるかは，中学校で習う三角形の性質を使って説明できます。今日は60°になることだけをおさえておきましょう。

りさ：わかりました。れんさん，中学校で三角形の性質を勉強して，説明できるようになりたいね。

れん：そうだね。他にも，身の回りのことがなぜそうなるかを考えていきたいね。

(3) 次の①，②の問いに答えなさい。

① 右の図で，点線………は**図14**の㋐で折ったときにできた折り目で，太線━━は㋗の切り取り線です。㋔で折ったときにできた折り目を，解答らんの図にかきなさい。ただし，折り目は点線ではなく，直線――でかいてかまいません。

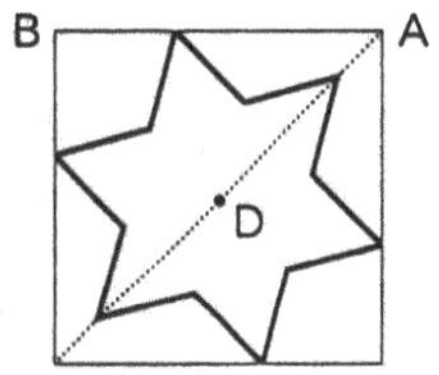

② 下線部**コ**について，**図14**の㋕，㋖のように折ることで，下線部**コ**になることの説明を，線対称の性質にふれながら完成させなさい。ただし，㋕の角**D**の大きさが60°であることを使ってかまいません。

大切なことはメモしておこうネ！

2022年度

千葉県立中学校入試問題（二次）

【適性検査2-1】 （45分）　＜満点：100点＞

1　しんさんとなつさんは，1㎝の方眼を利用してかいた正方形について話をしています。会話文をふまえながら，あとの(1)〜(3)の問いに答えなさい。ただし，ここでは，例えば小数2.34の2と0.3と0.04を，それぞれ「一の位の値」，「小数第一位の値」，「小数第二位の値」などと呼ぶこととします。

しん：私は，図1のように，面積が1㎠，4㎠，9㎠の正方形をかきました。

なつ：図2のように，面積が2㎠の正方形もかけますね。

図1
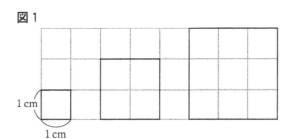

図2
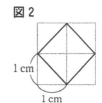

しん：なるほど。ア工夫をすれば，他にもいろいろな正方形がかけますね。ところで，面積が2㎠の正方形の一辺の長さはいくつなのでしょう。

なつ：ものさしで測ると1.4㎝くらいです。でも，1.4×1.4は2になりませんね。

先生：面白い発見をしましたね。では，面積が2㎠の正方形の一辺の長さがいくつになるか，考えてみましょう。

なつ：イ図1の正方形と比べると，面積が2㎠の正方形の一辺の長さは，1と2の間の数だとわかるので，一の位の値は1でまちがいないはずです。

先生：そうですね。では，小数第一位以下の位の値がいくつになるかを考えてみましょう。図3のように，面積が2㎠の正方形を，長方形や正方形に分けてみます。図3の x, y, z は，それぞれ一辺の長さの小数第一位の値，小数第二位の値，小数第三位以下の値を表しています。

図3
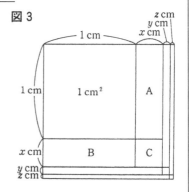

なつ：図に表すとわかりやすいですね。x ㎝の辺をもつ図形は，長方形Aと長方形Bと正方形Cですね。2㎠から一辺が1㎝の正方形の面積をひくと残りは1㎠ですが，ものさしで測ったように x の値を0.4とすると，x ㎝の辺をもつ図形の面積の合計は0.96㎠になり，1㎠には足りないのですね。

しん：でも，x の値を ウ とすると，x cmの辺をもつ図形の面積の合計は エ cm²と
なって1cm²をこえてしまうので，x の値は0.4でよいと思います。足りない分の面積は，
y cmや z cmの辺をもつ図形をすべて合わせた部分の面積だと思います。

先生：そのとおりです。では，さらに y の値を求めてみましょう。

なつ：同じように，ォy cmの辺をもつ図形の面積の合計が カ cm²をこえないようにできる
だけ大きい y の値を見つければよいですね。そうすると，y の値は キ になるはず
です。

先生：そうですね。よくできました。

しん：この，**一辺の長さを位ごとの値に分ける方法**なら，小数第三位以下の値も同じようにく
り返して，一けたずつ確実に一辺の長さを求めることができますね。

(1)　次の①～⑤の問いに答えなさい。

① 　下線部**ア**について，解答らんの1cmの方眼を利用して，面積が5cm²の正方形をかきなさい。

② 　下線部**イ**について，例えば面積が13cm²の正方形の一辺の長さの一の位の値がいくつになる
かを，次のように考えます。 あ ～ お にあてはまる整数をそれぞれ書きなさい。

> 　面積が13cm²の正方形の一辺の長さは，面積が あ cm²の正方形の一辺の長さの
> い cmより長く，面積が う cm²の正方形の一辺の長さの え cmより短いの
> で，一の位の値は お になると考えることができる。

③ 　 ウ ， エ にあてはまる数をそれぞれ書きなさい。

④ 　下線部**オ**について，しんさんとなつさんは，y cmの辺をもつ図形の面積の合計を，y を使っ
て異なる式に表しました。 か ～ く にあてはまる式をそれぞれ書きなさい。ただし，x
の値を0.4として考えることとします。

<　しんさんの式　>　　　　　<　なつさんの式　>

（ か ）×2＋ き 　｜　y ×（ く ）

⑤ 　 カ ， キ にあてはまる数をそれぞれ書きなさい。

　　次に，しんさんは，体積が2cm³の立方体の一辺の長さも**位ごとの値に分ける方法**を使って求める
ことができるのではないかと考えました。

　　しんさんは，体積が2cm³の立方体の一辺の長さは，1と2の間の数で，一の位の値が1になるこ
とを発見したあと，小数第一位以下の値について，次のように考えました。

> <しんさんの考え>
> 　体積が2cm³の立方体は，一辺の長さの小数第一位の値を x，小数第二位以下の値を y とする
> と，次のページの**図4**のように，㋐～㋒の立体に分けることができます。
> 　小数第一位の値 x について考えます。**図4**の㋑の立体は，次のページの**図5**のように，x cm
> の辺をもつ直方体や立方体に分けることができるので，x を使って体積を式に表すと， ク
> になります。

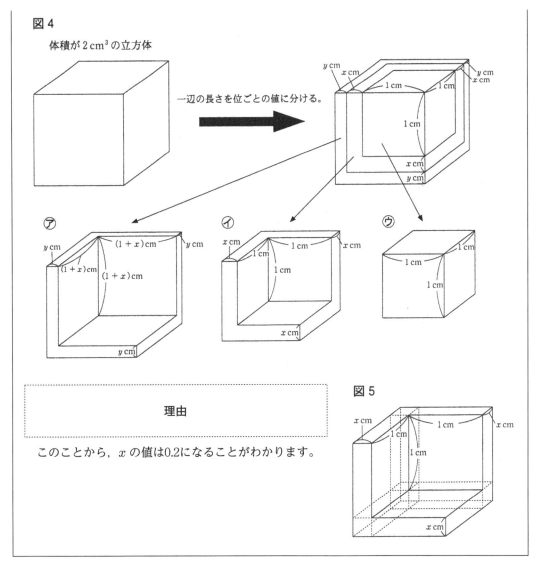

図4

体積が2cm³の立方体

一辺の長さを位ごとの値に分ける。

ア

イ

ウ

理由

このことから，x の値は0.2になることがわかります。

図5

(2) 次の①，②の問いに答えなさい。

① ク にあてはまる式を書きなさい。

② 理由 にあてはまるように，x の値が0.2になる理由を，図4の①の立体の体積についてふれながら書きなさい。

しんさんとなつさんが，面積が10cm²の正方形の一辺の長さについて考えています。

まず，2人は，一辺の長さを**位ごとの値に分ける方法**を使って小数第四位まで求め，3.1622であることを発見しました。

次に，2人は先生といっしょに，**位ごとの値に分ける方法**とは異なる方法で一辺の長さを求めようとしています。

先生：正方形の面積から一辺の長さを求める方法として，**古代ギリシャ時代に考案された方法**

を紹介します。この方法では，まず，面積が$10cm^2$の
正方形を**図6**のように，長方形や正方形に分けて考
えます。

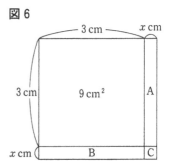

図6

しん：一辺の長さを，一の位の値の3と小数第一位以下の
値をxとして2つの値に分けたのですね。xの値を
求めるためには，長方形Aと長方形Bと正方形Cの
面積の合計が，$10cm^2$から$9cm^2$をひいた残りの$1cm^2$
になることを使う必要がありますね。

先生：それについて，この方法では，辺の長さを2つに分けるとき，今回のように3に対して
xの値が十分に小さくなるように分けます。そうすると，正方形C1つ分の面積は，長
方形Aと長方形Bの面積の和に対してとても小さくなるので，長方形Aと長方形Bの面
積の和を$1cm^2$と考えてxの値を求めるのです。

なつ：なるほど。つまり，**図7**のように考えるわけですね。

図7

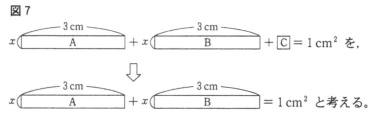

$$x\begin{bmatrix}A\end{bmatrix} + x\begin{bmatrix}B\end{bmatrix} + \boxed{C} = 1cm^2 \text{ を,}$$

$$x\begin{bmatrix}A\end{bmatrix} + x\begin{bmatrix}B\end{bmatrix} = 1cm^2 \text{ と考える。}$$

そうすると，長方形Aと長方形Bは，どちらも面積が$1 \div 2 = \frac{1}{2}cm^2$で，縦$x$cm，横
$3cm$の長方形と考えることができるので，xの値は$\frac{1}{2} \div 3 = \frac{1}{6}$になりますね。

しん：でも，そのxの値は，長方形Aや長方形Bの本当の面積よりも少し大きい値を使って求
めているので，本当の値よりも少し大きいはずですね。

なつ：そうですね。一辺の長さを$3 + \frac{1}{6} = \frac{19}{6}cm$と考えると，$\frac{19}{6}$を小数で表したときの小数
第四位までの値は3.1666だから，**位ごとの値に分ける方法**で求めた3.1622と比べても少
し大きいですね。でも，小数第二位までは一致しています。

しん：ケここまでに求めた$\frac{19}{6}$という値をもとにして，
一辺の長さのより正確な値を求めることはでき
ないかな。

なつ：それなら，コ面積が$10cm^2$の正方形の一辺の長さ
が$\frac{19}{6}cm$より$y$cm短いと考えて，**図8**をもとに考
えてみてはどうかな。

図8

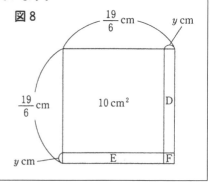

(3) 下線部**ケ**について，次のページの条件1～3にしたがって，一辺の長さのより正確な値を求め
ます。どのように求めたらよいか，求め方を説明しなさい。

（条件１）　**古代ギリシャ時代に考案された方法を活用すること。**

（条件２）　下線部コの提案を生かし，**図8**を活用すること。

（条件３）　位ごとの値に分ける方法で求めた3.1622を使って，新たに求めた一辺の長さの値が$\frac{19}{6}$よりも正確な値であることを確かめること。

2　けんさんとりんさんは，LED（発光ダイオード）と光の性質について先生と話をしています。会話文をふまえながら，あとの(1)～(3)の問いに答えなさい。

先生：授業用に80Ｖ型のテレビを学校に設置することになりました。

けん：画像が大きく見えますね。

先生：80Ｖ型とは，**図1**の矢印のように，テレビの液晶画面の対角線の長さが80インチのテレビのことです。
また，テレビの液晶画面の横と縦の比は，テレビの液晶画面の大きさによらず，16：9で一定です。

図1

けん：すると80Ｖ型のテレビの液晶画面の面積は，私の家の20Ｖ型のテレビの液晶画面の面積の　**ア**　倍です。

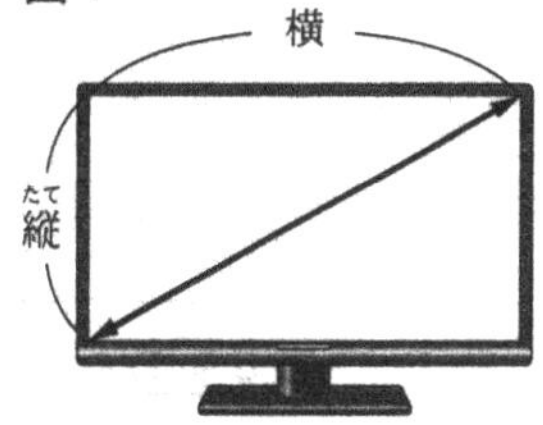

先生：そのとおりです。

りん：４Ｋ放送対応テレビの４Ｋとは，どのような意味ですか。

先生：テレビなどの画像を構成している最小単位を画素と呼びます。４ＫのＫは1000を表しているので，４Ｋは4000画素という意味です。今のテレビ放送が２Ｋ放送（横に約2000画素，縦に約1000画素）ですので，４Ｋ放送（横に約4000画素，縦に約2000画素）の画素数は，２Ｋ放送の画素数の何倍ですか。

けん：　**イ**　倍です。

先生：そのとおりです。

りん：テレビなどの液晶画面にガラス玉を当てて見ると，ガラス玉の中央付近は**図2**のように見えます。

図2

先生：そうですね。液晶画面には，RGBカラーフィルターが使われています。R，G，Bとは光の三原色である赤，緑，青の英語の頭文字で，R（赤：レッド），G（緑：グリーン），B（青：ブルー）のことです。

けん：R，G，Bが画素数に関係しているのですね。

先生：そのとおりです。テレビなどの液晶画面が高性能になってきたのは，青色のLEDが発明されたおかげです。

りん：3人の日本人研究者が，2014年にノーベル賞を受賞しましたよね。

先生：そうですね。光の三原色のLEDがそろったことで，LEDの光を使用して表現できる色の種類が増えました。また，LEDのように自ら発光するものを使い，R，G，Bの光を重ねて色を作る方法では，次のページの**表1**のように色が表現されます。

表1

	R の LED	G の LED	B の LED	表現される色
	発光する	発光する	発光する	白
	発光する	発光しない	発光しない	R
	発光しない	発光する	発光しない	G

りん：R，G，Bの3色の光が重なると白色の光に見えるのですね。白色の光を発するLED電球などの製品は，青色のLEDの発明のおかげですね。

先生：そうですね。R，G，Bの3つのLEDが発光しない，すなわち光がない場合は，電源を入れていない液晶画面のように，表現される色は黒色です。表1の組み合わせをすべて考えると，この3色でいくつの色を表現できますか。

りん： ウ 色の表現ができます。

先生：そのとおりです。

けん：テレビやパソコンは，もっとたくさんの色で画像が表現されていませんか。

先生：そうですね。R，G，Bそれぞれの明るさなどに差をつけて，少しずつ異なった色に見えるようにしています。この明るさなどの段階の数を「階調」という言葉で表します。R，G，Bそれぞれの階調が同じであるとすると，最大512色が表現できるとき，R，G，Bそれぞれの階調はいくつですか。

りん：階調は エ ですね。

先生：そのとおりです。パソコンは，R，G，Bのそれぞれに0～255の段階をつけて，R（20），G（40），B（30）のようにして，1つの色を表現しています。

けん：それでは，このパソコンで表現できる色の数はオ16,777,216色ですね。

先生：そのとおりです。

(1) 次の①，②の問いに答えなさい。

① ｱ ～ ｴ にあてはまる数をそれぞれ書きなさい。

② 下線部オについて，表現できる色の数を16,777,216色と求めた方法を書きなさい。

りん：図3のように，光は鏡に当たると，当たる角度と同じ角度で反射する性質がありました。

図3

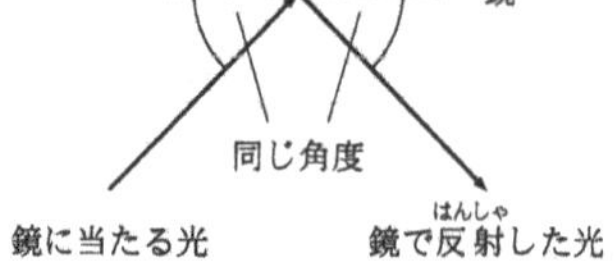

同じ角度

鏡に当たる光　　　　鏡で反射した光

先生：そうですね。それでは，光の進む様子が確認できる縦80cm，横100cm，高さ20cmの直方体の箱を用意して，箱の内側のすべての側面に鏡を取りつけて光を反射させる実験をします。次のページの図4は，箱を上から見たもので，直方体の箱の10cmの高さの断面を長方形WXYZと表しています。次のページの条件1～3で赤色と青色のLEDが発光し，そ

の光が頂点W，X，Y，Zのいずれかにたどり着くまでの様子を見ましょう。各頂点には，光が当たると反応するセンサーが取りつけてあります。

図4

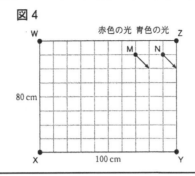

赤色の光 青色の光

80 cm

100 cm

（条件1）　赤色のLEDはMの位置で，青色のLEDはNの位置でそれぞれ発光し，それぞれの光は辺YZに45度の角度で当たる。

（条件2）　各頂点とM，Nの位置は同じ高さである。

（条件3）　それぞれの光は発光した高さのまま消えることなく進み，箱の内側の各側面で反射をくり返し，頂点のいずれかにたどり着く。

けん：赤色の光は4回反射して，頂点Yにたどり着きました。

りん：青色の光は［　カ　］回反射して，頂点［　キ　］にたどり着きました。

先生：そのとおりです。さらに緑色のLEDが，図5のあ～きのいずれかの位置から，M，Nと同じ高さで発光します。その光が辺YZに向けて辺YZに対して垂直に進むとき，3色の光が重なって白色で見える位置が3つあります。緑色のLEDが発光する位置と白色で見える位置は，それぞれどこですか。

図5

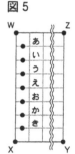

けん：緑色のLEDが［　ク　］の位置で発光するときで，ヶ白色で見える位置は，図に●でかきました。

先生：そのとおりです。このような技術などを利用して，指定した場所に指定した色を表現できるようになりました。

　　　次は，プログラムを使って，LEDを発光させる実験をします。次の条件1～5のとき，どのように発光して見えるでしょうか。

（条件1）　R，G，BのLEDから出る光が1つの点で重なるように設置する。

（条件2）　R，G，BのLEDを，同時に発光させる。

（条件3）　RのLEDを，2秒に1回発光するようにプログラミングする。

（条件4）　GのLEDを，3秒に1回発光するようにプログラミングする。

（条件5）　BのLEDを，5秒に1回発光するようにプログラミングする。

りん：最初に同時に発光したときを0秒として，そのあと1分間にRのLEDは30回，GのLEDは20回発光しますね。

先生：そうですね。RとGのLEDのみが同時に発光して重なると黄色で見えます。最初に同時に発光したあと，1分間に黄色に発光して見えるのは何回ですか。

けん：　□コ□　回です。このとき，白色で2回，青色で4回発光して見えました。

先生：そのとおりです。では，LEDの発光する時間の間隔を変えてみましょう。

りん：R，G，BのLEDのうち，サいずれか1つのLEDの発光する時間の間隔を2秒増やして<u>みました。</u>

けん：今回は，最初に同時に発光したあと，1分間に白色で1回，青色で3回発光して見えますね。条件を少し変えるだけで，発光して見える様子が変わりますね。

先生：そうですね。このような技術の向上が，スムーズな画像処理を可能にし，小型化された画面であっても，きれいな画面表示を可能にしています。

(2)　次の①〜④の問いに答えなさい。

①　□カ□　にあてはまる数を書きなさい。また，□キ□　にあてはまる記号として最も適当なものを，**図4**（前のページ）の**W〜Z**のうちから1つ選び，その記号を書きなさい。

②　□ク□　にあてはまる記号として最も適当なものを，**図5**（前のページ）の**あ〜き**のうちから1つ選び，その記号を書きなさい。また，下線部**ケ**について，白色で見える位置を，解答らんの図に●でかきなさい。

③　□コ□　にあてはまる数を書きなさい。

④　下線部**サ**について，どのLEDの発光する時間の間隔を2秒増やしたのか。白色で1回，青色で3回発光して見えたことにふれながら説明しなさい。

りん：LED電球は，使用期限が長く，長時間使用すると白熱電球の費用に比べて安いという利点があると聞いたことがあります。

けん：同じ明るさの白熱電球とLED電球について，**表2**のようにまとめました。使用期限は，決められた条件で使用することのできる時間です。

表2

	白熱電球	LED電球
電球の使用期限(時間)	800	40000
電球1個の価格(円)	200	2200
電球を1時間使用したときの電気料金(円)	1	0.2

りん：白熱電球は，電球1個の価格は安いですが，電球を1時間使用したときの電気料金は高いです。一方，LED電球は，電球1個の価格は高いですが，電球を1時間使用したときの電気料金は安いです。

けん：**表2**の価格と電気料金だけでは，使用時間が何時間をこえると，LED電球の費用が白熱電球の費用より安くなるのかを，簡単に比べることができません。

先生：そうですね。それでは，それぞれの電球を**表2**のとおり購入して使用する費用を，グラフを用いて調べましょう。

りん：白熱電球を使用期限ごとに購入しながら使用するものとして，とりあえず1600時間までそれぞれの費用を比べたところ，白熱電球の方が，費用が安くなることがわかりました。

けん：1600時間からのそれぞれの費用を比べるために，図6のように，LED電球の使用時間と費用の関係をグラフにしました。

りん：グラフに白熱電球の使用時間と費用の関係をかき加えたところ，使用時間が　シ　時間をこえると，LED電球の方が，費用が安くなることがわかりました。

先生：そうですね。長時間使用するとLED電球は費用が安く，「20世紀は白熱電球が世界を照らし，21世紀はLED電球が世界を照らす」と言われています。

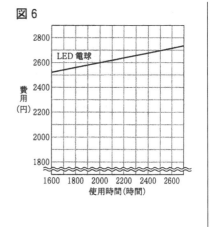

図6

(3)　次の条件1，2にしたがって示しなさい。また，　シ　にあてはまる数を書きなさい。

（条件1）　使用時間が1600時間のときの白熱電球の費用を求めた方法を書く。
（条件2）　白熱電球の使用時間と費用の関係を表すグラフをかく。

のような人を実行委員に加えたいですか。問題三の「対話」の効果を活用して具体的に一人挙げなさい（対話する相手の情報を示すこと）。ただし、その人を選んだ理由もあわせて書くこと。

ウ　解答らんを縦書きで使い、十五行以上、二十行以内で書くこと。

ただし、一行に書く字数は特に指定しない。各段落の先頭は一文字分あけること。また、文字やかなづかいを正しくていねいに書き、漢字を適切に使うこと。

誰がどのような体験をするのか、どんなことに気づき、何を問い直すのか、どのような意味で新しい見方に出会うのかは、その場にいる人によっても違う。ある人は、その人にしか当てはまらない個人的なことに気づくかもしれない。あるいは、誰もが目を開かれるような深い※6洞察に、参加者みんなで至るかもしれない。

（梶谷真司『考えるとはどういうことか』より）

※1　緻密……細かいところまで注意が行き届いて、きちんとしている様子。

※2　前提……ある考えのもとになるもの。

※3　哲学……梶谷さんは「哲学」とは「考えること」を体験することであり、「問い、考え、語り、聞くこと」だと述べている。

※4　おのずと……自然に。ひとりでに。

※5　自明……何らかの証明を必要とせず、それ自身ですでにはっきりしていること。

※6　洞察……ものごとを見ぬくこと。見とおすこと。

(1) 問題二【2】（35ページ）をもとに、人のために何かを作り出すときに大切なことを考えます。そのために問題三の「対話」の効果を、次の【図Ⅱ】に示すように活用することにします。①、②にあてはまる言葉を、①は問題三の文章中の言葉を使って、四字以上、六字以内で書き、②は「一人」という言葉を使って、十字以上、十五字以内で書きなさい。

【図Ⅱ】

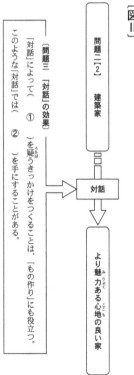

問題二【2】　建築家

↓

対話

↓

より魅力ある心地の良い家

【問題三】　「対話」の効果

「対話」によって（　①　）を疑うきっかけをつくることは、「もの作り」にも役立つ。

このような「対話」では（　②　）を手にすることがある。

(2) (1)をふまえて、建築家が「対話」を活用して作り上げる「良い家」の条件を、問題二【2】の文章中の言葉を使って、書きなさい。

(3) あなたの通う学校では、楽しい運動会にするための案を募集することになりました。採用された人は実行委員長として、自分の案を、ほかの実行委員と一緒に、さらに良いものへと作り上げていくことになります。次のア～ウの【条件】にしたがって、応募するための案を書きなさい。

【条件】

ア　ていねいな言葉づかいを考えて書くこと。

イ　以下の指示にしたがい、三つの段落に分けて書くこと。

一段落目…問題二【2】の【提案】に対する考え方を使って、実行委員長として「楽しい運動会」にするための案を示しなさい。ただし、「楽しい」の内容を具体的に説明すること。

二段落目…一段落目で示した案を実行に移すうえで、現時点で解決すべきだと考える課題を一つ挙げなさい。

三段落目…二段落目で挙げた課題を解決するために、あなたはど

(1) 星さんは【1】と【2】を読み解くなかで、二つの文章は、作られた「もの」について同じ意見をもっていることに気がつきました。次の文章は、星さんが気がついたことを班員に対して説明するために用意した文章です。①～③にあてはまる言葉を、①は自分の言葉で三字以内で書き、②、③は【2】の文章中から、それぞれ六字でぬき出して書きなさい。

【星さんが用意した文章】

【1】は「もの」を通じて「使っていた人」のことがわかると述べています。【2】では「もの」を作るときに「自分が良いと思う」ことを重視しています。ですから【1】のように【2】の「もの」と「対話」するならば、（ ① ）の考え方が見えてくると思います。さらに、【2】の「自分が良い」の「良い」には、（ ② ）にとって「良い」という意味も含まれています。つまり、【1】も【2】も「もの」を通じて（ ③ ）がわかると述べているのです。これをもとに、わたしは『もの作り』に必要な『もの』との対話」というテーマでレポートを書こうと思います。

(2) 星さんはより説得力のあるレポートにするため、例として身近な「もの」を挙げ、「対話」を通してわかったことを書くことにしました。星さんになったつもりで、次の【レポートの一部分】の文章を完成させなさい。ただし、①には「もの」の名前をその特ちょうとあわせて書き、②には「対話」から読み取ったことを、使う人の情報を含めて二行以内で書くこと。

【レポートの一部分】

ここで、「もの作り」をするときに「もの」との対話が必要な理由について、身近な例を挙げて具体的に説明します。

（ ① ）を例に挙げます。これとの「対話」を通して見えたのは、（ ② ）ということでした。

このように、「もの」と向き合い、「対話」を行う習慣をつけることで、「もの」を作るときに大切な視点を学ぶことができるのです。

三 次の文章は、大学教授の梶谷真司さんが「対話」の効果について述べた文章です。これを読んで、あとの(1)～(3)の問いに答えなさい。

同類の人たちで行う対話は、※1緻密かもしれないが、全体としては退屈なことが多い。価値観が似ていて、基本的な※2前提を問い直すことがないため、大枠では意見が一致しやすいからだ。問題になるのは細かい違いだけで、それが大事なこともあるが、いずれにせよ、根本的な問題を冷静に考えるとどうでもいいことも多い。これは哲学を※3専門とする人でも変わらない。

他方、いろんな立場の人たちが集まっていっしょに考えると、それぞれが普段自分では問わなかったこと、当たり前のように思っていたことを※4おのずと問い、考えるようになる。前提を問う、自明な※5ことをあらためて考える――それはまさしく哲学的な「体験」だろう。

【1】

あるときわたしは、風野さんから興味深い話を聞いた。

「土器のかけらは、よくしゃべりますよ」

言っている意味がわからなくて、わたしが目をぱちぱちさせたら、

「外国人と、外国語で会話するときと似ているんですよ。単語をたくさん知っているほうが、深く話せるし、よく聞きとれて、通じる会話ができるじゃないですか。

土器もね、つくり方とか、もようとか、形とかいう単語をもっているんですよ。ぼくはなかなか、うまく会話できないんですがね」

「まだまだ、勉強がたりないのでしょう」

わたしがからかったら、風野さんは赤くなって、頭をかいた。

「そうはっきり言われると、はずかしいんですが……」

風野さんは、どちらかといえばひかえめだ。たぶん、そうとう勉強しているにちがいない。

「土器と対話すると、それを使っていた人の情報をたくさん手に入れることができるんです。」

（今関信子『弥生人の心にタッチ！』より）

【2】

やっぱり住宅を作ると、例えばキッチンを作ると、レイアウト※1とか、設備の配置とか、空間の寸法とか、いろんなことを通して「こういうキッチンが良いよ」っていうことになっちゃうんです。キッチン空間が、こういうキッチンはどうか、という空間的な提案にな

るのです。ベッドルームを地下に作れば、やはりそれは、寝（ね）るなら静かで暗いところで寝た方が良いよっていうことになってしまう。要するに何を作っても、社会もしくは施主※2（せしゅ）へ、こういう住宅はどうか、こう生きるのはどうか、と提案することになってしまう。その提案というのがどこから来ているのかなというと、もちろん社会のニーズ※3とかもあるんでしょうけど、やっぱり自分が良いと思うかどうかというところだと思うんですね。

でも、そこは自分だけの価値観（かちかん）だけじゃなくて、社会に対して提案する、住まい手の人に対して提案するわけですから、他者が共有できる普遍性※4（ふへんせい）というか、他者性があるかどうかっていうことは、重要なことだと思います。それは開かれていなければいけないと思うのです。で、そのもとには、まず提案する人が良いと思っているかどうか、本当に住めると思って提案しているかどうかというのがごく大きいと思います。

建築というのはやはり、人間の在りようみたいなものを描くと思います。こうやって食べるべきだとか、こうやって寝るのがよいとか、そういうようなことを通して人間の生というか、人間の在り方みたいなものを、建築は提示するのです。

（名和晃平・西沢立衛・宮島達男（なわこうへい・にしざわりゅうえ・みやじまたつお）『歴史の中に自分をどう位置付けていくのか』

『アーティストになれる人、なれない人』より）

※1　レイアウト……配置。配列。
※2　施主……建築、設計などの注文主。
※3　ニーズ……要求。必要。
※4　普遍性……すべてのことに通じる性質。

一 放送で聞いた内容から、次の(1)、(2)の問いに答えなさい。

(1) 竹宮惠子さんの考えをふまえ、「ヒット作品」が生まれるまでを、【図Ⅰ】のようにまとめました。①には、あてはまる言葉を十一字以内で書き、②には、あてはまる言葉として最も適当なものを、あとのア〜エのうちから一つ選び、その記号を書きなさい。

【図Ⅰ】

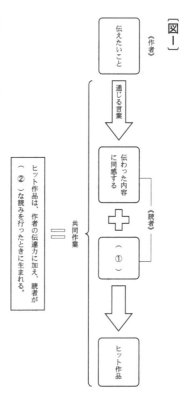

《作者》
伝えたいこと
↓
通じる言葉
↓
伝わった内容に同感する
↓
ヒット作品

《読者》
（ ① ）

＝ 共同作業

ヒット作品は、作者の伝達力に加え、読者が（ ② ）な読みを行ったときに生まれる。

「それに何の意味があるんだ」と噛み付いたりもしましたが、結局は折衝することに意味があると納得するようになりました。折衝することで、その表現がどこまで許されるか、編集部が何を恐れているかが見えてくる。そうして自分の知識が広がっていくのです。

（竹宮惠子「世界を変える漫画の方法」桐光学園大学訪問授業『高校生と考える人生のすてきな大問題』より）

※1 折衝する……意見が一致しない相手と話し合う。交渉する。
※2 編集部……竹宮さんの作品に「注文」をつけた出版社で、竹宮さんの作品を出版する部署。

(問い) 【補足資料】にある竹宮さんと編集部とのやり取りは、(1)【図Ⅰ】のいずれかの段階で起こる出来事です。このやり取りは、「ヒット作品」を生み出すうえでどのような役割を果たしているのかを、【図Ⅰ】を参考にして、説明しなさい。

(2) 次の【補足資料】は、放送した内容のあと、竹宮さんが語ったことの一部です。これを読み、あとの問いに答えなさい。

【②に使う言葉】

ア 協力的　イ 主体的　ウ 論理的　エ 先進的

【補足資料】

漫画は直接言葉を使わなくても、絵で差別や暴力を表現できます。たとえば、ある人をからかったり、石を投げたりするシーンを描くと「石の数をあと四個減らしてください」と出版社からわけのわからない注文がつくこともあります（笑）。若い頃は

二 国語の授業で、星さんの班は「もの作り」をテーマに各自でレポートを書くことになりました。そこで、星さんは次に挙げる【1】と【2】の文章を参考にすることにしました。【1】は、作家の今関信子さんが建築家の西沢立衛さんが建築に対する考えを述べたもの、【2】は、建築家の西沢立衛さんが建築に対する考えを述べたものです。これを読んで、あとの(1)、(2)の問いに答えなさい。

【適性検査二ー二】（四五分）〈満点：一〇〇点〉

【注意】 放送で指示があるまでは、開かないこと。

（放送台本）

これから、適性検査二ー二を始めます。外側の用紙が解答用紙です。内側に問題用紙があります。内側の問題用紙は、指示があるまで開いてはいけません。

それでは、外側の解答用紙を開き、受検番号と氏名を書きなさい。

（20秒後） 書き終わったら元どおり問題用紙を挟んで閉じなさい。

（5秒後） 最初は、放送を聞いて問題に答える検査です。放送はすべて1回だけです。それでは、裏返して「メモらん」と書いてある面を上にしなさい。

今から「メモらん」にメモを取ってもかまいません。

（3秒後） これから、漫画家の竹宮惠子（たけみやけいこ）さんが子どもたちに向けて語った内容を紹介します。内容は「大ヒット漫画」が生まれるまで、です。大ヒット漫画はどのようにして生まれるのかという点に注意して、放送を聞きなさい。

（5秒後） では、朗読を始めます。

（3秒後）

誰もが知っているような大ヒット漫画は、伝えたいことと伝える努力が揃っています。ひとつの作品で人気を保ちつづけることの大変さは、やってきた人間からするとわかります。並大抵でない努力があってはじめてヒットが続く。もちろん偶然のヒットも中にはあるかもしれませんが、伝えたいものがはっきりしないと人気を長く保つことは不可能です。そういう漫画家の作品はだんだん絵が荒れてきて、嫌々描いているんだなあとすぐにわかります。

ヒット作品には、ヒットするための要素が一生懸命揃えられていて、毎回毎回が挑戦なのだと、そういう気持ちで向き合ってみてください。熱意ある作品は、当然ながら読む人をしらけさせません。伝えたい事が明確で、通じる言葉をもっている。そのふたつが揃うと、ものすごいパワーが生まれます。

漫画には双方向の力があります。作者の発信力と、読者の受け取る力です。世界中の読者が作品に同感してくれたから、自分の経験で補いながら読み取ってくれたから、ヒットが生まれる。漫画は共有することで成り立っているということをみなさんもぜひ考えてみてください。

（竹宮惠子「世界を変える漫画の方法」桐光学園大学訪問授業『高校生と考える人生のすてきな大問題』より）

以上で放送を終わります。それでは、問題用紙を開き、すべての問題に答えなさい。

大切なことはメモしておこうネ！

2022 年 度

解 答 と 解 説

＜適性検査1－1解答例＞

1 (1) あ　イ
　　　い　ア
　　　う　エ
　　　え　ウ
　　　お　オ
　　　A　0.501
　　　B　0.429
　　　C　366

(2) か　まず，飲料自動はんばい機１台あたりの１日のはんばい金額2226円を飲料１本の金額である120円でわります。そうすると，１台の飲料自動はんばい機が１日にはんばいする飲料の本数が18.55本になることがわかります。次に，その本数に飲料１本のはんばいに利用される時間10秒をかけると，飲料を買うために，飲料自動はんばい機が利用される時間の１日の合計が185.5秒と求められます。それを分単位にするために60でわると，約３分となります。

(3) き　商品をこう入しない人でも，そこから情報を得たり，活用したりする使い方がある

(4) く　手順や時間を少なく

(5) け　利用客にとっての利点(だけでなく)旅行会社の利点

(6) エ

(7) こ　つながる通信を確保

(8) ①　ア，イ，ウの中からいずれか１つ
　　②　A，B，Cの中からいずれか１つ
　　③　情報を広く伝えるために，子どもやお年寄りなど，だれにでもわかるように発信する。　（①でア，②でAを選んだ場合の解答例）
　　（※①，②で選んだ組み合わせによって，③の解答がことなる。）

2 (1) あ　433(分)
　　　い　44.1(％)

(2) う　１目もりが示す量を，100分から50分にして，さらに１目もりのはばを広げる

(3) え　ア

(4) お　イ

(5) か　(人口が)多い(都道府県ほど，ゴミの排出量が)多く

(6) き　通きん・通学時間が減ると，すいみん時間が増える
　　く　よか時間が減ったからといって，すいみん時間が増えているとはいえない

(7) け　人口1000人あたりのすし店の事業所数

(8) こ　順位のちがいを示すのに適しているぼうグラフを使おうと思います。ぼうグラフ
は，順番に並べてあたいを比べるとき，ぼうの高さや長さによってちがいが一目で
わかるからです。それに対して，円グラフは，全体にしめるわりあいを示すのに適
しています。さんぷ図は，２種類のデータがたがいに関係があるかどうかや，２種
類のデータの関係にどのようなけいこうがあるかを示すのに適しているものです。

○配点○

1　(1)　各4点(完答)×3(①で完答，②で完答，③と④で完答)　　(2)(3)　6点×2(問題の趣旨
にあっていれば点を与える。部分点を与える場合がある。)　　(4)(7)　各4点×2(問題の趣旨に
あっていれば点を与える。きは部分点を与える場合がある。)　　(5)　6点(完答。問題の趣旨
にあっていれば点を与える。部分点を与える場合がある。)　　(6)　4点　　(8)　8点(完答。問
題の趣旨にあっていれば点を与える。部分点を与える場合がある。)

2　(1)　各3点×2　　(2)(7)　各6点×2(問題の趣旨にあっていれば点を与える。)　　(3)(4)　各4
点×2　　(5)　4点(完答。問題の趣旨にあっていれば点を与える。)　　(6)　各6点×2(問題の
趣旨にあっていれば点を与える。部分点を与える場合がある。)　　(8)　8点(問題の趣旨にあ
っていれば点を与える。部分点を与える場合がある。)　　計100点

＜適性検査1－1解説＞

重要 1　（総合問題：日本の情報通信技術，計算，資料の読み取り）

(1) あＡい　資料１から「自動販売機の総台数」約494万台のうち，50.1％が飲料自動販売機だ
とわかる。よって，「自動販売機の総台数」×0.501＝「飲料自動販売機の総台数」と
なる。

うＢえ　資料２より，「自動販売機の総販売金額」約４兆7000億円のうち，42.9％が飲料
自動販売機の総販売金額だとわかる。よって，「自動販売機の年間の総販売金額」×
0.429＝「飲料自動販売機の年間の総販売金額」となる。

お　えは「飲料自動販売機の年間の総販売金額」，いは「飲料自動販売機の総台数」なので，
③の式を解くと，「飲料自動販売機１台あたりの年間の販売金額」がわかる。

Ｃ　おは「飲料自動販売機１台あたりの年間の販売金額」を示している。ゆうさんの発言か
ら，飲料自動販売機１台あたりの１日の販売金額が約2226円だとわかる。つまり，「飲料
自動販売機１台あたりの年間の販売金額」を年間の日数である「366」でわればよい。なお，
資料２から，2016年はうるう年のため日数が366日となっている点に注意する。

(2) か　ゆうさんの発言から，飲料１本の金額を120円，飲料１本の販売に利用される時間を10
秒として考えているとわかるので，(1)で求めた飲料自動販売機１台あたりの１日の販売金
額を飲料１本の金額でわって，１日に販売する飲料の本数を求め，利用される時間10秒を
かけて合計時間を求める。「手順を説明すること」とあるので，「まず」「次に」など，順番
を示す言葉を使うとよい。

(3) き　かずさんの最初の発言から，本来の使い方である商品の購入以外の機能について話して
いると考えられる。資料４から，①と④は自動販売機から何かの情報を得る機能，②と③
は自動販売機を活用したサービスだとわかる。また，「どのような人」と聞かれているので，
「商品をこう入していない人」など，具体的に書くとよい。

(4) く　QRコード航空券を買う場合の利点について考える。**資料5**から，窓口で航空券を買う場合と比べて，手続きの手間が少なく，時間がかからないとわかる。

(5) け　**資料6**は，旅行会社と利用客の間で行われる情報のやりとりをイメージしたものである。情報を活用することで，利用客が旅行を楽しむだけでなく，旅行会社も知名度が向上するなどの利点があるとわかる。解答らんに「だけでなく」とあるので，前半と後半で異なる2つの利点を書けるとよい。

(6) ア　**資料7**，**資料8**は，輻輳が起きたときにどのようにコントロールするかを表したものである。輻輳が起きると情報通信機器が故障するとは書かれていない。

　　イ　**資料8**は災害時の電話の輻輳コントロールのイメージであり，インターネット接続時の被災地へ向けた通信を優先するかどうかは読み取れない。

　　ウ　**資料8**を見ると，輻輳コントロールによって災害時の電話での通信は制限されるが，すべてつながらなくなるわけではないことがわかる。なお，かずさんの4番目の発言から，輻輳コントロールがなされなければ電話が混み合い，すべてつながらなくなることがわかる。

　　エ　2番目の先生の発言から，輻輳は「多くのものが一か所に寄り集まることを意味」する言葉で，情報通信技術においては「通信が混み合って，なかなかつながらない」ことを表すのだとわかる。したがって，適切である。

(7) こ　輻輳コントロールをおこなう目的について考える。**資料7**，**資料8**は，いずれも輻輳をコントロールすることで，すべての通信がつながらなくなってしまうことを防いでいる。よって，つながる通信を確保することが目的だと考えられる。

(8) 目標と特徴に合わせた課題を考える。

　　ア　この目標を達成するには，情報を多くの人に広く届けることができるかどうかが重要だと考えられる。Aの特徴と組み合わせやすい。課題としては，子どもやお年寄りなどでもわかるような情報発信の仕方を工夫することなどが考えられる。

　　イ　事前に申し込みをしてもらうという手順があるので，Bの特徴と組み合わせやすい。課題としては，申し込みが一度に集中してしまうことも考えられるので，Cの特徴と組み合わせることもできる。

　　ウ　情報のやりとりは**資料6**にくわしく書かれている。よって，Bの特徴と組み合わせやすい。課題としては，参加希望者の情報をわかりやすく整理する必要があることなどが考えられる。

　　A　**資料4**からは，情報通信技術を用いることによって，情報を多くの人に広く発信できるという特徴が読み取れる。

　　B　**資料5**からは，情報を活用することで時間や手間を少なくすることができる特徴が読み取れる。**資料6**からは，おたがいに情報のやりとりができるという特徴が読み取れる。

　　C　**資料7**，**資料8**からは，通信が一度に集中する可能性があるという特徴などが読み取れる。

　　以上の内容を組み合わせてまとめる。

2　（総合問題：活動時間，グラフの表し方，計算，資料の読み取り）

(1) あ　1次活動，2次活動，3次活動の合計時間は1日の時間に等しいため，60×24＝1440（分）となる。Aさんの1次活動と3次活動の時間の合計は635＋372＝1007であるから，1440－1007＝433より，Aさんの2次活動の時間は433分。

い　１日のうち，Ａさんの１次活動がしめる割合を考える。１日は1440分なので，635÷1440＝0.4409…より，百分率に直し四捨五入して44.1％である。

(2)　う　資料３では，目もりが100分で０分から700分までを等間かくで表している。一方資料４では，目もりを50分にして幅を広げることで，350分から650分の間のデータを見やすく整理している。また，450分と600分の間を短縮して表しているのも，データを見やすくする工夫の一つである。

(3)　え　資料１の表をもとに考えるとよい。

　ア　すべてのデータが資料１の値と合っている。したがって，適切である。

　イ　Ａさんのデータに注目すると，１次活動が635分のデータは，３次活動が372分にならなければならないが，380分をこえている。したがって，適切でない。

　ウ　資料１より，１次活動に注目すると，１次活動が638分以上の人は２人である。したがって，適切でない。

　エ　ウと同じく，資料１より，１次活動に注目すると，１次活動が638分以上の人は２人である。したがって，適切でない。

(4)　お　ア　資料５より，人口が600万人をこえている点は６つある。したがって，適切である。単位が千人であることに注意する。

　　イ　資料５の茨城県では，総人口が400万人未満だがゴミの総排出量は106万トンとなっている。したがって，適切でない。

　　ウ　茨城県の人口１人あたりのゴミの排出量は，1,060,000÷2,934,000＝0.361…より，約0.361トン。東京都の人口１人あたりのゴミの排出量は，4,383,000÷13,729,000＝0.319…より，約0.319トンで，茨城県よりも少ない。したがって，適切である。

　　エ　資料５より，関東７都道府県のうち，栃木県が総人口，ゴミの総排出量ともに最も少ないため，グラフでは最も左下に位置している。したがって，適切である。

(5)　か　相関関係があるということは，２つのデータのどちらかが変化するともう一方も変化するような関係があるということである。資料５では，都道府県の総人口が増えるにつれて，ゴミの総排出量も増加している。

(6)　き　①のグラフを見ると，点がななめに直線的に並んでいるのがわかる。よって，通勤・通学時間と睡眠時間は相関関係にあるといえる。解答らんのあとに「という傾向」と続いているので，「片方が増えればもう片方も増える」といった表現を使うとよい。

　く　②のグラフを見ると，点がばらばらになっているのがわかる。よって，余暇時間と睡眠時間は相関関係にあるとはいえない。解答らんのあとに「という傾向」と続いているので，「片方が増えてももう片方が増えるとはいえない」といった表現を使うとよい。

(7)　け　資料８をもとに考える。資料７で１位の山梨県などを見ると，人口に対してすし店の事業所数が多いことがわかる。

(8)　こ　グラフや散布図の特徴を整理する。棒グラフは順番や順位にしたがって並べることで，大きさや高さを比べるのに適している。円グラフは全体にしめる割合を表すのに適している。散布図はデータの関係性をたしかめるのに適している。資料７では順位にしたがってデータを表すので，棒グラフが適切である。グラフや散布図の特徴がわからなくなったら，資料２，資料３，資料５，資料６などを見て考えるとよい。

★ワンポイントアドバイス★

問題量が多く, スピーディーに文章を理解して解答し続ける力が求められる。資料の読み取りは要点を考えながら, 解答につながる部分をおさえよう。会話文にヒントがある場合もあるので, 重要だと思うところには印をつけておくと取りこぼしがなくなる。記述は自分の言葉で書くことが求められるため, メモをしながら書く内容を整理したり, どんな順番で書けばわかりやすいか考えたりしよう。

<適性検査1-2解答例>

1 (1) ① ア　99.5(%以上)

② イ　雑草の多くは, 1年ほどしか二酸化炭素をからだの中にきゅうしゅうしておくことができない。大きな木の場合は, 長い年月, たくさんの二酸化炭素をからだの中にきゅうしゅうしておくことができるため, 空気中の二酸化炭素の量を減らすことにつながる可能性がある。

③ ウ　近年, 春先の気温がだんだんと高くなってきた

(2) ① 適切であるもの　う　　適切でないもの　あ, い　　読みとれないもの　え

② 二酸化炭素の割合

③ エ 図4　　　　　　　　　図5

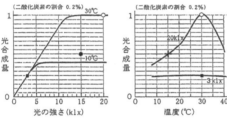

要因　温度

(3) ① □

② あ, お

③ オ　二酸化炭素のきゅうしゅうには, □が必要です。Aでは, 光がないので◎ができません。だから, 実験開始時にあった△は□に変化しません。Bでは, 光を受けて◎がつくられるので, △は□に変化しますが, □は二酸化炭素がないので□のままです。Cで, 光がないのに二酸化炭素のきゅうしゅうが起こったのは, Bでつくられた□があるから

2 (1) ① ア　6(個)

イ　12(個)

ウ　角の大きさ　30(度), 30(度), 120(度)

エ　90(個)

② $3 \times (x+x+1) \times 6$

③ オ　2(回)

移動の方法　し → お → そ, し → つ → そ

(2) ① **カ** $\frac{3}{4}$(倍)

② **キ** ㋑をおこなった回数がぐう数回目のとき，90° の折り目ができる。

③ **ク** あ，え

④ **ケ** 8(回)

(3) ①

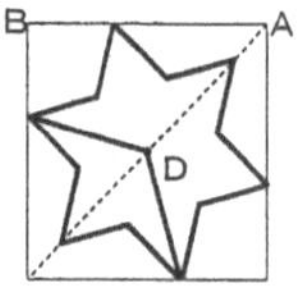

② **コ** (三角形HGDについて，)㋕の図形が直線BDを対しょうのじくとする線対しょうな図形なので，角Dの大きさは60°の半分の30° です。

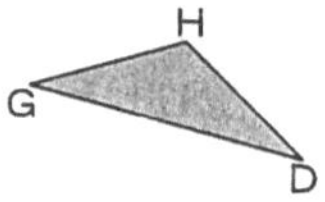

㋖から，三角形HGDは直線HIを対しょうのじくとする線対しょうな図形なので，角Gは角Dと同じ30° です。角Hは，180°－30°－30° から120° になります。

○配点○

1 (1) ① 4点　②③ 各6点×2(問題の趣旨にあっていれば点を与える。部分点を与える場合がある。)　(2) ① 各2点×3(**適切でないもの**については，完答　順不同)　② 4点　③ 各3点×3　(3) ① 4点　② 4点(完答　順不同)　③ 7点(問題の趣旨にあっていれば点を与える。部分点を与える場合がある。)

2 (1) ① **アイウ** 各3点×3(ウについては，完答　順不同)　**エ** 4点　② 5点(問題の趣旨にあっていれば点を与える。)　③ 5点(完答　**移動の方法**については，順不同　部分点を与える場合がある。)　(2) ① 4点　② 5点(問題の趣旨にあっていれば点を与える。部分点を与える場合がある。)　③ 5点(完答　順不同)　④ 5点　(3) ① 3点　② 5点(問題の趣旨にあっていれば点を与える。部分点を与える場合がある。)　計100点

<適性検査1－2解説>

1 (理科，算数：植物の観察，光合成，計算，図の読み取り)

(1) ① **ア** 日なたに育つ植物が成長するために必要な光の強さ500lxの，最も光が強い時期の晴れたときの光の強さ10万lxに対する割合(わりあい)を求めると，500÷100000＝0.005より，0.5%である。したがって，100－0.5＝99.5より，99.5%以上の光をさえぎればよい。

② **イ** 下線部を含(ふく)む先生の発言を参照する。雑草はほとんどが1年で枯(か)れてしまうので，二酸化炭素を長期間吸収(きゅうしゅう)することができないが，大きな木であれば「空気中の二酸化炭素の量を減らすことにつながる可能性」があるとされているのは，雑草とは異(こと)なり，長期間二酸化炭素を吸収したままでいられるためであることを述べる。

③ **ウ** 図2では，中心から外側にかけて，年輪の幅(はば)がだんだんと広くなっている。気温以外の影響(えいきょう)を考えなければ，春先の気温が高いときにスギの木の年輪の幅は広くなるので，だんだんと春先の気温が高くなっていることがわかる。

(2) ① **あ** 図3に注目する。二酸化炭素の割合が0.1%のとき，光合成量は最大ではない。したがって，適切でない。

い　図4に注目する。光の強さが10klxのとき，光合成量は最大ではない。したがって，適切でない。

う　図5に注目する。気温が30℃のとき，光合成量は最大となる。したがって，適切である。

え　図5に注目する。気温が0℃のときの光合成量は，このグラフに書かれていない。したがって，読み取れない。

② 図3～5より，光の強さが10klx，気温が30℃のときは，ともに光合成量が最大となることがわかる。よって，二酸化炭素の割合を増加させれば，光合成量はさらに増加すると考えられる。

やや難 ③ **エ** 図4，図5を並べて考える。二酸化炭素割合が0.2%，光の強さが15klxとあるので，●は図4の15klxの目もり上のどこかになる。15klxのときには，光合成量は最大となることを確認する。また，図4に注目すると，15klxと20klxで光合成量は変わらないと考えられるので，図5の20klxのグラフと15℃の目もりが交わる部分が，●を書くために必要となる点の「+」だとわかる。光合成量の目もりは図4，図5で等しいので，+と同じ光合成量の図4の目もりに●が入る。このとき，図5より気温を15℃より高くすると光合成量が増加するので，光合成量をさらに増加させる要因は温度だとわかる。

やや難 (3) ① Dの時間帯では，「光あり・二酸化炭素あり」のため，図6のしくみが十分に働いている。そこから「光あり・二酸化炭素なし」の条件に変えると，新たな二酸化炭素が取りこめなくなるため，□が変化せずそのまま残る。二酸化炭素が関わる変化以外はしばらく続くので，◎，□，△のうち，□のみが一時的に増加する。

② **あいう** 図6より，光合成ではしくみ㋐で水から変化してできた◎がしくみ㋑で必要なことがわかる。よって，**あ**が適切。

え　図7のBの時間帯に着目すると，光のみで二酸化炭素がない場合，変化のすべてが起こりきらないことがわかる。よって，適切でない。

おか　図6のしくみ㋐より，光合成で発生する酸素は，吸収した水が変化したものであることがわかる。よって，**お**が適切。

③ **オ** これまでの実験で起きた反応を，順を追って確認する。Aの時間帯には反応が起きておらず，◎がつくられないので，実験開始時にあった△は□に変化していない。Bの時間帯では，光によって水から◎がつくられ，◎と△をもとに□がつくられている。このとき，二酸化炭素の吸収が起きていないだけで，しくみ㋐としくみ㋑の一部が動いていることに注意する。

2 （算数：三角形，線対称な図形，規則性）

(1) ① **ア** 図2-2の外周にある二等辺三角形に注目する。図3の図形の周でできた大きな六角形の各頂点に同じ二等辺三角形があり，そこから図2-2と同じ正六角形を探せばよい。

イ 下段，または上段の正六角形から考える。重なっている二等辺三角形に色を付けていくとわかりやすい。

ウ 正三角形のそれぞれの角は60度。基本の三角形2つを合わせて60度なので，60÷2=30より，30度。一番大きな角は，中央で基本の三角形が3つ重なっていることに注目して，360÷3=120(度)より120度。

エ 一辺の長さが1の正六角形と，一辺の長さが2の正六角形の一つの辺について比べる。基本の三角形が3つ集まってできた正三角形が，一辺の長さが1の正六角形では1つ，一辺の長さが2の正六角形では3つ，一辺にそれぞれ集まっている。同じように，一辺が3の六角形で考えると，正三角形が5つ集まっている。よって，すべての辺も同様に考えて，$5×6＝30$(個)より，正三角形の数は30個。正三角形は基本の図形3つでできているので，求める基本の三角形の数は，$30×3＝90$(個)。

② 正六角形の一辺だけに注目する。

一辺の長さが1のとき，3つの基本の三角形でできた大きな正三角形を3つかくと一辺の長さが2になる。

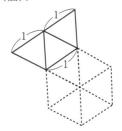

一辺の長さが2のときは，大きな正三角形を5つかくと一辺の長さが3になる。

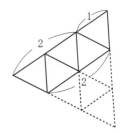

同じようにして，一辺の長さが3のときは，大きな正三角形を7つかくと一辺の長さが4になる。

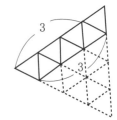

これらから，一辺の長さが1増えるときにかかれる大きな正三角形は，（もとの一辺の長さ）＋（もとの一辺の長さ）＋1（個）であると推測することができる。よって，正六角形の辺の数は6つで，大きな正三角形は3つの基本の三角形でできているため，一辺の長さがxの正六角形の周りにかいた基本の三角形は，$3×(x+x+1)×6$(個)となる。

③ **オ** いとうの間の線を対称の軸と考えれば，**し→お**と移動することができる。その後，**お**とその間の線を対称の軸と考えて，**お→そ**と移動できる。あるいは，**し**と**つ**の間の線を対称の軸と考えて，**し→つ**と移動し，その後いとうの間の線を対称の軸と考えて，**つ→そ**と移動することもできる。

(2) ① **カ** 図7で切り取られた正方形の一辺の長さは，最初の正方形の一辺の長さの$\frac{1}{2}$になっている。よって，切り取られた正方形の面積は$\frac{1}{2}×\frac{1}{2}＝\frac{1}{4}$より，最初の正方形の$\frac{1}{4}$だとわかる。**カ**に入るのは，切り取られた面積ではなく残った紙の面積であることに注意する。

② **キ** 図7と図9は折り目との間の角が45°なのに対し，図8は90°になっている。よっ

て，偶数回㋑をくり返したとき，最初の正方形と折り目との間の角は90° となる。それぞれの折れ目の特徴を**図10**で確認するとわかりやすい。

③ **ク** **図10**の折り目を参考に考える。45° の角は２つあるため，２通りの図形が現れることに注意する。切り取った面積が図形を開くごとにどう移動するのか追っていくと，最初の正方形の頂点が切り取られる**あ**の形と，最初の正方形の内側から４つの正方形が切り取られた**え**の形のどちらかになる。

やや難 ④ **ケ** ㋑を１～４回行い，**図12**の太線で切ったときのそれぞれの文様を考え，規則性を見つける。

㋑を１回行うとき，

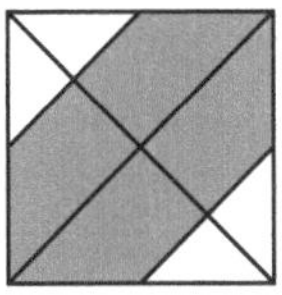

㋑を２回行うとき，

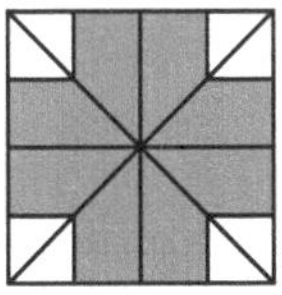

もしくは

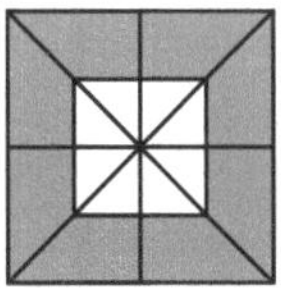

㋑を３回行うとき，

もしくは

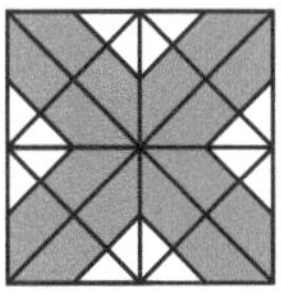

㋑を４回行うとき，

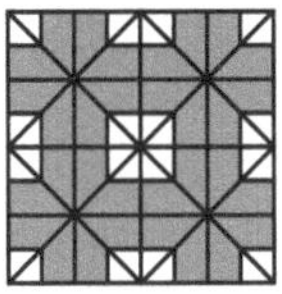

もしくは

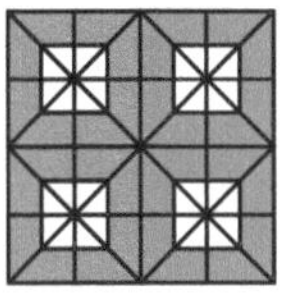

以上の結果から，正方形の穴が空くのは㋑を偶数回おこなったときで，㋑の回数が２増えるごとに穴の数が４倍になると推測することができる。㋑を４回おこなったあと，さらに２回㋑をおこなって切るとき，穴の数は4×4＝16個。さらに㋑を２回おこなって切るとき，穴の数は16×4＝64個となる。よって，求める回数は８回だとわかる。

(3) ① 図の各頂点を対応させる。特に，図の頂点Ｄに重なる折り目であることに注意する。できあがった折り目は，できあがった麻の葉文様の一つの角の，対称の軸になっている。

② **コ** 直線BDが㋕の図形の対称の軸になっていることから，㋖の角Ｄの大きさ30° が導き出せる。続いて，㋗の三角形HGDに注目し，対称の軸と三角形の角の大きさの和を利用して，30° と120° を説明する。ここでは，直線HIを対称の軸として考えることで角Ｇの大きさが角Ｄに等しいとわかる。

★ワンポイントアドバイス★

問題文や図をもとに頭の中でさまざまなパターンを考える必要がある。会話文の中にヒントが与えられている場合もあるので，読み落としのないよう注意しよう。難易度の高い問題が多いので，１つの問題に時間をかけすぎないことが重要である。必要に応じて適切なメモを取るように心がけるとよい。

2022 年 度

解 答 と 解 説

＜適性検査2－1解答例＞

1 (1) ① ア

② イ　あ　9（cm²）　い　3（cm）　う　16（cm²）　え　4（cm）
　　　お　3

③ ウ　0.5　　エ　1.25（cm²）

④ オ　か　$y×1.4$　　き　$y×y$　　く　$2.8+y$

⑤ カ　0.04（cm²）　　キ　0.01

(2) ① ク　$(x×x×x)+(1×x×x)×3+(1×1×x)×3$

② （理由）図4の㋑の立体の体積は，xのあたいを0.2とすると0.728cm³となり，xのあたいを0.3とすると1.197cm³となって2cm³から1cm³をひいた残りの1cm³をこえてしまいます。

(3) ケ　図8の長方形Dと長方形Eと正方形Fの面積の合計は $\frac{19}{6}×\frac{19}{6}-10=\frac{1}{36}$（cm²）になります。 **図8**

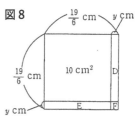

ここで，正方形F1つ分の面積はとても小さいので，

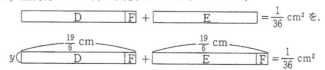

と考えると，長方形D（長方形E）と正方形Fを合わせた長方形の面積は $\frac{1}{36}÷2=\frac{1}{72}$（cm²）で，$y$のあたいは $\frac{1}{72}÷\frac{19}{6}=\frac{1}{228}$ になります。

したがって，一辺の長さは $\frac{19}{6}-\frac{1}{228}=\frac{721}{228}$（cm）です。$\frac{721}{228}$ を小数で表したときの小数第四位までのあたいは3.1622で，位ごとのあたいに分ける方法で求めたあたいといっちするので $\frac{19}{6}$ よりも正確なあたいに近いといえます。

2 (1) ① ア 16(倍)　イ 4(倍)　ウ 8(色)　エ 8
　　　② オ R，G，Bそれぞれの階調である256を3回かける。
　　(2) ① カ 6(回)　キ W
　　　② ク き
　　　　ケ
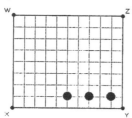
　　　③ コ 8(回)
　　　④ サ 白色で1回発光して見えるため，それぞれのLEDの発光する時間のかんかく
　　　　を2秒増やしたとき，3つの数の最小公倍数が31から60の間にある，Rまたは
　　　　Bの場合が考えられる。Rの場合は，60までにある5の倍数の中で，3と4の
　　　　倍数でないものが6個なので青色で6回発光する。Bの場合は，60までにある
　　　　7の倍数の中で，2と3の倍数でないものが3個なので青色で3回発光する。
　　　　よって，BのLEDの発光する時間のかんかくを2秒増やした。
　　(3) 条件1　1600時間のとき，白熱電球は3個必要になるので，費用は，電気料金1600
　　　　(円)＋価格200(円)×3(個)＝2200(円)となる。
　　　　条件2
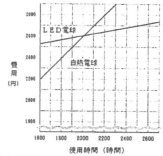
　　　　シ 2000(時間)

○配点○
1 (1) ① 4点(問題の趣旨にあっていれば点を与える。)　②③⑤ 各4点×3(完答)　④
　　2点×2(かときで完答)
　(2) ① 6点(問題の趣旨にあっていれば点を与える。)　② 8点(問題の趣旨にあってい
　れば点を与える。部分点を与える場合がある。)
　(3) 16点(問題の趣旨にあっていれば点を与える。部分点を与える場合がある。)
2 (1) ① 3点×4　② 5点(問題の趣旨にあっていれば点を与える。部分点を与える場合
　がある。)
　(2) ① 3点(完答)　② 5点(完答)　③ 5点　④ 8点(問題の趣旨にあってい
　れば点を与える。部分点を与える場合がある。)
　(3) 12点(条件1は問題の趣旨にあっていれば点を与える。部分点を与える場合がある。)
計100点

＜適性検査2-1解説＞

1 （算数：図形を利用した計算，小数，平面図形，立体図形）

(1) ① 図2を参考に，かたむいた正方形をかく。方眼1マスの面積が1cm²なので，正方形の中に5マス分の面積が含まれればよい。

② 面積が9cm²の正方形の一辺の長さは3cmで，面積が16cm²の正方形の一辺の長さは4cmである。面積が13cm²の正方形の一辺の長さはこの間にあるので，3.……という値をとると考えられる。

③ ②と同様に考える。しんさんの「xの値は0.4でよいと思います。」という言葉や文脈から**ウ**には0.4+0.1=0.5が入ることがわかる。xの値を0.5とすると，長方形Aの面積は0.5×1=0.5cm²，長方形Bの面積は0.5×1=0.5(cm²)，正方形Cの面積は0.5×0.5=0.25cm²となる。合計すると，0.5+0.5+0.25=1.25(cm²)となり，1cm²をこえてしまう。

④ しんさんの式は，2つの長方形の面積と1つの正方形の面積をたし合わせたものである。2つの長方形の面積が同じになることから，**か**には長方形の面積を求める式，**き**には正方形の面積を求める式が入る。このとき，長方形の一辺の長さは1+0.4=1.4cmとなる。なつさんの式は，長方形と正方形を組みかえて，1つの大きな長方形として面積を求める式である。一辺の長さがycm，もう一方の辺の長さは1.4+1.4=2.8にyを足した2.8+y(cm)の長方形と考えると，その面積は，(2.8+y)×y(cm²)となる。

⑤ なつさんの4番目の発言をもとに考える。1-0.96=0.04より，ycmの辺を持つ図の面積の合計が0.04cm²をこえないyの値を求める。yが0.01のとき，求める面積は(0.01×1.4)×2+0.01×0.01=0.0281(cm²)となる。yが0.02のとき，求める面積は(0.02×1.4)×2+0.02×0.02=0.0564(cm²)となり，0.04cm²をこえてしまう。

(2) ① **ク** 図5では，一辺の長さがxcmの立方体が1つ，辺の長さがそれぞれ1cm，xcm，xcmの直方体が3つ，1cm，1cm，xcmの直方体が3つある。これらすべてをたし合わせたものが，**ク**に入る体積となる。かっこの有無に気をつける。

② (1)の求め方を参考にし，**ク**の式を利用することで求める。①の立体の体積が，2cm³から1cm³を引いた1cm³をこえない値を求める。xが0.2のとき，求める体積は**ク**の式より，(0.2×0.2×0.2)+(1×0.2×0.2)×3+(1×1×0.2)×3=0.728(cm³)となる。0.3のとき，求める体積は(0.3×0.3×0.3)+(1×0.3×0.3)×3+(1×1×0.3)×3=1.197(cm³)で，1cm³をこえてしまう。

やや難 (3) **ケ** 図8の長方形Dと長方形Eと正方形Fの面積を求める。そのあと，なつさんの最初の発言を参考に，長方形のどちらかに正方形の面積をふくめる。図8は，一辺の長さが$\frac{19}{6}$cmの正方形の中に，面積が10cm²の正方形がふくまれる形になっていることに注意する。また，条件1・2・3を見落とさないよう気をつける。

2 （算数，理科：比，組み合わせ，光の性質，グラフ）

基本 (1) ① **ア** 対角線の長さは80÷20=4より80V型テレビが20V型の4倍である。面積は4×4=16より，16倍である。

イ 2K放送の2000×1000=2000000(画素)と，4K放送の4000×2000=8000000(画素)を比べる。8000000÷2000000=4である。また，2K放送の横の画素数と，4K放送の縦の画素数が同じであることから，もう一方の画素数を比べることもできる。

ウ R，G，BのLEDがそれぞれ発光するとき，しないときの組み合わせを考える。R，

G，Bのうちの2つを発光させる組み合わせが3つあり，1つだけ発光させる組み合わせも3つあげられる。すべてのLEDが発光する白，すべてのLEDが発光しない黒を数にふくめることに注意する。

エ 「R，G，Bそれぞれの階調が同じであるとする」という記述から，**エ×エ×エ**＝512の形になると予想できるため，512になるよう，**エ**にあてはまる数字を探す。R，G，Bそれぞれの階調が8あることで，8×8×8＝512より，最大512色表現できる，と考える。

② オ 下線部の直前の先生の発言を参考に考える。R，G，Bそれぞれに0〜255の段階があるならば，0を含めて256の階調がそれぞれにあるということである。よって，256を3回かければよい。

(2) ① カキ 図4より，青色のLEDの反射を条件にしたがって考え，図4に光のたどる線をかくと，6回反射し，Wに着くことがわかる。鏡に当たる光と鏡で反射した光の角度が同じになる，図3の性質に注意する。

② クケ あ〜きのいずれの位置で発光した場合でも，YZに向けて垂直に進むということは，発光する位置を含む直線上に光が反射する。この直線と①で求めた赤色，青色のLEDの光が重なる部分を求めればよい。白色に見える位置は図4のはん囲内で多数存在するが，同時に3つの位置が示されなければならないため，答えは一つに定まる。

③ コ 直前の先生とりんさんの発言を参考にする。黄色に発光して見えるときは，RとGのLEDのみが光っているときなので，1から60までの間にある2と3の公倍数を求めればよい。このとき，BのLEDも光る30秒，60秒の時点では黄色ではなく白色に発光して見えることに注意する。

④ サ 白色に発光して見えるのはR，G，BのLEDが同時に光っているときで，青色に発光して見えるのはBのLEDのみが発光しているときである。GのLEDが発光する間隔を2秒増やしてしまうと，BのLEDが発光する間隔と一致して，青色に発光することはなくなるため，条件に合わない。よって，残りの2色について考えればよい。

(3) 条件1 表2の白熱電球の使用期限より，1600時間の時点で，白熱電球の3個目を購入して使用し始める。よって，購入にかかる代金は200×3＝600(円)となる。

条件2 1600時間のときの費用は条件1で求めているので，1600時間以降の時点で費用を求める。1800時間のときの費用は，条件1と同様にして，電気料金1800円と白熱電球の代金200×3＝600(円)を合計して，1800＋600＝2400(円)である。1600時間，1800時間それぞれのタイミングでの費用をグラフに書き込み，2つの点を通る直線をかく。

シ 条件2で求めたグラフから，2000時間の時点で白熱電球とLED電球の費用が等しくなっていることがわかる。それ以降，白熱電球よりLED電球の費用が少ないので，シには2000(時間)があてはまる。

★ワンポイントアドバイス★

会話文だけでなく，図表を活用して解答する問題が多い。問題ごとに順序立てて
着実に解答する力が求められる。制限時間に対して問題量も多く，問題の難易度(なんいど)
も高いため，計算が複雑な問題や解けそうにない問題に時間をかけすぎないよう
見極める必要がある。一部の問題では作図を求められる。必要な計算をむだなく
こなし，解答を下書きして確認(かくにん)しながら，ケアレスミスをしないよう注意しよう。

＜適性検査2－2解答例＞

一 (1) ① 自分の経験でおぎなう

② イ

(2) 編集部の人との話し合いを通して，作者の「伝えたいこと」を，読者にとって受け入
れやすい表現に作り直すという役わり。

二 (1) ① 作る人

② 住まい手の人

③ 人間の在り方

(2) ① 他に比べて低い位置に作られたせん面台

② 小さな子でも，せのびをせずに，手をあらうことができる

三 (1) ① 自分の考え

② 一人では思いつかなかった考え

(2) 住みやすさについて，建築家が住まい手と話し合いながら作った家。

(3) わたしは実行委員長として，当日会場に来ることができない人たちにとっても楽しい
運動会になるように，運動会の動画配信をき画したいと思います。なぜならば，仕事や
体調が理由で直接見に来ることができない家族にも，わたしたちが運動会に熱中するす
がたを見ながら楽しんでもらいたいと考えたからです。

このき画を実行するための課題は，初めてやることであり，来ることができない人た
ちはどのような映像が見たいのか，わからないということです。

その課題を解決するために，わたしは，保護者に実行委員として加わってもらいたい
です。来ることができない人たちが，運動会のどのような様子を見たいと思っているの
か，とった動画は，どの時間に配信したら良いのか，などについていっしょに考えても
らいたいからです。そして来ることができない人も運動会を楽しめるように，動画配信
のしかたを話し合って決めようと思います。

○配点○

一 (1) ① 4点(問題の趣旨にあっていれば点を与える。)　② 4点　(2) 10点(問題の趣
旨にあっていれば点を与える。部分点を与える場合がある。)

二 (1) ① 8点(問題の趣旨にあっていれば点を与える。)　②③ 各8点×2　(2) ① 8
点(問題の趣旨にあっていれば点を与える。)　② 8点(問題の趣旨にあっていれば点を与え
る。部分点を与える場合がある。)

三 (1) ① 4点(問題の趣旨にあっていれば点を与える。) ② 8点(問題の趣旨にあっていれば点を与える。) (2) 4点 (3) 26点(問題の趣旨にあっていれば点を与える。部分点を与える場合がある。) 計100点

<適性検査2－2解説>

一 (国語：音声聞き取り)

(1) ① 「世界中の読者が作品に同感してくれたから,自分の経験で補(おぎな)いながら読み取ってくれたから,ヒットが生まれる。」という部分を参考にする。「世界中の読者が作品に同感してくれた」は,図Ⅰにすでに書かれているので,「自分の経験で補いながら読み取ってくれた」を文字数におさまるようにまとめる。

② 「漫画(まんが)には双方向(そうほうこう)の力があります。作者の発信力と,読者の受け取る力です。」という部分を参考にする。読者も,受動的になるのではなく自ら作品を受け取ろうとしていると読み取れる。よって,これを言いかえた言葉を選べばよい。

(2) 補足(ほそく)資料は,漫画の表現について竹宮(たけみや)さんと編集部がやり取りをした経験について書かれた資料である。漫画に何を書くかは作者の「伝えたいこと」にかかわることがらといえる。図Ⅰより,「伝えたいこと」を言葉で読者に送る流れを読み取ることができ,読者のための役割(やくわり)であることがわかる。

二 (国語：文章読み取り,条件作文)

(1) ① 【2】より,「キッチン空間が,こういうキッチンはどうか,という空間的な提案になるのです。」とある。キッチンという「もの」に,作る人の考えが反映(はんえい)されているようすが読み取れるので,「もの」と「対話」することで見えてくるのは作る人の考え方だとわかる。

② 【2】より,「自分が良いと思う」ことに「他者が共有できる普遍性(ふへんせい)というか,他者性があるかどうかっていうことは,重要なことだと思います」と述べられている。良いと思うのは自分だけでなく,社会や住まい手の人にもあてはまると読み取れる。

③ 【1】より,「『土器と対話すると,それを使っていた人の情報(じょうほう)をたくさん手に入れることができるんです。』」とある。また【2】より,「そういうようなことを通して人間の生というか,人間の在り方たいなものを,建築(けんちく)は提示するのです。」とある。いずれも「もの」に含(ふく)まれる人間の営みのようすが見える,と述べられている。あとは【2】から,字数に合う言葉をぬきだせばよい。

(2) ① 「もの」との対話,すなわち「もの」を通じて作る人の考え方が読み取れるものについて,ここでは,具体的な「もの」の名前を書く。例えば,「文章がひらがなで書かれた本」といったようなものを書くとよい。ふだんの生活で使っている家具などを例にあげると書きやすい。

② ①にあげた例について,作る人の考え方が表れている特徴(とくちょう)をまとめる。【2】の「ベッドルームを地下に作れば,やはりそれは,寝(ね)るなら静かで暗いところで寝た方が良いよっていうこと」と述べられている部分を参考にするとまとめやすい。作った人がどのようなメッセージを「もの」にあたえたのかを考えられればよい。

重要 三 (国語：文章読み取り,条件作文)

(1) ① 空らんの直後に「疑(うたが)う」とあることに注目する。問題三の文章の第三段落で,「前提を問う,

自明なことをあらためて考える」と書かれている。また，「普段自分では問わなかったこと」とは自分で考えたことであり，それを疑うことが重要なのだと読み取れる。問題三の文章にある「自分」「自明」「考え」「体験」などの言葉をもとに字数に合う表現を考えればよい。

② 問題三の文章の第四段落に何が書かれているかを考えるとよい。「どのような意味で新しい見方に出会うのかは，その場にいる人によっても違う。」とあるが，そのあとに続く内容はいずれも他者と「対話」することで生まれた考えについて述べられている。「対話」によって，一人では考えつかなかったことや，当たり前だと思っていたことに気づくことができるという内容を条件に合うようにまとめればよい。

(2) 建築家が「対話」をおこなう相手を考える。住まい手は，作る人である建築家と異なる立場から家に向き合うため，問題三の文章で述べられているような「対話」がおこなえる。【2】でも，「他者性」の重要性について述べられている。

(3) まず，条件アより，文末は「～です」「～ます」のように書く。次に，条件イの中で示されている段落構成が示されているのでそれにそって書く。各段落の内容は次のようになる。

　一段落目…「楽しい運動会」にするための案をあげ，「楽しい」の内容を具体的に説明しながら案のくわしい内容を書く。「誰にとって楽しいのか」「どのような点で楽しいのか」に注目すると書きやすい。

　二段落目…一段落目の提案について，解決すべきだと考える課題を書く。三段落目につながりやすいような，「対話」を必要とする課題について【2】などを参考に書けるとよい。

　三段落目…二段落目をふまえて実行委員に加えたい人を具体的に１人挙げて書く。二段落目に挙げた課題の解決にあたって，適した人物を考えて書けるとよい。選んだ理由については，保護者の人や学校の先生，地域の人など，具体的な人物を決めてから，どのような点で課題の解決に協力してもらえそうか考えると書きやすい。

★ワンポイントアドバイス★

問題文を正確に読み取ることに加え，指定された字数や条件に合う言葉を答えさせる問題が多い。書かれている内容をふまえて，自分の言葉で説明できるようになろう。問題ごとにつながりがあるので，文章を読んでわかったことなどは整理しておき，次の問題に取り組みやすいように工夫できるとよい。放送文でも作文でも，キーワードとなる言葉を正確に見つけることで，全体の理解がしやすくなる。

大切なことはメモしておこうネ！

2021年度
★★★★★★★★★★★★★★★★★★★★★★

入 試 問 題

2021年度

千葉県立中学校入試問題（一次）

【適性検査１－１】 （45分）　＜満点：100点＞

1　菜の花小学校６年１組のはるさんたちは，社会科での林業の学習をきっかけに「木材と木材の利用」について調べています。会話文をふまえながら，あとの(1)～(8)の問いに答えなさい。

> はる：木材は，実際に家などの建築物に利用されています。
>
> 先生：資材とよばれる建築物の材料である木材，鉄，コンクリートの強度を比べてみましょう。「強度」とは，材料が変形や破壊に対して，どれだけたえることができるのかを表したものです。資料１は，力のかかり方のちがいによる木材，鉄，コンクリートの比強度と１cm³あたりの重さを示した表です。「比強度」とは，それぞれの強度を数で比べられるように条件をそろえたものです。比強度を表す数が大きいほど材料の強度も大きくなります。
>
> 資料１　木材，鉄，コンクリートの比強度と１cm³あたりの重さ
>
> | | 比強度(kg/cm²※) | | 重さ(g) |
> |---|---|---|---|
> | | 曲げ ↓おす | 圧縮 おす→ □ ←おす | １cm³あたり |
> | 木材 | 2800 | 950 | 0.40 |
> | 鉄 | 182 | 445 | 7.85 |
> | コンクリート | 7 | 100 | 2.00 |
>
> （社団法人日本林業技術協会発行誌より作成）
> ※kg/cm²：面積あたりにかかる力の大きさを表す単位。
>
> 資料２　建物にかかる力
>
>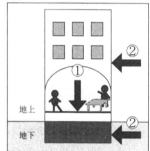
>
> りく：「曲げに対する比強度」を比べると，木材は，鉄の あ 倍大きくて，コンクリートの い 倍大きいのですね。
>
> 先生：では，建築物にかかる力を考えましょう。例えば，木材，鉄，コンクリートのうち１種類だけを使って同じ家を建てたとします。床には，資料２の①のように建物や家具，人の重さによって，曲げの力がかかります。かべには，資料２の②のように風や土がおす力がかかります。また，かべや床が曲げられたり，おされたりすると，支えとなる柱には，かべや床による引っ張る力がかかります。
>
> れい：つまり，家の重さや比強度を考えると，木材の建築物は，鉄やコンクリートと比べて う わりに，外からの力には え 建築物ができるのですね。

(1)　 あ ， い にあてはまる数を，それぞれ書きなさい。ただし，必要に応じて，四捨五入して，整数で書くこと。

(2)　 う ， え にあてはまる言葉を，それぞれ２字以内で書きなさい。

りく：資材として利用するために植林していると聞きました。

先生：植林した森林を「人工林」といいます。**資料3**を見てみましょう。日本全体の人工林の齢級別面積を示したグラフです。「齢級」とは，木の年令の表し方の一つです。1齢級の木とは，木を植えてから5年目までの木を合わせた5年分の木です。つまり，5齢級の木とは，木を植えてから，21年目から25年目までの木ということです。**資料3**では，91年目以上の木は19齢級以上として，まとめています。木の種類によってちがいはありますが，木材として利用可能な齢級は，9齢級，または10齢級以上が多いそうです。

資料3 4つの年度における人工林の齢級別面積

（林野庁「森林資源の現況」より作成）

はる：2012年度の8齢級の人工林の面積は，約　**お**　haということがわかるね。

りく：2017年度の10齢級から14齢級までの人工林の面積の合計は，どのように求めるのかな。

れい：**資料3**から　**か**　という手順で求めればよいと思います。

先生：そのとおりです。では，年度ごとの人工林の面積の合計を比べてみましょう。

はる：**資料3**のグラフに示された4つの年度について，10齢級以上16齢級以下の人工林の面積の合計の移り変わりをみると，　**き**　傾向があるといえるね。

先生：なるほど。**資料3**から，移り変わる様子をとらえることができましたね。最近では，木材は，まちづくりに多く利用されるようになってきたそうですよ。

(3)　**お**　にあてはまる数を書きなさい。

(4)　**か**，**き**　にあてはまる言葉を，それぞれ書きなさい。ただし，**か**　は，手順を説明すること。また，**き**　は，5字以上10字以内で書くこと。

先生：A市では，地域の人々が気持ちよく生活できるまちづくりを目指し，景観を整えています。「景観」とは，まちを構成する自然や建築物，遠くの景色など，まちなみや目に見える風景のことです。まず，土地利用の様子を見ていきましょう。

りく：**資料4**は，A市の現在の土地利用の様子を示しているね。

はる：くもい地区のまわりの<u>5つの地区はそれぞれ特徴的</u>だね。

資料4　現在のA市のくもい地区周辺の土地利用の様子

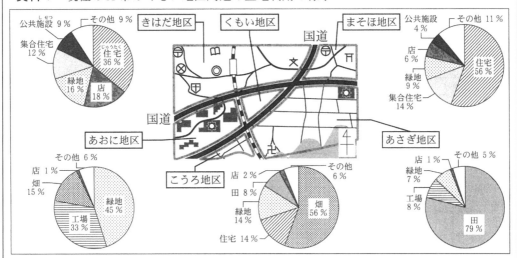

先生：今後，A市では，くもい地区に，集客するための新しい建物を建設する予定です。くもい地区を中心としたまちづくりが計画されています。

はる：くもい地区は交通量の多い国道にはさまれ，駅も近くて行きやすそう。

れい：それでは，<u>まちづくりが進むと，どのような良いことがあるのかな。</u>

先生：**資料5**にある他の市の成功した例を見ると，わかりますよ。

資料5　他の市のまちづくりの重点と成功によってもたらされた効果の例

都市名	重　点	成功によってもたらされた効果
f市	生活環境の魅力向上	引っこして来る人の増加。まちのくらしやすさ・便利さの向上。
g市	地域産業をもり上げる	観光客数の増加。
h市	観光・交流の推進	宿泊者数，観光客数の増加。
i市	住民満足度の向上	観光客数の増加，まちなみの快適性の向上。

(5)　下線部くについて，次のア〜オのカードは，**資料4**のくもい地区以外の5つの地区の特徴をまとめたものです。それぞれの地区を示すカードを1つずつ選び，その記号を書きなさい。

ア	イ	ウ	エ	オ
・2つの大きな道路にはさまれる。 ・交通の便のよい工業団地。	・花や野菜のさいばいがさかん。 ・住宅と緑地の割合が同じ。	・水田が広がる。 ・寺院がある。 ・地区の西側に鉄道が通っている。	・市役所などの公共施設が多い。 ・他地区に比べて店の割合が高い。	・地区の半分以上が集合住宅や戸建て住宅である。

(6)　下線部けについて，**資料5**は，他の市のまちづくりの成功例である。**資料5**から，「まちづくりに成功した市にもたらされた効果」について，解答用紙の解答らんの（①），（②）にあてはまる言葉を，それぞれ**漢字2字**で書きなさい。

先生：B市の地域の人々と市役所職員は，「B市の歴史と関わりのあるものや自然を守り，建物の形や色が調和したまちなみを育て，整備した景観を活用する」ことを地区計画作成の重点としたまちづくりに取り組みました。**資料6**は地区計画実施の前と後とをそれぞれ表した図です。

資料6　B市の地区計画実施前後の様子

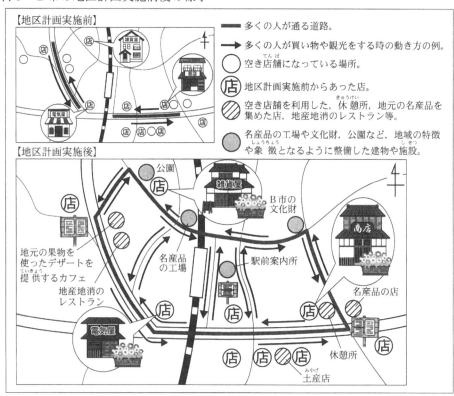

りく：地区計画実施後は，それぞれのお店の前に同じ植物を置いたり，お店の外観や市内案内の看板を，木材を使ったデザインにしたりしているね。

はる：まちの雰囲気がそろうから，　こ　感がうまれたね。

れい：休憩所や公園などもあるから，B市を訪れた人が，散策中に，まちなみをゆっくり楽しむこともできるね。

りく：**資料6**の人の動き方を合わせて考えると，地区計画作成の重点とした　さ　してもらうことができ，地域が活性化※していったのですね。

　　　※活性化：ものごとの活動がさかんになるようす。

(7)　こ，さ にあてはまる言葉を，それぞれ書きなさい。ただし，こ は漢字2字で，また，さ は「地域」という言葉を使って，**15字以内**で書くこと。

れい：B市のまちづくりは，どのように進んだのですか。

先生：では，**資料7**を見てみましょう。①から⑥の順に進められました。

資料7　B市のまちづくりの実際の様子「商店街のリニューアル（改装<ruby>かいそう</ruby>）」

りく：③のまちづくりの基本構想が立てられた後，商店街のリニューアルにどのように取り組んでいくのかを考えて，④のように計画を立て，実行したことが分かります。さらに⑤，⑥のように進められました。

れい：⑥のふりかえりでは，まちづくりに関する新たな課題をみつけているね。

はる：⑥の「　す　か，わからない」という課題の解決のために会議の記録を見ると「買い物客や観光客でにぎわい，活性化した」としか書かれていないな。

りく：計画をふりかえるときには，取り組みに関するアンケートなどで情報収集<ruby>しゅうしゅう</ruby>をしておけば，商店街リニューアルプロジェクトの実際の様子と改善点<ruby>かいぜん</ruby>をとらえられて，新しい取り組みに役立てられそうだね。

はる：菜の花市ももっと魅力的<ruby>みりょく</ruby>で，みんなが来たがるまちにできるといいな。

⑻　資料7のまちづくりが進む様子について，資料7中の　し　，　す　にあてはまる言葉を，それぞれ書きなさい。ただし，　し　は漢字2字，　す　は10字以上15字以内で書くこと。

2　菜の花小学校6年1組のあいさんが，いろいろな地域<ruby>ちいき</ruby>のことについてお父さんと話しています。会話文をふまえながら，あとの⑴～⑹の問いに答えなさい。

あい：日本にも海外にも行ってみたい場所がたくさんあるんだ。日本から出国※1する人や海外から日本を訪<ruby>おとず</ruby>れる人はどのくらいいるのかな。

父　：2018年に日本から出国した日本人は約1895万人いたそうだよ。資料8は，2018年の日本

人の出国率※2上位5都府県についてまとめた表だよ。

あい：2018年の千葉県の日本人人口のうち，出国した日本人の数は約　あ　万人だとわかる
　　　ね。

父　：そうだね。2018年に日本を訪れた外国人旅行者は約3119万人いたそうだよ。

あい：2018年に日本から出国した日本人の約　い　倍だね。外国人旅行者たちは，どのよう
　　　な都道府県を訪れているのかな。

父　：資料9は2018年に日本を訪れた外国人旅行者の訪問率※3上位5都府県についてまとめ
　　　た表だよ。訪問率の合計が100％をこえているのは，1人の旅行者が同じ旅行中に，2つ
　　　以上の都道府県を訪れることがあるからだよ。

あい：あれ，資料9を見ると47都道府県の訪問率の合計に対して，上位5都府県の訪問率の割
　　　合がすごく高くなっているね。

父　：よく気づいたね。ぅ47都道府県の訪問率の合計を100％と考えて，上位5都府県の合計
　　　がしめる割合を円グラフに表すと，わかりやすいかもしれないよ。

あい：つまり，外国人旅行者の訪問が少ない都道府県もあるということだね。

　　　※1　出国：外国に行くためにその国を出ること。
　　　※2　出国率：(各都道府県の日本人出国者数)÷(各都道府県の日本人人口)×100で求めたもの。
　　　※3　訪問率：(今回の旅行中に各都道府県を訪問したと答えた回答者数)÷(全回答者数)×100
　　　　　　　で求めたもの。

資料8　日本人の出国率上位5都府県の
　　　　状況(2018年)

都府県名	各都府県の 日本人人口(万人)	出国率
東京都	1334	30.2％
神奈川県	899	21.8％
大阪府	863	17.8％
千葉県	614	17.4％
京都府	253	17.3％

(法務省「住所地別日本人出国者数の推移」，
総務省「人口推計(2018年)」より作成)

資料9　訪日外国人旅行者の訪問率上位
　　　　5都府県(2018年)

都府県名	訪問率
東京都	45.6％
大阪府	36.6％
千葉県	35.6％
京都府	25.8％
福岡県	10.4％
47都道府県の訪問率の合計	243.4％

(観光庁「訪日外国人消費動向調査」より作成)

(1)　あ，い　にあてはまる数を，それぞれ書きなさい。ただし，四捨五入して，あ　は整数
　で，い　は小数第1位まで書くこと。

(2)　下線部ぅについて，解答用紙の解答例にしたがって円グラフに表しなさい。ただし，割り切れ
　ない場合は四捨五入して，整数で書くこと。

あい：日本の各地域には，それぞれに良さがあるのに，もったいないな。各地域を知ってもら
　　　うための良い方法はないのかな。調べてみたいな。

父　：それは良いね。ところで，「道の駅」って聞いたことはあるかな。

あい：名前は聞いたことがあるけれど，どのようなところなの。

父　：道の駅は，国の機関である国土交通省の認定を受けて登録された次のページの資料10の
　　　ような場所だよ。道路ぞいにあり，登録には資料10の機能などが必要なんだよ。

あい：おもしろそう。連れて行ってよ。

（数日後，道の駅を訪れた帰り道）

あい：道の駅で買ったお弁当がおいし
かったな。もらったパンフレッ
トを見ると，道の駅は全国に1180
か所あり，千葉県にも29か所ある
ね。

父　：ほかにも，日本全国にある，特徴
的な道の駅の様子ものっている
よ。**資料11**にはＡ県の道の駅の
お弁当売り場の様子と利用者の
話が，**資料12**にはＢ県の道の駅の
施設の様子と利用者の話がそれ
ぞれのっていたよ。

資料10　道の駅の様子と機能

<u>休憩機能</u>
24時間無料で利用できる十分な大きさの駐車場，清潔な
トイレ，子育て応援施設（ベビーコーナーなど）

<u>情報発信機能</u>
道路情報，地域の観光情報，緊急医療情報など

<u>地域連携機能</u>
文化施設（歴史資料館など）や地域の特産品販売所など
の地域振興施設

※振興：ものごとがさかんになること，さかんになるように
すること。
（国土交通省「道の駅案内」ホームページより作成）

資料11　お弁当売り場と利用者の話

この地域でとれた野菜が
入っている，おいしいお
弁当です。大きな駐車場
ときれいなトイレもあり，
ゆっくりと休むことがで
きるので，通るたびに道
の駅を利用しています。

資料12　道の駅の施設と利用者の話

雪の多い地域にくらす人々
の，昔からの生活の工夫や
努力についてよくわかる
施設です。実際に家の中に
入ることができ，家の造り
や使用した道具の紹介も
されています。

（道の駅白川郷ホームページより作成）

あい：お弁当売り場はわかるけど，**資料12**はどのような施設なの。

父　：**資料12**は地域の昔の建物の展示や紹介をしている施設だよ。ほかにも地域の特産物の収
穫体験ができる道の駅もあるそうだよ。

あい：つまり，**資料10**～**資料12**とお父さんの話から考えると，道の駅には休憩したり，買い物
したりする以外に，利用する人が　え　ことができる良さがあるね。ほかにはどのよ
うな良さがあるのかな。調べてお父さんにも教えてあげるね。

父　：ありがとう。さらに調べてみると新しい発見があるかもしれないね。楽しみにしている
よ。

(3)　え　にあてはまる言葉を書きなさい。ただし，「地域」という言葉を使い，15字以内で書くこと。

あい：道の駅で食べたお弁当も**資料11**のお弁当も，それぞれの地域でとれた材料を使って作ら
れていたよ。さらに「6次産業化」という言葉も見つかったよ。

父　：6次産業化ってどのようなことなのか教えてくれるかな。

あい：**資料13**，**資料14**を見てね。**資料13**は6次産業化の様子を図に表したものだよ。**資料14**は
道の駅での6次産業化の取り組みに関して説明したものだよ。

父　：**資料13**の中の１次産業とは，原材料などの生産に関わる産業で，主なものに農林水産業
　　　があるね。２次産業とは，原材料を加工し，製品を作り出す産業だね。３次産業とは，１
　　　次産業と２次産業以外の産業で，主なものに飲食業，スーパーマーケットやコンビニエ
　　　ンスストアなどの小売り業などがあるね。

あい：つまり，**資料13**，**資料14**から考えると，６次産業化とは，生産者が　お　ことなんだ
　　　よ。道の駅が地域のために活用されているんだね。

資料13　　６次産業化のイメージ図

生産　　加工　　販売

$1_{次産業} \times 2_{次産業} \times 3_{次産業} = 6_{次産業}$

（政府広報オンライン「農林漁業の６次産業化とは？」
ホームページより作成）

資料14　　Ｃ県の道の駅での６次産業化

例1	地域の生産者Ｘさん（農家）が，野菜を生産。
	→Ｘさんが，道の駅の直売所※で，生産した野菜を販売。
例2	地域の生産者Ｙさん（農家）が，果物を生産。
	→Ｙさんが，道の駅の施設で，収穫した果物を加工して作った飲み物を販売。

※直売所：品物をつくった人が市場や商店を通さずに，消費者に直接売る場所のこと。
（農林水産省「めざせ６次産業化」ホームページ，
「６次産業化取組事例集」より作成）

(4)　　お　にあてはまる言葉を書きなさい。ただし，**10字以上15字以内**で書くこと。

父　：６次産業化した農業などは，どのように移り変わってきたのかな。

あい：**資料15〜資料18**を見て。６次産業化した農業と漁業について，販売額と事業体数の両方
　　　を読み取れる情報から，**資料15**と**資料16**を作ったよ。**資料15**には販売額を，**資料16**には
　　　事業体数を，それぞれ年度ごとにならべたよ。ここでいう事業体とは，農業と漁業，そ
　　　れぞれに関わる会社や組織のことなんだ。**資料17**はＤ県，**資料18**はＥ県で行われている
　　　６次産業化の取り組み内容や変化をまとめたものだよ。

父　：よく調べたね。**資料15〜資料18**からは，か ６次産業化の移り変わりがわかるね。

資料15　　６次産業化した農業関連事業，漁業関連事業の販売額の移り変わり

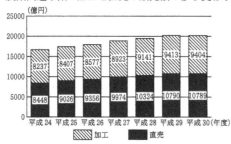

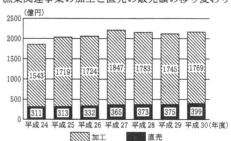

資料16　　６次産業化した農業関連事業体数と漁業関連事業体数の移り変わり

年　度	平成24	平成25	平成26	平成27	平成28	平成29	平成30
農業関連事業体数	66350	66680	60400	60780	61290	62040	61970
・加　工	30390	30590	26660	26990	27640	27920	27870
・直　売	23560	23710	23710	23590	23440	23940	23870

年　度	平成24	平成25	平成26	平成27	平成28	平成29	平成30
漁業関連事業体数	2170	2100	2130	3490	3560	3500	3680
・加　工	1560	1490	1490	1530	1540	1520	1520
・直　売	610	610	640	660	680	680	830

（**資料15**，**資料16**　農林水産省「６次産業化総合調査」より作成。
ただし，加工と直売は農業関連事業体数，漁業関連事業体数，それぞれの事業体数の一部である。）

資料17　D県の農協の取り組み例	資料18　E県の会社の取り組み例
・形が悪く，そのままでは出荷できない果物を有効に活用するため，加工品にして商品の価値を上げる。 ・商品の開発に取り組み，村の名前をつけた商品を販売し，村の名前をアピールする。 ・大学と共同で研究した，果物の種を活用した化粧品の開発と販売をする。 ・売上高　約1億円（平成元年）→約30億円（平成29年） ・職員数　　19人（平成元年）→92人（平成29年）	・よく眠れるようになったり，リラックスしたりする効果がある，地域の伝統野菜を加工し，製薬会社へ販売する。 ・商品の価値を上げるために，自分の会社で，おかしなどの加工品を製造し，販売する。 ・地域の他の会社と協力し，バスツアーを計画し，経営する観光農園へ来園者をまねく。 ・売上高　1500万円（平成23年）→3280万円（平成29年） ・職員数　　3人（平成23年）→6人（平成29年）

（資料17，資料18　農林水産省「6次産業化の推進について」より作成）

あい：6次産業化によって，1次産業に興味をもつ人が増えたり，6次産業化を実現する場として，道の駅がさらに活用されたりするかもしれないね。

父　：そうだね。おかげでお父さんもとても勉強になったよ。

あい：今回，お父さんと学んで，道の駅は，利用する人にとっても，<u>き地域に住む人にとっても良さがある</u>とわかったよ。全国にあって，身近な存在である道の駅を通して，日本のさまざまな地域の良さをより多くの人に知ってもらいたいな。

父　：最近は，身近な地域を訪れる旅の形であるマイクロツーリズムという言葉も注目を集めているよ。人々が道の駅を訪れる機会も増えていくかもしれないね。

(5) 下線部かについて，**資料15～資料18**からわかることを，次の**ア～エ**のようにまとめました。その内容として，適切なものには○を，適切でないものには×を，**資料15～資料18**からだけでは読み取れないものには△を，それぞれ書きなさい。

ア　平成24年度から平成30年度までの販売額をみてみると，どの年度においても農業関連事業の加工と直売のいずれの販売額も，漁業関連事業の加工と直売を合わせた販売額の2倍以上となっている。また，農業関連事業，漁業関連事業ともに加工と直売のいずれの販売額も，年度を追うごとに増加している。

イ　平成30年度の農業関連事業と漁業関連事業，それぞれの加工と直売の1事業体あたりの販売額をみてみると，加工を行う漁業関連事業体の1事業体あたりの販売額が最も大きい。

ウ　平成25年度から平成26年度にかけて，農業関連事業体数が減少しているのは，同じ期間に，漁業関連事業体数が増加したことと，農業で働く若い人たちの数が減少したことが主な理由である。

エ　D県，E県の取り組み例をみてみると，いずれも売上高，職員数ともにそれぞれ2倍以上に増加している。また，いずれも大学または他の会社と協力した取り組みを行っている。

(6) 下線部きについて，6ページから9ページの会話文や資料からわかる，道の駅と地域が結びつくことによってもたらされる良さを，地域に住む人の立場で，解答らんにしたがって書きなさい。ただし，「地域」という言葉を使い，句読点を含めて，**30字以上35字以内**で書くこと。

3　菜の花小学校6年1組では，市役所の職員の方を交え，それぞれが学んできたことをもとにして，まとめの学習をしています。会話文をふまえながら，あとの(1)，(2)の問いに答えなさい。

職員：菜の花市では，市内の山林から生産される竹の良さを知ってもらうための取り組みをしているのですよ。

あい：**資料17**，**資料18**（9ページ）を参考にして，竹を加工して　あ　ものを紹介したり，販売したりできないかな。

職員：良い考えですね。では次に，**資料19**を見てください。菜の花市では道の駅をアの場所に作る計画があります。今までの学習をもとにして，竹以外の地域の特徴（ちいき　とくちょう）を生かした道の駅になるようなアイデアを出してみてください。

先生：まず，**資料12**（7ページ）の具体例が，**資料10**（7ページ）のどの機能にあてはまるかを考えましょう。次に，その機能を使って，**資料19**から読み取れる菜の花市の特徴を生かして，**資料5**（3ページ）にある効果が得られるようなアイデアを出してみましょう。

はる：あいさんとの話し合いで，ぃ先生の説明から良いアイデアを思いつきました。

先生：すばらしい。今まで学習したことが生かせましたね。

資料19　菜の花市のイラスト地図

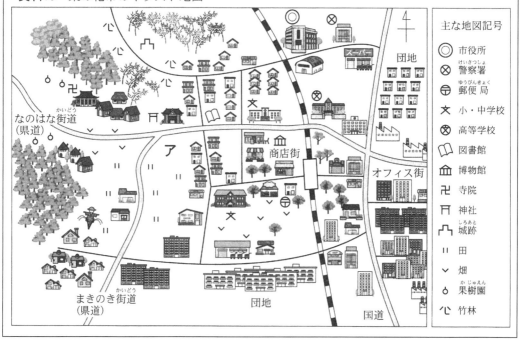

(1)　あ　にあてはまる言葉を書きなさい。ただし，5字以上10字以内で書くこと。

(2)　下線部いについて，どのような内容が考えられるか，**資料5**，**資料10**，**資料12**，**資料19**をもとにして具体的に書きなさい。ただし，「どの機能」を使って，「どのような効果を得られるのか」にふれながら，句読点（く）を含めて，40字以上50字以内で書くこと。

【**適性検査1－2**】　（45分）　　＜満点：100点＞

1　　まいさんは，池の水の中にいた生き物について先生と話をしています。会話文をふまえながら，
　あとの⑴～⑸の問いに答えなさい。

まい：池の水の中にいた小さな生き物を顕微鏡で見ました。この
　　　生き物はどれくらいの大きさなのでしょうか。

先生：大きさを測ってみましょう。まず，**図1**のように等間隔の
　　　めもりがついた接眼レンズをセットします。次に，ステー
　　　ジの上に長さ1mmを100等分しためもりがついたスライド
　　　ガラスを置き，ピントを合わせます。その後，接眼レンズ
　　　のめもりの線とスライドガラスのめもりの線がそろう2
　　　か所を見つけ，両方のめもりの線がそろった2か所の間の
　　　めもりの数をそれぞれ数えます。

まい：**図2**のように両方のめもりが見えました。
　　　そろった2か所の間のめもりの数は，接眼
　　　レンズは25めもり，スライドガラスは40め
　　　もりです。

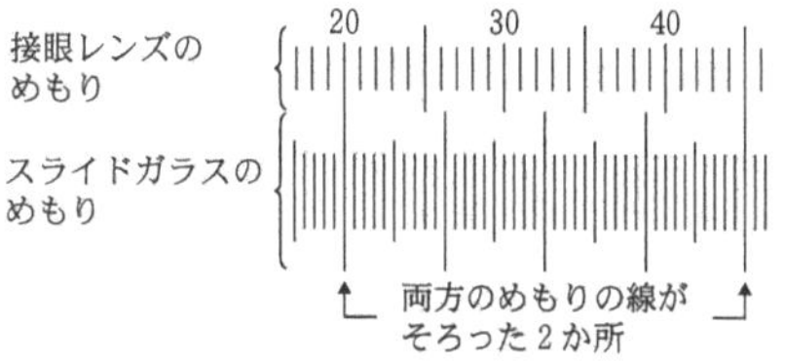

先生：そろった2か所の間の長さは何mmですか。

まい：スライドガラスの1めもりは　ア　mmだ
　　　から，そろった2か所の間の長さは　イ　mmです。

先生：そうですね。そこから接眼レンズの1めもりが示す長さを求めます。その後，めもりが
　　　ついたスライドガラスをはずして，生き物をの
　　　せたスライドガラスをステージにのせて，見え
　　　るように調節すると，生き物と接眼レンズのめ
　　　もりの両方が見えます。

まい：**図3**のように見えました。

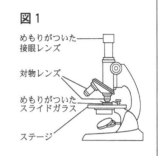

図1
めもりがついた接眼レンズ
対物レンズ
めもりがついたスライドガラス
ステージ

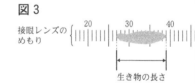

図2
接眼レンズのめもり
スライドガラスのめもり
　両方のめもりの線が
　そろった2か所

図3
接眼レンズのめもり
生き物の長さ

⑴　次の①～③の問いに答えなさい。

　①　　ア　，　イ　にあてはまる数をそれぞれ書きなさい。

　②　**図2**の接眼レンズの1めもりが示す長さと，**図3**で見えた生き物の長さを，それぞれ小数で
　　書きなさい。

　③　接眼レンズはかえずに，対物レンズの倍率だけをかえて観察すると，接眼レンズのめもりの
　　間隔の見え方は変わりませんでしたが，**図3**で見えた生き物は大きく見えました。このとき接
　　眼レンズの1めもりが示す長さは，対物レンズの倍率をかえる前と比べてどのようになってい
　　るか，書きなさい。

まいさんは，**図3**で見えた生き物について，さらにくわしく観察しています。

まい：これは何という生き物ですか。内部でさかんに動いているところがあります。

先生：これはゾウリムシ（**図4**）という生き物です。内部でさかんに動いているところは体内の水分を調節していて，浸透（しんとう）という現象が関係しています。砂糖水（さとうみず）を例にして説明します。浸透とは，**図5のA**のように，水は通すけれども，とけた砂糖の粒（つぶ）は通さない，とても小さい穴（あな）があいた膜（まく）（半透膜（はんとうまく））で水と砂糖水を仕切ったとき，水が砂糖水側に移動するような現象です。このとき，押（お）し寄せる水によって砂糖水側が受ける力を浸透圧（とうあつ）といいます。浸透圧は，水溶液（すいようえき）が濃（こ）いほど大きくなります。

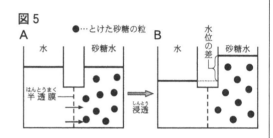

図4

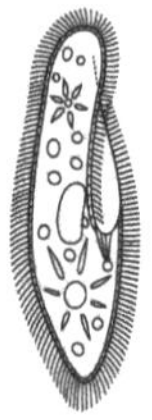

図5

A　　水　　砂糖水　　　　　　B　　水位の差　　水　　砂糖水

●…とけた砂糖の粒

はんとうまく　半透膜

しんとう　浸透

まい：そうなのですね。

先生：生き物のからだは，細胞（さいぼう）とよばれる小さい部屋からなり，部屋の壁（かべ）は半透膜の性質をもっています。ゾウリムシのからだは1つの細胞からできています。細胞の中は水で満たされていて，そこにはさまざまな物質がとけているので浸透圧があります。池の水にもさまざまな物質がとけているので浸透圧があります。しかし，細胞の中の水と細胞の周りにある池の水を，同じ体積で比べると，細胞の中の水の方が，物質が多くとけているため，浸透圧が大きく，水の移動が起こります。このとき，ゾウリムシはどのようにしてからだの浸透圧を一定に保っているかわかりますか。

まい：ゾウリムシは，　ウ　ことで，からだの中の浸透圧を一定に保っています。

先生：そのとおりです。

(2) 次の①，②の問いに答えなさい。

① **図5のA**が，浸透によって**図5のB**のようになっているとき，**B**の砂糖水の濃さは，**A**のときの砂糖水の濃さと比べてどのようになっているか，書きなさい。

② 　ウ　にあてはまる言葉として最も適当なものを，次の**あ～え**のうちから1つ選び，その記号を書きなさい。

　あ　水が細胞の中に移動してくるので，細胞の外から中に水を取（と）り込（こ）む

　い　水が細胞の中に移動してくるので，細胞の中から外に水を出す

　う　水が細胞の外に移動していくので，細胞の外から中に水を取り込む

　え　水が細胞の外に移動していくので，細胞の中から外に水を出す

まいさんは，ゾウリムシの浸透圧の調節のしくみに興味を持ち，先生に質問しました。

まい：浸透という現象は，どのようにして起こるのですか。

先生：それでは，浸透という現象を知るために，まず，水にとけた砂糖の粒がどのように広がっていくのかを考えていきましょう。あとの**図6のC～F**は，とけた砂糖の粒が時間

とともに広がっていく様子を表しています。水をマスで，とけた砂糖の粒を〇で表し，1マスには〇が1つ入ることができることとします。また，太線の枠(わく)

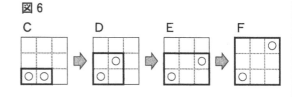

図6

はとけた砂糖の粒が広がった水の範囲(はんい)を表しています。とけた砂糖の粒はC（2マス）→D（4マス）→E（6マス）→F（9マス）と広がっていきます。それでは，それぞれの粒は区別せずに，C～Fのときの，とけた砂糖の粒が動ける位置の組み合わせの数を考えましょう。Cは2マスに2つの粒が入っているので，粒の位置の組み合わせは1通りです。Dは図7のように考えることができます。1つの粒を左下に置くと，もう1つの粒は左上，右上，

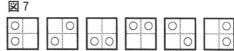

図7

右下の3通りです。次に1つの粒を左上に置くと，もう1つの粒は右上，右下の2通り，さらに1つの粒を右上に置くと，もう1つの粒は右下の1通りです。このように数えると，Dは6通りです。同じように考えるとE，Fは何通りですか。

まい：数えてみると，Eは│ エ │通り，Fは36通りになります。水にとけた砂糖の粒が広がっていくと，砂糖の粒が動ける位置の組み合わせの数が増えていくのですね。

先生：よくできました。次に，浸透について考えていきます。図8を見てください。二重線は半透膜を表しています。水の量は全体で12マスとし，浸透による水の移動は二重線の移動でおきかえます。半透膜の左側と右側は小さい穴でつながっているの

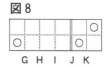

図8

で，しばらく置いておくと両側は同じ濃さになり，浸透圧が等しくなります。濃さは水の量に対するとけた砂糖の粒の量の割合(わりあい)で考えましょう。両側の浸透圧が等しくなるのは二重線の位置がどこにくるときですか。

まい：二重線が│ オ │の位置のときです。

先生：そうですね。さらに，水にとけた砂糖の粒が広がっていく様子を考えたときと同じようにして，二重線の左側と右側それぞれの，とけた砂糖の粒が動ける位置の組み合わせの数を考えていきましょう。

まい：図8で二重線がJにあるときは，左側は8通り，右側は6通りです。二重線をG，H，I，Kにずらしてそれぞれ数えることで，表をうめることができました。

表

二重線の位置	G	H	I	J	K
左側の砂糖の粒の位置の組み合わせの数〔通り〕	2	4	6	8	10
右側の砂糖の粒の位置の組み合わせの数〔通り〕	45	28	エ	6	1

先生：よくできました。今度は二重線の左側と右側を1つとして，全体で考えましょう。もう一度図8を見てください。二重線がJにあるとき，全体での砂糖の粒の位置の組み合わせの数は，二重線の左側の〇が左下にあるとき，右側の2つの〇の位置の組み合わせの数は6通り，同じように二重線の左側の〇が左上にあるときも右側の2つの〇の位置の

組み合わせの数は6通り，…と考えて求めることができます。

まい：そうすると，二重線がG～Kのとき，それぞれの全体での砂糖の粒の位置の組み合わせ
の数は，**表**の「左側の砂糖の粒の位置の組み合わせの数」と「右側の砂糖の粒の位置の
組み合わせの数」の　カ　で求めることができるのですね。全体で考えると，二重線
が　キ　の位置のときに組み合わせの数が最大になります。

先生：よくできました。

まい：あっ，そういうことなのですね。半透膜があるときも全体で考えると，砂糖の粒が動け
る位置の組み合わせの数が増えるように水が移動するのですね。水にとけた砂糖の粒が
広がっていくことも，両側の浸透圧が等しくなることも，同じ考え方で説明できるので
すね。

先生：よく理解することができましたね。

(3)　次の①～④の問いに答えなさい。

①　エ　にあてはまる数を書きなさい。

②　オ　にあてはまる最も適当な記号を，図8のG～Kのうちから1つ選び，その記号を書きな
さい。

③　カ　にあてはまる言葉を4字以内で書きなさい。

④　キ　にあてはまる最も適当な記号を，図8のG～Kのうちから1つ選び，その記号を書きな
さい。

まいさんは，ほかの生き物のからだのしくみにも疑問をもちました。

まい：周りの水を出し入れすることで，からだの中の浸透圧を調節している生き物は，ゾウリ
ムシのほかにどのような生き物がいますか。

先生：例えば，からだが多数の細胞からなる魚です。川や湖，沼などの塩分が極めて少ない淡
水の中で生活する魚※1は，淡水よりも体液（からだの中にある液体）の浸透圧が大きい
ため，また，海水の中で生活する魚※2は，海水よりも体液の浸透圧が小さいため，どち
らもからだの表面やえら※3などを通して水の出入りがあります。魚は，体液の浸透圧
を一定に保つためのしくみがゾウリムシよりも発達しており，体内のさまざまな活動が
スムーズに進むようになっています。

　　※1　淡水の中で生活する魚：例としてコイ，フナなど。

　　※2　海水の中で生活する魚：例としてサンマ，タイなど。

　　※3　えら：血液中に水中の酸素を取り入れ，血液中の二酸化炭素を水中に出すはたらきのほか
　　　　　に，水にとけているさまざまな物質を出し入れするはたらきがある。

(4)　淡水の中で生活する魚と，海水の中で生活する魚の，体液の浸透圧を保つためのしくみとして
適当なものを，次のあ～かのうちからそれぞれ3つずつ選び，その記号を書きなさい。ただし，
う，えの「水以外のさまざまな物質」は，呼吸に関わる酸素，二酸化炭素をのぞきます。

あ　周りの水を多量に飲む。

い　周りの水をほとんど飲まない。

う　水中の水以外のさまざまな物質を，えらから吸収（きゅうしゅう）する。

え　体内に入ってきた水以外のさまざまな物質を，えらから外に出す。

お　体液と濃さが同じ尿（にょう）を少量，外に出す。

か　体液より濃さがうすい尿を多量に外に出す。

先生は，生き物のからだのしくみについて，グラフを使って説明しています。

先生：図9の太線は，外液（からだの周りの海水や淡水などの液体）
の浸透圧が変化したときに，海と川を行き来する魚※4の体
液の浸透圧が，どのように変化するかを調べ，グラフにした
ものです。グラフ中の浸透圧は，陸からはなれた海の水の浸
透圧を1としたときの割合で表しています。陸からはなれ
た海は，川からの流れ込みなどによる影響（えいきょう）が小さいため，海
水の濃さの変化は小さくなっています。

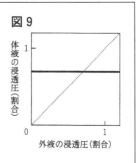

図9

まい：ななめの点線は何ですか。

先生：外液の浸透圧と体液の浸透圧が等しいことを示した線です。太線がななめの点線にそっ
て示されているときは，体液の浸透圧をうまく調節できていない状態を表します。生き
物のからだは，体液の浸透圧が大きく変化すると，体内のさまざまな活動がスムーズに
進まなくなってしまいます。

まい：グラフの見方がよくわかりました。

先生：では，図9のグラフからこの生き物について何かわかることはありますか。

まい：海と川を行き来すると，外液の浸透圧が大きく変化しますよね。海と川を行き来する魚
は，外液の浸透圧が変化しても体液の浸透圧を一定に保つことができるので，周りの浸
透圧が大きく変化する，海と川を行き来する生活ができるのですね。

先生：よくできました。

　　※4　海と川を行き来する魚：例としてウナギ，サケなど。

---

(5)　次の①，②の問いに答えなさい。ただし，①，②におけるグラフ中の太線は，生き物が生きら
れる範囲を示したものとして考えることとします。

①　淡水の中で生活する魚と，海水の中で生活する魚の，外液の浸透圧の変化と体液の浸透圧の
変化の関係を表すグラフとして最も適当なものを，次のき～けのうちからそれぞれ1つずつ選
び，その記号を書きなさい。

き
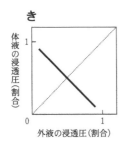

く
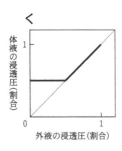

け
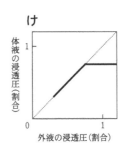

② 図10は，陸からはなれた海の中で生活するカニの，外液の浸透圧と体液の浸透圧の関係をグラフに表したものです。このカニが陸からはなれた海の中で生活している理由を，下線部を参考にして，体液の浸透圧の調節のしくみと，生活する環境（かんきょう）の浸透圧の変化にふれながら説明しなさい。ただし，海水の濃さ以外の条件は考えないものとします。

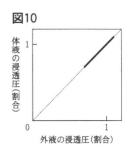

図10

2 なおさんは，音について先生と話をしています。会話文をふまえながら，あとの(1)～(4)の問いに答えなさい。

なお：図1のピアノを見ると，右側の弦（げん）ほど短いです。弦の長さと音の高さには関係があるのですか。

先生：弦によって音を出す楽器は，弦の長さ以外の条件が同じならば，弦が短くなるにしたがって音が高くなります。図2のピアノの鍵盤（けんばん）で説明すると，ド，ド♯，レ，レ♯，ミ，…の順に弦の長さは短くなり，シの次のドの弦の長さはドの弦の長さの$\frac{1}{2}$になります。このように，弦の長さが$\frac{1}{2}$になるドを，ドの「1オクターブ上」の音といいます。同じように，ある音に対して，その音の弦の長さを$\frac{1}{2}$にしたときに出る音を「1オクターブ上」の音といい，同じ音の名前がつきます。図2のド～シの12個の音を「もと」の音とすると，ドの弦の長さが81cmのとき，この12個の音の弦の長さは81cm以下で40.5cmより長い範囲（はんい）にあります。

図1

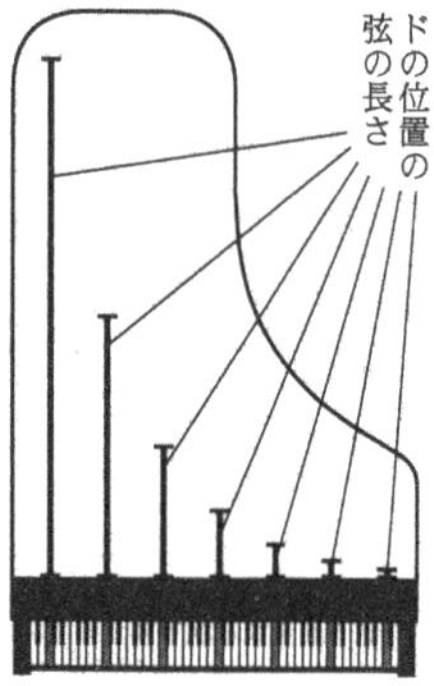

弦の位置のドの長さ

図2

ド♯ レ♯ ラ♯
2 1 3
ド レ ミ ファ ソ ラ シ
それぞれの「もと」の音

ド レ ミ ファ ソ ラ シ
それぞれの「1オクターブ上」の音

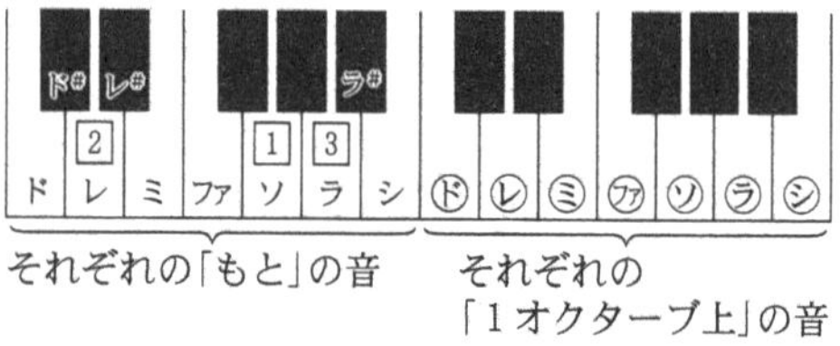

なお：図2の中の①～③の番号は何ですか。

先生：①～③の番号は，ピタゴラス音律（おんりつ）という弦の長さの決め方で，図2のドの弦の長さを最初の基準にして，弦の長さを決めた順番を途中（とちゅう）まで示したものです。

なお：ピタゴラス音律とは，どのような弦の長さの決め方ですか。

先生：昔の弦の長さの決め方で，基準にした弦の長さを$\frac{2}{3}$の長さにする方法です。$\frac{2}{3}$の長さにした弦の長さが，「もと」の音の範囲である81cm以下で40.5cmより長い範囲にない場合，さらに2倍して求めます。では，図2のドの弦の長さを最初の基準にしたときの①の弦の長さはわかりますか。

なお：ドの弦の長さ81cmの$\frac{2}{3}$は54cmです。これは，「もと」の音の範囲にあるので，①の弦の長さは54cmです。

先生：そのとおりです。②からは，1つ前の番号の弦の長さを基準にして求めていきます。②と③の弦の長さはわかりますか。

なお：②の弦の長さは ア cm，③の弦の長さは イ cmです。このまま続けていくと，

ドと[ド]の間に音が限りなくできませんか。

先生：そのとおりです。そこで11番目に決まった弦の長さを$\frac{2}{3}$にした弦の長さが，最初の基準にしたドの弦の長さの$\frac{1}{2}$に近かったことから，最初のドを含めた12個の音を，弦の長い順に並べ直してド～シの音としました。

(1) [ア]，[イ] にあてはまる数をそれぞれ書きなさい。

先生：現在は，平均律という弦の長さの決め方で，ド，ド#，レ，レ#，ミ，…と音を高くするたびに弦の長さを0.9439…倍しています。では，平均律の決め方で作られたピアノの図3のレの弦の長さを100cm，音を高くするたびにかける数を0.94とし，図3の中のド#とミの弦の長さを求めてみましょう。

図3

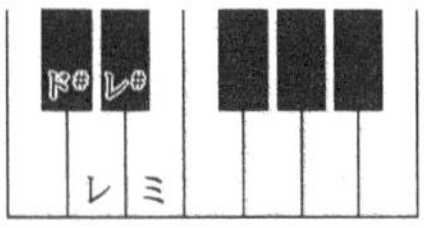
ド#
レ#
レ
ミ

なお：ド#の弦の長さは [ウ] cmで，ミの弦の長さは [エ] cmです。

先生：よくできました。弦の長さと音の高さの関係がわかりましたね。

(2) [ウ]，[エ] にあてはまる数を四捨五入して，それぞれ小数第1位まで書きなさい。

なお：なぜ，弦の長さを短くすると高い音が出るのですか。

先生：同じ時間で考えたとき，弦の震える回数が増えるからです。音の高さは，音を出すものが1秒間に何回震えたかによって決まります。ここから，音を出すものが「1秒間に震えた回数」を「振動数」ということにします。

なお：弦の長さと「振動数」の関係をくわしく教えてください。

表

弦の長さ〔cm〕	120	60	40	30
振動数〔回〕	200	400	600	800

先生：表を見ましょう。弦の長さが$\frac{1}{2}$，$\frac{1}{3}$，…の長さになると，「振動数」が2倍，3倍，…となります。弦が短いほど，弦の1回震える時間が短くなるので「振動数」が増え，高い音が出ます。例えば，ラの「振動数」を440回としたとき，弦が$\frac{1}{2}$の長さになった「1オクターブ上」の[ラ]の「振動数」は，2倍の880回です。

図4

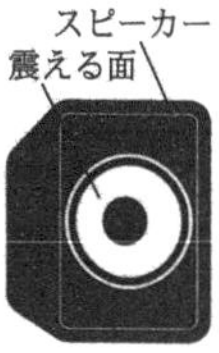
スピーカー
震える面

なお：そうなのですね。「振動数」は，音の大きさで変わりますか。

先生：「振動数」は，音の大きさとは関係ありません。

なお：わかりました。では，音は空気中をどのように伝わるのですか。

先生：図4のスピーカーを使って説明しましょう。図5のA～Cは，スピーカーの震える面が動くことで，空気が伸び縮みする様子を表した図です。Aは，音が出ていないときのスピーカーの前の空気を同じ体積でわけました。音を出し，Bのように震える面が前に出ると近くの空気がおし縮められ，Cのように震える面が後ろに下がると近くの

図5

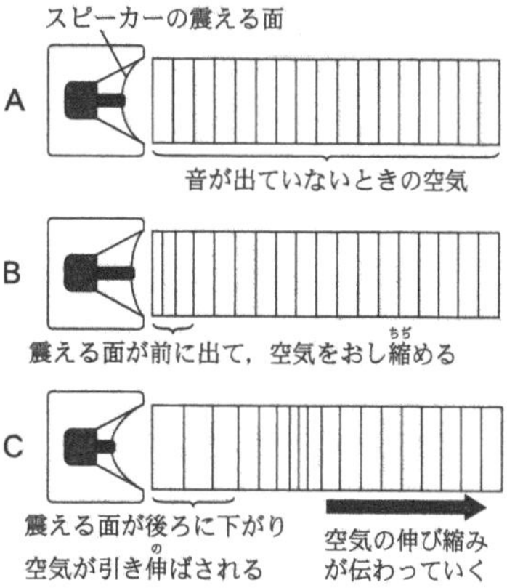
スピーカーの震える面
A
音が出ていないときの空気
B
震える面が前に出て，空気をおし縮める
C
震える面が後ろに下がり
空気が引き伸ばされる
空気の伸び縮み
が伝わっていく

空気が引き伸ばされます。これがくり返され，空気の伸び縮みが次々と起こることで音が伝わるのです。

なお：そうなのですね。

先生：図6は，震えが連続で起き，音が伝わっていく様子を表した図です。空気が一番縮んだ所を「密」ということにします。スピーカーの震える面が1回前後すると，「密」が1個できます。図6の直線上には，それぞれの「密」の位置を「●」で表し，スピーカーから各点までの距離を示してあります。図6の0.2～2.6mの中にある「密」の数は，両端の「密」を$\frac{1}{2}$個として数え，全部で3個になります。

図6

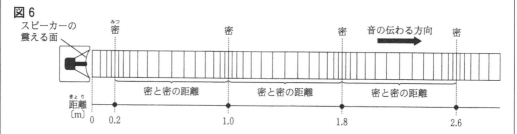

「密」は同じ間隔で現れます。このことを使って，図6の音の「振動数」が425回のとき，音の伝わる速さを求めてみましょう。

なお：1回震えると「密」が1個できるので，図6の「密と密の距離」から1回震えると「密」が0.8m伝わることがわかります。1秒間に音が伝わる距離は，0.8mが425回分なので，計算して340mになります。ですから，音の伝わる速さは秒速340mです。

先生：そのとおりです。音は，一般的に空気の温度が15℃のとき秒速340mで伝わります。「振動数」と「密と密の距離」と「音の伝わる速さ」の関係がわかりましたね。

(3) 次の①，②の問いに答えなさい。ただし，音の伝わる速さは秒速340mとします。

① スピーカーが，図6で出している音の「1オクターブ上」の音を出したときの「密」の位置を，解答らんの数直線上に「●」で**すべて**かきなさい。ただし，すでに「●」は1つだけ示してあります。

② スピーカーが，図6の音を出し続けたとき，図6の状態から1.1秒後の「密」の位置を，解答らんの数直線上に「●」で**すべて**かきなさい。

なお：電車で移動中，踏切を通り過ぎる前後で，警報機の音が変わって聞こえるのも「振動数」と関係があるのですか。

先生：関係があります。ここから，電車は直線上を走り，音を出すものは，その直線上にあるものとして考えます。警報機の音の伝わる様子を表した次のページの図7のD，Eを見

てください。「密」を「)」で表しました。例えば，Dのように，音を聞いている人がその場に止まっている場合は，「警報機が1秒間に出す「密」の数」と，「聞いている人を1秒間に通り過ぎる「密」の数」は同じになります。しかし，Eのように，音を聞いている人が電車に乗って警報機に向かって移動している場合は，止まっているときよりも，1秒間に移動した距離の分だけ，「聞いている人を1秒間に通り過ぎる「密」の数」は増えます。このとき，移動している人が聞く音の高さは，止まっている人に比べてどうなりますか。

図7

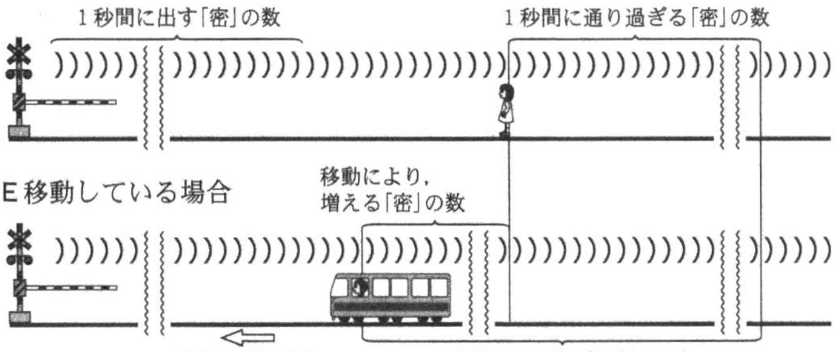

D 止まっている場合

1秒間に出す「密」の数

1秒間に通り過ぎる「密」の数

E 移動している場合

移動により，増える「密」の数

電車の進む方向

1秒間に通り過ぎる「密」の数

なお：移動している人が聞く音の「振動数」は オ ので，音は カ なります。

先生：そうです。具体的に考えていきましょう。警報機の音の伝わる速さが秒速340mで，「振動数」が680回ならば，1mの中には何個の「密」がありますか。

なお：キ 個の「密」があります。

先生：そうです。では，音を聞いている人が電車に乗って秒速17mで警報機に近づくと，その人に聞こえた音の「振動数」は何回になりますか。

なお：聞こえた音の「振動数」は ク 回です。

先生：よくできました。今度は，電車Aと電車Bがすれ違うことを考えます。それぞれの電車の長さは75mで，電車Aは秒速15mで走っていることにします。すれ違う様子を表した図8を見てください。電車Aと電車Bが，ちょうど警報機がある地点ですれ違い始め，その6秒後にすれ違い終わりました。すれ違い終わったときの電車Aの最後尾（さいこうび）の位置と，すれ違っている間の電車Bの速さはわかりますか。

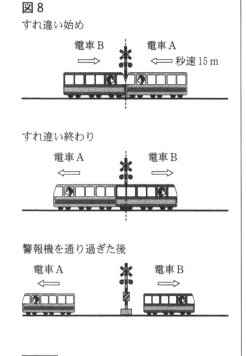

図8

すれ違い始め

電車B　電車A

←秒速15m

すれ違い終わり

電車A　電車B

警報機を通り過ぎた後

電車A　電車B

なお：電車Aの最後尾は，すれ違い始めた地点から ケ mはなれた位置にあります。ま

た，電車Bの速さは秒速 $\boxed{\text{コ}}$ mです。

先生：そのとおりです。電車Bがこの速さで走り続けたとき，図8の警報機を通り過ぎた後，
　　　電車Bに乗っている人に聞こえた音の「振動数」は何回になりますか。図8の警報機も，
　　　音の伝わる速さは秒速340m，「振動数」は680回とします。

なお：電車Bに乗っている人に聞こえた音の「振動数」は $\boxed{\text{サ}}$ 回です。

先生：よくできました。音を出すものに対する移動方向や速さが変わると，観測する「振動数」
　　　が変わるので，車の安全運転装置などにこのしくみが利用されています。

⑷　次の①〜③の問いに答えなさい。

①　$\boxed{\text{オ}}$，$\boxed{\text{カ}}$ にあてはまる言葉をそれぞれ書きなさい。

②　$\boxed{\text{キ}}$，$\boxed{\text{ク}}$ にあてはまる数をそれぞれ書きなさい。

③　$\boxed{\text{ケ}}$ 〜 $\boxed{\text{サ}}$ にあてはまる数をそれぞれ書きなさい。

2021年度

千葉県立中学校入試問題（二次）

【適性検査2−1】（45分）　＜満点：100点＞

1　せんさんたちは，ものが衝突することについて先生と話をしています。会話文をふまえながら，あとの(1)～(3)の問いに答えなさい。

せん：図1はカーリングのストーンを滑らせている様子だね。

よう：氷の上はよく滑るのに，衝突のとき，投げたストーンが止まることがあるよ。どうしてかな。

先生：とても滑りのよいなめらかな直線上で，同じ材質，同じ大きさ，同じ重さの2つの硬いものが衝突するときは，衝突の瞬間に2つのものの速さが入れ替わると言えます。そのため，投げたストーンが止まることがあります。

よう：実際に滑らせて確かめてみたいです。

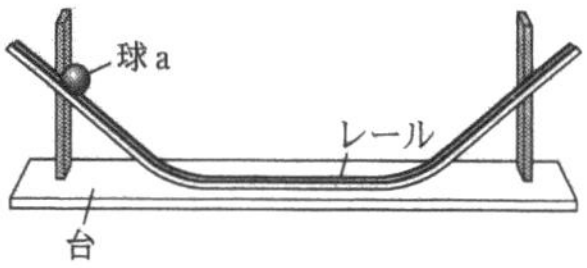

先生：氷とストーンの代わりに　とても滑りのよいなめらかなレールと硬い材質の球aを使った図2の装置で，ストーンが衝突する様子について考えます。図2の装置を簡単に表したものが図3です。図3で，点Bを通過する球aの速さが毎回同じ速さになるように，球aは必ず斜面K上の点Aから静かに滑らせます。このとき，球aは点Aと同じ高さの点Gまで滑って一瞬止まってから点Aに戻ります。その後も球aはレールの上をくり返し往復するものとして考えましょう。

よう：ストーンの衝突を考えるために，球aと同じ材質，同じ大きさ，同じ重さの球bを点Dに置きます。球aを滑らせると，衝突後に球aは点D付近で止まり，球bは球aだけを滑らせたときと同じで，点Gまで滑って一瞬止まってから下りました。

先生：そうですね。球aだけを滑らせたときと，球aと衝突した後の球bが，点Eを通過する速さが同じ速さなので，同じ高さまで滑ります。止まっている球の速さを秒速0mとすると，衝突直後の球a，bの速さは，衝突直前の球a，bの速さと，どのような関係があると言えますか。

けん：衝突直後の球aの速さは衝突直前の　ア　の速さで，衝突直後の球bの速さは衝突直前の　イ　の速さであると言えます。

先生：そのとおりです。次は，ストーンが連続して衝突する様子を，図4のように3個の球bを，球b1，球b2，球b3として点

図1

ストーン

図2

球a

レール

台

図3

球a

点A
斜面K

球b

点G
斜面K

台　　点B 点C　　点D　　点E 点F

図4

球a

点A
斜面K

球b1　球b2　球b3

点G
斜面K

台　　点B 点C　　点D　　点E 点F

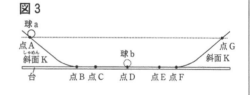

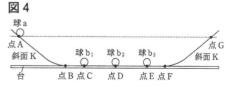

C，D，Eにそれぞれ置き，球aを滑らせてみましょう。

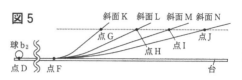

図5

せん：各球が，衝突後に最初に止まった位置がわかりました。

先生：しっかり観察できましたね。次は，図4から球b₁，b₃を取り，図5のように点Fの右側の斜面Kを，同じ材質のレールで作った，曲がり方の異なる斜面L，M，Nに変えた装置で，それぞれ球aを滑らせて球b₂に衝突させました。点Fから斜面を滑って一瞬止まる点までの，斜面を滑る距離と，どの高さまで上がるのかを調べた結果が表1です。

表1

斜面の種類	斜面を滑る距離〔cm〕	滑って止まった点
L	29	H
M	36	I
N	48	J

よう：斜面L，M，Nのように斜面を滑る距離が長くなっても，点Gと同じ高さまで上がったのですね。

先生：そのとおりです。表1よりさらに斜面を滑る距離が長くなり，斜面がゆるやかになっていっても，滑って止まる点の高さについては，同じ結果になります。

けん：つまり，斜面の曲がり方に関わらず，球aを点Aから滑らせて点Dに置いた球b₂に衝突させると，球b₂は斜面を ウ 高さまで滑って一瞬止まってから下るということですね。

先生：そのとおりです。今回の条件や結果とは異なり，私たちの生活の中では，移動するものには移動することをさまたげる力がはたらきます。しかし，その力をコントロールする工夫もたくさんあり，生活を豊かにしています。

(1) 次の①～③の問いに答えなさい。

① ア ， イ にあてはまる言葉をそれぞれ書きなさい。

② 下線部について，球b₁，球b₂，球b₃が衝突後に最初に止まった位置として最も適当なものを，点A～点Gのうちからそれぞれ1つずつ選び，その点を示す記号A～Gを書きなさい。ただし，点A～点Gにちょうど止まらない場合は，最初に止まった位置に最も近い点を選ぶこと。

③ ウ にあてはまる言葉を5字以内で書きなさい。

よう：斜面Kを高さの調節ができる台に取り付け，球aを点Aから滑らせると，点Bから飛び出して落下した後，図6のように床に衝突して，はね返っていたわ。

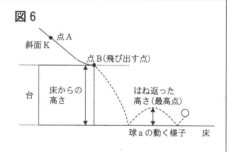

図6

けん：飛び出す高さが床から90cmのとき，初めて床ではね返った高さの最高点を10回測定し，小数第1位まで記録したものが次のページの表2だよ。また，次のページの表3のはね返った高さは，台の高さを調節し，それぞれの飛び出す高さで，10回の測定結果を足して10で割った数を四捨五入して小数第1位まで表したものだよ。

よう：**表2**の7回目はどうしたの。

けん：黒板に書いてあった結果をノートに写し忘れたけれども，**表2**と**表3**から7回目のはね返った高さに入る数の範囲は，| **エ** | 以上 | **オ** | 未満だね。

先生：そのとおりです。黒板に書いてあった結果は29.4でした。けんさんの考えた範囲にありますね。

せん：**表3**を見ると，飛び出す高さが2倍，3倍になると，はね返った高さも2倍，3倍になっているので，はね返った高さは飛び出す高さに比例していますね。

先生：そうですね。比例していることを使うと，

はね返った高さが45.0cmになるとき，飛び出す高さはいくつであると考えられますか。

よう：**表3**から，飛び出す高さは | **カ** | cmです。

先生：そのとおりです。また，床の状態を変えると，はね返る高さが変わります。部屋では目的によって床の上にマットなどを敷いて，床の状態を変えていますね。

せん：デパートなどのキッズコーナーに敷いてあるマットは，フワフワしています。

先生：子どもがケガをしないように工夫しているのですね。

よう：**図6**の台と斜面Kを使い，床の上にいろいろなマットを敷いて，それぞれのマットではね返る高さを調べましょうよ。

けん：点Bの高さがマットから90cmのとき，球aが点Bから飛び出して落下した後に，初めてマットではね返った高さの最高点を，それぞれのマットで測定して，平均した結果は**表4**のとおりだよ。球aがそれぞれのマットと何度も衝突を続けたときにも，床のときと同じように，落下を始めた高さとはね返った高さには，「比例の関係」があったよ。

よう：マットによって，はね返った高さが異なるわね。

けん：白のマットを2枚，他の色のマットは1枚ずつ用意して，**図7**のように白のマットを2枚，X〜Zには赤，青，緑，黄のマットから3枚を選んで，段差が出ないように敷いたよ。また，球aがマットから90cmの高さの点Bから飛び出して，必ずそれぞれのマットで，1回ずつはね返るように調節したよ。

よう：はね返る回数が増えると，はね返る高さは低くなっていくね。Zに敷いたマットから，はね返る高さの最高点を測定したときに，1.3cmより高く

表2	
回	はね返った高さ〔cm〕
1	30.7
2	29.4
3	29.7
4	30.2
5	29.9
6	30.0
7	
8	30.4
9	30.3
10	30.2

表2のはね返った高さは，小数第1位までを測定したもの。

表3	
飛び出す高さ〔cm〕	はね返った高さ〔cm〕
90	30.0
75	25.0
54	18.0
36	12.0
18	6.0

表3のはね返った高さは，10回の測定結果を足して10で割った数を四捨五入して小数第1位まで表したもの。

表4	
マットの種類	はね返った高さ〔cm〕
赤	63.0
青	54.0
緑	45.0
黄	36.0
白	27.0

表4のはね返った高さは，10回の測定結果を足して10で割った数を四捨五入して小数第1位まで表したもの。

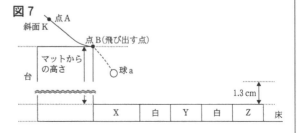

図7

なるマットの組み合わせはあるのかな。

せん：今回も比例していることを使うと，**表4**から，1.3cmより高くなるマットの組み合わせ は　キ　です。

先生：そのとおりです。しっかり考えることができましたね。

(2)　次の①～③の問いに答えなさい。

①　エ　～　カ　にあてはまる数をそれぞれ書きなさい。

②　例えば，XとYとZに「赤と青と緑」と敷いても，「青と緑と赤」と敷いても，Zに敷いた マットではね返る高さが同じになります。このように，同じマットの組み合わせを選んだと き，敷いた場所に関係なく，Zに敷いたマットではね返る高さが同じになることは，計算に関 する性質でも説明することができます。高さが同じになることを，「かけ算」という言葉を使っ て説明しなさい。

③　Zに敷いたマットではね返る高さが同じものを1つの組み合わせとして，　キ　に入るマッ トの組み合わせを**すべて**書きなさい。ただし，②の表し方にならって，マットの種類を示す色 と色の間を「と」でつなぐものとします。

せん：球aが飛び出した後，床と何度も衝突を続けるとき，床に衝突してから次に衝突するま での時間はどのようになるかな。

けん：ストップウォッチを使って測定し，平均した結果 は**表5**のようになったよ。

せん：床に衝突する回数が多くなると，球aが床ではね 返る様子がほとんど見えないね。5回目以降の 間隔（かんかく）は正確に測定ができなかったよ。

先生：**表5**の1回目以降の間隔は同じ割合（わりあい）で減少してい ます。これを利用して，測定ができなかった5回 目～6回目の間隔を求めてみましょう。

せん：わかりました。5回目～6回目の間隔は　ク　 秒です。

先生：そのとおりです。とても細かい動きなので，測定は難（むずか）しいですね。

けん：飛び出してから床に何度も衝突して，球aが全くはね返らなくなるまでの経過時間は， どのようにしたら求められるのかな。

よう：「0.3＋0.5＋0.25＋0.125＋…」のように，間隔をすべて足せば求められるけれども，いつ はね返らなくなるか正確にわからないから，求められないわ。

先生：良い点に気がつきましたね。今回の場合，答えの正確な数はわかりません。しかし，同 じ割合で減少する1回目以降の間隔の和「0.5＋0.25＋0.125＋…」は，図形を利用すると， ある数に限りなく近づくことがわかります。

よう：すごいですね。どのようにするのですか。

先生：測定結果の「間隔」を図形の「面積」とみて考えます。ま ず，**図8－Ⓐ**の大きな直角二等辺三角形の面積を1とし て，その三角形を次のページの**図8－Ⓑ**のように塗（ぬ）ったと

表5

床に衝突する回数	間隔〔秒〕（かんかく）
飛び出してから1回目	0.3
1回目～2回目	0.5
2回目～3回目	0.25
3回目～4回目	0.125
4回目～5回目	0.0625

表5の間隔は，測定結果の平均。

図8－Ⓐ

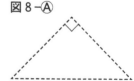

き，㋐の三角形の面積は0.5です。次に，**図８－Ⓒ**のように塗ったとき，㋑の三角形の面積は0.25です。この塗られた㋐，㋑の面積は，どの間隔とみることができますか。

図８－Ⓑ

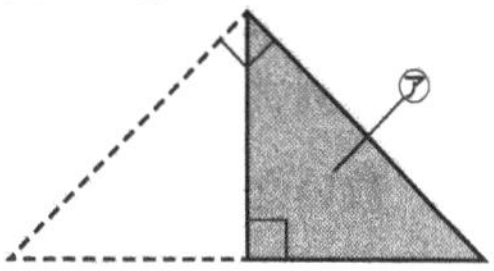

図８－Ⓒ

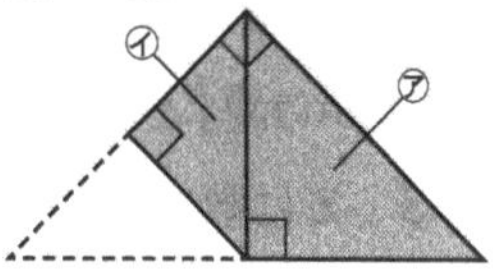

よう：**表５**に同じ数があります。㋐，㋑の面積はそれぞれ，床に衝突する回数の，１回目～２回目，２回目～３回目の間隔とみることができますね。

先生：そうですね。では，㋐の面積と㋑の面積を合わせた，**図８－Ⓒ**の塗られた図形の面積は何を表すことになりますか。

けん：合わせた面積なので，床に衝突する回数が１回目から３回目までの間隔の和です。

先生：そうです。床に衝突する回数が３回目以降の「間隔」も図形の「面積」とみて，**図８－Ⓒ**の続きを塗り続けることで，限りなく近づく数がわかります。この数を，１回目以降の間隔の和として，経過時間を求めましょう。

よう：図形で表すと，計算がわかりやすくなりました。塗った図形から，限りなく近づく数は [ケ] なので，球ａが飛び出してから，はね返らなくなるまでの経過時間は [コ] 秒です。

先生：そのとおりです。

よう：限りなく数を足し続けるのに，和を一定の数とみてよいなんて不思議だわ。

けん：他の条件は変えず，球だけを変えて測定し，平均した結果は**表６**です。３回目以降の間隔は，正確に測定ができなかったので，測定不能としました。今回も直角二等辺三角形を利用して考えたらよいですか。

表６

床に衝突する回数	間隔〔秒〕
飛び出してから１回目	0.15
１回目～２回目	0.25 ㋐
２回目～３回目	0.0625 ㋑
３回目～４回目	測定不能 ㋒
４回目～５回目	測定不能

表６の間隔は，測定結果の平均。

先生：直角二等辺三角形でもできますが，今回は**図９**の大きな正三角形の面積を１として考えましょう。２回目以降の間隔は，同じ割合で減少していて，一つ前の間隔を４で割った数です。まず，３回目～４回目の間隔を求めて，㋐～㋒にあたる部分を塗りましょう。その後，４回目以降の間隔も塗り続けることで，限りなく近づく数と経過時間を求めましょう。

図９

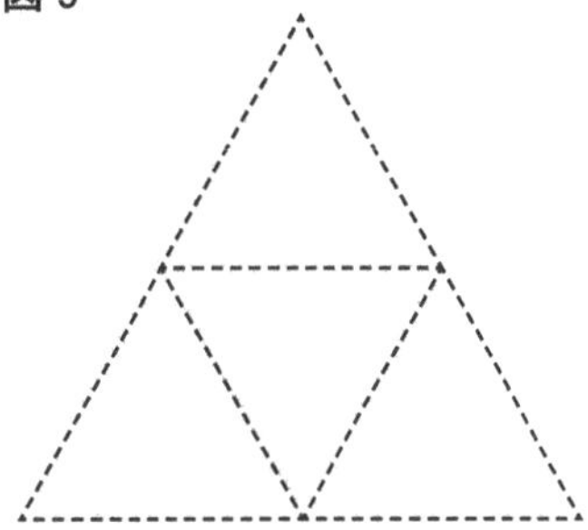

同じ大きさの正三角形を４つ合わせた大きな正三角形。

せん：限りなく近づく数は [サ] なので，この数を１回目以降の間隔の和とすると，はね返らなくなるまでの経過時間は [シ] 秒です。

先生：そのとおりです。いろいろな考え方を活用するとわかりやすいですね。

(3) [ク] ～ [シ] にあてはまる数をそれぞれ書きなさい。ただし，[サ] は分数で，[シ] は四捨五入して小数第２位まで書きなさい。

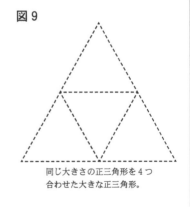

また，**表6**の「㋐～㋒の間隔」を図形の「面積」とみて，**図8－Ⓒ**の表し方にならって，㋐～㋒にあたる部分を解答らんの図にそれぞれ塗り，どの部分が㋐～㋒にあたるのかがわかるように，㋐～㋒の記号をそれぞれ書きなさい。

2　ともさんとりつさんは，壁にタイルをはることについて先生と話をしています。あとの(1)～(3)の問いに答えなさい。ただし，壁にタイルをはるとき，タイルを壁一面にすき間なくはることとします。

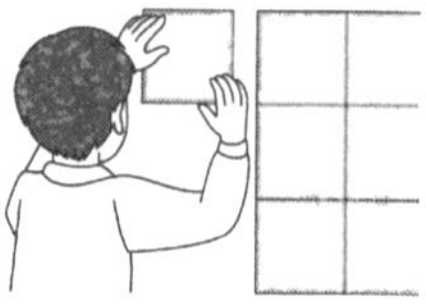

とも：今度，家の壁のタイルをはりかえることになって，使うタイルをどうするか，家族で相談しているところなんだ。

りつ：どんな案が出ているの。

とも：家の壁は，縦2ｍ，横2.4ｍの長方形で，今は1辺8㎝の正方形のタイルだけを使って，壁一面にはっているんだ。次も「1種類」の正方形のタイルだけを使うことにしたのだけれど，タイルの大きさが決まっていないんだ。基本のタイルは1辺1㎝で，辺の長さを1㎝きざみで長くできるそうだよ。

りつ：今より小さい1辺7㎝の正方形のタイルだけでは，壁一面にはることはできないね。さらに小さいタイルだと1辺 [ア] ㎝の正方形のタイルだけを使えば，はることができるね。

とも：今より大きいタイルも含めて，使えるタイルを全部みつけたいな。

りつ：正方形のタイルの辺の長さは，壁の辺の長さの公約数になることを考えてみつけようよ。

先生：そうですね。では，最初に壁の辺の長さの最大公約数，つまり使えるタイルのうち一番大きいタイルの1辺の長さを求めましょう。今回は図で考える方法を紹介します。まず，**図1**のように，ともさんの家の壁をできるだけ大きい正方形で区切ります。次に，**図1**の残った白い長方形を，再びできるだけ大きな正方形で区切ります。

図1 ともさんの家の壁

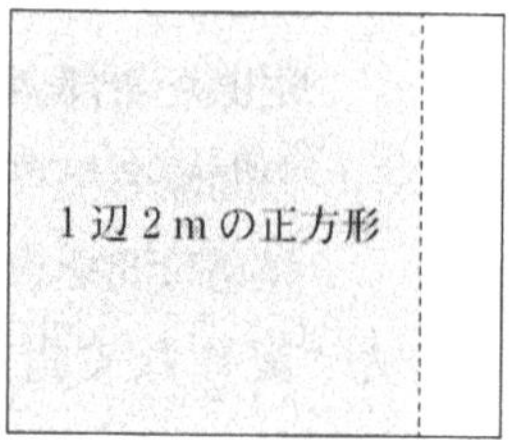

りつ：白い長方形は1辺 [イ] ㎝の正方形で余りなく区切ることができるので，壁一面にはこの大きさのタイルを全部で [ウ] 枚はることになります。なるほど。この正方形が，使える一番大きいタイルですね。

とも：辺の長さの最大公約数がわかったので，次にその最大公約数の約数を考えると，使える正方形のタイルが8種類あることがわかりました。この8種類のタイルから，使う「1種類」のタイルを選びたいと思います。

先生：2人ともよくできました。このように，できるだけ大きな正方形で区切っていくことで，壁一面にはることのできる一番大きいタイルをみつけることができます。では「1種類」の正方形のタイルだけを使って，縦326㎝，横654㎝の長方形の壁一面にはるとき，一番大きいタイルの1辺の長さを求めてみましょう。

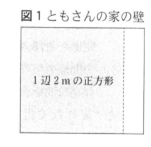

とも：どうしよう。最大公約数を図を使わずに求めてみたのですが，みつかったタイルが，本当に一番大きいタイルなのか自信がありません。

りつ：図を使って考えたら，1辺 | エ | ㎝のタイルが一番大きいことがわかったよ。つまり，使える正方形のタイルは | オ | 種類あり，この中から使う「1種類」のタイルを選ぶことになりますね。

先生：そのとおりです。

とも：1つの解き方だけではなく，いろいろな解き方を知ることは楽しいですね。先生，図を使って考えてみるので，何か問題を出してください。

先生：では，$\dfrac{7917}{11687}$ をこれ以上約分できない分数にする問題はどうでしょう。

とも：約分も最大公約数を考えて解いてみます。図を使って一番大きいタイルを求めて考えると，約分した分数は | カ | になりました。でも，図を使う考え方はとてもわかりやすかったのですが，かくのが少し大変でした。

りつ：そうだね。だから，図を使って最大公約数を求める方法を，式にすることができないか考えてみたよ。余りがあるとき，四角形の縦と横の長さの関係を，

【割られる数＝割る数×商＋余り】

という式で表し，この式の | キ | を | ク | で割って，割り切れれば，その | ク | が最大公約数になることがわかったよ。

先生：そのとおりです。2人ともよくできました。図を使わずに，式を使って解いてみるのもいいですね。

(1) 次の①～③の問いに答えなさい。

① | ア | にあてはまる数を**すべて**書きなさい。

② | イ | ～ | カ | にあてはまる数をそれぞれ書きなさい。

③ | キ |，| ク | にあてはまる言葉として最も適当なものを，次の**あ～え**のうちからそれぞれ1つずつ選び，その記号を書きなさい。

　あ 割られる数　　**い** 割る数　　**う** 商　　**え** 余り

　いろいろな大きさの壁に，大きさの決まっているタイルを壁一面にはることができるかどうかについて話をしています。

りつ：いろいろな壁やタイルを考えてみよう。タイルの大きさが決まっているときは，「1種類」のタイルだけを使って，壁一面にはることができない場合もあるよね。

先生：良いことに気がつきましたね。では，壁は正方形または長方形とし，1辺の長さを㎝の単位を使って整数で表すことにします。まず，**図2**のように1辺1㎝の正方形2個をつなげた大きさの長方形のタイルを使うときを考えます。タイルは，この向きのままでも，90°回転させて使ってもかまいません。**図2**のタイルをできる限り多く使いましょう。では，**図3**をヒントに考えてみてください。

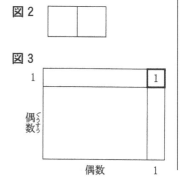

とも：壁の辺の長さを，偶数や奇数の場合にわけて考えます。辺の長さが片方でも偶数のときは，**図2**のタイルだけを使って壁一面にはることができます。辺の長さがどちらも奇数のときは，**図2**のタイルだけを使って壁一面にはることができないので，**図3**の太線内にはるために，1辺1㎝の正方形のタイル1枚を用意する必要があることがわかりました。

りつ：辺の長さを偶数，奇数で表したのは，2で割った余りが0または1になる場合を考えたからなのですね。正方形3個をつなげたタイルを使うときも調べたいです。

先生：では，次にタイルの形を変えて，**図4**のように1辺1㎝の正方形3個をつなげた大きさのタイル，㋐，㋑を使うときを考えます。タイルは90°または180°回転させて使ってもかまいません。**図4**のタイルをできる限り多く使いましょう。

図4

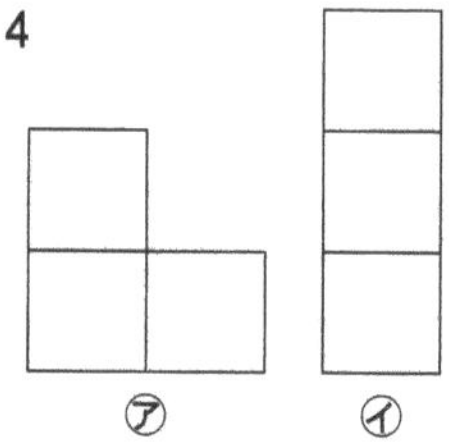

りつ：今度は，壁の1辺の長さを3で割った余りが0または1または2になる場合を考えればよいですね。正方形3個をつなげた**図4**のタイルだけを使って壁一面にはることができないときは，正方形2個をつなげたタイルか，正方形1個のタイル1枚を用意する必要があります。また，考えている中で，壁が正方形のときは辺の長さに関係なく，用意した「**図4**のタイル」「正方形2個をつなげたタイル」「正方形1個のタイル」の3種類の大きさのタイルのうち，「正方形2個をつなげたタイル」を使うことはないことがわかりました。

先生：よく考えることができましたね。

(2) 次の①，②の問いに答えなさい。ただし，**図4**のタイルは，㋐，㋑の両方を使ってもよいこととします。

① 縦160㎝の壁一面に，「**図4**のタイル何枚かと，正方形2個をつなげたタイル1枚」をはりました。このとき，壁の横の辺の長さを3で割った余りがいくつになるか書きなさい。

② 下線部について，りつさんは，壁が正方形のとき，「正方形2個をつなげたタイル」を使うことはないことを説明しました。**《りつさんの説明》**を，**図5の太線内にはるタイルについてふれながら**，完成させなさい。ただし，壁の1辺の長さは2㎝以上とします。

《りつさんの説明》

正方形のかべについて，

・辺の長さを3で割った余りが0のとき，**図4**のタイルだけを使います。

・辺の長さを3で割った余りが1のとき，

図5

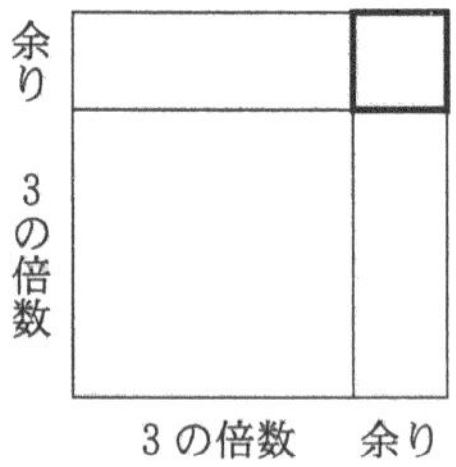

これらのことから，かべが正方形のとき，「正方形2個をつなげたタイル」を使うことはありません。

壁にタイルをはる考え方を，さらに他の問題に使う話をしています。

とも：大きさの決まったタイルを壁にはることを考えて
きましたが，これは，**図6**のように壁の辺の長さ
をAとB，使うタイルの大きさをCとして，「A
をCで割った余り」と「BをCで割った余り」か
ら，「A×BをCで割った余り」を求めることに応
用できますね。

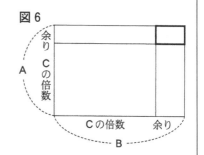

図6

先生：ではこの考え方を使って，「（**2を125回かけた数**）
**×（3を124回かけた数）を5で割った余りはいく
つになるか**」を解いてみましょう。

りつ：まず，「（2を125回かけた数）を5で割った余り」を求めようと思いますが，こんなに
何回もかけるのは大変です。どう考えればよいですか。

先生：2を2回以上かけたときを考えましょう。2を2回かけた数は4なので，5で割った余
りは4です。このあと，2を3回，4回，5回と何回かけていっても5で割った余りは0
にはなりません。考え方のポイントは，2を2回以上かけた数のうち，5で割った余りが
1になる数をみつけることです。

とも：りつさん，2を ケ 回かけた数を5で割ると余りが1になるよ。

りつ：そうか。縦の長さも横の長さも，2を ケ 回かけた数の四角形を考えてみるね。こ
の四角形を，「A×BをCで割った余り」の考え方にあてはめると，2を コ 回かけ
た数を5で割った余りが サ になることがわかるよ。図を使って余りを求めること
をくり返せば，「（2を125回かけた数）を5で割った余り」は， シ になることがわ
かるね。だから，余りが1になる数をみつけたのか。

とも：「（3を124回かけた数）を5で割った余り」も同じように考えればいいね。ということ
は，先生が出した問題「（**2を125回かけた数**）**×（3を124回かけた数）を5で割った余
りはいくつになるか**」の答えは， ス です。

先生：そのとおりです。2人ともよくできました。

とも：今回，考えてきたことは，どれも，わかったことを発展させ，さらに別の問題に活用し
ていたのですね。

(3) 次の①，②の問いに答えなさい。

① ケ にあてはまる数のうち，最も小さい数を書きなさい。

② コ ～ ス にあてはまる数をそれぞれ書きなさい。

(1) 「違った自分と出会うためのレッスン」について、栗山さんの文章を
ふまえながら、「喜んでいる人」の演技を例として次のようにまとめま
した。①、②にあてはまる言葉を、それぞれ**五字以上、十字以内**で書
きなさい。ただし、①は「喜ぶ」または「喜び」という言葉を使って
書くこと。

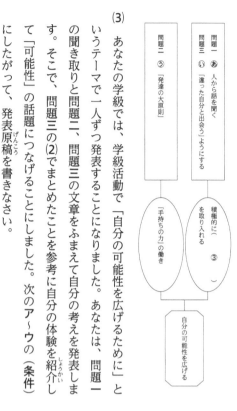

《違った自分と出会うためのレッスン》
【例 「喜んでいる人」の演技】
○「粘土細工」のたとえ…
レッスンのたびに前回と
［　①　　］ことで
表現の幅が広がる。

↓
さらに表現力をつけるために

○日常生活を送るなかで
（　②　）の表情や身ぶりに関心
をもち、「喜び」にかぎらず、感情をどの
ように表現しているのかを知る。

(2) 問題一の聞き取りと問題二、問題三の文章の関係を次のようにまと
めます。次の③には、まとめたもののなかにあるあといの内容の共通
点が入ります。③にあてはまる言葉を**六字以内**で書きなさい。

問題三 ① 「違った自分と出会う」ようにする
問題一 あ 人から話を聞く

を積極的に（　③　）を取り入れる

問題三 ② 「発達の大原則」

「手持ちの力」の働き

自分の可能性を広げる

(3) あなたの学級では、学級活動で「自分の可能性を広げるために」と
いうテーマで一人ずつ発表することになりました。あなたは、問題一
の聞き取りと問題二、問題三の文章をふまえて自分の考えを発表しま
す。そこで、問題三の(2)でまとめたことを参考に自分の体験を紹介し
て「可能性」の話題につなげることにしました。次の**ア～ウの（条件）**
にしたがって、発表原稿を書きなさい。

（条件）

ア 学級活動で皆に向けて実際に話すつもりで言葉づかいを考えて書
くこと。

イ 以下の指示にしたがい、三つの段落に分けて書くこと。

一段落目…あなたが自分について、いままで気づかなかったけれ
ど、新たに気づいた一面を具体的に一つあげ、その一面
が、日常生活で役立った体験を書きなさい。

二段落目…一段落目の体験について、③をふまえて「自分の可能性
を広げる」うえで、どのようなことが大切なのかを書き
なさい。

三段落目…二段落目をふまえて「自分の可能性」を広げるために、
どのような取り組みが考えられるか、あといの両方、ま
たはどちらかにふれながら具体的に書きなさい。

ウ 解答らんを**縦書き**で使い、**十五行以上、二十行以内**で書くこと。
ただし、一行に書く字数は特に指定しない。各段落の先頭は一文字
分あけること。また、文字やかなづかいを正しくていねいに書き、
漢字を適切に使うこと。

A あなたはまず、相談に応える前に、教える力について次のようにまとめ、自分の考えを整理しました。33・32ページの文章中の言葉を用いて、③にあてはまる言葉を、句読点を含めて二十字以上、二十五字以内で書きなさい。

　教える力は（　③　）可能性がある。したがって、先ばいと比べる必要はない。

B あなたは次に、同級生の相談に対して文章中の「できなさをそのままに引き受けて、適当にやりくりする」という考え方を用いて、応えようと思います。《相談内容》にあうように、④にあてはまる言葉を二行以内で書きなさい。ただし、「やりくり」の内容は、【資料】を参考にして書くこと。なお、あなたならどうするのかを具体的に書くこと。

【資料】国語辞典より

　「やりくり」の意味

　いろいろ工夫して、どうにか都合をつけること。

　（　④　）などして対応しよう。

三　次の文章は、演出家である栗山民也さんの文章です。栗山さんは、三年制の俳優研修所で研修生（俳優を目指す人）を育てることに力を注いでいます。そこで、研修生に必要な力はどのように育つのかということについて、次のように述べています。これを読んで、あとの⑴

～⑶の問いに答えなさい。

せりふを※1小器用にこなし、※2敏捷に身体を動かせたりすることではなく、基本的にその人間としての輝きを見ること、その輝きが消えることのない情熱によるものとしか答えようがありません。

三年間の基礎訓練のなかで、その人が自分をどう見つめ、鍛えていくのか、その後、より大きくなったその人がプロの俳優としてどのような方向へ進んでいくべきなのか、それも同時に考えておくべきことなのです。

また、俳優としての基本的な技術だけを身につけても、それだけではまだ俳優ではありません。自分自身の表現のための確かな演技力と同時に、人間への観察と※3洞察を続け、世界への理解を深めていかなければ「俳優」にはなれないのです。

音楽家が楽器を使いこなす技術を身につけたうえで、そこから自分の音楽をつくり上げていくように、俳優にも技術力と同時に、表現力と想像力が必要になってくるのです。そこで毎回違った自分と出会うためのレッスンが持続的に必要となり、粘土細工のように一つのカタチをつくってはその歪みに気づいて崩すという作業が繰り返され、いろいろな表現の可能性の幅を広げていくことが、新しい作品と出会うたびに求められるのです。

（栗山民也『演出家の仕事』より）

※1　小器用……何でもひととおりは、うまくこなすさま。
※2　敏捷……動作のすばやいこと。
※3　洞察……物事をよく観察して、その奥底まで見ぬくこと。

や、さらに言えば、どんなに努力したにしても、できるようになるまではできはしない。少なくともいまはできないのである。そのいまのできなさをどうするかとなれば、人はそのできなさをそのままに引き受けて、適当にやりくりする以外にない。つまり人は、〈ここのいま〉この身体にそなわった手持ちの力を使い、いまのできないことは適当にやりくりしながら生きる。そういうものである。じっさい生身の人間である以上、これ以外の〈生きるかたち〉を描くことはできない。

この当たり前の人間の条件のうえに「発達」を位置づけて考えれば、人は手持ちの力を最大限に使い、いまのできなさを適当にやりくりしながら生きていく、そうしているうちにその結果として新しい力が伸びてくるのだということになる。ここで※2アクセントをおかなければならないのは「結果として」というところである。また付け加えて言えば、「次の新しい力が伸びてくる」とばかりはかぎらない。もちろん、それが伸びてこないことだってある。ただ、新しい力が伸びてくるとすれば、それは手持ちの力を最大限に使っているなかでのことであって、これ以外にはない。そういうものなのである。

言ってしまえば※3身も蓋もない話だが、誰にせよ、これ以外の〈かたち〉では生きられない。そういう意味で、これを「発達の大原則」と呼ぶこともできる。しかし一般に言われる意味での「発達」は、この大原則をむしろ組み替えて、ほんらいは「結果」でしかないものを、「目的」にし、また「課題」にしてしまう。

（苅谷剛彦 編著『いまこの国で大人になるということ』より）

※1 手持ちの力……自分のものとして持っている力。
※2 アクセントをおく……強調する。
※3 身も蓋もない……はっきり言いすぎて、おもしろみがない。

(1) 文章から読み取れる人間についての考えを、次のようにまとめました。①には、あてはまる言葉を二字以内で書き、②には、あてはまる言葉として最も適当なものを、あとのア〜エのうちから一つ選び、その記号を書きなさい。

人間は何をするにしても（ ① ）持っている力を使って生きていく。したがって、常に（ ① ）を（ ② ）と考えて生きるしかない。

【②に使う言葉】 ア 日常 イ 特別 ウ 準備 エ 本番

(2) あなたは音楽クラブに入っている同級生から次のような相談をうけ、それに応えるために、文章中で説明された「発達の大原則」の考え方を使うことにします。あとのA、Bに答えなさい。

《相談内容》

わたしは先週から、同じ楽器を担当する後はいに、楽器の手入れの仕方を教えている。でも、わたしがやり方をきちんと伝えられないので、後はいは、楽器の手入れの仕方をなかなか覚えられない。昨年、わたしを教える担当だった先ぱいは、とても説明が上手で、わかりやすく教えてくれた。先ぱいと比べると、わたしの説明はわかりづらいようだ。どうしたらよいだろうか。

を一所懸命している方に「そんな汚い仕事の何が楽しいんですか」なんて聞くのは、素直というものではなく、ただの失礼です。反対に、相手への敬意のまなざしさえ忘れなければ、少々言葉遣いが悪かったり、敬語がうまくなくても、許されるものです。後は、全身全霊で相手の話に耳を傾ければいいだけです。

話を聞くことによって、今まで知ることのなかった新しい発見や驚きが何かある。少しだけ、自分の世界が広がった感覚が湧いてくる。

それにもう一つ、自分のなかに変化が起こります。聞いてしばらくすると、新しく知りたいことが生まれてくるものなんです。わかっていたつもりだったのが、実はわかっていなかった自分に出会うことになる。あれは何だったのだろうと。もっと知りたいという衝動が起こる。もう一度話を聞きに行くか、別の人に話を聞くか、それともまずは同じ疑問を持つ人の書いた本を調べてみようか。自分のなかのこの変化に向かい合うことが、実は本当の「考える」ということなんです。

（玄田有史『14歳からの仕事道（しごとみち）（増補改訂）』より）

以上で放送を終わります。それでは、問題用紙を開き、すべての問題に答えなさい。

一　放送で聞いた内容から、次の(1)、(2)の問いに答えなさい。

(1)　玄田有史（げんだゆうじ）さんは、「人から話を聞く」とき、自分の本気を伝えるためには、質問する際に注意が必要だと言っています。それを次の二点にまとめました。①にあてはまる言葉を、五字以上、十字以内で書きなさい。

・下調べをしっかりして、本人に（　　①　　）ことはさけて、失礼にならない質問を準備する。
・話をしてくれる相手への敬意を忘れないという姿勢（しせい）でのぞむようにする。

(2)　「人から話を聞く」から「本当の『考える』」への流れを次のようにまとめました。②にあてはまる言葉を、十二字以内で書きなさい。

「人から話を聞く」

↓

知りたい気持ちが高まるという変化がおきる。

↓

（　　②　　）とよいのかと考え始めるという変化に向かい合う、それが「本当の「考える」」である。

二　研究者である浜田寿美男（はまだすみお）さんは、「発達の大原則」について、次のように述べています。これを読んで、あとの(1)、(2)の問いに答えなさい。

明日になれば、いま手持ちにしていない新しい力が身についているかもしれない。しかし皮肉な言い方を許してもらえば、たとえそうであっても、明日身につくかもしれない力で今日を生きるわけにはいかない。また、いまできないことがあれば、どうするだろうか。学校的な発想では、できるように努力するということになるのだが、そうして明日に向けて、できるようになるよう努力するにしても、その努力そのものはまた※1手持ちの力でやる以外にない。い

【適性検査二－二】（四五分）〈満点：一〇〇点〉

【注意】　放送で指示があるまでは、開かないこと。

（3秒後）

では、朗読を始めます。

（3秒後）

（放送台本）

これから、適性検査二－二を始めます。外側の用紙が解答用紙です。内側に問題用紙があります。内側の問題用紙は、指示があるまで開いてはいけません。

それでは、外側の解答用紙を開き、受検番号と氏名を書きなさい。

（20秒後）

書き終わったら元どおり問題用紙を挟んで閉じなさい。

（5秒後）

最初は、放送を聞いて問題に答える検査です。放送はすべて一回だけです。それでは、裏返して「メモらん」と書いてある面を上にしなさい。

「メモらん」にメモを取ってもかまいません。

（3秒後）

これから、大学教授の玄田有史さんが「人から話を聞く」ことについて書いた文章を紹介します。玄田さんは「人から話を聞く」ことが「本当の『考える』」ということにつながると言います。次の二点に注意して聞いてください。一つ目は、どんな心構えで「人から話を聞く」と良いのかという点、二つ目は「人から話を聞く」ことはなぜ「本当の『考える』」ということにつながるのか、という点です。

自分がちょっと気になる人に、ほんの少しの勇気を持って「お話をうかがいたいんです」と声をかけたり、電話したり、手紙を書いたり、電子メールを書いたりすればいいんです。

そのときいちばん大切なのは、うまく伝えようとすることでなく、できるだけ素直に自分の思いを伝えることです。自分が何を知りたくて話を聞きたいと思っているのか、それを言葉にするのは、むずかしい。私も仕事でインタビューをしますけど、自分が何を知りたいと思っているか、言葉にできなくて、いつも苦しみます。だから「自分は研究者になりたい。でも、どうすればなれるか、おしえてほしい」と素直にたずねる人が来れば、私は歓迎したい。一緒に考えようと思います。

それから、自分の本気を伝えるためにも、前もって自分で調べられることは調べておいてください。たとえば小説家に「これまでどんな小説を書いたのですか」と聞いてはいけません。そんなことは自分で図書館に行ったり、インターネットで調べようと思えば、本人に聞かなくてもわかることです。できるはずの準備をしない人は、誰も相手にしてくれない。

本気を伝えるためのもう一つのコツは、相手に対して「お話を聞かせていただいている」という気持ちを持つことです。清掃の仕事

2021　年　度

解　答　と　解　説

＜適性検査1－1解答例＞

1 (1)　あ　15(倍)
　　　い　400(倍)
(2)　う　軽い
　　　え　強い
(3)　お　1100000(ha)
(4)　か　まず，2017年度の10齢級の面積から14齢級の面積までの５つの面積を資料３か
　　　　らそれぞれ読み取る。次に，読み取った５つの面積を足し合わせる。
　　　き　利用できる木が増える
(5)　く　きはだ地区　エ　　まそほ地区　オ　　あさぎ地区　ウ
　　　　あおに地区　ア　　こうろ地区　イ
(6)　け　(①)　評価
　　　　(②)　転入
(7)　こ　一体
　　　さ　地いきのよさを感じながら観光
(8)　し　変化
　　　す　実際は何人ぐらい客が増えた

2 (1)　あ　107(万人)
　　　い　1.6(倍)
(2)　う

(3)　え　地いきの情報について知る
(4)　お　加工やはん売を合わせて行う
(5)　か　ア　×　　イ　○　　ウ　△　　エ　○
(6)　き　地いきの特ちょうをいかした物をはん売したり，外から人をよんだりする(ことが
　　　　できる良さ。)

3 (1)　あ　商品価ちを高めた
(2)　い　地いき連けい機能をいかして，神社の歴史をしょうかいするしせつを作ると，観
　　　　光客を増やす効果が得られる。

○配点○

1 (1)(2)(5) 各4点(完答)×3 (3) 4点 (4) 各4点×2(問題の趣旨にあっていれば点を与える。きは部分点を与える場合がある。) (6) 各3点×2(問題の趣旨にあっていれば点を与える。) (7)(8) 各4点×4(問題の趣旨にあっていれば点を与える。部分点を与える場合がある。)

2 (1) 各4点×2 (2) 4点(問題の趣旨にあっていれば点を与える。部分点を与える場合がある。) (3)(4) 各4点×2(問題の趣旨にあっていれば点を与える。部分点を与える場合がある。) (5) 各4点×4 (6) 6点(問題の趣旨にあっていれば点を与える。部分点を与える場合がある。)

3 (1) 4点(問題の趣旨にあっていれば点を与える。部分点を与える場合がある。) (2) 8点(問題の趣旨にあっていれば点を与える。部分点を与える場合がある。) 計100点

＜適性検査1－1解説＞

1 (総合問題:木材の特徴と利用,まちづくり,計算,資料の読み取り)

(1) あい 資料1から各材料の「曲げに対する比強度」は,木材は2800(kg/cm²),鉄は182(kg/cm²),コンクリートは7(kg/cm²)であるから,木材は,2800÷182＝15.3…より鉄の15倍,2800÷7＝400よりコンクリートの400倍である。

(2) うえ 資料1より,木材は鉄やコンクリートと比べて,1cm³あたりの重さが軽く,「曲げに対する比強度」「圧縮に対する比強度」が大きい。そのため,1種類だけを使って同じ家を建てたとき,木材の家は鉄やコンクリートと比べて軽いのに対し,外からの力には強い。

(3) お 資料3の2012年度を表す折れ線に着目し,横じくが8のときの縦じくの値を読み取る。

(4) か 資料3のグラフには齢級別の面積しか示されていないので,あるはん囲の齢級の人工林の面積の合計を求めるには,それぞれの齢級ごとの面積を求めてそれを足し合わせる。「手順を説明すること」とあるので,「まず」「次に」など,順序を示す言葉を使うとよい。

き 資料3のグラフを見ると,10齢級以上16齢級以下の各齢級の人工林の面積が年度を追うにつれて増えているので,面積の合計も同様に増加している。先生の「木材として利用可能な齢級は,9齢級,または10齢級以上が多いそうです。」という言葉と合わせると,木材として利用できる木は年々増えると考えられる。

(5) く 資料4の円グラフや地図に示された地図記号などを参考に,対応するカードを選ぶ。きはだ地区には市役所,郵便局,警察署の地図記号があり,店の割合が18%と他の地区より高い。まそほ地区では住宅の割合が56%と,地区の半分以上を占める。あさぎ地区では田が地区の79%を占め,西側に寺院と鉄道の地図記号が見られる。あおに地区は南北を2本の国道に囲まれて交通の便がよく,工場の地図記号が見られる。こうろ地区は畑が56%を占め,住宅と緑地の割合がいずれも14%である。

(6) け ① まず資料5をもとに,まちを訪れる人の視点から,まちの何が高まると観光客数や宿泊者数が増えるのかを考える。また,資料5において,地域にくらす人の生活環境に関わる重点や効果はf市とi市の例で「魅力」「くらしやすさ・便利さ」「満足度」「快適性」などの言葉で示されているので,これらを言いかえる言葉を考える。2か所の①に上手くあてはまる言葉は「評価」が考えられる。

② 資料5で,観光客数と宿泊者数の他に増加しているのは「引っこして来る人」である。

引っこして来る人のことを,転入者という。

(7) **こ** 「建物の形や色が調和したまちなみ」「まちの雰囲気(ふんいき)がそろう」という言葉を参考に,「調和」「そろう」と同じ意味を表す言葉を考える。

さ 空らんの前後の「地区計画作成の重点」と,「してもらう」が指す具体的な内容をとらえることがポイントである。先生の発言から,地区計画作成の重点は,「B市の歴史と関わりのあるものや自然を守り,建物の形や色が調和したまちなみを育て,整備した景観を活用する」ことである。**資料6**を見ると,地区計画によって,地元の名産品の店やその工場,公園,文化財などが整備されたことがわかる。これらは,「B市の歴史と関わりのあるものや自然」すなわち地域のよさを伝えるのに役立つものである。さらに**資料6**からは,これらを整備することでより多くの人が観光を楽しむようになったことも読み取れる。以上の内容をまとめる。

(8) **し** 「観光バスも来るようになった」「お客さんがだんだん増えてきた」「活性化」を言いかえる言葉を考える。⑥の「一年ごとの変化」という記述も参考になる。

す 「買い物客や観光客でにぎわい,活性化した」という会議の記録では課題のために不十分だったと読み取れる。この会議の記録では「にぎわい」という言葉が使われているが,客が実際どれくらい増えたのかがあいまいでわからないため,ふりかえりとして不適切であると考えられる。

重要▶ 2 (総合問題:観光業,道の駅,地域産業,計算,資料の読み取り)

(1) **あ** **資料8**より,2018年の千葉県の日本人人口は614万人,出国率は17.4%とわかるので,千葉県の日本人人口のうち,出国した日本人の数は614×0.174=106.8…より,約107万人である。

い 2018年に日本から出国した日本人は約1895万人,日本を訪れた外国人旅行者は約3119万人だから,3119÷1895=1.64…より,約1.6倍。

(2) **う** **資料9**より,47都道府県の訪問率の合計は243.4%,上位5都府県の合計が占める割合は45.6+36.6+35.6+25.8+10.4=154.0より,154.0%であるから,154.0÷243.4×100=63.2…より,63%である。解答らんの円グラフは1目盛り1%であることに注意して,解答例にしたがって円グラフに表し,□□□□にも記入する。

(3) **え** 道の駅の休憩・買い物以外の機能を資料とお父さんの話から読み取る。**資料10**より,道の駅には情報発信機能や地域連携(れんけい)機能があることがわかる。また,**資料12**とお父さんの話では,道の駅が地域の生活や文化を紹介(しょうかい)していることが取り上げられている。これらのことから,道の駅は,利用者が地域の情報について知ることができる施設であるとわかる。

(4) **お** **資料13**から,6次産業は1次産業(生産),2次産業(加工),3次産業(販売(はんばい))がかけ合わされた産業であると読み取れる。**資料14**の2つの例では,生産・加工・販売がすべて生産者によって行われている。このことから,6次産業化とは,生産者が生産だけでなく加工や販売も行うことだとわかる。

(5) **か ア** **資料15**を見ると,農業関連事業では,平成29年度から30年度にかけて加工と直売の両方で販売額が減少している。また,漁業関連事業では,平成27年度から29年度にかけて加工の販売額が減少している。したがって,適切でない。

イ **資料15**,**資料16**から,平成30年度における各関連事業の加工・直売それぞれについて販売額と事業体数を読み取ると,1事業体あたりの販売額は,加工を行う漁業関連事業体のみ1億円を上回り,それ以外は1億円を下回ることがわかる。したがって,

適切である。

ウ　**資料15〜資料18**には，農業関連事業体数と漁業関連事業体数の関係を示すものや，農業で働く人の年齢層とその推移を表すものはない。したがって，**資料15〜資料18**からだけでは適切かどうかは読み取れない。

エ　**資料17・資料18**より，D県の農協では売上高が約30倍，職員数が約4.8倍に増加しており，E県の会社でも，売上高は約2.2倍，職員数は2倍に増加している。また，D県の農協は大学と，E県の会社は地域の他の会社と協力した取り組みを行っている。したがって，適切である。

(6)　**き**　(2)の問題文のあとの資料や会話文の中で，地域に住む人にとっての良さを示している部分を探し，まとめる。**資料10，資料11，資料14**から，道の駅は地域に住む人が地域でとれた特産品やその加工品などを販売する場であることがわかる。また，**資料10，資料12**，お父さんの会話から，道の駅は地域の文化などの情報を発信して魅力を利用者に伝え，より多くの人に地域を訪れてもらうようアピールする場であることもわかる。この2点をまとめればよい。

3　（総合問題：観光業，道の駅，地域産業，資料の読み取り）

(1)　**あ**　**資料17，資料18**から，加工品を作ることで商品の価値を高めることができるとわかる。

(2)　**い**　下線部いの直前の会話で先生が示した順序にしたがって考える。まず，**資料12**の具体例は**資料10**の地域連携機能にあてはまる。地域連携機能は，文化施設や地域の特産品販売でいかされる機能だから，菜の花市の文化や特産などの特徴を示すものを**資料19**から探す。すると寺院や神社，城跡などの歴史的な建造物や，田や果樹園など農業生産に関わる地図記号がある。**資料5**のまちづくりの重点と照らし合わせると，これらの特徴は地域産業をもり上げたり，観光・交流を推進するものだと考えられるから，道の駅でこれらを紹介することで，観光客数や宿泊者数の増加という効果が得られると考えられる。40字以上50字以内でまとめる必要があるので，**資料19**から読み取れる特徴は1つにしぼって書くとよいだろう。

★ワンポイントアドバイス★

短時間で複数の資料や会話文から解答に必要な情報を選び，それをもとに解答を組み立てる力が要求される。まずは問題文をよく読み，何が問われているのかをつかもう。その上で，解答を導き出すのにどのような情報が必要かを考えながら，資料や会話文から必要な情報を選びだそう。得られた情報やそこからわかったことを短い言葉で言いかえたり，まとめたりする練習をしておくと，記述にも対応しやすくなる。

＜適性検査1－2解答例＞

1　(1)　①　ア　0.01（mm）　　イ　0.4（mm）

②　＜接眼レンズの1めもりが示す長さ＞　　0.016（mm）

＜生き物の長さ＞　　0.192（mm）

③　短くなっている。

(2) ① うすくなっている。

    ② **ウ** い

(3) ① **エ** 15(通り)

    ② **オ** H

    ③ **カ** かけ算

    ④ **キ** H

(4) ＜淡水の中で生活する魚＞ い，う，か

    ＜海水の中で生活する魚＞ あ，え，お

(5) ① ＜淡水の中で生活する魚＞ く   ＜海水の中で生活する魚＞ け

    ② このカニは，海の水のしんとうあつが変化したときに体液のしんとうあつを一定に保つことができないので，周りのしんとうあつの変化が小さい，陸からはなれた海の中で生活している。

2 (1) **ア** 72(cm)

    イ 48(cm)

(2) **ウ** 106.4(cm)

    エ 88.4(cm)

(3) ①

    ②

(4) ① **オ** 増える   **カ** 高く

    ② **キ** 2(個)   **ク** 714(回)

    ③ **ケ** 15(m)   **コ** (秒速)10(m)   **サ** 660(回)

○配点○

1 (1) ① 各3点×2   ② 各4点×2   ③ 4点(問題の趣旨にあっていれば点を与える。)

 (2) ① 4点(問題の趣旨にあっていれば点を与える。)   ② 3点   (3) ① 4点

②④ 各3点×2   ③ 4点(問題の趣旨にあっていれば点を与える。)   (4) 4点(完答，それぞれ順不同)   (5) ① 3点(完答)   ② 4点(問題の趣旨にあっていれば点を与える。部分点を与える場合がある。)

2 (1)(2) 各4点×4   (3) 各5点(完答)×2   (4) ① 4点(完答。問題の趣旨にあっていれば点を与える。)   ②③ 各4点×5   計100点

＜適性検査1－2解説＞

1 （理科，算数：生物の観察，細胞，浸透圧，組み合わせ）

基本 (1) ① **ア** 「長さ1mmを100等分しためもりがついたスライドガラス」とあるので，1めもりは$\frac{1}{100}$＝0.01(mm)

    イ スライドガラス40めもり分の長さだから，0.01×40＝0.4(mm)

    ② 接眼レンズの25めもりが示す長さは**イ**より0.4mmだから，1めもりが示す長さは0.4÷

25＝0.016より，0.016mmである。図3で見えた生き物の長さは接眼レンズの12めもり分の長さだから，0.016×12＝0.192より，0.192mmである。

③　図3で見えた生き物が大きく見えたことから，対物レンズの倍率が大きくなったことがわかる。このときスライドガラスのめもりも大きく見えているから，接眼レンズの1めもりが示す長さは対物レンズの倍率を変える前と比べて短くなっている。

(2)①　溶けた砂糖の粒の数はAもBも同じだが，Bの砂糖水の方が体積は大きいので，Bの砂糖水の方がうすくなっている。

②　**ウ**　図5と会話文より，水は浸透圧が小さい方から大きい方へと移動する。細胞の中の方が浸透圧は大きいので，水が細胞の中に移動してくるが，細胞の中に水が移動してくると細胞の中の水溶液の濃さがうすくなるため，浸透圧が下がってしまう。そこで浸透圧が下がらないように，細胞の外に水を出すことで水溶液の濃さを一定に保つ必要がある。

(3)①　**エ**　1つの粒を左下に置くと，もう1つの粒の位置は5通り。1つの粒を左上に置くと，もう1つの粒の位置は4通り。同じように考えていくと，5＋4＋3＋2＋1＝15より，15通り。

②　**オ**　両側の浸透圧が等しくなるとき，両側の水溶液の濃さも等しい。水溶液の濃さは水の量に対するとけた砂糖の粒の量の割合で考える。水の量は全体で12マス，とけた砂糖の粒は3つなので，水：砂糖の割合は12：3＝4：1。この割合が左右それぞれでも等しくなっているから，左側について考えると，砂糖の粒が1つなので水の量は4になる。したがって，二重線はHの位置にくる。

③　**カ**　半透膜で左右に仕切られているとき，片方の砂糖の粒の位置はもう片方の砂糖の粒の位置にえいきょうを与えない。したがって，全体での砂糖の粒の位置の組み合わせの数は，左側と右側それぞれの砂糖の粒の位置の組み合わせの数をかけることで求められる。

④　**キ**　**カ**より，二重線がG～Kのときについて全体での砂糖の粒の位置の組み合わせの数を求めると，下の表のようになる。

二重線の位置	G	H	I	J	K
左側の砂糖の粒の位置の組み合わせの数(通り)	2	4	6	8	10
右側の砂糖の粒の位置の組み合わせの数(通り)	45	28	15	6	1
全体の砂糖の粒の位置の組み合わせの数(通り)	90	112	90	48	10

したがって，組み合わせの数が最大になるのは，二重線がHの位置のときである。

(4)　**＜淡水の中で生活する魚＞**　体液の浸透圧が淡水に比べて大きいため，水が体内に移動してくる。水が体内に移動してくると体液の濃さがうすくなり，浸透圧が下がってしまうため，体液を濃くするためのしくみがはたらく。まず，周りの水を飲むと体液の濃さがうすくなってしまうので，周りの水はほとんど飲まない。また，水中の水以外のさまざまな物質をえらから吸収することで，体液中にふくまれる物質の量を増やす。さらに，体液より濃さがうすい尿を多量に外に出すことで，水を大量に出す一方で，体液中の水以外の物質はあまり多く外に出ないようにする。い，う，かは体液の浸透圧が下がらないようにするしくみである。

＜海水の中で生活する魚＞　体液の浸透圧が海水に比べて小さいため，水が体外に移動していく。水が体外に移動していくと体液の濃さが高まり，浸透圧が大きくなってしまうため，体液をうすくするためのしくみがはたらく。まず，周りの水を多量に飲むことで，体液の濃

さが高まらないようにする。また，体内に入ってきた水以外のさまざまな物質をえらから外に出すことで，体液中にふくまれる物質の量を減らす。さらに，体液と濃さが同じ尿を少量外に出すことで，体液中の水以外の物質を外に出すとともに，必要以上に水が体外に出ていかないようにする。**あ，え，お**は体液の浸透圧が上がらないようにするしくみである。

(5) ① **＜淡水の中で生活する魚＞** 外液の浸透圧が低い淡水中では，浸透圧をうまく調節して一定に保つことができるので，太線は横じくと平行に示される。一方，外液の浸透圧が高い海水中では，浸透圧をうまく調節できないので，太線がななめの点線にそって示される。

＜海水の中で生活する魚＞ 外液の浸透圧が低い淡水中では，浸透圧をうまく調節できないので，太線がななめの点線にそって示される。一方，外液の浸透圧が高い海水中では，浸透圧をうまく調節して一定に保つことができるので，太線は横じくと平行に示される。

② 外液の浸透圧にかかわらず太線がななめの点線にそって示されていることから，このカニは体液の浸透圧をうまく調節することができないとわかる。海と川を行き来する魚は，「外液の浸透圧が変化しても体液の浸透圧を一定に保つことができるので，周りの浸透圧が大きく変化する，海と川を行き来する生活ができる」という下線部の記述から，体液の浸透圧をうまく調節できないと，周りの浸透圧が大きく変化する環境では生活できないといえるので，このカニは周りの浸透圧の変化が大きい場所では生活できない。そのため，海水の濃さの変化が小さい，陸からはなれた海の中で生活しているのだと考えられる。

やや難 **2** （理科，算数：音の高さと弦の長さ，音の伝わり方，比，規則性，速さ）

(1) **ア** ①の弦の長さは①の弦の長さの$\frac{2}{3}$だから，$54 \times \frac{2}{3} = 36$(cm) これは81cm以下で40.5cmより長い範囲にないので，さらに2倍する。したがって，②の弦の長さは$36 \times 2 = 72$(cm)

イ ③の弦の長さは②の弦の長さの$\frac{2}{3}$である。$72 \times \frac{2}{3} = 48$(cm) これは81cm以下で40.5cmより長い範囲にある。

(2) **ウ** ド♯はレより1つ低い音だから，ド♯の弦の長さの0.94倍が100cmになるので，$100 \div 0.94 = 106.38\cdots$より，106.4(cm)

エ ミはレより2つ高い音だから，$100 \times 0.94 \times 0.94 = 88.36\cdots$より，88.4(cm)

(3) ① 先生の言葉から，「1オクターブ上」の音の振動数は，もとの音の振動数の2倍になる。また，**図6**となおさんの言葉より，「密と密の距離」と「振動数」の積が音の伝わる速さになる。したがって，スピーカーが**図6**で出している音の「1オクターブ上」の音の振動数は$425 \times 2 = 850$(回)，音が伝わる速さは秒速340mだから，このときの「密と密の距離」は$340 \div 850 = 0.4$(m) 解答らんの数直線には0.2mの位置に「・」が示されているので，0.6，1.0，1.4，1.8の位置に「・」をかく。

② 音の伝わる速さは秒速340mだから，「密」は1.1秒間に$340 \times 1.1 = 374$(m)伝わる。「密と密の距離」は0.8mだから，$374 \div 0.8 = 467\cdots0.4$より，1.1秒間で「密」は467個でき，**図6**の密の位置から0.4mずつ進んだ位置にある。したがって，0～2.0mまでの範囲では，$0.2 + 0.4 = 0.6$(m)と，$0.6 + 0.8 = 1.4$(m)の2か所に「・」をかく。

(4) ① **オ** 「聞いている人を1秒間に通り過ぎる『密』の数」は，その人が聞く音の「振動数」

と同じだから，聞いている人が移動することで「聞いている人を通り過ぎる『密』の数」が増えると，移動している人が聞く音の「振動数」も増える。

カ　先生の言葉より，「振動数」が多くなると音は高くなる。

②　**キ**　340÷680＝0.5より，「密と密の距離」は0.5mである。1mの両端<ruby>りょうたん</ruby>に2つ，中央に1つ「密」があるということになるが，図6と先生の言葉より，両端の「密」は$\frac{1}{2}$個として数えるので，全部で$\frac{1}{2}+1+\frac{1}{2}=2$(個)

ク　1秒間に17m警報機<ruby>けいほうき</ruby>に近づいた分だけ聞こえた音の「振動数」が増えるので，17mの中に何個の「密」があるかを考える。**キ**より1mの中には2個の「密」があるので，17mの中には「密」が2×17＝34(個)ある。警報機の音の「振動数」は680回だからこの2つを足して，680＋34＝714(回)

③　**ケ**　秒速15mで走る電車が6秒間のうちに進んだ距離は15×6＝90(m)だから，電車Aの先頭は，すれ違い終わったとき，すれ違い始めた地点から90mはなれた位置にある。電車Aの長さは75mなので，このとき電車Aの最後尾<ruby>さいこうび</ruby>は，すれ違い始めた地点から90−75＝15(m)はなれた位置にある。

コ　**ケ**より，すれ違い終わったとき，電車Bの最後尾<ruby>さいこうび</ruby>も，すれ違い始めた地点から15mはなれた位置にあるので，6秒間で電車Bが進んだ距離は75−15＝60(m)　したがって，電車Bの速さは，60÷6＝10より，秒速10mである。

サ　**コ**より電車Bの速さは秒速10mであり，電車Bは警報機を通り過ぎた後，警報機<ruby>けいほうき</ruby>から遠ざかっていくので，1秒間に10m警報機から遠ざかった分だけ聞こえた音の「振動数」は少なくなる。警報機の音は1mの中に2個の「密」があるので，10mの中には20個の「密」がある。警報機の音の振動数は680回だから，ここから引いて，680−20＝660(回)

★ワンポイントアドバイス★

与えられた情報と問題文の条件を使って思考する力が求められる。必要な情報が問題文，会話文，図やグラフなどで示されているので，すじ道を立てながら解き進めよう。問題数が多く難易度も高いので，解けそうな問題の見極めと時間配分が重要である。

二　次

2021　年　度

解　答　と　解　説

<適性検査2－1解答例>

1 (1) ① **ア**　球b　　**イ**　球a

② **球b_1**　(点)D　　**球b_2**　(点)E　　**球b_3**　(点)G

③ **ウ**　点Gと同じ

(2) ① **エ**　28.7　　**オ**　29.7

カ　135(cm)

② かけ算は，かける順序を変えても積が同じになるため

③ **キ**　「赤と青と緑」，「赤と青と黄」

(3) **ク**　0.03125(秒)

ケ　1　　**コ**　1.3(秒)

サ　$\frac{1}{3}$　　**シ**　0.48(秒)

図　右図参照

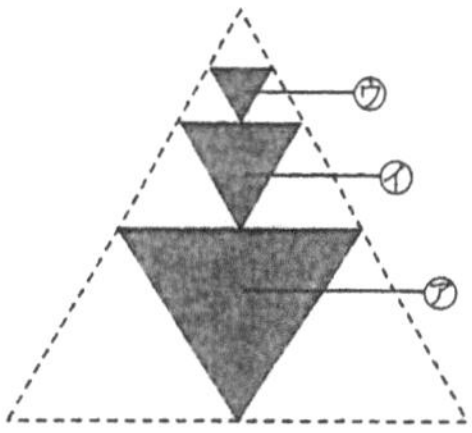

2 (1) ① **ア**　1，2，4，5

② **イ**　40(cm)　　**ウ**　30(枚)　　**エ**　2(cm)　　**オ**　2(種類)

カ　$\frac{21}{31}$

③ **キ**　い　　**ク**　え

(2) ① 2

② **《りつさんの説明》**

(正方形のかべについて，

・辺の長さを3でわった余りが0のとき，図4のタイルだけを使います。

・辺の長さを3でわった余りが1のとき，)

図4のタイルだけを使ってかべ一面にはることができないので，図5の太線内には正方形1個のタイル1まいを使います。

・辺の長さを3でわった余りが2のとき，図4のタイルだけを使ってかべ一面にはることができないので，図5の太線内には図4の㋐のタイル1まいと正方形1個のタイル1まいを使います。

(これらのことから，かべが正方形のとき，「正方形2個をつなげたタイル」を使うことはありません。)

(3) ① **ケ**　4(回)

② **コ**　8(回)　　**サ**　1

シ　2

ス　2

○配点○
1 (1) ① **アイ** 4点(完答) ② 各2点×3 ③ **ウ** 5点(問題の趣旨にあっていれば
点を与える。)
(2) ① **エオ** 5点(完答) **カ** 4点 ② 5点(問題の趣旨にあっていれば点を与える。
部分点を与える場合がある。) ③ 5点(完答,順不同)
(3) **ク** 4点 **ケコ・サシ** 各4点(それぞれ完答)×2 **図** 4点(問題の趣旨にあっていれ
ば点を与える。部分点を与える場合がある。)
2 (1) ① 4点(完答,順不同) ②③ 各4点×5(**エとオ**,**キとク**でそれぞれ完答)
(2) ① 4点 ② 6点(問題の趣旨にあっていれば点を与える。部分点を与える場合があ
る。)
(3) ① 4点 ② 各4点×3(**コとサ**で完答) 計100点

<適性検査2−1解説>

重要 **1** (理科,算数:物体の衝突,平均・比例の計算,図形を利用した計算)

(1) ① 「とても滑りのよいなめらかな直線上で,同じ材質,同じ大きさ,同じ重さの2つの硬い
ものが衝突するときは,衝突の瞬間に2つのものの速さが入れ替わる」という先生の発言
に着目すると,材質,大きさ,重さが同じである球aと球bが衝突すると,衝突の瞬間に
この2つの球の速さが入れ替わることがわかる。

② 2つの球が衝突すると,止まっていた球は滑っていた球と同じ速さで滑りはじめ,滑っ
ていた球は衝突した点の付近で止まる。**図4**ではこれがくり返し起こるので,球b_1,球b_2
はそれぞれ,球a,球b_1と衝突した後,球b_1と衝突する直前の球aと同じ速さで滑りはじ
め,点D,点Eで止まる。球b_3は球b_2との衝突後,**図3**における球bと同じように動くか
ら,点Gで最初に止まる。

③ **図5**と**表1**,ようさんと先生の発言に着目すると,球b_2が滑って止まる点の高さは,斜
面の種類に関わらず常に点Gと同じになることがわかる。

(2) ① **エオ** **表3**より,**表2**の10回の測定結果を足して10で割った数を四捨五入して小数第
1位まで表すと,30.0cmになる。四捨五入して小数第1位まで表すと30.0になる
のは29.95以上30.05未満の数であるから,**表2**の10回の測定結果の合計の範囲は
299.5cm以上300.5cm未満となる。10回のうち7回目を除いた9回の測定結果の合
計は,30.7+29.4+29.7+30.2+29.9+30.0+30.4+30.3+30.2=270.8(cm)で
あるから,7回目のはね返った高さに入る数は,299.5−270.8=28.7以上300.5−
270.8=29.7未満の範囲にある。

カ はね返った高さが45.0cmになるとき,飛び出す高さが90cmのときのはね返った高
さに対して,45.0÷30.0=1.5より,1.5倍になっている。比例の関係より,はね返っ
た高さが1.5倍になるとき,飛び出す高さも1.5倍になるので,90×1.5=135(cm)

② **表4**と会話文から,各種類のマットで球aがはね返る高さは,落下を始めた高さを1と
すると,赤,青,緑,黄,白の順に0.7,0.6,0.5,0.4,0.3になることがわかる。例え
ばXに赤,Yに青,Zに緑のマットが敷かれているとすると,Zではね返る高さは,90×
0.7×0.3×0.6×0.3×0.5で求められるが,この式でかける順番を入れ替えても,計算結果
は変わらない。これより,同じマットの組み合わせを選んだとき,マットの順番が異なっ
ていても,Zに敷いたマットではねる高さは変化しないといえる。

③　②で説明した性質を利用すると，90cmの高さから白のマットで2回はね返ったとき，2回目にはね返る高さは90×0.3×0.3＝8.1(cm)である。したがって，X，Y，Zのマットで1回ずつはね返ったとき，Zではね返った高さが1.3cmより高くなるには，X，Y，Zのマットの，落下を始めた高さに対するはね返る高さの割合の積が1.3÷8.1＝0.164…より大きくなっていればよい。この条件を満たす組み合わせは，0.7×0.6×0.5＝0.21，0.7×0.6×0.4＝0.168の2つである。したがって，**キ**には「赤と青と緑」「赤と青と黄」の2つの組み合わせが入る。

(3)　**ク**　表5の1回目以降の間隔(かんかく)は$\frac{1}{2}$の割合で減少しているので，5〜6回目の間隔は，

$$0.0625×\frac{1}{2}＝0.03125(秒)$$

ケコ　図8-ⓒの続きを塗(ぬ)り続けると，塗られた図形の面積は，図8-Ⓐの大きな直角二等辺三角形の面積に限りなく近づく。**ケ**より1回目以降の間隔の和は1秒，飛び出してから1回目までの間隔が0.3秒だから，はね返らなくなるまでの経過時間は1＋0.3＝1.3(秒)

サシ図　⑦は4つの正三角形のうち1つ分，④はその$\frac{1}{4}$，⑤はそのさらに$\frac{1}{4}$の面積になるように図を塗る。ここで一番上にできた小さな正三角形を取り除いた図形を，大中小3つの台形の積み重ねと考えると，塗られた部分の面積は，その図形の面積の$\frac{1}{3}$になっている。このように，4回目以降の

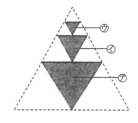

間隔も塗り続けると，一番上にできる正三角形は限りなく小さくなっていくから，塗られた部分の面積は図9の大きな正三角形の面積の$\frac{1}{3}$に限りなく近づく。**サ**より1回目以降の間隔の和は1÷3＝0.333…秒，飛び出してから1回目までの間隔が0.15秒だから，はね返らなくなるまでの経過時間は，0.333…＋0.15＝0.483…より，0.48(秒)

2 （算数：最大公約数，割り算の余りの利用）

基本

(1)　①　**ア**　1から6までの整数のうち，200と240の公約数であるものをすべて求める。

②　**イ**　縦2m，横2.4mの壁(かべ)を1辺2mの正方形で区切ると，縦2m(＝200cm)，横0.4m(＝40cm)の長方形が残る。200と40の最大公約数は40だから，この長方形を余りなく区切ることのできる一番大きなタイルの1辺の長さは40cmである。

ウ　縦2m，横2.4mの壁(かべ)には，1辺40cmのタイルが縦に200÷40＝5(枚)，横に240÷40＝6(枚)すき間なく並ぶので，全部で5×6＝30(枚)はることになる。

エオ　縦326cm，横654cmの長方形を1辺326cmの正方形で区切ると，この正方形が2つでき，縦326cm，横2cmの長方形が1つ残る。326と2の最大公約数は2であるから，1辺2cmのタイルが一番大きく，使える正方形のタイルは1辺の長さが1cm，2cmの2種類あることがわかる。

カ　縦7917cm，横11687cmの壁にすき間なくタイルをはることを考える。この長方形を1辺7917cmの正方形で区切ると，縦7917cm，横3770cmの長方形が残る。さらにこの長方形を1辺3770cmの正方形で区切ると，この正方形が2つでき，縦377cm，横3770cmの長方形が残る。377と3770の最大公約数は377であるから，この壁にはる

ことのできる一番大きいタイルは，1辺が377cmのタイルである。ここから7917と11687の最大公約数が377であることがわかるから，377で約分すると，$\frac{21}{31}$となる。

③ **キク** 「できるだけ大きな正方形」で区切っていく操作を順に式にすると，

1回目：$11687＝7917×1＋3770$，2回目：$7917＝3770×1＋377$，

3回目：$3770＝377×10$

となり，3回目の操作で「一番大きいタイル」を見つけたことになる。2回目の操作を表す式に着目すると，「割る数」が「余り」で割り切れ，このときの「余り」が「一番大きいタイル」の1辺つまり最大公約数377になっている。

(2) ① **図3**を応用して考えるとよい。㋐のタイル2枚を組み合わせると，辺の長さが2cmと3cmの長方形ができるので，辺の長さが片方でも3の倍数のときは，**図4**のタイルだけを使って壁一面にはることができる。一方で，縦の辺と横の辺がどちらも3の倍数ではないとき，正方形1個のタイルまたは正方形2個をつなげたタイルを使う必要がある。

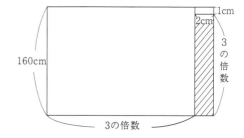

壁の縦の長さである160cmを3で割ると1cm余るから，「正方形2個をつなげたタイル」は縦1cm，横2cmの向きではることになる。すると，「正方形2個をつなげたタイル」の下には，縦の長さが3の倍数cm，横の長さが2cmの長方形(右図参照)があるとわかる。この長方形は片方の辺の長さが3の倍数だから，図4のタイルだけではることができる。

次に，これまでの過程を経てさらに残った長方形について考える。問題文より，「正方形2個をつなげたタイル」は1枚だけとわかるので，この長方形も図4のタイルのみではることができるとわかる。つまり，この長方形は少なくとも縦と横のどちらかの辺が3の倍数であるといえる。右図より，この「残った長方形」の縦の長さは160cmであるので，3の倍数ではない。したがって，横の辺の長さは3の倍数である。

以上より，壁の横の辺は「3の倍数＋2」cmだとわかるので，3で割った余りは2であるといえる。

② 辺の長さを3で割った余りが0，1，2の場合に分けて考える。

辺の長さを3で割った余りが0のとき，図5の余りの部分がなく，どちらの辺の長さも3の倍数であるから，図4のタイルだけで壁一面にはることができる。

辺の長さを3で割った余りが1のとき，図5の太線の四角形は辺の長さが1cmの正方形になり，ここに正方形1個のタイルをはればよい。

辺の長さを3で割った余りが2のとき，図5の太線の四角形は辺の長さが2cmの正方形になり，ここには図4の㋐のタイル1枚と正方形1個のタイル1枚をはればよい。

これより，どの場合においても「正方形2個をつなげたタイル」を使うことはないとわかる。

正方形1個のタイルと正方形2個をつなげたタイルは，いずれも1枚ずつしか使えないことに注意。

 (3) ① **ケ** 2を2回以上かけた数を順に求めると，4，8，16，…となるので，5で割った余りが1になる最も小さい数は16，すなわち2を4回かけた数である。

② **コサ** **図6**のA・Bに「2を4回かけた数」，Cに5をあてはめると，A×Bは2を8回

かけた数となる。また，2を4回かけた数を5
で割った余りは1だから，太線内は1×1＝1と
なり，余りが1であるとわかる。

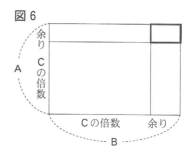

図6

シ 「A×BをCで割った余り」の考え方を引き続
き用い，Aに「2を4回かけた数」，Bに「2を
8回かけた数」をあてはめると，2を12回かけ
た数を5で割った余りもやはり1になる。2を16
回かけた数，2を20回かけた数……と同様に5で
割ると，余りは1になるから，2を4の倍数回かけた数を5で割った余りは必ず1に
なるとわかる。したがって，2を124回かけた数を5で割った余りも1といえる。2
を125回かけた数はこれにさらに2をかけた数だから，図6のAに「2を124回かけた
数」，Bに2，Cに5をあてはめると，太線内は1×2＝2となり，余りが2であるとわ
かる。ただしこの場合，図6の横の「Cの倍数」の部分は0である。

ス シより，「2を125回かけた数」を5で割った余りは2であるとわかる。3を2回以
上かけたときについても，同じように考えればよい。

まず，3を2回以上かけた数のうち，5で割った余りが1になる数を見つける。3
を2回以上かけた数を順に求めると，9，27，81，…となるので，5で割った余りが
1になる最も小さい数は81，すなわち3を4回かけた数である。シと同様に「A×B
をCで割った余り」の考え方をくり返し用いると，3を4の倍数回かけた数を5で割
った余りは必ず1になることがわかる。

図6のAに「2を125回かけた数」，Bに「3を124回かけた数」，Cに5をあてはめ
ると，太線内は2×1＝2となり，余りは2になるとわかる。

★ワンポイントアドバイス★

図やグラフ，会話文から情報を読み取り，問題文の条件にしたがって論理的に考
える力が求められる。何を求めるのかを正確につかみ，求めるためにどのような
情報が必要なのか，それぞれの資料からどのようなことがわかるのかを意識して
解こう。制限時間に対して問題全体の難易度は高めなので，計算はなるべく途中
が簡単になるような方法を考える，解けそうな問題を見極める，基本問題を確実
に正解するなどの工夫が必要だ。

＜適性検査2－2解答例＞

一 (1) ① 聞かなくてもわかる
　 (2) ② だれに話を聞きに行く

二 (1) ① いま
　　　 ② エ
　 (2) A ③ 手持ちの力を最大限に使うなかで，結果としてのびる
　　　 B ④ 伝えたいことを，前もって，じっくり考えてメモにまとめ，それを見ながら
　　　　　　伝える

三 (1) ① 喜び方の演技を変える

　　　② 世の中の人びと

　(2) ③ 別の考え方

　(3) 　わたしはノートにまとめるとき，テーマによって色分けをして書いたり，重要なこと
　　　は太いペンで書いたりしていました。ある日，わたしのノートを見た友人に「学んだ内
　　　容が一目でわかる。」とほめられました。そのとき，自分はまとめることが得意だと気が
　　　付きました。わたしは学級会の書記をしています。まとめる力を使って，黒板にみんな
　　　の意見のちがいがわかるように左右に分けて書きました。すると，議長から，問題点が
　　　わかりやすく話し合いが順調に進んだと言われました。

　　　　ノートにまとめる力が話し合いに役立ち，議長を手助けすることにつながりました。
　　　「手持ちの力」を最大限使った結果，その力が他の人を助ける力に発てんしたのです。こ
　　　の体験から，わたしは何かに取り組むとき，「今ある，自分のどの力がいかせるかな。」
　　　と考えながら，今ある力を積極的に使っていくことが大切だと思いました。

　　　　わたしはいろいろな人の考えを整理し，まとめる力を高めるために，新聞を読もうと
　　　思います。今まではテレビらんしか見ていませんでした。でも先生が，新聞はいろいろ
　　　な人の考えを，紙面でわかりやすく示していると教えてくれました。新聞を読むことで，
　　　効果的な資料の出し方や，意見のちがいを示す方法など，他のまとめ方を学べます。す
　　　ると，まとめる力がもっといろいろなところで役立ち，さまざまな分野の人たちと交流
　　　できて，自分の可能性が広がると思います。

○配点○

一　各8点×2(問題の趣旨にあっていれば点を与える。部分点を与える場合がある。)

二　(1)　①　4点(問題の趣旨にあっていれば点を与える。)　　②　4点　　(2)　各8点×2(問題
　の趣旨にあっていれば点を与える。部分点を与える場合がある。)

三　(1)　①　8点(問題の趣旨にあっていれば点を与える。)　(1)②(2)　各8点×2(問題の趣旨に
　あっていれば点を与える。部分点を与える場合がある。)　　(3)　36点(問題の趣旨にあってい
　れば点を与える。部分点を与える場合がある。)　　計100点

＜適性検査2－2解説＞

一　(国語：音声聞き取り)

　(1)　①　「それから，自分の本気を伝えるためにも，前もって自分で調べられることは調べておい
　　　てください。たとえば小説家に『これまでどんな小説を書いたのですか』と聞いてはいけ
　　　ません。そんなことは自分で図書館に行ったり，インターネットで調べようと思えば，本
　　　人に聞かなくてもわかることです。」という部分を参考にする。

　(2)　②　「もう一度話を聞きに行くか，別の人に話を聞くか，それともまずは同じ疑問を持つ人の
　　　書いた本を調べてみようか。」という部分を参考にする。

二　(国語：文章読み取り，条件作文)

　(1)　①　まとめの前半の内容と対応する部分を文章中から探すと，「つまり人は，〈ここのいま〉こ
　　　の身体にそなわった手持ちの力を使い，いまできないことは適当にやりくりしながら生き
　　　る。そういうものである。」とあるから，「いま」自分が持っている力を使うことがポイン

トであると読み取れる。

② 「いま持っている力」は，文章中の「手持ちの力」に対応する。三段落目の「新しい力が伸びてくるとすれば，それは手持ちの力を最大限に使っているなかでのことであって，これ以外にはない」という部分から，人間が発達するにはいま持っている力を最大限に使うしかないのだとわかる。いま持っている力を最大限に使うべき状況には**エ**「本番」があてはまる。

(2) **A** ③ 二段落目の「人は手持ちの力を最大限に使い，いまのできなさを適当にやりくりしながら生きていく，そうしているうちにその結果として次の新しい力が伸びてくるのだ」という部分をまとめる。まとめの「可能性がある」という部分は，三段落目の「『次の新しい力が伸びてくる』とばかりはかぎらない。もちろん，それが伸びてこないことだってある。」という内容にあう。

B ④ ［**資料**］に示された「やりくり」の意味を参考に，自分がいま持っている力でわかりやすく説明するためにはどのような工夫をすればよいかを考え，その具体的な内容を書けばよい。「いつ」「何を」「どのように」などの要素を意識すると具体的にまとめやすい。

重要 ▶ **三**　（国語：音声聞き取り，文章読み取り，条件作文）

(1) ① 「『粘土細工』のたとえ」「表現の幅が広がる」という言葉を手がかりに，文章から同様の内容を示す部分を探すと，「粘土細工のように一つのカタチをつくってはその歪みに気づいて崩すという作業が繰り返され，いろいろな表現の可能性の幅を広げていく」とある。これを「喜んでいる人」の演技にあてはめると，「一つの喜び方をつくっては崩すこと」，すなわち「喜び方の演技を変えること」によって表現の幅が広がるのだと考えられる。

② 「自分自身の表現のための確かな演技力と同時に，人間への観察と洞察を続け，世界への理解を深めていかなければ『俳優』にはなれない」「想像力」という記述から，人間の表情や身振りをよく観察する必要があるという内容が読み取れる。②に入る言葉は５字以上であるから，「世界への理解」という言葉も参考にして「世の中の人びと」のようにまとめる。

(2) ③ 問題**一**の放送で，あ「人から話を聞く」ことによって「今まで知ることのなかった新しい発見や驚きが何かある。少しだけ，自分の世界が広がった感覚が湧いてくる。」とあった。また，問題**三**の文章では，毎回違った表現方法を考え，実せんすることが述べられていた。どちらも，「別の考え方」を積極的に取り入れるという点で共通している。

(3) まず，条件**ア**より，語尾は「～です」「～ます」のように書く。次に，条件**イ**の中で段落構成が示されているのでそれにそって書く。各段落の内容は次のようになる。

　一段落目…自分について，いままで気づかなかったけれど新たに気づいた一面を具体的に一つあげ，その一面が日常生活で役立った体験を書く。学校生活や家庭での出来事と関連づけると書きやすい。

　二段落目…一段落目の体験について，「自分の可能性を広げる」うえで大切なことを書く。「③をふまえて」という指示があるので，問題**二**の文章の，「手持ちの力を最大限に使うことで結果として新しい力が伸びる」という内容を参考にすると書きやすい。

　三段落目…二段落目をふまえて「自分の可能性」を広げるための取り組みを書く。あと◌の両方またはどちらかにふれながら具体的に書く必要があるが，あでは問題**一**(2)，◌では問題**二**(2)④で考えたことが参考になる。

★ワンポイントアドバイス★

問題文の記述を手がかりに，問われている内容を文章から正確に読み取ろう。前半の問題を解く際に考えた内容が，後半の問題を解くうえでのヒントになっていることが多いので，問題全体の流れを意識するとよい。放送の内容もふくめて，各設問，文章のキーワードや重要なポイントをとらえながら取り組むことで，流れや内容が整い，説得力のある作文に近づくだろう。

2020年度
★★★★★★★★★★★★★★★★★★★★★

入 試 問 題

2020年度

千葉県立中学校入試問題（一次）

【適性検査１－１】（45分）　＜満点：100点＞

1　　ゆうさんたちは，総合的な学習の時間に「日本の貨物輸送の現状」について調べています。会話文をふまえながら，あとの(1)～(8)の問いに答えなさい。

ゆう：国内では，工業製品や食品など，たくさんの貨物が輸送されているね。

さき：主な輸送手段として船，鉄道，自動車が使われていて，平成28年度の３つの輸送手段の国内総輸送重量は，約48億ｔもあるね。

かい：国内総輸送重量について距離別，輸送手段別に，国内輸送の状況を調べてみたよ。**資料１**は，距離別の輸送重量の割合，**資料２**は，**資料１**の各項目を輸送手段別に見たもののグラフだよ。**資料１**と**資料２**は，船，鉄道，自動車のみの情報で作ってあるから，「全輸送」とは，この３つの輸送手段に関する情報だけを合わせたものだよ。

ゆう：それぞれの輸送手段には特徴がありそうね。**資料１**と**資料２**からわかったことを，**資料３**として，表にまとめてみるわ。

資料１　全輸送における距離別
　　　　の割合

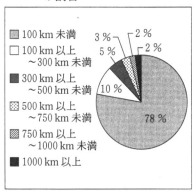

- 100 km 未満
- 100 km 以上 ～300 km 未満
- 300 km 以上 ～500 km 未満
- 500 km 以上 ～750 km 未満
- 750 km 以上 ～1000 km 未満
- 1000 km 以上

資料２　距離別にみる輸送手段の割合

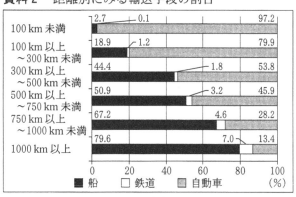

（**資料１**，**資料２**　国土交通省「貨物・旅客地域流動調査（平成28年度）」より作成）

資料３　輸送手段の特徴

	全輸送にしめる割合	輸送距離	輸送距離からみた具体的な特徴	まとめ
船	10.7 %	主として遠距離	**資料２**より，750 km 以上の輸送における船の割合は　い　% である	え
鉄道	あ　%	近距離～遠距離	**資料２**のすべての項目における鉄道の割合は 10 % 未満である	お
自動車	88.7 %	主として近距離	全輸送における 100 km 未満の自動車の割合は　う　% である	か

(1) 前のページの**資料3**の あ ～ う にあてはまる数を書きなさい。ただし，必要に応じて四捨五入し，答えは，小数第1位まで書くこと。

(2) え ～ か に入る最も適当な言葉を，次の**ア**～**エ**のうちからそれぞれ1つずつ選び，その記号を書きなさい。

ア せまい範囲での輸送に使われることが多い

イ 離れた場所への輸送に使われることが多い

ウ どの距離でも一番使われている

エ どの距離でも使われることが非常に少ない

かい：輸送手段によって，特徴が異なっているのですね。

先生：**資料4**は，銚子から東京まで，貨物を運ぶために一番多く使われていた輸送手段の輸送経路と輸送時間を示しています。輸送時間には，荷物を積みおろす時間も含まれます。それぞれの年の輸送手段は，何かわかりますか。

資料4 銚子から東京までで一番多く使われていた輸送手段の輸送経路と輸送時間

（江戸川区郷土資料室「通運丸と江戸川の水運」より作成）

さき：古い年から順に船，鉄道，自動車だと思います。

先生：そのとおりです。**資料4**から，輸送時間が き されたことがわかります。このことが，輸送手段の移り変わりに影響したことなどから，船より鉄道，鉄道より自動車の使用が増えました。

かい：だから，今は**資料3**（前のページ）にあるように，「全輸送にしめる割合」の自動車の割合が88.7%と，自動車が多く使われているのですね。

ゆう：遠い場所への輸送時間は，どうなっているのですか。

先生：**資料5**を見るとわかりますよ。

資料5 現在の東京からの輸送時間（時間）

輸送手段 輸送先	船	鉄　道	自動車
北海道（約831 km）	49.9	40.6	24.3
香　川（約537 km）	48.0	24.0	11.7
広　島（約675 km）	55.8	19.4	13.1

（国土交通省「全国貨物純流動調査報告書平成29年3月」，国土地理院「都道府県庁間の距離」より作成）

さき：あれ？　時間だけを基準に輸送手段を選ぶなら，前のページの**資料5**から　く　はずなのに**資料2**（1ページ）を見返してみると，実際は　け　ことがわかりますね。

先生：よく気がつきましたね。輸送手段を選ぶ基準は時間だけではなさそうですね。

(3)　き　にあてはまる言葉を書きなさい。

(4)　く　，　け　にあてはまる言葉を，それぞれ10字以上15字以内で書きなさい。ただし，どちらも「きょり」という言葉を必ず使うこと。

先生：さらに考えていきましょう。じつは，近年，船や鉄道を今以上に積極的に使って自動車での輸送を減らそうという動きが出てきています。

ゆう：どうしてですか。

先生：その理由を一緒に考えてみましょう。**資料6**を見てください。貨物600 t を**A駅**から**B社**まで貨物列車だけで輸送する場合と，トラックだけで輸送する場合を考えます。このとき，線路は**A駅**から**B社**までつながり，直接**B社**まで運ぶことができるものとします。

資料6　貨物列車とトラックの輸送の様子

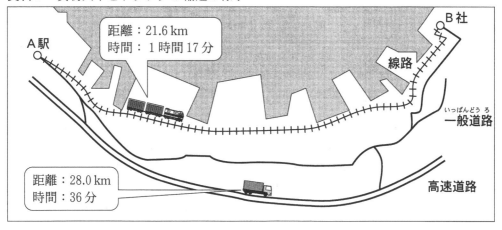

先生：また，トラックでは10 t しか運べないので，必要な台数分用意して運び，貨物列車では24 t 運べる貨車を連結して，一度で運ぶものとします。トラックも貨物列車も運転手は1回につき1人とします。貨物列車で輸送した場合，トラックと比べて運転手の人数などがどのようになるのかを**資料7**（次ページ）にまとめましょう。

さき：**資料7**の項目を比べたら，鉄道と自動車の違いを理解できました。

先生：**資料7**からわかる鉄道の利点は何ですか。

かい：人手不足の解消や二酸化炭素排出量の増加をおさえることではないでしょうか。

先生：そのとおりです。貨物の輸送を，自動車から鉄道や船にかえることを「モーダルシフト」と言います。輸送の問題を解決するために有効な方法であり，国がすすめている取り組みです。

資料7　貨物600ｔを運ぶときの貨物列車とトラックの輸送上の違い

	トラックと比べた時の貨物列車の状況
運転手の人数	輸送にかかる人数はすべてのトラックで運んだときの $\dfrac{1}{\boxed{こ}}$ 倍
輸送時間	時間がかかる
行路状況	渋滞がない
二酸化炭素排出量	すべてのトラックで運んだときの約 $\dfrac{1}{\boxed{さ}}$ 倍
輸送重量	トラック1台の $\boxed{し}$ 倍

二酸化炭素排出量を求める式

二酸化炭素排出量 (g)	=	1トンキロ[1]あたりに排出される二酸化炭素量(g/t･km[2])	×	輸送重量 (t)	×	輸送距離 (km)

※1　1トンキロ：1t･kmと書き，1tの貨物を1km輸送したときの輸送量を示す。
※2　g/t･km：1tの貨物を1km輸送したときに排出される二酸化炭素量を表す単位。

$\boxed{}$ の値を【鉄道（貨物列車等）】は「20」，【自動車（トラック等）】は「232」とする。

(5) $\boxed{こ}$ ～ $\boxed{し}$ にあてはまる数を書きなさい。答えが小数の場合は，四捨五入して整数で書きなさい。

先生：「モーダルシフト」の他にも国は，人手不足や二酸化炭素排出量の増加などの問題への対策を進めています。例えば，「共同配送」という，異なる複数の会社が協力をして配送する方法があります。資料8では，どの会社も，出発してから集配センターを通って，各店に到着するまで，1台のトラックで配送している様子を示しています。

資料8　共同配送の様子

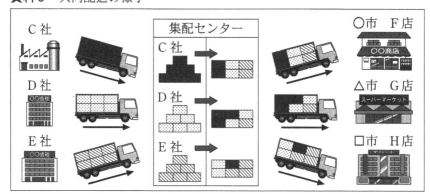

さき：**資料8**（前のページ）中のC社，D社，E社から配送先のF店，G店，H店の各店に貨物を運ぶとき，集配センターで貨物を配送先ごとに積みかえ，他の会社の貨物も一緒に配送先まで届けるということですね。

(6) **資料8**と図から，「共同配送」の利点を解答らんにしたがって書きなさい。ただし，具体的な数を使い15字以上20字以内で書くこと。

図　共同配送をしない場合

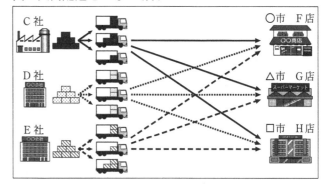

ゆう：実際に「モーダルシフト」や「共同配送」を使って運ぶと，人手や二酸化炭素排出量にどのくらいの違いがあるのかな。

先生：それでは，注文したペットボトル飲料とトイレットペーパーが出荷され，千葉県内の各個人の家に届くまでを考えましょう。輸送経路は複数考えられますが，その輸送経路の中から，条件に合わせて，最適な輸送経路を選んでいきます。**資料9**では，各個人の中の1軒に届くまでのおおまかな様子を示していますが，<u>ₛI社，J社のそれぞれから個人の家まで，最も少ない量の二酸化炭素排出量で，最も人手をかけずに輸送するには，どの経路を選べばよいでしょうか。</u>

資料9　I社，J社から出荷されて個人の家に届くまでのおおまかな様子

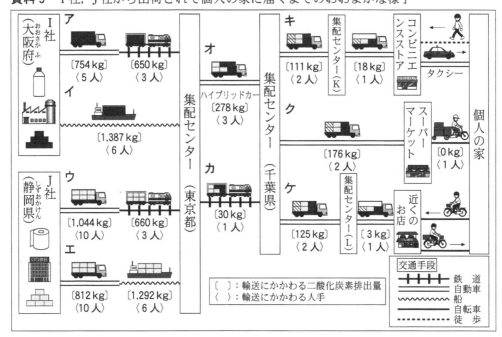

(7) 下線部**す**について，解答らんにしたがい，**資料9**（前のページ）の**ア～ケ**のうちから最も適当な記号を選び，すべてに○をつけなさい。

さき：輸送にかかわる二酸化炭素排出量や人手をさらに減らすアイデアが他にあるかな。

先生：千葉県の集配センターから個人が受け取るまでの間で，**資料9**の中の交通手段を使ってアイデアを出してみましょう。

かい：自分だったら，　**せ**　。

ゆう：次は，受け取る立場での取り組みについても調べてみたいな。

(8) 　**せ**　について，解答らんにしたがい，(7)の**キ～ケ**で選んだ経路よりも人手を増やさず，二酸化炭素排出量を減らすための方法を，配送する立場と受け取る立場で書きなさい。

2　えりさんとじんさんの学級では，総合的な学習の時間に「世界の水不足問題」の学習をしています。会話文をふまえながら，あとの(1)～(9)の問いに答えなさい。

えり：2020年（令和2年）10月に，熊本市で，「第4回アジア・太平洋水サミット」が開かれるそうですが，どのようなことが話し合われるのですか。

先生：人口増加にともなう水不足，気候変動にともなう洪水被害などが問題になっています。これらの水に関する問題を話し合うことが予定されています。

じん：水不足の状況について調べるために，**資料1**を見つけました。

資料1　国別年間降水量と1人あたりの水資源量

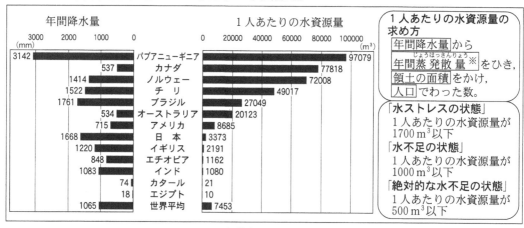

（国際連合食糧農業機関「AQUASTAT」2017年，国土交通省ホームページより作成）

※　蒸発散量：蒸発と蒸散を合わせた水の量。

えり：エチオピアとインドが「水ストレスの状態」，カタールとエジプトが「絶対的な水不足の状態」ね。

じん：日本の1人あたりの水資源量は，世界平均の半分以下だけれど，「水ストレスの状態」ではないね。

えり：ぁカナダやオーストラリアは日本より年間降水量が少ないのに，1人あたりの水資源量はとても多いわね。**資料2**（次のページ）で比べてみましょう。

資料2　カナダ，オーストラリア，日本の比較

	1人あたりの水資源量(m^3)	年間降水量(mm)	領土の面積(万km^2)	人口(万人)
カ ナ ダ	77818	537	998	3662
オーストラリア	20123	534	774	2445
日 本	3373	1668	38	12748

(国際連合食糧農業機関「AQUASTAT」2017年より作成)

じん：1人あたりの水資源量は，都道府県ごとでも出せますか。

先生：出せますよ。千葉県を例に求めてみましょう。千葉県の年間降水量から年間蒸発散量を引いた量は日本の約0.8倍，人口密度は日本の約3.6倍です。

じん：千葉県の1人あたりの水資源量は約 い m^3で，「 う の状態」ですね。

(1)　下線部あの理由を，句読点を含めて12字以内で書きなさい。

(2)　 い ， う にあてはまる数や言葉を書きなさい。ただし，い は四捨五入して整数で，う は前のページの資料1の言葉を使って答えなさい。

先生：水資源量と実際に使える水は違います。資料3を見てみましょう。

資料3　安全な水を利用できない人の割合と人口

	安全な水を利用できない人の割合			安全な水を利用できない人口	
順	国名	％	順	国名	万人
1	パプアニューギニア	60.0	1	インド	7578
2	赤道ギニア	52.1	2	中 国	6317
3	アンゴラ	51.0	3	ナイジェリア	5776
4	チャド	49.2	4	エチオピア	4225
5	モザンビーク	48.9	5	コンゴ民主共和国	3391
6	マダガスカル	48.5	6	インドネシア	3229
7	コンゴ民主共和国	47.6	7	タンザニア	2324
8	アフガニスタン	44.7	8	バングラデシュ	2109
9	タンザニア	44.4	9	ケニア	1721
10	エチオピア	42.7	10	パキスタン	1610
⋮			⋮		
	エジプト	0.6		エジプト	59
	カタール	0		カタール	0
	日 本	0		日 本	0
⋮			⋮		
	世 界 平 均	29.0			

(国際NGO ウォーターエイド「水の価値とは？」2017年，
日本ユニセフ協会ホームページより作成)

じん：「安全な水」とは，どのような水ですか。

先生：水道水や検査に合格した井戸水，販売されている容器入りの水などですね。

えり：資料1と資料3とでは，パプアニューギニア，エジプト，カタールの状況が大きく違っていますね。

先生：次のページの資料4を見てみましょう。

じん：エジプトとカタールは，総水資源量にしめる年間取水量の割合が100％をこえています。年間取水量が総水資源量を上回るということですね。

先生：総水資源量は，降水量を基準に計算されます。年間取水量が総水資源量を上回るということは，自国に降る雨以外の水源があることを示しています。

資料4　国別年間取水量と使用目的別割合

	総水資源量※1 (km³)	年間取水量※2 (km³)	総水資源量 にしめる 年間取水量 の割合 （%）	年間取水量 にしめる 農業用水量 の割合 （%）	年間取水量 にしめる 工業用水量 の割合 （%）	年間取水量 にしめる 生活用水量※3 の割合 （%）
イ　ン　ド	1446.000	761.00	52.63	90.41	2.23	7.36
パプアニューギニア	801.000	0.39	0.05	0.26	42.74	57.00
日　　　本	430.000	81.45	18.94	66.83	14.25	18.92
エ　チ　オ　ピ　ア	122.000	10.55	8.65	91.84	0.48	7.68
エ　ジ　プ　ト	1.000	77.50	7750.00	79.16	6.97	13.87
カ　タ　ー　ル	0.056	0.44	792.00	59.01	1.80	39.19
世　界　合　計	54741.000	3985.70	7.28	70.00	19.00	11.00

（国際連合食糧農業機関「AQUASTAT」2017年より作成）

※1　総水資源量：「1人あたりの水資源量」に「人口」をかけ，国全体の水資源量を表したもの。
※2　年間取水量：1年間に川や湖などから取った水や地下水をくみ上げた水量。
※3　生活用水量：取水量から農業用水量と工業用水量をのぞいた，生活のための水量。

えり：水源についてまとめ，資料5にA～Fで表してみました。

資料5　水源における取水方法と課題

	取水量に含まれる					取水量に 含まれない
	自国の水資源量に含まれる水源 （自国の降雨をもとにするもの）		自国の水資源量に含まれない水源 （自国の降雨をもとにしないもの）			
	A　川や湖など	B　地下水	C　国をまたぐ川	D　化石水	E　海水	F　雨水
取水方法	自国の川，湖，ダムなどから取水する。	井戸をほって，地中にしみこんだ水を取水する。	上流の国で降った雨を川，ダムなどから取水する。	数万～数億年前に地下深くにとじこめられた水を取水する。	工場で海水を真水にして，取水する。	雨水を直接ためる。水たまりの水をくむ。
課題	技術力がないと，ダムや水道設備を作り管理することができない。	周囲の環境により，水質が悪くなるおそれがある。	技術力がないと，ダムや水道設備を作り管理することができない。国家間での合意がないと運用できない。	え	技術力がないと，工場や水道設備を作り管理することができない。	安全でない水を原因とした病気にかかるおそれがある。

先生：よくまとめられましたね。日本の取水はほとんどがAとBです。日本の温泉で使われる水はBとDです。エジプトやカタールは，AとBだけでなく，C，D，Eも利用しています。A～Eで得た水は，取水後にきれいにしたり，検査をしたりして，「安全な水」になります。

(3)　え には「化石水」の将来的課題が入ります。解答らんにしたがって書きなさい。ただし，「水」「じゅんかん」という言葉を必ず使うこと。

(4)　次のア～エには，資料1～資料4に示されている数値を使えば，計算で導き出せるものがあります。それぞれの数値を導き出すために必要な資料番号のすべてに○をつけなさい。また数値が導き出せない場合は「導き出せない」に○をつけなさい。

（資料1は6ページ，資料2，資料3は7ページにあります。）

ア　パプアニューギニアの人口

イ　日本の年間蒸発散量

ウ　カタールで，年間取水量のうち，海水から取水している量

エ　世界中で，安全な水を利用できない人口

じん：前のページの**資料4**と他の資料の数値から，**資料6**を導き出したよ。

えり：WHO※2は，人が生活するのに必要な生活用水量を，少なくとも1人あたり1日50Lとしているけれど，エチオピアはそれを下回っているのね。

※1　1人が1日に使う生活用水量：生活用水量を人口でわり，1人が1日に実際に使う水量の平均を表したもの。

※2　WHO：国際連合の機関の1つである世界保健機関のこと。

資料6　1人が1日に使う生活用水量※1

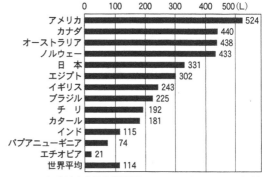

（国際連合食糧農業機関「AQUASTAT」2017年より作成）

じん：日本でシャワーに使われる水の量は，1分間で平均12Lと言われているから，エチオピアで1人が1日に使う生活用水量は，日本でシャワーを約 **お** 秒間使うのと同じだね。

えり：**資料4**を見ると，インドとエチオピアの1人が1日に使う生活用水量が少ないのは，他国と比べて **か** からではないかと予想できるわね。

先生：インドとエチオピア，そしてパプアニューギニアは，生活用水量の不足分を，前のページの**資料5**のFから補っています。このことが安全な水を利用できない原因の1つとなっているのです。

(5) **お** にあてはまる数を書きなさい。

(6) **か** にあてはまる言葉を書きなさい。

えり：水不足の国を世界中で支援して，水問題を解決していけるといいわね。

じん：2015年に国際連合で採択された「SDGs※1世界を変えるための17の目標」を見つけたよ。

資料7　SDGs 世界を変えるための17の目標

1 貧困をなくそう	10 人や国の不平等をなくそう
2 飢餓をゼロに	11 住み続けられるまちづくりを
3 すべての人々に健康と福祉を	12 つくる責任つかう責任
4 質の高い教育をみんなに	13 気候変動に具体的な対策を
5 ジェンダー※2平等を実現しよう	14 海の豊かさを守ろう
6 安全な水とトイレを世界中に	15 陸の豊かさも守ろう
7 エネルギーをみんなにそしてクリーンに	16 平和と公正をすべての人に
8 働きがいも経済成長も	17 パートナーシップ※3で目標を達成しよう
9 産業と技術革新の基盤をつくろう	

（外務省ホームページより作成）

※1　SDGs：将来にわたって人間活動が持続できる世界を実現するための，2016年から2030年までの国際目標。

※2　ジェンダー：社会的・文化的に分けられた性区分。

※3　パートナーシップ：SDGsで示されているパートナーシップは，協力する側と協力を受ける側の関係を指す。

えり：水に関するものは「目標6」ですが，他の目標にも関わってきそうですね。

先生：SDGsは，それぞれの目標が関わり合っています。わかりますか。

じん：水不足を解決することで，安全でない水を原因とした病気が減ると考えられます。「目標6」

の「安全な水」の達成で，「目標3」の達成に近づく，ということですね。

先生：8ページの**資料5**の課題から見つけられたのですね。逆に，き「目標6」の「安全な水」の達成のために「目標9」への取り組みが必要である理由を，同じく**資料5**から考えてみましょう。

(7) 下線部きの理由を，**資料5**の言葉を使い，句読点を含めて**30字以上40字以内**で書きなさい。

先生：JICA※1は，SDGsの総合的な達成を目指して，150以上の開発途上国※2に対してさまざまな国際協力を行っています。

※1　JICA：日本政府が決めた他国への援助を行うための組織。国際協力機構。「ジャイカ」と読む。

※2　開発途上国：開発がゆるやかで経済成長の途中である国。

じん：JICAは多くの開発途上国を支援しているのですね。

先生：逆に，東日本大震災の時には，日本は世界中から支援を受けました。開発途上国からも寄付金や支援物資，応援メッセージがたくさん届けられたのですよ。

えり：日本の国際協力は，水問題の解決に役立っているのでしょうか。

先生：では，**資料8**を見てみましょう。

じん：技術協力援助とは何ですか。

先生：JICAが開発途上国で行っている国際協力や，日本に開発途上国の人を招いて行っている技術研修などです。

えり：**資料8**から，JICAの技術協力を受けている国は，　**く**　と言えますね。

先生：ベトナムがJICAの技術協力援助相手国として出ていますが，千葉県も，2007年から，ベトナムの水環境整備に取り組んでいたそうです。

じん：JICAだけでなく，千葉県も国際協力をしていたのですね。

先生：現在，ベトナムは日本の大きな貿易相手国になっています。また，千葉県は，人手不足問題に備え，ベトナムと人材交流の約束をしています。

資料8　JICAの技術協力援助相手国の安全な水を利用できない人の割合の変化

日本の技術協力援助相手国（援助額順）		安全な水を利用できない人の割合（％）	
順位	相手国	1992年 ➡	2017年
1	インド	27.4	5.9
2	ミャンマー	41.4	19.4
3	ベトナム	34.3	2.4
4	インドネシア	28.8	12.6
5	フィリピン	15.5	8.2
6	バングラデシュ	30.3	13.1
7	カンボジア	76.5	24.5
8	ケニア	55.4	36.8
9	エジプト	6.1	0.6
10	ネパール	31.8	8.4

（外務省「2018年版開発協力白書」，国際NGOウォーターエイド「水の価値とは？」2017年より作成）

えり：日本とベトナム，千葉県とベトナムの関係は，SDGsの「目標17」にあるけ「目標を達成するためのパートナーシップ」という関係をこえて，次の段階のパートナーシップへ変わりつつある，と言えますね。

(8) 　**く**　にあてはまる言葉を，句読点を含めて**20字以上25字以内**で書きなさい。

(9) 下線部けを，解答らんにしたがって説明しなさい。

【適性検査１－２】（45分）　＜満点：100点＞

1　まりさんは，南極について興味をもったので，先生に質問しています。会話文をふまえながら，あとの(1)～(11)の問いに答えなさい。

まり：先生，南極について教えてください。

先生：興味があるようですね。**図1**を見てください。これは地球儀（ちきゅうぎ）を平面で簡単（かんたん）に表した図です。地球は１日におよそ１回転しており，その回転する軸を地軸といいます。南極点とは，地軸（じく）と地表が交わる南側の点です。

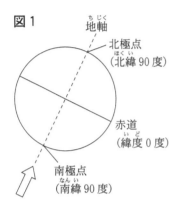

図1

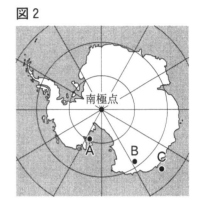

図2

まり：南極には大陸があるのですよね。

先生：そうです。**図2**を見ましょう。これは南極大陸を**図1**の矢印側から見た地図です。南極点を中心に示してあり，地図上では，どこから見ても南極点が南となります。今から約100年前，日本初の南極探検隊（たんけんたい）は南緯80度05分の**A**地点に到達（とうたつ）しました。分とは角度の単位で，緯度05分とは緯度１度を60に分けた５つ分です。小数を使って南緯80度05分を，度で表せますか。

まり：南緯　｜ ア ｜ 度です。地球で最も南である南極点まで，あと少しでしたね。

先生：確かに地図上の最も南は南極点です。でも，他の磁石（じしゃく）の影響（えいきょう）を受けていない方位磁針（ほういじしん）のＳ極が実際に指す向きは南極点からずれており，その指す場所を南磁極（なんじきょく）といいます。今から約100年前の南磁極は**図2**の**B**地点でした。当時の南極探検隊が**A**地点で方位磁針を見たとすると，方位磁針のＳ極は**B**地点を向いて止まっていたと考えられ，方位磁針をもとに**A**地点で見た方角を表すと，**B**地点は　｜ イ ｜ となり，南極点はほぼ　｜ ウ ｜ になります。

まり：**図2**の地図上の南と方位磁針のＳ極が指す向きを比べてみると，千葉県にいる人にとっては大きな違（ちが）いはありませんが，南極大陸にいる人にとっては，場所によっては大きくずれることがあるのですね。

先生：そのとおりです。南磁極の位置は一定ではなく，少しずつ移動しています。約100年前は**図2**の**B**地点でしたが，現在は，**図2**の**C**地点です。**C**地点は**B**地点から見て，地図上では　｜ エ ｜ の方角になります。

(1)　｜ ア ｜ にあてはまる数を，四捨五入（ししゃごにゅう）して小数第２位まで書きなさい。

(2)　｜ イ ｜，｜ ウ ｜ にあてはまる方角として最も適当なものを，東・西・南・北のうちからそれぞれ１つずつ選び，書きなさい。ただし，使用した方位磁針は，他の磁石の影響を受けていないものとします。

(3) 　エ　にあてはまる方角として最も適当なものを，次の**あ～え**のうちから１つ選び，その記号を書きなさい。

　　あ　北　西　　**い**　北　東　　**う**　南　西　　**え**　南　東

白夜について，話をしています。

まり：南極では，太陽が一日中沈まない現象があると聞きました。

先生：よく知っていますね。緯度の高い地域で起こる，
　　　太陽光が一日中当たり続ける現象を白夜といいま
　　　す。**図３**は，ある日の地球の様子を簡単に表した
　　　図で，白く示している地域は昼，色をぬって示し
　　　ている地域は夜を表しています。地球は地軸を中
　　　心に回転するため，昼と夜が交互に訪れます。**図
　　　３**の日において，千葉県および赤道付近では，そ
　　　れぞれ昼と夜のどちらの時間が長いでしょうか。

図３

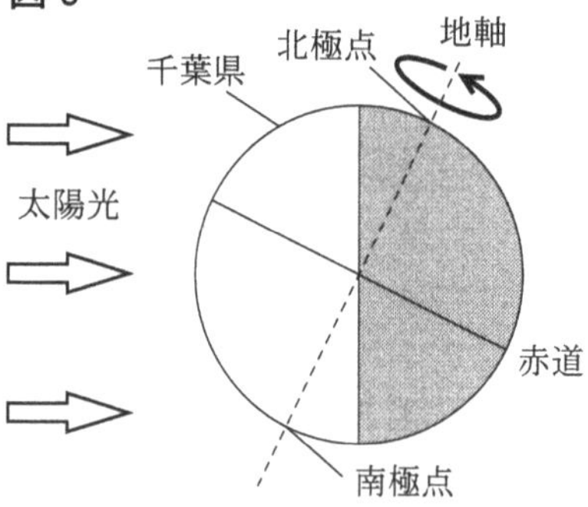

まり：千葉県では　オ　です。赤道付近では　カ
　　　です。

先生：正解です。地軸が一定の傾きを保ったまま，地球は太陽のまわりを回っているため，緯度と
　　　時期によって昼と夜の長さが変わります。

まり：昼と夜の長さが**図３**のようになるのは　キ　ですね。

先生：そのとおりです。その時期の南極は，白夜です。

(4) 　オ　，　カ　にあてはまる最も適当なものを，次の**お～き**のうちからそれぞれ１つずつ選び，
　　その記号を書きなさい。

　　お　昼の方が長い　　**か**　夜の方が長い　　**き**　昼と夜の長さはほぼ同じ

(5) 　キ　にあてはまる月を，３月・６月・９月・12月から１つ選び，書きなさい。

(6) 　**図３**で，太陽光が一日中，直接当たり続ける地域を，解答らんの図を黒くぬり，作図の方法を
　　説明しなさい。ただし，作図に用いた線などはそのまま残しておくこと。

南極での月の見え方について，話をしています。

まり：南極での月の見え方はどうなるのでしょうか。

先生：**図４**を見てください。千葉県で月を見て
　　　いる様子を表しています。月は自ら光を
　　　出しませんが，太陽光を反射しているの
　　　で輝いて見えます。そのため，太陽と月
　　　の位置関係が変わると，輝いている部分
　　　の地球からの見え方も変わるのです。

図４

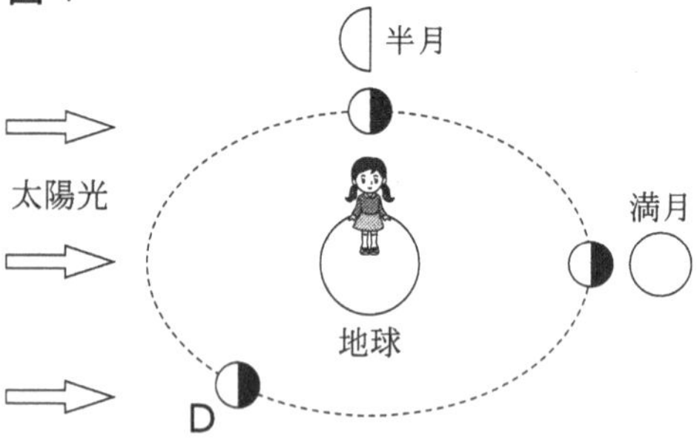

まり：はい。聞いたことがあります。

先生：それでは，月の位置が**図４**の**D**のとき，千
　　　葉県では，月はどのような形に見えるで
　　　しょうか。

まり：太陽光が当たっている部分だけが輝いて見えるので，| ク | のように見えます。

図5

先生：正解です。一方，南極での月の見え方は千葉県とは異_{こと}なります。図5を見てください。これは，千葉県の北緯35.9度の地点で観察した，右半分が輝いている半月です。同じ日の同時刻_{どう じ こく}に，経度は同じで南緯35.9度の地点から，千葉県と同じように月を観察すると，どのように見えるでしょうか。南半球で観察するので，図6のように逆さになっていると考えてみてください。

まり：| ケ | のように見えます。

図6

先生：正解です。それでは，_a南極で見られる月の満ち欠けの順もわかりますか。考え方は先ほどの半月の見え方と同じですよ。

(7) | ク | に入るものとして最も適当なものを，次のく〜さのうちから1つ選び，その記号を書きなさい。ただし，白い部分が輝いて見える形とします。

く

け

こ

さ

(8) | ケ | に入るものとして最も適当なものを，次のし〜そのうちから1つ選び，その記号を書きなさい。

し

す

せ

そ

(9) 下線部aについて，新月から次の新月の間に南極で見られる月の見え方の順を，次のた〜てを正しく並_{なら}べ替_かえて，答えなさい。ただし，白い部分が輝いて見える形とします。

新月

た

ち

つ

て

南極の寒さについて，話をしています。

まり：北極と南極では，どちらの方が寒いですか。

先生：北極よりも南極の方が寒く，北極の北緯83度38分地点の平均気温は－17.7℃ですが，南極内陸部の南緯78度28分にあるロシアのボストーク基地の平均気温は－55.2℃です。南極がこれほど寒い理由はいくつか考えられますが，北極の海面からの高さ（高度）が数m程度であることに対して，ボストーク基地の高度は約3500mです。この高度の違いから考えてみましょう。

まり：高度と気温の間には関係があるのですか。

先生：はい。高度が上がるほど気圧が下がり，気圧が下がるほど気温も下がります。気圧とは一定面積あたりの面が空気の重さにより，垂直（すいちょく）に押（お）される力のことで，単位は，hPa（ヘクトパスカル）です。では，高度，気圧，気温の３つの関係から考えてみましょう。**図８**と**図９**を見てください。**図８**は，寒く乾燥（かんそう）した地点における高度と気圧の関係を表したグラフです。ただし，高度０mの気温が－10℃のときのものです。**図９**は，**図８**の高度の気圧から，その高度の気温が，高度０mの気温から何℃下がるかを計算した結果をもとに，グラフで表したものです。**図８**，**図９**の２つのグラフは，同じ地点について表しているので，b <u>図10に，高度と気温の関係を表すグラフをかきましょう。ただし，高度０m地点の気温は，０℃より10℃低いときとします。</u>

まり：できました。高度が高くなると，こんなに気温が下がるのですね。

先生：そのとおりです。

図８

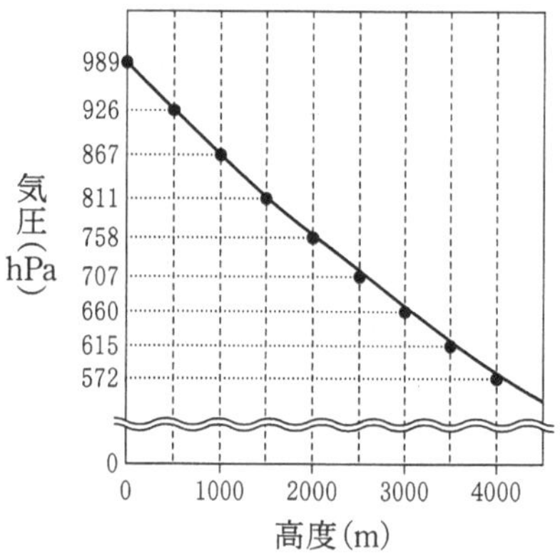

図９

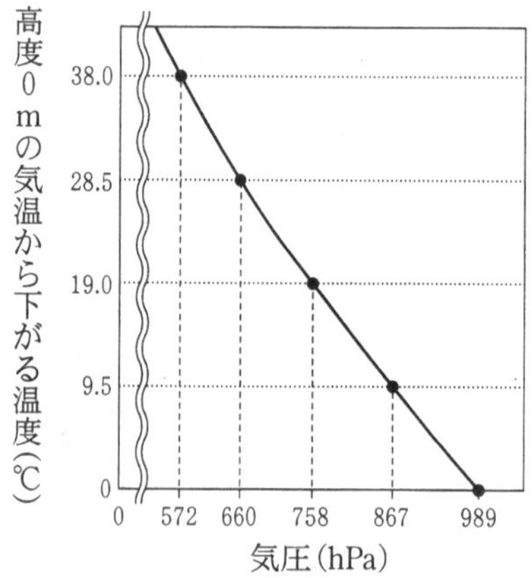

図８，**図９**の≈，≀≀は，目もりの一部省略の印。

図10

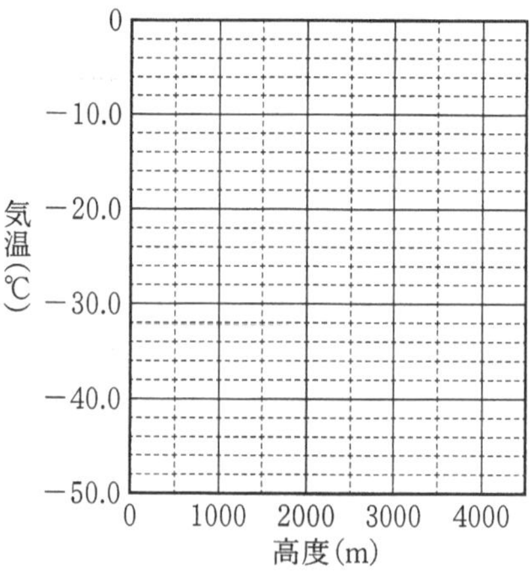

(10)　下線部bについて，高度と気温の関係を表すグラフを，解答らんの図にかきなさい。南極の氷について，話をしています。

まり：海に浮いている氷山は，大部分が水面下に沈んでいて，見えていないと聞きました。

先生：はい。図11は南極海の氷山です。氷山が浮かぶしくみを説明しましょう。氷山の形を単純化
して，図12のような直方体とします。氷山は氷からできていて，同じ重さの海水と氷の体積
の比は，97：110 です。海水より氷の方が軽いので，氷山は浮かびます。また，氷山の水面
下の見えていない部分が押しのけた海水の重さと，氷山全体の重さは等しいのです。図12の
ような氷山があり，水面上に見えている部分の高さが33mの場合，水面下の見えていない部
分の高さは何mですか。

図11

図12

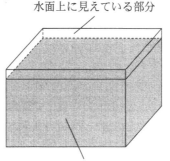

水面上に見えている部分

水面下の見えていない部分

図13

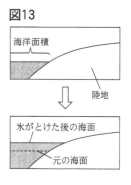

海洋面積

陸地

氷がとけた後の海面

元の海面

まり：　コ　mになります。見えていない部分は，そんなに大きいの
ですね。では，もし南極の陸地にある氷がすべてとけたとする
と，海面はどれくらい上昇（じょうしょう）しますか。

先生：南極の陸地にある氷は，もとは雪なので，とけると水になりま
す。図13のように，とけた水の分だけ海水の体積が増えるので，
海面が上昇します。それにともない，高度の低い陸地は海に沈
み，海洋面積は増えます。海洋面積が広がることで，海面の上昇
する高さがどれくらい変化するかを，図14のような実験をとおし
てイメージしてみましょう。地球は球形ですが，海洋面積を球面
ではなく，底が正方形の四角柱の平面として考えることにしま
す。内側の底面が一辺13cmの四角柱の容器 E に7020cm³の氷を入
れ，しばらく置くと氷はすべてとけました。次に，容器 E よりも
内側の底面の一辺の長さが大きい容器 F に，容器 E の水をすべて
移すと，水面の高さは4.2cmになりました。同じ重さの水と氷の
体積の比は，91：100 です。容器 F の底面の正方形の一辺の長さ
は，容器 E の一辺の長さの何倍でしょう。

図14

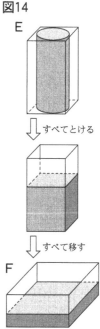

E

すべてとける

すべて移す

F

まり：　サ　倍です。底面積が増えると，水面の上昇する高さは，か
なり変わるのですね。

先生：そのとおりです。以前読んだ本では，南極の陸地にある氷の全体積は2400万km³，全世界の海
洋面積は 3 億6400万km²で，海洋面積を四角柱の底面積として見たとき，氷がとけると底面の
正方形の一辺の長さは20％増えるとなっていました。氷がとける前の海洋面積を底面積とし
た容器 E に氷を入れ，氷がとけると容器 F のように底面積が大きくなると考えると，南極の

陸地にある氷がすべてとけたとしたら，海面は何m上昇しますか。今回は，水温の変化による海水の体積変化は考えないことにしましょう。

まり：　シ　mです。海はとても広いのに，こんなに海面が上昇するほど，南極の陸地にある氷の量は多いのですね。

先生：よくできました。私（わたし）もぜひ南極観測隊に参加したいと思っています。

⑾　コ　〜　シ　にあてはまる数を書きなさい。ただし，コ，シ　は四捨五入して，それぞれ整数で書きなさい。

2　けんさんとはなさんは，身の回りにある数について先生と話をしています。あとの(1)〜(3)の問いに答えなさい。

先生：けんさんは，いつも朝何時に家を出ますか。

けん：ぼくは，7時20分に出ます。

先生：7時20分を長針（ちょうしん）と短針のある図1の時計で表してみました。図1のような時計は，1〜12までの数字で時刻（じこく）を表しますね。他にも限られた数字の組み合わせで表されているものはありませんか。

はな：カレンダーの日付はどうですか。

先生：いいですね。1〜12の数字で月を，1〜31の数字で日を表しています。ところで，今日は土曜日です。令和元年（2019年5月1日〜12月31日）には土曜日が何回ありますか。図2を参考に求めてみましょう。

はな：5〜12月の中で，6，9，11は30日あり，それ以外の月は31日あるので，　ア　回となります。

先生：よくできましたね。「曜日」は日・月・火・水・木・金・土を繰（く）り返しています。他にも「年」を表す「干支（えと）」も繰り返しているのは知っていますよね。

けん：はい。順に言うと，子（ね）・丑（うし）・寅（とら）・卯（う）・辰（たつ）・巳（み）・午（うま）・未（ひつじ）・申（さる）・酉（とり）・戌（いぬ）・亥（い）です。今年（2019年）の干支は亥ですが，先生の干支はなんですか。

先生：巳です。ここでクイズです。私（わたし）の年齢（ねんれい）は40代，10月生まれです。私は，西暦何年生まれで，2019年12月7日現在，何歳（なんさい）でしょう。

けん：干支の並（なら）び方のきまりを考えれば，西暦　イ　年生まれの　ウ　歳です。

先生：けんさん，正解です。歳（とし）がわかってしまいましたね。

(1)　次の①，②の問いに答えなさい。

①　図1で，点「•」はそれぞれ円の時計の中心，4時，7時の位置を表しています。このとき，2時と11時の位置を表す「•」を，解答らんの図の円周上にかき，作図の方法を説明しなさい。ただし，1〜12の数字は円の周りに等間隔（とうかんかく）にあるとします。なお，作図に用いた線などは，そのまま残しておくこと。

②　ア　〜　ウ　にあてはまる数を書きなさい。

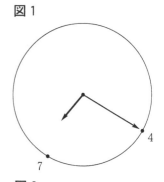

図1

図2

2019 年 5 月

日	月	火	水	木	金	土
			1	2	3	4
5	6	7	8	9	10	11
12	13	14	15	16	17	18
19	20	21	22	23	24	25
26	27	28	29	30	31	

けんさんとはなさんは，先生と数の表し方について話をしています。

先生：ところで，なぜ「千二百三十四」は「1000200304」と書かないのでしょうか。

けん：そう言われるとなぜでしょう。教えてください。

先生：実は，1234とは，下の□の中の数字を，左から順に並べたものなのです。

$$1000×\boxed{1}+100×\boxed{2}+10×\boxed{3}+1×\boxed{4}$$

1000は10×10×10，100は10×10 とも表せます。10×10×10 を10[3]，10×10 を10[2] というように，10を☆回かけたものを10 [☆] と表すことにすると，1234は

10[3]×\boxed{1}+10[2]×\boxed{2}+10[1]×\boxed{3}+1×\boxed{4} となり，10 [☆] のかけ算とそれらの足し算 で表されています。

はな：だから□の中には10は入らず，0～9までの10個の数字しか入らないのですね。

先生：そのとおりです。0～9までの10個の数字を使った数の表し方を【表記1】とします。□の 中に0と1の2個の数字しか入らない数の表し方【表記2】もあります。表1を見てくださ い。例えば【表記1】の13は【表記2】では1101となっています。これは下の□の中の数字 を，左から順に並べたもので，2 [☆] のかけ算とそれらの足し算で表されています。

$$2[3]×\boxed{1}+2[2]×\boxed{1}+2[1]×\boxed{0}+1×\boxed{1}$$

表1

【表記1】	1	2	3	4	5	6	7	8	9	10	11	12	13	14	15	…
【表記2】	1	10	11	100	101	110	111	1000	1001	1010	1011	1100	1101	1110	1111	…
【1の個数※】	1	1	2	1	2	2	3	1	2	2	3	2	3	3	4	…

※1の個数：【表記2】における，それぞれの数に含まれる1の個数。

先生：表1の【1の個数】に1が現れるのは，【表記1】を見ると，1回目は1，2回目は2，3 回目は4，4回目は8のときです。そこで，【1の個数】に10回目の1が現れるのは【表記1】 ではいくつのときですか。

けん：\boxed{エ} です。

先生：正解です。では，表1の【1の個数】に，初めて7が現れるのは，【表記1】ではいくつの ときですか。きまりを見つけて考えてみましょう。

はな：【1の個数】に1が現れるたびに区切ると，きまりがわかるので \boxed{オ} です。

先生：すばらしいですね。正解です。

(2) \boxed{エ}，\boxed{オ} にあてはまる数を書きなさい。

けんさんとはなさんは，先生と算数パズルについて話をしています。

先生：それでは，次の算数パズルにも挑戦してみましょう。

> 3本の棒Ⅰ，Ⅱ，Ⅲがあります。棒Ⅰには，穴のあいた円盤を何枚か重ねてはめておきま す。円盤の大きさはすべて異なり，大きい円盤の上に小さい円盤を乗せます。棒Ⅰにあるす べての円盤を棒Ⅲに移動させれば完成です。

一番小さい円盤には ①，次に大きい円盤には ②，以下大きくなる順に円盤に ③，

④ …と番号をつけておきます。また，使う円盤のうち一番大きい円盤を白，次に大きい円盤を灰色，以下順に交互にぬることにします。さらに，円盤を動かすときに以下の３つの条件を加えます。円盤が３枚（**図３**）のとき，完成までの最少手数※は何手かわかりますか。

※手数：円盤を動かす回数。

（条件１）　１手で１枚だけ円盤を動かす。

（条件２）　小さい円盤の上に大きい円盤を乗せることはできない。

（条件３）　棒以外の場所に円盤を置かない。

図３

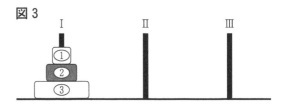

図４　円盤が３枚のときの円盤の動き

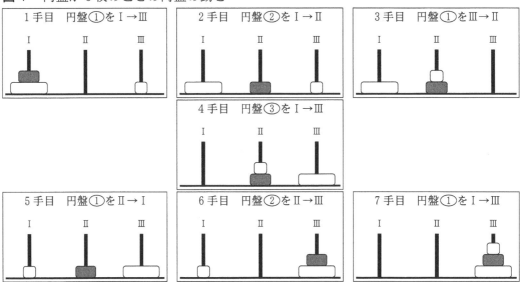

けん：**図４**のように動かしたら７手で完成しました。

はな：私も７手で完成できたよ。きっと７手が最少手数だね。円盤が４枚の場合もやってみたけど，15手で完成できたよ。けんさんは？

けん：ぼくも15手だったよ。これらの最少手数には何かきまりがあるのでしょうか。

先生：**表３**を完成させて，最少手数のきまりを考えてみましょう。

表３

円盤の枚数（枚）	1	2	3	4	…	8	9	10
完成までの最少手数【表記１】	1	3	7	15	…	カ		
完成までの最少手数【表記２】	1	11			…			キ

けん：**表３**を見て，【**表記１**】だと，「円盤が１枚増えたときの完成までの最少手数」は，「円盤が増える前の最少手数× ク ＋ ケ 」で表されているよ。

はな：そう言われると，前のページの**図4**の図の並べ方もうまくできているような気がします。

先生：二人ともよいところに気がつきましたね。今後も，完成まで円盤を最少手数で動かすものとします。円盤が4枚のときの，それぞれの円盤の動きを**表4**にまとめました。他にも気づいたことはありますか。

表4

手番※ 【表記1】	手番 【表記2】	円盤①	円盤②	円盤③	円盤④
1	1	Ⅰ→Ⅱ			
2	10		Ⅰ→Ⅲ		
3	11	Ⅱ→Ⅲ			
4	100			Ⅰ→Ⅱ	
5	101	Ⅲ→Ⅰ			
6	110		Ⅲ→Ⅱ		
7	111	Ⅰ→Ⅱ			
8	1000				Ⅰ→Ⅲ
9	1001	Ⅱ→Ⅲ			
10	1010		Ⅱ→Ⅰ		
11	1011	Ⅲ→Ⅰ			
12	1100			Ⅱ→Ⅲ	
13	1101	Ⅰ→Ⅱ			
14	1110		Ⅰ→Ⅲ		
15	1111	Ⅱ→Ⅲ			
完成までに動かした合計回数		8回	4回	2回	1回

※手番：円盤を動かす順番。

けん：小さい円盤ほど，動かす回数が多いです。

先生：そうですね。では，円盤が10枚のとき，一番小さい円盤は，完成までに合計何回動かすことになりますか。また，一番大きい円盤は，何手目に動かすことになりますか。**表4**を参考にして，それぞれを【表記2】で表してみましょう。

けん：一番小さい円盤は完成までに【表記2】で表すと ┃ **コ** ┃ 回動かすことになります。また，**表4**から，一番大きい円盤が合計手数のちょうど半分のところで，動かしているので，円盤が10枚なら，一番大きい円盤は【表記2】で表すと ┃ **サ** ┃ 手目に動かすことになります。

先生：そのとおり。今度は，円盤の色にも着目してみましょう。円盤が10枚のとき，一番小さい円盤を300回動かしたら，その円盤はどの棒にありますか。

はな：白の円盤はⅠ→Ⅲ→Ⅱ→Ⅰ→…，灰色の円盤はⅠ→Ⅱ→Ⅲ→Ⅰ→…というきまりで動かしています。円盤が10枚だから，一番小さい円盤の色は ┃ **シ** ┃ で，300回動かしたら，棒 ┃ **ス** ┃ にあります。

先生：正解です。**表4**の【表記2】の数と，動かしている円盤の大きさにも着目してみましょう。

はな：各円盤を，初めて動かす手番を【表記2】で表したとき，きまりがありそうです。

　　　1番小さな円盤を，初めて動かすのは【表記2】で表すと　　　　1手目

2番目に小さな円盤を，初めて動かすのは【表記2】で表すと　10手目
3番目に小さな円盤を，初めて動かすのは【表記2】で表すと　100手目
4番目に小さな円盤を，初めて動かすのは【表記2】で表すと　1000手目

先生：よく気がつきました。これらの性質を使えば，他にもいろいろなことがわかりそうですね。

(3) 次の①～③の問いに答えなさい。ただし，完成まで円盤を最少手数で動かすものとします。

① [カ] ～ [サ] にはあてはまる数を，[シ] にはあてはまる色を，[ス] にはⅠ・Ⅱ・Ⅲのうちからあてはまる記号を１つ書きなさい。

② 円盤が10枚のとき，３番目に大きな円盤を，初めて動かすのは何手目か，【表記１】の表し方で答えなさい。

③ **図５**にならって，円盤が７枚のとき，66手目を動かし終わったときの円盤の様子を，解答らんの図にかきなさい。ただし，図中の①から⑦は円盤を表しています。

図５

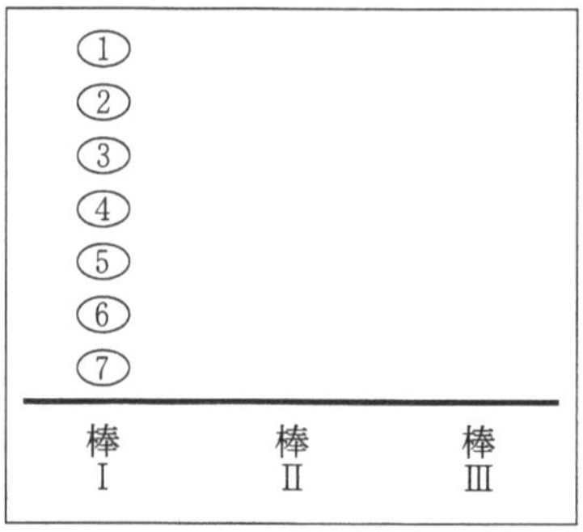
①
②
③
④
⑤
⑥
⑦
棒Ⅰ
棒Ⅱ
棒Ⅲ

2020年度

千葉県立中学校入試問題（二次）

【適性検査２－１】（45分）　＜満点：100点＞

1　れいさんとかずさんは，ケーキ屋について先生と話をしています。あとの(1)～(4)の問いに答え
なさい。

れい：かずさんは，将来ケーキ屋を開きたいって，言っていたよね。

かず：そうなんだ。ぼくの作ったロールケーキ（以下「ロール」とする。）といちごケーキ（以下
　　　「いちご」とする。）を，たくさんのお客さんに食べてもらいたいんだ。

れい：それなら，２種類のケーキをセットにして売るのはどうかしら。１個ずつ買うよりお得にな
　　　るように工夫すると，たくさん売れそうね。

かず：そうだね。値段はどうやって決めたらいいかな。先生，教えてください。

先生：一般的には，ケーキを作るときにかかる材料費を，定価の30％までにおさえたほうがよいと
　　　言われています。これを参考にしてみてはどうですか。

かず：はい。表1のようにケーキが４個ずつ入ったAとBのセットについて，ケーキを作るときに
　　　かかる１セットあたりの材料費が，定価の30％になるように考えました。Bのセットは，定
　　　価から材料費をひくと595円になりました。れいさん，表1のあいているところはわかりま
　　　すか。

表1

	ロール	いちご	１セットあたり の材料費	定　価
A	2個	2個	210　　円	ア　円
B	1個	3個	イ　円	円

れい：Aの定価は　ア　円，Bの材料費は　イ　円にしたのね。

先生：２人とも，よくできました。

かず：お得になるように，この定価から20％引きすると，どうでしょうか。

先生：では値引きについて，考えてみましょう。材料費が定価の30％となるように設定し，定価の
　　　20％引きで売った場合，値引き後の値段にしめる材料費の割合は何％になるかわかります
　　　か。

かず：　ウ　％になります。

先生：よくできました。この割合は，定価がいくらであっても変わりません。

(1)　ア　～　ウ　にあてはまる数を書きなさい。また，定価がいくらであっても常に　ウ　％と
　なることを求める式を，「0.3」，「0.2」を使って書き，その式になった理由を，数や言葉で書きな
　さい。

AとBのセット数の組み合わせについて，話をしています。

先生：次に，AとBのセット数について考えてみましょう。ただし，表2のように，セット用に使えるケーキの上限を，ロールは80個，いちごは120個とします。

れい：上限に気をつけながら，AとBのケーキのセット数を考えるのは難しいです。

先生：そうですね。では，AとBのセット数の関係を表すグラフをかいてみましょう。数字だけを見るよりわかりやすいことがたくさんありますよ。

かず：グラフは，どうやってかけばよいですか。

先生：まず，ロールの個数に注目して表を作り，グラフをかいてみましょう。ただし，ロール80個を残らず使い切るときを考え，いちごの上限120個については考えないことにします。ここで，AとBのセット数の組み合わせを【Aのセット数，Bのセット数】と表すことにします。例えばAを1セット，Bを3セット作るときは【1，3】と表します。では，セット数の組み合わせが【整数，整数】となることに気をつけて，表3（ロールの表）に数字を入れてみましょう。

かず：表3に数字を入れることができました。セット数の組み合わせには，Aが1セット増えると，Bが2セット減るという特徴がありました。

表3

ロール	A（セット）	0	1	2	⋯	40
	B（セット）	80	78	76	⋯	0

先生：よくできました。特徴に気をつけて図1のように点を打ち，この点を結ぶと次のページの図2のロールの直線になります。次にいちごの個数に注目して表を作り，グラフをかいてみましょう。ただし，いちごを残らず使い切り，ロールの上限については考えません。

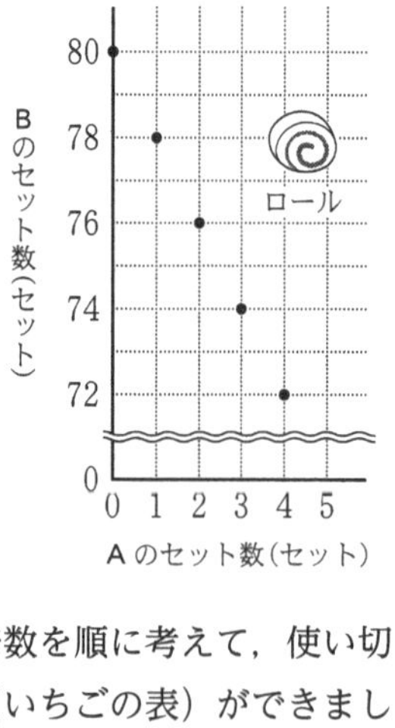

れい：先生，Aを1セット作ると，Bは最大　エ　セット作ることができますが，いちごが　オ　個余ってしまいます。いちごの表はどうすればよいですか。

先生：とりあえず，余る場合は考えず，いちご120個を残らず使い切る【整数，整数】となるセット数の組み合わせだけを考えましょう。

れい：わかりました。では，Aのセット数として，0の次に　カ　の倍数を順に考えて，使い切るすべてのセット数の組み合わせを考えます。次のページの表4（いちごの表）ができました。セット数の組み合わせには，Aが　カ　セット増えると，Bが　キ　セット減るという特徴がありました。

表2

	ロール 	いちご 
A	2個	2個
B	1個	3個
上限	80個	120個

図1

表4

| 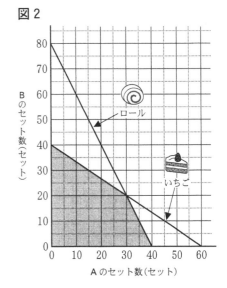いちご | A（セット） | 0 | カ | … | | |
| | B（セット） | 40 | | … | キ | 0 |

図2に，いちごの直線もかくことができました。

先生：よくできましたね。これまでロールといちごの上限を別々に考えて図2にグラフをかきましたが，AとBのセット数の組み合わせがどうなるか，図2から考えてみましょう。

かず：先生，ケーキが余ったり，足りなくなったりするセット数の組み合わせは，どう考えればよいですか。

先生：図2の【整数，整数】となる点を考えます。ケーキは単品でも売れるので余ってもかまいません。例えば，図2から，【10，0】，【10，1】，…，【10，33】というセットは作れますが，【10，34】，…というセットは，直線との位置関係から，ケーキが足りなくなり作ることができないことがわかります。図2の色がぬられている部分，つまり，a 4本の直線（ロールの直線，いちごの直線，Aのセット数が0になる直線，Bのセット数が0になる直線）で囲まれた四角形の内部と辺上にある【整数，整数】となる点は，それぞれのケーキの個数の上限をこえない，セット数の組み合わせを表しています。

(2) 次の①～③の問いに答えなさい。

① エ ～ キ にあてはまる数を書きなさい。

② 図2で，ロールといちごの2つの直線が交わる点のセット数の組み合わせを書き，その点がどのような点か，「ロール」，「いちご」という言葉を使い説明しなさい。

③ 「ロールが足りず，いちごが余るセット数の組み合わせ」を表す点がすべて含まれる部分について，下線部aの書き方を参考にして，言葉で書きなさい。ただし，辺と頂点が含まれるかどうかについてもふれること。

作ることのできるセット数の組み合わせを表す点の個数について，話をしています。

かず：グラフをかくことで，セット数の上限とその組み合わせがとてもわかりやすくなりました。ただ，図2の色がぬられた部分には【0，0】という組み合わせもあるので，「Aを15セット以上売る」という目標を立てて考えてみたいです。

先生：わかりました。では，「Aを15セット以上」として，作ることのできるセット数の組み合わせを，図2を使って考えていきましょう。

れい：何組あるかは【整数，整数】となる点を数えれば求められそうですが，点がたくさんあり，数えるのは大変そうです。

先生：では，工夫して求めてみましょう。次のページの図3は図2の一部分を拡大したもので，A

を30セット以上作れる【整数，整数】となる点を
かいてあります。この点の個数を求めるには，図4
のように長方形とその対角線を考えます。長方形
の内部と辺上にある点の個数を求め，ここから，
長方形の対角線上の点を除くと，対角線によって
分けられた2つの部分にそれぞれ含まれる点の個
数は，同じになっています。このことに気をつけ
ると，図3の点の個数を計算で求めることができ
ます。

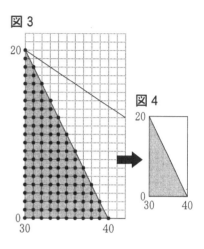

図3

図4

れい：図3の点の個数は　ク　個ですね。同じように
　　　考えて，「Aを15セット以上」とするときの，作る
　　　ことのできるセット数の組み合わせが，　ケ
　　　組になることがわかりました。

先生：よくできました。

(3)　ク　，　ケ　にあてはまる数を書きなさい。

　セットのケーキを箱につめて包装する作業時間について，話をしています。

先生：最後に，作業時間について考えましょう。「Aを15セット以上」として，作ることのできる
　　　セット数の組み合わせと作業時間の関係を，前のページの図2を使って考えます。

れい：作業時間についても，図2を使うとわかるのですか。

先生：そうなのです。今回は，セットのケーキを箱につめて包装する作業時間を考えます。ただ
　　　し，1つの箱にはAとBのどちらか1セットしか入りません（図5）。
　　　この作業時間を計ったところ，10セットあたりAが8分，Bが10分でした。ただし，1セッ
　　　トにかかる作業時間は，それぞれこの時間の10分の1とします。では，作業時間の合計が20
　　　分のときのセット数の組み合わせについて，考えてみましょう。図6には図2と同じ，ロール
　　　といちごの直線がかいてあります。図6に，作業時間のグラフをかいてみましょう。

図5

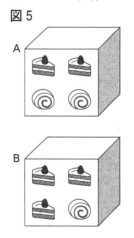

図6

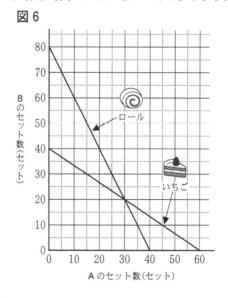

れい：まず「Aを15セット以上」については，考えないことにしました。作業時間の合計が20分の
　　　ときのセット数の組み合わせの表を考えると，組み合わせには特徴がありました。特徴に気
　　　をつけて点を打ち，この点を結ぶと，b 前のページの図6に作業時間の合計が20分のときの
　　　直線がかけます。

かず：作業時間の合計についても，直線になるのですね。作業時間の合計が20分のときのセット数
　　　の組み合わせのうち，「Aを15セット以上」となる組み合わせは，直線上の点の個数から，
　　　3組あることがわかります。

先生：2人ともよくできましたね。では，作業時間の合計をいろいろ変えて，図6にそのグラフを
　　　かいてみましょう。「Aを15セット以上」として，気がついたことを教えてください。

れい：私（わたし）は，作業時間の合計を16分48秒や40分のようにいろいろ変えても，20分のときと，セット
　　　数の組み合わせの特徴が同じであることに気がつきました。この特徴に気をつけて直線をか
　　　くと，直線上に，作ることのできるセット数の組み合わせを表す点が，1個もないものがあり
　　　ました。例えば，作業時間の合計が50分のときの直線です。このようなことにも気をつけな
　　　がら考えると，作業時間の合計は，最大で　コ　分になることがわかりました。また，そ
　　　のときのセット数の組み合わせは，1組しかありませんでした。

かず：ぼくは，作業時間の合計と，その合計時間になるセット数の組み合わせについて，直線上の
　　　点の個数から考えてみました。セット数の組み合わせが最も多くなるのは，作業時間の合計
　　　が　サ　分のときで，　シ　組あることがわかりました。

先生：よく気がつきましたね。では，このように条件を変えるとどうなるでしょう。Aについて，
　　　包装を簡単（かんたん）にして，作業時間を今より短くしました。「Aを15セット以上」として考えると，
　　　作業時間の合計が最大になるのは，【15，30】の組み合わせのときの1組しかありませんで
　　　した。

れい：そうなのですね。【15，30】は，条件を変える前に求めた作業時間が最大になるセット数の
　　　組み合わせとは，違（ちが）っています。最大になる組み合わせが変わることがあるのですね。

先生：AとBのそれぞれの作業時間によって，変わることもあれば，変わらないこともあります。
　　　今回は，Aの作業時間を，ある一定の時間より短くしたため，最大になる組み合わせが変わ
　　　りました。どのくらいにしたかわかりますか。

かず：Aの10セットあたりの作業時間を，　ス　分　セ　秒より短くしたのではないでしょうか。

先生：そのとおりです。

(4) 次の①，②の問いに答えなさい。

　① 下線部bについて，グラフを解答らんの図にかきなさい。

　② 　コ　～　セ　にあてはまる数を書きなさい。

2　ひろさんは，登山をしたときの経験について先生と話をしています。会話文をふまえながら，あ
との(1)～(4)の問いに答えなさい。ただし，計算で使う円周率は3.14とします。

ひろ：家の近くのキャンプ場でお米を炊（た）いたときと同じように，山でお米を炊いたら，ご飯がかた
　　　かったです。なぜですか。

先生：十分な熱がお米に伝わらなかったからだと思いますよ。

ひろ：でも，お米を炊くときに入れた水はぶくぶく沸（わ）いていました。

先生：水の沸とうする温度（沸点）は，常に100℃とは限りません。図1のように，水の沸点は，空気の重さによってはたらく圧力（大気圧）と，水が蒸発するときにはたらく圧力（蒸気圧）の関係で決まります。圧力とは，一定の面積あたりの面を垂直に押す力のことです。蒸気圧の大きさと大気圧の大きさが等しくなったとき，水面からだけでなく水の内部からも水蒸気になる現象が沸とうです。このときの蒸気圧から沸点が決まります。

ひろ：空気に重さがあるのですか。

先生：実験で確かめてみましょう。図2のように，空気入れで，空のスプレー缶に空気を押しこみ，重さをはかります。次に，図3のように，水を満たしたメスシリンダーに，スプレー缶の中の空気を出した後，もう一度スプレー缶の重さをはかります。図3と表1が実験の結果です。空気1Lの重さはわかりますか。

ひろ：図3のメスシリンダーの目もりをよむと，スプレー缶から出した空気の体積は　ア　mLなので，空気1Lでは，　イ　gの重さがあるのですね。

図2

図3

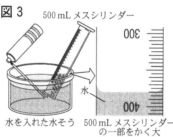

表1

空の スプレー缶の重さ	79.25 g
空気を押しこんだ スプレー缶の重さ	84.16 g
空気を出した後の スプレー缶の重さ	83.72 g

先生：そうです。空気の重さによって，大気圧の大きさは決まります。図4を見てください。底面の面積が等しい円柱の形をした空気の層と接する，海面と山頂は，すべて平行な面と考えます。山頂など高いところでは海面に比べて空気の層がうすいため，空気の重さが軽く，大気圧は，海面に比べて山頂の方が低くなります。大気圧の単位は気圧とし，a 1 m²の面に，10トンの空気がのっているときの大気圧を1気圧とします。標高※0mの大気圧が1気圧で，100m上るごとに0.01気圧低くなるとすると，標高3776mの富士山山頂での大気圧の大きさはわかりますか。

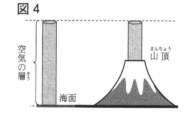

図4

　　　　※標高：海面から測った土地の高さ。

ひろ：大気圧は　ウ　気圧です。

先生：正解です。大気圧と水の沸点の関係は，図5のとおりです。これらのことから，標高の高い山の上で，ご飯がかたかった理由を考えられますか。

ひろ：　エ　ので，ご飯がかたかったのですね。

先生：そのとおりです。

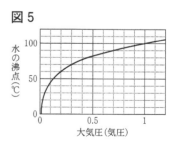

図5

(1) 次の①～④の問いに答えなさい。

① ア ， イ にあてはまる数を書きなさい。ただし， イ にあてはまる数は，四捨五入して，小数第2位まで書きなさい。

② 下線部aについて，1気圧の場所に海面と平行に置いた，縦15cm，横10cmのハガキ1枚の上にある空気の重さは何kgになるか，書きなさい。

③ ウ にあてはまる数を四捨五入して，小数第2位まで書きなさい。

④ エ にあてはまる説明を，「標高」という言葉を使い，前のページの図5からわかることにもふれながら書きなさい。

登山をしたときの菓子袋のようすについて，話をしています。

ひろ：菓子袋がふくらんでいたのですが，これも大気圧と関係しているのですか。

先生：はい。普段，袋の中の気体は，大気圧と同じ圧力で押し返しています。大気圧と袋の中の気体の体積は，温度が一定の場合，反比例の関係があります。

先生：表2は，温度が一定のときの，大気圧と，ある袋の中の気体の体積の関係を示しています。

表2

大気圧（気圧）	0.6	0.8	1
気体の体積（cm³）	2000	オ	1200

ひろ：反比例の関係があることから，表2の大気圧が0.8気圧のときは，袋の中の気体の体積は オ cm³ ですね。

先生：よくできました。さて，登山中の標高1000mの地点でふくらませた風船が，山小屋では，体積が1200cm³増え，14400cm³となっていました。山小屋の標高は何mですか。ただし，標高0mの大気圧は1気圧で，100m上るごとに0.01気圧低くなるとします。また，温度は一定として考えましょう。

ひろ： カ mです。大気圧が低くなったから，菓子袋がふくらんだのですね。

先生：そのとおりです。

(2) オ ， カ にあてはまる数を書きなさい。

水の沸点を高くする方法について，話をしています。

ひろ：水の沸点を高くする方法はありますか。

先生：圧力なべを使う方法があります。図6のような構造の圧力なべは，水蒸気がなべのふたについた円形の穴だけを通って外部に出ます。この穴をおもりでふさぐことで，大気圧だけでなく，おもりの圧力が加わり，沸とうするための蒸気圧が高まります。なべ内部の水が加熱され沸とうすると，なべ内部にある空気と水蒸気がおもりを押し上げ，穴から外に出ます。すると，なべ内部は水と水蒸気で満たされます。加熱を止め，なべ内部の蒸気圧が下がると，再びおもりが穴をふさぎます。このように，圧力な

図6

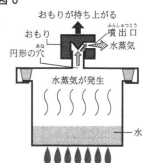

べは沸点を高くすることができ，さらに熱を逃がしにくい構造をしています。

ひろ：ところで，圧力なべを利用した料理には，どのようなものがありますか。

先生：例えば，プリンです。プリンは，卵が80℃近くになると完全に固まる性質を利用して作りますが，圧力なべを使っても卵が固まる温度はほぼ変わりません。先日，圧力なべを使わず，**資料**の［調理方法］**一〜六**の手順でプリンを作ったところ，**図8**のような「す」と呼ばれる穴ができてしまいました。「す」は，**四**のときの火が強かったので，材料に含まれている水分が沸とうし，水蒸気がぬけ出てできたものです。「す」をできにくくするためには，**五**の余熱※でプリンを固めますが，その前の**四**で火が弱すぎたり，加熱時間が短かったりすると，プリンの中心まで熱が通りません。圧力なべを使うと，**三**の時間が □キ□ なり，**五**の火を消した直後の余熱の温度を □ク□ し，保つことができます。したがって，**四**を省略することができるので，□ケ□ になる前にプリンは固まります。ですから，圧力なべを使うと「す」ができにくくなります。

ひろ：そうなのですね。今度，圧力なべを使ってプリンを作ってみます。

資料

```
［材料（3個分）］　牛乳：250 mL　卵：2個　砂糖：大さじ3杯
［調理方法］
一　材料をよく混ぜ，ガラスなどの熱の伝わりの遅い器に移し，
　　アルミホイルをかぶせる。
二　図7のように，なべに器を入れた後，水を入れる。
三　ふたをして，なべ内部の水が沸とうするまで熱する。
四　沸とうしたら，火を弱め，さらに約10分熱する。
五　火を消し，ふたをしたまま約10分待ち，余熱※で，プリンの
　　中心まで熱を通す。
六　固まっていなかったら，三，四，五を繰り返す。
```

図7

図8

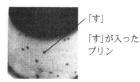

「す」
「す」が入ったプリン

※余熱：冷めないで残っている熱。

(3) □キ□ 〜 □ケ□ にあてはまる言葉や文を書きなさい。ただし，圧力なべの大きさは**図7**のなべと同じで，調理中の火力も**図7**のなべで作ったときと同じとします。

　圧力なべについて，引き続き話をしています。

ひろ：ところで，圧力なべを使うと，水の沸点はどれくらい高くなりますか。

先生：おもりによって沸点を設定できます。前のページの**図6**のような構造の圧力なべで考えてみましょう。圧力なべのふたの穴は直径4.0㎜の円として考えます。この圧力なべに，**表3**のおもりAをのせて使った場合，穴にのっているおもりは，面積1㎠あたりにすると □コ□ kgになります。

表3

	おもりA	おもりB
重さ	75 g	120 g

先生：なべ内部の蒸気圧が，このおもりによる圧力と大気圧の和以上になったとき，空気と水蒸気がおもりを押し上げます。おもりによる圧力は，おもりと同じ重さの空気による圧力と同じです。先ほどと同じように，1 m²の面に，10トンの空気がのっているときの圧力は1気圧

です。大気圧が１気圧の場所で，空気と水蒸気がおもりＡを押し上げたとき，蒸気圧は何気圧になっていますか。ただし，なべ内部にあった空気は，全て水蒸気によってなべの外に出されたものとします。

ひろ：│ サ │気圧になります。

先生：正解です。このように，穴の上にのっているおもりの重さから，蒸気圧の大きさが求められます。図９は，水の沸点と蒸気圧の関係を表したグラフです。大気圧が１気圧の場所で，ふたの穴の直径が4.0mmの，この圧力なべに，前のページの表３のおもりＢをのせて使った場合，水の沸点は，何℃になるかわかりますか。

ひろ：沸点は│ シ │℃です。

先生：そのとおりです。では，標高2900mの山小屋で，ふたの穴の直径が4.0mmの，この圧力なべに，表３以外のおもりをのせて使った場合，水を100℃で沸とうさせるには，何ｇのおもりをのせればよいですか。ただし，標高０ｍの大気圧は１気圧で，100m上るごとに0.01気圧低くなるとします。

図９

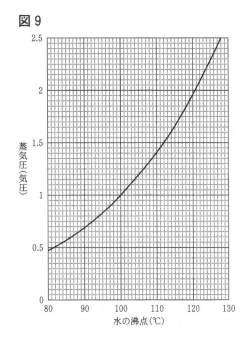

ひろ：圧力なべの水蒸気の出ていくふたの穴をふさぐように│ ス │ｇのおもりをのせることで，b 水を100℃で沸とうさせることができます。

先生：よくできました。これで，山の上でも，同じようにお米が炊けますね。

(4) 次の①，②の問いに答えなさい。

　① │ コ │～│ ス │にあてはまる数を書きなさい。ただし，│ コ │，│ サ │，│ ス │は四捨五入して小数第１位まで，│ シ │は整数で書きなさい。

　② 下線部ｂについて，ふたの穴の面積が0.0625cm²の圧力なべにかえたとき，水を100℃で沸とうさせるためのおもりの重さをx ｇ，標高をy ｍとして，xとyの関係を解答らんにしたがって，式で書きなさい。ただし，式に使う「決まった数」は一つとする。

ながら理由を書きなさい。

三段落目…教養を身につけるために、学び合うことの必要性を、(2)でまとめたことの⑳を使って書きなさい。

ウ　解答らんを**横書き**で使い、**十五行以上、二十行以内で書く**こと。

ただし、一行に書く字数は特に指定しない。各段落の先頭は一文字分あけること。また、文字やかなづかいを正しくていねいに書き、漢字を適切に使うこと。

※7　教養……学問や知識を身につけることによって得られる心の豊かさや物事への理解力。

(1) ハウエル教授は、「世界史の中で日本史をとらえる」ことにはどんな意味があると言っていますか。次のようにまとめたとき、①にあてはまる言葉を書きなさい。ただし、「……ではなく……で見た」という形で書くこと。

たとえば、江戸時代の日本を、（　①　）場合、豊かさや平和といった良い点を見つけることができ、そのようなものの見方を学んだことが教養として役に立つという意味。

(2) 問題一の聞き取りや、問題二、三の文章から読み取れることをもとに、「私たちは何のために学ぶのか」ということを次のようにまとめたとします。このとき、②～④について、それぞれあとの〔使う言葉〕の中から最も適当なものを一つ使って、八字以上、十三字以内で書きなさい。ただし、〔使う言葉〕は一回しか使えません。

ⓐ　一の聞き取りから
【学ぶことの目的】
個人の興味、関心を追い求めるだけでなく、協力して（　②　）ことによって、次世代につなぐ、より良い社会をつくるため。

①　二の読み取りから【目的に向かうために大切な力】
目先の知識だけでなく、（　③　）上で、はば広く他の分野に応用する力。

⑤　三の読み取りから【目的に向かうために大切な力】
（　④　）やり方を使って、広く見わたすように物事の全体を理解する力。

〔使う言葉〕　土台　／　知恵（ちえ）　／　方向　／　安定

(3) あなたは、「かなめ中学校新入生のつどい」という集会に、新入生と

して同級生と一緒に参加しています。上級生の代表との意見交換（こうかん）を行う場面で、あなたも自分の考えを話そうとしています。あとのア～ウの（条件）にしたがって、話す内容を書きなさい。

〔上級生（さくら子さん）の発言〕

（参加者（わたる）さんの発言）
わたしは「ハーバード日本史教室」という本を読んで、教養を身につけることは良いことばかりとは言えないのですね。より良い社会をつくるために、わたし

（あなた）

二人の発言を聞くと、教養を身につけるためには、学び合うことが大切なのではないかな……。

わたしは「ハーバード日本史教室」という本を読んで、教養を身につけることによって得られる心の豊かさや物事への理解力」のことです。けれども、科学技術の進歩には良い面も心配な面も両方あるという難しい問題があると思います。だからわたしたちが勉強するのではなく、教養を身につけて、より良い社会づくりに参加したいと思います。ぜひ新入生のみなさんも、中学校での学びを自分の成長につなげてください。

【話す内容】　教養を身につけるために、学び合うことについて

（条件）

ア　「かなめ中学校新入生のつどい」の参加者に向けて実際に話すつもりで言葉づかいを考えて書くこと。

イ　以下の指示にしたがい、三つの段落（だんらく）に分けて書くこと。
一段落目…さくら子さんの発言にあった、「科学技術の進歩には良い面も心配な面も両方あるという難しい問題」についてのあなたの考えを、自分の経験（見たり聞いたりしたことでもかまいません。）から例を挙げて書きなさい。
二段落目…「科学技術の進歩には良い面も心配な面も両方あるという難しい問題」を解決しようとするときに、なぜ教養が必要になるのか、(2)でまとめたことの①または⑤にふれ

三 次の文章は、ハーバード大学のデビッド・ハウエル教授に筆者の佐藤智恵さんがインタビューをしている記事です。ハーバード大学はアメリカにある大学ですが、日本史や日本文学などの授業もあり、ハウエル教授はその中で日本史を担当している教授です。これを読んで、あとの(1)〜(3)の問いに答えなさい。

——なぜハーバードで日本史の※1通史を教えることが大切だと思いますか。

「アジアの中の日本、世界の中の日本」では、縄文時代から現代までの通史を教えていますが、日本史を全体像でとらえる授業というのはとても大切だと思います。特にアメリカ人の学生は欧米以外の国について知らないことが多いので、※2俯瞰して歴史を理解することが重要です。私たち教員にとっても、通史を教えるというのは、自分の研究分野の位置付けを確認するのに良い機会となっています。

——学生にはこの授業から何を学んでほしいですか。

日本史を、アジアや世界とのつながりの中で理解してほしいと思います。この授業をきっかけに日本や日本史に興味をもってくれて、さらに専門的な分野の授業を※3履修してくれたらうれしいですね。日本に関する授業を初めて受講するという学生には、世界史の※4文脈の中で日本史をとらえることを学んでほしいと思います。

——「世界史の中で日本史をとらえる」とは具体的にはどういうことでしょうか。

たとえば江戸時代の日本は※5前近代的な社会だったといわれていますが、他国と比べてみれば、非常に安定していて、平和で、繁栄した社会でした。日本には豊かな文化があり、国内では多くの書物が出版され、国民の※6識字率は非常に高かったのです。もちろん貧富の格差はありましたし、現代と比べれば当時の生活水準はかなり低かったですが、日本は、同時代のアメリカ、イギリス、フランス、中国といった大国よりも豊かで平和な社会を実現していました。こういった視点で日本史を見ることを学んでほしいのです。

——それがハーバード大学を卒業した後、※7教養として役に立つということですね。

日本史を学んだから、一流企業に就職できるとか、そういう直接的な効果があるとは思いません。ハーバード大学の教員が教えているのは、良きアメリカ人になるためだけではなく、良き地球市民になるための教養です。だからこそ、アメリカ以外の国の文化や歴史について学ぶことはとても大切なのです。

（佐藤智恵『ハーバード日本史教室』より）

※1 通史……古い時代から現代までを通じて書かれた歴史。
※2 俯瞰……高いところから見下ろすように全体を広く見わたすこと。
※3 履修……指定された教科などを定められた期間学ぶこと。
※4 文脈……文章のように意味の上でつながりをもった大きな流れのこと。
※5 前近代的……道理に合わず古い感じをあたえること。
※6 識字率……ある国または地いきで、文字の読み書きができる人のわり合。

利明は、そばにあきのいるのを忘れてしまったかのようである。

「いったい、算法の世界ほど、きびしく正しいものはありますまい。どのように高貴な身分の人の研究でも、正しくない答えは正しくない。じつにさわやかな学問です。だんじて遊びなどではない。それを、この国では、一方では算法を金銭をかぞえる道につながるとしていやしむかとおもえば、また、たんなる遊び、※1実利のないものとして、軽んずる風がある。これにたいして、西洋はどうか。わたしはオランダの本を通して、すこしずつ西洋の事情がわかってきましたが、かれらは算法を重んじます。それは、その底に、正しいものを冷静にみとめるかんがえかたがあるからともいえます。その航海・天文などの術は、われわれの想像もできないほど進んでいるのです。この国の、算法にたいするかんがえかたを、かえなければいけない――いや、それは、世のなかのすべてのかんがえかたにも通じますが、まず手はじめが算法です」

「そうです。ほんとに……」

あきは、おもわず声をあげた。

父や母の、算法にたいするかんがえかたに、どうしてもなっとくがいかなかったが、いま、本多利明の話をきいているうちに、これが、じぶんの求めていたかんがえだとおもいあたった。

「ほう、あなたも同意してくれるか」

と、利明は満足そうにわらって、

「というわけで、この国がのびていくためには、なによりも、人びとが算法をしっかりとまなぶことが必要です。ところが、世間で

は、読み書きを第一にかんがえ、寺子屋でも、おしえるのは※2手習いと素読（意味がわからなくても声を出して読みあげる）が主でしょう。算法はそろばんが※3関の山です。いちばんものをよくおぼえるころに、算法をもっと深いところまでおしえなければならない。」

（遠藤寛子『算法少女』より）

※1　実利……実際に役立つこと。
※2　手習い……字を習うこと。習字。
※3　関の山……それ以上はできないという、ぎりぎりのところ。せいいっぱい。

（問い）　利明は、西洋で算法が重んじられている理由として、その底に、正しいものを冷静にみとめるかんがえかたがあるからだと言っています。このことについて、次の①、②の問いに答えなさい。

①　利明が考える、算法の世界における「正しいもの」とはどのようなものですか。「身分」という言葉を使って、句読点を含めて二十字以上、三十字以内で書きなさい。

②　利明が、日本でも人々が算法をしっかりと学ぶことで「正しいものを冷静にみとめるかんがえかた」に変えていくことが必要だとしているのは、どのようなことに期待しているからだと考えられますか。「……させて、……こと。」の形で、句読点を含めて二十字以上、三十字以内で書きなさい。

一　放送で聞いた内容から、次の(1)、(2)の問いに答えなさい。

(1)　ブラックホールの姿(すがた)をとらえたことが大きな話題となった理由について、次のようにまとめました。①にあてはまる言葉を、句読点を含(ふく)めて十五字以上、二十字以内で書きなさい。

各国から二百人以上の科学者たちが協力したことからもわかるように、ブラックホールは、光でさえもつかまえてしまうという特徴(とくちょう)を持っているので、（　①　）という難(むずか)しい挑戦(ちょうせん)に成功したと言えるから。

(2)　百年以上前に発表されたアインシュタイン博士(はかせ)の理論(りろん)が、科学者たちにとって大きな意味をもつのはなぜですか。②にあてはまる言葉を、句読点を含めて二十五字以上、三十五字以内で書きなさい。

人類は長い時代をかけて宇宙(うちゅう)の研究を続けているが、アインシュタイン博士の理論は、生活を便利にする技術に役立っているだけでなく、（　②　）から。

放送で聞いた内容

たな一ページが加わったといえるでしょう。

アインシュタイン博士は日本を訪れたとき、日本の小学生にメッセージを贈っています。みなさんの中には、「この教科は苦手だから勉強したくないな。」とか、「こんなことを勉強して世の中で何の役に立つのだろうか。」と思ったことのある人もいるかもしれませんね。では、私たちは何のために学ぶのでしょうか。次に紹介する博士の言葉は、その疑問について考えるときのヒントになるかもしれません。

（ナショナルジオグラフィック日本版サイト2019年4月12日付
「解説：ブラックホールの撮影成功、何がわかった？」より作成）

「皆さんが学校で学び知るいろいろの驚くべき事がらは、ながい時代をかけて地球上のあらゆる国々で熱心な努力と非常な骨折とで出来あがった仕事であることを考えて下さい。このすべては、皆さんへの遺産として手渡しされたものであって、皆さんはそれを受けとり、尊重し、更にそれ以上に育てあげた上で、やがて忠実に皆さんの子供たちに伝えてゆくべきものです。我々人間の個々の生命は限りがあっても、かようにして我々が協力して創造しながら遺してゆく仕事によって、いつまでも不滅であることができるのです。」

（山本有三編『世界名作選（一）』119頁所収
アルベルト・アインシュタイン／石原純(じゅん)訳『教師と生徒』より）

以上で放送を終わります。それでは、問題用紙を開き、すべての問題に答えなさい。

二　次の文章は、遠藤寛子(えんどうひろこ)さんが書いた『算法少女(さんぽうしょうじょ)』という作品の一部です。主人公の千葉あきは、算法(江戸(えど)時代の日本で発達した独自の数学)の魅力(みりょく)にとりつかれた十三歳(さい)の少女です。この場面は、算法の研究家である本多利明(ほんだとしあき)が、あきに向かって、世の中の人びとが算法を軽んじていることへの不満を述べているところです。これを読んで、あとの問いに答えなさい。

【適性検査二－二】（四五分）〈満点：一〇〇点〉

【注意】放送で指示があるまでは、開かないこと。

（放送台本）

これから、適性検査二－二を始めます。外側の用紙が解答用紙です。内側に問題用紙があります。内側の問題用紙は、指示があるまで開いてはいけません。

それでは、外側の解答用紙を開き、受検番号と氏名を書きなさい。

（20秒後）書き終わったら元どおり問題用紙を挟んで閉じなさい。

（5秒後）

最初は、放送を聞いて問題に答える検査です。放送はすべて一回だけです。それでは、解答用紙を裏返して「メモらん」と書いてある面を上にしなさい。

（3秒後）「メモらん」にメモを取ってもかまいません。

（5秒後）

これから、ノーベル賞を受賞した物理学者のアルベルト・アインシュタイン博士に関連する内容を放送します。博士は、今から100年ほど前に活躍し、光や時間と空間に関する新しい考え方を発表して世界に大きな影響を与えた人です。1922年には講演のために来日し、日本の小学生にメッセージを遺しています。「私たちは何のために学ぶのか」と

いうことを考えるためにも、アインシュタイン博士が子どもたちにどんなことを伝えようとしているか、よく注意して聞いてください。では、朗読を始めます。

（3秒後）

2019年4月、200人以上の科学者たちが参加した国際研究チームが、ブラックホールの姿を人類史上初めて画像でとらえることに成功しました。今回は、地球上の8か所にある天体望遠鏡で一斉に観測するという新しい方法が使われました。ブラックホールは、巨大な星が、強い重力により自分自身の重さを支えきれなくなってつぶれるなどしてできたと考えられています。その強い重力で周りの全ての物質を引きつけ、光でさえも捕まえてしまうので、太陽の光を反射して光る月のようには、目で見ることはできませんでした。このような不思議な天体が存在することは、今から100年以上も前に、アインシュタイン博士の計算によって予想されていました。今回、その考えがほぼ正しいことが証明されたことで、宇宙の成り立ちについての研究がいっそう進むことが期待されます。

博士の理論はとても難しいものですが、今では人や物などの地球上の位置を正確に割り出すGPSの技術などにも応用されています。もちろん、博士の理論は私たちの生活を便利にする技術だけに役立っているのではありません。科学者たちにとって、宇宙の成り立ちの謎を解き明かそうとするための、重要なよりどころとなっているのです。今回の観測成功によって、宇宙の研究の積み重ねに新

大切なことはメモしておこうネ！

2020 年 度

解 答 と 解 説

＜適性検査1－1解答例＞

1 (1) あ 0.6%
　　　 い 73.4%
　　　 う 75.8%
　 (2) え イ
　　　 お エ
　　　 か ア
　 (3) き 短しゅく
　 (4) く 遠距離でも自動車で輸送する
　　　 け 遠距離ほど船の割合が高い
　 (5) こ 60
　　　 さ 15
　　　 し 60
　 (6) (共同配送をすることにより)トラックの台数を9台から3台に少なく(することができ,
　　　 必要な人手も二酸化炭素排出量も減る。)
　 (7) す

　 (8) せ (配送する立場)集配センターから近くのお店まで運んでいるトラックをハイブリ
　　　 ッドカーや自転車に変える
　　　 (受け取る立場)荷物を集配センターまで自転車や徒歩で取りに行く

2 (1) あ 人口みつ度が低いから。
　 (2) い (約)750(m²)
　　　 う 水不足(の状態)
　 (3) え 水のじゅんかんから切りはなされている(ため,)使い切ったらなくなる(と考えら
　　　 れる。)
　 (4) ア ⓪資料1⃝ 資料2 資料3 ⓪資料4⃝ 導き出せない
　　　 イ 資料1 ⓪資料2⃝ 資料3 資料4 導き出せない
　　　 ウ 資料1 資料2 資料3 資料4 ⓪導き出せ⃝ない
　　　 エ ⓪資料1⃝ 資料2 ⓪資料3⃝ ⓪資料4⃝ 導き出せない
　 (5) お (約)105(秒)

(6) か 年間取水量に占める農業用水量の割合が高く，生活用水量の割合が低い
(7) き ダムや水道設備，海水を真水にする工場を作り管理する技術力が必要であるから。
(8) く 安全な水を利用できない人の割合が減った
(9) け 協力する側と協力を受ける側(という関係をこえて，)
　　たがいに協力し合う(関係へ変わりつつある。)

○配点○
1 (1) 各4点×3 (2)(3)(4) 各4点 (5) 各4点×3 (6) 4点(問題の趣旨に合っていれば点数を与える) (7) 4点(完答) (8) 各3点×2(問題の趣旨に合っていれば点数を与える)
2 (1) 4点(問題の趣旨に合っていれば点数を与える) (2) 4点(完答) (3) 6点(問題の趣旨に合っていれば点数を与える) (4) 各4点×4(それぞれ完答，イは次の場合も点数を与える・資料1と資料2・資料2と資料4・資料1と資料2と資料4) (5) 4点 (6)(7)(8)(9) 各4点(問題の趣旨に合っていれば点数を与える) 計100点

＜適性検査1－1解説＞

1 (総合問題：輸送手段，計算，資料の読み取り)

基本

(1) あ 会話文中で「「全輸送」とは，この3つの輸送手段に関する情報だけを合わせたもの」と述べているので，**資料3**「全輸送にしめる割合」を足したら100%になる。よって，
100－(10.7＋88.7)＝0.6(％)

い **資料2**の750km以上～1000km未満と1000km以上の項目を足し，その全体の中での船の割合を計算するので，(67.2＋79.6)÷2＝73.4(％)

う **資料1**が全輸送における距離別割合を示しており，その100km未満のうち自動車の割合を調べる。100km未満の割合は全輸送のうち，**資料1**より78%であり，その中での自動車の割合は**資料2**より97.2%なので，78×0.972＝75.816より，約75.8%。

(2) え 船は，**資料2**より輸送距離が長くなるほど割合が高くなっていることがわかる。
お **資料2**よりどの距離においても鉄道の割合は低い。
か **資料2**より100km未満における自動車の割合は高い。

(3) **資料4**を見ると，1895年→1910年→2019年と，徐々に輸送時間が短くなっていることがわかるので，短くなったという旨のことを書く。

(4) **資料5**を見ると，どんな距離の輸送先への輸送に関しても，自動車が最も短い時間で運ぶことができる。しかし実際には遠い距離の輸送では自動車を使用する割合は低い。

(5) **資料6**と先生の話より，貨物列車での輸送時にかかる距離は21.6km，時間は1時間17分，一度に運ぶことのできる荷物は全量の600tである。また，トラックでの輸送時にかかる距離は28.0km，時間は36分，1台(1回の輸送)で運ぶことのできる荷物は10tである。

こ どちらも一度の運送時に運転手は一人必要である。トラックは一回の輸送で10tなので，トラックに60回運ばせる必要がある。それに対して貨物列車は一回のみの輸送で運送が終了する。つまり，貨物列車での輸送時はトラックでの輸送にかかる人数の$\frac{1}{60}$倍の運転手ですむ。

さ 二酸化炭素排出量を求める式に当てはめて計算する。
貨物列車　二酸化炭素排出量(g)＝20×600×21.6

トラック　二酸化炭素排出量(g)＝232×600×28.0

よって，トラックと比べた貨物列車の二酸化炭素排出量は，

$$\frac{20 \times 21.6}{232 \times 28.0} = \frac{1}{15.03\cdots} より，約\frac{1}{15}$$

し　貨物列車は一度に600t，トラックは10t運ぶことができるので，トラックと比べた貨物列車の輸送重量は，

600÷10＝60(倍)

(6)　共同配送をしない場合では，商品ごとに必要分を各店に別のトラックで輸送しているので，トラックが最低でも9台走らなければならない。共同配送を用いることで，各店が注文した荷物を数種類まとめて一気に送ることができるので，集配センターで積み替えを行えば3台のトラックで済ませることができる。

(7)　各経路での二酸化炭素排出量と人手は次のようになる。

	二酸化炭素排出量(kg)	人手(人)	
ア	1404	8	
イ	1387	6	★
ウ	1704	13	★
エ	2104	16	
オ	278	3	
カ	30	1	★
キ	129	3	
ク	176	3	
ケ	128	3	★

ア・イ，ウ・エ，オ・カ，キ～ケの中から二酸化炭素排出量と人手が少なくなるものをそれぞれ選ぶと★の組み合わせになる。

(8)　(7)で**ケ**を選ぶので，人手は3人以内で済ませ，二酸化炭素排出量を減らすことになる。減らすことができるのは，集配センター(L)から近くのお店の間の輸送である。配送する立場から考えるときは，配送に利用する乗り物について考え，受け取る立場では，集配センターまで自ら取りに行くなど，トラックによる二酸化炭素排出量を減らすことを主軸に考えるとよいだろう。

2 (総合問題：世界の水資源・国際協力，計算，資料の読み取り)

(1)　**あ**　カナダやオーストラリアの日本との違いは，領土の面積は大きく，人口は少ないことである。1人あたりの水資源量は，領土が大きく，人口が少なくなるほど大きくなる。

(2)　**い**　資料1より，1人あたりの水資源量の求め方を式にすると，

1人あたりの水資源量＝(年間降水量－年間蒸発散量)×領土面積÷人口

$$= (年間降水量 - 年間蒸発散量) \times \frac{領土面積}{人口}$$

となる。ここで「千葉県の年間降水量から年間蒸発散量を引いた量は日本の約0.8倍」「人口密度は約3.6倍」とある。

人口密度を求める式は$\frac{人口}{領土面積}$である。$\frac{人口}{領土面積}$が3.6倍になると，$\frac{領土面積}{人口}$は$\frac{1}{3.6}$倍になる。つまり，日本の1人あたりの水資源量を求める式と千葉県を比較すると，千葉県の

1人あたりの水資源量は「日本の1人あたりの水資源量×0.8×$\frac{1}{3.6}$」という式で表される。

これを計算すると,

$$3373×0.8×\frac{1}{3.6}=749.555…$$

となる。四捨五入(ししゃごにゅう)して整数にして750m³。

う 資料1より,750m³は「水不足の状態」にあたる。

(3) **え** 他の水資源との化石水の違いは,海や川,雨といった水源ではなく,地下資源のような形をとっていることである。前者は雨→海や川→雨…とじゅんかんし続けるが,化石水は一度採取してしまうと,再び利用できるまでに数万～数億年の時間がかかる。

(4) **ア** パプアニューギニアの1人あたりの水資源量は資料1からわかり,資料4より総水資源量がわかる。総水資源量÷1人当たりの水資源量でパプアニューギニアの人口が求められる。

イ (2)の1人あたりの水資源量を求める式より,年間蒸発散量以外の全ての値が資料2から引用できるので,資料2から求められる。

ウ 水源における取水方法に関しての資料は資料5のみである。ここに詳しい数値は書かれていないので求めることができない。

エ 資料4の※1より,総水資源量は,1人あたりの水資源量×人口で表される。つまり,世界合計の総水資源量=世界平均の1人あたりの水資源量×世界人口という式が成り立つ。世界平均の1人あたりの水資源量は資料1,世界合計の総水資源量は資料4に書いてある。ここで世界人口のうち何%が安全な水を利用できないかは資料3に書いてある29%なので,導き出した世界人口に0.29をかけて求める。

(5) 資料6よりエチオピアで1人が1日に使う水の量は21L。日本でシャワーを1分間=60秒使ったときの水の量は12Lなので,求める量を□秒とすると,12:21=60:□ が成り立つ。よって,□=21×60÷12=105(秒)

(6) 資料4のうち実際に生活の中で使われるのは生活用水量の項目であることに注意すると,インドとエチオピアでは生活用水量の割合がいずれも7%台と低いことがわかる。さらに農業用水量はどちらも90%を超えており,取水量のうちで生活に回される量が少ない。

(7) 取水方法ごとの課題で,「技術力がないと…」という説明がなんどもされているように,安全な水の達成のためにはそれを提供するための技術力が必要であることをまとめる。

(8) 資料8から読み取れることは,1992年と2017年では安全な水を利用できない人の割合が減ったということである。

(9) 先生のセリフ「現在,ベトナムは…(中略)…約束をしています」に注目すると,かつては技術協力(えんじょ)という形で援助を行っていた国と,現在は交流や貿易の相手として,互いに支え合う形になっていることがわかる。

★ワンポイントアドバイス★

資料が複数あり,一つの問題を解くのに複数の資料が必要な問題が多い。どれにどんな情報が書かれているのか整理しながら解いていこう。どのような解き方で解くのかをまず最初に筋道立てて考える。

＜適性検査1－2解答例＞

1 (1) ア　80.08(度)

(2) イ　南　　ウ　東

(3) エ　あ

(4) オ　か　　カ　き

(5) キ　12月

(6) 図

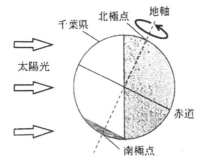

説明　南極点にコンパスのはりをおき，円周上の南極点側の昼夜の境まで，長さを測りとり，円をえがくと反対側の円周上に印が作図できる。その印と円周上の昼夜の境とを直線で結び，南極点側をぬる。

(7) ク　こ

(8) ケ　そ

(9) (新月→)た　→　て　→　ち　→　つ

(10) 図

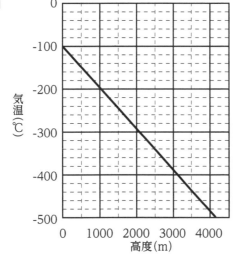

(11) コ　246(m)　　サ　3(倍)　　シ　42(m)

2 ⑴① **図**

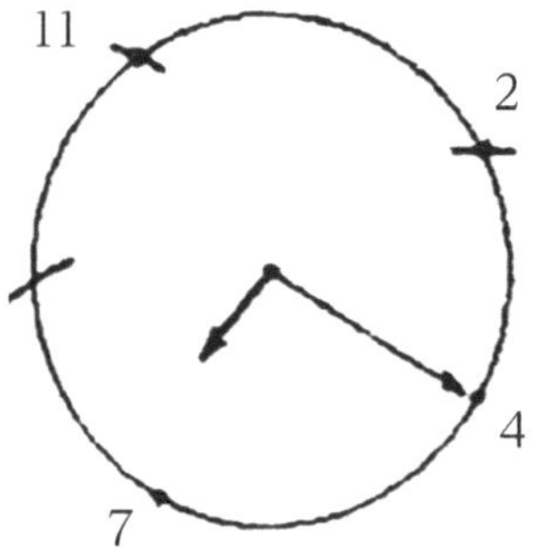
11
2
4
7

説明　4にコンパスのはりをおき，中心までの長さを測りとり，円をえがくと2が作図できる。さらに，その測りとった長さのまま，7にコンパスのはりをおき，円をえがき，9の位置をとる。再び9にコンパスのはりをおき，円をえがくと11が作図できる。

② **ア**　35(回)

イ　1977(年生まれ)

ウ　42(歳)

⑵ **エ**　512　　**オ**　127

⑶① **カ**　255　　**キ**　1111111111

ク　2　　**ケ**　1

コ　1000000000(回)　　**サ**　1000000000(手目)

シ　灰色　　**ス**　Ⅰ

② 128(手目)

③

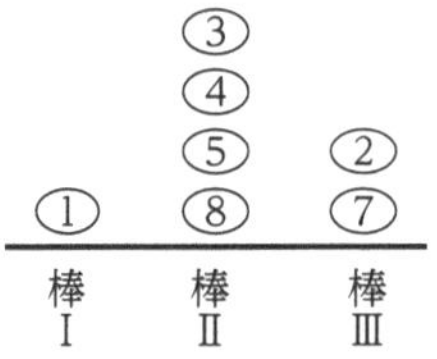
③
④
⑤
②
①
⑧
⑦
棒Ⅰ
棒Ⅱ
棒Ⅲ

○配点○

1　⑴　3点　⑵　各3点×2　⑶　3点　⑷　完答4点　⑸　2点　⑹　完答4点(問題文の趣旨に合っていれば点数を与える)　⑺⑻⑽　各4点　⑼　完答4点　⑾　各4点×3

2　⑴　①各4点×2(2時の位置と**説明**で完答，11時の位置と**説明**で完答　なお，**説明**は問題の趣旨に合っていればよい)　②各3点×2(**イ**と**ウ**で完答)　⑵　各3点×2　⑶①**カキ**　各3点×2　**クケ**　完答4点　**コサ**　各4点×2　**シス**　完答4点　②③　各4点×2　計100点

＜適性検査1−2解説＞

1 （理科，算数：地球の運動，気象，比）

(1) 緯度05分は緯度1度を60に分けたうちの5つ分なので，60分を1度とすると05分は，5÷60＝0.08333… 小数第2位まで求めるので，3を四捨五入して80度にたし，80.08度となる。

(2) 南磁極(なんじきょく)は方位磁針(ほういじしん)のS極が実際にさす向きであり，A地点で方位磁針をもとに方角を見た場合B地点が南となる。また，そのときの方位磁針の方角は図のようになるので，南極点はA地点から見てほぼ東にある。

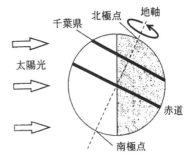

(3) 地図上での方角を問われているので，南極点が南である。南極点を南にしてみたとき，Cは北西に近い。

(4) 地球は地軸(ちじく)を中心に回転するので，千葉県と赤道付近はそれぞれ右の図の太線のような軌道をえがく。白い部分(太陽光があたる範囲)を通過している間は昼，影になっている部分を通過している間は夜になるので，千葉県は夜の時間の方が長く，赤道付近ではちょうど半分になっているため昼と夜の長さが同じであるとわかる。

(5) 千葉県において夜の長さが長いということは日本全国でも同じように夜の方が長くなっている。このようになる季節は冬である。

(6) 南極点に近い地域(ちいき)で，回転しても常に白い部分を通過する部分がある。白くなっている範囲(はんい)の下端の地点が一周する軌道以南は，一日中太陽光が当たり続ける。作図するときは，回転の軌道が地軸と垂直に交わることに注意する。

(7) 図4のDを参考にすると，地球から見たとき月は右側部分が少しだけ輝(かがや)いているように見えるので，「こ」の図が正しい。

(8) 北緯35.9度と南緯35.9度では視点が上下左右で逆(さか)さまになっているので，見える像も上下左右が逆になっていると考える。図5の月の写真を上下左右逆になるよう回転したときに見えると思われる像は「そ」である。

(9) 千葉県では月の満ち欠けは右側が光っている状態→満月→左側が光っている状態という風に進行するが，(8)と同様に考えると，月の見え方が上下左右で逆転しているので，つまり左右も逆転している。

(10) 図8のグラフより高度が上がると気圧が下がる様子，図9のグラフより気圧が下がると高度0mと比べた気温が下がる様子がわかる。このうち高度と気温の関係を知りたいので，両者と関係がある気圧を利用してグラフをかく。

高度0m地点の気温は，0℃より10℃低いときなのでマイナス10℃である。よって図10のグラフの高度0mのところは，マイナス10℃に点を打つ。

次に1000m地点において，図8より気圧は867hPaである。ここで図9より，867hPaにおける高度0mと比べた温度下降(かこう)は9.5℃である。同様に2000mのときは758hPa，758hPaでの温度下降は19.0℃，3000mのときは660hPa，660hPaのときは28.5℃，4000mのときは572hPa，572hPaのときは38.0℃の温度下降が生じる。これらをグラフに表す。

(11) コ 水面下の見えていない部分の高さを□mとおく。同じ重さのときに海水と氷の体積の比

は97:110である。氷山の水面下の見えていない部分が押しのけた海水の重さと，氷山全体の重さは等しいことから，(氷山の水面下部分の体積＝押しのけられた海水の体積):氷山全体の体積＝97:110である。立方体の高さの比と体積の比は等しい。これより，□:33＋□＝97:110 の式が成り立つ。これを解いて，水面下の高さは約246mである。

サ 氷がとけた水の体積は氷のときの$\frac{91}{100}$倍である。容器Eの底面積は(13×13)cm²，氷がとけたときの水の体積は$(7020 \times \frac{91}{100})$cm³であるので，水面までの高さは，高さ＝体積÷底面積＝$(7020 \times \frac{91}{100}) \div (13 \times 13) = 37.8$(cm)

ここで，容器Fにおいて，底面積＝体積÷高さであり，体積は$(13 \times 13 \times 37.8)$cm³，高さは問題文より4.2cmなので，底面積は，$(13 \times 13 \times 37.8) \div 4.2 = 1521$(cm²)
$1521 = 13 \times 3 \times 13 \times 3$ というように分解できるので，一辺の長さは3倍になっている。

シ 水と氷の体積比は91:100より，南極の陸地にある氷が全てとけて水になったときの体積は，$2400万 \times \frac{91}{100}$(km³)である。また，正方形の一辺の長さが20%増える，つまり1.2倍になると，正方形の面積は(1.2×1.2)倍になる。よってすべての氷がとけた後の底面積は3億6400万×1.2×1.2(km²)である。底面積×高さ＝体積であるので，高さを求める式は

$$\frac{2400万 \times \frac{91}{100}}{3億6400万 \times 1.2 \times 1.2}(km)$$ これを解くと0.0416666…kmとなり，mに直す。

2 (算数：図形，規則性)

(1) ① コンパスを円の半径の長さに開くと，円周をちょうど六等分することができる。一周は12時間なので，六等分した一つ分の大きさは2時間である。2時は4時の2時間前，11時は7時の4時間後なので，この状態で，4にはりをおいて印をつけると2時の位置がわかり，7にはりをおいて二つ分印をつけると11時の位置がわかる。

② **ア** 31日ある月は5・7・8・10・12月の五か月である。つまり令和元年は，$(31 \times 5 + 30 \times 3 = 245$日あり，この中に日曜～土曜のカレンダー1段が何回分あるかで土曜日の回数を求められる。5月の1日～4日で土曜日は1回ある。この4日間を除くと，$245 - 4 = 241$(日) $241 \div 7 = 34$あまり3
つまり土曜日は $1 + 34 = 35$より35回ある。

イ 干支は12年で一周し，巳は亥の六年前である。つまり先生の生まれた年は，$12 \times □ + 6$年前であり，これを計算して先生が40代になるのは，□＝3のときで，$2019 - (12 \times 3 + 6) = 1977$より1977年。

ウ 1977年10月に0歳なので，2017年10月に40歳の誕生日を迎える。つまり2019年10月には42歳の誕生日を迎えているので，42歳。

(2) **エ** 【表記1】において【1の個数】に1が現れたもののみで表を作ると次のようになる。さらにそのときの【表記1】における数字は，前の数字に2をかけたものになっているため，式に表すと★のようになる。つまり10回目の1が現れる数字は【表記1】の数字で表すと，1×2×2×2×2×2×2×2×2×2，つまり2を9回かけた数字である。これを計算して512。

【表記1】	1	2	4	8	16	…
【表記2】	1	10	100	1000	10000	…
【1の個数】に1が現れた回数(回目)	1	2	3	4	5	…
式(★)	1	1×2	1×2×2	1×2×2×2	1×2×2×2×2	…

オ 【1の個数】が1になる一つ前の数字が、【1の個数】が最も大きくなる。また、【1の個数】が1になるときの【表記2】における数字を一つ前と比べたとき、位が一桁増えている。よって【表記2】の数字が「10000000」と8桁、つまり0が7つある数字の1つ前が、【1の個数】が初めて7になる数字である。

【表記1】	…	3	4	…	7	8	…	15	16	…
【表記2】	…	11	100	…	111	1000	…	1111	10000	…
【1の個数】	…	2	1	…	3	1	…	4	1	…

【表記2】が10000000の数字を【表記1】で表すと、エを参考にすると
　　2×2×2×2×2×2×2＝128
よってその一つ前の数字は127である。

やや難　(3) ①　カキ　表3の空欄を埋めると次のようになる。

円盤の枚数(枚)	1	2	3	4	…	8	9	10
完成までの最小手数【表記1】	1	3	7	15		カ		
完成までの最小手数【表記2】	1	11	111	1111		11111111		キ

　　　　【表記2】は1が一つずつ増えていく。よってキは1が10この1111111111。
　　　　また(2)と同様の手順で、カについて一つ大きい数字100000000は【表記1】では2を8回かけて256と表されるので、カは256−1＝255。

　　クケ　1, 3, 7, 15…の並びを見ると、それぞれ前の手数の2倍に1を足した数字であることがわかる。

　　コ　表4では【表記1】において15の手数がある。また円盤①は2回に1回動かしており、最初の1回も動かすので、(15+1)÷2＝8回動かしている。
　　　　キより、円盤が10枚のとき【表記1】で1023回の手数がある。よって同様に
　　　　　(1023+1)÷2＝512(回)
　　　　512＝2×2×2×2×2×2×2×2×2　より、【表記2】で表すと1000000000。

　　サ　コより手数は1023回なのでちょうど半分の手数は512回。
　　　　コより512＝2×2×2×2×2×2×2×2×2　なので、1000000000手目に動かすことになる。

　　シ　一番大きい円盤が白色なので、10番目に大きい円盤は灰色。

　　ス　灰色の円盤は1回動かしたらⅡ、2回動かしたらⅢ、3回動かしたらⅠの位置にあり、以下3回ごとに同じ動きを繰り返す。300回目は3の倍数なので、棒Ⅰにある。

② 円盤が10枚のときの3番目に大きな円盤は、8番目に小さな円盤である。会話文より、8番目に小さな円盤を初めて動かすのは【表記2】で表すと10000000手目。よってこれを【表記1】に直すと、
　　　2[7]×1＝128

③ 円盤が7枚のときの最小手数は、表3より【表記2】で表すと1111111、つまり【表記1】

では127手。

ここで，一番大きい円盤は合計手数のちょうど半分のところで初めて動かすので64手目で動かす。今求めるのは66手目の状態なので，64手目の2手後について考える。

条件より，大きい円盤が初めて動くのは，「❶棒Ⅰにおいて，一番大きい円盤の上に円盤が一枚も乗っていない」「❷棒Ⅲが空いている」の条件がそろうときである。❶については(条件1)の1手で1枚だけ円盤を動かすことからわかり，❷については，最小手数においては一番大きい円盤が動くのは一度のみであり，小さい円盤の上に大きい円盤が重なってはいけないことから，棒Ⅲが空いている状況で動かさなければならないと考える。つまり，64手目は，「棒Ⅱに円盤①～⑥があり，円盤⑦を棒Ⅰから棒Ⅲに移動させる」という作業である。

円盤は7枚なので，円盤①の色は白色，円盤②の色は灰色である。

ここで，**表4**より，各円盤が移動するときの**【表記2】**に注目する。円盤①が移動するのは下1桁が1のときであり，円盤②が移動するのは下1桁が10のとき，円盤③が移動するのは下1桁が100のとき…という決まりがある。円盤⑦が初めて移動したときの**【表記2】**は1000000である。よって65手目は「1000001」66手目は「1000010」であり，65手目では円盤①を，66手目では円盤②を動かす。よって，白色の円盤①を棒Ⅰに移動し，灰色の円盤②をⅢに移動する。

★ワンポイントアドバイス★

柔軟な思考力が問われる。臨機応変に考える力をつけるために，日頃からいろいろな種類の問題にふれ，様々な解き方に慣れておくといいだろう。問題数が多く難易度も高い。また解く手段を思いつかないと非常に遠回りな解法になる傾向がある。簡単に解ける問題の見極めも重要だ。

2020 年度

解 答 と 解 説

<＜適性検査2－1解答例＞

1 (1) ア　700(円)

　　　　イ　255(円)

　　　　ウ　37.5(%)

　　　　　式　0.3÷(1−0.2)×100

　　　　　理由　材料費÷ね引き後のねだん×100でわり合が求められ，定価を「1」とする
　　　　　　　　と，材料費は「0.3」，ね引き後のねだんは「1−0.2」と常に表せるから。

　　(2)① エ　39(セット)

　　　　オ　1(個)

　　　　カ　3(の倍数(またはセット))

　　　　キ　2(セット)

　　　② 交わる点 【30，20】

　　　　説明　セット用のロールといちごを，ちょうど使い切る組み合わせを表す点。

　　　③ 3本の直線(ロールの直線，いちごの直線，Bのセット数が0になる直線)で囲まれた
　　　　三角形の内部と，Bのセット数が0になる辺上。ただし，ちょう点はふくまない。

　　(3) ク　121(個)

　　　　ケ　511(組)

　　(4) ①

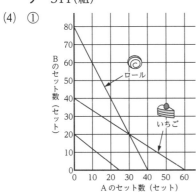

　　　② コ　44(分)

　　　　サ　32(分)

　　　　シ　6(組)

　　　　ス　6(分)

　　　　セ　40(秒)

2 (1) ① ア　380(mL)

　　　　　イ　1.16(g)

② 150(kg)

③ **ウ** 0.62(気圧)

④ **エ** 標高が高くなると，大気圧は低くなり，大気圧が1気圧より低くなると，ふっ点は100℃より低くなる

(2) **オ** 1500(cm³)

カ 1750(m)

(3) **キ** 長く

ク 高く

ケ 材料にふくまれている水分が，ふっ点に達して水じょう気

(4) ① **コ** 0.6(kg)

サ 1.6(気圧)

シ 120(℃)

ス 36.4(g)

② $y=160 \times x$

○配点○

1 (1) **ア~ウ**各3点×3　式・理由(完答)4点(問題の趣旨に合っていれば点を与える。部分点を与える場合がある)

(2) ① **エオ**完答4点　**カキ**完答4点　② 完答4点(問題文の趣旨に合っていれば点を与える。部分点を与える場合がある。)　③ 6点(問題文の趣旨に合っていれば点を与える。部分点を与える場合がある。)

(3) 各4点×2　(4)① 4点　② **コ** 4点　**サシ**完答4点　**スセ**完答4点

2 (1) ① 各3点×2　②③ 各3点×2　④ 4点(問題の趣旨に合っていれば点を与える。部分点を与える場合がある。)　(2) 各3点×2

(3) 完答5点(問題の趣旨に合っていれば点を与える。部分点を与える場合がある。)

(4) ① **コサ** 各3点×2　**シス** 各4点×2　② 4点　計100点

＜適性検査2-1解説＞

1 （算数：数量とグラフの読み取り）

基本
(1) **ア** 1セットあたりの材料費210円が全体の30％にあたるので，定価を□円とすると，

□×0.3＝210

□＝210÷0.3＝700(円)

イ 595円は全体のうち材料費を引いた値，つまり70％にあたるので，定価を求める式は595÷0.7であり，さらにこの30％が**イ**にあたるので，

595÷0.7×0.3＝255(円)

ウ 定価を1とすると，材料費は0.3にあたる。値引き後の全体の値段は，1－0.2と表される。材料費の割合について，材料費は変化しないので，全体のうち材料費の割合を表す式は$\dfrac{0.3}{1-0.2}$で常に一定である。

(2)① **エオ** いちごは上限120個である。Aを1セット作ると残りのいちごは

120－2＝118

118÷3＝39…1

より，Bセット39個ができて1個余る。

カ エオを参考にすると，Aのセットを作ったとき残った数が3の倍数であれば残らず使い切ることができる。いちごは全部で120個なので，Aが3の倍数のセットのときにBも使い切ることができる。

キ Aが3セット増えると，6つのいちごがAセットに使われるので，Bは6÷3＝2（セット）へる。

② 図2より，【30，20】でロールといちごのグラフが交わっている。また，ロール，いちごにおけるAとBのセット数が【30，20】で交わるということはすなわち，AセットとBセットの数がロールでもいちごでも等しくなったということであり，そのセット数においてはロールといちごの両方が使いきられることを意味している。

③ ロールの直線，Aが0になる直線，Bが0になる直線で囲まれた三角形はロールにおいて足りなくならずに作ることができる組み合わせの範囲であり，いちごの直線，Aが0になる直線，Bが0になる直線で囲まれた三角形はいちごにおいて足りなくならずに作ることができる組み合わせの範囲である。つまり，ロールが足りなくなるのは図の斜線の部分である。また，Bのセット数が0の辺上が【50，0】などもロールが足りないセット数としてふくまれるが，頂点である【40，0】はロールの数が足りるAのセット数の上限なので，ふくまれない。

(3) **ク** 図3の長方形の内部は，横に11個，縦に21個の点があるため，点は全部で

11×21＝231（個）

対角線について，Aが1増えるとBが2減る。つまり，Aが1増えるごとに【整数，整数】となる点があるので，対角線上の点の数はAの数と同じである。よって対角線上の点の数は11。

よって，図3の点の個数は，『（長方形の点の個数－対角線上の個数）÷2＋対角線上の個数』で求められるので，

(231−11)÷2＝110

110＋11＝121（個）

ケ 求めるのは図の太線で囲まれた部分にふくまれる点の数である。図のように太線に囲まれた部分をAB二つの三角形と，長方形に分ける。AとBの頂点が重なる点は引くことと，長方形の点線の辺は三角形にふくまれるので引くことに注意して計算する。

Aにふくまれる点の数はクで求めた数より121個。

Bについて，Aのセット数が15から30，Bのセット数が20から30であるので，点の数は横が（30−15+1）個＝16（個），縦が（30−20+1）個＝11

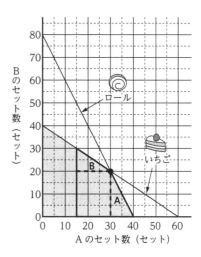

(個)となる。

　　B の三角形を含む長方形にふくまれる点の数は，

　　　16×11＝176(個)

　　対角線について，A が 3 増えるごとに B は 2 減る。つまり B が 2 つ減るごとに【整数，整数】の点を通過するので，対角線上の点の数は，(B の数÷2＋1)に対応する。

　　10÷2＋1＝6(個)

　　　したがって B の三角形にふくまれる点の数は，

　　　(176－6)÷2＝85

　　　85＋6＝91(個)

　　長方形にふくまれる点の数について，点線上の点をふくまないので，横は 15 個，縦は 20 個。よって

　　15×20＝300

　　よって，点の数の合計は，

　　121＋91＋300－1＝511(個)

やや難 (4)① 作業時間の合計が 20 分のとき，A の作業時間の合計が整数分になる必要がある。A は 10 セットにつき 8 分かかるので，1 セットは 0.8 分(＝60×0.8＝48 秒)かかる。これが整数になるのは 0.8×□の□が 5 の倍数のとき。B は 10 セットにつき 10 分かかるので 1 セットの作業時間は 1 分であり，A にかかる作業時間がわかれば B の個数もわかる。これについて表をかくと次のようになる。

　　これをグラフに表す。

A の個数(作業時間)	0(0分)	5(4分)	10(8分)	15(12分)	20(16分)	25(20分)
B の個数(作業時間)	20(20分)	16(16分)	12(12分)	8(8分)	4(4分)	0(0分)

② この作業時間において【A，B】が【整数，整数】となるとき，A のセット数が 5 つ増えると B のセット数は 4 つ減るという関係は常に一定なので，①でかいたグラフと常に同じ傾きのグラフができる。このグラフが，**図2**において色が塗られた部分の四角形の内部と辺・頂点の上を通過するときに A と B で作れる組み合わせがあるということを意味する。

コ グラフの傾きを変えずに，もっともグラフ内の A と B の組み合わせが大きくなるのはグラフが右図の部分を通過するときになる。

　　ここで，点 P の部分【30，20】が唯一グラフが範囲の中を通る【A，B】である。

　　よってセット数はグラフより【30，20】，A を 30 セット作るのにかかる時間は 24 分，B を 20 セット作るのにかかる時間は 20 分より 24＋20＝44(分)

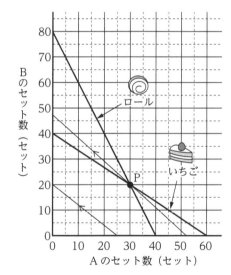

サシ 【A が 15 以上】の範囲に絞って考える。同様に範囲の中を傾きが一定のグラフの直線が通る。このとき，最も【A，B】が整数になる点が多くふくまれるのは，グラフが図のようなとき。A が 15 以上なのは実線の範囲である。A が 5 の倍数のときは B も必ず整数なので，

Aが15, 20, 25, 30, 35, 40の6つの場合にセットを作ることができる。

スセ Aの作業時間を短くすると, Bのセット数を一つ減らしたとき作ることができるAのセット数が増える。つまりグラフの傾きが穏やかになる。ここで再びグラフの位置について考えると, 【15, 30】が作業時間が最大になるセット数の組み合わせであるときの傾きは, 右図の太線部分よりも穏やかである(点線のグラフ参照)。

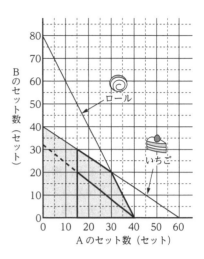

つまり色を塗った範囲とグラフが交わるときのグラフの通過する【A, B】の数が最大になる組み合わせが【30, 20】から【15, 30】に変わるのは, グラフの傾きが太線部分よりも緩やかになったときである。

太線部分の傾きについて, Aのセット数が15増えたときBのセット数は10減る。つまりAとBのセットを作るときにかかる時間の比がA:B=2:3である。

Bの作業時間は10セットあたり10分なので, Aにかかる時間は

$$10 \times \frac{2}{3} = \frac{20}{3} = 6\frac{2}{3}(分)$$

$$60 \times \frac{2}{3} = 40(秒)$$

よって6分40秒。

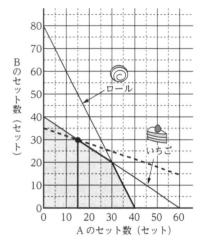

2 (理科:気圧と沸点, 資料の読み取り, 計算)

(1)① **ア** メスシリンダーが逆さまになっていることに注意して読む。1目盛りは5mL。

イ メスシリンダーの中に出された空気の重さは, (84.16−83.72)gである。これは380mLあたりの重さなので, 1L=1000mLあたりの重さを求める式は,

$$\frac{84.16-83.72}{380} \times 1000 = 1.157\cdots より, 約1.16g$$

② ハガキの大きさをmに直して考えると, 面積は

(15÷100×10÷100)m²

1m²に10トンの空気がのっているのが1気圧なので, ハガキの上にある空気の重さは,

(15÷100×10÷100)×10=0.15(トン)

1トンは1000kgなので,

0.15×1000=150(kg)

③ 100mごとに0.01気圧低くなるので, 3776mでは3776÷100×0.01気圧低くなる。

④ **図5**より水の沸点は気圧が低くなるにつれて低くなっていることがわかる。ここで, 標高が高くなるにつれて大気圧は下がるので, 水の沸点は標高が上がるにつれて下がり, ご飯を炊

いたお湯の温度が100度よりも低かったことがわかる。

(2) **オ** 反比例の関係であり，表2より大気圧×気体の体積＝1200となる。よって，
$$1200 \div 0.8 = 1500 (cm^3)$$

カ 100mごとに0.01気圧下がるので，1000m地点での気圧は$1-(1000 \div 100 \times 0.01)=0.9$気圧である。標高1000m地点での風船の体積は，$14400-1200=13200(cm^3)$。気圧と気体の体積は反比例の関係にあるから，山小屋の気圧は，$(0.9 \times 13200) \div 14400 = 0.825$(気圧)。100m上ると0.01気圧下がるから，山小屋の標高は，
$$1000+(0.9-0.825) \div 0.01 \times 100 = 1750(m)$$

(3) 圧力が上がると，沸点が高くなる。つまり三の水が沸とうするまでの時間が長くなる。また，温度が高いと冷めるまでの時間も長いので予熱時間も長くなる。会話文より四のとき火が強いと材料中の水分が沸とうして「す」ができるが，圧力なべを使うと，三の時間が長くなり温度が高く，五の時間も長くとれるため，四の時間を短縮することができ，「す」ができるのを避けられる。

(4)① **コ** 直径4mmの円の面積は$2 \times 2 \times 3.14 mm^2$，ここに75gのおもりが乗るので1mm²あたりの重さが$\dfrac{75}{4 \times 3.14}(g)$。これを1cm²あたりに直すと，1cm²は1mm²の$10 \times 10 = 100$(倍)なので100倍，また重さの単位をkgに直すので÷1000をする。よって式は
$$\frac{75}{4 \times 3.14} \times 100 \div 1000 = 0.59\cdots$$
これを四捨五入して0.6kg。

サ おもりの重さは**コ**より1cm²あたり0.6kg。つまり1m²ではこれの10000倍なので6000kg＝6トン。1気圧は1m²あたり10トンの力なので，これは$6 \div 10 = 0.6$気圧。会話文より，このおもりによる圧力と大気圧の和を蒸気圧が超えたときにおもりを押し上げるので，蒸気圧は$1+0.6 = 1.6$気圧。

シ おもりBの1cm²あたりの重さは，**コ**と同様に計算して
$$\frac{120}{4 \times 3.14} \times 100 \div 1000 = 0.955\cdots$$
0.96kgとして，**サ**と同様に1m²あたりの重さは$0.96 \times 10000 = 9600kg = 9.6$トン，おもりと大気圧を合わせた重さは$1+0.96 = 1.96$気圧。
図9のグラフより，蒸気圧1.96における水の沸点は120℃。

ス 2900mにおける大気圧は，
$$1-(2900 \div 100) = 0.71気圧$$
水が100℃で沸とうするということはつまり沸とうするときの鍋内部の蒸気圧が1気圧であればよいので，おもりと大気圧を合わせた重さが1気圧分になればいい，つまりおもりが0.29気圧分の重さであればよい。
1m²あたりの重さは，$10(トン) \times 0.29 \times 1000(kg) = 2900kg$
おもり75gのときの1m²あたりの重さが6000kgだったことを参考に，1m²あたり2900kgのときのおもりの重さを求めると，
$$75 \times \frac{2900}{6000} = 36.4(g)$$

② おもりが押す力と，標高ymにおいての大気圧の和が1気圧になる式を作る。
穴の大きさは0.0625cm²でおもりがxgなので，1cm²あたりの重さは
$$(1 \div 0.0625) \times x = 16 \times x(g)$$

1m²あたりの重さは

16×x×10000(g)＝0.16×x(トン)

1気圧は10トンなので，0.16×xトンは0.16×x÷10気圧

また，標高ymにおける気圧は，1－(y÷100×0.01)気圧

100℃で沸とうするためには，おもりの重さと標高ymにおける大気圧の和が1気圧であればよいので，

0.16×x÷10＋1－(y÷100×0.01)＝1

の式が成り立つ。これを整理して，y＝160×x

── ★ワンポイントアドバイス★ ──

資料を読み取る力が求められる。それぞれのグラフの意味や何が読み取れるのかを意識して解こう。計算問題は，なるべく数値が簡単になる計算の道すじを考えてから計算すると間違いが少なくなる。

＜適性検査2－2解答例＞

一 (1) ① 目に見えないものを画像でとらえる

(2) ② 今でもうちゅうの成り立ちのなぞを解き明かすよりどころとなっている

二 ① 身分に関わりなく，だれが研究しても同じ結果になるもの。

② 航海や天文などの術を発てんさせて，この国がのびていくこと。

三 (1) ① 現代との比かくではなく同時代の他国との比かくというし点で見た

(2) ② 人類の知えを積み重ねる

③ 土台となる考え方

④ 別の方向から考える

(3) わたしは，教養を身につけるためには，仲間と学び合うことが必要だと思います。その理由を，科学技術の進歩を例に話します。さくら子さんのお話にあったように，確かに科学技術が進歩するのは良いことばかりとは言えません。わたしは新幹線に乗ることが好きですが，速度が上がって便利になる反面，そう音などのかん境問題が生じています。

そういった問題を解決するには何よりも教養が必要だと思うのです。かん境問題でこまっている人の立場に立って考えてみたり，新たな解決方法をさぐってみたりするには，③のように別の方向から考えることができる「心の豊かさや物事の理解力」が必要です。つまり，教養を身につけることが必要なのです。

その教養ですが，一人で学ぶだけで身につくものでしょうか。例えば，新幹線のそう音を減らす技術は，鳥の生態にくわしい人からフクロウについて教わり，その羽のしくみを研究したことから開発されたそうです。わたし自身も友だちから思いがけない発想や意見を聞いて，そのような考え方があったのかとおどろいたことがあります。このように，多くの人と協力することで，し野が広がって，心の豊かさや物事への理解が増し，新たな知えを生み出せると考えます。ですから，あにあるように知えを積み重ね，よりよい社会をつくるために仲間と学び合うことが必要だと思います。

○配点○
一　各8点×2　　二　各8点×2　　三　(1)8点　　(2)各8点×3　　(3)36点　　計100点

＜適性検査2－2解説＞

一　（国語：音声聞き取り）

(1)　①　「光でさえもつかまえてしまうので，太陽の光を反射して光る月のようには，目で見ることはできませんでした」という部分を参考にする。

(2)　②　「もちろん，博士の理論は私たちの生活を便利にする技術だけに役立っているのではありません。科学者たちにとって，宇宙の成り立ちの謎を解き明かそうとするための，重要なよりどころとなっているのです。」という部分を参考にする。

二　（国語：文章読み取り）

①　指定語句の「身分」を文章中から探す。すると「どのように高貴な身分の人の研究でも，正しくない答えは正しくない。」という文がある。解答では文章中の「どのように高貴な身分の人の研究でも」という部分を「身分に関わりなく，だれが研究しても」に言いかえている。また解答の後半部分の「同じ結果になるもの」は文章中の「正しくない答えは正しくない」という部分と「算法の世界ほど，きびしく正しいものはありますまい」という部分を受けたものだ。この2か所より「正しいものは必ず同じ答えになる」ということがいえる。これを解答では「同じ結果になる」と言いかえているのである。以上の二つの要素を組み合わせると解答ができあがる。また問題文で「どのようなものですか」とあるので解答の終わりは「もの」で終わらせる。

②　解答を考える上で注目すべき点は2つある。1つ目はぼう線部だ。「かんがえかた」を変えることでどのような結果になるのかを文章中で探すと，ぼう線部の直後に「そのけっかはどうか。その航海・天文の術は，われわれの想像もできないほど進んでいるのです」とあるのでこれを言いかえる。次に注目するのは問題文中の「算法をしっかりと学ぶこと」である。これと似た表現として，文章中の最後のセリフ内の「人々が算法をしっかりとまなぶことが必要です」という部分が挙げられる。そしてその直前に「この国がのびていくためには」とあるので，答えるべき「期待している」こととは「この国がのびていくこと」だといえる。この二つを組み合わせ，指定された形にそって解答を作ればよい。

三　（国語：文章読み取り，条件作文）

(1)　①　問題文の語句を参考にして似た文を文章中から探す。指定された解答の形から「どのように江戸時代の日本を見た場合に教養として役に立つのか」を答えればよいことがわかる。まず記事中に「こういった視点で日本史を見る」「それがハーバード大学を卒業した後，教養として役に立つ」という部分があるので，この「視点」とは何かをそれより前の文章から探す。その手がかりとして問題文中にある「豊かさや平和」という部分に注目する。すると似た表現の文章として，「他国と比べてみれば，非常に安定していて，平和で繁栄した社会でした。日本には豊かな文化があり(以下略)」，「日本は，同時代のアメリカ，イギリス，中国といった大国よりも豊かで平和な社会を実現していました」という部分が挙げられる。これより「視点」とは「同時代の他国と比べて見た」視点だと言える。最後に解答の「……ではなく」という部分も作る必要があるので，先ほどのべた「視点」と反対の「視点」を探す。「同時代の他国と比べる」の反対は「違う時代の自国と比べる」なのでこれを

言いかえる。

(2) ②　あは問題一の聞き取りの中のアインシュタイン博士の言葉をまとめたものである。特に「皆さんが学校で学び知るいろいろの驚くべき事がらは，ながい時代をかけて地球上のあらゆる国々で熱心な努力と非常な骨折とで出来上がった仕事であることを考えて下さい。」の部分を参考にする。「学び知るいろいろの驚くべき事がら」とは「知恵」のことなので〔使う言葉〕からはこの語句を選ぶ。

③　いの中の「他の分野に応用する」とは問題二の文章中では「航海・天文などの術」のことである。ここで「身につけ」るべきものは「かんがえかた」だったことを思い出す。文章中に「世のなかのすべてのかんがえかた」とあるのでそれを参考にする。また，「その底に，正しいものを冷静にみとめるかんがえかたがある」という部分の「その底」に注目し，〔使う言葉〕から「土台」を選ぶ。

④　問題三の文章で重視されていたのは「視点」だった。視点とは言いかえれば「どの方向から物事を考えるか」ということであるので〔使う言葉〕からは「方向」を選ぶ。さらに，問題三の(1)の問題文中に「……ではなく……から見た」とあるので「別の視点から見る」ことを重視していることがわかる。これらを組み合わせると「別の方向から考える」という答えになる。

(3)　まず，条件アより，語尾は「～です」「～ます」のように書く。次に条件イの中で段落構成が指示されているのでそれにそって書く。各段落の内容は次のようになる。

第一段落目…科学技術の進歩によって起こる「良いこと」と「悪いこと」を書く。「自分の体験から例を挙げる」とあるので，生活にかかわることや授業で学んだことと関連付けるとよい。

第二段落目…第一段落目で挙げた「悪いこと」を解決するために，いやうの力が必要だという文脈で文章を作る。いを用いる場合は，「様々な分野の問題の解決に応用するために，土台となる考え方を積極的に学ぶことが必要だ」などと言った解答が考えられる。

第三段落目…あでは「協力して人類の知えを積み重ねること」がキーワードになっている。どうやって「協力」するかを書くとよい。

★ワンポイントアドバイス★

設問の文章から手がかりを探そう。また，今までの問題の答えが次の問題のヒントになることがあるので見逃さないようにしよう。

大切なことはメモしておこうネ！

2019年度
★★★★★★★★★★★★★★★★★★★★★★

入 試 問 題

2019
年
度

2019年度

千葉県立中学校入試問題（一次）

【適性検査１－１】（45分）　＜満点：100点＞

1　あいさんとげんさんの学級では，総合的な学習の時間に「千葉県の資源」について学習しています。会話文をふまえながら，あとの(1)～(5)の問いに答えなさい。

先生：最近，千葉県の地層が注目されています。実は，千葉県のある地層からは貴重な資源が採れるのです。その地層中に閉じこめられた「かん水」という昔の海水には，天然ガスが溶けているのです。

あい：天然ガスというのは，家で調理やお風呂の湯沸かしなどに使うガスですか？

先生：そうです。くわしく説明すると，家庭用のガスには，ガス管を通って運ばれる都市ガスと，ガスボンベに入れて配達されるプロパンガスの２種類があります。千葉県産の天然ガスのうち，都市ガスに用いられているものは，生産地域からおもにパイプラインによって運ばれています。

げん：天然ガスを運ぶパイプラインは，どこまで延びているのでしょうか？

先生：千葉県産の天然ガスを運ぶパイプラインは，**資料１**のように延びていて，すべて合わせると約600kmにもなるのだそうです。おもなパイプラインは，1950年代後半から建設が始まり，1990年ごろまでには現在のように広がっていきました。

あい：このパイプラインは，茂原市や東金市などの天然ガスの生産地域からずいぶん遠くまで延びていますね。なぜこんなに遠くまで延びているのでしょうか？

先生：それは良いところに注目しましたね。では，みんなでいっしょに考えてみましょう。**資料２**（次ページ）を見てください。これは，千葉県内にあるいくつかの市における人口の移り変わりを示しています。次の**資料３**（次ページ）は，千葉県産の天然ガスの年間生産量と使い道の移り変わりを示しています。これらから，どのようなことがわかりますか？

資料１　天然ガスの生産地域と千葉県産の天然ガスを運ぶパイプラインの位置

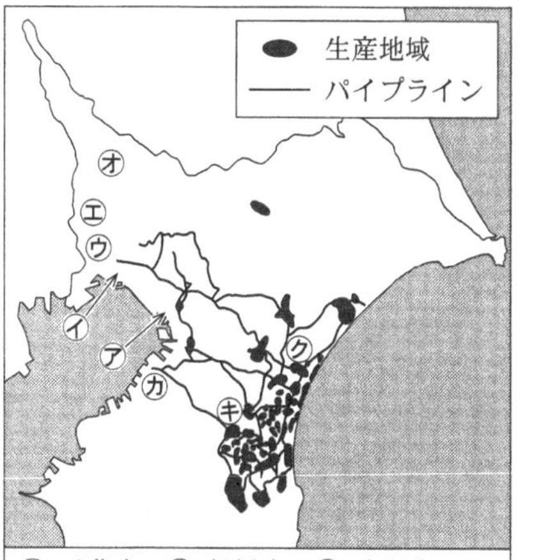

㋐ 千葉市　㋑ 船橋市　㋒ 市川市
㋓ 松戸市　㋔ 柏市　㋕ 市原市
㋖ 茂原市　㋗ 東金市　（およその位置）

（金子信行『千葉県の天然ガス・ヨウ素資源』，千葉県「千葉県天然ガス開発・利用図」より作成）

あい：人口の移り変わりと**資料１**を合わせて考えると，生産地域から [あ] に向かってパイプラインが延びていることがわかりました。そして，天然ガスの使い道は，[い] へと変わってきたこともわかりました。

資料２　千葉県内のいくつかの市における人口の移り変わり　（万人）

市＼年	1970	1975	1980	1985	1990	1995	2000	2005	2010	2015
㋐千葉市	48.2	65.9	74.6	78.9	82.9	85.7	88.7	92.4	96.2	97.2
㋑船橋市	32.5	42.3	47.9	50.7	53.3	54.1	55.0	57.0	60.9	62.3
㋒市川市	26.1	31.9	36.4	39.8	43.7	44.1	44.9	46.7	47.4	48.2
㋓松戸市	25.4	34.5	40.1	42.7	45.6	46.2	46.5	47.3	48.4	48.3
㋔柏　市	16.9	22.5	27.3	31.1	34.7	36.3	37.4	38.1	40.4	41.4
㋕市原市	15.6	19.4	21.6	23.8	25.8	27.7	27.8	28.0	28.0	27.5
㋖茂原市	5.8	6.5	7.2	7.7	8.3	9.2	9.4	9.3	9.3	9.0
㋗東金市	3.2	3.3	3.6	3.9	4.5	5.5	6.0	6.2	6.2	6.1

（千葉県『千葉県統計年鑑(ねんかん)』および『千葉県衛生統計年報』より作成）

先生：そうです。よく読み取れましたね。**資料１**（前ページ）に示された位置にパイプラインを建設したことは，天然ガスの使い道が変化した理由の１つといえるでしょう。

げん：先生，千葉県にはどれくらいの量の天然ガスがあるのですか？

先生：千葉県周辺の地下には約3685億m³の天然ガスがあると推定(すいてい)されていて，現在の年間生産量の約800年分にもなるそうです。また，天然ガスは，燃やしたときに出る二酸化炭素の量が石油と比べて少ないので，地球環境(かんきょう)に優(やさ)しいエネルギー資源といわれています。日本にとって貴重な国産エネルギー資源である天然ガスを，今後も有効に生かしていきたいですね。

資料３　千葉県産の天然ガスの年間生産量と使い道の移り変わり

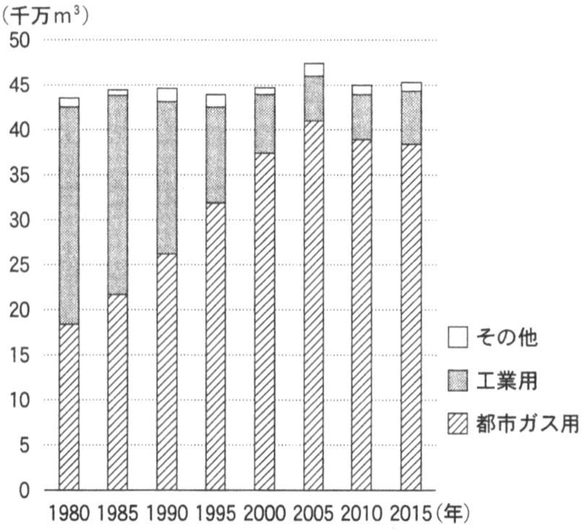

（淡野寧彦(たんのやすひこ)ほか『千葉県九十九里地域における天然ガス利用による工業の立地と事業転換(てんかん)』，千葉県「千葉県天然ガス開発・利用図」より作成）

(1)　[あ]，[い] に入る言葉を，**資料１～資料３**をふまえて書きなさい。ただし，数字を用いる場合は１ますに１字ずつとし，句読点を含(ふく)めてどちらも**10字以上15字以内で書くこと。**

（１週間後の総合的な学習の時間）

あい：私(わたし)たちは，千葉県産の天然ガスについて調べているうちに，天然ガスが溶けている「かん水」には，ヨウ素という重要な資源も含まれていることを知りました。

げん：ヨウ素って，でんぷんを調べるときに使ったヨウ素液のヨウ素ですか？

あい：そうです。2013年には世界で生産されるヨウ素の約28％が日本産で，チリに次いで世界第

2位でした。さらに，日本産のヨウ素の約75％が千葉県産だそうです。

げん：ということは，世界のヨウ素の約 **う** ％が千葉県産なのですね。すごい。

あい：そうです。ヨウ素は人の体に必要な成分で，不足すると成長に悪い影響が出ることがあります。千葉県は，ヨウ素不足に苦しむモンゴルやカンボジア，スリランカなどにヨウ素を贈ったこともあります。ヨウ素で国際貢献をしているのです。

げん：私たち日本人はヨウ素不足にはならないのですか？

先生：日本人は普段の食事で，海藻や魚などからヨウ素を取り入れています。**資料4**は食品100ｇに含まれるヨウ素の量です。成人が1日に取るべきヨウ素の量は0.015mgといわれていますが，こんぶなら **え** mgでこの量に達します。一方，にわとりの卵だとこんぶの **お** 倍の量を食べないと，成人が1日に取るべきヨウ素の量にはなりませんね。

資料4　食品100ｇに含まれるヨウ素の量

食品名	ヨウ素〔µg※〕
こんぶ（刻みこんぶ）	230000
わかめ（乾燥）	1900
あさり（生）	55
まいわし（生）	24
にわとりの卵（ゆで）	15

※µg（マイクログラム）：重さの単位。

$$1 µg = \frac{1}{1000} mg, \quad 1 mg = \frac{1}{1000} g$$

（文部科学省「日本食品標準成分表2015年版」より作成）

資料5　海外へのヨウ素の輸出量・輸出額（2015年）

輸出相手	輸出量〔t〕	輸出額〔万円〕	1tあたりの輸出額〔万円〕
ノルウェー	846.0	283855	336
インド	568.4	176609	311
アメリカ	536.5	166507	310
ドイツ	464.0	161662	348
中　国	446.5	144227	323
韓　国	135.5	43246	319
その他	1204.4	395629	328
合　計	4201.3	1371735	

あい：ヨウ素は，殺菌剤や除草剤，パソコンの液晶などいろいろな製品の原料としても使われているそうです。2010年に最も多くのヨウ素が使われた製品は，Ｘ線造影剤という医療用の薬品です。これを注射してＸ線で撮影すると，血管などの細かなようすがはっきり写るので，病気の診断に役立つそうです。

げん：これらのヨウ素を使った製品は，全部日本で作っているのですか？

あい：いいえ。日本は，原料としてのヨウ素を輸出するとともに，海外で加工されたヨウ素を使った製品を輸入しています。**資料5**，**資料6**（次ページ）を見てください。**資料5**は海外へのヨウ素の輸出量・輸出額，**資料6**は海外からのヨウ素を使った製品の輸入量・輸入額を表しています。**資料6**のヨウ素を使った製品は，先ほど話に出てきた「Ｘ線造影剤」と，ヨウ素を含む化学工業製品である「ヨウ化物とヨウ化酸化物」に分けてまとめてあります。

(2)　**う** ～ **お** にあてはまる数を書きなさい。ただし，四捨五入して，**え** は小数第1位までのがい数，**お** は上から2けたのがい数にして書くこと。

(3)　**資料5**，**資料6**を見て気が付いたことを，ア～エのようにまとめました。その内容として適切なものには〇を，適切でないものには×をそれぞれ書きなさい。

　ア　日本のヨウ素に関する貿易は，「Ｘ線造影剤」と「ヨウ化物とヨウ化酸化物」を合わせた輸

資料6　海外からのヨウ素を使った製品の輸入量・輸入額(2015年)

輸入相手	X線造影剤			輸入相手	ヨウ化物とヨウ化酸化物		
	輸入量〔t〕	輸入額〔万円〕	1tあたりの輸入額〔万円〕		輸入量〔t〕	輸入額〔万円〕	1tあたりの輸入額〔万円〕
ドイツ	1040.7	1752194	1684	韓　国	562.5	67962	121
スペイン	193.9	60475	312	ドイツ	21.0	29229	1392
カナダ	93.6	128585	1374	台　湾	7.2	183	25
イタリア	13.4	125951	9399	アメリカ	3.2	7728	2415
フランス	11.2	53399	4768	インド	0.6	221	368
ノルウェー	2.3	133752	58153	中　国	0.6	269	448
その他	6.2	86661	13978	その他	0.1	209	2090
合　計	1361.3	2341017		合　計	595.2	105801	

(**資料5**，**資料6**　財務省貿易統計ホームページより作成)

　　入量よりヨウ素の輸出量のほうが少ない。

イ　日本のヨウ素に関する貿易は，「X線造影剤」と「ヨウ化物とヨウ化酸化物」を合わせた輸入額よりヨウ素の輸出額のほうが少ない。

ウ　**資料6**にあるドイツから輸入されるヨウ素を使った製品の1tあたりの輸入額は，ドイツへ輸出されるヨウ素1tあたりの輸出額の約8.8倍である。

エ　**資料5**（次ページ）の表にある6か国のうちで，日本からのヨウ素の輸入額が，**資料6**にある日本へのヨウ素を使った製品の輸出額を上回るのは2か国だけである。

先生：日本は今，ヨウ素を使った新製品の実用化[※1]を目指しています。その1つが，「色素増感型太陽電池」と呼ばれる，ヨウ素を使った光電池です。**資料7**は，ヨウ素を使った光電池と現在主流の光電池の発電量を比べた実験結果です。面積の等しい2種類の光電池を，日当たりが異なる南向きの壁と北向きの壁にそれぞれ取り付け，日照時間[※2]あたりの発電量を同じ日に調べたのだそうです。壁はどちらも水平な地面に対して垂直です。

　　※1　実用化：実際に役に立つようにすること。　　※2　日照時間：太陽の光が地上を照らしている時間。

資料7　光電池の発電量(ある冬の晴れた日に日本国内で実験)

	南向きの壁に設置	北向きの壁に設置
ヨウ素を使った光電池の発電量〔Wh[※]〕	2.09	0.39
現在主流の光電池の発電量〔Wh〕	2.40	0.24

※Wh（ワット時）：発電量の大きさを表す単位。
(国立研究開発法人新エネルギー・産業技術総合開発機構「太陽エネルギー技術研究開発／有機系太陽電池実用化先導技術開発」事業原簿より作成)

資料8　ヨウ素を使った光電池の特ちょう

	特ちょう
A	薄くて軽い
B	やわらかくて曲げられる（右の**図**）
C	透明なものを作ることができる

(東京理科大学太陽光発電研究部門『よくわかる最新太陽電池の基本と仕組み』より作成)

図

ヨウ素を使った光電池を曲げているようす

げん：**資料7**（前ページ）から，ヨウ素を使った光電池には，現在主流の光電池より劣（おと）っている点もあるけど，**か優れている点**もあることがわかります。

先生：その通りです。さて，ここからは，別の特ちょうに目を向けてみましょう。ヨウ素を使った光電池には，**資料8**（前ページ）のような特ちょうがあります。

あい：**資料8**の特ちょうを生かせば，**きヨウ素を使った光電池を，現在主流の光電池が取り付けられない場所に取り付けて，発電すること**ができそうですね。

(4) 下線部**か**について，ヨウ素を使った光電池が現在主流の光電池と比べて優れている点を，**資料7**をふまえて書きなさい。ただし，光電池を設置した場所の日当たりについてふれること。また，句読点を含めて30字以上40字以内で書くこと。

(5) 下線部**き**について，将来（しょうらい）ヨウ素を使った光電池が実用化されたとき，それをどのような場所に取り付けて発電し，発電した電気をどのように使うか，あなたの考えを書きなさい。ただし，解答らんにしたがい，解答らんの①には，**資料8**の**A〜C**のうちから特ちょうを2つ選んで，そのアルファベットを書き（どの2つを選んでも得点に影響はありません。），②には，それら両方の特ちょうを生かした具体的な取り付け場所を5字以上15字以内で，③には，発電した電気の使い道を句読点を含めて10字以上20字以内で書きなさい。

2 そらさんは，「税金と公共施設（しせつ）」について，家族で話をしています。会話文をふまえながら，あとの(1)〜(7)の問いに答えなさい。

そら：今日，学校で「税金のはたらき」について学習したよ。私（わたし）たちにとって身近な道路や橋，公民館などの公共施設の整備には，税金が使われているんだね。でも，お金がいきわたらなくて，老朽化※1しているのにかけかえや修繕（しゅうぜん）※2などができず，通行止めなどの通行規制をしている橋が増えているって聞いたよ。心配だなあ。

父　：X市にあるおばあさんの家の近くのA橋も，最近になって通行止めになったよ。

母　：**資料1**の地図を見てみましょうよ。X市のおばあさんの家（⌂）からお店（☆）まで行くには，A橋を通るAコース（━━）が使えないとすると，B橋を通るBコース（━━━）を使わなければならないわね。

資料1　X市の地図（一部）

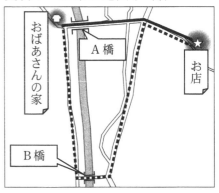

そら：お店までの道のりは約 **あ** 倍になるね。

父　：こういう橋は，まだ増えるよ。**資料2**（次ページ）を見てごらん。今，多くの橋が建設後50年を過ぎ，修繕などが必要になっているよ。今後の見通しをもつために，**い建設後50年を迎（むか）える橋の数を読み取ってみよう。**

　※1　老朽化：古くなって，役に立たなくなること。

　※2　修繕：こわれたり悪くなったりしたところを直すこと。

(1) **あ** にあてはまる数を，四捨五入（ししゃごにゅう）して整数で書きなさい。

(2) 下線部**い**について，「建設後50年を迎える橋の数」を表す折れ線を，解答らんのグラフにグラフ中の折れ線に続けてかきなさい。

資料2　橋の年度別建設件数

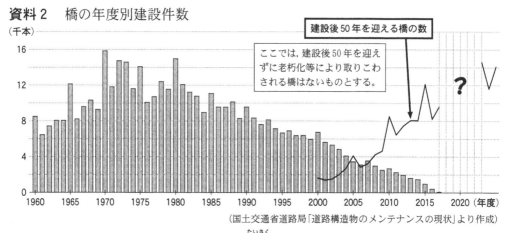

（国土交通省道路局「道路構造物のメンテナンスの現状」より作成）

そら：多くの橋で老朽化が進んでいるね。早く対策をとらなければいけないよね。そういえば，税
　　　金にはいろいろな種類があるけれど，私たち住民も納（おさ）めるのだから，都道府県や市町村の人
　　　口についても考えないといけないのではないのかな？

父　：そのとおり。現在，市町村は日本全国に約1700もあるので，ここでは都道府県について考え
　　　てみよう。資料3，資料4（次ページ）を見てごらん。資料3は，都道府県ごとに，1年間
　　　にその都道府県に転入してきた人とその都道府県から転出した人の数の差をグラフに表した

資料3　都道府県ごとの転入者数と転出者数の差の移り変わり

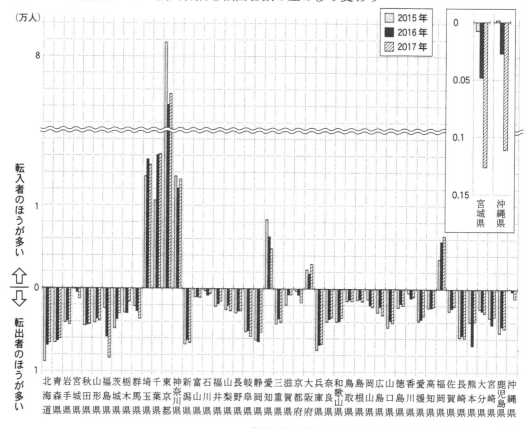

（総務省統計局「住民基本台帳人口移動報告平成29年結果」より作成）

ものだよ。このように，人が住所を移すことを「人口移動」というのだよ。ここでは，2015年から2017年までの３年間の移り変わりを示しているのだけど，宮城県と沖縄県は値が小さくて見えにくい部分があるので，抜き出して拡大して示してあるよ。これを見るとわかるように，沖縄県は転入者のほうが多い年と転出者のほうが多い年の両方があるのだよ。**資料４**は，都道府県の人口と面積を表にまとめたものだよ。

そら：**資料３**（前ページ）から，2015年から2017年までの３年間，それぞれの年におきた日本国内での人口移動の結果がわかるね。３年連続で転出者が上回った都道府県の数が　う　なのに対し，３年連続で転入者が上回ったのは　え　だね。このことと，**資料４**の「人口」と「面積」の両方を読み取って考えたこととを合わせると，３年連続で転入者のほうが多い都道府県は　お　ということがわかるね。

父　：よく気が付いたね。実際には，仕事や進学などのさまざまな理由で人口移動はおきるのだよ。

母　：転出者のほうが多い都道府県や市町村などでは，住民が納める分の税金による収入は減ってしまうことにつながりかねないね。そうなると，収入を増やす工夫も必要だけれど，支出を減らす工夫が大切になってきそうね。

資料４　都道府県の人口と面積

都道府県	人口 （千人）	面積 （100 km²）	都道府県	人口 （千人）	面積 （100 km²）	都道府県	人口 （千人）	面積 （100 km²）
北海道	5382	834	石川県	1154	42	岡山県	1922	71
青森県	1308	96	福井県	787	42	広島県	2844	85
岩手県	1280	153	山梨県	835	45	山口県	1405	61
宮城県	2334	73	長野県	2099	136	徳島県	756	41
秋田県	1023	116	岐阜県	2032	106	香川県	976	19
山形県	1124	93	静岡県	3700	78	愛媛県	1385	57
福島県	1914	138	愛知県	7483	52	高知県	728	71
茨城県	2917	61	三重県	1816	58	福岡県	5102	50
栃木県	1974	64	滋賀県	1413	40	佐賀県	833	24
群馬県	1973	64	京都府	2610	46	長崎県	1377	41
埼玉県	7267	38	大阪府	8839	19	熊本県	1786	74
千葉県	6223	52	兵庫県	5535	84	大分県	1166	63
東京都	13515	22	奈良県	1364	37	宮崎県	1104	77
神奈川県	9126	24	和歌山県	964	47	鹿児島県	1648	92
新潟県	2304	126	鳥取県	573	35	沖縄県	1434	23
富山県	1066	42	島根県	694	67			

（総務省統計局「平成27年国勢調査結果」，国土地理院「全国都道府県市区町村別面積調　平成27年面積」より作成）

(3)　う，え　にあてはまる数をそれぞれ書きなさい。また，お　に入る言葉を15字以内で書きなさい。

父　：そうだね。でも，そう簡単（かんたん）にはいかないよ。**資料5**と**資料6**を見てごらん。これらは，市町村の収入と支出に関する資料だよ。収入には，国や都道府県からの補助金なども含（ふく）まれるけれど，ここに示したものは市町村の住民が市町村に納める市町村税について調べたものだよ。支出の内訳（うちわけ）の移り変わりは，2006年度の各項目（こうもく）の支出を1としたときの割合（わりあい）で表したよ。どのようなことが読み取れるかな？

資料5　市町村の収入と支出の移り変わり

（千万円）

	2006	2007	2008	2009	2010	2011	2012	2013	2014	2015（年度）
収入（市町村税）	1816	1947	1955	1867	1838	1844	1834	1857	1899	1896
支出	4795	4822	4839	5202	5212	5289	5418	5486	5605	5654

資料6　市町村支出の内訳（一部）の移り変わり

項目（こうもく）		年度	2006	2007	2008	2009	2010	2011	2012	2013	2014	2015
1	人件費	勤労（きんろう）に対してしはらわれる費用	1	1	0.98	0.96	0.93	0.93	0.90	0.87	0.88	0.88
2	維持補修費（いじほしゅうひ）	公共施設を維持するための費用	1	1.02	1.03	1.08	1.09	1.14	1.16	1.17	1.22	1.18
3	扶助費（ふじょひ）	住民の生活を助けるための費用	1	1.06	1.10	1.18	1.47	1.56	1.59	1.61	1.71	1.77
4	普通建設事業費（ふつうけんせつじぎょうひ）	公共施設の建設のための費用	1	0.96	0.94	1.06	1.03	0.91	0.95	1.12	1.21	1.17
5	公債費（こうさいひ）	借り入れた借金を返すための費用	1	1	1	0.98	0.97	0.96	0.94	0.93	0.92	0.89

（**資料5**，**資料6**　総務省「平成27年度地方財政統計年報」より作成）

そら：これらを見てみると，収入にはあまり大きな変化は見られないけど，支出は10年間　か　いるね。支出の内訳の移り変わりでは，公共施設の整備に使われる　き　への支出よりも　く　への支出のほうが増える割合が大きいね。

父　：そうだね。税金は，公共施設だけでなく，いろいろなことに使われているのだね。

(4)　か　に入る言葉を**5字以内**で書きなさい。

(5)　き　，　く　にあてはまる費用は何か。**資料6**の1〜5のうちから選び，その番号を書きなさい。ただし，あてはまる番号が複数ある場合には，**すべて書くこと**。

母　：公共施設の整備にどのように予算を組んでいくかということは，日本全体で課題になっているそうよ。そこで，国の基本計画にもとづいて，都道府県や市町村などは「公共施設等総合管理計画」というものを定めているのよ。私たちの住むY市にも，公共施設等総合管理計画があるわ。その中では，Y市では**資料7**（次ページ）に挙げられている「複合化」という方

法に力を入れているみたい。

父 ：なるほど，これは良い取り組みだね。この方法を上手に活用していけば，長い目で見ると都道府県や市町村などの支出を減らす工夫の1つになりそうだね。

母 ：資料8～資料10（次ページ）を見て。これらは，市の広報紙にのっていたものよ。

そら：資料8と資料9（次ページ）をもとにして，実際に複合化について考えてみたいな。

父 ：現実の複合化を考えるのは，とても難しいことなのだよ。例えば，施設を利用する人や施設の利用状況（じょうきょう）など，市全体のいろいろなことを考えていかなければいけないのだよ。だから，まずは，たくさんある公共施設の中から複合化させる施設の「候補（こうほ）」を考えてみてはどうかな。最終的に複合化を決定するには，市で何度も議論（ぎろん）を重ねていくのだよ。

そら：わかった。それでは，け複合化させる施設の候補を考えてみるね。

（少し時間をおいて）

母 ：複合化させる施設の候補を考えてみて，あなたはどのようなことを感じたの？

そら：いろいろな人の立場や市の状況などを考えなければならないことがよくわかり，本当に難しいことだと感じたよ。でも，こ異なる種類の施設が1つになることで，これまでにはなかったような「新たな効果」を生み出すこともできるのではないかとも感じたよ。

母 ：良いところに気が付いたわね。

資料7　Y市が行う「複合化」

【複合化】
　今ある異（こと）なる種類の施設を合わせ，1つの施設として整備すること。

方法1　今ある施設を生かす

ア　イ　⇨　✕　ア／イ

方法2　一方の施設があった場所または新たな場所に新しい施設を建てる

ウ　エ　⇨　✕　ウ／エ　✕

資料8　Y市の公共施設の複合化についての方針（ほうしん）

○　複合化を行う際には，「公共施設へのおもな要望」を取り入れる。
○　修繕を行う時期にあたっている施設について，複合化を検討（けんとう）する。
　　＜修繕を行う時期＞　建築後30年以上
○　「施設数の基準」をこえているものから優先（ゆうせん）して複合化を検討する。

施設名	施設の役割	施設内の部屋	施設数の基準
図書館	本を借りることができ，学ぶための施設	図書閲覧室（えつらんしつ）※，書庫	半径2kmの円のはん囲に図書館は1施設
美術館	美術に関する市民の知識や教養を高めるための施設	展示室（てんじしつ），保管庫	半径16kmの円のはん囲に美術館は1施設
博物館	学問，文化に関する市民の知識や教養を高めるための施設	展示室，保管庫，実験室，プラネタリウム	半径5kmの円のはん囲に博物館は1施設
公民館	仲間づくりや学習，趣味（しゅみ）の活動などを行うための施設	研修室，和室，調理室，多目的ホール，音楽室	半径2kmの円のはん囲に公民館は1施設

※閲覧室：本や新聞などを調べ，読むための部屋。

資料9　Y市の公共施設の配置図（一部）

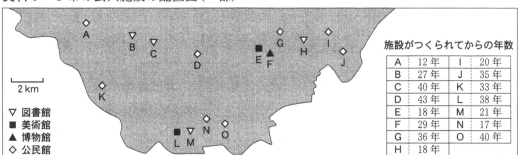

施設がつくられてからの年数			
A	12 年	I	20 年
B	27 年	J	35 年
C	40 年	K	33 年
D	43 年	L	38 年
E	18 年	M	21 年
F	29 年	N	17 年
G	36 年	O	40 年
H	18 年		

▽ 図書館
■ 美術館
▲ 博物館
◇ 公民館

2 km

資料10　Y市の公共施設へのおもな要望

＜図書館＞	・よりよいふん囲気になるよう，館内に音楽を流してほしい。 ・図書閲覧室に，本をしょうかいする特集コーナーを設置してほしい。
＜美術館＞	・作品の感想を話し合う機会がほしい。 ・開館時間をもっと長くしてほしい。
＜博物館＞	・荷物を預ける場所がほしい。 ・展示品についてさらにくわしい情報がほしい。
＜公民館＞	・地域住民の人間関係づくりに働きかけるような取り組みをしてほしい。 ・インターネットを使って，部屋の予約ができるようにしてほしい。

(6)　下線部けについて，複合化させる施設の候補を選ぶための手順を，**資料7～資料9（資料7・8は前ページ）** をふまえ，二段階に分けて書きなさい。ただし，解答らんにしたがい，「施設の選び方」を書き，それにより「選ばれる施設」のアルファベットを**すべて**書くこと。

(7)　下線部こについて，複合化後の施設に新たにどのような効果をもたせるか，あなたの考えを書きなさい。ただし，解答らんにしたがい，「複合化させる施設」のうちから2つを選んで○で囲み（いずれを選んでも得点に影響はありません。），「新たな効果」は，その2つの「公共施設へのおもな要望」を最低1つずつはふまえること。また，句読点を含み，**30字以上40字以内**で書くこと。

【適性検査1－2】 （45分）　　＜満点：100点＞

1　ひろとさんとみゆかさんは，ロボットそうじ機について先生と話をしています。あとの(1)～(5)
の問いに答えなさい。

ひろと：デパートでロボットそうじ機が動いているのを見かけましたが，とても複雑な動きをして
　　　　いました。

先　生：効率よくそうじができるように，コンピュータのプログラムを利用して動かしているので
　　　　すよ。

みゆか：コンピュータのプログラムとは何ですか？

先　生：プログラムとは，コンピュータに実行させる命令を記述したものです。

ひろと：プログラムについて，もう少しくわしく教えてください。

先　生：プログラムはたくさんの命令を順序よく並べて，複
　　　　雑なことができるように記述したものです。です
　　　　から，命令の手順を整理することが大事なのです。
　　　　例えば，見た目が同じ8個の球の中に1つだけ他の
　　　　球より重い球が入っているとき，図1の実験用てこ
　　　　を使って，確実に重い球を見つけ出す手順を考えて
　　　　みましょう。実験用てこを最低何回使えばよいか
　　　　わかりますか。

ひろと：球ののせ方がたくさんありますね。

先　生：そうですね。では，球ののせ方を整理してみましょ
　　　　う。重い球を見つけ出す手順を図で表すと図2のようになります。8個の球は，それぞれ
　　　　A，B，C，D，E，F，G，Hで示します。手順は「開始」から始まり，矢印の方向に
　　　　進み，「終了」までたどりつくと終わりです。

先　生：図2の◇の記号では，実験用てこを使って球の重さを比べます。◇の記号の中のアル
　　　　ファベットは実験用てこの皿にのせる球を表し，例えば「DとF」は左のうでの皿に球D，

図1　　実験用てこ

左のうで　右のうで

支点

球球　　　　　球球

皿

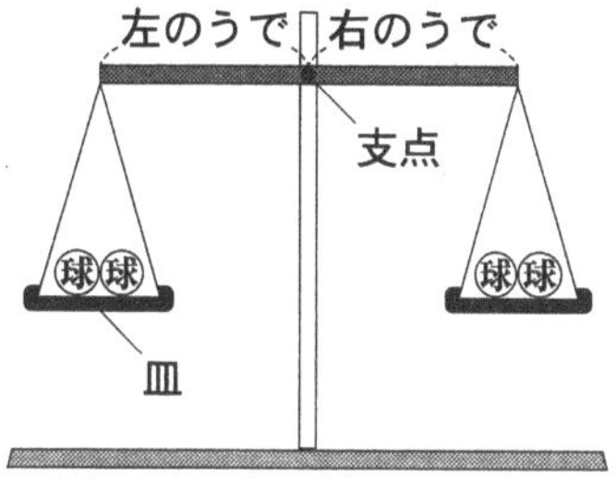

「左のうで」と「右のうで」の
長さは等しい

図2

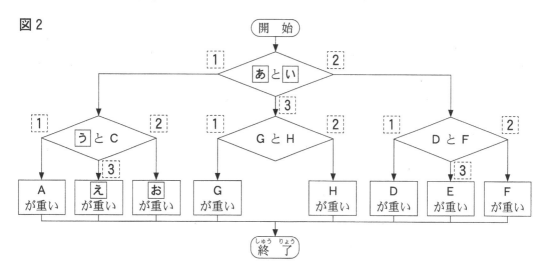

　　　右のうでの皿に球 F をのせることを意味しています。その次は実験用てこのこの状態によって
　　　手順の進む方向が決まります。左のうでが下がると □1 へ，右のうでが下がると □2 へ，
　　　水平につり合うと □3 へ進みます。

みゆか：わかりました。実験用てこを最低 か 回使えば重い球を見つけることができます。

先　　生：よくできました。

(1) 図2（前ページ）の あ ～ お にあてはまる球を示すアルファベットを書きなさい。ただ
　　し，あてはまるアルファベットは1つとはかぎりません。

(2) か にあてはまる数を書きなさい。

先　　生：今度は，コンピュータに書き込んだプログラムどおりに動くロボットで考えてみましょ
　　　う。プログラムに書き込める命令は，資料1の命令①～④の4種類です。はじめに，ロ
　　　ボットは1目盛り24cmの方眼の線が交わった位置で止まっており，方眼の線上を動くもの
　　　とします。後退のときは向きを変えず，後ろに移動します。

　　　資料1

　　　┌─────────────────────────────┐
　　　│　ロボットが向いている方向を基準として　　│
　　　│　命令①　　1目盛り前進　　　　　　　　　│
　　　│　命令②　　1目盛り後退　　　　　　　　　│
　　　│　命令③　　右へ90°回転　　　　　　　　│
　　　│　命令④　　左へ90°回転　　　　　　　　│
　　　└─────────────────────────────┘

先　　生：また，ロボットの移動する速さは前進が秒速6cm，後退が秒速4cmで，90°回転するには，
　　　左右とも3秒かかります。例えば，北を向いて止まっているロボットに命令を入力してス
　　　イッチを押すと，図3のように動きました。そのとき入力した命令は図4のとおりです。
　　　ロボットが動き始めてから止まるまで，何秒かかりますか。

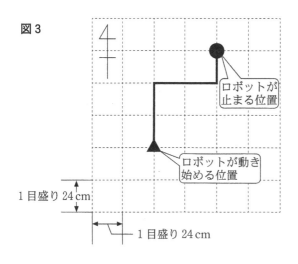

図3

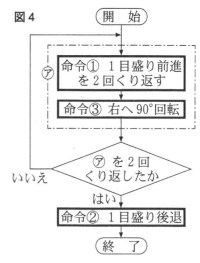

図4

ひろと：わかりました。 き 秒かかります。

先　生：そのとおりです。では，同じように図
　　　　5の命令を入力した場合，どのように
　　　　動きますか。

みゆか：ロボットは， く ㎝前進， け
　　　　㎝後退，90°回転は，左右合わせて
　　　　 こ 回です。

先　生：正解です。では，ロボットが動き始め
　　　　てから止まるまで，何秒かかりますか。

ひろと： さ 秒かかります。

先　生：よくできましたね。

図5

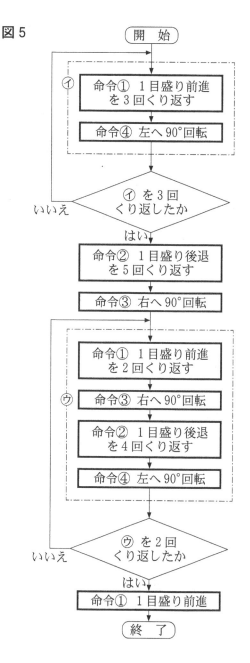

(3)　次の①～③の問いに答えなさい。

　　① き にあてはまる数を書きなさい。

　　② 図5の命令を実行したとき，ロボットが動き始めてから止まるまで移動した経路を図3（前
　　　ページ）の表し方にならって，解答らんの図にかきなさい。また，ロボットが最後に向いてい
　　　る方角も書きなさい。ただし，命令がすべて終了し，ロボットが止まった位置に●をかくこと。
　　　なお，はじめにロボットは▲の位置で北を向いて停止しています。

　　③ く ～ さ にあてはまる数を書きなさい。

次に，3人でロボットそうじ機の形について話をしています。

ひろと：ぼくが見たそうじ機は円形だけでなく，**図6**のように三角形
　　　　の辺を丸くした形（**図形a**）をしているものもありました。
　　　　なぜこのような形をしているのですか。

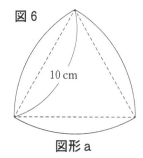

図6

10 cm

図形a

先　生：そうじをするのに効率的な形だからですよ。

みゆか：それはなぜですか。

先　生：**図形a**の形を調べると分かります。まず**図形a**をかいてみま
　　　　しょう。はじめに，1辺10cmの正三角形をかきます。次にコ
　　　　ンパスを使って，1つの頂点を中心にして残りの2つの頂点を通る円弧（円周の一部分）
　　　　をかきます。同じようにして他の2つの頂点からもそれぞれ円弧をかくと，**図形a**ができ
　　　　ます。

ひろと：**図形a**のかき方がわかりました。

先　生：次に，**図形a**のまわりの長さを考えましょう。**図7**の**図形b**
　　　　は**図形a**の一部です。**図形b**を利用して，**図形a**のまわりの
　　　　長さを求めてください。

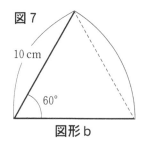

図7

10 cm

60°

図形b

ひろと：もう少しヒントをください。

先　生：**図形b**の円弧部分は，半径10cmの円の円周の一部といえま
　　　　す。今，**図形b**の実線（——）で示された2つの辺の間の角
　　　　の大きさは60°なので，円の中心の6分の1の大きさである
　　　　とわかります。だから，円弧部分の長さも半径10cmの円の円周の6分の1の長さになりま
　　　　す。

みゆか：わかりました。**図形a**のまわりの長さは　し　cmです。

先　生：よくできました。次に，**図形a**が直線に
　　　　触れながらすべらずに転がるときを考え
　　　　ましょう。**図8**のように，**図形a**は平行
　　　　な2つの直線に触れながら一定の幅で転
　　　　がることがわかります。

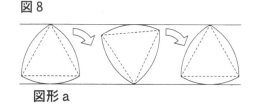

図8

図形a

みゆか：円でなくても一定の幅で転がる図形があ
　　　　るのですね。

ひろと：**図形a**はおもしろい性質をもつことがわかりました。

先　生：では，円に1点で触れながら転がる場合はどうなるか考え
　　　　ましょう。**図9**のように**図形a**と円が，**図形a**の周上の点
　　　　cで触れています。**図形a**が円周上をすべらずに転がる
　　　　と，ちょうど1回転して再び点**c**で円に触れたときに，元
　　　　の位置に戻りました。**図9**の円の半径は何cmですか。

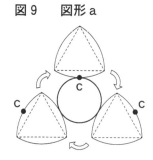

図9　　図形a

c

c　　　　c

みゆか：1周して元に戻ったことを考えると，**図9**の円の半径は，
　　　　　す　cmです。

先　生：正解です。次に，このとき**図形a**が通過した部分の面積を
　　　　考えてみましょう。

ひろと：**図形a**が直線上を転がったときと同じように考えると，　**せ**　cm²です。

先　生：そうですね。最後に，**図形a**が回転する場合を考えてみましょう。**図10**の白色の部分は，**図形a**がある正方形に内側で触れながら，回転したときの通過範囲，**図11**の白色の部分は，円が**図10**と同じ正方形に内側で触れながら，回転したときの通過範囲をそれぞれ表しています。ぬりつぶした部分は，それぞれの図形が通過していない範囲です。**図10**のぬりつぶした部分の面積の合計は，1.2cm²として，**図10**と**図11**のぬりつぶした部分の面積を比べてみましょう。

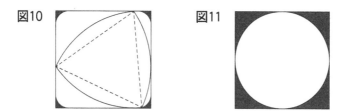

図10　　　　　　　　　図11

みゆか：ぬりつぶした部分の面積は**図10**より**図11**のほうが　**そ**　cm²大きいです。**図形a**のほうが円よりも広い面積をそうじすることができる形であることがわかりました。

先　生：よくできましたね。それでは，**資料2**，**図12**〜**図15**（次ページ）を見てください。**資料2**の条件を満たす**図12**のロボットそうじ機で，**図13**の部屋をそうじする場合を考えましょう。なお，そうじ機の移動経路は**図14**，**図15**のようにそれぞれ設定します。

資料2

○そうじ機は一定の幅30 cmで移動し，通過した部分をそうじする。

○そうじ機は常に一定の速さで移動し，そうじしながら1秒間に5 cm進む。部屋の隅は回転してそうじするが，回転にかかる時間は考えない。

○部屋の左下の★の位置からそうじを始め，最後にこの位置に戻る。スタート時の★の場所は最後に回転してそうじする。

○**図13**のぬりつぶした8か所の面積の合計は22 cm²であり，その部分はそうじすることができない。

○家具がある部分は下に入ることができず，そうじすることができない。

○そうじ機の移動経路は使用前に設定することができる。

○そうじ機には部屋をそうじするために必要な電気が，十分にたくわえられている。

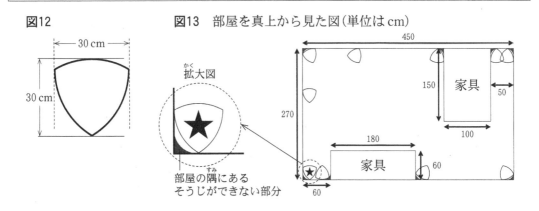

図12

図13　部屋を真上から見た図（単位はcm）

図14

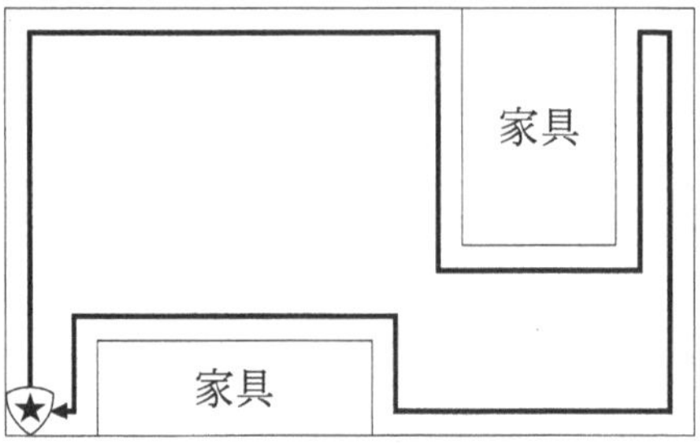

図15　図中の方眼は1目盛り15cm

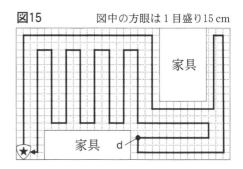

(4)　次の①〜③の問いに答えなさい。ただし，円周率は3.14とします。

①　し，す にあてはまる数を書きなさい。

②　せ を求めるための計算式と，せ にあてはまる数を書きなさい。

③　そ にあてはまる数を書きなさい。

(5)　次の①〜③の問いに答えなさい。

①　ロボットそうじ機がそうじすることができる図13（前ページ）の床の最大面積は何cm²か書きなさい。

②　図14に示した経路に従って，部屋の中の壁や家具に触れながらロボットそうじ機が1周するとき，必要な時間は最低何秒か書きなさい。

③　図15に示した経路に従って，ロボットそうじ機が移動するとき，必要な時間は最低何秒か書きなさい。ただし，点dまでは図14と同じように部屋の中の壁や家具に触れながら移動します。

2　とおるさんとみはるさんは，時計について先生と話をしています。あとの(1)〜(4)の問いに答えなさい。

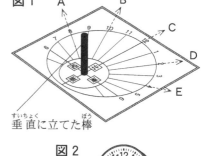

図1

垂直に立てた棒

図2

とおる：校庭に出て，ぼくが作った日時計（図1）を使って何回か時刻をはかってみたけれど，校庭にある時計（図2）が示す時刻と，いつも同じくらいずれていたような気がします。どちらかの時計が正しくないのですか。

先　生：校庭にある時計（図2）の時刻はあっていますね。とおるさんの日時計も正しく作られていますし，使い方も正しいです。

みはる：なぜ示す時刻がちがうのですか。

先　生：校庭にある時計（図2）は，「日本標準時」を表示しています。日本全国で共通に使われている時刻である「日本標準時」は，「東経135度の地点の時刻」となります。ですから，とおるさんの日時計とずれがあってもおかしくはないのです。また，東経135度の地点で，太陽を観察して，真南に太陽が来たときが正午です。

みはる：どういうことですか。もう少し教えてください。

先　生：学校は千葉県鎌ケ谷市にあるので，東経135度の地点で太陽が真南にあるときには，鎌ケ

谷市では太陽は真南にはないのです。なお，とおるさんの日時計が示した時刻を「地方時」
と言います。

とおる：校庭にある時計が正午の時，鎌ケ谷市での地方時は何時何分になるのですか。

先　生：いっしょに考えてみましょう。鎌ケ谷市は東経135度よりも東にあるので，校庭にある時
　　　　計が正午のとき，この日時計では， ア の時刻を示しますね。

とおる：どれくらいずれるのですか。

先　生：ヒントをあげます。鎌ケ谷市は東経140度とします。

みはる：太陽はだいたい１日で地球の周りを１周しているように見えるから，５度のずれだと，
　　　　 イ 分ずれるのですね。

先　生：そのとおりです。

(1)　次の①～③の問いに答えなさい。

　①　 ア にあてはまる言葉として最も適当なものを，次のあ～うのうちから１つ選び，その記号
　　を書きなさい。

　　　あ　午　前　　　い　正　午　　　う　午　後

　②　 ア のとき，日時計の棒の影の先端は，図１のどの位置をさしますか。次のえ～きのうちか
　　ら最も適当なものを１つ選び，その記号を書きなさい。

　　　え　A～Bの間　　お　B～Cの間　　か　C～Dの間　　き　D～Eの間

　③　みはるさんは， イ を求めるために次に示す計算式を使いました。次の □ の（く），
　　（け）にあてはまる数をそれぞれ書きなさい。また， イ にあてはまる数を書きなさい。

$$(く)[分]÷(け)[度] ×5[度]$$

先　生：図３は，図１（前ページ）の日時計を真上から見て，
　　　　３月，６月，12月それぞれの月のある１日の朝から
　　　　１時間ごとに，棒の影の先端の位置を記録し，それ
　　　　を線で結んだものが，F，G，Hの線です。図３中
　　　　の●が，棒を垂直に立てた位置になります。

図３

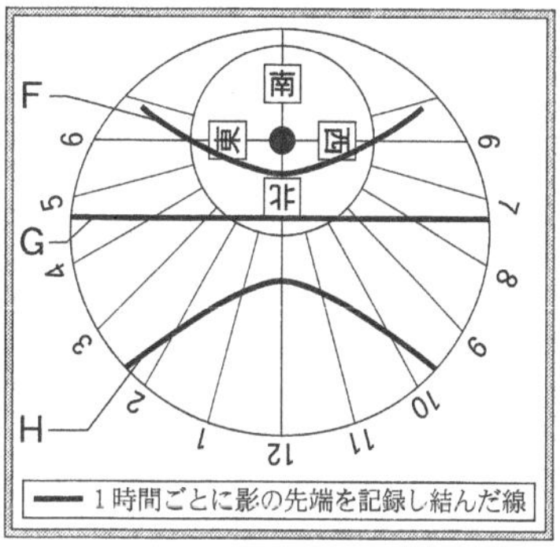

１時間ごとに影の先端を記録し結んだ線

みはる：Fが ウ 月，Gが エ 月，Hが オ 月
　　　　ですね。

先　生：そうです。どうしてすぐにわかったのかな。

みはる：Fの線は棒の影が短いことを示し，Hの線は棒の影
　　　　が長いことを示しています。生活の中で判断する
　　　　と，夏の晴れた日は部屋の奥まで日光が直接 カ ことから，また，冬の晴れた日は部
　　　　屋の奥まで日光が直接 キ ことから考えました。

先　生：なるほど。よく見ていましたね。

とおる：Gの記録だけ，ほぼ直線なのですね。

先　生：そうです。さらに，この日は昼と夜の長さがほぼ同じ日なのですよ。

(2)　 ウ ～ オ にあてはまる数を書きなさい。また，会話文に合うように， カ ， キ にあ
　てはまる言葉をそれぞれ５字以内で書きなさい。

次に，とおるさんとみはるさんは，水時計のしくみについて先生と話をしています。

とおる：日時計は大昔からある時計ですよね。ほかにどのような時計がありますか。

先　生：夜も時間をはかることができる，水を利用した水時計があります。**図4**は，水時計のしくみを示したものです。水が管を通って，少しずつ順番に下段の水そうに流れこみ，水そうEの円柱の形をした「うき」をおし上げます。うきに付いている時刻の目盛りがかかれている棒を見て時刻を確認したそうです。

とおる：水をたくさん使いそうですね。

先　生：そうです。では，水時計で時間をはかるには，どれくらいの水が必要だったのか，考えてみましょう。**図4**の水そうAに入れた水は，管で吸い上げられ下段の水そうBへ移ります。その後，水そうBから水そうCへ，水そうCから水そうDへ，最終的に水そうDから水そうEへと，水がそれぞれ管を通って移っていきます。

みはる：なぜ，直接水そうEに水を入れないのですか。

先　生：昔の技術では，常に一定量の水を水面が波立たないように入れるのが難しかったのです。そこで，水そうを階段状に置くことで，下段にある水そうへ水が移るにしたがって，水の出入りが一定になるようにしたのです。

みはる：水時計がこのような形をしている理由がわかりました。

先　生：では，水そうEについて，もう少しくわしく説明しますね。水そうEは内のりの底面が一辺30cmの正方形である直方体です。**図5**は，水そうEを大きく示したもので，常に1時間で10000cm³の水が入ります。うきが動き始めるのは，水位（底面から水面までの高さ）が5cmのときです。

先　生：まず，うきが動き始めるまでに必要な水の量を考えましょう。**図6**（次ページ）は，水そうEに水を入れていくときの，うきが動くようすです。うきの高さは10cmですが，②の図のように，水そうEの水位が5cmになるとき，うきは動き始めます。では，どれくらいの水が必要ですか。

みはる：うきの底面は直径が28cmの円なので，ａうきの底面の面積は615cm²ですから，水位が5cmになるまでにうきの周りにたまる水の量は，| **ク** |cm³です。

先　生：そうです。それでは，水そうDから水そうEへ水が入り始めてから，うきが動き始めるま

図4　水時計のしくみ

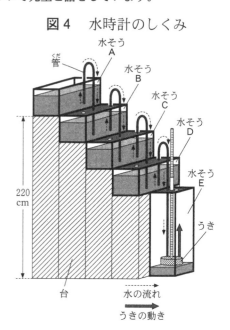

図5　水そうEのしくみ

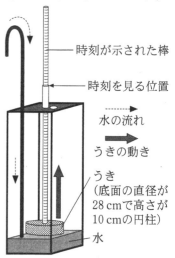

でに何分何秒かかりますか。

みはる：わかりました。 ケ です。

先　生：そのとおりです。では，そのまま水が入り続
　　　　けると，うきは動き始めてから１時間で何cm
　　　　上がりますか。うきは一定の速さで上がり続
　　　　けます。

とおる： コ cmです。

先　生：そうですね。さらに時間をはかるには，たく
　　　　さんの水を使いますね。

(3)　次の①～④の問いに答えなさい。

　①　下線部aのうきの底面の面積を求めるための計
　　算式を書きなさい。ただし，円周率は3.14としま
　　す。なお，うきの底面の面積は，計算した値を四
　　捨五入して整数で表したものです。

　②　 ク にあてはまる数を書きなさい。また，
　　　 ケ にあてはまる時間（何分何秒）を書きなさい。

　③　 コ にあてはまる数を書きなさい。ただし，
　　　答えは四捨五入して整数で書きなさい。

　④　水そうＥに水を入れ始めてから，12時間をはか
　　るには，最低何m³の水が必要になるか書きなさ
　　い。ただし，答えは四捨五入して小数第２位まで書きなさい。

図６　うきが動くようす

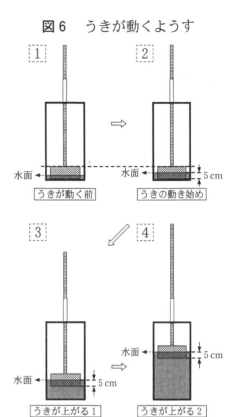

先　生：水そうＤから水そうＥへ水を一定に流す
　　　　ことで，うきが一定の速さで動き，正確
　　　　に時間をはかることができます。図７
　　　　を見てください。これは，うきが動き始
　　　　めてからの時間と，水そうＥの底からそ
　　　　れぞれの水そうの水面までの高さとの
　　　　関係を表したグラフです。上から水そ
　　　　うＡ，水そうＢ，水そうＣの記録です。
　　　　水そうＡ～Ｄは同じ大きさの直方体で，
　　　　内のりの底面が縦65cm，横30cmの長方
　　　　形です。水そうＡ～Ｄには，うきが動き
　　　　始めるときに，それぞれ30cmの水位まで
　　　　水が入っています。また，水そうＡは
　　　　220cmの台にのせてあり，水そうＢ～Ｄ
　　　　はそれぞれ30cmずつ低くなった台にの
　　　　せてあります。

図７

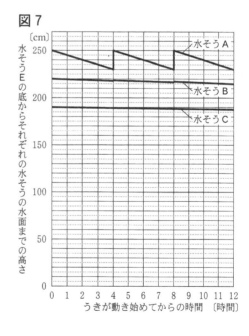

みはる：水そうＤと水そうＥのグラフが見当たりません。どうなりますか。

先　生：**表を見てください。これは，うきが動き始めてからの時間と，水そうEの水位の関係を表すものです。うき が動き始めるときの水位5cmだけを表に書きました。b この表を完成させると，表から水そうEのグラフをかくことができます。なお，水位は整数で考えます。**また，水そうDのグラフは，水そうA～Cのグラフをよく見て，それぞれの水そうの水の出入りと，水時計のしくみを考えればかけますよ。

表　うきが動き始めてからの時間と水そうEの水位の関係

うきが動き始めてからの時間〔時間〕	0	1	2	3	〜	11	12
水そうEの水位〔cm〕	5						

(4)　次の①，②の問いに答えなさい。ただし，水そうの底の厚さは考えません。

　①　図7（前ページ）のグラフから，この水時計にどのように水を加えていたかがわかります。解答らんの空らんにあてはまる数を書くことで，そのようすを説明しなさい。ただし，水時計のしくみをふまえて書くこと。

　②　下線部bについて，水そうDと水そうEの，うきが動き始めてからの時間と，水そうEの底からそれぞれの水そうの水面までの高さの関係を表したグラフはどうなるか，解答らんの図に，水そうA～Cのグラフにならってそれぞれかきなさい。

2019年度

千葉県立中学校入試問題（二次）

【適性検査2－1】 （45分）　　＜満点：100点＞

1　ことさんとゆうさんは先生と歯車について話をしています。なお、歯車AをAと示し、他の歯車も同じように表します。あとの(1)～(3)の問いに答えなさい。

こと：学校の授業で使った手回し発電機（図1）の中を見ると、歯車が入っていました。

図1

先生：手回し発電機はハンドルを回すことで、歯車を回転させてモーターを動かし、発電するしくみになっています。歯車は、身近なものにたくさん使われています。では、歯車について考えてみましょう。歯車は2つ以上かみ合わせると、回転運動を伝えることができます。図2で、動かす歯車をX、動かされる歯車をYとして、2つの歯車がかみ合っている場合、次のようなきまりが成り立ちます。

図2

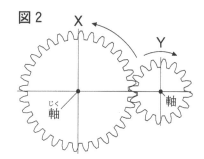

> Xの歯数：Yの歯数＝Yの回転数：Xの回転数

この関係は、

> $\dfrac{Xの歯数}{Yの歯数} = \dfrac{Yの回転数}{Xの回転数}$ 　という形でも表すこ

とができ、この数値のことをXからYへの「伝達の値」と呼ぶことにします。伝達の値は、Xが1回転したときに、Yが何回転するのかということを表しています。

ゆう：かみ合う2つの歯車には、必ずこのきまりが成り立つのですね。

先生：そうです。では、実際に考えてみることにします。かみ合う2つの歯車、A（歯数30）とB（歯数12）があります。動かす歯車をAとしたとき、AからBへの伝達の値はいくつになるかわかりますか。

こと：伝達の値は、　ア　です。

先生：そうです。では、Aを10回転させると、Bは何回転しますか。

ゆう：Bは　イ　回転します。

先生：そうなります。次に、AをPに取り替え、Bとかみ合わせました。Pの歯数は、Aの歯数の3.5倍です。Pを10回転させると、Bの回転数は、Aを10回転させたときと比べて何倍になりますか。

こと：　ウ　倍になります。

先生：よくできました。では，**図3**を見てください。

ゆう：歯車が2段（だん）になっているものがあります。

先生：そうです。**図3**の歯車は4つあり，それぞれの歯数は，**表1**のとおりです。D⑨とD⑦は，同じ軸（じく）に固定されているので，同時に回ります。1つの軸に2つの歯車をつけることで，歯車を収（おさ）める入れ物を，より小さなものにすることができます。歯車は互（たが）いにかみ合っており，動かす歯車をCとすると，CはD⑨へ，D⑦はEへと回転運動を伝えることができます。このとき，CからEへの伝達の値は，

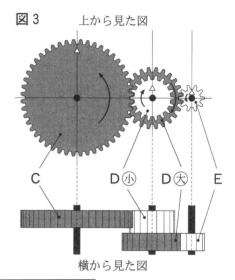

図3

$$\frac{Cの歯数}{D⑨の歯数} \times \frac{D⑦の歯数}{Eの歯数} = \frac{D⑨の回転数}{Cの回転数} \times \frac{Eの回転数}{D⑦の回転数}$$

と表すことができます。

こと：2つの伝達の値の積で考えるのですね。

先生：そうです。伝達の値についてわかりましたね。

(1) 歯車をかみ合わせて回転させるとき，次の①〜③の問いに答えなさい。

① **ア** 〜 **ウ** にあてはまる数をそれぞれ書きなさい。

② Cが1回転するとき，Eは何回転するか，書きなさい。

③ Cを3分間で10回転の速さで動かすとき，**図3**の3つの△が再び同じ位置にそろうのは何秒後か，書きなさい。

表1

歯車	C	D		E
		⑨	⑦	
歯数	48	18	24	10

かみ合う歯車の大きさについて考えました。

先生：**表2**を見てください。FからIまでの4つの歯車を準備しました。この中で，かみ合う歯車はどれとどれかわかりますか。

ゆう：えっ，どれでもかみ合うわけではないのですか。

先生：そうなんです。**図4**は，**図2**にXとYがかみ合う点と，それぞれの歯車の軸から，かみ合う点までを半径とする円をかいた図です。その円のことを「ピッチ円」といいます。それぞれのピッチ円は，互いに1点で触（ふ）れ合っています。歯車がかみ合うのは，「1つ1つの歯の大きさを表す値」が同じになるときです。この値を「モジュール」といい，

ピッチ円の半径〔mm〕×2÷歯数

表2

歯車	F	G	H	I
半径	10	15	12	16
歯数	20	20	30	40

図4

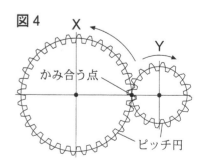

X
Y
かみ合う点
ピッチ円

という式で表せます。**表2**の半径は，ピッチ円の半径〔㎜〕を示していて，歯車の軸とピッチ円の中心の位置は同じです。このとき，**F**から**I**の中でかみ合う歯車はどれとどれかわかりますか。

こと：**エ**と**オ**です。

先生：そうです。かみ合う歯車の関係はわかりましたね。では，縦90㎜，横140㎜の箱に歯車を収めることを考えてみましょう。**図5**は，その箱を上から見た図です。歯車をかみ合わせるときには，2つの歯車の中心間（1つの中心からもう1つの中心までの間）の距離を考えて，位置を決めます。**表3**の歯車を，**J**，**K**，**L**，**M**㊛の順にかみ合うように，また，**M**㋘，**N**，**O**の順にかみ合うように箱の中にすべて収めます。**M**の歯車は2段になっていて，**M**㊛，**M**㋘は同じ軸に固定されているため，同時に回ります。箱の中の●は，それぞれ**J**，**L**，**O**の軸の位置で，**J**と**O**にはピッチ円をかいておきました。なお，**表3**の半径はピッチ円の半径〔㎜〕を示しており，モジュールはすべて1.25，それぞれの歯車は，厚みが等しく，かみ合うように高さの調整が行われています。

図5

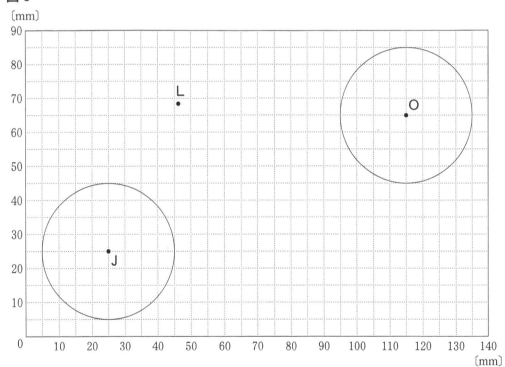

先生：さらに，**M**と**O**の中心間の距離は50㎜です。

ゆう：**表3**を完成させることで，軸の位置をみつけられました。

先生：そうです。よくできました。

表3

歯車	J	K	L	M㋘	M㊛	N	O
半径	20		15				20
歯数	32	16	24	40	24	32	32

(2) 歯車をかみ合わせて回転させるとき，あとの①〜④の問いに答えなさい。

① ｜エ｜，｜オ｜にあてはまる記号を書きなさい。

② Ｊを左まわりに回転させたとき，ＬとＯの回転方向はどうなるか，解答らんに左まわりなら「左」，右まわりなら「右」と書きなさい。

③ ＪとＫの中心間の距離は何㎜か，書きなさい。

④ Ｋ，Ｍ，Ｎの軸の位置をＪ，Ｌ，Ｏにならって，解答らんの図に●でかき，それぞれに，Ｋ，Ｍ，Ｎの記号も書きなさい。なお，作図に用いた線などは，そのまま残しておくこと。

歯車を使った時計のしくみについて考えることにしました。

図6

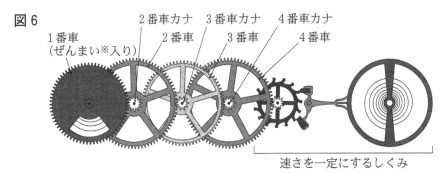

速さを一定にするしくみ

※ぜんまい…うずまき形に巻いた金属で，ほどけることで歯車を回転させる部品。

先生：時計は小さな入れ物の中でたくさんの歯車が回っています。**図6**は，ある時計の中の一部を取り出して表したものです。分と秒を示すために，1番車から4番車までの歯車を使います。

歯車は，小さな入れ物の中に収めるために，1段目に大きな歯車（〇番車），2段目にカナと呼ばれる小さな歯車（〇番車カナ）が同じ軸についていて，同時に回ります。

表4

	1番車	2番車（分針）	3番車	4番車（秒針）
カナの歯数		12	10	10
大きな歯車の歯数	72	80	キ	80
回転数	カ	1	ク	60

時計を動かす歯車は，1番車です。歯車は互いにかみ合っており，1番車は2番車カナへ，2番車は3番車カナへ，3番車は4番車カナへ，4番車はその先へと回転運動を伝えます。4番車より先の部分では，速さを一定にするしくみがついています。

こと：分針（長針）や秒針はどの歯車についているのですか。

先生：2番車の中心の軸には分針が，4番車の中心の軸には秒針がついています。1時間を基準に考えると，2番車は1回転，4番車は60回転します。それにあわせてカナと大きな歯車の歯数を調整し，**表4**のようにまとめました。**表4**の中の矢印は，かみ合わせている歯車を示してあります。**表4**の｜カ｜，｜キ｜，｜ク｜にあてはまる回転数や歯数はわかりますか。

ゆう：**表4**を完成させました。

先生：よくできました。**図6**に，さらに歯車と部品を追加して，**図7**（次ページ）のような時計をつくります。

先生：**図7**では，前のページの**図6**の2番車カナから，追加した5番車へ，5番車カナから6番車へ，回転運動を伝えています。**図8**は，2番車カナと追加した歯車のピッチ円を底面とした円柱で表し，拡大（かくだい）した図です。6番車の軸は筒（つつ）のようになっており，その軸に時針（短針）が，ついています。時針の筒の中には分針の軸が通っています。だから，2番車カナと5番車の中心間の距離と5番車カナと6番車の中心間の距離は等しいということになります。さらに，その4つの歯車のモジュールがすべて等しいときを考えると，**表5**の2番車カナと5番車の歯数の和と，5番車カナと6番車の歯数の和は等しくなります。

こと：そんな関係になっているのですね。

先生：では，4つの歯車のモジュールがすべて等しく，6番車の歯数が56のとき，　**ケ**　，　**コ**　にあてはまる歯数はわかりますか。6番車の回転数を考えながら，**表5**を完成させましょう。

(3) 時計の針（はり）の動きを考えて，　**カ**　～　**コ**　にあてはまる数をそれぞれ書きなさい。

　　ただし，　**カ**　は分数で書きなさい。

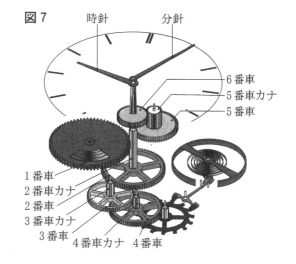

図7

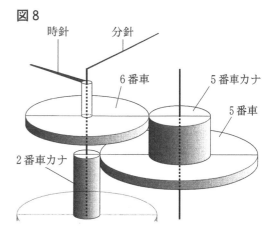

図8

表5

	2番車 （分針）	5番車	6番車 （時針）
カナの歯数	12	**ケ**	
大きな歯車の歯数	80	**コ**	56
回転数	1		

2　えりさんとたかさんは，動物と環境（かんきょう）の関係について先生と話をしています。会話文をふまえながら，あとの(1)～(6)の問いに答えなさい。

えり：**図1**，**図2**（どちらも次ページ）を見てください。動物園で見たカンガルーとコアラです。ともに生まれた子をお母さんの腹部（ふくぶ）にある袋（ふくろ）で育てる有袋類（ゆうたいるい）で，野生のカンガルーやコアラはオーストラリア大陸にしかいないそうです。

たか：カンガルーの子が袋から顔を出していますね。

えり：驚（おどろ）いたのは同じ有袋類なのにカンガルーの袋は上向き，コアラの袋は下向きという違（ちが）いがあ

ることです。

先生：草原で生活しているカンガルーの上向きの袋には，走るときに袋
　　　の中の子が落ちにくいという良さがあります。一方，森林で生活
　　　しているコアラの下向きの袋には，お母さんのフンを子が離乳
　　　食※として食べやすいという良さがあります。ともに生活する環
　　　境に応じて袋の向きに違いができたと考えられています。でも，
　　　有袋類は私たちと同じほ乳類のなかまです。

図1

たか：袋があるのに私たちと同じほ乳類なのですか。

先生：ほ乳類とは，子を乳で育てる動物のなかまのことです。図3は，
　　　ほ乳類を，卵を産む単孔類，袋を持つ有袋類，発達したたいばん
　　　を持つ真獣類の3つの系統に分けて表したものです。なお，図示
　　　されている生物はその一部です。

図2

　　　※離乳食：乳以外のものを食べるようになる時期に，まだ乳を飲んでい
　　　　る子が食べるもの。

たか：みんな同じ祖先から分かれたのですか。

図3

先生：そうです。図4（次ページ）のように大陸はつながったり離れたりしながら今の形になった
　　　と考えられています。原始的なほ乳類は，大陸が一つにつながっていた2億年以上前に現れ
　　　ました。その後，順に現在の3つの系統に分かれ，それらの系統はどれも陸上を移動して住
　　　むところを広げ，さまざまな環境に適応※しながら長い年月をかけて多くの種類に分かれま
　　　した。その中で，真獣類と同時期に同じ大陸にいた有袋類は生存競争に負けてほとんどが絶
　　　滅しました。しかし，他の大陸から離れていたオーストラリア大陸では，絶滅することなく，
　　　生き残りました。

　　　※適応：動植物のからだの形やはたらきが，まわりのようすに合わせて変わっていくこと。

えり：カンガルーは草原，コアラは森林という環境に適応した有袋類なのですね。

先生：そうです。このように，同じ系統の生物がさまざまな環境に適応した結果，多くの種類に分
　　　かれることを「適応放散」といいます。

たか：コアラとナマケモノの住むところは似ていますが，これも「適応放散」ですか。

図4

2億5100万年前

1億3500万年前

6500万年前

現　在

オーストラリア大陸

（『エッセンシャル・キャンベル生物学　原書6版』(丸善出版)より作成）

先生：コアラとナマケモノのように，異なる系統の生物が同じような環境に適応した結果，体のしくみや食べるものなどの特ちょうが似ることを「収れん」といいます。

たか：動物は環境によって長い年月をかけて姿や形を変えるのですね。

えり：動物と環境の関係について，もっと学びたくなりました。

(1)　原始的なほ乳類が現れてからオーストラリア大陸で有袋類が「適応放散」するまでのできごとについて，次のあ～うを古いものから新しいものが左から右になるように，その記号を書きなさい。

　　あ　有袋類が住むところを広げる。

　　い　真獣類が住むところを広げる。

　　う　他の大陸からオーストラリア大陸が離れる。

(2)　図5のA～Fのうちから，「適応放散」の関係になっているものをすべて選び，記号で書きなさい。ただし，関係の書き表し方として，記号と記号の間を「と」でつなぐものとします。また，「収れん」の関係についても同じように書きなさい。なお，同じ記号をくり返し使ってもかまいません。

図5

A
アルマジロ
真獣類
体長：50 cm　体重：5 kg
住むところ：草原や森林
食べるもの：昆虫

B
キノボリカンガルー
有袋類
体長：60 cm　体重：9 kg
住むところ：森林
食べるもの：木の実や果実

C
ノウサギ
真獣類
体長：50 cm　体重：2 kg
住むところ：草原や森林
食べるもの：草や木の枝

D
ハリモグラ
単孔類
体長：40 cm　体重：5 kg
住むところ：草原や森林
食べるもの：昆虫

E
フクロモグラ
有袋類
体長：15 cm　体重：50 g
住むところ：地中
食べるもの：昆虫や小動物

F
フクロテナガザル
真獣類
体長：90 cm　体重：15 kg
住むところ：森林
食べるもの：木の実や果実

(3) たかさんは，「森林で生活しているコアラの袋が下向きになったのは，お母さんのフンを子が食べることが理由なのだろうか」と疑問に思いました。このことを確かめるために，コアラ以外のどのような特ちょうを持つ動物の何を調べればよいか，書きなさい。

　　動物と環境の関係について，話は続きます。

えり：地球の温暖化が動物に与える影響について興味があります。

先生：それでは「植物のようす」をもとに考えてみましょう。

たか：なぜ「植物のようす」なのですか。

先生：植物が動物に住むところや食べるものを与えるからです。「植物のようす」が変われば，見られる動物も変わります。

えり：気温の変化の影響は，まず植物に現れるのですね。

先生：そうです。では，日本の「植物のようす」について考えてみましょう。日本では植物が育つのに十分な光の量や降水量があるので，強く影響を受けるのは気温です。表1は，日本で自然に育った場合の「植物のようす」です。図6は，日本列島の一部を，海面からの高さを縦の軸に，緯度（北緯）を横の軸にして，表1の「植物のようす」を表しています。

表1

植物のようす	高山草原 こうざんそうげん	針葉樹林 しんようじゅりん	落葉広葉樹林 らくようこうようじゅりん	常緑広葉樹林 じょうりょくこうようじゅりん
写真				
説明	低い木と草による草原	針状の葉を持つ木による森林	秋に紅葉し冬に落ちる葉を持つ木による森林	1年を通して茂る葉を持つ木による森林
暖かさの指数 あたた しすう	15.0 未満	15.0 以上 45.0 未満	45.0 以上 85.0 未満	85.0 以上

図6

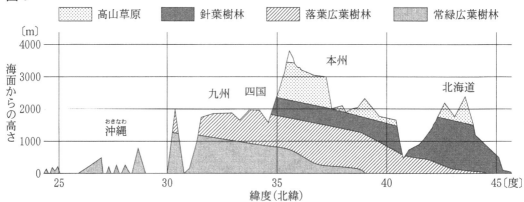

（表1，図6は環境省生物多様性センターのホームページより作成）

えり：**表1**（前ページ）にある「暖かさの指数」とは何ですか。

先生：植物が育つのに必要な最低温度が5.0℃ということをもとにした，日本の「植物のようす」を調査するときに使う数値です。1月から12月までの平均気温が5.0℃以上の月について，その月の平均気温から5.0℃を引いた数値をすべて足したものが「暖かさの指数」です。

たか：「暖かさの指数」を用いるとどのようなことがわかるのでしょうか。

先生：気温が変化したときに，「植物のようす」がどのようになるのかがわかります。**表2**は，札幌と東京の1月から12月の平均気温です。これをもとに考えてみましょう。

表2

		1月	2月	3月	4月	5月	6月	7月	8月	9月	10月	11月	12月
平均気温〔℃〕	札幌	− 3.6	− 3.1	0.6	7.1	12.4	16.7	20.5	22.3	18.1	11.8	4.9	− 0.9
	東京	5.2	5.7	8.7	13.9	18.2	21.4	25.0	26.4	22.8	17.5	12.1	7.6

（「理科年表　平成30年第91冊」より作成）

(4) **図6**（前ページ）について，次の①，②の問いに答えなさい。

① 北緯40度で海面からの高さが1000mのところの「植物のようす」を書きなさい。

② 沖縄に海面からの高さが2000mの山があったとしたとき，この山頂で高山草原は見られるか。解答らんにしたがい，**見られる**または**見られない**のいずれかを○で囲みなさい。また，その理由を，海面からの高さが2000mで「植物のようす」が変わる緯度を示しながら，書きなさい。

(5) **表1**をふまえ，次の①，②の問いに答えなさい。

① **表2**の東京の「暖かさの指数」と「植物のようす」を書きなさい。

② **表2**の札幌の「暖かさの指数」を書きなさい。また，**表2**の札幌の平均気温が最低何℃上昇したら，札幌の「植物のようす」が**表2**の東京の「植物のようす」と同じになるか。平均気温の上昇はどの月も同じであるとして，小数第1位まで書きなさい。

(6) **図7**の鳥が最近見られなくなった地域があり，それは温暖化の影響であるとみられています。この鳥が見られなくなった理由を，気温の変化にともなう「植物のようす」をふまえて，書きなさい。

図7

キクイタダキ

鳥類
体長：10 cm　体重：5 g
住むところ：針葉樹林
食べるもの：昆虫やクモ

んだよね。」

彼女は、日本で自分のことを「変わった人」と呼ぶ。「長く海外で生活していたから」「日本語が苦手だから」そんな理由で、前の学校では周囲の人たちに「変わった人」という目で見られていたからだ。世界のほんのひとかけらを切り取ったような狭い世界で、それは「ちがい」ではなく「変わったこと」だったのだ。彼女の横顔は少し寂しそうだった。

※2グローバル化が進む現代社会では、異文化を知るということの重要さは日に日に増している。彼女の元クラスメイトだって悪気があったわけではない。しかしそれにもかかわらず、彼女は毎日泣かなければならなかった。

（第五十七回国際理解・国際協力のための全国中学生作文コンテストより）

※1　帰国子女…長年海外で生活して帰国した子ども。
※2　グローバル化…政治や文化などが国や地いきのわくをこえて、地球きぼに広がること。

（問い）　転校する前の「彼女」のクラスに関して、あなたの考えを、次のア〜ウの指示にしたがって、三百二十字以上、三百六十字以内で書きなさい。

ア　ます目の中には、題名、氏名は書かずに、本文から書き始めること。

イ　以下の指示にしたがって、三段落構成で書くこと。

一段落目…転校する前の「彼女」のクラスでは、「彼女」が来る前から、「ちがい」を「変わったこと」として受けとめていたと考えられるが、その原因を書きなさい。ただし、問題三の文章中の言葉を用いること。

二段落目…一段落目で書いた原因を取り除くためには、クラスの一人一人がどうすればよいと思いますか。問題一と問題二で考えたことの両者にふれながら書きなさい。

三段落目…二段落目で考えたことをあなたが実現するために、社会においてどのように努力しますか。具体的に書きなさい。

ウ　原稿用紙を適切に使うこと。また、文字やかなづかいを正しくていねいに書き、漢字を適切に使うこと。

あとの(1)、(2)の問いに答えなさい。

コミュニケーションとは、異なる個性と個性が交流し、よりよい関係を築き、チームとしてうまく機能していくために必要な※1プロセスとも言える。自分の卵の殻を破って、自分自身を相手にさらけ出す。同時に、相手には※2先入観を排除して心を開き、いわば腹を割って相手を理解しようと努める姿勢が不可欠だ。

「何を言っているんだろう？」「何でわかってくれないのだろう？」と、こちらが相手を責めるとき、※3得てして相手も同じように感じているものだ。いったん自分の意見を横に置いて、相手の立場に立って、相手の考えや意図を理解するよう努めてみることから「相互理解」はスタートする。相手が発信しているものをきちんと汲み取る。いわば、相手が投げたボールを一度キャッチしたうえで、投げ返す。この繰り返しだ。

それはもちろん、手放しで相手に賛同するということではない。考え方の相違があれば、自分の意見をきちんと伝えればいい。逆に、そこですぐに溝が埋まらなくても、意見の相違を発展的にとらえることが大切だ。相違を知ることは、自分が新たな視点を得られるいいチャンスと考えれば前向きにもなれる。そのような姿勢を通して、相手との違いを認識しながら、お互いの個性の違いを※4尊ぶ気持ちも生まれるのではないだろうか。

コミュニケーションは、まず「相手と自分は違う」という認識が出発点である。また、組織においては、チームに存在するそれぞれの「違い」によって、作業の効率性の向上や、ときには大きな問題に直面した際に、※5突破口につながるさまざまなアイデアが生み出される可能性もある。「違い」は、チーム全体としての能力をより高めるための財産と考えるべきであろう。

（若田光一「一瞬で判断する力　私が宇宙飛行士として磨いた7つのスキル」より）

※1　プロセス……物事を進める手順。
※2　先入観……実際に見たり聞いたりする前に、あらかじめ形づくられた考え。
※3　得てして……とかく。たいていは。
※4　尊ぶ……うやまい、大切にする。
※5　突破口……むずかしい問題を解決するための手がかり。

(1) チームとしての機能を発揮させるために、どのようにコミュニケーションをとればよいと、若田さんは考えていますか。①～③にあてはまる言葉を書きなさい。ただし、文章中の言葉を用いること。

> まず、（　①　）し、次に、（　②　）て、さらに、（　③　）ことである。

(2) 「違い」がもたらすチームへの影響について、若田さんはどのように考えていますか。五十字以上、六十字以内で書きなさい。

三　次の文章を読んで、あとの問いに答えなさい。

「学校から帰ったら毎日泣いてた。それが当たり前になってた。」

転校してきた友人が言った。いつも明るい彼女からは想像できない言葉だった。彼女は五歳のときに海外へ渡り、中学入学と同時に帰国した。しかし中学校では、※1帰国子女という先入観からあまり会話をしてくれる人がおらず、いつも独りだったという。そして、入学から二ケ月後に私の学校に転校してきた。

「日本では、ほとんどの人が変わった人たちを受け入れるのが苦手な

う心がけているそうです。

なぜならば、入り口近くの駐車スペースは、体の不自由な人やお年寄りの人のために空けておくべきだと考えているからだというのです。普段から地域社会に貢献したいという意識の表れなのでしょう。

わたしはこの話をうかがい、感動を超えて、どうしてそこまで人のために尽くせるのですか？　とにわかに信じがたい気持ちになりました。

（ルース・ジャーマン・白石『日本人が世界に誇れる33のこと』54〜55頁より）

（3秒後）

体験談3

旅館を訪れたとき、象徴的な日本のもてなしを経験しました。

まず、フロントとギフトショップが両脇にある間口の広いロビーの手前で靴を脱ぎ、スリッパに履き替える間、まったく無音でスタッフなどの気配もありません。ゆっくりと、自分の心地でその旅館と出会う瞬間を大切にしているのです。

床の石や柱の深い薔薇色の木。

永遠に続くような太平洋の水平線が、ロビー奥の窓の向こうに揺れています。

一段下がったお茶スペースで腰を下ろし、うっとりしていると、いつの間にか手元に味柔らかな昆布茶が置いてありました。

いつ、どこから、誰がもってきたかすら気がつきませんでした。

これこそが〝日本的なもてなし〟……相手の心を読んだうえでの

サービスの極致だと思います。

（ルース・ジャーマン・白石『日本人が世界に誇れる33のこと』123〜124頁より）

以上で放送を終わります。それでは、問題用紙を開き、全ての問題に答えなさい。

一　放送で聞いた内容から、次の(1)、(2)の問いに答えなさい。

(1) 三つの体験談に登場する、ルースさんが感動した日本人は、それぞれ相手の状況（じょうきょう）をどのようにとらえていると考えられますか。①〜③にあてはまる言葉を書きなさい。

体験談一　前の車の運転手は、（　①　）だろう。
体験談二　体の不自由な方やお年寄りは、（　②　）だろう。
体験談三　旅館を訪れた（おとず）人は、（　③　）だろう。

(2) 三つの体験談から、ルースさんが感じている「日本人の良さ」を次のようにまとめたとき、④、⑤にあてはまる言葉を書きなさい。

日本人は、（　④　）力をはたらかせて、相手を（　⑤　）ことができる。

二　次の文章は、日本人で初めて国際宇宙（うちゅう）ステーションのコマンダー（船長）を務めた、若田光一（わかたこういち）さんが書いたものです。これを読んで、

【適性検査二－二】　（四五分）　〈満点：一〇〇点〉

【注意】　放送で指示があるまでは、開かないこと。その他、すべて放送の指示にしたがいなさい。

朗読を始めます。

（放送台本）

これから、適性検査2－2を始めます。外側の用紙が解答用紙です。内側に問題用紙があります。外側の解答用紙、内側の問題用紙は、指示があるまで開いてはいけません。

それでは、外側の解答用紙を開き、受検番号と氏名を書きなさい。

（20秒後）　書き終わったら元どおり問題用紙を挟んで閉じなさい。それでは、解答用紙を裏返して「メモらん」と書いてある面を上にしなさい。

（3秒後）「メモらん」にメモを取ってもかまいません。

（5秒後）　最初は、放送を聞いて問題に答える検査です。それでは、

（5秒後）

これから、ルース・ジャーマン・白石さんが書いた「日本人が世界に誇れる33のこと」という作品の一部を朗読します。ハワイから来日し、20年以上日本で生活するルースさんは、日本人にとっては「当たり前」のことが、実は「日本人が決して捨ててはならないもの」、むしろ「海外に広げるべきもの」と感じています。それでは、これから、ルースさんの体験談を3つ朗読します。ルースさんが感じている「日本人の良さ」とは何かを考えながら聞きなさい。なお、朗読は1回だけです。では、

（3秒後）

体験談1

ニューヨーク、デリー、ホノルルなどの、どこの都市へ行っても、クラクションの音が絶えず、大きく聞こえてきます。ところが東京は、街の中をゆっくり散歩していても、クラクション音があまり聞こえません。

先日、「ビッ」という身近なクラクション音を聞きました。

青信号なのに20秒ほど待っても動かない前の車に対して、「信号が変わっているよ」と声掛けするような、後ろの車からのちょっとした音でした。

日本のどこへ行っても、クラクションといえばこの程度です。警告、クレームというのではなく、合図とか、気づかせるためのサイン、のように聞こえます。

（ルース・ジャーマン・白石『日本人が世界に誇れる33のこと』49～50頁より）

（3秒後）

体験談2

寒天メーカーの社員のみなさんが実践しているルールだそうです。

この社員のほとんどが車で出勤するそうなのですが、スーパーなどに車で買い物に行く際、彼らは入り口の近くには駐車をしないよ

大切なことはメモしておこうネ!

2019 年 度

解 答 と 解 説

＜適性検査1－1解答例＞

1 (1) **あ** 人口増加の大きな地いき

い 工業用から都市ガス用

(2) **う** 21(％)

え 6.5(mg)

お 15000(倍)

(3) **ア** × **イ** ○ **ウ** × **エ** ×

(4) 日当たりが良くない場所では現在主流の光電池より発電量が多いという点

(5) ① AとB(の2つを生かして,)

② 衣服やカバンの表面(に取り付けて発電し,)

③ 持ち歩きができる電気製品の電げん(にする。)

2 (1) **あ** 3(倍)

(2) **い**

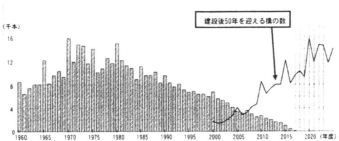

(3) **う** 39

え 7

お 人口みつ度がとても高い

(4) **か** 増え続けて

(5) **き** 2・4

く 3

(6) **け** 1 施設の選び方：し設がつくられてからの年数が30年たっているものを選ぶ

選ばれる施設：C, D, G, J, K, L, O

2 施設の選び方：し設数の基準をこえているものを選ぶ

選ばれる施設：C, J, L, O

(7) **こ** 複合化させる施設：美術館・公民館

新たな効果：作品を見た後に，集まって感想や意見を交かんすることができ，仲

間づくりにつながる。

○配点○

1 (1)・(2)・(3) 各4点×9   (4) 6点   (5) 8点(A, B, Cのうち，どの2つを選択した場合

であっても，問題の趣旨にあっていればよい)　2　(1)・(3)・(4)・(5)く・(6)　各4点×8
(2)　6点　　(5)き　完答4点　　(7)　8点　　　計100点

＜適性検査1－1解説＞

1　(総合問題：貿易，計算，資料の読み取り)

(1)　**あ**　資料1でパイプラインが延びている先に千葉市や船橋市などが位置していることがわかる。資料2で1970年と2015年の人口を比較したときに，生産地域である茂原市は3.2万人，東金市は2.9万人しか増加していないのに対し，千葉市は49.0万人，船橋市は29.8万人も増加している。よって，人口の増加の大きい地いきにパイプラインが延びているといえる。

　　　い　資料3を見ると，1980年から工業用の割合が2005年まで年々減り，代わりに都市ガス用の割合が年々増えていったことがわかる。

(2)　**う**　千葉県で生産されるヨウ素は世界の28％のうちの75％なので，28×0.75＝21(％)となる。

　　　え　230000μg＝230mgより，230mgのヨウ素がこんぶ100gに含まれている。これは，230÷0.015＝15333.33…より，1日に取るべき量の約15333.3倍である。100g＝100000mgなので，100000÷15333.3＝6.52…より，6.5gで取るべき量に達する。

　　　お　100gに含まれるヨウ素の量を比較すればよいので，230000÷15＝15333.33…より，約15000倍である。

(3)　**ア**　「X線造影剤」と「ヨウ化物とヨウ化酸化物」を合わせた輸入量は，1361.3＋595.2＝1956.5(t)である。ヨウ素の輸出量4201.3tのほうが多いので×。

　　　イ　「X線造影剤」と「ヨウ化物とヨウ化酸化物」を合わせた輸入額は，2341017＋105801＝2446818(万円)である。ヨウ素の輸出額1371735万円のほうが少ないので○。

　　　ウ　ドイツから輸入されるヨウ素を使った製品の輸入量は，1040.7＋21.0＝1061.7(t)。輸入額は，1752194＋29229＝1781423(万円)である。したがって，1tあたりの輸入額は1781423÷1061.7＝1677.89…で，約1677.9万円である。また，ドイツへ輸出されるヨウ素1tあたりの輸出額は，資料5より348万円である。よって，1677.9÷348＝4.82…より，約4.8倍となり×。

　　　エ　資料6にある輸入額より資料5の輸出額が多い国を探すと，あてはまる国はノルウェー，インド，アメリカ，中国の4か国である。したがって×。

(4)　資料7を見ると，北向きの壁に設置したときにヨウ素を使った光電池のほうが発電量が大きくなっている。日当たりについてふれるという条件に注意する。

(5)　資料8の特ちょうが生かされる場所を考えて条件を選ぶ。取り付け場所と使い道は関係するものを書くとよい。例えばAとCを選んだ場合は，窓ガラスに取り付けて室内の照明の電源にすることが考えられる。また，BとCを選んだ場合は，テントに取り付けて，キャンプ用品の電源として利用することが考えられる。

2　(総合問題：税金と公共施設，計算，資料の読み取り)

(1)　おばあさんの家からお店までのA橋を通ったときのきょりを定規ではかると，2.5＋1.5＝4(cm)。B橋を通ったときのきょりが，4.5＋1.0＋4.7＋1.5＝11.7(cm)。よって，11.7÷4＝2.925で約3倍である。

(2)　50年前に建設された橋の数が建設後50年を迎える橋の数となるので，それぞれ50年前の棒グ

ラフの数値に点を打ち，線でつなげばよい。例えば2017年の数値は1967年の数値と同じになる。

(3) **う・え** 3年連続で転入者が上回った都道府県は，埼玉県，千葉県，東京都，神奈川県，愛知県，大阪府，福岡県の7つである。したがって3年連続で転出者が上回った都道府県の数は，文中でふれられている沖縄県と上の7つを47都道府県からひけば求められる。よって，39。

お 資料4が面積と人口を示したものであることから，人口みつ度(人口÷面積)に注目してみると，転入者が上回った7つの都府県はいずれも人口が多いが面積は他とあまり変わらないかあるいは小さいことがわかる。このことから，人口みつ度を実際に求めなくても7つの都府県は人口みつ度がとても高いことがわかる。

(4) 資料5から年々支出が増えていることが読み取れる。

(5) 資料6を見ると，支出が増えているのは5つの項目の内，維持補修費，扶助費，普通建設事業費の3つである。うち，公共施設の整備に使われるのは維持補修費と普通建設事業費であり，この2つの増える割合よりも，扶助費の1.77のほうが高いことが読み取れる。

(6) 1 資料8に「修繕を行う時期にあたっている施設について，複合化を検討する。」，「修繕を行う時期は建築後30年以上」とあるので，資料9から30年以上の年数のものを選ぶ。

2 資料8に「『施設数の基準』をこえているものから優先して複合化を検討する。」とあるので，資料9を参考に施設をしぼる。1で選ばれた施設が基準を上回っているか，定規を使いながら確かめる。D，G，Kは公民館の基準である半径2kmのはん囲内に1施設をこえていないので選ばれる施設からのぞく。

(7) 資料8の「施設の役割」や「施設内の部屋」，資料10のおもな要望を参考に，どの施設のどのような面を生かすことで，どんな要望がかなえられるのかがはっきりわかるように書く。

★ワンポイントアドバイス★
資料のていねいな読み取りが必要な問題が多いので，あせらずに順をおって解いていくことを心がけよう。

＜適性検査1－2解答例＞

1 (1) あ A，B，C　い D，E，F　う A　え B　お C

(2) 2(回)

(3) ① 28(秒)

② 経路　右の図
　方角　南

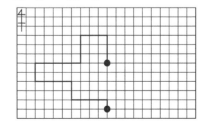

③ く　336(cm)
　け　312(cm)
　こ　8(回)
　さ　158(秒)

(4) ① し　31.4(cm)　す　5(cm)

② 式　(10+5)×(10+5)×3.14－5×5×3.14

せ　628（cm²）

③　20.3（cm²）

(5)　①　95678（cm²）　　②　348（秒）　　③　648（秒）

2　(1)　①　う　　②　か

③　く　1440（分）　　け　360（度）　　イ　20（分）

(2)　ウ　6（月）　　エ　3（月）　　オ　12（月）　　カ　とどかない

キ　とどく

(3)　①　（28÷2）×（28÷2）×3.14

②　ク　1425（cm³）　　ケ　8（分）33（秒）

③　11（cm）

④　0.12（m³）

(4)　①　（水そうAのグラフを見ると，水そうAの水位が1時間に）5（cmずつ減ってい
ることがわかる。水がなくならないように，）4（時間おきに）39000（cm³ずつ水
を加えている。）

②

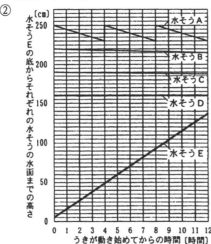

○配点○
1　(1)・(3)③く～こ　完答各3点×2　　(2)・(3)①・(3)③さ・(4)②式　各3点×4　　(3)②経路・
(4)①しす・(4)③・(5)　各4点×7　　(3)②方角・(4)②せ　各2点×2　　2　(1)①②③イ・(3)①
各2点×4　　(1)③くけ・(2)ウエオ・カキ　完答各4点×3　　(3)②クケ　各4点×2　　(3)③④　各
3点×2　　(4)①②　各8点×2　　計100点

＜適性検査1－2解説＞

1　（算数：球の見分け方，ロボットそうじ機の動き）

(1)　**図2**の右下の部分を見ると，DとFを比較してD，E，Fの大小が分かっているので，⊡はD，E，
Fになる。左下の部分を見ると，⊡とCを比べて，左のうでが下がるとAが重いと書かれている
ので，⊡はAになり，右のうでが下がるとCが重いことになるので，⊡はCになる。⊡はここま
でで出てきていないBになる。左下ではAとCを比較してA，B，Cの大小が分かるので，⊡はA，
B，Cになる。

(2)　**図2**を見て矢印をたどって回数を見ていく。ひし形の記号を2回経ることで重い球を見つける

ことができる。例えば，最初の比較で1になった場合，次に[う]とCの比較を行えば「終了」までたどり着くので，実験用てこを最低2回使えばよいと分かる。

(3)① 命令①は「1目盛り前進」なので，1目盛り24cmを秒速6cmで進んだということを考えると，24÷6＝4(秒)かかる。命令②は「1目盛り後退」なので，1目盛り24cmを秒速4cmで進んだということを考えると，24÷4＝6(秒)かかる。命令③は「右へ90° 回転」なので，3秒かかる。これをもとに**図4**に従って矢印をたどっていく。実行する順番としては，開始→命令①を2回くり返す→命令③→㋐を1回しか行っていないため「いいえ」→命令①を2回くり返す→命令③→㋐を2回行ったため「はい」→命令②→終了となる。かかった時間はそれぞれたしていけばよいので，4×2＋3＋4×2＋3＋6＝8＋3＋8＋3＋6＝28(秒)となる。

② **図5**の矢印をたどり，図に書きこんでいくと答えを求めることができる。

まず㋑の部分について考える。3回実行すると「はい」に進むことができるので，3目盛り前進→左へ90° 回転を3回くり返す。次に5目盛り後退と右へ90° 回転を行う。

次の㋒も2回実行すると「はい」に進むことができるので，2目盛り前進→右へ90° 回転→4目盛り後退→左へ90° 回転を2回くり返す。

最後に1目盛り前進させる。

これを順に書いていく。

③ これも**図5**の矢印をたどってたし合わせれば求めることができる。実行する順番としては，開始→(命令①を3回くり返す→命令④)×3→命令②を5回くり返す→命令③→(命令①を2回くり返す→命令③→命令②を4回くり返す→命令④)×2→命令①→終了となる。つまり，

1目盛り前進したのは合計すると，3×3＋2×2＋1＝14(回)

1目盛り後退したのは合計すると，5＋4×2＝13(回)

左に回転したのは，3＋2＝5(回)

右に回転したのは，1＋2＝3(回)

よって，1目盛りが24cmであることを考えると，[く]は24×14＝336(cm)，[け]は24×13＝312(cm)と求められる。[こ]は左回転と右回転をたして，5＋3＝8(回)と求められる。[さ]はこれにかかった時間を求めればよい。①の解説より，1目盛り前進には4秒，1目盛り後退には6秒，左右への90° の回転にはそれぞれ3秒かかると分かるので，[さ]は4×14＋6×13＋3×8＝56＋78＋24＝158(秒)と分かる。

(4)① **し** 会話文より，**図形b**は**図形a**の一部であり，**図形b**の円弧と**図形a**の三角形の丸くなった辺が一致することが分かる。この**図形b**の円弧は，半径10cmの円の円周の6分の1の長さである。**図形a**の3辺はこの円弧3つ分と同じなので，(円周)＝(直径)×(円周率)より，**図形a**のまわりの長さは$10\times2\times3.14\times\frac{1}{6}\times3=31.4$(cm)となる。

す 1周して元に戻っているということは，**図9**の円周の1周分と**図形a**の周りの長さの1周分は等しい。つまり，[し]より**図形a**の周りの長さは31.4cmなので，**図9**の円周の長さも31.4cmである。よって**図9**の円の半径は，31.4÷3.14÷2＝5(cm)である。

② **図形a**が**図9**のように回転するとき，**図9**の円の中心から最も離れている点は常に円周から10cm離れているので，**図形a**は円の周りで半径5＋10＝15(cm)の円になることが分かる。この円から①で半径5cmである**図9**の円の部分をひけばよいので，**図形a**が通過した部分の面積は，(10＋5)×(10＋5)×3.14－5×5×3.14＝628(cm^2)である。

③ **図10**と**図11**の正方形の大きさは同じなので，**図10**から正方形の辺の長さを考える。**図形a**中の正三角形は1辺の長さが10cmで，**図形a**の丸みを帯びた辺は半径10cmの円弧と等しい

ので，この**図形a**の周上で最も長い直線は10cmである。つまり，**図10**と**図11**の正方形の1辺は10cmである。これにより，**図11**のぬりつぶした部分の面積の合計は，10×10−5×5×3.14＝21.5(cm²)と分かる。**図10**のぬりつぶした面積の合計は1.2cm²と分かっているため，**図10**と**図11**のぬりつぶした部分の面積の差は21.5−1.2＝20.3(cm²)になる。

(5)① **図13**より，ロボットそうじ機がそうじできる最大面積を求めるには，部屋全体からそうじできない部分をひけばよい。部屋全体の面積は270×450＝121500(cm²)である。そうじできない部分は，ぬりつぶした部分と家具の部分なので，そうじできない部分の合計は，22＋180×60＋150×100＝22＋10800＋15000＝25822(cm²)である。よって答えは，121500−25822＝95678(cm²)と求められる。

② **図14**より，太い線の長さの合計を求めればよい。隅のすき間の長さは，そうじ機の幅である30cmの半分なので，それぞれ30÷2＝15(cm)と分かる。通った順に長さをたしていくと，(270−15×2)＋(300−15×2)＋(150−15＋15)＋(100＋15×2)＋(150−15＋15)＋(50−15×2)＋(270−15×2)＋(210−15×2)＋(60−15＋15)＋(180＋15×2)＋(60−15＋15)＋(60−15×2)＝1740(cm)である。そうじ機は1秒間に5cm進むので，必要な時間は1740÷5＝348より最低348秒と分かる。

③ 右の図の○の部分をたすと②で求めた長さと等しくなるので，②で求めた長さに②で計算していない部分をたしてあげればよい。図中の方眼は1目盛り15cmなので，②で計算していない部分は15×10×8＋15×10×2＝1500(cm)となり，通った長さは1500＋1740＝3240(cm)と分かる。よって答えは，3240÷5＝648(秒)と求められる。

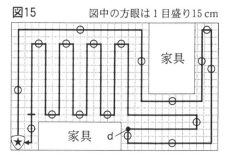

図15　　　図中の方眼は1目盛り15cm

2 (理科，算数：太陽の動き，日時計と水時計)

(1) ① 校庭の時計は日本標準時(東経135度の地点の時刻)に合わせてあるので，校庭の時計が正午を示しているとき，東経135度の地点で太陽が真南にある。鎌ヶ谷市は東経135度ではなく東経140度であるので，東経135度の地点よりも太陽の位置は進んでいる。つまり東経135度で太陽が真南にあるとき，東経140度では真南よりも西よりに太陽が位置している。よって，**ア**にあてはまるのは「う：午後」と分かる。

② 日時計は午後を示しているため，午後を示す「か：C〜Dの間」か「き：D〜Eの間」のどちらかだと分かる。鎌ヶ谷市は東経140°で，基準となる東経135°と5°しかはなれていないので，2時間以上の差はなく，答えは「か：C〜Dの間」である。

③ 問題文を見ると「×5〔度〕」の計算をしているため，(く)÷(け)では1度あたりの時間の差を求めていることが分かる。太陽は1日つまり24時間で地球の周りを約1周しているので，24×60＝1440(分)で360度回っていることから，1度あたりの時間の差は1440〔分〕÷360〔度〕である。よって，(く)は1440，(け)は360で，**イ**は1440÷360×5＝20(分)と求められる。

(2) ① みはるさんのセリフにあるように，Fの線は棒の影が短いことを示し，Hの線は棒の影が長いことを示す。棒の影が短いということは太陽が北寄り(高い位置)にあり，長いということは太陽が南寄り(低い位置)にあるということである。ここで3月，6月，12月の太陽は順に北寄り，寄らない，南寄りなので，これらを合わせると，Fが6月，Gが3月，Hが12月と分かる。そしてここから，夏は太陽が北寄りに南中するため部屋の奥まで日光が直接と

どきにくく，冬は部屋の奥まで日光がとどきやすいことが分かるので，$\boxed{力}$が「とどかない」，$\boxed{キ}$が「とどく」となる。

(3) ① うきの底面は円形をしているため，円の面積の公式「半径×半径×円周率」を使って計算する。この円の場合，半径は直径÷2で求めることができるため，答えとなる計算式は，$(28÷2)×(28÷2)×3.14$となる。

② 水位5cmになるまでにたまる水の量は，水そうの底面積からうきの分の底面積を除いた底面に5cmにたまった量だと考えれば良い。水そうEの底面積が$30×30＝900（cm^2）$となるため，$\boxed{ク}$は，$(900－615)×5＝1425（cm^3）$と求められる。この水を入れるのにかかった時間を考える。常に1時間で10000cm^{3}の水を入れるため，1秒間で$10000÷(60×60)＝\frac{25}{9}（cm^3）$の水を入れることができる。うきが動き始めるまでにかかった時間は，（入れた量）÷（速さ）より，$1425÷\frac{25}{9}＝513（秒）$かかる。513秒＝8分33秒なので，$\boxed{ク}$は8分33秒である。

③ 図6の2～4を見ると，うきが沈んでいる5cmの部分は常に②で求めた部分を保っていることが分かる。つまりうきが上がっている間は，30cm×30cmの正方形を底面とした部分に水がたまっていることが分かる。底面積900cm^{2}の立体に1時間で10000cm^{3}の水が入るため，$\boxed{コ}$は$10000÷900＝11.1…$となり，答えは四捨五入して整数で書くため，11cmとなる。

④ 12時間で入れることのできる水の量は，$10000×12＝120000（cm^3）$となる。つまり，水を入れ始めてから，$120000＋1425＝121425（cm^3）$の水が入ることとなる。このcm^{3}をm^{3}に変換する。$1m^3＝1000000cm^3$なので，121425cm^{3}は四捨五入して，0.12m^{3}となる。

(4) ① グラフを読み取ればよい。水そうAのグラフを見ると，常に一定の割合で高さが変わっていることが分かる。グラフの縦軸を見ると，1目盛は5cmであるので，1時間に5cmずつ高さが減っていることが分かる。「水がなくならないように水を加えている」とあるのでグラフから水を加えている部分を見ると，4時間おきに水を加えていると読み取れる。水を加えるたびに20cm上がっているので，底面65cm×30cmの立体に入れていることを考えると，$65×30×20＝39000（cm^3）$の水を加えていることが分かる。空欄に記入する答えは順に，5，4，39000である。

② まず水そうEのグラフについて考える。(3)③より，水そうEは1時間あたり$\frac{10000}{900}＝\frac{100}{9}$(cm)うきが上昇することが分かっているので，12時間で$\frac{100}{9}×12＝\frac{400}{3}$より，およそ133cm水面が上がる。うきが動き始めたとき，水そうEの水位は5cmなのでグラフの始まりが5cmであることに注意する。グラフの終わりは$\frac{400}{3}＋5＝\frac{415}{3}$より，およそ138cmである。次に水そうDのグラフについて考える。グラフを見ると，水そうB，Cは徐々に水面変動がなくなってきていることが分かる。水そうDは水そうB，Cと同じような変動が起きるので，水そうDは水面変動がほぼ起きないことが考えられる。つまり，0～12時間のあいだ，水そうCより30cm低い160cmの場所に点を取ればよい。

★ワンポイントアドバイス★

幅広い分野から出題されている。式を答える問題があるので，問われている内容を適切に理解し，きちんと式をたてて問題を解く癖をつけておく必要がある。グラフの読み書きの問題もあるので，日頃の勉強でグラフに触れておくと良いだろう。また，問題数が多いので時間配分にも気をつけよう。

二次

2019 年 度

解 答 と 解 説

＜適性検査2－1解答例＞

1 (1) ① ア $\dfrac{5}{2}$　イ 25(回転)　ウ 3.5(倍)

　　② $\dfrac{32}{5}$(回転)

　　③ 270(秒後)

(2) ① エ H　オ I

　　② L 左 O 右

　　③ 30(mm)

　　④

(3) カ $\dfrac{1}{6}$　キ 75　ク 8　ケ 28　コ 72

2 (1) あ→う→い

(2) **適応放散**　AとC, CとF, AとF, BとE

　　収れん　AとD, BとF

(3) 下向きのふくろを持つ動物は，りにゅう食として，母のフンを食べていることを調べる。

(4) ① しん葉じゅ林

　　② 見られない

　　理由

　　図6より，海面からの高さが2000mで高山草原が見られないのは，北い約37.5度より い度の低いところで，おきなわはそれにあてはまるから。

(5) **東京**

　　暖かさの指数　124.5　　**植物のようす**　常緑広葉じゅ林

　　札幌

　　暖かさの指数　73.9　　**気温の上昇**　1.4(℃)

(6) キクイタダキの住むしん葉じゅ林が，温だん化による気温の上しょうにより，別の植物のようすになることで，この鳥の住むところがなくなるから。

○配点○

1 (1)・(2)③・(3) 各4点×11　　(2)①・② 各完答4点×2　　(2)④8点　　2 (1)① 完答4点　　(2)・(3)・(4)・(5)②・(6) 各4点×8　　(5)① 各2点×2　　計100点

＜適性検査2－1解説＞

やや難 **1** （算数：歯車の歯数と回転数）

(1) ① ア　AからBへの伝達の値は，$\dfrac{\text{Aの歯数}}{\text{Bの歯数}}=\dfrac{30}{12}=\dfrac{5}{2}$（＝2.5）である。

イ　$\dfrac{\text{Aの歯数}}{\text{Bの歯数}}=\dfrac{\text{Bの回転数}}{\text{Aの回転数}}$ より，$\dfrac{30}{12}=\dfrac{\text{Bの回転数}}{10}$ であるので，$\dfrac{5}{2}=\dfrac{\text{Bの回転数}}{10}$ より，Bの回転数は25である。

ウ　$\dfrac{\text{Pの歯数}}{\text{Bの歯数}}=\dfrac{\text{Bの回転数}}{\text{Pの回転数}}$ の式は，$\dfrac{\text{Aの歯数}\times3.5}{\text{Bの歯数}}=\dfrac{\text{Bの回転数}}{\text{Aの回転数}}$ と表すことができるので，Pを10回転させたとき，Bの回転数は，Aを10回転させたときの3.5倍になる。

実際に計算してみてもよい。Pを10回転させたときは，$\dfrac{30\times3.5}{12}=\dfrac{\text{Bの回転数}}{10}$，$\dfrac{17.5}{2}=\dfrac{\text{Bの回転数}}{10}$ よりBの回転数は17.5×5＝87.5（回転）となる。Aを10回転させたときは，イより25回転なので，87.5÷25＝3.5（倍）になる。

② CからEへの伝達の値は，$\dfrac{\text{Cの歯数}}{\text{D⊕の歯数}}\times\dfrac{\text{D⊛の歯数}}{\text{Eの歯数}}=\dfrac{\text{D⊕の回転数}}{\text{Cの回転数}}\times\dfrac{\text{Eの回転数}}{\text{D⊛の回転数}}$ の式を使って求める。D⊛の回転数とD⊕の回転数は同じであるので，$\dfrac{48}{18}\times\dfrac{24}{10}=\dfrac{\text{Eの回転数}}{1}$ より，Cが1回転するとき，Eは$\dfrac{32}{5}$回転する。

③ 図3の3つの△が再び同じ位置にそろうには，C，D，Eがそれぞれちょうど1回転，2回転…と整数回，回転する必要がある。②よりCが1回転するとき，Eは$\dfrac{32}{5}$回転する。また，$\dfrac{\text{Cの歯数}}{\text{D⊕の歯数}}=\dfrac{\text{D⊕の回転数}}{\text{Cの回転数}}$ より，$\dfrac{48}{18}=\dfrac{\text{D⊕の回転数}}{1}$ より，D⊕は$\dfrac{8}{3}$回転する。よって，回転する数が整数になるようにするためには，Dの回転数の分母3，Eの回転数の分母5をそれぞれにかければよい。Cが1×5×3＝15（回転），Eが$\dfrac{32}{5}$×5×3＝96（回転），D⊕が$\dfrac{8}{3}$×5×3＝40（回転）したとき，再び△の印が同じ位置にそろう。Cは3分間（180秒）で10回転するので，180秒：10回転＝□秒：15回転から，□＝270より，270秒後である。

(2) ① F～Iのそれぞれのモジュールを計算する。Fは10×2÷20＝1，Gは15×2÷20＝1.5，Hは12×2÷30＝0.8，Iは16×2÷40＝0.8。よって，HとIが0.8で同じ値なので，かみ合う歯車どうしである。

② かみ合う歯車が回転するとき，かみ合う歯車の回転方向は左右逆になる。Jが左まわりのとき，Jとかみ合っているKは右まわり，Kとかみ合っているLは左まわりになる。Lとかみ合っているM⊛とM⊛と同じ軸に固定されているM⊕は右まわり，M⊕とかみ合っている

Nは左まわりなので，Nとかみ合っているOは右まわりになる。

③ Kの歯車のモジュールを計算する。Kの歯車の半径を□mmとすると，□×2÷16＝1.25より，□＝10となる。よって，JとKの中心間の距離は20＋10＝30(mm)である。

④ 最初に表3を完成させる。M㋐の歯車の半径を□mmとして，モジュールを計算する。□×2÷40＝1.25より，□＝25となる。よって，M㋐の歯車の半径は25mmである。また，モジュールがすべて1.25であることより，歯数が24のM㋑の歯車の半径は，同じく歯数が24のLの歯車の半径と同じであるので，15mm。歯数が32のNの歯車の半径は，同じく歯数が32のOの歯車の半径と同じであるので20mmである。

表が完成したら次の手順で図をかいていく。

1) 半径15mmのLの円をコンパスでかく。

2) JとKの中心間の距離が③より30であることから，点Jから30mmのところにコンパスで線をひく。

3) KとLの中心間の距離は10＋15＝25であることから，点Lから25mmのところにコンパスで線をひく。

4) 2)と3)の2つの線が重なるところをKの円の中心とし，半径10mmのKの円をコンパスでかく。

5) LとM㋐の中心間の距離が15＋25＝40であることから，点Lから40mmのところにコンパスで線をひく。

6) Jの円とOの円に当たらないようにして，この線上にコンパスの針を置き，半径25mmのM㋐の円をコンパスでかく。

7) M㋐の円の中心にコンパスの針を置き，半径15mmのM㋑の円をコンパスでかく。

8) M㋑とNの中心間の距離が15＋20＝35であることから，点Mから35mmのところにコンパスで線をひく。

9) NとOの中心間の距離は20＋20＝40であることから，点Oから40mmのところにコンパスで線をひく。

10) 8)と9)のこの2つの線が重なるところをNの円の中心とし，半径20mmのNの円をコンパスでかく。

(3) カ 2番車から1番車への伝達の値を考えると，

$$\frac{1番車の大きな歯車の歯数}{2番車カナの歯数}＝\frac{2番車カナの回転数}{1番車の大きな歯車の回転数}$$ より，$\frac{72}{12}＝\frac{1}{カ}$であるので，

カは$\frac{1}{6}$である。

キ 3番車から4番車への伝達の値を考えると，

$$\frac{3番車の大きな歯車の歯数}{4番車カナの歯数}＝\frac{4番車カナの回転数}{3番車の大きな歯車の回転数}$$ より，$\frac{キ}{10}＝\frac{60}{8}$であるので，

キは75である。

ク 2番車から3番車への伝達の値を考えると，

$$\frac{2番車の大きな歯車の歯数}{3番車カナの歯数}＝\frac{3番車カナの回転数}{2番車の大きな歯車の回転数}$$ より，$\frac{80}{10}＝\frac{ク}{1}$であるので，

クは8である。

ケ，コ 分針は1時間で360°，時針は1時間で30°回転することから，分針である2番車が1回転すると時針である6番車は$\frac{30}{360}＝\frac{1}{12}$回転する。

$$\frac{2番車カナの歯数}{5番車の大きな歯車の歯数} \times \frac{5番車カナの歯数}{6番車の歯数}$$

$$=\frac{5番車の大きな歯車の回転数}{2番車カナの回転数} \times \frac{6番車の回転数}{5番車カナの回転数} より,$$

$$\frac{12}{コ} \times \frac{ケ}{56} = \frac{\frac{1}{12}}{1}, \quad \frac{3}{14} \times \frac{ケ}{コ} = \frac{1}{12}, \quad \frac{ケ}{コ} = \frac{1}{12} \div \frac{3}{14}, \quad \frac{ケ}{コ} = \frac{7}{18}$$

よって，**ケ**：**コ**＝7：18

また，表5の2番車カナと5番車の歯車の和と，5番車カナと6番車の歯車の和は等しいことから，12＋**コ**＝**ケ**＋56である。ケとコの比に対応する数字を(**ケ**，**コ**)＝(7，18)，(14，36)，(21，54)，(28，72)，…と考え，式にあてはまる数字を探すと，(28，72)が答えである。実際に計算してみると，12＋**コ**＝12＋72＝84，**ケ**＋56＝28＋56＝84となる。

重要 **2** (理科：動物と環境の関係)

(1) 有袋類は環境に適応しながら住むところをオーストラリア大陸まで広げた。このとき，オーストラリア大陸が他の大陸から離れたことで，有袋類は生存競争相手となる真獣類に負けて絶滅することなく，生き残ることができた。そしてまた，真獣類も住むところを広げていった。

(2) 同じ系統の生物がさまざまな環境に適応した結果，多くの種類に分かれることを適応放散という。同じ系統の仲間であるのは，真獣類同士の**A**アルマジロ，**C**ノウサギ，**F**フクロテナガザルの3つと，有袋類同士の**B**キノボリカンガルー，**E**フクロモグラの2つである。これらはそれぞれ，系統が同じであっても住むところや食べるものはバラバラである。よって**A**と**C**，**C**と**F**，**A**と**F**，そして**B**と**E**が適応放散の関係になっていると分かる。

異なる系統の生物が同じような環境に適応した結果，体のしくみや食べるものなどの特ちょうが似ることを収れんという。異なる系統の生物なのに住むところや食べるものが一致している生物は，草原や森林に住み，昆虫を食べる真獣類の**A**アルマジロと単孔類の**D**ハリモグラ，そして森林に住み木の実や果実を食べる有袋類の**B**キノボリカンガルーと真獣類の**F**フクロテナガザルである。

(3) 「コアラの袋が下向きである理由がお母さんのフンを子が離乳食として食べやすいからである」ことを調べるには，コアラ以外で，同じく袋が下向きかつ子が離乳食として親のフンを食べる動物を調べればよい。

(4) ① **図6**より，北緯40度で海面からの高さが1000mのところは黒塗りになっており，針葉樹林が生えていることが分かる。

② 海面からの高さが2000mの地点で高山草原が生えているのは，本州近辺にある，北緯37.5度より高い地域である。沖縄は北緯37.5度より低いところにあるので，高山草原は生えないと考えられる。

(5) ① 東京の平均気温はすべての月で5℃以上なので，1月～12月の平均気温から5.0℃を引いた数値を足していく。

$$(5.2-5.0) + (5.7-5.0) + (8.7-5.0) + (13.9-5.0) + (18.2-5.0) + (21.4-5.0) +$$
$$(25.0-5.0) + (26.4-5.0) + (22.8-5.0) + (17.5-5.0) + (12.1-5.0) + (7.6-5.0)$$
$$=0.2+0.7+3.7+8.9+13.2+16.4+20.0+21.4+17.8+12.5+7.1+2.6$$
$$=124.5$$

表1より，暖かさの指数が85.0以上であるので，常緑広葉樹林が生えていることが分か

る。

② 札幌の平均気温が5℃以上の月である4月～10月の7か月分の平均気温から5.0℃を引いた数値を足していく。

$(7.1-5.0)+(12.4-5.0)+(16.7-5.0)+(20.5-5.0)+(22.3-5.0)+(18.1-5.0)+(11.8-5.0)$

$=2.1+7.4+11.7+15.5+17.3+13.1+6.8$

$=73.9$

表1より，東京の植物のようすと同じになるには，暖かさの指数が85.0以上の値になる必要がある。85.0－73.9＝11.1より，11.1℃大きくなればよい。11.1を4月～10月の7か月分で割ると，11.1÷7＝1.58…より，約1.6℃上げればよいことになる。このとき，計算に使わなかった月を見てみると，11月が4.9℃，12月～2月はマイナスの値，3月は0.6℃である。このうち，約1.6℃平均気温が上がったとき，5℃以上になるのは11月のみである。したがって11.1℃を4月～11月の8か月分で割る必要があると分かる。11.1÷8＝1.38…より，約1.4℃平均気温が上昇すれば，暖かさの指数は85.0以上になる。

(6) 温暖化による気温の変化の影響でキクイタダキは見られなくなった。よって，気温が上昇したことで針葉樹林が生える暖かさの指数の範囲を超え，キクイタダキの住むところがなくなっていった。

── ★ワンポイントアドバイス★ ──

大問ごとのふり幅が大きいため，頭を切り替えることが大変かもしれない。日頃疑問に思うことについて考えるくせをつけてみるとよい。

＜適性検査2－2解答例＞

一 (1) ① 信号が青に変わっていることに気づいていない
　　　② 入り口から遠い所にちゅう車するのはこまる
　　　③ ゆっくりと自分のペースでくつろいでいる
　(2) ④ 想像
　　　⑤ 気づかう

二 (1) ① 「相手と自分はちがう」とにん識
　　　② 相手の考えや意図を理解しようと努め
　　　③ 考え方の相いがあれば，自分の意見を伝え，相ご理解を深める
　(2) 作業の効率が上がったり，むずかしい問題を解決するためのさまざまなアイデアが生まれたりして，チームとしての能力が高まる。

三 　原因は，クラスというせまい世界では，い文化にふれる機会が少なく，「日本語が苦手」などといったちがいを受け入れる力が十分に育っていなかった点にあると思われる。
　　そこで，このクラスの一人一人は，まず，相手と自分はちがうとにん識することから始める必要がある。その上で，相手に話しかけ相手を理解しようと努めればよい。コミュニケーションをとっていく中で，「ちがい」を「変わったこと」と感じてしまったときは，想像力を働かせ，思いやりをもって相手に接していけば，「ちがい」をありのまま受け止めることができるようになるはずだ。

　　　これを実現するため，わたしは地いきのボランティア活動に積極的に参加する。ことなる立場や考えをもつ人たちとの交流を，思いやりをもって続けていきながら，「ちがい」をそん重できる人間に成長していきたい。

○配点○
一　各5点×5　　二　(1)各5点×3　　(2)　15点　　三　45点　　　　計100点

＜適性検査2－2解説＞

(国語：音声聞き取り，文章読み取り，条件作文)
一　(1)　①　「『信号が変わっているよ』と声かけするような」という部分を参考にする。
　　　　　②　「入り口近くのちゅう車スペースは，からだの不自由な人やお年寄りのために空けておくべきだと考えている」という部分を参考にする。
　　　　　③　「ゆっくりと，自分の心地でその旅館と出会う瞬間を大切にしているのです。」という部分を参考にする。
　　(2)　3つの体験談はどれも，相手の気持ちや状況を想像したうえでの行いについて述べていることに注目する。また，体験談三の最後に「相手の心を読んだうえでのサービスのきょくちだと思います。」という部分も参考になる。
二　(1)　①は，第四段落の「コミュニケーションは，まず『相手と自分は違う』という認識が出発点である。」という文を参考にする。②は，第二段落の「相手の考えや意図を理解するように努めてみることから『相互理解』はスタートする。」という部分に着目する。次にとるべき行動が述べられているのは，第三段落の「考え方の相違があれば，自分の意見をきちんと伝えればいい。」という部分である。コミュニケーションの順番と段落の順番が同じではないので，文章の構成を理解してから解くことが必要である。また，文章中の言葉を用いるという条件にも注意する。
　　(2)　チームへの影響が述べられているのは第四段落である。この段落の内容を決められた字数内でまとめればよい。作業の効率性の向上，さまざまなアイデア，チーム全体としての能力向上がポイントとなる。
三　条件の中で段落構成が指示されているのでそれにそって書く。
　　各段落の内容は次のようになる。
　　　　一段落目…なぜ前のクラスの人たちは「変わった人」を受け入れることができなかったのか考える。クラスメイトが「世界のほんのひとかけらを切り取ったような狭い世界で」暮らしてきたことに着目する。
　　　　二段落目…問題一，二で考えた想像力をはたらかせて相手を思いやることや，ちがいを理解し「相違を発展的にとらえること」を参考に，クラスの一人一人ができる改善策を書く。
　　　　三段落目…社会において自分が努力することを問われていることに注意し，学校の外で，あるいは学校の外にいる人と関わりをもつ中で自分ができることを書く。

★ワンポイントアドバイス★
文章で語られている状況がわかりづらいときは，身近な例に置きかえることで理解がすすむこともあるよ。

データ対応

収録から外れてしまった年度の
解答解説・解答用紙を弊社ホームページで公開しております。
巻頭ページ＜収録内容＞下方のQRコードからアクセス可。

※都合によりホームページでの公開ができない問題については，
　次ページ以降に収録しております。

平成30年度

千葉県立中学校入試問題（一次）

【適性検査１－１】 （45分）　＜満点：100点＞

1　まなさんの学級では，総合的な学習の時間に「循環※型社会」について考えることになりました。
あとの(1)～(6)の問いに答えなさい。　※循環：ひと回りめぐって，もとの所にもどること。またそれをくり返すこと。

先生：ごみの処理についての学習で，何か覚えていることはありますか。

まな：３Ｒです。ごみをごみにしない生活をするために，使う資源やごみの量を少なくする
「リデュース」，ものをくり返し使う「リユース」，ごみを資源にかえる「リサイクル」
が大切だということを学びました。

だん：私はごみを分別することが大切だとわかりました。

先生：それはリサイクルにつながる良い行いです。**資料１**を見てください。限りある大切
な資源をできるだけ少なく利用し，少しだ
け買って使い，くり返し使うことで，最終
処分※1するごみをできるだけ少なくするむ
だのない社会を「循環型社会」と呼んでい
ます。これは日本が大量生産・大量消費・
大量廃棄※2型社会になってしまっていると
いう反省のもとに，平成12年から全国で進
められてきた取り組みです。まず，日本全
体で，リサイクルなどによってごみがどれ
くらい資源として再利用されているのか
を，**資料２**から見てみましょう。

資料１　循環型社会のイメージ

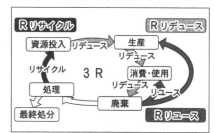

（環境省「平成26年版　環境白書・循環型社会
白書・生物多様性白書」より作成）

※1　最終処分：最後に残ったごみを埋め立てること。

※2　廃棄：いらなくなったものとして，捨てること。

資料２　日本の資源の流れとその量（平成25年度）

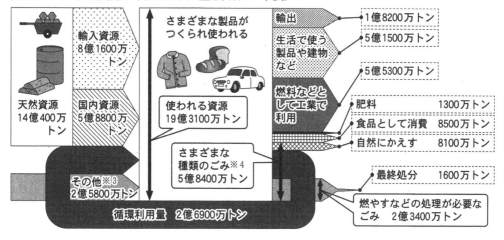

※3　その他：ごみに含まれる水分や土砂等。「天然資源」の量には含まれないが、「使われる資源」の量には含まれる。

※4　さまざまな種類のごみ：家庭や工場などから出る、そのままでは使えず、不要になったものすべて。

（環境省「こども環境白書2016」、「平成29年版　環境統計集」より作成。ただし、四捨五入の関係で合計が合わない場合がある。）

だん：**資料2**から、日本で「使われる資源」の約　**あ**　％がごみになり、そのごみの約　**い**　％が、資源として循環利用されていることがわかります。

先生：そのとおりですね。さらに**資料3**を見てみましょう。

資料3　循環型社会に関する意識調査（1912人が**質問A**、**質問B**の両方に回答した。）

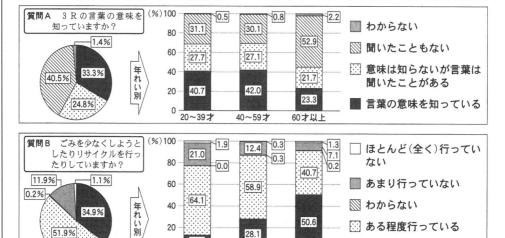

（環境省「平成26年版　環境白書・循環型社会白書・生物多様性白書」より作成。ただし、四捨五入の関係で合計が100％にならない場合がある。）

(1)　**あ**、**い**　にあてはまる数を、小数第1位を四捨五入して、それぞれ整数で書きなさい。

(2)　**資料3**をもとにして、まなさんは気づいたことを**ア〜エ**のようにまとめました。その内容として、適切なものには○を、適切でないものには×を、**資料3**からだけでは読み取れないものには△をそれぞれ書きなさい。

ア　20〜39才の人は60才以上の人と比べて、**質問A**で「言葉の意味を知っている」と回答した割合は大きく、**質問B**で「いつも行っている」と回答した割合は小さい。

イ　**質問A**で「言葉の意味を知っている」と回答した人の中で、**質問B**で「あまり行っていない」と回答した割合が最も大きいのは20〜39才である。

ウ　**質問B**で40〜59才の人の9割以上の人が、「いつも行っている」または「ある程度行っている」と回答している。

エ　**質問A**で「聞いたこともない」と回答した60才以上の人の中には、**質問B**で「いつも行っている」と回答した人がいる。

先生：さて，循環型社会の実現を目指すためには，リサイクルなどの「循環」だけに注目するのでは不十分です。「使われる資源」の量を「入口」とし，また，生産された製品などが使用，消費，廃棄される量を「出口」として，その両方にも注目することが必要です。それらの量の変化を，取り組みが始まった平成12年度とそれ以降の年度とを比べることによって，社会全体が循環型社会に近づいているかどうかを知ることができます。**資料4**を読み取って，結果を発表してみましょう。

資料4 日本の資源の流れとその量（平成12年度と平成26年度）

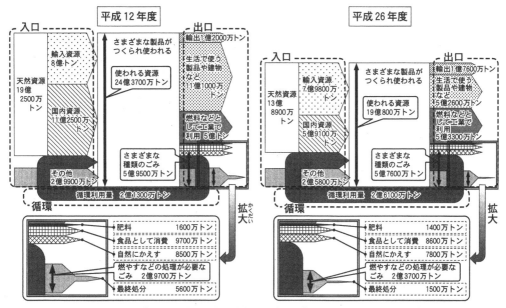

（環境省「平成29年版 環境統計集」より作成。ただし，四捨五入の関係で合計が合わない場合がある。）

まな：**資料4**をもとにして，平成12年度と比べ，平成26年度がどのようになったかを「入口」「出口」という見方で**表**にしました。「入口」では「天然資源」の量，「出口」では，どうしても再利用できない「最終処分」の量の変化に注目してまとめました。

表

	結　果	社　会　の　変　化
入　口	天然資源の量が，約3割減った。	大切な資源をできるだけ少なく利用する社会に向かっている。
出　口	[　う　]。	[　え　]社会に向かっている。

先生：よくまとめられていますね。それでは，「循環」の変化についても考えてみましょう。次のページの**資料5**と**資料6**も見てください。

だん：**資料5**を見ると，平成12年度から平成26年度にかけて循環利用量は大きくは変わっていないように見えます。だから，「循環」については循環型社会に向けての変化は小さいと思います。

資料5 使われる資源の量の移り変わり

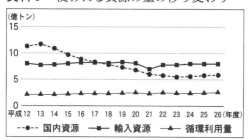

資料6 循環利用率の移り変わり

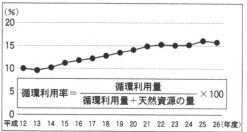

（資料5，資料6　環境省「平成29年版　環境統計集」より作成）

先生：「循環」について環境省では，循環利用量とともに循環利用率にも注目していますよ。その移り変わりをまとめた**資料6**を見てみましょう。循環利用率は，**資料6**の言葉の式で求めるものとします。

だん：**お**循環利用率は増えるようすが見られます。

先生：つまり，「循環」についても良い方向に向かっていそうですね。他に気づくことはありますか。

まな：はい。**資料5**を見ると平成12年度と平成26年度とを比べると**か**輸入資源の量はあまり変わっていません。なぜでしょうか。

先生：**資料7**にそのヒントの1つがありますよ。

資料7　輸入資源と国内資源の内訳（平成26年度）

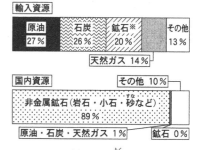

※鉱石：金属などを多く含んでいる岩石。鉄鉱石など。

（一般社団法人産業環境管理協会「リサイクルデータブック2017」より作成）

(3) ［う］，［え］に入る言葉を，これまでの会話文と**資料4**をふまえ，それぞれ句読点を含めて，［う］は20字以内，［え］は30字以内で書きなさい。ただし，表の「入口」と同じようなまとめ方で書くこと。

(4) 下線部**お**の理由を，**資料6**の言葉の式と**資料4**，**資料5**をふまえて書きなさい。ただし，句読点を含めて35字以内で書くこと。

(5) 下線部**か**の理由として**資料7**から考えられることを，句読点を含めて25字以上35字以内で書きなさい。

(6) 循環型社会の実現を目指すために，日本は輸入資源を減らす必要があるかどうか，これまでの会話文と**資料**をふまえ，あなたの意見とその理由を書きなさい。ただし，解答らんにしたがい，意見は，「**ある**」または「**ない**」のいずれかに〇をつけ（どちらを選んでも得点には影響ありません。），理由は，句読点を含めて35字以上50字以内で書くこと。

2 小学校6年生のりりさんが，読書についてお父さんと話をしています。あとの(1)～(4)の問いに答えなさい。 （**資料3**は次のページにあります。）

父　：りりは，よく本を読んでいるけれど，毎月何冊（さつ）くらい読んでいるの？

りり：昨年度（平成28年度）読んだ本の冊数を計算してみたら，1か月の平均は8冊だったわ。

父　：次の**資料1**～**資料3**を見て。平成28年度の小学生（4～6年生）の1か月間の平均読書冊数を読み取って計算すると，りりの1か月の平均冊数は，小学生（4～6年生）の1か月間の平均読書冊数と比べると約 あ 割（わり）にあたるね。

りり：クラスには本を全く読まない人もいるわ。

父　：本を全く読まない人のことを，**資料**では「不読者（ふどくしゃ）」と呼（よ）んでいるよ。

りり：**資料**から読み取れる割合（わりあい）で，私（わたし）やお兄ちゃんの学校にも不読者がいたとすると，平成28年度の私の小学校（平成28年度の4～6年生の児童数は125名）の不読者数と，お兄ちゃんの中学校（平成28年度の全校生徒数は500名）の不読者数との差は い 人ね。

父　：他の**資料**でも，小学生と中学生とを比べてごらん。

りり：1か月間の平均読書冊数については，小学生（4～6年生）と中学生との差が最も小さかった年度は，平成 う 年度だわ。

父　：そうだね。では，**資料3**で，高校生と小・中学生との違（ちが）いを見てみたらどうかな。「あまり本を読まなかったグループ（0冊と1冊の合計）」と，「多くの本を読んだグループ（3冊以上）」というように分けて，それぞれ男子と女子とを比べてみて。

りり：まずは，あまり本を読まなかったグループの男子と女子とを比べてみると，高校生と小・中学生は，同じようすが見られるわ。詳（くわ）しく言うと， え ということよ。

父　：そうだね。では，多くの本を読んだグループはどうかな？

りり：同じように比べてみると， お ということがわかるわ。

父　：よく読み取れたね。どちらも具体的に言えたね。

資料1 1か月間の平均読書冊数の移り変わり

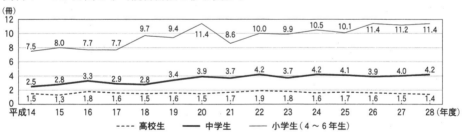

------- 高校生　── 中学生　── 小学生（4～6年生）

資料2 不読者（本を全く読まない人）の割合の移り変わり

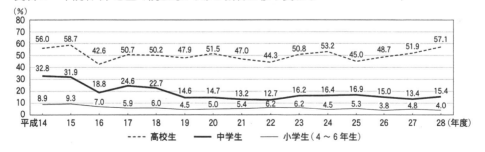

------- 高校生　── 中学生　── 小学生（4～6年生）

資料３　最近１か月で読んだ本の冊数と性別との関係

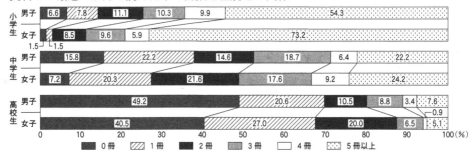

| | | 0冊 | 1冊 | 2冊 | 3冊 | 4冊 | 5冊以上 |

（資料１，資料２　公益社団法人全国学校図書館協議会　第62回学校読書調査より作成。資料３　株式会社浜銀総合研究所　地域における読書活動推進のための体制整備に関する調査研究〔平成27年度文部科学省委託調査〕より作成。ただし，四捨五入の関係で合計が100％にならない場合がある。）

(1)　あ，い にあてはまる整数を，前のページの会話文と資料をふまえてそれぞれ書きなさい。

(2)　う にあてはまる数を書きなさい。

(3)　え，お に入る言葉を，会話文と資料３をふまえてそれぞれ書きなさい。ただし，句読点を含めて，え は25字以内で，お は30字以上40字以内で書くこと。

父　：りりは中学生になったら図書委員になりたいって言っていたよね。

りり：そうなのよ。中学校では本を読まない人を減らしたいわ。みんなに本を読んでもらうために何かできることはあるかな。

父　：みんなに本を読んでもらうための取り組みにつながるヒントが，資料４と次のページの資料５にあるよ。

りり：本当だ。か資料４と資料５には，ヒントになる共通する考え方があるわね。

父　：その考え方を生かして，新たに本を買わなくてもできる図書委員としての取り組みを考えてみたらどうかな？

りり：き という取り組みが考えられるわ。

父　：その取り組みは，とても良いね。

資料４　中学生がどのようなできごとに影響を受けて本を読んだか（複数回答）

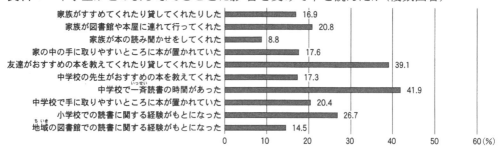

資料5　本のある教室—マイブックプロジェクト—（A中学校の取り組み）

> 　学級文庫はあっても，それは各担任が用意した本や図書委員が図書室から借りてきた本から成り立っており，生徒が今読みたい本をすぐに手に取れるわけではありませんでした。そこで，「学級文庫に生徒自身が選んだ本がそろえば生徒たちは本を手に取るのではないか」，そんな考えから生まれたのが，生徒が朝の読書で読む本を自ら書店で購入してくる「マイブックプロジェクト」です。生徒は，2000円までの本が買える本校特製の図書カードを持って，学校近くの書店で1冊の本を購入します。その「マイブック」をまず本人が読み，……（中略）……この活動によって読書に興味をもつようになった生徒が多くなったことは事後のアンケートからもわかります。

（**資料4**　株式会社浜銀総合研究所　地域における読書活動推進のための体制整備に関する調査研究〔平成27年度文部科学省委託調査〕より作成。**資料5**　文部科学省　子どもの読書サポーターズ会議ホームページより作成。）

(4)　前のページの会話文と**資料4**，**資料5**をふまえて，次の①，②の問いに答えなさい。

①　下線部**か**について，共通する考え方とはどのようなことか。句読点を含めて**30字以上40字以内**で書きなさい。

②　**き**　に入る具体的な取り組みを考え，句読点を含めて**25字以上35字以内**で書きなさい。

3　じんさんの学級では，総合的な学習の時間に，ユネスコ無形文化遺産に指定された「和食」について学習しています。あとの(1)〜(4)の問いに答えなさい。

> 先生：**資料1**は，前の授業で学習した，「和食」の特徴を示したものの一部でしたね。では，それぞれがこれまでに調べてきたことを，お互いに発表し合いましょう。

資料1　「和食：日本人の伝統的な食文化」の特徴（一部）

多様※1で新鮮な食材とその持ち味の尊重
ア　はっきりとした四季と地理※2的多様性により，山や海でとれる多様で新鮮な食材を使用。
イ　食材の持ち味を引き出し，引き立たせるくふう。

※1　多様：いろいろと種類の違ったものがあること。さまざま。
※2　地理：気候や土地などのようす。

（農林水産省ホームページより作成）

> じん：私は，社会科で学習した水産業について調べてみました。次のページの**資料2**を見てください。どちらも水産業の盛んな，日本とノルウェーの水あげ量に関するデータです。水産物を水あげ量の多い順に上から並べ，総水あげ量に占めるそれぞれの割合を積算※で表したものです。その積算が総水あげ量の7割に達したとき，その中に何種類の水産物が含まれているかを，日本とノルウェーで比べてみてください。
>
> ゆま：日本は　**あ**　種類ですが，ノルウェーは　**い**　種類です。ということは，日本の水産業は，　**う**　な水産物に恵まれていると言えますね。

※積算：数を次々に加えて計算すること。その合計した数値。

資料2　総水あげ量に占める水産物の割合（積算）

<日本>　　　　　　　　　　　　　　総水あげ量　約355万トン

水産物の種類（水あげ量の多い順）	総水あげ量に占める割合（積算）
1　マサバ	15.9 %
2　マイワシ	25.6 %
3　ホタテガイ	32.1 %
4　カツオ	38.4 %
5　スケトウダラ	43.5 %
6　カタクチイワシ	48.0 %
7　マアジ	52.3 %
8　サケ	56.3 %
9　スルメイカ	59.9 %
10　ブリ	63.4 %
11　サンマ	66.6 %
12　ウルメイワシ	69.4 %
13　コンブ	71.4 %
14　キハダ	73.0 %
15　マダラ	74.4 %
その他	100.0 %

<ノルウェー>　　　　　　　　　　　総水あげ量　約244万トン

水産物の種類（水あげ量の多い順）	総水あげ量に占める割合（積算）
1　ブルーホワイティング（タラの一種）	20.1 %
2　大西洋タラ	37.4 %
3　大西洋ニシン	50.2 %
4　大西洋サバ	60.1 %
5　セイス（タラの一種）	66.3 %
6　南極オキアミ	72.3 %
7　カラフトシシャモ	77.3 %
8　サンドイール（イカナゴの一種）	81.4 %
9　ハドック（タラの一種）	85.4 %
10　ノルウェーコダラ（タラの一種）	87.2 %
11　北国赤エビ	88.2 %
12　ビークトレッドフィッシュ（メバルの一種）	89.0 %
13　リング（タラの一種）	89.8 %
14　ギンガレイ	90.4 %
15　トースク（タラの一種）	90.9 %
その他	100.0 %

（国連食糧農業機関「Fishstat（Capture Production 2015）」より作成）

(1) 前のページの会話文の あ ， い にあてはまる数をそれぞれ書きなさい。また， う に入る言葉を2字で書きなさい。

さえ：前のページの**資料1**の**ア**は，社会科で学習した，「自然条件と人々のくらしがつながっていること」と関連していますね。そこで私は，千葉県とは自然条件の異なる青森県と山形県に注目し，そこで栽培されている「伝統野菜」の「温泉もやし」について調べて**資料3**と次のページの**資料4**にまとめました。

こう：私は，次のページの**資料5**から，千葉市と温泉もやしが栽培されている地域との気候の違いを調べました。大鰐町（青森県）のデータはそろわなかったので先生に相談したところ，隣の弘前市（青森県）と気候はほぼ同じととらえて良いと教えていただきました。そこで，弘前市のデータを使うことにしました。

じん：これらの**資料**を見ると，ぇ2つの温泉もやしの栽培と自然条件との関わりには共通点があることがわかりますね。

資料3　伝統野菜について

> 古くから栽培されている，その地域独特の野菜のこと。何を伝統野菜とするかのルールは，地域ごとに決められている。
> 　郷土料理の材料として使われるなど，昔から地元の人の食文化を支えてきた野菜。
> 　病気や害虫にあまり強くないので，育てるにはとても手間がかかる。

（江原絢子『日本の伝統文化　和食③守ろう！　ふるさとの味』より作成）

資料4　温泉もやしの栽培

もやしの種類 〔栽培されている場所〕	大鰐温泉もやし 〔青森県 大鰐町〕		小野川豆もやし 〔山形県 米沢市〕	
特　徴	350年以上前から栽培されてきた冬野菜。大鰐温泉の熱で土を温め，水道水ではなく温泉水のみを使って栽培される。		冬に生産できる作物として，明治初め頃から栽培されている。小野川温泉の温泉水の熱を利用し，室温を30度くらいに保っている。	

（堀知佐子『地野菜/伝統野菜』，高橋書店編集部『伝統野菜・全国名物マップ』，大鰐町ホームページ，米沢市ホームページより作成）

資料5　千葉市，弘前市，米沢市の気候データ

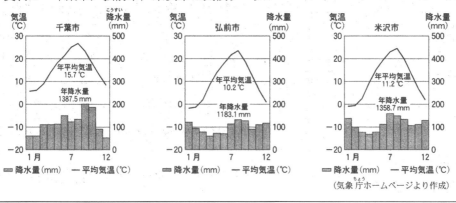

（気象庁ホームページより作成）

(2)　下線部えについて，2つの温泉もやしの栽培には，自然条件とどのような関わりがあるか。**資料4，資料5**をふまえて書きなさい。ただし，解答らんにしたがい，解答らんの①，②には，どちらも**10字以内**で書くこと。

こう：和食は，栄養のバランスがよいと聞いたことがあります。そこで私は，栄養面に注目してみました。次のページの**資料6**を見てください。これは，保存条件を変えたり，時間がたったりすることで，もやしに含まれるビタミンCがどのように変化していくかを調べた実験の結果をまとめたものです。また，5年生で学習した「地産地消」についてさらに調べ，その良さについて次のページの**資料7**にまとめました。

さえ：**資料6**のAとB，CとDを比べると，異なる保存条件であっても，どちらも　お　ということが共通していますね。このことと**資料7**を関連させて見ると，地産地消にすれば，　か　ということが言えると思います。

資料6　もやしに含まれるビタミンCの量の変化

保　存　条　件		時　　間	残存率※(%)
水につけて保存	A	1日後	69
	B	2日後	46
ポリエチレンの袋に入れて0℃の冷蔵庫で保存	C	1日後	92
	D	5日後	77

※残存率：なくならないで残っている割合。

(吉田企世子『春夏秋冬おいしいクスリ　旬の野菜の栄養事典』より作成)

資料7　地産地消の良さ

① 身近で生産されているので，どのような人が，どのような場所で，どのようにして生産しているのかがわかり，安心。

② 農産物等を輸送する時間が短くてすむので，新鮮。

③ 消費者が農産物等を買うことで，地元の生産者を応援することにつながる。

(山本 茂『地産地消と自給率って何だろう？』，江原絢子『日本の伝統文化　和食①「和食」ってなんだろう？』より作成)

(3) お ， か に入る言葉をそれぞれ書きなさい。ただし，句読点を含めて，お は20字以内で，か は30字以上40字以内で書くこと。

ゆま：私は，家庭科の学習に出てきた「郷土料理」について調べてみました。まずは，資料8を見てください。

さえ：「地元でとれる食材」を使っているということは，地産地消の料理と言うことができそうですね。

ゆま：そうです。次に，農林水産省が選定した「農山漁村の郷土料理百選」についてまとめた次のページの資料9を見てください。

こう：今日学習したことと，資料9の「ねらい」が結びつきました。き郷土料理を知り，その郷土料理を食べる人が増えれば，地域の活性化に役立ちますね。

じん：私もそう思います。これからの学習では，各地の郷土料理を調べてみたいです。そして，郷土料理とともに，その地域の魅力を知り，それを他の人たちにも広めていきたいです。

先生：できることから始めるというのは，とても良いですね。

資料8　地元の味を受け継ぐ郷土料理

　昔から地元でとれる水産物や農作物を使って，その地域ならではの調理方法でつくられる料理。そこに住む人たちにとっては当たり前の，食べ慣れた味であり，親から子へと受け継がれてきた。現代でも，変わらず地元の人に親しまれている料理。

(江原絢子『日本の伝統文化　和食③守ろう！ふるさとの味』より作成)

資料9 「農山漁村の郷土料理百選」について

＜ねらい＞

　日本全国にある郷土料理を広く知ってもらい，地域の活性化^{※1}に役立ててもらう。

＜選定方法＞

　各都道府県からの推せんなどにより候補料理の一覧を作成する。インターネットによる国民の人気投票などで候補をしぼり込み，最終的に有識者^{※2}が集まった会議で決定する。

＜結果＞

　各都道府県から2品または3品の郷土料理が選ばれた。実際に選ばれたのは99品で，100品目にはそれぞれ自分が一番おいしいと思うふるさとの味を加えて「百選」を完成させてほしいという思いが込められている。

＜選定された千葉県の郷土料理＞

　太巻きずし，イワシのごまづけ

※1　活性化：ものごとの活動が盛んになること。
※2　有識者：知識があり，ものごとを見通す判断力が高い人。
（農林水産省選定「農山漁村の郷土料理百選」ホームページ，江原絢子『日本の伝統文化　和食③守ろう！　ふるさとの味』より作成）

---

(4)　前のページの会話文の下線部**き**について，こうさんがこのように考えた理由を，会話文と**資料3**（8ページ），**資料7**（10ページ）をふまえて書きなさい。ただし，解答らんにしたがい，句読点を含めて**20字以上30字以内**で書くこと。

【適性検査１－２】 （45分） ＜満点：100点＞

1 お父さんとゆうきさんが，船のことについて会話をしています。あとの(1)～(3)の問いに答えなさい。

> ゆうき：テレビを見ていたら，「船は24ノットで進んでいます。」と言っていたけれど，時速24kmの間違いではないの？
>
> 父 ：間違いではないよ。船の速さはノットという単位で表すんだよ。
>
> ゆうき：そうなんだ，知らなかった。24ノットは時速何kmなの？
>
> 父 ：ノットを知るためには，海里という距離の単位を確認しておく必要があるね。１海里は1852mだよ。
>
> ゆうき：1852mなんて，中途半端な数だね。どうやってこの数を決めたの？
>
> 父 ：地球上の緯度１分に相当する距離を１海里としているからだよ。ちなみに，緯度１分は緯度１度の60分の１で，地球一周は，40000kmとして考えてね。
>
> ゆうき：なるほど！ a 球の一周を40000kmとして計算すると，わり切れない数になるから，小数第１位を四捨五入して1852mとしているんだ！
>
> 父 ：１ノットは船が１時間に１海里進む速さのことで，船が１時間に３海里進むときは，３ノットだよ。
>
> ゆうき：24ノットは，船が１時間に ア 海里進むってことだよね。
>
> 父 ：そのとおり。
>
> ゆうき： ア 海里は， イ mだから，24ノットは，時速 ウ kmで船が進んでいるってことなんだね。
>
> 父 ：そのとおり。
>
> ゆうき：船が川を進む場合，川の流れによって，船の速さは影響しないの？
>
> 父 ：良いところに気がついたね。ここからは，船が川上に向かって進むとき，川下に向かって進むときをそれぞれ考えてみよう。次のページの図１のように，川上に向かってまっすぐ進むときは，川の流れの影響で船は遅くなる。次のページの図２のように，川下に向かってまっすぐ進むときは，川の流れの影響で船は速くなるんだよ。船の速さを求める考え方は，次のとおりだよ。
>
> > 川上に向かって進むときの船の速さ＝静水時の船の速さ※－川の流れの速さ
> > 川下に向かって進むときの船の速さ＝静水時の船の速さ ＋川の流れの速さ
>
> ※静水時の船の速さ：川の流れがないときの船の速さ。
>
> 父 ：では，静水時に時速20kmで進む船が，川を20km上るのに２時間かかるとしたら，川の流れの速さは，時速何kmかわかるかな？
>
> ゆうき：時速 エ kmでしょう。
>
> 父 ：そのとおり。

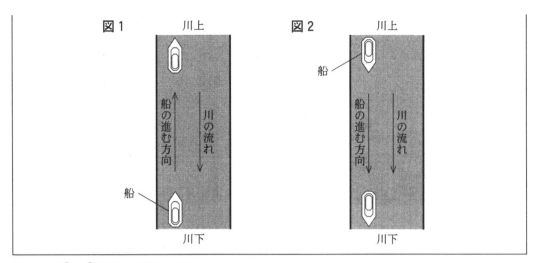

図1　　川上　　　図2　　川上

(1)　次の①～③の問いに答えなさい。

　①　前のページの会話文の下線部aで，ゆうきさんは，1海里が1852mであることをどのように求めたのか。求め方の計算式を書きなさい。

　②　会話文の ア ～ エ にあてはまる数をそれぞれ書きなさい。ただし， ウ は小数第1位を四捨五入して整数で書きなさい。

　③　流れの速さが一定の川を，船が10km上るのに30分，10km下るのに15分かかりました。このとき，静水時の船の速さは時速何kmで，川の流れの速さは時速何kmか，それぞれ書きなさい。

お父さんとゆうきさんが，海辺で会話をしています。

ゆうき：朝より海面の高さが低くなったような気がするんだけど……。

　父　：そのとおりだよ。海面の高さは規則的に変化していて，海面の高さが最も低くなっているときを干潮（かんちょう）というんだ。その逆に，最も高くなっているときを満潮（まんちょう）というんだよ。

ゆうき：海面の高さが変わるということは，海の深さが変わるということだよね。そうすると，今まで船が通れたところで，図3のように，船底が海底に当たったり，図4のように，船の最も高い部分が橋に当たったりすることはないのかな？

図3　　　　　　　　　　図4

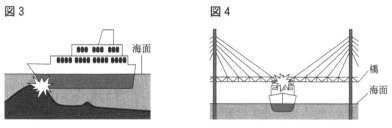

　父　：そうだね，よく気がついたね。安全に航行※1するには，海の水位※2の変化のようすを知ることが必要なんだよ。ここで，航行に関する問題を出すから考えてごらん。次のページの図5は，ある場所の一日の水位の変化を，午前0時から20分ごとに表したものだよ。

　　※1　航行：船で水の上を進むこと。　　※2　海の水位：ある地点の基準面から測定した海面の高さのこと。

図5

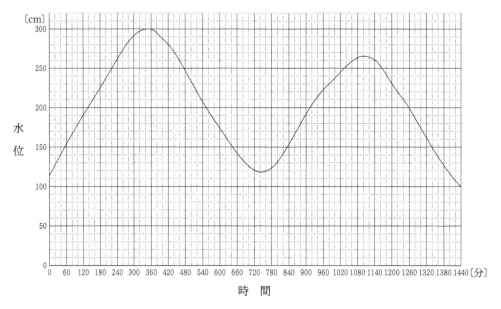

〔cm〕

水位

時　間

図6のように，船は，船底から最も
上の部分までの高さが35m，船底か
ら喫水線※3までの高さが8mだよ。

※3　喫水線：船が水に浮いたときに水面（ここ
　　　　　　　では海面のこと）と同じになる部
　　　　　　　分。

図6

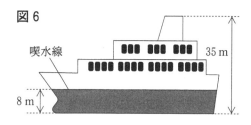

喫水線

35 m

8 m

b 図7の26.4mは，図5で水位が300cmのときの海面から橋までの高さだよ。図8の7m
は，図5で水位が100cmのときの海面から海底までの深さを示し，この位置は，橋の真下
にあり，海底が最も盛り上がったところなんだ。一日の水位が図5のように変化すると
き，橋にも海底の最も盛り上がったところにも当たらず船が通ることができるのはいつ
かな。船底から喫水線までの高さは常に8mで考えてね。

図7

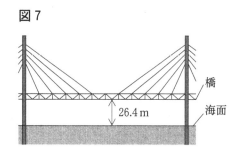

橋

26.4 m

海面

図8

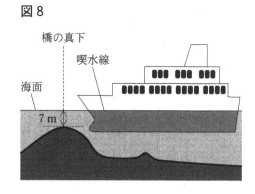

橋の真下

喫水線

海面

7 m

(2) 前のページの下線部 **b** で，一日の水位が**図5**のように変化するとき，橋にも海底の最も盛り上がったところにも当たらず船が通ることができる時間を，次の**あ～く**のうちからすべて選び，その記号を書きなさい。ただし，風や波の影響はないものとします。

あ 午前1時20分　　**い** 午前3時00分　　**う** 午前6時00分

え 午前8時40分　　**お** 正午　　　　　　**か** 午後2時20分

き 午後4時20分　　**く** 午後8時40分

ゆうき：**図9**は見たことのない図だけど……。

図9

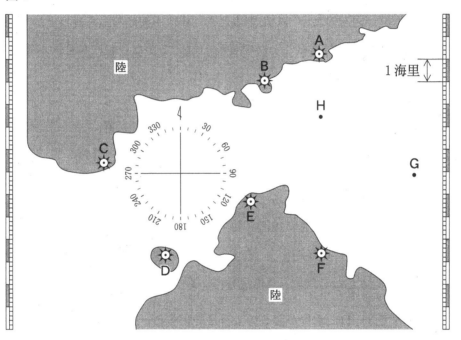

父　　：これは，船が安全に航行するときに必要なんだよ。自分の船がどこの位置にいるかがわかるんだよ。

ゆうき：便利な図だね。どのように使うのか教えて。

父　　：**図9**の ☼ は灯台だよ。左右にある目盛り（めも）を「緯度目盛（よ）り」と呼び，1海里は**図9**に示した長さだよ。これを使うと距離がわかるよ。**図10**は「コンパス図」と呼び，方位磁針（ほういじしん）が指す方向を時計回りに北は0°，東は90°，南は180°，西は270°で示しているよ。**図9**のG地点は，船の現在位置を表しています。いま船は，A灯台を磁針方位320°（船の進行方向はコンパス図が320°を指す方向），F灯台を左舷（さげん）正横（せいおう）※1に見ています。ここで問題を出すね。G地点でA灯台に向いている船が変針（へんしん）※2し，B灯台に向けて，G地点

図10

からH地点まで最短の経路で航行した場合，磁針方位は何度で，距離は何海里かわかる？風や波や海の深さの影響はないものとして考えてね。

ゆうき：磁針方位は [オ] °で，距離は [カ] 海里でしょう。

父　：そのとおり。

ゆうき：進んでいく方位や周囲の目標物をしっかり理解しながら進むことで，自分の位置がわかるね。**図９**で，cC灯台を磁針方位10°，D灯台を磁針方位100°に見るP地点から磁針方位70°（船の進行方向はコンパス図が70°を指す方向）で航行。E灯台を右舷（うげん）正横※3に見るQ地点で，磁針方位40° に変針し，航行。B灯台を左舷正横に見るR地点までの最短の経路はこのようになるんだね。

父　：そのとおり。P地点からQ地点，Q地点からR地点を順に直線でつなぐと，航行した距離の合計を求めることができるよ。

※１　左舷正横：船の左真横。　※２　変針：針路を変えること。　※３　右舷正横：船の右真横。

(3)　次の①～④の問いに答えなさい。

①　[オ]，[カ] にあてはまる数をそれぞれ書きなさい。

②　船がG地点を９時20分に出発してH地点に向けて25ノットで進んだとき，H地点に着くのは何時何分か，書きなさい。ただし，風や波や海の深さの影響はないものとします。

③　下線部cの，P地点，Q地点，R地点の各点をG地点（H地点）にならって，解答らんの図に•でかきなさい。ただし，風や波や海の深さの影響はないものとします。（作図に用いた線などはそのまま残しておいてかまいません。）

④　下線部cの，P地点からQ地点を通ってR地点まで船が進んだ距離の合計は何海里か，書きなさい。

2　みはるさん，とおるさんは，先生とふりこの動き方について会話をしています。あとの(1)～(3)の問いに答えなさい。

先　生：**表１**は，次のページの**図１**の装置（そうち）を用いてふりこの実験をした結果をまとめたものです。

表１

実験番号	実験①	実験②	実験③	実験④	実験⑤	実験⑥	実験⑦	実験⑧	実験⑨
おもりの重さ〔g〕	25	25	25	50	50	50	75	75	75
ふれはば〔度〕	15	60	60	30	60	60	30	30	60
ふりこの長さ〔cm〕	10	25	50	20	20	25	25	50	50
10往復にかかった時間〔秒〕（３回測定した平均）	6.3	10.0	14.8	8.9	8.9	10.0	10.0	14.8	14.8

この結果から，ふりこの動き方のきまりについて確認（かくにん）してみましょう。10往復にかかった時間の10分の１（１往復）の時間を「周期（しゅうき）」といいます。例えば，実験①のふりこの周期は [ア] 秒になります。では，おもりの重さ，ふれはば，ふりこの長さ

と周期との間には，どのような関係があるといえますか。

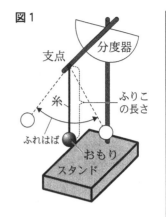

図1

とおる：実験②と⑥，実験③と⑨から　イ　を変えたとき，周期は変わらないといえます。また，実験④と⑤，実験⑧と⑨から　ウ　を変えたとき，周期は変わらないといえます。

みはる：　エ　から，ふりこの長さを変えたとき，周期が変わるといえます。

先　生：そのとおりです。実験からふりこの動き方のきまりがわかりましたね。では，ふりこが利用されているもので，音楽の時間に使うメトロノームを見てみましょう。仕組みは図2のようになっています。メトロノームは，上下に動かせるおもりの位置によって，いろいろなテンポがとれる器具です。上下に動かせるおもりを，今ある位置より上方向に動かすと，テンポはどうなると思いますか。

図2

みはる：おもりの位置を動かすことは，図1の装置の　オ　を変えることになるので，テンポは　カ　なると思います。

先　生：そうですね。

(1)　次の①～④の問いに答えなさい。

　①　　ア　にあてはまる数を書きなさい。

　②　　イ　，　ウ　にあてはまる言葉をそれぞれ書きなさい。

　③　　エ　にあてはまる実験番号の組み合わせを3つ書きなさい。

　④　　オ　，　カ　にあてはまる言葉の組み合わせとして最も適当なものを，次の表のあ～かのうちから1つ選び，その記号を書きなさい。

	あ	い	う	え	お	か
オ	おもりの重さ	おもりの重さ	ふれはば	ふれはば	ふりこの長さ	ふりこの長さ
カ	速　く	遅（おそ）く	速　く	遅　く	速　く	遅　く

ブランコについて，会話をしています。

とおる：一つのブランコで，座（すわ）って乗るときと立って乗るときでは，同じふれはばでも動く速さが違（ちが）うような気がします。

先　生：人によって感じ方は様々ですが，ふりこの動き方のきまりから考えると，同じブランコなら同じように動くはずなのに，とおるさんが違いを感じたのはなぜでしょう。このことを調べるために，実験をしましょう。まず，次のページの図3のような各段（かくだん）（高

さ４cm）におもりを入れることができる透明なケース（重さ25ｇ）を準備します。**図4**は，**図3**を真上から見た図と真横から見た図になります。これを使って**図5**の装置で，ふりこの長さ80cm，ふれはば60°で，おもりを入れる位置と周期との関係を調べてみましょう。

図3
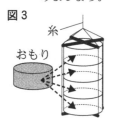

図4
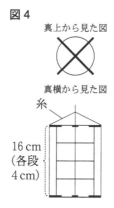
真上から見た図

真横から見た図
16 cm
（各段
4 cm）

図5
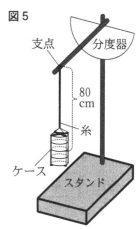

みはる：結果を**表2**にまとめました。

表2

実験番号	実験⑩	実験⑪	実験⑫	実験⑬	実験⑭
ケース全体の重さ〔g〕 （ケース＋おもり）	25	75	75	75	75
10往復にかかった時間〔秒〕 （3回測定した平均）	18.3	18.3	18.3	18.7	17.5
ケースとおもりの状態 □おもりが入っていない ▨25ｇのおもりが入っている ■50ｇのおもりが入っている		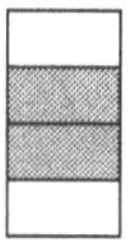	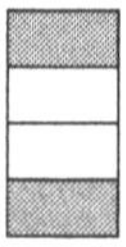		

とおる：先生，実験⑬，⑭は，実験⑩，⑪，⑫と10往復にかかった時間が違います。おもりを入れる位置と何か関係があるのですか。

先　生：良いところに気がつきましたね。ものには，その重さがすべてかかると考えてよい点が１つあり，その点を「重心」といいます。重心を○で表すと，実験⑩の場合，**図6**中の○が重心となります。**図7**は，**図6**を真上から見た図と真横から見た図です。重心を考えると，実験⑪は人が立って乗ったとき，実験⑬は人が座って乗ったときの状態になります。

図6

重心

とおる：重心はどのように求めればよいのですか。

先　生：次のように考えてみましょう。次のページの**図8**のように，重心の位置を示してある物体Ａと物体Ｂ（重さは物体Ａの３倍）をつなげた物体Ｃの重心を求めてみます。**図9**のように，それぞれの重さを両はしにかけた「てこ」のつり合いがとれる状態を考えます。そのときの支点の位置が物体Ｃの重心にあたります。物体Ｃの向きが変わっても重心の位置は変わりません。

図7

真上から見た図

真横から見た図

とおる：そうすると，実験⑬のおもりを入れたケース
　　　　の重心は，実験⑪のおもりを入れたケースの
　　　　重心よりも　キ　cm下の位置になります。
　　　　実験⑪と⑬とでは，重心の位置が違うため，周
　　　　期が異なるのですか。

先　　生：そうです。支点から重心までの長さが，ふり
　　　　この長さということになります。では，実験
　　　　⑬のふりこの長さは何cmとしてみればよいで
　　　　すか。また，実験⑭のふりこの長さは何cmと
　　　　してみればよいですか。

みはる：実験⑬のふりこの長さは　ク　cm，実験⑭
　　　　のふりこの長さは　ケ　cmになります。

先　　生：よくできましたね。

図8

物体C

図9

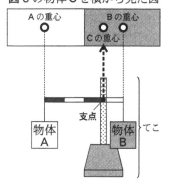

図8の物体Cを横から見た図

(2)　次の①，②の問いに答えなさい。

①　前のページの表2の実験⑫のおもりを入れたケースの重心を，前のページの図7にならっ
　　て，解答らんのそれぞれの図に○でかきなさい。

②　キ　～　ケ　にあてはまる数をそれぞれ書きなさい。

ふりこのおもりが動くようすについて，会話をしています。

先　　生：ふりこのおもりは，常に同じ速さで動いているのではありません。手からおもりをは
　　　　なすと，だんだんと速くなり，支点の真下で最も速くなります。また，手からおもり
　　　　をはなす角度を変えると，おもりが支点の真下にきたときの速さが変わります。

とおる：そうなんですか？

先　　生：では，次のページの図10の支点の真下で糸とおもりがはなれるようになっている装置
　　　　で，実験した結果をみて，手からおもりをはなす角度とおもりが支点の真下にきたと
　　　　きの速さとの関係を考えてみましょう。次のページの図11は，手からおもりをはなす
　　　　角度を90°，60°，30°にしたA，B，Cそれぞれの位置でおもりを止めてから静かに
　　　　手をはなし，支点の真下で糸とおもりがはなれた後，0.04秒ごとにおもりの位置を記
　　　　録した結果です。

みはる：図11をみると，下の方向へは，どのおもりも糸とはなれてから同じ時間がたつと，同
　　　　じ距離（きょり）ずつ落ちていることがわかります。

先　　生：そうです。では，横の方向への動きについて何かわかることはありませんか。

とおる：横の方向へは，手からおもりをはなす角度によって進んだ距離が違います。

みはる：A，B，Cの位置のおもりが糸とはなれた後，横の方向へは，それぞれ，ほぼ一定の

図10

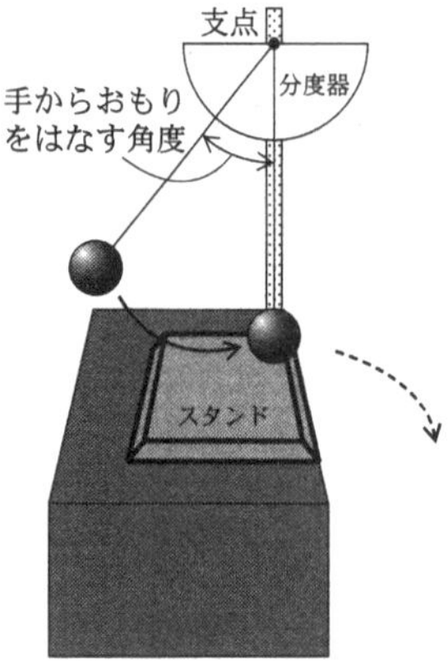

図11

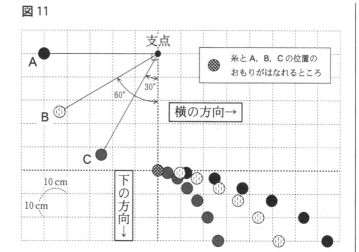

速さで進んだと考えられます。

先　生：そのとおりです。

みはる：では，Ａ，Ｂ，Ｃの位置のおもりが，支点の真下にきたときの速さはどのように求めるのですか。

先　生：おもりが支点の真下にきたときの速さは，糸からはなれたおもりの横の方向への速さと同じです。

とおる：そうすると，Ｂの位置のおもりが支点の真下にきたときの速さは，毎秒　コ　mですね。他のおもりも横の方向への速さを考えてみると，手からおもりをはなす角度と，おもりが支点の真下にきたときの速さとの関係は　サ　ということがいえると思います。

先　生：そのとおりです。では，ふりこの長さを変えると，おもりが支点の真下にきたときの速さはどうなると思いますか。ふりこの長さとおもりが支点の真下にきたときの速さとの関係について調べてみましょう。図12は，図10の装置で，ふりこの長さを半分にしたふりこを使い，Ｄの位置でおもりを止めてから静かに手をはなし，支点の真下で糸とおもりがはなれた後，0.04秒ごとにおもりの位置を記録したものです。図11のＡの位置から手をはなした実験の記録についても合わせて示しています。この結果から考えてみましょう。

図12

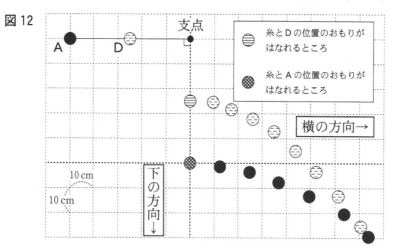

みはる：前のページの**図12**の記録を見ると，ふりこの長さとおもりが支点の真下にきたときの
速さとの関係は　 シ 　と考えられます。なぜなら　 ス 　からです。

先　生：そうですね。

(3)　次の①～③の問いに答えなさい。

①　みはるさんが下線部（19，20ページ）のように考えた理由を書きなさい。

②　 コ 　にあてはまる最も適当な数を，次の**あ～え**のうちから１つ選び，その記号を書きなさ
い。

　　あ　1.1　　**い**　1.7　　**う**　2.2　　**え**　3.1

③　 サ ， シ ， ス 　にあてはまる説明をそれぞれ書きなさい。

大切なことはメモしておこうネ！

平成30年度

千葉県立中学校入試問題（二次）

【適性検査2－1】 （45分）　　＜満点：100点＞

1　はづきさんとじゅんさんは，先生と，ものの燃え方とものの重さのはかり方について，話をしています。あとの(1)～(3)の問いに答えなさい。ただし，実験中に環境（かんきょう）の変化はないものとします。また，空気はちっ素と酸素だけからできているものとし，体積の比は，［ちっ素：酸素＝79：21］とします。

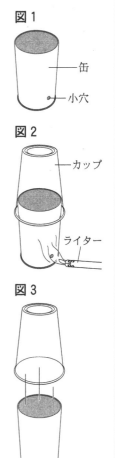

図1

缶
小穴

図2

カップ
ライター

図3

先　生：アルコールに火をつける実験をします。アルコールは火がつきやすく危険（きけん）なので十分気をつけてください。まず，アルミニウム製の缶（かん）のふたの部分を切り取り，側面の下の部分に小穴（こあな）をあけます（図1）。缶の中に液体のアルコールを少量入れ，透明（とうめい）なプラスチック製のカップを缶の上にかぶせます。缶とカップを合わせたものを「容器」とし，指で小穴をふさぎながら手で「容器」を温めます。アルコールにはたくさんの種類があり，今回使っているアルコールは，エタノールというものです。

はづき：先生，「容器」の中に入れたエタノールが見えなくなりました。エタノールが液体からすべて気体に変わったということですか？

先　生：そうです。では，「容器」の小穴に火を近づけてみましょう（図2）。

じゅん：あっ，カップがポンと音を立てて勢いよく飛び上がりました（図3）。

先　生：じつは，木や紙などの固体と同じように，気体も酸素を使って燃えるものがあります。気体のエタノールもその一つで，気体のエタノールが空気と混ざったものに火をつけると，ポンと音を立てて燃えることがあります。

はづき：つまり，「容器」の中にある液体のエタノールがすべて気体に変わり，火をつけたとき，「容器」の中にある酸素を使って燃えたのですね？

先　生：そうです。「容器」の中にある酸素をすべて使い，「容器」の中にある気体のエタノールがすべて燃えるように，液体のエタノールをはかって入れました。

じゅん：すべて使い，すべて燃えるとは，どういうことですか？

先　生：エタノールが燃える場合は，気体のエタノールの体積が22400cm³のとき，酸素の体積

が67200cm³必要です。このとき気体のエタノールは，酸素をすべて使い，すべて燃えるため，どちらの気体も残りません。

先　生：気体のエタノールが燃える場合，気体のエタノールの体積と燃えるために必要な酸素の体積の比はいつも同じです。その比を簡単（かんたん）にすると，気体のエタノール：酸素＝ あ ： い となります。このとき，気体のエタノールは，酸素をすべて使い，すべて燃えることになります。このため，気体のエタノール23400cm³を酸素67200cm³を使って燃やすと，気体のエタノールが多すぎるため，気体のエタノールが1000cm³残ってしまいます。また，気体のエタノール21400cm³を酸素67200cm³を使って燃やすと，気体のエタノールは残りませんが，酸素が う cm³残ってしまいます。

じゅん：なるほど，わかりました。

先　生：では，今回の実験で火をつけるとき（前のページの図2），「容器」の中にあった気体のうち，エタノールの体積の割合（わりあい）は何％だったのかわかりますか？

はづき：どのように求めればよいですか？

先　生：例えば，酸素21cm³をすべて使って燃えるための気体のエタノールの体積は，最小で何cm³なのかわかりますか？

じゅん： え cm³です。

先　生：そうです。これをヒントにして「容器」の中にあった気体のうち，エタノールの体積の割合は何％だったのか考えてください。「容器」の中には，空気と気体のエタノールが混ざっています。

はづき：それなら， お ％です。

先　生：そうです。では，図4を見てください。図4は，温度と気体のエタノールの体積の割合（エタノールが液体から気体になり，空気と混ざったときの最大の体積の割合）との関係を表したグラフです。例えば図4で25℃のとき，気体のエタノールの体積の割合は何％になりますか？

じゅん：最大で7.8％になります。

先　生：正解です。25℃のとき，気体全体の7.8％までエタノールは気体になることができます。では，今回の実験にあてはめて考えましょう。

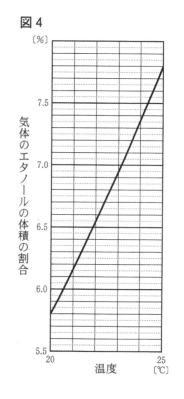

図4

(1)　次の①，②の問いに答えなさい。

①　 あ ～ お にあてはまる数をそれぞれ書きなさい。ただし，答えが小数の場合は，小数第3位を四捨五入（ししゃごにゅう）して小数第2位まで書きなさい。

②　下線部について，エタノールがすべて液体から気体に変わったのは何℃以上ですか，図4のグラフから読み取れる，最低の温度を整数で書きなさい。

次に，今回の実験で使ったエタノールの重さについて考えてみました。

先　生：実験で使った「容器」の中にある気体のエタノールの体積の割合がわかったところ
　　　　で，「容器」の中にどのくらいの液体のエタノールを入れたのか考えてみましょう。
　　　　まずは，気体のエタノールの体積を重さで表すことを考えます。気体のエタノール
　　　　22400cm³のとき，重さは46gです。体積と重さは，比例の関係になっています。では，
　　　　今回の実験で火をつけるとき（23ページの図2），「容器」の中には気体のエタノール
　　　　が何cm³あったのかわかりますか。ただし，「容器」の体積は500cm³〔mL〕で，空気と
　　　　気体に変化したエタノールが入っています。

はづき：　か　cm³だと思います。

先　生：よくできましたね。

じゅん：ところで，実験では，液体のエタノールがすべて気体に変わりましたが，エタノール
　　　　が液体から気体になるときと，気体から液体になるときでは，重さは変わりますか？

先　生：気体が「容器」の外にもれなければ，全体の重さは変わりません。ですから，今回の
　　　　実験でも液体と気体のエタノールの重さは同じと考えてください。では，「容器」に液
　　　　体のエタノールを何g入れたのかわかりますか。

はづき：　き　gだと思います。

先　生：よくできましたね。エタノールは少ない量でも，火が近くにあると燃えてしまいま
　　　　す。危険なので，取り扱いには注意しましょう。

(2)　次の①，②の問いに答えなさい。

①　　か　にあてはまる数を書きなさい。ただし，答えが小数の場合は，小数第2位を四捨五入し
　　て小数第1位まで書きなさい。

②　　き　にあてはまる数を書きなさい。ただし，答えが小数の場合は，小数第3位を四捨五入し
　　て小数第2位まで書きなさい。

じゅん：今回の実験でもエタノールの重さをはかりましたが，重さをはかるときは，実験室に
　　　　あるような電子てんびんを使わなければはかることができませんよね。

先　生：くふうすれば，小数第1位の重さ〔g〕まで，はかれるてんびんを組み立てることが
　　　　できます。一緒に組み立ててみましょう。用意する材料は次のとおりです。

　　　＜材料＞　牛乳パック，長さ40cmの棒，竹ぐし，糸，目玉クリップ，
　　　　　　　　入れ物（プリンのカップなど），1円玉

先　生：長さ40cmの棒には1cmごとに目盛りをつけておいてください。

＜装置の組み立て＞

はづき：教えてもらったとおりに，次のページの図5のように装置を組み立てました。

先　生：よくできましたね。長さ40cmの棒のまん中を支点として，目玉クリップでとめている
　　　　ので，支点から左右20cmのところに入れ物を固定してつるしたときには，つり合って
　　　　います。今回は，左側の入れ物に，はかりたいものを入れて，右側の入れ物に1円玉

を入れることで，重さをはかります。

じゅん：１円玉を入れ物に入れていくだけで
は，１円玉１枚は１ｇだから１ｇごと
としかはかれないのではないですか？

先　生：良いところに気がつきましたね。そこ
で，少しくふうします。１円玉２枚を
糸で結んだもの（**図６**）を棒につるし
てバランスをとり，その位置の目盛り
を読み取ることで，小数第１位の重さ
〔ｇ〕まで，はかることができるように
なります。ただし，入れ物の重さは左
右同じものとし，糸の重さは考えない
こととします。

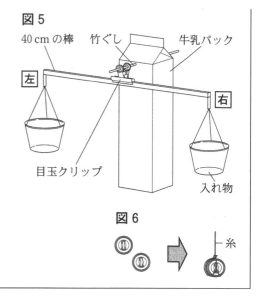

図５

40 cm の棒　竹ぐし　牛乳パック
左
右
目玉クリップ
入れ物

図６

糸

(3) 次の①，②の問いに答えなさい。

① **図７**のように，はかりたいものが5.9ｇ
のとき，１円玉を何枚使えばよいか，
書きなさい。ただし，１円玉は何枚
使ってもかまわないが，最も少ない枚
数にすること。また，１円玉と，１円
玉２枚を糸で結んだものをどのように
使えば重さをはかることができるのか，
そのはかり方も具体的に書きなさい。

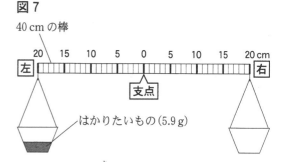

図７

40 cm の棒

20 15 10 5 0 5 10 15 20 cm
左
右
支点
はかりたいもの(5.9 g)

② この装置を組み立てるときに使った材料を他のものに取り替えず，くふうすることで，小数
第２位の重さ〔ｇ〕まで，重さをはかることができます。どの材料をどのようにくふうすれば
よいか，書きなさい。また，はかりたいものが10.01ｇのとき，１円玉と，１円玉２枚を糸で結
んだものをどのように使えば重さをはかることができるのか，そのはかり方も具体的に書きな
さい。ただし，１円玉は最も少ない枚数でなくてもかまわないものとします。

2 学級委員長のまさやさんは，「球技大会」について，学級会で提案しました。あとの(1)，(2)の問
いに答えなさい。

まさや：来週の学級活動の時間に，「球技大会」をやろうと思いますが，ₐサッカーはどうで
しょうか。

かおり：バスケットボールにしよう。私は，バスケットボールが得意だから。

まさや：でも，サッカーの方が男女一緒にできると思うのですが……。

ゆうか：男女一緒にやるなら，ドッジボールはどうかしら。

はると：ぼくは，卓球がやりたいな。卓球だったら，雨が降ってもできるよ。

まさや：みんな，ちょっと待ってください。

> このあと，班ごとに話し合ったらどうかという意見が出たので，班ごとに話し合いを進めることにしました。その後……

まさや：班の話し合いをやめてください。

かおり：ₐえっ？もう終わり？まだ私の班は意見がまとまっていないのに……。

まさや：意見がまとまった班は，発表してください。

ゆうか：2班は，ドッジボールがよいということになりました。

たくや：6班も同じ意見です。

まさや：それ以外の班は，意見がまとまらなかったのですね。
　　　　では，ドッジボールに決定します。

はると：cえっ？2つの班の意見だけで決めてしまうの？

> 学級のみんなから不満が出たので，まさやさんは考え直し，ₒドッジボールをすることに賛成，または反対の多数決をとり，なんとか種目を決定することができました。

《翌日（よくじつ）》

> 先　生：昨日の学級会を振（ふ）り返ると，時間内で種目まで決められたことは，良かったと思います。学級をまとめることは難（むずか）しいことです。でも，話し合いを行うにあたり，最初に球技大会を行う　ア　を伝える必要がありましたね。
>
> まさや：はい。そうすれば，もっとスムーズに話し合いを進められました。先生，リーダーにはどんな力が必要なのか，考えてみたいのですが……。
>
> 先　生：それなら，参考になる資料イ～エがあります。「リーダーとして，仕事をする上で，気をつけていることは何か。」を3人の方々にたずねたものです。

資料

> イ　テレビ局のプロデューサーの話
> 　多くの人に見てもらえる良い番組を作るためには，たくさんのスタッフの力が必要です。その力を1つにまとめるのが，私の仕事です。内容を考える係，出演依頼（いらい）をする係，安全・安心な番組であるかをチェックする係など，それぞれの係の仕事を　a　して番組を作りあげます。

> ウ　大工（だいく）の親方（おやかた）の話
> 　大工の親方は，現場で指示を出し，家を建てればよいわけではありません。毎日の天気やその日の仕事の進み具合を考えて，材料の入荷（にゅうか）や建築の計画をします。準備が不十分だと，安全面や仕上がりなどに，悪い影響（えいきょう）がでることがあるからです。

> エ　ホテルの経営者の話
> 　お客様にどうしたら心ゆくまで満足していただけるか，常に新しいアイディアを生み出していく力が要求されます。そのため，お客様アンケートに書かれた意見や従業員（じゅうぎょういん）の声を柔軟（じゅうなん）に取り入れるなどして，ホテルに関わるすべてのみなさんに喜んでいただけるよう努力しています。

(1)　│ ア │に入る言葉を書きなさい。

(2)　まさやさんは，昨日の学級会を振り返ることにしました。その際，会話文の下線部A～Dの場面において，参考にする前のページの**資料イ～エ**で必要とする力を１つずつあてはめ，下の**表**のようにまとめてみることにしました。次の①～③の問いに答えなさい。

表

下線部	参考にする資料	必要とする力	改善方法（かいぜん）
A	イ	│ a │力	やりたいと思う種目を聞いて，それぞれの意見を尊重（そんちょう）しながら，より良い結論（けつろん）へと導く。
B・C	ウ	段取り（だんど）をする力	下線部B・Cのような不満が出ないようにするためには，│ b │
D	エ	発想力	│ c │

①　**資料イ**と表の│ a │には，同じ言葉が入ります。その言葉を書きなさい。

②　表の│ b │に入る具体的な改善方法を書きなさい。

③　下線部Dのまさやさんがとった方法ではなく，学級の多くの人から理解を得て，種目を決めるには，あなたならどのように話し合いを進め，決定しますか。表の│ c │に入る方法を書きなさい。

3　ひろきさんとゆりなさんは，先生とサイコロについて話をしています。サイコロは，**図1**のサイコロを使い，向かい合う面の目の数をたすと7になることとします。あとの(1)～(3)の問いに答えなさい。

図1

先　生：**図2**のようにサイコロを辺にそって切り開き，サイコロの目のかいてある外側の面が下を向くように置きます。切り開いた上を向いている面には，それぞれのマス目で表と裏（うら）が同じサイコロの目になるように数字を書きました。残りのマス目の数字はそれぞれいくつかわかりますか。

図2

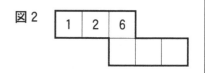

ひろき：はい，ₐ残りのマス目に数字を書くとこうなります。

先　生：そうです。次は，サイコロを切り開いたものを立方体の展開図（てんかいず）として考えます。

ゆりな：たくさんできそうね。回したり，裏返したりしてぴったり重なる展開図は同じ種類として考えると，全部で11種類考えられました（**図3**（次ページ））。

先　生：全部で11種類というのは正解ですが，その中の│ ア │と│ イ │の展開図では立方体になりませんね。

ゆりな：間違え（まちが）ました。その2つの展開図を♭これらの展開図にかえます。

先　生：そうですね。これで立方体の展開図はすべて見つけることができました。

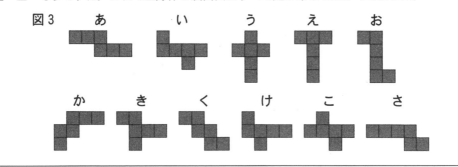

(1)　次の①～③の問いに答えなさい。

　①　下線部 a について，残りのマス目にあてはまる数字を解答らんに書き，完成させなさい。

　②　 ア ， イ にあてはまる展開図を図3の あ～さ のうちから1つずつ選び，その記号をそれぞれ書きなさい。

　③　下線部 b を解答らんの 例 にならって2つかきなさい。

次に，サイコロをすべらないように転がしました。

先　生：サイコロの通り道には，サイコロの1つの面と同じ大きさのマス目と転がす方向を示す矢印がかいてあります。その通り道のマス目には，接したサイコロの目の数を書いていきます。図4は，サイコロをスタートから3マス目まで転がした図です。サイコロのス

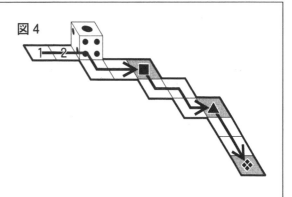

タートとなる1マス目に置いたときに1の目が接していたので1，次に転がしたら2の目が接していたので2と書きました。では，引き続きサイコロを転がしたとき，■，▲，❖のマス目に書かれる数字はいくつになるかわかりますか。

ひろき：マス目の数字を見ていくと，先ほどの展開図（図2）に表した数字と同じ数字が同じ位置に入りそうです。だから，図4の■には， ウ が入ります。

ゆりな：サイコロの通り道に，マス目にそった展開図を重ねて考えることで，その位置の数字を見つけることもできそうね。▲についても重なる展開図を見つけて数字を途中まで入れてみました（図5）。転がす方向も考えて，展開図の2つの数字は，前後の展開図で重ねています。立方体にするときには，展開図の数字は内側を向いて立方体がつくられるということから考えると，▲には エ が入ることがわかるわ。

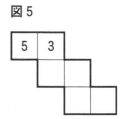

ひろき：図6のように展開図の一部を使って考えると，❖ に
　　　　は オ が入ります。

先　生：2人ともよくできました。展開図をもとにしたおも
　　　　しろい考え方ですね。

図6

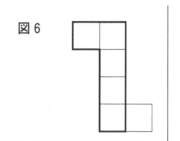

(2)　 ウ ～ オ にあてはまる数字をそれぞれ書きなさい。

次に，大きさが異（こと）なる3つの立方体を用意しました。

先　生：Aは1辺の長さが3cmのサイコロ
　　　　で，B，Cは，それぞれ1辺の長さ
　　　　が6cm，9cmの立方体です。3つの
　　　　立方体を図7のように重ねます。こ
　　　　のとき，Aが置かれている位置を1
　　　　マス目としてBとCの立方体の表面
　　　　をすべらないように◎まで転がしま
　　　　す。BとCの立方体にはサイコロの
　　　　通り道がわかりやすいように，マス
　　　　目と矢印をかきました。先ほどと同
　　　　じように，サイコロの通り道である
　　　　マス目には，接したサイコロの目の
　　　　数を書いていきます。途中の5と1
　　　　は，ヒントとして先に書いておきま
　　　　した。では，Aが置かれている1マ
　　　　ス目から◎まで書かれた数の合計は
　　　　いくつになるかわかりますか。

図7

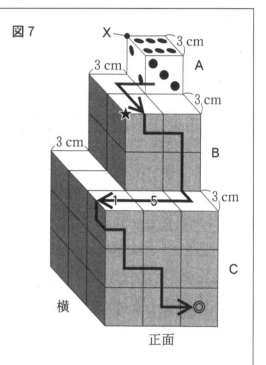

横

正面

ゆりな：サイコロの通り道を展開図のようにして考えられないかしら。

ひろき：わかった。書かれた数の合計は カ です。

先　生：そうです。では最後に，サイコロを転がしたときの頂点（ちょうてん）Xが動いた長さについて考え
　　　　てみましょう。

ひろき：図7の★の位置で，サイコロが転がるときの頂点
　　　　Xの動きについて教えてください。

先　生：図8は，図7を横から見た図の一部で，サイコロ
　　　　を2マス目から4マス目まで転がしたときの頂
　　　　点Xの動き（X₁→X₂→X₃）を図にしたものです。

ひろき：頂点Xの動きを見ると，円の一部のように動いて
　　　　います。サイコロの1つの面は正方形なので，正

図8

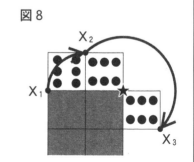

　　　　　方形の１辺を円の半径として考えた場合と，正方形の対角線を円の半径として考えた

　　　　　場合の２種類の動きが見えます。また，**図８**では，サイコロを３マス目から４マス目

　　　　　まで転がしたとき，サイコロは★の位置を中心にして　キ　度回転しています。

先　　生：そうです。頂点も同じように動いています。２種類の円の半径について90度回転を何

　　　　　回分しているのか，ということに注目することで考えやすくなります。

ゆりな：そうすると，**図７**のとおりＡが置かれている１マス目からサイコロの通り道を通り，

　　　　　◎まで転がしたとき，正方形の１辺を円の半径として考えた場合の90度回転は

　　　　　　ク　回分，正方形の対角線を円の半径として考えた場合の90度回転は　ケ　回

　　　　　分と考えることができます。

先　　生：そうです。では，それを使って考えると，頂点Ｘが動いた長

　　　　　さは何㎝になるかわかりますか。ただし，**図９**のように１辺

　　　　　の長さが１㎝の正方形の対角線の長さは1.41㎝，さらに，円

　　　　　周率は3.14として考えてください。

図９

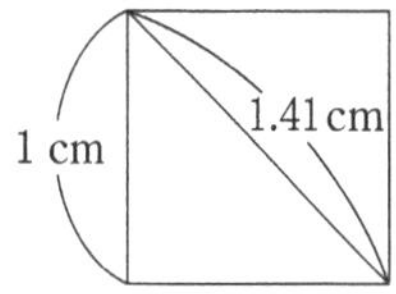

1 cm　1.41 cm

ゆりな：動いた長さを求める式は　コ　になります。

ひろき：動いた長さは　サ　㎝になります。

先　　生：そうです。２人ともよくできましたね。

(3)　次の①～③の問いに答えなさい。

①　　カ　～　ケ　にあてはまる数をそれぞれ書きなさい。

②　　コ　にあてはまる式を書きなさい。

③　　サ　にあてはまる数を書きなさい。ただし，答えが小数の場合は，小数第２位を四捨五入し

　　して小数第１位まで書きなさい。

るい人生観が込められている。

（NHKスペシャル取材班
『生命の未来を変えた男　山中伸弥・iPS細胞革命』より）

※1　固唾をのむ……じっと成り行きを見守るようす。
※2　言及……話題にすること。
※3　ブレイクスルー……大発見。
※4　知見……実際に見たり聞いたりして得た知識。
※5　コスト……費用。
※6　砦……外敵の攻撃を防ぐための建造物。
※7　駿馬……足の速い、強くてすぐれた馬のこと。
※8　一喜一憂……物事の状況が変わるたびに喜んだり心配したりすること。
※9　楽観的……うまくいくと考え、くよくよしないようす。

(1) 筆者の松永さんは、山中教授がノーベル賞をとることで、若い研究者にどのような影響があることを期待しているか、書きなさい。

(2) 山中教授が、淡々と努力することの大切さを繰り返し語るようになったのは、どのような経験にもとづいていると考えられますか。「人間万事塞翁が馬」という言葉の意味と、iPS細胞研究の歩みを関連させながら、文章中の言葉を用いて書きなさい。

三　問題一の聞き取りの内容と、問題二の文章の内容から、次の(1)、(2)の問いに答えなさい。

(1) 次の①に合う内容を、問題二の文章中の言葉を用いて書きなさい。

聞き取りの中で、宮下先生は「人間、生まれてきたからには役割がある。」と語っていた。この言葉をふまえると、山中教授は、iPS細胞を医療へ応用して、（　①　）という人間共通の役割を果たそうとしている、と読み取ることができる。

(2) (1)で答えたことに対して、あなたはどのようなことに取り組みたいですか。また、そう考えるきっかけになった経験（見たり聞いたりしたことを含む）はどのようなものですか。さらに、それを実現するためにどのような努力をしていきたいですか。次の(注意事項)にしたがって、三百字以上、三百四十字以内で書きなさい。

(注意事項)
ア　ます目の中には、題名、氏名は書かずに、本文から書き始めること。
イ　三段落の構成とし、一段落目には、(1)で答えたことに対して、あなたが取り組みたい内容について、二段落目には、そう考えるきっかけになった経験について、三段落目には、それを実現するための努力について、それぞれ具体的に書くこと。
ウ　原稿用紙の適切な使い方にしたがって書くこと。
エ　文字やかなづかいなどを正しくていねいに書き、漢字を適切に使うこと。

二 次の文章は、世界で初めてiPS細胞を発見した山中伸弥教授について、二〇一二年にノーベル生理学・医学賞を受賞する前のことを、松永道隆さんが書いたものです。iPS細胞には、人間が病気やけがで失った体の一部を再生する「再生医療」での活用に大きな期待がかかっています。これを読んで、あとの(1)、(2)の問いに答えなさい。

毎年一〇月上旬はノーベル賞週間である。ノーベル賞受賞者たちが次々と発表される。

二〇一〇年の発表で、山中教授は現地のメディアにもノーベル生理学・医学賞の最有力候補として挙げられていた。京都大学には各メディアが押しかけ、一〇〇人以上の記者やカメラマンが※1固唾をのんで発表を待ち構えていた。

こうした状況は毎年続くことになるだろう。科学に詳しくない人にも「ノーベル賞級の発見だ」といえばそのすごさを理解してくれる。

当初は「ノーベル賞級」に疑問を唱える声も聞かれた。しかし、今はそれを疑う人はいない。多くの賞を受賞し、あとはノーベル賞だけと指摘する人も少なくない。

山中教授はノーベル賞について※2言及を避けることが多い。ゴールは医療への応用なので、ノーベル賞は栄誉ではあるが、それがゴールだとは思いたくないし、思われたくないのだろう。しかし、仮にノーベル賞を受賞したとすれば、この分野の若い研究者にとって励みになる。

一方で、ノーベル賞をとろうが、とるまいが、iPS細胞の意味づけは変わらない。iPS細胞はまさに※3ブレイクスルーという言葉に値する発見だった。大きな壁を突き破って、新しい世界が見えてきたのだから。

研究の世界では「いい基礎研究は、いい応用につながる」という言葉がある。今後、iPS細胞を通して培ってきた※4知見は必ずや人類の役に立つだろう。

また、山中教授の研究者としての歩みを見れば、日本の研究者や研究機関を巡る課題も自然と見えてくる。徐々に改善が図られてきているとはいえ、まだまだ、課題は多い。

ノーベル賞を巡る騒動で覆い隠されることなく、若い研究者が失敗を恐れずにチャレンジできる環境を整えるために使われる※5コストは、決して無駄にはならないはずだ。

山中教授は自分の人生を振り返りながら若い高校生や研究者にメッセージを発している。

その中で大切な言葉として紹介しているものがある。「人間万事塞翁が馬」という中国の故事だ。昔、中国の北方にある※6砦の近くに住む老人の馬が逃げたが、※7駿馬を率いて戻ってきた。喜んでその馬に乗った息子は落馬して足を折ってしまった。しかし、そのために戦士とならずに命を長らえることができたという。人生は良い事や、悪い事の予測ができないことのたとえとされている。

山中教授は良い事にも悪い事にも※8一喜一憂せず、淡々と努力することの大切さを繰り返し語っている。そこには※9楽観的で明

ない。

「ここまで、ええか？」

宮下先生が、緊張を解くためにそう言葉を繋いだ瞬間、長森が手を挙げた。

宮下先生は一瞬意外そうな顔をして、すぐに微笑んだ。先生にとっては言葉を繋いだだけだったのに、転校生が手を挙げたことに面食らったのだろう。

ぼくも驚いた。

彼女が授業で手を挙げたのは、ぼくが知る限りこれが最初だった。

「どうした、長森？」

「先生の役割は何ですか？」

「おお～」

クラス全体からどよめきが起こった。そのどよめきにはぼくも参加している。

いきなりにして大胆な質問。転校生でなければなし得ない、いつもとは違う展開。

いい緊張感だった。

「人間は本気になれば、とてつもなく大きなことを成し遂げられる存在だ。

じゃけど、ほとんどの人は『どうせ自分には無理だ』と思ってる。

自分の心にブレーキをかけているのは自分自身だってことに気づいてない。

俺の役割は、俺が出会うすべての生徒の心のブレーキを外すことや。

おまえたちは何だってできる」

「おお～」

さらなるどよめきが起こった。

彼女は宮下先生の顔を見つめて大きくうなずいた。大きく見開かれた目が潤んでいる。

感動した様子が見てとれる。

「納得したようやな。じゃあ、まさに自分の役割を果たし人生を終えたひとりの人間の話から始めよう。坂本竜馬じゃ。そのためには、まず嘉永六年のあの話からせないかん……」

（喜多川泰『スタートライン』より）

─

以上で放送を終わります。それでは、問題用紙を開き、全ての問題に答えなさい。

放送で聞いた内容から、次の(1)、(2)の問いに答えなさい。（解答用紙に人物名を書く場合は、ひらがなで書いてもかまいません。）

(1) クラス全体から「おお」とどよめきが起こった場面が二回ありました。それぞれのどよめきは、誰がどうしたことに対して、どのような気持ちから起こったものか、違いがわかるように、具体的に書きなさい。

(2) 宮下先生が話していた「生徒の心のブレーキを外すこと」とは、どのようなことを表しているか、具体的に書きなさい。

【適性検査二ー二】　（四五分）　〈満点：一〇〇点〉

【注意】　放送で指示があるまでは、開かないこと。その他、すべて放送の指示にしたがいなさい。

（放送台本）

これから、適性検査2ー2を始めます。外側の用紙が解答用紙です。内側に問題用紙があります。内側の問題用紙は、指示があるまで開いてはいけません。

それでは、外側の解答用紙を開き、受検番号と氏名を書きなさい。

（20秒後）　書き終わったら元通り問題用紙を挟んで閉じなさい。

（5秒後）　最初は、放送を聞いて問題に答える検査です。それでは、解答用紙を裏返して「メモらん」と書いてある面を上にしなさい。（3秒後）「メモらん」にメモを取ってもかまいません。

（5秒後）　これから、喜多川泰（きたがわやすし）さんが書いた「スタートライン」という作品の一部を朗読します。主な登場人物は、「宮下先生」、転校してきた女子生徒の「長森」さん、語り手の「ぼく」の3人です。この場面は、宮下先生が歴史の授業を始めるところです。宮下先生や長森さんの言葉とクラスの様子に注意しながら聞きなさい。なお、朗読は1回だけです。それでは、朗読を始めます。

（3秒後）

チャイムが鳴り、宮下先生が入ってきた。同時に、学級委員が号令をかける。

「起立。気をつけ。礼。着席」

みんなが座り終わって、イスと床がぶつかる教室独特の音がやむのを待ってから、十分に間をとって宮下先生は話しはじめた。

「人間、生まれてきたからには役割がある。ぼくはそう思ってる」

いつもながら唐突な入りだ。

ふつうの先生にありがちな、「え～、今日から新学期ですが……」とか「さて、今日から江戸時代をやります」なんて言葉で授業を始めないのが宮下流だ。

チラッと長森のほうを見ると、彼女はちょっと吹き出したように笑い、ぼくに向かって目を丸くして見せた。でも、すぐに前を向き、食い入るように宮下先生の話を聞いている。

「君らが生きるということは、その役割を果たすということや。君らが生まれてきた役割を果たしていくことや。

これからいっしょに、この国に生まれ、役割を果たして去っていった数々の偉人たちの人生を見つめていこう。

歴史を学ぶひとつの良さは、人間は自分の役割を果たすために生まれてきた

ということを信じるに値する事例がたくさんあることなんや」

宮下先生はひとりひとりと目を合わせると、満足げに微笑んだ。

全員が顔を上げてひとつになる。

水を打ったような静けさ。

この雰囲気は、ぼくが知っている限り宮下先生にしかつくり出せ

平成29年度

千葉県立中学校入試問題（一次）

【適性検査１－１】（45分） ＜満点：100点＞

1 ももさんは，４年後に行われる「東京オリンピック・パラリンピック」を前に，千葉県の良さについて家族で話し始めました。あとの(1)～(7)の問いに答えなさい。

もも：2020年の「東京オリンピック・パラリンピック」では，千葉県でも競技が行われる予定よね。

母 ：そうよ，外国の人たちがたくさん来るでしょうから，千葉県の良さを紹介できるようにしておくといいわね。

もも：千葉県は，いろいろな産業が盛んだけれど，今回は，特に農業について調べてみようと思うの。農産物に注目すると，「平成26年千葉県の主な農産物の農業産出額※1に基づく全国順位」（資料１）で，らっかせいの「全国にしめる割合」※2は，86％にもなるのね。また，　あ　の「全国にしめる割合」を小数で表すと0.3になるわ。さらに，らっかせいの千葉県の農業産出額と「全国にしめる割合」を使って計算すれば，全国のらっかせいの農業産出額が約　い　億円だということがわかるわ。

父 ：農業産出額についてほかに気づくことはある？

もも：資料１の中では，農業産出額が最も大きい品目※3と２番目に大きい品目は，両方とも「畜産」に分類されるわ。この２つの品目の合計金額は，資料２（次ページ）の農業産出額をもとに計算すると，平成26年の千葉県の「畜産」の農業産出額の約　う　％になることがわかるわ。

※1 農業産出額：農業により生産された農産物を金額として表したもの。

※2 全国にしめる割合：千葉県の農業産出額 ÷ 全国の農業産出額の商を百分率で表したもの。

※3 品目：品物の種類。この場合は，農産物の名前をさす。

資料１ 平成26年千葉県の主な農産物の農業産出額に基づく全国順位（一部）

全国１位

なし※	らっかせい	えだまめ	かぶ	さやいんげん
139億円	79億円	49億円	44億円	36億円
18％	86％	14％	30％	15％

品目・数の見方

品目
農業産出額
全国にしめる割合

※なし：西洋なしはふくまない。

全国２位

たまご※	さつまいも	ねぎ	ほうれんそう	だいこん
368億円	181億円	170億円	133億円	116億円
7％	19％	12％	13％	12％

※たまご：にわとりが産んだ食用のたまご。

全国３位

ぶた	キャベツ	さといも	やまのいも※	しょうが
478億円	108億円	48億円	41億円	19億円
8％	11％	12％	9％	9％

※やまのいも：長いも，やまといもなど。

（千葉県ホームページ「千葉県農林水産業の動向 平成28年度版」より作成）

もも：千葉県の農業についてもっと知りたいな。

父　：それなら次の**資料2～資料4**を見てごらん。

資料2　千葉県の農業産出額（種類別）の変化

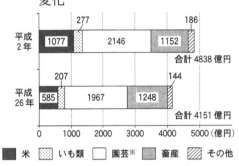

平成2年
1077　277　2146　1152　186
合計4838億円

平成26年
585　207　1967　1248　144
合計4151億円

0　1000　2000　3000　4000　5000（億円）

■ 米　▨ いも類　□ 園芸※　▨ 畜産　▧ その他

※園芸：野菜（いも類をふくまない。），くだもの，花など。

資料3　平成26年農業産出額の全国順位（上位5位）

全国順位	道県名	農業産出額
1位	北海道	11110億円
2位	茨城（いばらき）県	4292億円
3位	鹿児島（かごしま）県	4263億円
4位	千葉県	4151億円
5位	宮崎（みやざき）県	3326億円

関東地方合計	16251億円
全国合計	84279億円

資料4　平成26年全国の農業産出額（種類別）

14370　2078　33486　29912　4433
合計84279億円

0　10000　20000　30000　40000　50000　60000　70000　80000　90000（億円）

■ 米　▨ いも類　□ 園芸　▨ 畜産　▧ その他

（資料2～資料4　農林水産省ホームページ「生産農業所得統計」より作成）

(1)　**あ**　にあてはまる品目を書きなさい。また，**い**，**う**　には，あてはまる数を，小数第1位を四捨五入して，それぞれ整数で書きなさい。

(2)　**資料2～資料4**からわかる内容として正しいものを，次の**ア～エ**のうちから1つ選び，その記号を書きなさい。

　ア　平成26年の関東地方の農業産出額にしめる千葉県の農業産出額の割合は，20％未満である。

　イ　平成26年の全国の農業産出額にしめる「いも類」の割合は，平成26年の千葉県の農業産出額にしめる「いも類」の割合よりも大きい。

　ウ　平成26年の千葉県の農業産出額にしめる「畜産」の割合は，平成2年の農業産出額にしめる「畜産」の割合よりも大きい。

　エ　平成26年の千葉県の「米」，「いも類」，「畜産」の農業産出額の合計は，平成26年の千葉県の「園芸」の農業産出額よりも小さい。

父　：千葉県は農産物の質にもこだわっていることを知っているかな？『ちばエコ農産物』として千葉県が認めている作物はいくつもあるんだよ。お店で買う時には，このマーク（**図**）が目印だよ。

母　：たしか，にんじんや米などの袋には，このマークがついてい

図

『ちばエコ農産物』の認証マーク

たわ。「『ちばエコ農産物』として認められるための５つのポイント」（資料５）を満たした作物なのね。

父　：そうだね。さらに，「『ちばエコ農産物』のさいばいについての情報（一部）」（資料６）や「『ちばエコ農産物』を作る生産者の声」（資料７）が，インターネットで公開されているよ。

もも：外国から来る人たちにも，ぜひ『ちばエコ農産物』を食べてもらいたいわ。

資料５　『ちばエコ農産物』として認められるための５つのポイント

1　化学合成農薬※1と化学肥料※2が通常の半分以下の使用量でさいばいされること。 2　農薬の種類や使用した時期などがしっかり記録されること。 3　農薬や化学肥料の使用基準などを守り，計画どおり作られること（さいばい前，しゅうかく前の２回しんさがある。）。 4　さいばい方法などについて，実際に，田畑で県の職員により確認されること。 5　『ちばエコ農産物』の袋などに記されている番号から，消費者がさいばい情報をインターネットで確認できるようにすること。

　　　※1　化学合成農薬：石油などを原料にして作る農薬。　※2　化学肥料：石油などを原料にして作る肥料。

資料６　『ちばエコ農産物』のさいばいについての情報（一部）

農産物の袋などに記されている番号（インターネットの検さくで生産者を特定できる）	産　地	生産者名	品　目	種をまいた日	しゅうかくを始めた日	しゅうかくを終えた日	？	？
01A151XXXX	千葉市	千葉太郎	レタス	1月7日	4月17日	5月15日		

資料７　『ちばエコ農産物』を作る生産者の声

Aさん：『ちばエコ農産物』は「作って　え　，食べて安心」です。 Bさん：おいしさと　え　性を求め，これからも努力します。 Cさん：安心，　え　でおいしい農産物を提供することに，自信と責任をもっています。

　　　　　　　　　　　　（資料５～資料７　千葉県ホームページ「ちばエコ農業情報ステーション」より作成）

(3)　次の①，②の問いに答えなさい。

　①　資料６は『ちばエコ農産物』のさいばいについての情報の一部です。かくされている部分（？）にはどのような情報があてはまるか，資料5，資料６をふまえて，次のア～オのうちから２つ選び，その記号を書きなさい。

　　ア　店では，農産物をどのように並べているか。

　　イ　どのような農薬をどれくらい使用したか。

　　ウ　この農家では，ほかにどのような農産物を作っているか。

　　エ　どのような肥料をどれくらい使用したか。

　　オ　どのように保存すると農産物が長持ちするか。

　②　資料７の　え　に共通して入る言葉を，資料5をふまえて，漢字２字で書きなさい。

もも：あれ？『ちばエコ農産物』と言えば，うちで飲んでいるお茶もそうじゃない？

　母：そうね。昔，千葉県はお茶の産地として有名だったし，今でも作られているのよ。ところで，うちでは，よく「茶葉から入れたお茶」※1 を飲むけれど，ほかの人たちはどうなのかしら？

　父：**資料8**は茶葉から入れたお茶を1日にどれくらい飲むか，20才以上の人たちに調査した結果だよ。何か気づくことはある？

もも：2つのことがわかるわ。1つ目は，「湯のみ茶わん1ぱい程度」飲む人の割合は，年代※2が　お　ほど大きくなっていること。2つ目は，「湯のみ茶わん5はい程度」飲む人の割合と「湯のみ茶わん5はい以上」飲む人の割合の合計は，年代が　か　ほど大きくなっていることよ。

　　※1　茶葉から入れたお茶：茶葉を急須（取っ手とそそぎ口のついた道具）などに入れ，そこにお湯をそそいで入れるお茶。

　　※2　年代：同じ年ごろの人々。

資料8　茶葉から入れたお茶を飲む1日の平均量(年代別)

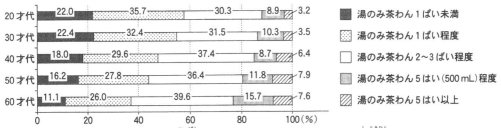

（公益財団法人たばこ総合研究センター，一般財団法人日本総合研究所の共同研究「『嗜好品利用実態調査』結果」2014年8月より作成。ただし，四捨五入の関係で合計が100％にならない場合がある。）

(4)　お，か　に入る言葉を，**資料8**をふまえて，それぞれ5字以内で書きなさい。

　母：ところで，お茶はいつごろから日本で飲まれるようになったのかしら？

　父：鎌倉時代に栄西というお坊さんが書いた「喫茶養生記」（**資料9**）以降，日本でお茶が広まったそうだよ。

もも：この**資料9**を読むと，栄西は，お茶を　き　として考えていたことがわかるわ。

資料9　「喫茶養生記」（一部）

- ・茶は体が弱ったときや，気持ちが落ちこんでいるときに気持ちを強くする。
- ・茶はのどのかわきをなくし，胃腸の調子をよくする。
- ・茶は精神を整え，体のつかれをとる。

（静岡県公立大学法人静岡県立大学ホームページ「日本茶の魅力と今後の方向」より作成）

(5)　き　に入る言葉を，**資料9**をふまえて，漢字1字で書きなさい。

　ももさんは，茶道体験教室で習ったことをもとに，総合的な学習の時間に，日常生活に生かせることについて，まとめをするところです。

先生：茶道体験教室では，どのようなことを習いましたか。

もも：はい，習ったことは次のページの**資料10**のとおりです。茶道は「作法」という約束ごとが多

くありましたが，どれも生活に役立つことで，勉強になりました。

資料10 茶道体験教室で習ったこと

A 茶道は，礼に始まり，礼に終わる。親しい相手であっても，たがいの顔を見て，おじぎをすることで区切りをつける。 	B 床の間（とこのま）にある花，お茶を飲む前にいただくお菓子，道具などは，できるだけ季節に合ったものを使う。 	C おじぎをするとき，ふすまを開けるとき，茶わんを持つときなどは指先をそろえる。 
D 茶室は，余分なものを置かないことがよいとされている。小さいものは，畳2枚半くらいのものもある。 	E 茶道では，茶わんを両手でしっかり持ったり，片手を軽くそえて持ったりする。 	F お茶をいただくときは，次の人には「お先に」，また，お茶を出してくれた人には「ちょうだいします」と言う。 

先生：茶道の作法は，わたしたちの日常生活に生かせる大事なことがたくさんありそうですね。どのように生かせるか，まとめてみましょう。

　　　まず，「茶道体験教室で習ったこと」（**資料10**）をもとに，**表**の「日常生活に生かせる精神」を考えて，書いてください。次に，**資料10**のどの内容（**A～F**）から，「日常生活に生かせる精神」を考えたのか，**表**の「茶道体験教室で習ったこと」に記入しましょう。

　　　さらに，「日常生活に生かせる精神」をもとに「日常生活に生かせる具体的な行動」を記入しましょう。「茶道体験教室で習ったこと」（**資料10**）以外の内容を書いてもいいですよ。

表　日常生活に生かせる精神や具体的な行動

	日常生活に生かせる精神	茶道体験教室で習ったこと（A～F）	日常生活に生かせる具体的な行動
1	礼儀正しくするなど， 　　　く　　　。	A，C，F	目上の人には，ていねいな言葉づかいをする。
2	ものを大切にあつかうなど，感謝の心をもつ。	け	し
3	季節感を味わうなど，心にゆとりをもつ。	こ	す
4	必要最小限のものを使うなど，かざり過ぎない。	さ	せ

(6) 次の①，②の問いに答えなさい。

　① 表の く に入る言葉を，**資料10**の A，C，F をふまえて，書きなさい。

　② 表の け ～ さ にあてはまる記号を，**資料10**の B，D，E のうちから最も適当なものを選び，それぞれ書きなさい。ただし，同じ記号を２回以上使わないこと。また，し ～ せ に入る「日常生活に生かせる具体的な行動」をそれぞれ考えて書きなさい。なお，「茶道体験教室で習ったこと」（**資料10**）以外の内容を書いてもよい。

先生：よくまとめられていますね。**表**の内容は，□ そ □ ために必要なことですね。

もも：はい。今日学んだ日本文化のいろいろな良いところを外国の人たちにも伝えられるといいです。2020年の「東京オリンピック・パラリンピック」が楽しみになってきました。

(7) そ に入る言葉を，**資料10**や**表**をふまえ，句読点をふくめて20字以上30字以内で書きなさい。ただし，他人とのかかわりと自分自身のことについて書くこと。

2 ゆりさんとけんさんは，「森林と林業」について，研究発表するために，博物館の先生と話をしています。あとの(1)～(7)の問いに答えなさい。

ゆり：わたしの家のまわりには，森も林もないので，森林が多いようには感じられないのですが，実際はどうなのでしょうか。

先生：ある一定の面積の中に，森林面積がどれくらいの割合であるのかを示したものを森林率といいます。日本の森林率は約67％です。世界の国々の森林率の平均は約31％なので，日本の森林率の約半分になります。**資料１**を見てください。何か気づくことはありますか。

けん：千葉県の森林率は31％で，世界の森林率とおよそ同じです。

先生：ぁ**資料１**をもとに計算すると，千葉県のほかにも，森林率が31％の都府県が２つあります。また，**資料１**をもとに，各都府県の森林率を計算して比べてみると，い の森林率が１番高いことがわかります。しかし，森林面積は，**資料１**の中では岩手県が１番大きく，東京都の森林面積の約 う 倍もあります。また，各都府県の森林にしめる人工林※の面積の割合（人工林率）に注目すると高知県の人工林率が最も高いことがわかります。

　　※人工林：植林によりつくられた森林のこと。

資料１　都府県別の森林率と人工林率（一部）

（面積の単位：万ha）

	都府県名	都府県面積	森林面積	森林率	人工林面積	人工林率
	岩手県	152.8	117.2	77 ％	49.5	42 ％
ア	茨城(いばらき)県	61.0	18.8		11.2	60 ％
イ	群馬県	63.6	42.4		17.8	42 ％
	千葉県	51.6	15.9	31 ％	6.1	38 ％
	東京都	21.9	7.9	36 ％	3.5	44 ％
ウ	神奈川(かながわ)県	24.2	9.5		3.6	38 ％
エ	岐阜(ぎふ)県	106.2	86.2		38.5	45 ％
オ	大阪(おおさか)府	19.0	5.8		2.8	48 ％
カ	高知県	71.1	59.7		39.0	65 ％

（林野庁「都道府県別森林率・人工林率」平成24年３月31日より作成。ただし，森林率，人工林率は小数第１位を四捨五入してある。）

(1) 下線部**あ**の都府県はどれとどれか，**資料１**の**ア～カ**のうちから２つ選び，その記号を書きなさい。

(2) ┃ **い** ┃にあてはまる都府県はどれか。**資料１**の**ア～カ**のうちから１つ選び，その記号を書きなさい。また，┃ **う** ┃にあてはまる数を書きなさい。ただし，小数第１位を四捨五入して整数で書くこと。

ゆり：日本は，以前から森林面積が大きかったのですか。

先生：**資料２**と**資料３**を見てください。

けん：**資料２**を見ると1891年の森林面積は，2015年の約６割だったのですね。

先生：そうですね。また，**資料３**から，1955年には，日本で１年間に消費された木材の約 ┃ **え** ┃割が，まきや炭，つまり ┃ **お** ┃ として消費されていたことがわかります。

資料２　日本の森林面積の移り変わり

（面積の単位：万 ha）

年	森林面積	年	森林面積
1891	1477.4	1957	2339.6
1900	2251.1	1960	2440.3
1910	2111.9	1965	2448.6
1915	1848.7	1975	2450.0
1924	1939.2	1985	2471.8
1933	2057.6	1990	2462.1
1943	2013.8	2000	2449.0
1946	1802.5	2010	2446.2
1951	2254.5	2015	2443.3

（公益財団法人　矢野恒太記念会「数字で見る日本の 100 年」，農林水産省「2015 年農林業センサス」より作成）

資料３

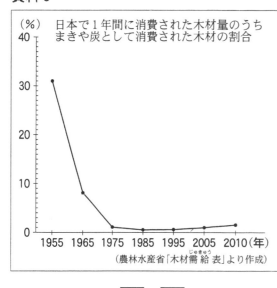

（％）日本で１年間に消費された木材量のうちまきや炭として消費された木材の割合

（農林水産省「木材需給表」より作成）

　以前から日本では，森林から切り出された木材は，建築材料のほかに，まきや炭として調理や暖ぼうなどに利用されてきました。

　1955 年には，71 万 ha の森林から木材が切り出されました。そして，切り出された木材のうちの約 1400 万 m³ 以上の木材が，まきや炭として消費されていました。

(3) 会話文中にある ┃ **え** ┃，┃ **お** ┃ にあてはまる数や言葉を**資料２**，**資料３**をふまえて書きなさい。ただし，┃ **え** ┃ は整数で書くこと，┃ **お** ┃ は漢字２字で書くこと。

先生：次の**資料4～資料6**を見てください。

資料4

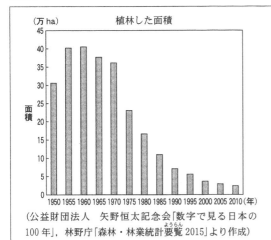

（公益財団法人　矢野恒太記念会「数字で見る日本の100年」，林野庁「森林・林業統計要覧2015」より作成）

1950年代には，全国的に植林が盛んに行われるようになりました。植林されてつくられた人工林は，自然の力で生まれ育った天然林と異なり，成長を助けるために，人が手入れをする必要があります。手入れされた木々の多くは，40年位で建築材料などに利用できる大きさに育ちます。建築材料として，木々を切り出した後の土地には，再び植林し，木々を育てていかないと森林は，減少してしまいます。

資料5　日本で生産された木材（国産木材）量と森林から木々を切った土地の面積

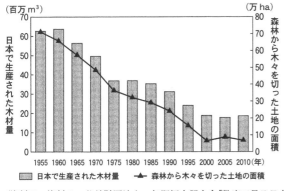

資料6　日本で生産された木材（国産木材）と輸入木材の割合

年	国産木材	輸入木材
1955	96.1 %	3.9 %
1965	73.7 %	26.3 %
1975	37.4 %	62.6 %
1985	37.1 %	62.9 %
1995	21.4 %	78.6 %
2000	18.9 %	81.1 %
2010	26.3 %	73.7 %

（資料5，資料6　公益財団法人　矢野恒太記念会「数字で見る日本の100年」より作成）

先生：**資料4**を見ると，1965年から2000年にかけて，植林した面積が減少する様子が見られます。したがって，それまでと同じ面積の木々を切っていれば，森林面積は，減少してしまいます。しかし，_き資料2を見るとその間は，森林面積はあまり変化していません。**資料5**，**資料6**を合わせて考えてみると，その理由がわかりますよ。

⑷　下線部**き**のようになった理由をこれまでの会話文とこれまでの**資料**をふまえて書きなさい。ただし，解答らんにしたがい，解答らんの①，②には，それぞれ**10字以内**で，③には**15字以内**で書くこと。

先生：日本の森林がどのように変化してきているかを**資料**から考えてみましょう。次のページの**資料7**は，人工林の面積と天然林の面積の変化を表したグラフです。また，次のページの**資料8**は，人工林の森林ちく積量と天然林の森林ちく積量の変化を表したグラフです。

けん：森林ちく積量とは何ですか？

先生：森林ちく積量とは，森林の木々のそれぞれの容積を合計したものです。

資料7 人工林の面積と天然林の面積の変化

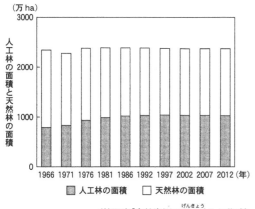

（林野庁「森林資源の現況」より作成）

資料8 人工林の森林ちく積量と天然林の森林ちく積量の変化

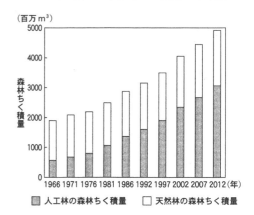

（公益財団法人 矢野恒太記念会「数字で見る日本の100年」，林野庁「森林資源の現況」より作成）

(5) 1980年代後半以降，人工林の木々がどのように変化したと考えられるか。人工林の面積と森林ちく積量にふれながら，これまでの**資料**と会話文をふまえ，句読点をふくめて，**40字以上50字以内**で書きなさい。

(6) 日本の森林の木々を木材利用の面から考えたとき，その利用を活発にし，それを持続させていくためには，どうしたらよいか，**資料4〜資料8**をふまえ，句読点をふくめて，**40字以上50字以内**で書きなさい。

先生：次に森林のなかでも特に「保安林」について話をします。

　　　このような標識（次のページの**図**）を見たことがありますか。

けん：校外学習のときに見たことがあります。保安林とは何ですか。

先生：国や都道府県は，国民の利益になると期待される特定の森林を，保安林として指定しています。保安林は，期待される働きにより，その種類はさまざまですが，**資料9**にあげた上位2つの面積の合計が，保安林全体の面積に対して90％以上をしめています。また，保安林に指定されると，木々の切り出しなどに許可が必要となります。日本では，森林面積の約半分が保安林に指定されているのですよ。それだけ保安林には，その働きが期待されているのです。

ゆり：保安林の働きは，わたしたちの生活にも関係しているのですね。

先生：そうですね。森林は，わたしたちの近くになくても，わたしたちの生活に関係しているのです。今回，説明できたのは，日本の森林のすがたや働きのほんの一部分です。学校でもくわしく学習してください。

図　保安林の標識

資料9　保安林の種類別の面積とその割合

保安林の種類	面積（万ha）	保安林全体の面積に対しての割合
雨水をたくわえる保安林	915.2	75 %
土砂流出を防ぐ保安林	251.1	21 %
そのほかの保安林（15種類）	45.9	4 %
合　　計	1212.2	100 %

（林野庁「平成26年度　森林・林業白書」より作成）

(7)　**資料9**と9ページをふまえ，次の①，②の問いに答えなさい。

①　保安林に期待される働きを，解答らんにしたがい，解答らんの①のく，けに，それぞれ**5字以内**で書きなさい。

②　保安林に期待される働きを持続させるためには，保安林を保護することが大切です。このために，あなたならどうすればよいと考えますか。解答らんに，句読点をふくめて**30字以上40字以内**で書きなさい。

【適性検査1－2】 （45分）　＜満点：100点＞

1　たかおさんとみゆきさんは，川の流れについて調べています。あとの⑴～⑹の問いに答えなさい。

たかお：利根川はどこから始まっているんだろう。

みゆき：夏休みに群馬県の山あいにキャンプに行ったとき，お
　　　　父さんが，「このあたりが利根川の水源だよ」と言って
　　　　いました。

先　生：利根川は上流にさかのぼるにしたがって，たくさん枝
　　　　分かれしているので，川の始まりは1か所ではありま
　　　　せん。でも，地形図を見れば，枝分かれした川のそれ
　　　　ぞれがどこから始まっているのか，判断することができ
　　　　ます。雨が降ったとき，**図1**の□で囲まれた範囲のA
　　　　とBではどちらの方角に水が流れるかわかりますか。

たかお：Aでは水が　**ア**　に向かって，Bでは　**イ**　に向
　　　　かって流れます。

先　生：そのとおりです。地形から判断すると，C地点を通過
　　　　する水は**図2**の点線……で囲まれた範囲から集まって
　　　　くることがわかります。この範囲を「流域」と言います。

みゆき：キャンプをした川原の石は大きく角ばっていました。
　　　　でも，帰りに立ちよった利根川の中流の川原では，石が
　　　　小さく丸くなっていました。

図1

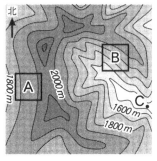

図2

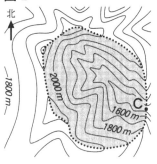

⑴　次の①，②の問いに答えなさい。

①　**ア**，**イ**にあてはまる方角をそれぞれ八方位で書きなさい。

②　下線部について，川の上流と比べて，中流の石が小さく丸くなっている理由を書きなさい。

　　先生は，水の流れの速さとはたらきについて詳しく教えてくれました。

先　生：流れる水のはたらきには，しん食・運ぱん・たい積の3つがありますね。場所によって，
　　　　どんな違いがありましたか。

みゆき：川の上流と下流では，　**ウ**　流ほど流れが遅く，曲がって流れている川の内側と外側で
　　　　は，　**エ**　側ほど流れが遅いです。

たかお：流れが遅い場所ほど，3つのはたらきのうち　**オ**　が大きくなります。

先　生：2人とも正しいです。もう少し詳しく見ていきましょう。次のページの**図3**は，水のはた
　　　　らきを，流れの速さとつぶの大きさの関係によって表したものです。川底に止まっている
　　　　つぶが動き始める線を見ると，流れの速さが少しずつ速くなっていったとき，最初に動き
　　　　始めるつぶは，**れき・砂・どろ**のうち　**カ**　だということがわかります。

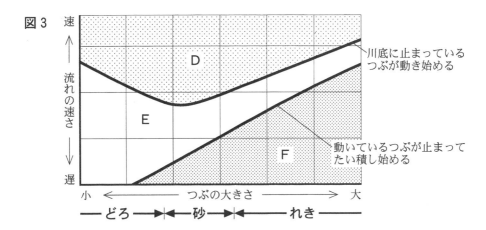

図3

速
↑
流れの速さ
↓
遅

D

E

F

川底に止まっている
つぶが動き始める

動いているつぶが止まって
たい積し始める

小　←　つぶの大きさ　→　大

―どろ→|←砂→|←　れき　―

(2)　次の①，②の問いに答えなさい。

①　ウ　～　カ　にあてはまる言葉をそれぞれ書きなさい。

②　D・E・Fの説明をそれぞれ次のあ～うのうちから1つずつ選び，記号を書きなさい。

あ　たい積がおこる範囲

い　しん食・運ぱんがおこる範囲

う　動いているものは動き続け，たい積したものはしん食されない範囲

先生は，川を流れる水の量（流量）について説明してくれました。

先　生：図4のように流れに垂直な断面を考えます。この断面の面積に，断面を通過する流れの流
速をかけたものが流量です。流速（秒速）とは，1秒間に流れが進む距離のことです。流
速は断面を通過する位置によって違うので，平均の値を使います。断面積に距離をかける
ので，流量を1秒間に通過する水の体積として求めることができます。

図4

流れに垂直な断面

ある地点の流量は，次の式によって求めることができます。

流量　　　　　　＝　　断面積　　×　　　　　流速（秒速）
1秒間あたりの体積(m³)　　　(m²)　　　　1秒間に流れが進む距離(m)

(3)　川のある地点の断面を次のページの図5に表すとおりの台形としたとき，次の①～③の問いに
答えなさい。

①　川の深さが4mのとき，川の断面の面積は何m²ですか，書きなさい。

②　川の深さが4mで，流速が秒速1.2mのとき，流量は1秒間あたり何m³ですか，書きなさい。

③　大雨が降って川の水位が①，②のときよりさらに4m上がり，流速は秒速2.4mになりまし

た。このとき流量は1秒間あたり何m³ですか，書きなさい。

図5

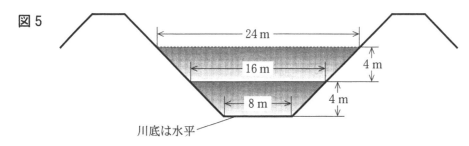

川底は水平

3人は，水路の実験で，流量の変化するようすを確かめています。

たかお：去年の夏，大雨が降ったとき，学校近くの川があふれそうになったね。

みゆき：そうだったわね。でも，大雨が降っているときより，次の日のほうがあふれそうで危なかったのは，なぜかしら。

先　生：流量の変化を実験で確かめてみましょう。図6のような水路aがあり，図7はこれを上から見たものです。この水路に降った雨は，すべて断面Sを流れ，最も上流に降った雨が断面Sを通過するのに1分かかります。この水路全体に，1分間あたり0.1mmの雨を2分間降らせます。このとき，断面Sを流れる流量の変化をグラフに表すと，図8のとおりになりました。

図6

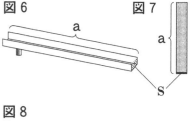

図7

図8

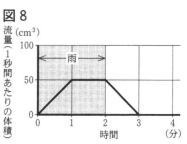

みゆき：はじめの1分間は流量がだんだん増え，次の1分間は流量が一定で，雨がやんでからの1分間は流量がだんだん減るんですね。

先　生：そうです。次にaの上流側に，aと大きさ・形・かたむきが同じbを図9のようにつなげます。この水路全体に，1分間あたり0.1mmの雨を3分間降らせたら，断面Sを流れる流量はどのように変化しますか。

図9

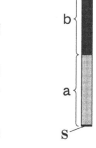

たかお：最初の1分間はaに降った雨だけ，次の3分間はaとbに降った雨，最後の1分間はbに降った雨だけが流れるので，このようになると思います（図10）。

先　生：そうです。図10のとおりになりました。これらの実験のように水路をさらにつなげていくと，グラフはどのようになるでしょうか。

図10

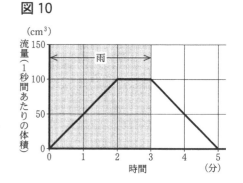

(4) 大きさ・形・かたむきが同じa，b，cをつなげ，図
11，12の水路を作りました。これに1分間あたり0.1mmの
雨を降らせます。水路に降った雨はすべて断面Sを流れ
るものとして，次の①，②の問いに答えなさい。

① 図11の水路全体に，雨を2分間降らせると，断面Sを
流れる流量はどのように変化しますか。図8にならっ
て，流量の変化を表すグラフを解答らんにかきなさい。

② 図12の水路全体に，雨を3分間降らせると，断面Sを
流れる流量はどのように変化しますか。図8にならっ
て，流量の変化を表すグラフを解答らんにかきなさい。

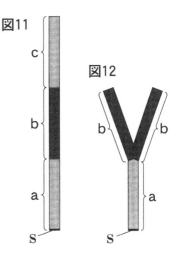

3人は，実際の川のようすを考えてみます。

みゆき：実際の川でも流量はこのように変化するのかしら。

先　生：図13のような川があります。点線……はSを通過する川の流域を表しています。図14の折
れ線——は，図13のa～gにだけ降った雨がSを通過するときの流量の変化を予想したも
のです。このとき，実際の流量の変化は図14の曲線……のようになりました。実際の雨は
川の水面だけでなく，流域全体に降り，それらが時間をかけて川に流れこむからです。ま
た，地面にしみこんだ雨水もさらに長い時間をかけて川に流れこみます。

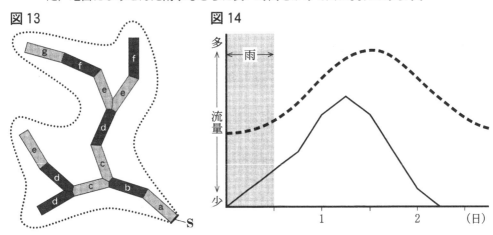

たかお：それで，川にはいつも水が流れているんですね。

みゆき：川の枝分かれや流域の形がわかれば，大雨が降ったときの流量の変化が予想できるかもし
れないね。

(5) 図15のG～Jはそれぞれ図16のえ～きの地点で観測した流量の変化を表しています。それぞれ
どの地点で観測したものか，え～きのうちから1つずつ選び，記号をそれぞれ書きなさい。ただ
し，どの川の流域も面積や土地のかたむきが等しく，図15に示した期間に，同じ雨量の雨が降っ
たものとします。（図15，図16は次のページにあります。）

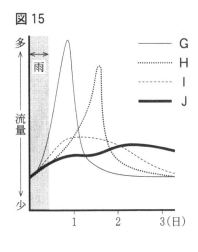

図15

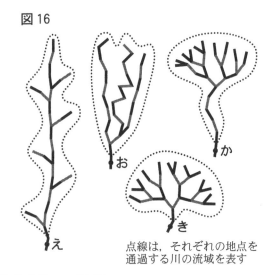

図16

点線は，それぞれの地点を
通過する川の流域を表す

(6) 図17のKは，田畑や森林の多い地域を流れるある
川の流域に雨が降ったときの，流量の変化のグラフ
です。Lは，この川の流域全体が市街地や工業地に
なったときの流量の変化を予想したグラフです。
土地のかたむきや川の枝分かれのようすには変わ
りがなく，雨の降り方は同じとして，次の①，②の
問いに答えなさい。

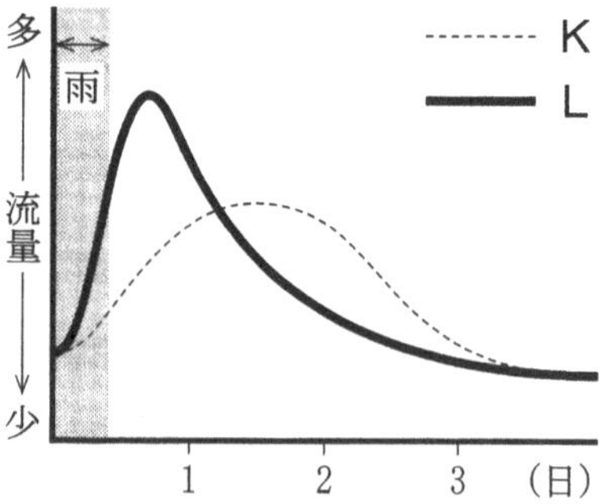

① Kと比べたLの流量の変化の特ちょうを２つ
書きなさい。

図17

② 流域全体が市街地や工業地になったとき，グラフがKからLのように変わる理由を，土地の
表面のようすと，降った雨水がどのように川にたどり着くのかがわかるように書きなさい。

2 りなさんは，白黒の模様(もよう)について，お父さんと会話をしています。あとの(1)～(7)の問いに答えな
さい。

りな：お父さん，白黒の模様(図１)は何だか知ってる？

父 ：これは，ＱＲコード※だね。ここには，様々(さまざま)な情報が入っているん
だ。携帯(けいたい)電話のカメラや専用(せんよう)の機械などで読みとれるよ。

りな：様々な情報が入ってるんだ。どんな仕組みなのかな。

父 ：ＱＲコードの仕組みは複雑(ふくざつ)で難(むずか)しいので，実際のＱＲコードとは異(こと)
なる，お父さんが考えた仕組みで説明しよう。手順にしたがって模
様(もよう)を数に置(お)き換(か)えることから始めてみようか。

※ＱＲコード：模様に文字，数字などの情報を入れる技術，またはその模様のこと。

図1

手順

白と黒の，いくつかのます目を縦(たて)と横(なら)べたものがある。

手順１：ます目の色が「白」のときは「0」，「黒」のときは「1」にそれぞれ置き換える。

手順2：ます目の縦列の右側と横列の下側に，それぞれ ▨ のます目を１列ずつ増やす。さらに，増やした横列の右側にも ▨ のます目を１つ増やす。

手順3：**手順2**で増やした ▨ のます目には，増やした ▨ のます目をふくめ，それぞれ縦列，横列のます目の中にある数の合計がいずれも偶数になるように「０」か「１」を入れる。この ▨ のます目を「チェックらん」と呼ぶことにする。

父：例えば，縦４列，横４列の「白」と「黒」のます目を**手順**にしたがって「０」と「１」に置き換えると**図2**のようになるよ。

図2

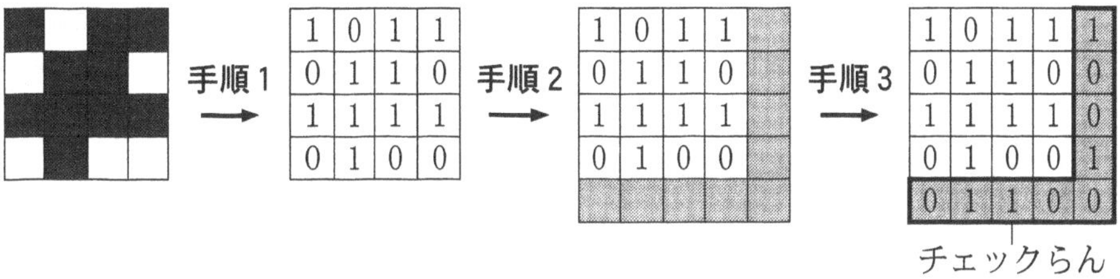

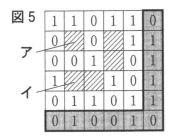

1	0	1	1
0	1	1	0
1	1	1	1
0	1	0	0

手順1→

1	0	1	1	
0	1	1	0	
1	1	1	1	
0	1	0	0	

手順2→

1	0	1	1	1
0	1	1	0	0
1	1	1	1	0
0	1	0	0	1
0	1	1	0	0

手順3→

チェックらん

父：「白」と「黒」のます目の縦列と横列の数が増えても減っても「０」と「１」の置き換えの**手順**は同じだよ。

りな：わかったわ。増やした ▨ のます目にはどんな意味があるの？

父：ます目が汚れて，「０」か「１」かわからなくなったとするよ。わからなくなった部分は ▨ のます目を使って確かめられるんだ。

(1) **手順**にしたがい，**図3**，**4**のそれぞれに「チェックらん」をふくめた，すべてのます目に「０」か「１」をそれぞれ書き入れなさい。

図3

図4

(2) **図5**，**6**は，**手順**にしたがい，正しく作成されたものですが，▨ の部分が見えなくなってしまいました。次の①，②の問いに答えなさい。

① **図5**の ▨ の**ア**，**イ**にあてはまる「０」か「１」を書きなさい。

② **図6**のそれぞれの ▨ に「０」か「１」を入れるとき，その入れ方は１つではなく何通りかできます。▨ に入れた数の合計が最も大きくなるときの合計の数を書きなさい。

図5

1	1	0	1	1	0
0	▨	0	▨	1	1
0	0	1	▨	0	1
1	▨	▨	1	0	1
0	1	1	0	1	1
0	1	0	0	1	0

ア，イ

図6

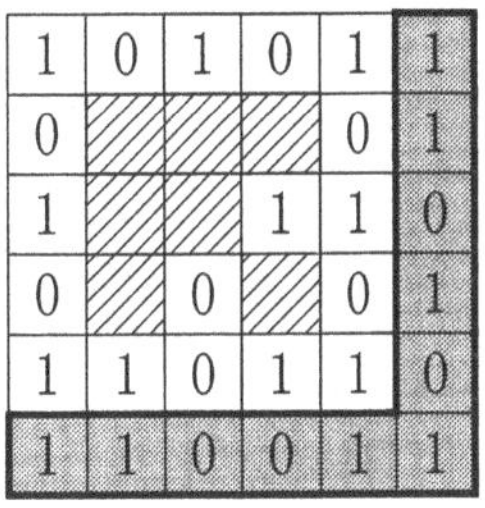

1	0	1	0	1	1
0	▨	▨		0	1
1	▨		1	1	0
0	0	▨		0	1
1	1	0	1	1	0
1	1	0	0	1	1

父 ：今度は，「白」と「黒」のます目を，**数字やかな**の情報に置き換えることを説明するよ。**図7**は縦11列，横11列の「白」と「黒」のます目に，実際に**数字やかな**の情報が入ってると考えるよ。

りな：**図7**を見やすくしたものが**図8**ね。

図7

父 ：◨はいつも図の左上に置くんだ。**図7**を読みとるには，**図9**のように最も右下のます目のスタートの位置から順に，「黒」は「1」，「白」は「0」と読みとるんだよ。

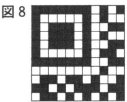

図8

りな：**図7**の場合，順にます目を読みとると
「1011…………………010」だね。

父 ：そのとおり。では，次の**ルール**にしたがって**数字やかな**の1字の情報を「0」と「1」の列に置き換え，**図9**に示した順に「白」と「黒」のます目の情報として入れたり，読みとったりしてみよう。

図9

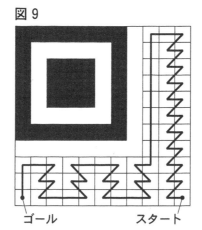

ゴール　　　　　　　　　スタート

ルール

| **数字は0～9，かなはあ～くとする。**　　　　　　　　 | **図10　情報の種類** |

ルール1：最初の2ますは，**図10**のとおり「情報の種類」を表す。

| **数字 → 0 1** | **かな → 1 0** |

ルール2：次のますは，**図11**のとおり**数字**の場合は4ます，**かな**の場合は3ます使い，「情報の内容」を表す。

図11　情報の内容

ルール3：**ルール2**でできた「0」と「1」の列に**手順**（15～16ページ）のとおりに「チェックらん」を作る。
「チェックらん」を読みとる順番は，次のページの**図12**のとおりとする。なお，情報は，「情報の種類」，「情報の内容」，「チェックらん」の順に「0」か

数字の場合

0	→	0 0 0 0
1	→	0 0 0 1
2	→	0 0 1 0
3	→	0 0 1 1
4	→	0 1 0 0
5	→	0 1 0 1
6	→	0 1 1 0
7	→	0 1 1 1
8	→	1 0 0 0
9	→	1 0 0 1

かなの場合

あ	→	0 0 0
い	→	0 0 1
う	→	0 1 0
え	→	0 1 1
お	→	1 0 0
か	→	1 0 1
き	→	1 1 0
く	→	1 1 1

「１」を並べる。

図12
「チェックらん」を読みとる順番

数字の場合　　**かなの場合**

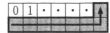　

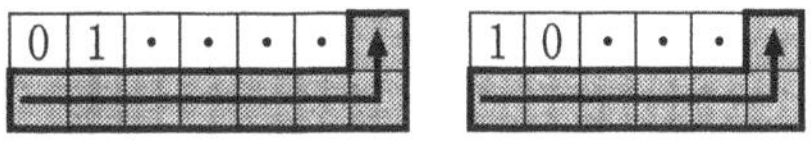

父　：例えば，「**え**」を「０」と「１」の列で表そう。最初の２ますは「１０」，
　　　次の３ますは「０１１」だから，**図13**のとおりとなる。次に「チェッ
　　　クらん」を作ると，**図14**のとおり加えた７ますが「１００１１１１」
　　　なので，「**え**」は「１００１１１００１１１１」で表されるね。２字
　　　以上の情報の場合は，１字ずつ，**ルール**にならい，「０」と「１」の列
　　　を作り，それらを続けて並べることにするね。
　　　　２字の情報「**２え**」を「０」と「１」の列で表すとどうなるかな。

図13
1	0	0	1	1

図14
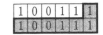

りな：「**２**」は，「０１００１００１００１０００」。「**え**」を並べて，「**２え**」は，
　　　「０１００１００１００１０００１００１１１００１１１１」ね。
　　　これを**図９**のスタートから順番に，「０」は「白」，「１」は「黒」のます目の情報として入
　　　れていくんだね。

父　：そのとおり。では，「**あ６**」という２字の情報を，「０」と「１」の列で表すとどうなるかな。

りな：｜　**ウ**　｜だと思うわ。

父　：正解。この**ルール**で，**数字**や**かな**の１字の情報を「０」と「１」の列に置き換えたとき，「チェッ
　　　クらん」を含めて「０」と「１」を並べた個数は，**数字**のとき｜　**エ**　｜個，**かな**のとき｜　**オ**　｜
　　　個だから，**図９**のます目に情報を入れるには，**数字，かな**の様々な並べ方を考えると最大で
　　　何字の情報を入れることができるかな。

りな：**図９**だと読みとるます目が57個だから，最大で情報は｜　**カ**　｜字入れることができると思う
　　　わ。ます目が余ったら，そのときはどうするの。

父　：それは，余ったます目に，「黒」から始めて「黒」と「白」を交互に入れるんだ。例えば３つ
　　　のます目が余る場合には，「黒白黒」と順に入れるよ。実際のＱＲコードは，たくさんの情
　　　報を入れるために，お父さんが考えた**手順**や**ルール**より，もっと複雑なんだよ。

りな：もっとＱＲコードのことを知りたくなったわ。

(3)　｜　**ウ**　｜にあてはまる「０」と「１」の列を書きなさい。また，｜　**エ**　｜～｜　**カ**　｜にそれぞれあては
　　　まる数を書きなさい。

(4)　**ルール**にしたがい，「**数字，かな**」の順に並べて，２字の情報を作るとき，作り方は全部で何通
　　　りできるか，書きなさい。

(5)　「０１０１０１０１０１０１０１１１」は，**ルール**にしたがい，ある情報を「０」と「１」の列に置
　　　き換えたものです。この列が表す「情報の内容」を書きなさい。

(6)　**図９**に示した読みとる順，**ルール**，下線部（18ページ）にしたがい，お父さんは次のページの
　　　図15を作成しましたが，**キ～コ**の⬚のます目が汚れて見えなくなってしまいました。あとの
　　　①，②の問いに答えなさい。

図15

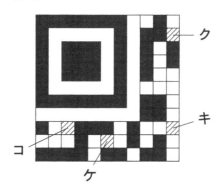

① **キ～コ**の のます目に入るものが「黒」の場合は「1」，「白」の場合は「0」を書きなさい。

② **図15**に入っている「情報の内容」を読みとり，書きなさい。

(7) **図9**に示した読みとる順，**ルール**，下線部（18ページ）にしたがい，4字の情報「**あかい6**」が入った「白」と「黒」のます目を作成するとき，次の①，②の問いに答えなさい。

① 4字の情報「**あかい6**」が入った「白」と「黒」のます目を作成するとき，余るます目（「黒」と「白」を交互に入れるます目）の個数を書きなさい。

② 4字の情報「**あかい6**」が入った「白」と「黒」のます目を解答らんのます目に作成しなさい。ただし，「白」の場合はます目はそのままにし，「黒」の場合はます目を黒でぬること。

大切なことはメモしておこうネ！

平成29年度

千葉県立中学校入試問題（二次）

【適性検査2－1】（45分）　＜満点：100点＞

1　先生とゆうきさんは，プラスチックでできた球（以下「球」とします。）と連結棒（以下「棒」とします。）を使ってできる模型について，会話をしています。あとの(1)～(4)の問いに答えなさい。ただし，棒は球の表面のどこにでも差しこむことができ，球の表面を自由に動かすことができることとします。また，棒の両端には必ず球を差しこむものとし，1つの球に差しこむことのできる棒は，最大4本までとします。

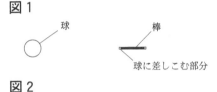

図1

先　生：これから「球と棒」（**図1**）を使って模型を作ります。**図2**のあ，いは，同じ模型と考えます。しかし，2本の棒を使っているうは，**あ**，**い**とはちがう模型と考えます。では，3個の球と2本の棒をすべて使ってできる模型を作ってください。

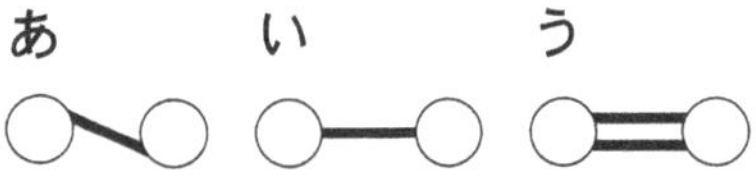

ゆうき：2つの模型（**図3**）ができました。

先　生：**え**，**お**は，同じ模型と考えます。

ゆうき：えっ，どうしてですか？

先　生：えの模型の棒を，**図4**のように動かしたときにできる模型を考えてください。

ゆうき：なるほど。だから，**え**，**お**は同じ模型と考えるんですね。

先　生：次に，4個の球と3本の棒で，模型を作ってください。

ゆうき：できました（**図5**）。

先　生：正解です。さらに，**図5**以外に，もう1つ a 別の模型ができます。ただし，**図6**のように，2つに分けて作ることはしないものとします。

(1)　次の①，②の問いに答えなさい。

①　下線部aについて，**図5**にならってかきなさい。

②　4個の球と5本の棒をすべて使って作ることのできる模型をすべてかきなさい。ただし，**図6**のように2つに分けて作ることはしないものとします。

図2

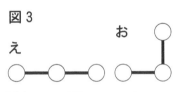

図3

図4

図5

図6

先　生：次に，立体的な模型を考えてみましょう。

ゆうき：「球と棒」（**図1**）を使って，先生が作った b 模型（**図7**）と同じものを作りたいのですが，球は何個必要ですか。

先　生：ヒントをあげましょう。**図7**は，**図8**の模型が12個と**図9**の模型が20個見えます。（**図8**，**図9**は次のページにあります。）

図7

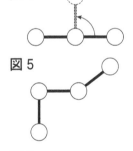
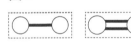
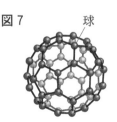

球

(2) 下線部 b について，球は何個必要か，書きなさい。また，そう考え
た理由も具体的に書きなさい。

図8 図9

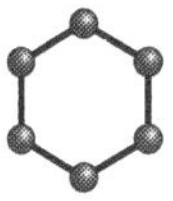

模型作りで使用した球の重さについて，先生とゆうきさんが会話をしています。

ゆうき：球を1個，はかりにのせたのですが，はりは動き
ませんでした（**図10**）。

先　生：はかりはこわれていないので，球が軽すぎたんで
すね。球のかわりに，カゴをのせてみてくださ
い。

ゆうき：あっ，はりが動きました（**図11**）。はかりのはりが
250gをさしているから，カゴの重さは250gです
ね。

先　生：そのとおりです。

図10　　　図11

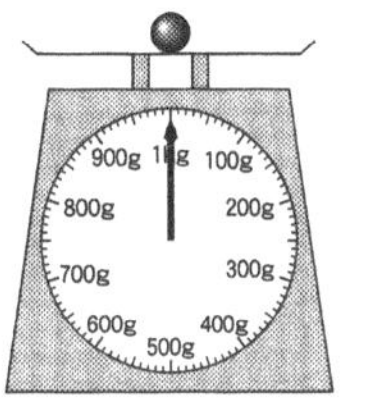

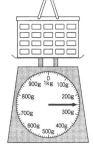

(3) 球と**図11**のカゴとはかりを使って，1個の球の重さを調べるにはどうしたらよいか。はかりの
はりがさす値（あたい）を具体的に示しながら，その方法を説明しなさい。ただし，はかりの1目もりは10
gとします。また，模型作りで使用した球はすべて同じ重さのものとし，球の数はいくつ使って
もかまわないこととします。

模型作りで使用した球を箱にしまう方法について，先生とゆうきさんが会話をしています。

先　生：1000個の球を箱にしまうには，どのくらいの大きさの箱が必
要なのか考えてみましょう。球の直径は1cmとします。球
は，縦（たて）方向，横方向，上方向（高さ）にそれぞれ10個ずつ並
べます。どのくらいの大きさの箱が必要かわかりますか。

ゆうき：内のりの縦，横，高さがそれぞれ10cmの立方体の箱です（**図
12**）。

先　生：そうですね。でも，球の並べ方を工夫（くふう）すると，それよりも容
積の小さい直方体の箱に入ります。縦方向，横方向，上方向

図12

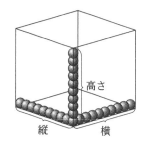

高さ

縦　　横

にそれぞれ10個ずつ並べることは変わりません。考え方を説明します。次のページの**図13**
のように，1段（だんめ）目を並べます。これは上から見た図で，これから**縦の長さを求める**ことが
できます。2段目は，1列目と2列目のすき間に球（点線）を置き，同じように2列目と
3列目のすき間に球を置いていくと，10列並べることができます（次のページの**図14**）。こ
れも上から見た図で，これから**横の長さを求める**ことができます。

ゆうき：3段目以降（いこう）はどのように並べるのですか。

先　生：3段目は上から見たときに1段目と同じところに（**図13**），4段目は上から見たときに2段
目と同じところに（**図14**），球を置きます。これを繰り返して，10段積み上げていきます。
10段積み上げて，側面から見たものが次のページの**図15**です。2，4，6，8，10段目の球は
点線で表しています。これで直方体の**高さを求める**ことができるでしょう。

図13　上から見た図（1段目）　　図14　上から見た図（2段目）　　図15　側面から見た図

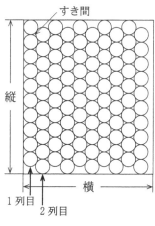

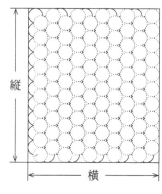

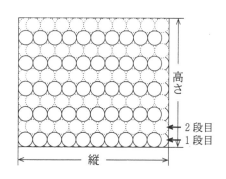

ゆうき：縦の長さはわかりそうですが，横の長さと高さがわかりません。くわしく教えてください。

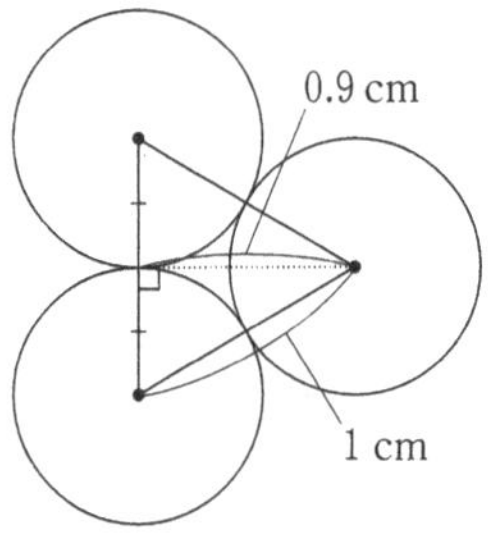

先　生：**図16**の3個の球に注目してください。球の中心を線で結ぶと，1辺が1cmの正三角形ができます。正三角形の高さは0.9cmとして考えてください。これが，横の長さを求めるときの1つ目のヒントです。

図16

ゆうき：わかりました。では，2つ目のヒントをください。

先　生：2つ目のヒントをいう前に，直方体の高さを求めるヒントをあげましょう。**図17**は，1段目の3個の球と2段目の1個の球（点線）に注目し，それぞれの球の中心（A，B，C，D）を線で結び，上から見たものです。**図17**から球を取り除いて，見る方向をかえたものが**図18**です。AFの長さを利用すると，直方体の高さがわかるでしょう。AFの長さは，0.8cmとして考えてください。さあ，いよいよ横の長さを求める2つ目のヒントです。点E（**図19**）は，辺BCを1：1に分ける点です。点Eと頂点Dを結んだ線上に点Fがあり，DFはEFの長さの2倍（EF：DF＝1：2）です。これを利用すれば，横の長さがわかるでしょう。

図17

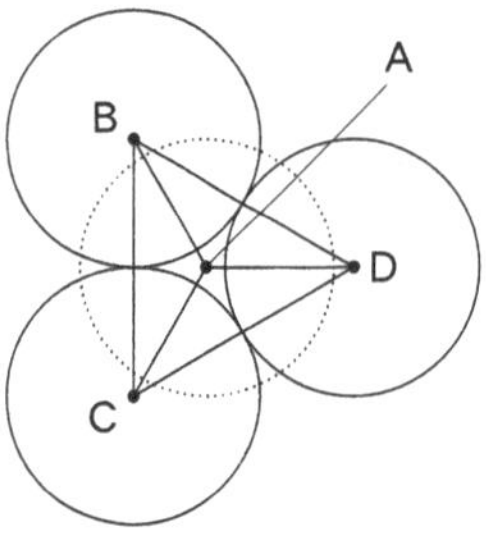

図18

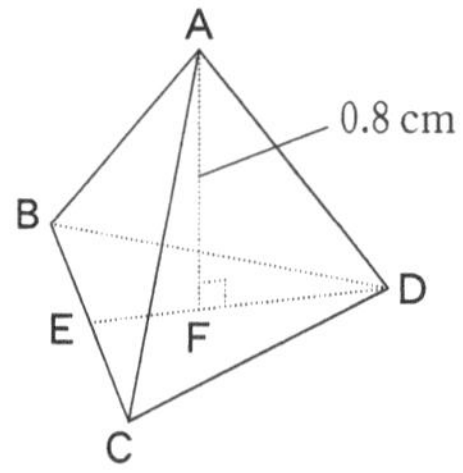

図19

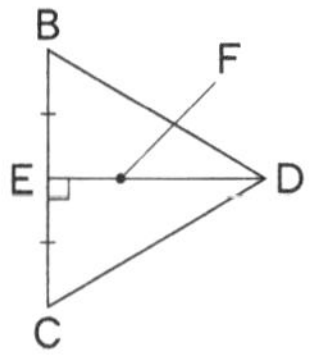

ゆうき：<u>縦，横，高さを求めると，内のりの容積が1000cm³の立方体より容積の小さい直方体の箱でも1000個の球が入ることがわかりました。</u>c

(4)　下線部cについて，直方体の内のりの縦，横，高さはそれぞれ何cmになるか，書きなさい。

2 まいさんの学級は，「学校生活」について，学級会で話し合いをしました。あとの(1)〜(4)の問い
に答えなさい。

【４月のある日】

ま　い：新しい学年がスタートして，落ち着かないのもわかるけど…。授業の始まりのチャイムが
　　　　鳴っても，席につかない人が多いし，この前教室から出たところで，廊下を走ってきた人
　　　　とぶつかりそうになって，本当に危なかったわ。

えりか：大きな事故につながるので，重点的な取り組みのひとつとして，「廊下は走らないようにし
　　　　よう。」と話し合いで決めたのに…。実際は守れていない人が多いと思うわ。

こうた：じゃあ， a罰則※があるといいよね。

えりか：そうよね，自転車だって，交通ルールに違反したら，場合によっては，罰金をとられるわ。

ま　い：そうよね。こちらの呼びかけに対して無視している人もいるので，いい考えなのかもしれ
　　　　ないわね。

　　　　※罰則　きそくなどをやぶった人に，どういう罰をあたえるかを決めたもの。

(1)　下線部 a の良い点を書きなさい。

　まいさんの学級は，５月から罰則を作り，特に「廊下は走らないこと」に力を入れて，取り組ん
でいくことになりました。

【11月のある日】

けいた：まずい。もう少しで５時間目の学級会が始まっちゃう。チャイムが鳴る前に着席できない
　　　　ぞ。誰も見てないし，走っちゃえ。

（５時間目のチャイムの音）

けいた：よし！５時間目の始まりに間に合った！

えりか：「廊下は走らない。」って約束でしょ。もっと時間に余裕をもって行動すれば，こんなこと
　　　　にならないのよ。

けいた：えりかは，いつも厳しいな。走ったけれど，チャイムに間に合ったから，いいじゃないか。

えりか：きまりを守ってない人を注意して何がいけないの。

こうた：「廊下を走ったら，放課後に教室掃除をする。」そのように，みんなで罰則を決めたよね。

けいた：わかったよ…えらそうに。

まさき：これから，学級会をはじめます。みなさん，次のページの**資料**を見てください。これは，
　　　　４月と10月に全校児童を対象に「学校生活に関するアンケート」をとったときのぼくたち
　　　　の学級の結果です。

こうた：10月のアンケートの結果を見ると，学級で話し合い，決めたことは守っていると思ってい
　　　　る人が増えているから，もっと厳しい罰則を作って取り組んでいこうよ。

ま　い：わたしは反対だわ。 bどんなに厳しい罰則を作って取り組んでも，本当の解決にはならな
　　　　いと思うの。

えりか：それに，４月と10月のアンケート結果をくらべると，　あ　。ここが問題よね。

こうた：たしかにそうだね。

まさき：では，どうすればいいと思いますか。

資料　学校生活に関するアンケート

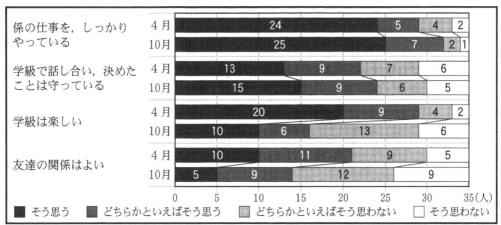

		そう思う	どちらかといえばそう思う	どちらかといえばそう思わない	そう思わない
係の仕事を，しっかりやっている	4月	24	5	4	2
	10月	25	7	2	1
学級で話し合い，決めたことは守っている	4月	13	9	7	6
	10月	15	9	6	5
学級は楽しい	4月	20	9	4	2
	10月	10	6	13	6
友達の関係はよい	4月	10	11	9	5
	10月	5	9	12	9

(2)　まいさんは，なぜ下線部 **b** のように考えたのでしょうか。その理由を書きなさい。

(3)　次の①，②の問いに答えなさい。

　①　 あ に入る内容を書きなさい。

　②　①で答えた内容の原因として考えられることを，**資料**や会話文をふまえて書きなさい。

(4)　罰則を作らなくてもきまりを守れる学級にするには，あなたなら，どのように行動するか，理由もあわせて書きなさい。

3　あゆみさんとだいきさんは，先生と信号について会話をしています。あとの(1)～(3)の問いに答えなさい。ただし，人や車は一定の速さで移動し，移動するときには信号機以外で止まらないこととします。また，同じ方向を向く信号機の信号の色は，いっせいに同じ色にかわることとします。

あゆみ：学校近くの信号を見たら，2か所同時に同じ色にかわっていました。

先　　生：おもしろいことに気づきましたね。学校の正門までの距離<ruby>距離<rt>きょり</rt></ruby>（道のり）は，**図1**のようになっています。信号の色ときまりは，**資料1**のようにします。

図1

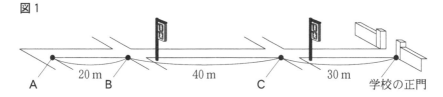

資料1

青	車は直進や左折，または右折することができる。 歩行者は横断することができる。
黄・青点滅 <ruby>点滅<rt>てんめつ</rt></ruby>	車は進んではいけない。 歩行者は横断を始めてはいけない。 横断中の歩行者はそのまま進み，横断を終える。
赤	車は進んではいけない。 歩行者は横断してはいけない。

先　生：学校近くの２か所の歩行者用信号の色と時間は，**資料２**のとおりです。では，Ａ地点から
　　　　学校の正門まで歩いたときの時間と距離の関係を考えてみましょう。

資料２

青	15 秒間
青点滅	5 秒間
赤	25 秒間

あゆみ：わたしはＡ地点からＢ地点まで歩くのに20秒かかりました。

先　生：２か所の信号がちょうど赤から青にかわったときに，Ａ地点を出発することにして，あゆ
　　　　みさんがＡ地点を出発してからの時間と距離をグラフで表してみましょう。Ａ地点を出発
　　　　し，Ｂ地点まで進みます。すると信号は赤だからそこで待つことになります。待っている
　　　　途中までのグラフをかくと**図２**のようになりますね。

図２

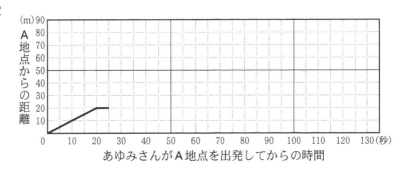

あゆみ：はい。このグラフの続きをかくと_a学校の正門までのグラフはこうなります。

先　生：そうですね。

だいき：２か所とも信号を止まらずに行くことはできるかな。

あゆみ：わたしと同じ速さで歩いた場合，わたしがＡ地点を出発してから，　**ア**　秒後にＡ地点
　　　　を出発するといいのかな。

先　生：たしかに２か所とも信号を止まらずに行けますね。

(1)　Ａ地点から学校の正門まで歩くとき，次の①〜③の問いに答えなさい。

　①　下線部 a について，あゆみさんがかいたグラフの続きを解答らんにかき，完成させなさい。

　②　あゆみさんが，Ａ地点を出発してから40m進むのにかかる時間は何秒か，書きなさい。

　③　**ア**　にあてはまる数を書きなさい。ただし，Ａ地点で待つ時間のうち，最も短い時間を書く
　　　ものとします。

　　　次に，まちを走る車の道筋について考えました。

先　生：まちの道路は，**図３**のようになっており，東西の交差点間の距離はどこも600m，南北の交
　　　　差点間の距離はどこも400mです。市役所前，駅前，★の交差点以外には，１つの交差点に
　　　　東西南北を向く信号がそれぞれついています。また，まちを走る車と車用の信号の条件
　　　　は，**資料３**のようにします。（**図３**，**資料３**は次のページにあります。）

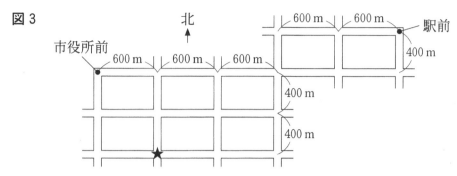

図3

資料3

○車は道路を通り，その速さは時速※36km（秒速※10m）とする。

○車は，南北方向の信号がいっせいに赤から青にかわったときに，交差点★から東か，西か，北に向けて出発する。

○交差点における直進や左折，または右折にかかる時間はすべて同じとする。

※時速（秒速）　1時間（1秒間）あたりに進む距離のこと。

先　生：信号の色と時間の関係は，**資料4**のとおりです。例えば，交差点で，南北方向の信号が青や黄のときには，東西方向の信号は赤になっています。

だいき：何秒後に信号がかわるかがわかれば，上手に道を選ぶことで目的地までにかかる時間を短くできそうだな。

先　生：**図4**の**あ〜う**は**図3**の一部で，交差点★から市役所前まで遠回りをしない道筋を表しています。それぞれの道筋にかかる時間を考えてみましょう。

資料4

南北方向		東西方向	
青	75秒間	赤	80秒間
黄	5秒間		
赤	50秒間	青	45秒間
		黄	5秒間

図4　　　　あ　　　　　　　い　　　　　　　う

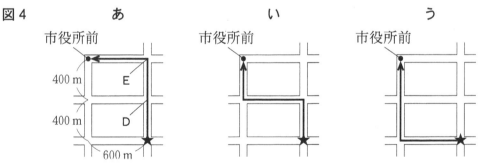

あゆみ：例えば，**あ**では交差点★を出発するとDの信号は青なので止まらないけれど，次のEの信号では赤になるのでそこで50秒間待つことになるわ。信号が青にかわり，左折して西へ進むと市役所前に到着できる。交差点★から市役所前までにかかる時間は，　**イ**　秒かな。

先　生：そのとおりです。では，**あ〜う**のうち，市役所前までにかかる時間が一番短いのはどの道筋ですか。

だいき：ｂこの道筋だと思います。

先　生：そうです。よくわかりましたね。

(2) まちを車で走るとき，次の①～③の問いに答えなさい。

① 南北（400m）の交差点間の移動にかかる時間は何秒か，書きなさい。

② ｜　イ　｜にあてはまる数を書きなさい。

③ だいきさんが考えた下線部bにあてはまるものを図4のあ～うのうちから1つ選び，その記号を書きなさい。また，その道筋を通った場合，交差点★から市役所前までにかかる時間は何秒か，書きなさい。

図3において，車で交差点★から駅前までにかかる時間について考えました。

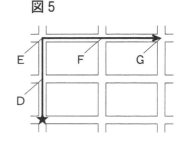

図5

先　生：**資料3，資料4**にしたがって交差点★からG地点（**図5**）を経由して駅前までにかかる時間を考えます。まず，G地点を一番早く通過する道筋を考えましょう。どの道筋を通っても距離は同じだから，信号で待つ時間だけに注目します。例えば，**図5**の道筋では，交差点★を出発し，Dの信号では止まらない。Eの信号で50秒，Fの信号で20秒，Gの信号で70秒待つことになるので，信号で待つ時間の合計は140秒になりますね。では，G地点を一番早く通過できる道筋はどれですか。

あゆみ：cわたしの考えた道筋を通るとG地点を一番早く通過できそうです。

先　生：そうですね。さらにdG地点から北に進み，次の交差点を右折して東に進めば，信号で待つ時間が短くて一番早く駅前まで到着できます。

だいき：ぼくも遠回りをしない道筋で考えてみました。でも，交差点★を出発して駅前まで行くeこの道筋を通っても，あゆみさんと先生が考えた駅前までにかかる時間と同じになると思うな。G地点を一番早く通過してはいないけれどね。

先　生：よく気づきましたね。通る道筋がちがうけれど，駅前までにかかる時間は同じになりますね。

(3) まちを車で走るとき，次の①～④の問いに答えなさい。

① 遠回りをしないで交差点★からG地点まで行く道筋は何通りか，書きなさい。

② 下線部cを，**図5**の表し方にならって，解答らんの図に矢印でかきなさい。

③ 下線部cに続いて下線部dを通った場合，交差点★から駅前までの間の信号で待つ時間の合計は何秒か，書きなさい。

④ 下線部eを，**図5**の表し方にならって，解答らんの図に矢印でかきなさい。また，その道筋を通った場合，交差点★からG地点を通過するまでにかかる時間は何秒か，書きなさい。

(3) (1)、(2)で答えたことに関連して、あなたはこれまでにどのような経験（見たり聞いたりしたことをふくむ）をし、その経験を通してどのようなことを感じましたか。また、それを今後、社会のためにどのように生かしていきますか。次の（注意事項）にしたがって、三百字以上、三百四十字以内で書きなさい。

（注意事項）

ア　ます目の中には、題名、氏名は書かずに本文から書き始めること。

イ　文章全体を三段落の構成とし、一段落目には、あなたの経験について、二段落目には、その経験から感じたことについて、三段落目には、それを今後、社会のためにどのように生かしていくかについて具体的に書くこと。

ウ　原稿用紙の適切な使い方にしたがって書くこと。

エ　文字やかなづかいなどを正しくていねいに書き、漢字を適切に使うこと。

ません。しかし、その時刻にはもう※1夜間外出禁止令が出ていて身動きがとれないのです。でも、医師としてのわたしの仕事は、一つの命を救うことにあるはずです。でも、ほかの命を巻き添えにしないためには、※2紛争地のルールに従わざるをえません。その子は明け方に息を引き取りました。父親はわたしたち医療スタッフを呼びもせず、娘の死だけを告げ、キャンプを去っていきました。

しかし、この出来事には後日談があります。一週間ほどして、診療を待つ人の列を何気なく見ると、その父親が、今度は男の子を抱いて並んでいたのです。そして、笑顔でわたしのところに来て、「この子は手遅れにならないうちに連れてきたよ。」と声をかけてくれたのです。

このとき、 A 心の中からしみじみと喜びが込み上げてきました。つらい状況の中でも懸命に生きようとし、人への信頼を失わない彼らに、※3敬意をはらわずにはいられません。あの父親の笑顔を、わたしは忘れることがないでしょう。

マドゥー・キャンプで活動する前、わたしは、「ボランティア」とは無償で尽くすこと、自分のもっている知識や技術を差し出し、人を助けることだと思っていました。しかし、実際に活動に携わるようになって、B考えは変わりました。わたしはそこで、必死に生きようとする人々と出会い、彼らとともに生きることで、多くのことを教えてもらいました。何より、わたし自身が生きる意味を再確認することができました。

マドゥーには、※4過酷な現実ばかりです。不十分な設備や医薬品の下での医療活動は、心残りなことばかりです。それなのに、毎日がとても新鮮な感動で満ちています。ぎりぎりの状況の中で生き抜こうとする、キャンプで出会った人々の明るさに勇気づけられ、子供たちの

りできる人間のすばらしさを味わうこともできました。

※5屈託なさと素直さに心洗われ、温かいまなざしに感謝し、悲しみの表情に涙しました。なんでもない、ささいなことに感動したり、喜んだ

（貫戸朋子『マドゥーの地で』より）

※1　夜間外出禁止令……人々を守るために、出歩くと危険な夜間の一定の時間帯をあらかじめ通知する、その指令。

※2　紛争地……争いが起きている場所。

※3　敬意……りっぱだと思う気持ち。

※4　過酷……厳しすぎる様子。

※5　屈託なさ……何かを気にして心配するようなことが全然ない様子。

(1)　文章中に、 A 心の中からしみじみと喜びが込み上げてきました とあるが、それはなぜか、その理由を書きなさい。

(2)　文章中に、 B 考えは変わりました とあるが、何が、どのように変わったのか、その理由についてもふれながら書きなさい。

三　放送による問題一の椋鳩十さんの文章から聞き取ったことと、問題二の貫戸朋子さんの文章から読み取ったことをふまえて、次の(1)～(3)の問いに答えなさい。

(1)　二人の筆者が伝えようとしていることの中で、共通していることを次のようにまとめたとき、①に合う内容を書きなさい。

樹木も人も生命あるものは、（　　　　　①　　　　　）

(2)　(1)で答えた内容について、貫戸さんは、「敬意をはらわずにはいられない。」と感じているが、椋さんはどのように感じていたか、書きなさい。

と思ったら、大間違いだ。

七千年の老木だから、その杉の葉も、枯れがれとしているだろう

もうとう考えていないようである。

さわったら、指の先も、青く染まるほど、その葉は、新鮮に光っ

ているのだ。若々しいのだ。

さらに驚いたことには、七千年の老木という枝には、杉の実

が、びっしりと、ついているのであった。子孫を残すための実を、

びっしりと、つけているのであった。

七千年の老木といえども、ほうほうと、命の火をもやして、今を

生きているのだ。現世を、力いっぱい生きているのだ。

「七千年の命が、音たてて燃えているわ。すごい」

と、私は、思わずつぶやいた。

すると岩川さんは、

「なにしろ、杉というやつは、すごい木でありますぞ。千年の杉で

も、二千年の杉でも、倒れる瞬間まで、ちゃんと、杉の実をつける

んでありますで……」というのであった。

すごいというよりも、素晴らしいと思った。

死の瞬間まで、命の火を、ほうほうと燃やす。美しい生き方だ。

こういう生き方なら、あの世に旅立つにも悔いがない。美しい旅

立ちだ。

（椋鳩十『命ということ心ということ』「樹齢七千年の杉」より）

以上で放送を終わります。それでは、問題用紙を開き、全ての問題に

答えなさい。

一　放送で聞いた内容から、次の(1)、(2)の問いに答えなさい。

(1)　筆者が大木と対面したときに感じた二種類の音を、次のようにまと

めたとき、①、②にあてはまる言葉を書きなさい。

○みね（山頂）をふく風に、大木がたてている「ごう」と

いう音が（　①　）音に聞こえた。

○実際に聞こえているわけではないが、大木がほうほうと

（　②　）音をたてているように思えた。

(2)　筆者は、「仙人（山中に住み、不老不死であるといわれている想像上

の人）」と比べて、大木をどのような存在ととらえていたか、「同じ点」

と「ちがう点」にふれながら書きなさい。

二　次の文章は、筆者の貫戸朋子さんが、天災や戦争などの状況下、

医療えん助活動等を行う「国境なき医師団」の医師として、赤道近く

のスリランカという国のマドゥーにある、戦火をさけて住居をはなれ

た人たちが集団で生活している場所（キャンプ）で活動したときの体

験談の一部です。これを読み、あとの(1)、(2)の問いに答えなさい。

ある夕方、腕に小さな女の子を抱いた一人の父親がやって来ました。

女の子の状態は、ひと目見て思わず、「どうしてもっと早く連れてこな

かったの。」と口にしてしまうほどのものでした。父親は、子供を抱いた

母親を自転車に乗せて朝六時に家を出て、十時間以上もジャングルの中

をこいできたと答えました。

一刻も早く、その子を、治療ができる大きな病院に送らなければなり

【適性検査二－二】　（四五分）　〈満点：一〇〇点〉

【注意】　放送で指示があるまでは、開かないこと。その他、すべて放送の指示にしたがいなさい。

（放送台本）

これから、適性検査2－2を始めます。外側の用紙が解答用紙です。内側に問題用紙があります。内側の問題用紙は、指示があるまで開いてはいけません。

それでは、外側の解答用紙を開き、受検番号と氏名を書きなさい。

（20秒後）　書き終わったら元通り問題用紙を挟んで閉じなさい。

（5秒後）　最初は、放送を聞いて問題に答える検査です。それでは、解答用紙を裏返して「メモらん」と書いてある面を上にしなさい。

（5秒後）　「メモらん」にメモを取ってもかまいません。

（3秒後）　これから、椋鳩十さんが書いた「樹齢七千年の杉」という作品の一部を朗読します。この話は、筆者が屋久島を訪れ、ガイドの岩川さんの案内により、樹齢七千年の大木を見に行くところから始まります。筆者が人里からそう遠くないところに生息しているその大木と対面したときの気持ちに注意しながら聞き、問題用紙の問いに答えなさい。

なお、朗読は1回だけです。それでは、朗読を始めます。

（3秒後）

朝はやくたって、樹齢七千年の杉までたどりついた。

七千年といったら、日本の歴史でいうと、神代のころにあたるであろうか。そんな時代から、生きつづけていた木なのである。

なんとまあ、すごい命だ。

七千年の命が、私の目の前に、どしんと立っているのだ。

胴まわりの大きいこと。

大人が、十人で、両手をひろげてかかえても、かかえきれないであろう。

胴まわりは、十畳の間より大きいかもしれない。

想像を絶する大木である。

その大木が、峰吹く風に、ごうと、音たてている。

七千年の老木が、大自然の神と、会話でもかわしているような音に聞こえるのであった。

木といっても、七千年という命をもつ杉は、むしろ、大自然の奥深さを象徴する不思議なる存在といった感じだ。

七千年の命が、今も、脈々として、息づいているのだ。

なんとも、とびぬけて、不思議な木だ。

人間にたとえたら、仙人の類であろうか。

いやいや、仙人とも、根本的にちがう存在である。

仙人は、俗世間から、遠くはなれた存在である。俗世界から超然とした存在である。

ところが、この七千年の命の杉は、俗世間の中に、ひたり込んで生きているのであった。俗世間から、超然として生きようなどと、

平成28年度

千葉県立中学校入試問題（一次）

【適性検査1－1】 （45分） ＜満点：100点＞

1 りかさんは，総合的な学習の時間の職場見学で，郵便局を見学しました。あとの(1)～(6)の問いに答えなさい。

資料1 職場見学の記録

見学した場所	千葉郵便局		月日	11 月 18 日 （水）
目標	郵便局では，たくさんの郵便物をどのように仕分けしているのか見てこよう。			

見たこと・聞いたこと	考えたことなど
〈郵便物は，どのような手順でわたしたちの家に届くのだろうか。〉 ①前処理機 　機械に手紙や葉書を入れる。→うすいものは機械を通過する。 （大きいものや厚いものは自動で取りだされていた。） 手紙や葉書が機械のベルトの上で向きを変えられていた。（ツイスト機構という。）→機械で消印をおす。 **ツイスト機構** ②郵便区分機 　郵便番号を読み取って，郵便番号順に分ける。　→地域の配達郵便局へ運ぶ。 ③郵便自動化機 ・住所を読み取って配達員の担当ごとに分ける。 　1時間に4万通，1秒では約 **い** 通を分ける。 　**う** な字で書くと読み取り効率が良い。 ・番地やマンションの部屋番号まで読み取って配達順に並べかえる。	大きいものや厚いものは人の作業。人の手作業も重要だ。 ツイスト機構とは，手紙や葉書などの **あ** の位置を読み取って向きをそろえるしくみ。すべて自動でおどろいた。 機械では，約95％を読み取れるというけれど，読み取れない字は人が確認していた。 集中して仕事をしている姿が印象に残った。

（NEC　キッズ・テクノロジー・ワールドより作成）

(1) 　**資料1**の　あ　～　う　に入る言葉や数を書きなさい。ただし，　い　については，小数第1位を四捨五入して整数で書くこと。

　職場見学の数日後，長野に住んでいるおじいさんから，リンゴが届きました。

父親：おじいちゃんにお礼の手紙を書いてくれないかな。喜ぶだろうな。

りか：そんなの無理よ。ぇ手紙を書くって時間がかかって大変だもの。電話じゃだめかしら。わたしの声を聞いたら喜ぶわよ。

母親：電話もいいけど，手紙なら，りかの成長を感じられるでしょ。

父親：そうだね。これを機会に手紙の書き方を覚えるのも大切じゃないかな。

　りかさんは，**資料2**，**資料3**を父親と母親に見せて，手紙を書く大変さを話しました。

資料2　　手紙の良いイメージ(左)と苦手とするイメージ(右)　　調査人数560人（複数回答）

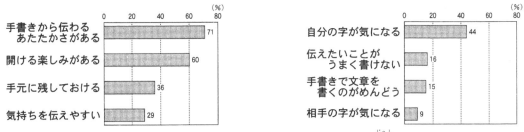

(マーケティングリサーチシステム　インサーチ「手紙についてのアンケート」(平成21年実施)より作成)

資料3　　他の通信手段との比かく

	手　紙	電　話	メール※
伝える方法	文　字	音　声	文　字
送る(かける)タイミング	いつでも	受け手のことを考える必要がある	いつでも
届くまでの時間	長	短	短
主な表現方法	文　章	声の調子　話し方　画像など	文章　絵文字　画像など

※メール：コンピュータネットワークを通じて文書・画像などの情報を伝達する通信のしくみ。

(2) 　下線部えについて，りかさんがこのように考えた理由を，**資料2**，**資料3**をもとにして書きなさい。ただし，解答らんに示した書き方にしたがって書くこと。

りか：手紙は手書きをしなければいけないの？

母親：最近は手書きをしない人も多いわよ。

父親：確かに年賀状も，本文だけでなく，住所や名前までもすべてパソコンを使った印刷のものが多いよね。そんな中に手書きで一言でも何かが書かれていると，印刷だけのものより気になるし，うれしいな。

　りかさんとお父さんは，手書きに関するアンケート結果（次ページ**資料4**，**資料5**）を見つけました。

資料4 「手書きをする」
　　　割合の比かく

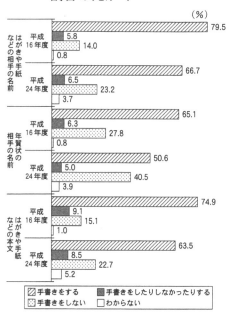

資料5 年れい別の「手書きをする」割合

（平成24年度）

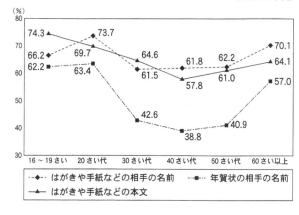

（資料4・資料5 平成24年度「国語に関する世論調査」文化庁
ホームページより作成。ただし，資料4は四捨五入の関係で合計
が合わない場合がある。）

(3) **資料4，資料5**をもとにして，りかさんは気づいたことを**ア～エ**のようにまとめました。その
　　内容として，適切なものには〇を，適切でないものには✕を書き，**資料4，資料5**だけでは読み
　　取れないものには△を書きなさい。

　　ア 平成24年度の「手書きをする」割合は，すべてにおいて16年度より高くなっている。

　　イ 平成16年度と24年度を比かくすると，「手書きをする」割合の差が最も小さいのは，「はがき
　　　や手紙などの本文」である。

　　ウ 16～19さいは，すべてにおいて「手書きをする」割合が最も高い。

　　エ 平成16年度に比べ24年度で「年賀状の相手の名前」を「手書きをする」割合が減ったのは，
　　　30～50さい代の割合が低いからである。

りか：手紙の良さも手書きの良さもわかったけど，おじいちゃんにあらためて手紙を書くとなる
　　　と，友達に書くようなわけにはいかないな。手紙ってやっぱり特別な感じがするな。

父親：お父さんは，手紙や電話，メールを使い分けているよ。こんな資料もあるよ。

　お父さんは，**資料6，資料7**（次ページ）を見せました。

資料6　使用した通信手段（1か月間）

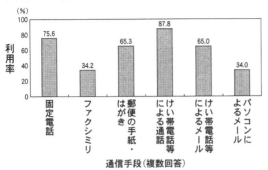

（日本リサーチセンター・NOS自主調査「SNSとコミュニケーションについての調査」(2013年)より作成）

資料7　手紙の目的や印象

手紙の目的（複数回答）	全体(%)
お礼やお祝いの手紙	27.8
季節ごとのあいさつの手紙	24.0
品物といっしょに送る手紙	18.6
身の回りのできごとを知らせる手紙	17.7
旅行のようすを知らせる手紙	3.4

手紙の印象（複数回答）	そう思う(%)
礼ぎ正しい感じがする	90.6
正式，公式な感じがする	89.1
文字数に決まりがない	66.8
とっておくことができる	58.4

（大江宏子『多様化するメディアの中での手紙の意義』(2007年)より作成）

(4)　手紙を書くことが，他の通信手段が広まる中にあっても続いてきたのはなぜか。**資料6，資料7**と会話文（前ページ）をもとに，「時」「人」という言葉を使って書きなさい。

りか：学校で，職場見学のお礼状の下書きをしたの。先生が用意してくれた例文の最初と最後に「拝啓」，「敬具」という言葉があったの。どういう意味なの？

母親：「拝啓」は手紙の書き出しに使う言葉で，「敬具」は「拝啓」に対応させて，手紙の終わりに使う言葉なのよ。漢字には，意味があるから，自分で調べてごらんなさい。

　　りかさんは，それぞれの漢字の意味を調べてみました。

資料8

文字	意味
拝	おがむ。おじぎをする。 両手を前に組み合わせ，上体を曲げ，さらに首を垂れて敬意を表す。
啓	申す。申し上げる。
敬	敬う。敬意を表す。
具	そろう。整える。申したてる。

（角川書店　角川必携漢和辞典より作成）

(5)　**資料8**をもとに「拝啓」の意味を考え，次の例にならって書きなさい。

> 例　敬具は［伝えたいことが整ったので，敬う気持ちで申し上げます］という意味

りか：職場見学のお礼状（次ページ**資料9**）を書いてみたんだけれど，お母さん，ちょっと見てくれる？

母親：なかなかいいと思うわ。字もていねいで，敬語も使っているし，感謝の気持ちが伝わる内容になっているわね。これなら，おじいちゃんにも書けそうね。

りか：よかった。がんばって書いてみるわ。

資料9　りかさんの礼状

拝啓

落ち葉が風に舞う季節となりました。

先日は、おいそがしい中、わたしたちの見学を受け入れていただき、ありがとうございました。

今回、見学して、郵便局のみなさんが、わたしたちが出した手紙を早く、正確にとどけるためにどのような仕事をなさっているのがよくわかり、とても勉強になりました。

印象に残っているのは、機械が読み取れなかった文字を、真けんなまなざしで読み取り、画面に打ちこんでいく作業でした。まちがいが許されない仕事をしているという責任感が伝わってきました。

わたしも学校生活の中で、係の仕事を行う時に、最後まで責任をもって真けんに取り組んでいきます。みなさんの働く姿を見ることで、自分自身をふり返るよい機会となりました。

これから寒さがますますきびしくなりますが、健康に気をつけてお過ごしください。

敬具

平成二十七年十一月二十五日

千葉小学校　六年一組　草野　りか

千葉郵便局のみな様

(6) お母さんは、**資料9**の［＿＿］を指しながら、「感謝の気持ちが伝わる」と言っています。［＿＿］の部分が書かれていることで、礼状としてどのような良さがあるのか、句読点をふくめて**35字以内**で書きなさい。

2 れんさんは姉のしのさんと、夏の3泊4日の北陸旅行について相談しています。交通手段や観光地について、2人で調べてからお父さんに提案するつもりです。あとの(1)〜(7)の問いに答えなさい。

れん：北陸新幹線に乗ってみたいな。東京駅から金沢駅まで、約2時間30分だよ。

しの：すごい。北陸が近くなったね。延長されたのは長野駅と金沢駅の間ね。

れん：そうだよ。これ（次ページ**資料1**）を見て。工事内容ときょりをグラフにしたものだよ。

しの：延長区間は、全体で　**あ**　kmね。トンネルの部分が1番長いわね。延長区間全体の約　**い**　％もあるわよ。まるで、地下鉄のようね。

(1) 上の会話中の　**あ**　，**い**　に入る数を書きなさい。ただし、**い**　については、小数第1位を四捨五入して整数で書くこと。

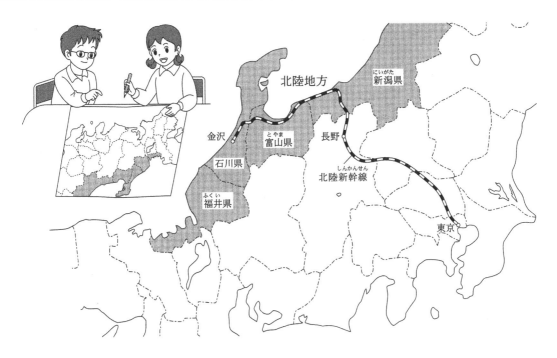

資料1　北陸新幹線の延長区間の工事内容ときょり

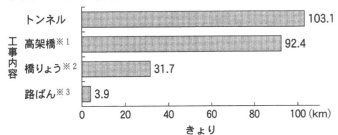

※1　高架橋：地面の上にかける橋のこと。

※2　橋りょう：川，湖，谷などの上に渡した橋のこと。

※3　路ばん：自然の地面を利用した路線のこと。

（国土交通省「北陸新幹線　工事実施計画の概要」（平成24年）より作成）

れんさんは，新幹線について調べていくうちに，輸送に関する**資料2**，**資料3**を見つけました。

資料2　旅客輸送に関する比かく

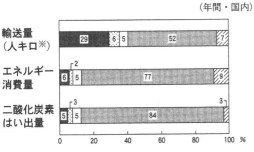

※人キロ：人の輸送量を表す。運んだ人数ときょり（キロメートル）をかけて計算する。

（「JR東海アニュアルレポート2013」より作成。ただし，四捨五入の関係で合計が合わない場合がある。）

資料3　交通機関ごとの輸送人数（1年間）

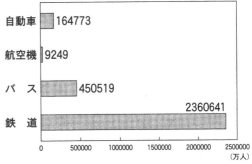

（平成25年交通関係統計等資料 国土交通省より作成）

(2) **資料２，資料３**からわかる内容として正しいものを，次の**ア～エ**のうちから**すべて**選びなさい。

ア 鉄道は，他の交通機関より輸送きょりが最も長いので輸送量が多い。

イ 鉄道は，１年間の輸送人数が，自動車の約5.2倍である。

ウ 鉄道は，輸送量に対する二酸化炭素はい出量の割合が，航空機の約６分の１である。

エ 鉄道は，輸送人数に対するエネルギー消費量が１番少ない。

れんさんは，北陸新幹線の先頭部が，トンネルが多いために工夫されていることや，職人さんがハンマーで鉄板をたたいて先頭部の型を作ったことを知り，ものづくりに興味をもちました。

れん：ものづくりの体験をしてみたいんだ。福井県はどうかな。鯖江でめがねを作って，越前和紙※作りもしてみたいな。

しの：めがねが自分で作れるの？それなら，道順を考えてみようよ。

※越前和紙：主に福井県越前市で生産される紙のこと。およそ1500年の歴史があるといわれる。現在では，機械による生産も行われているが，本来は，手作りで行うものである。

福井県の周辺地図　　　　　　　　　**資料４　見学地周辺の地図**

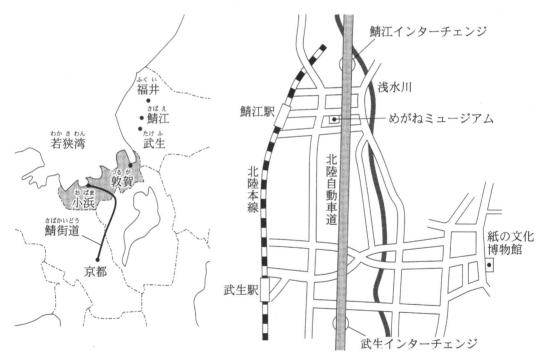

(3) 次のページの１～８は，**資料４**のめがねミュージアムから紙の文化博物館までの道順で，曲がるところを番号順に示した図です。図の示しためがねミュージアムから紙の文化博物館までの道順を解答用紙上に１本の線でかきなさい。

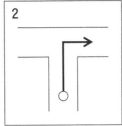

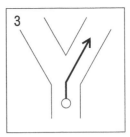

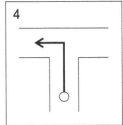

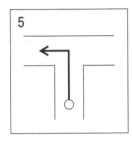

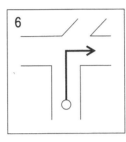

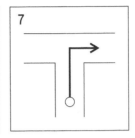

れん：お姉ちゃんはどこへ行きたいの？

しの：福井県の小浜から京都に続く「鯖街道」を歩いてみたいの。

れん：「鯖街道」って，鯖が通ったということ？

しの：そうなの。江戸時代には，若狭湾に水あげされた鯖の内臓を取り出して，そこに塩を入れた
　　　ものを大量に京都へ運んだそうよ。だから，「鯖街道」と呼ばれるようになったの。

れん：地図で見ると小浜と京都って意外に近いんだね。何か関係があるのかもね。

　　しのさんは，若狭湾周辺の地域と京都の関係について調べてみました。

資料5

高浜虚子は，「萩やさし敦賀言葉は京に似
て」と，敦賀の言葉と京の言葉について俳
句をよんでいる。

資料6

北海道でとれた昆布やにしんは，小浜で加
工され，主に京都で消費された。

(福井県ホームページより作成)

資料7

若狭国※は，奈良・平安時代には，朝廷に
海産物や米，塩を税として納めていた。

※若狭国：現在の福井県の西部をはん囲とする
　　　　当時の国名。

資料8

若狭湾周辺の地域には，寺社を中心とした
行事や芸能が発達し，京都で始まった多く
の祭りなどが現在も残っている。

(資料7・資料8　小浜市・若狭町歴史文化基本構想より
作成)

(4)　会話文と資料5～資料8をもとに，鯖街道が若狭湾周辺の地域と京都のそれぞれに何をもたら
　したのかを書きなさい。ただし，解答用紙の示した書き方にしたがって書くこと。

れん：鯖街道で鯖は食べられるのかな？

しの：「鯖ずし」とか「焼き鯖」，「へしこ」があるわよ。

れん：「へしこ」って何？

しの：鯖を塩づけにした後で，ぬかに1年から2年つけて作る保存食（ほぞん）なの。今では若狭湾で鯖があまりとれなくなってきたから，輸入もしているんだって。

れん：「へしこ」と越前和紙には共通点があるね。和紙作りもこの地域にずっと伝えられてきたんだよ。和紙の原料も輸入が増えているよ。

しの：越前和紙には，どんな歴史があるのかな。お父さんに聞いてみよう。

父親：ほとんどの和紙作りの産地では，米作りが終わった後の冬の仕事にしていたんだよ。でも，う越前地方では，季節に関係なく1年を通して和紙作りをしてきたんだよ。これ（**資料9**）を見てごらん。越前和紙についての記録だよ。

資料9　越前和紙の記録

［奈良時代］	［室町時代］	［江戸時代］	［明治時代以降］
奈良の正倉院（しょうそういん）に保管されている文書中に，越前和紙を奈良に大量に運んだことが書かれている。	文明年間(1469〜1486年)の記録には，越前から京都に向かう貴族（きぞく）や僧（そう）たちが，みやげとして越前和紙を用いたとある。	正徳5年(1715年)の文書に「肌（はだ）なめらかで書きやすく紙質ひきしまって長持ちし，紙の王と呼ぶにふさわしい紙」と評価されている。江戸幕府（ばくふ）から8，9月ごろに翌年（よくねん）の注文が入ると作り始め，翌年6月ごろまでに納めた。	明治時代のお札に使用された。現在でも日本画用紙，文化財の修理用紙として使用されている。

（越前市「越前市工芸の里構想」，福井県「福井県史」，越前和紙工業共同組合ホームページより作成）

(5) 下線部うについて，**資料9**をもとに，越前地方では冬期だけでなく，1年を通して和紙作りが行われてきた理由を書きなさい。

　れんさんたちが，めがね作りについてもくわしく調べていくと，地域の産業として，100年以上の歴史があることがわかりました。

資料10　めがね職人さんへのインタビュー

鼻パッド作り職人　Nさん

○鼻パッドが合わないとずれ落ちたり，かけごこちが悪くなったりしますよね？
　鼻パッドは地味な部品ですが，かけごこちを大きく左右しますからね。

○これからの見通しは？
　存在感（そんざい）のない鼻パッドづくりです。鼻パッドがないのが1番なんです。現実

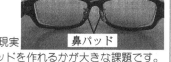

にはきびしいので，いかに存在感をなくして，かけていてもつかれないパッドを作れるかが大きな課題です。20年30年かけてでも追求していきたいです。

セルわく作り職人　Mさん

○手作業でどのようなことを意識してセルわくをけずられていますか？
　わく作りには，6種類の工具を使い分けて，「丸い部分」と「角張り部分」のメリハリをつけてる。「ふんわりとした丸み」や「ピンとした角張り」といった感覚的な表現を使うんやけど，こんなことは機械ではできんわ。もう長年の経験からくるカンやね。

○そういうことを若い方に教えられたりするのですか？
　若い子は，常に手を動かすようにしてたくさん経験して自分の手や目の感覚を養うことや。セルわくの製作の中で1番むずかしいのがみがきやね。2，3年でできるものではなくて，ワシも自分で本当に納得（なっとく）するものができるようになるまで時間がかかったね。

○若い人へのメッセージをお願いします。
　しっかりとした考えを持ち，自信を持つことや。工場では，１千枚２千枚と作るけど，お客さんが買うのは，たったの１枚。

※セルわく：セルロイド（プラスチックの一種）を原料としためがねのわくのこと。

（鯖江メガネファクトリーホームページより作成）

(6)　２人のめがね職人が共通して，めがねを作るときに大事にしていることを，**資料10**をもとに２つ書きなさい。

れん：職人さんたちのこだわりが，日本のものづくりを支えているんだね。

父親：そうだね。でも，鯖江市のめがね産業にも課題があるようなんだ。だからこそ将来を考えていろいろな取り組みをしているんだよ。

資料11　鯖江市の取り組み

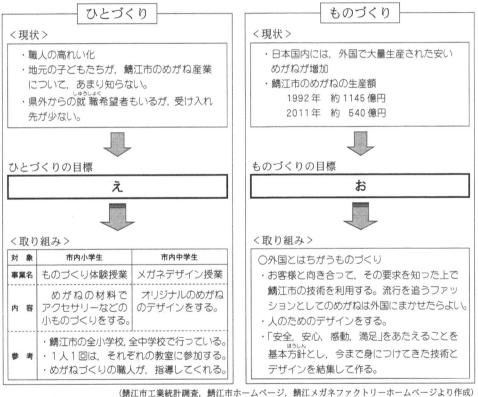

（鯖江市工業統計調査，鯖江市ホームページ，鯖江メガネファクトリーホームページより作成）

(7)　**資料11**は，鯖江市の取り組みを示したものである。**資料11**の え に入る言葉を，次の①の指示にしたがって書きなさい。また，**資料11**の お に入る言葉を，次の②の指示にしたがって書きなさい。ただし，え ，お ともに句読点をふくめて**25字以上30字以内**で書くこと。

①　ひとづくりの目標をどのようにたてて小中学生に２つの「体験授業」を行っているのか，「人材」「技術」という言葉を使って書きなさい。

②　ものづくりの目標について，どのようなめがねをどのように生産しようとしているのかがわかるように書きなさい。

【適性検査1－2】 （45分）　＜満点：100点＞

1　はるみさんとかずおさんは，国際宇宙ステーションや人工衛星について調べています。あとの
　　(1)～(6)の問いに答えなさい。

はるみ：先生，晴れていれば明日の夕方，国際宇宙ステーションが飛んでいるところを見るこ
　　　　とができると聞きました。本当ですか。

先　生：本当だよ。みなさんは国際宇宙ステーションや人工衛星が，星空の中を移動している
　　　　ところを見たことはあるかな。先生は国際宇宙ステーションを去年見ました。そのと
　　　　きに記録した資料で説明しましょう。**図1**はどこの上空を通過するかを矢印で表した
　　　　もので，**図2**は千葉にあるわたしたちの学校の校庭で，空のどこを通ったかをかいた
　　　　ものです。このように国際宇宙ステーションは遠いほど見上げた角度が小さく，近づ
　　　　くにしたがって見上げた角度が大きくなります。

図1

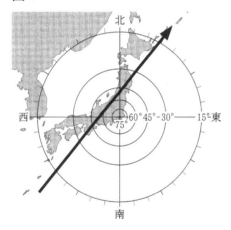

各円は，日本付近を国際宇宙ステーショ
ンが通過したとき，それぞれの場所で，
千葉から見上げた高さが何度になるのか
を表す。

図2

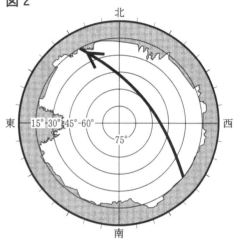

各円は見上げた高さ（度）で，円の中心が
観察している人の真上の空を表す。

かずお：木や建物があるため，校庭からは見上げた高さがだいたい15°より低い部分は見えな
　　　　いよね。

はるみ：すると，そのときは国際宇宙ステーションが　**ア**　の空に現れて，　**イ**　の空で
　　　　最も高く見えたということですね。

先　生：そのとおりです。よくわかりましたね。明日は校庭でどのように見えるかわかるか
　　　　な。

---

(1)　**ア**，**イ**にあてはまる方角をそれぞれ八方位で書きなさい。

(2)　**図3**は次の日の夕方に，国際宇宙ステーションがどこの上空を通過するかを矢印で表したものです。このとき，かずおさんたちの学校の校庭から見ると，国際宇宙ステーションは空のどこを通りますか。**図2**の表し方にならって，解答らんの図に矢印でかきなさい。

図3

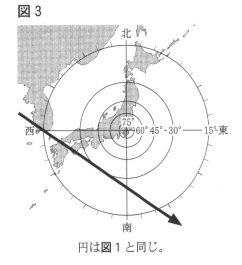

円は**図1**と同じ。

次の日，はるみさんたちは国際宇宙ステーションを見ることができました。

かずお：あんなに明るく見えるとは思わなかったよ。1等星ぐらいだったかな。

はるみ：飛行機と違って光が点滅しなかったね。まるで星が速く動いているみたい。感動しました。

先　生：飛行機は安全のため照明を照らしたり点滅させたりしながら飛んでいるので，その光が見えています。それに対して国際宇宙ステーションや人工衛星はそれ自体は光を発していなくて，太陽の光を反射して明るく見えているんです。日の出前や日の入り後には観察しやすいのですが，見ていると突然見えなくなってしまうこともあります。

かずお：どうして日の出前や日の入り後には観察しやすいんだろう。それに突然見えなくなってしまうなんて不思議だな。

先　生：それは地球や国際宇宙ステーションへの太陽の光の当たり方と関係があります。

はるみ：図にかいてみるとわかるかな。

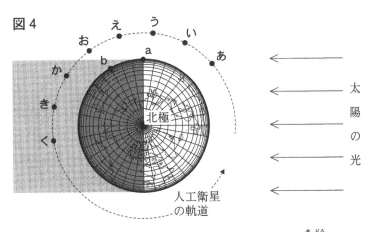

図4

先　生：国際宇宙ステーションや人工衛星，月などの天体の通り道を軌道といいます。赤道上

空を回っている，ある人工衛星の軌道が**図4**のとおりだったとすると，**a**地点から見えないのは人工衛星が**あ～く**のどこにあるときかな。ただし，**a**地点では校庭と違って，空の低い部分をさえぎるものがないとして考えてみて。

かずお：それは，**あ・か・き・く**でしょう。**a**地点から見た高さが0度より下，つまり地平線や水平線より下にあるから。

先　生：そうですね。でも**a**地点では空がまだ明るいから，**い～お**の位置でも，よほど明るく見える人工衛星でないと見えません。さて，**b**地点では空がじゅうぶん暗くなっています。ここでも空をさえぎるものはありません。ここからはどの位置の人工衛星が見えるかな。

(3) **b**地点からこの人工衛星が見えるのは，**あ～く**のどの位置にあるときですか。**すべて書きなさい**。また，そのうち西の空で最も低く見えているのは，どの位置にあるときですか。書いた答えの中から1つを○で囲みなさい。

先生は，国際宇宙ステーションの軌道を理解させるために，ボールを用意しました。

はるみ：国際宇宙ステーションはどのくらいの高さを飛んでいるのかな。

先　生：国際宇宙ステーションは地上から400km離（はな）れた円の軌道を，時速28000kmの速さで回っています。飛行機よりはずっと高く，速いですよ。

かずお：では，このボールを地球とすると，ボールの表面からどのくらい離れたところを回っていることになるのかな。

はるみ：ボールの半径は16cmだね。それなら計算すればわかるかも…。

(4) 地球の半径を6400km，国際宇宙ステーションの軌道を円として，次の①，②の問いに答えなさい。
　① ボールを地球としたとき，軌道を同じ割合（わりあい）で縮小（しゅくしょう）して考えると，国際宇宙ステーションはボールの表面から何cm離れたところを回っていることになるか，書きなさい。
　② 国際宇宙ステーションが，実際の軌道を時速28000kmの速さで回っているとすると，何時間で地球の周りを1周することになりますか。ただし，割り切れない場合は小数第2位を四捨五入（ししゃごにゅう）して小数第1位まで書きなさい。

国際宇宙ステーションだけでなく，地球の周りにはたくさんの人工衛星が回っていて，様々な役割を果たしています。

かずお：人工衛星も，国際宇宙ステーションのような速さで地球の周りの軌道を回っているんですか。

先　生：速さは違うけど，みんな回っていますよ。

はるみ：おかしいな。わたしのうちでは衛星放送を見るためパラボラアンテナを南の空に向けて固定して設置してるよ。アンテナの方向に人工衛星があるってことでしょ（次ペー

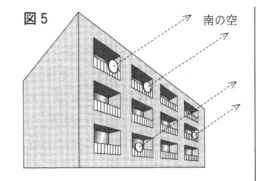

図5

南の空

ジ**図5**）。人工衛星が空を移動し
ていったら，アンテナの方向を変
えていかなければ放送を受信でき
なくなるじゃない。止まってい
るってことじゃないの？

先　生：やはり人工衛星は回っています。
　　　　一方，地球も北極と南極を結ぶ線
　　　　を軸にして，1日1回転していま
　　　　す。

かずお：地球の回転と人工衛星の動きの関係で止まって見えるのか。

先　生：そのとおりです。このような人
　　　　工衛星は地上から見ると止まっ
　　　　ているように見えるので静止衛
　　　　星と呼ばれています。この人工
　　　　衛星は**図6**のように，赤道の上
　　　　空高さ35800kmのところにあっ
　　　　て，地球の周りを　**ウ**　時間
　　　　で1周するので地上からは静止して見えるんです。

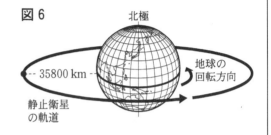

図6

北極

35800 km

地球の
回転方向

静止衛星
の軌道

(5)　**ウ**　にあてはまる数を書きなさい。

地球のいろいろな地点の上空を移動して観測する人工衛星もあります。

かずお：静止衛星はいつも同じ地点の上空にあるけど，国際宇宙ステーションのように，いろ
　　　　いろな地点の上空を移動するものはないのかな。

先　生：ありますよ。例えば**図7**のような極軌道衛星はそ
　　　　の1つだよ。

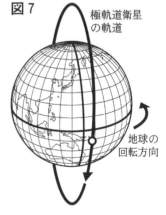

図7

極軌道衛星
の軌道

地球の
回転方向

はるみ：どんなふうにいろいろな場所の上空を移動するの
　　　　かしら。

先　生：考えてみようか。ある極軌道衛星は北極と南極の
　　　　上空を通る円の軌道を回っています。この極軌道
　　　　衛星は8時間で地球の周りを1周しています。
　　　　25日の12時には**図7**のように東経150°の赤道上
　　　　空にあって，南下していました。1時間後にはど
　　　　の地点の上空を通過すると思いますか。

はるみ：8時間で1周する極軌道衛星が今南下しているの
　　　　だから，1時間後には南緯　**エ**　°，東経150°の上空でしょう。

先　生：南緯　**エ**　°は正しいですが東経150°ではありません。地球が回転しても極軌道衛
　　　　星の軌道は変わらないから，そのことも考えましょう。

かずお：1日で360°回るのだから，地球は1時間で オ °回るかな。

先　生：そうです。

はるみ：わかった。極軌道衛星の動きと地球の回転を合わせて考えると，1時間後には南緯 エ °，東経 カ °の上空です。

先　生：正解です。では2時間後，3時間後，さらにその後はどうなるかな。図8の○に続けてかいてみるとわかりやすくなりますよ。

図8

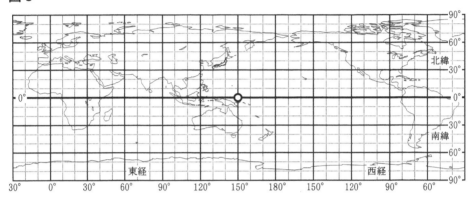

かずお：あれれ，2時間たったら地図のはしに来ちゃったよ。行き止まりかな。

はるみ：地球は丸いんだから行き止まりはないでしょ。極軌道衛星もそのまま進むわけだし。

かずお：そうか。例えば千葉県を通る東経140°の線は，北極点や南極点を通って経度で180°反対側の西経40°の線にそのままつながっているから，この極軌道衛星もそのまま進むのか。

先　生：そのとおりです。この後の通り道もわかりますか。

(6)　先生の紹介した極軌道衛星について，次の①～③の問いに答えなさい。

①　 エ ～ カ にあてはまる数をそれぞれ書きなさい。

②　下線部について，この極軌道衛星は25日12時から22時にかけてどこの上空を通過しますか。解答らんの図にその経路を線でかきなさい。

③　25日12時以降，この極軌道衛星が本州上空を最初に通過するのは何日の何時から何日の何時の間ですか。間は1時間として書きなさい。

2　会話文を読み，あとの(1)～(10)の問いに答えなさい。なお，図は方眼のマス目にかいてあるので参考にすること。また，辺や図形を分ける線，切り取り線を解答する場合は，必要な場所だけに定規で直線をひくこと。

　みおさんは，先生から図形についての課題を出されました。

先生：紙でできた図形を，2つの同じ形に切り分けてもらおうと思うんだけど，できそうかな。

みお：ぴったり重なるよう半分に折って，折り目を切ればいいですよね。

先生：折るとぴったり重なっても， ア のように，広げて折り目を切ったとき，一方を裏返

さないとぴったり重ならないものはだめです。逆に，折ったときに重ならなくても，同じ形ができる場合もあるね。

みお：　　イ　　は，対角線で折るとぴったり重ならないけど，広げて折り目を切ると２つの同じ形に分けられます。

先生：じゃあ，この図形（**図１**）はどうかな。

みお：半分に折れないから，無理だと思います。

先生：**図２**の太線で示した２本の直線で切れば，２つの同じ形の図形に分けられますよ。

みお：本当だ。分けるのは１本の直線でなくてもいいのか！　どうしたらこういう図形が作れるのですか。

先生：**図２**を見てごらん。●を中心に一方の図形を回転させると，もう一方の図形にぴったり重なるね。

みお：確かに重なります。でも，知りたいのは，どうすれば回転の前後の２つの図形を，うまくつなげられるのかということなんですけど。

先生：**図３**に，２つに分けた図形の１つがあるから観察してみよう。回転の中心とした頂点（●）の両側にある２つの角に色をつけてみたんだけど，この２つの角にはどんな関係があるか，わかるかな。

みお：角の大きさを見ると，　　　ウ　　　。

先生：そうだね。では，もう１度**図２**を見てごらん。２つに分ける前の図形でも，回転の中心の両側にある２つの角には，同じ関係があることがわかるね。

みお：そうか。中心と，その両側にある角の大きさがポイントなんですね。

図１

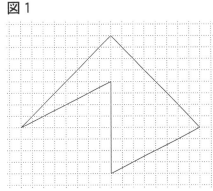

図２

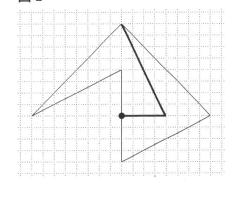

図３

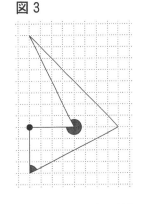

(1) 　ア　，　イ　にあてはまる図形をそれぞれ１つずつ書きなさい。

(2) 　ウ　にあてはまる内容を書きなさい。

(3) 次のページの**図４**は，図形を太線で２つの同じ形に分けたものです。この図形の，どこを中心

に一方の図形を回転させると，もう一方の図形にぴったり重なりますか。その場所を●で示しなさい。

(4) 図5の図形を，2つの同じ形の図形に分ける線をかきなさい。

(5) みおさんは2つの同じ形に分けることのできる図形をかきました。分ける前の図形には辺が7つあり，図6は，そのうちの4つの辺を示したものです。残りの3つの辺をかき，図形を完成させなさい。

また，完成した図形を，2つの同じ形の図形に分ける線もかきなさい。

図4

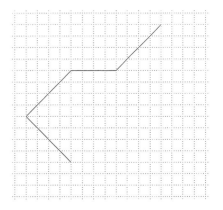

図5

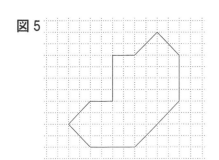

図6

まおさんに，布を持ったお母さんが話しかけました。なお，布をつなぐとき，ぬいしろは考えないこととします。

母 ：いろんな形の布があるから，これでテーブルクロスを作ってほしいの。テーブルは円形だから，形は正方形がいいんだけど，端は垂らすから，たてと横の長さが多少違って，長方形になっても構わないわ。ただし，1つのテーブルクロスは，1枚の布を切ってつなぎ合わせて，その布だけで作るのよ。布を余らせたり，裏返してつないだりしてはだめ。あと，切る回数はできるだけ少なくしてね。

まお：この布（図7）は三角形だから，2回切って並べかえれば長方形になるわ。A切り方はいろいろあるけど，できあがりが正方形に近い切り方をすればいいのね。

図7

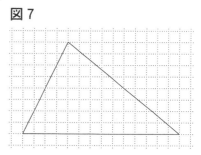

母　：この長方形の布（**図8**）はどう？

まお：たて180cm，横80cmの長方形は，計算するとちょう
　　　ど正方形になるわ。B 2回切って3つの長方形に切
　　　り分け，並べかえればいいのよね。

父　：もちろんその切り方もあるけど，2回切るなら，1回
　　　を**図9**の太線のように切っても正方形にできるよ。
　　　もう1回はどう切ればいいかわかる？

まお：斜（なな）めに切ってできるの？　難（むずか）しいわ。ヒント教え
　　　て。

父　：できる正方形の辺の長さはわかっているよね。その
　　　正方形と長方形の左上の角を重ねてごらん。もう1
　　　回をどう切るか，わかるはずだよ。

まお：（C **図9**に切り取り線を1本かく。）
　　　この方法は，変えたあとの図形の辺の長さに合わせ
　　　て切るわけだから，どんな長方形も，辺の長さを自
　　　由に変えられるわね。

図8

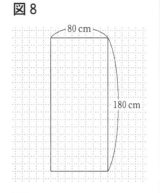

図9

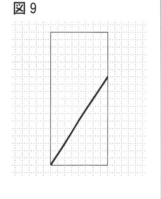

(6)　下線部Aについて，切り取り線を方眼の線に重ねてかくものとするとき，**図7**の三角形を長方
　　形に作り変えるための，2本の切り取り線をかきなさい。

(7)　下線部Bについて，**図8**の長方形を正方形に作り変えるための，2本の切り取り線をかきなさ
　　い。

(8)　下線部Cについて，**図9**の長方形を正方形に作り変えるための，もう1本の切り取り線をかき
　　なさい。

(9)　たて100cm，横60cmの長方形（**図10**）を，横75cmの長方形に作り変えるための，2本の切り取
　　り線をかきなさい。

図10

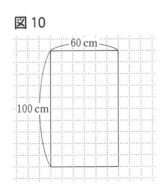

さらにお父さんは，長方形を，違う形の長方形に作り変える別の方法を教えてくれました。

父　：長方形のたてと横の長さを変える方法は他にもあるよ。
図11は，長方形の２つの頂点から，垂直に交わる２本の直線をひいたものだよ。切って，並べかえてごらん。

まお：できた。さっきと切り方は違うけど，確かに別の長方形になったわ。わたしも自分で辺の長さを決めて，作り変えてみよう。

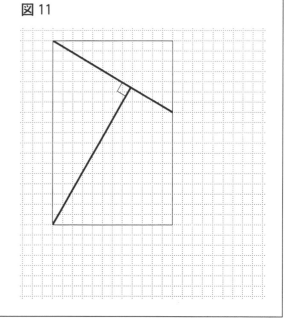

図11

(10)　まおさんは，たて180㎝，横120㎝の長方形を，違う形の長方形に作り変えることにしました。このとき，次の①，②の問いに答えなさい。

①　まおさんは，１つの辺の長さが150㎝の長方形に作り変える場合について考えてみました。そして，その切り方を [＿＿＿] のようにまとめました。 [エ] ， [オ] にはそれぞれc，dのいずれかを， [カ] には数を書きなさい。

　　図12のように，１つの頂点が直線aと重なるよう長方形を斜めに置き，傾き（bの角度）を変えます。どんな傾きのときも，切り取り線となる直線cはaと平行に，直線dはaと垂直にひきます。bを０度より大きくし，90度まで増やしていくと， [エ] の長さは増え続けるので， [エ] が150㎝になったときに切ればいいのです。このとき， [オ] は長方形のもう１つの辺となり，長さは [カ] ㎝です。

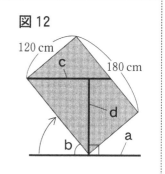

図12

②　まおさんは，①とは別の長方形に作り変えることにしました。次のページの**図13**は，そのための切り取り線をかいたものです。これを切って，並べかえてできる長方形について，短い方の辺は何㎝になるか，求めなさい。
　　なお，**図13**は縮図になっているので，ものさしを使って調べること。また，答えが小数の場合は，小数第１位を四捨五入して整数にすること。

図 13

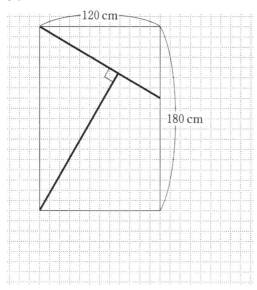

平成28年度

千葉県立中学校入試問題（二次）

【適性検査２－１】 （45分）　　＜満点：100点＞

1　夏休み明け，晴子さんのクラスでは野菜について調べ学習をしています。あとの(1)～(6)の問い
に答えなさい。

晴子：昨日の夕飯にナスが出たけど，おばあちゃんが「旬のナスだからおいしいでしょ」って
　　　言っていたわ。今の時期のナスは特別なのかな？

健二：でも，ナスは一年中お店で売っているよね。

先生：昔はほとんどの野菜は野外で栽培できる時期にだけ生産していたんだ。だから夏から秋
　　　にかけてが，もともとはナスの「旬」なんだよ。

晴子：わたしたちが育てたツルレイシの旬とだいたい同じですね。ツルレイシは５月に種子を
　　　まいて，夏休みに花がさき，その後，実がついたもの。それじゃあ，お店ではどうして
　　　一年中ナスを売っているのかな？

健二：売っているってことは，一年中作ることができ
　　　るってことですよね。

先生：そうだよ。ₐビニールハウス（**資料１**）などの
　　　施設を利用することで，日本国内でも一年中生
　　　産できるようになったんだよ。

資料１

---

(1)　下線部ａについて，「日光」「空気」「気温」という言葉を使って，ビニールハウスを利用する
　　と，一年中ナスを栽培できる理由を書きなさい。

　　　晴子さんは家に帰り，お父さんに野菜についての質問をしています。

晴子：野菜（**資料２**）の育つ条件をまとめた資料
　　　（次ページ**資料３**）をつくってみたの。ナ
　　　スやトマトは葉とくきが一定の大きさに
　　　なると花芽ができるのね。

父　：そうだね。その後，気温の高い日が続く
　　　と，花芽が成長して開花するんだよ。

晴子：資料をつくるときは気づかなかったけど，
　　　ホウレンソウって花がさくの？

父　：そうだよ。ᵦでも，ホウレンソウは葉の部
　　　分を食べるよね。ホウレンソウは花芽やくきが育つと栄養がとられて，葉がかたくなっ
　　　てしまうんだ。

資料２

ナス　トマト　キャベツ　ホウレンソウ

シュンギク　ソラマメ　ニンジン

シソ　ダイコン　エダマメ　レタス

晴子：花がさく前に，ホウレンソウ
　　　は収穫しているってことね。
　　　ところで，ホウレンソウの
　　　旬っていつなの？

父　：ホウレンソウは，25℃をこえ
　　　るような高温には弱いけれ
　　　ど，低温には強いから，冬を
　　　中心に生産していたんだ。
　　　資料4のような気温変化を
　　　する国内の場所で，ホウレン
　　　ソウを野外で栽培したとき，
　　　収穫できる大きさに育つま
　　　での期間を**資料5**にまとめ
　　　てみたよ。

資料3

野菜の種類	花芽ができる条件	くきがのびたり，できた花芽が成長して開花したりする条件
ナ　ス	葉とくきが一定の大きさ	高　温
トマト	葉とくきが一定の大きさ	高　温
キャベツ	葉が一定の大きさになった後，低温になる	高　温
ホウレンソウ	日長が12時間以上	日長が12時間以上
シュンギク	日長が12時間以上	高　温
ソラマメ	低　温	高　温
ニンジン	葉が一定の大きさになった後，低温になる	高　温
シ　ソ	日長が12時間以下	高　温
ダイコン	低　温	高　温
エダマメ	高　温	高　温
レタス	高　温	高　温

※日長　一日のうち，日光があたる時間

晴子：栽培する時期によって，収穫
　　　までにかかる日数はずいぶんちがうのね。

父　：そうだね。でも，種子をまいてから収穫までの毎日の平均気温をたした合計は，だいた
　　　い同じになっているんだよ。

晴子：**資料5**のBの期間は，**資料4**を見ると10月1日が20℃，10月30日が15℃と読み取れるか
　　　ら，この期間の気温は一定の割合で下がっていくと考えると，合計は　**ア**　℃ね。

父　：そういうことだね。同じように計算すると，Aの期間とCの期間も合計は同じ　**ア**
　　　℃になるよね。

(2)　**資料2**に示す野菜を収穫する
　　ために，花芽ができ成長して開花
　　する必要があるものはどれです
　　か。**資料2**の野菜のうちから，あ
　　てはまるものを**すべて**書きなさ
　　い。また，選んだ理由を書きなさ
　　い。

資料4

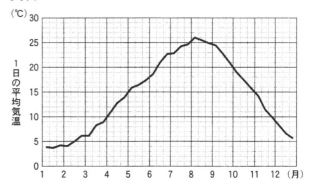

(3)　**資料5**中のCの期間にホウレンソウを栽培する
　　ことは，Aの期間に栽培することと比べてどのよ
　　うな良い点がありますか。**資料3**と下線部bを参
　　考に書きなさい。

(4)　**ア**　にあてはまる数を書きなさい。

資料5

	種子をまいた日	収穫した日
A	4月15日	5月20日
B	10月1日	10月30日
C	11月1日	12月20日

それぞれ同じ程度の大きさで収穫した。

晴子さんは，ホウレンソウについてさらに調べてみました。

晴子：このグラフ（**資料6**）を見て。ホ
　　　ウレンソウは条件によってふくむ
　　　糖分_{とうぶん}の重さが変わるみたいよ。

父　：いいものを見つけたね。このグラ
　　　フから「冬のホウレンソウは甘い_{あま}」
　　　ことがわかるね。

晴子：収穫前10日間の平均気温が10℃以
　　　上のときには，ふくまれる糖分の
　　　重さに差がないように見えるわ
　　　ね。収穫されたホウレンソウの糖
　　　分の重さが増えるのは何℃以下と
　　　考えていいのかな？

父　：おおよそ5℃以下で糖分の重さが
　　　増えると考えてごらん。

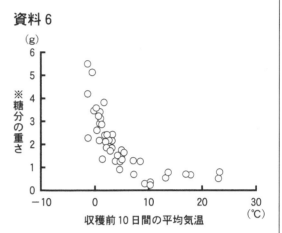

資料6

（国立研究開発法人　農業・食品産業技術総合研究機構ホームページ（平成16年）より作成）
※収穫されたホウレンソウ100gあたりにふくまれる糖分の重さ

晴子：それじゃあ，最初から5℃以下の低い温度で育てればいいってことかな？

父　：初めからそんなに低い温度では，ホウレンソウの葉はほとんど大きくならないし，そも
　　　そもホウレンソウは最初から寒さに強いわけではないんだ。c秋も深まり寒くなってく
　　　ると，冬が近いことを感じて，冬ごしのための準備をするんだよ。

晴子：それ，どういうこと？

父　：例えば，冬に海水がこおっているのを見たことはあるかな？　海水には食塩やほかにも
　　　いろいろな物がとけているよね。水のこおる温度は0℃だけど，水に何かをとかして水
　　　よう液にすると，水よう液がこおる温度は0℃より低くなるんだ。

晴子：だから冬になっても，海水はこおりにくいのね。

父　：一定量の水にとけている物の量が多いほど，水よう液がこおる温度は下がるんだ。この
　　　ことは，食塩以外の物にもあてはまるんだよ。

晴子：この性質をじょうずに利用すると，甘いホウレンソウがつくれるわね。

(5)　下線部cについて，冬ごしのための準備とは何か。また，その準備はどのようなことに役立つ
　　か。**資料6**と会話文をもとに説明しなさい。

　　晴子さんは，次のページの**資料7**のようにホウレンソウをビニールハウスで育て，収穫できる大
　きさ（**資料5**で示したものと同じ程度）になったら，外の冷たい空気をビニールハウスの中に入れ，
　収穫すれば甘いホウレンソウになると考えました。

(6)　次のページの**資料8**のような気温の変化が予想されているとき，**資料7**の方法で最も早くホウ
　　レンソウを収穫するには，種子をまく時期をいつにすればよいか。これまでの**資料**と会話文をも
　　とに書きなさい。また，そう考えた理由も具体的に書きなさい。
　　　なお，種子をまく時期は，1か月を3つに分けて考え，「上旬_{じょうじゅん}」「中旬」「下旬」のいずれかを用

いて書くこと。

資料７

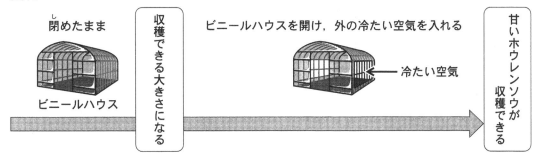

資料８

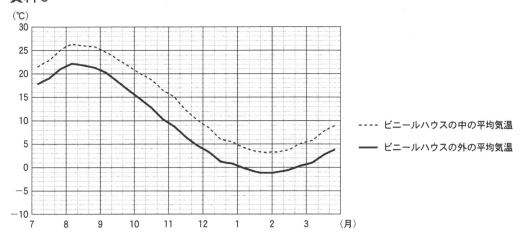

・・・・・ ビニールハウスの中の平均気温

―― ビニールハウスの外の平均気温

2　ゆうたさんたちの班は，総合的な学習の時間に「わたしたちの住むＡ市」について調べることにしました。**資料**は，市役所を訪れてＡ市について話を聞いた時の担当者の説明です。あとの(1)～(3)の問いに答えなさい。

資料

　　Ａ市は，古くから旧市街地が寺院の門前町として栄えてきました。a 市の中心部にある寺院は鎌倉時代に建てられ，歴史的にはとても価値が高いのですが，歴史好きの人たちが時折訪れるだけです。また，旧市街地には昔からの個人商店がわずかに残っているだけです。

　　一方で，数年前にはＡ市の中心から離れたところに，大型ショッピングセンターができました。大型ショッピングセンターは，市内の買い物客だけでなく，遠方の地域に住む人々やＡ市周辺の観光地を訪れた観光客でにぎわっています。

　　みなさん，2020年に東京でオリンピック，パラリンピックが開催されることは知っていますね。今後，東京を訪れる観光客が増えることが期待されます。そこで，Ａ市も観光客の増加を重点目標に取り組みはじめています。

次の日，ゆうたさんたちの班は，調べてきたことについて話し合いをしています。

ゆうた：たくさんの観光客が，Ａ市を訪れてくれるとうれしいな。

み　く：まずは，Ａ市について知っていることを発表してみようよ。

さやか：観光客は増えてほしいけど，b 都心や国際空港からＡ市に来るには，途中で何度も鉄道を乗りかえなくてはいけないんだもの。こんな不便なところに，観光客は来てくれないわ。

ゆうた：でも，c 高速バスなら，都心からは約１時間，国際空港からも約30分で来ることができるよ。

けんた：となりのＢ市には，昨年世界遺産に登録された神社があり，一年中たくさんの参拝客が来ているよね。それに比べて，d Ａ市の寺院は有名ではないし，おみやげを売っているお店もあまりないからね。そもそも，ぼくは，Ａ市の寺院のことをあまりよくは知らないし，行ったこともないよ。

先　生：いろいろな意見が出ているようですね。意見を次の図に整理してみたらどうかな。観光客を増やすための方法もわかってくるかもしれません。例えば，市内の大型ショッピングセンターは，周辺地域を訪れた観光客も買い物に来ているから図のあの部分に書きます。

み　く：世界遺産の神社があると，観光客はとなりのＢ市に行ってしまうので，これはえの部分でいいね。それと，東京オリンピック，パラリンピックはいの部分かしら。意見が分類されてわかりやすくなったわね。

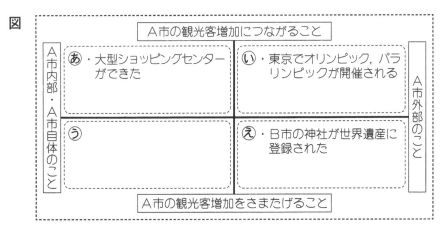

図

Ａ市の観光客増加につながること	
あ・大型ショッピングセンターができた	い・東京でオリンピック，パラリンピックが開催される
う	え・Ｂ市の神社が世界遺産に登録された
Ａ市の観光客増加をさまたげること	

（Ａ市内部・Ａ市自体のこと／Ａ市外部のこと）

先　生：ほかの意見も記入してごらん。

けんた：e Ａ市には魅力が無いから，観光客を増やすなんて無理だと思うけどな…。

---

(1)　下線部 a は図のどの部分にあてはまりますか。図のあ～えのうちから１つ選び，記号で書きなさい。

(2)　下線部 a ～ d のことがらのすべてを図に書き終えたところで，ゆうたさんは，「Ｂ市の神社が世界遺産に登録された」ことは図のえの部分ではなく，いの部分にあてはまると思いました。それは，工夫しだいでＡ市を訪れる観光客を増やせるのではないかと考えたからです。この場合，ど

のような工夫をすればよいか書きなさい。

(3) 下線部eのけんたさんの発言を聞いて，ゆうたさんは，観光客を増やすための方法を考える前に，自分たちがとるべき大切な態度があるのではないかと考えています。次の①，②の問いに答えなさい。

① この考えをけんたさんにわかってもらうために，ゆうたさんは，けんたさんにどのような言葉をかけたらよいですか。

② ①でそのような言葉をかけると答えた理由を書きなさい。

3 夏夫さんはお父さんと気球（**図1**）の大会の見学に来ています。あとの(1)～(5)の問いに答えなさい。

夏夫さんは気球が浮かぶしくみについて，お父さんに質問しています。

図1

夏夫：お父さん，気球はどうして空に浮かぶことができるの？　あたためられた空気が上に上がることはわかるけど。詳しく教えてほしいんだ。

父　：そうだな，空気は目に見えなくてイメージしづらいから水の中で物体が浮くしくみから考えてみようか。例えば，プールの中では体が軽く感じるだろう。それは，自分の体で押しのけた水の重さの分だけ上向きの力を受けているからなんだよ。ある物体と，同じ体積の水とを比べたときに，重ければその物体は水に沈むし，軽ければ浮かぶんだ。**図2**を見てごらん。体積1000cm³の物体が押しのける水の体積は1000cm³にな

図2

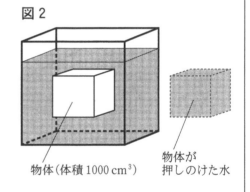

物体（体積1000cm³）　物体が押しのけた水

図3

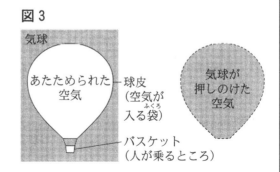

気球

あたためられた空気

球皮（空気が入る袋）

バスケット（人が乗るところ）

気球が押しのけた空気

るよね。1000cm³の水の重さは1000ｇだから，**図2**の物体が1000ｇより重ければ沈むし，1000ｇより軽ければ浮かぶんだよ。このことは，空気の場合も同じで，空気中にあ

　　　る物体はその物体が押しのけた空気の重さの分に等しい上向きの力を受けているんだ。

　　　図3のような気球でいえば，気球が押しのけた空気の重さと比べて，気球の中のあたためられた空気の重さと気球の機体の重さ（球皮，バスケット，人など）の和のほうが小さいとき，浮き上がるんだ。

夏夫：えっ，空気にも重さがあるの？

父　：そうだよ。**資料1**を見てごらん。しかも，空気はあたためられると重さが軽くなる性質があるんだ。

夏夫：本当だ。あたためられた空気の重さは，あたためていない周りの空気の重さと比べると軽くなるんだね。

父　：この気球の体積は2000m³，機体の重さは480kgあるということなんだけど，**資料1**を用いて，この気球を離陸（りりく）させるには，気球内の空気をどれくらいあたためなければいけないかもわかるかな？　今の気温が12℃だから，気球が押しのけるのは12℃の空気2000m³ということだよ。

夏夫：気球が押しのける空気の重さは　ア　kgになるから，気球が浮き上がるには，気球内の空気が　イ　kgより軽くならないといけないね。ということは，気球内の空気をあたためて，温度が　ウ　℃をこえたときに離陸するんだ。

資料1

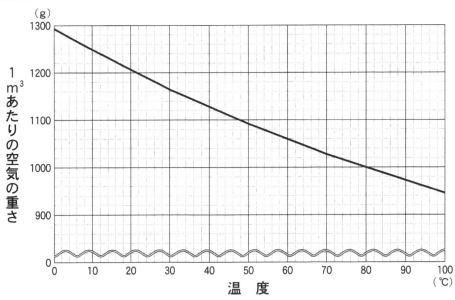

(1)　ア　～　ウ　にあてはまる数を書きなさい。ただし，気球の体積と球皮の内部にある空気の体積は同じであり，気球内の空気の温度はどこも同じとします。

夏夫さんは大会会場でもらった気球の資料（**資料2〜資料4**）について，お父さんと話しています。

資料2

1	離陸し分速90mで高さ300mまで上昇する
2	同じ高さを5分間保つ
3	分速120mで高さ20mまで降下する
4	同じ高さを10分間保つ
5	分速120mで高さ600mまで上昇する
6	同じ高さを ☐ **エ** ☐ 間保つ
7	分速150mで高さ60mまで降下する
8	分速60mで降下させ着陸する

※上昇および降下の速さは，気球が地面と垂直な方向に動く速さ
を表す。

資料3

地面からの高さ	風の向き※1	風の速さ※2
0 m〜 60 m	北	秒速1 m
60 m〜150 m	北東	秒速2 m
150 m〜450 m	東	秒速2 m
450 m〜750 m	南東	秒速4 m

※1 風の向きは，風のふいてくる方位で表す。例え
ば，「北」とは北から南に向かってふく風のこと
である。

※2 風の速さは，気球が風にのって地面と平行な方
向に動く速さを表す。

資料4

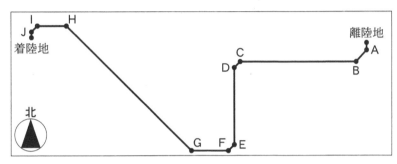

（**資料2〜資料4**は『日本気球連盟パイロットハンドブック』より作成）

夏夫：この3つの資料はどうやって見たらいいの？

父　：この資料は，実際に気球を飛ばす前に，飛行計画を作成するためのものなんだ。**資料2**
　　　は1〜8の順に気球の高さを上下させるということだよ。それぞれの高さでふいている
　　　風にのって，気球は地面と平行な方向（水平方向）にも動くんだ。

夏夫：風まかせってことだね。だから，目的地に着くためには計画的に気球の高さを変える必
　　　要があるんだね。

父　：**資料3**のような風がふいているとき，**資料2**のとおりに気球を上下させると，気球が**資
　　　料4**の線の上空を通るという飛行予定経路ができあがるんだ。

夏夫：そうすると，気球は離陸した後，高さ60mになるまでは，北からふく風にのるから，南
　　　の方に移動するということだね。それに，気球が上昇する速さから考えると，北東の風
　　　に変わる高さ60mになるまでには40秒かかるね。このときの風の速さは秒速1mだか
　　　ら離陸地からA点までの水平方向の移動距離^{きょり}は40mだね。さらに**資料2**の1では高さ
　　　300mまで上昇させるから，次の2の動作を始めるときには，気球は**資料4**のB点とC
　　　点の間にいるんだね。

父　：そういうことだ。水平方向の移動距離と気球の高さの関係をグラフにしたこの資料（次
　　　のページの**資料5**）の続きをかいてごらん。気球の動きが理解しやすくなるだろう。注意
　　　する点は，気球の大きさは上昇する高さに比べたら十分小さいので，気球の大きさは無

視するということだよ。例えば，気球のいずれかの部分が風の向きが変わる高さに達したら，それと同時に気球全体がその高さに達したと考えるんだ。それに，風の向きが変わるとき，気球の速さは，速（すみ）やかに新しい風の向きとその速さに変わると考えるんだ。

資料5

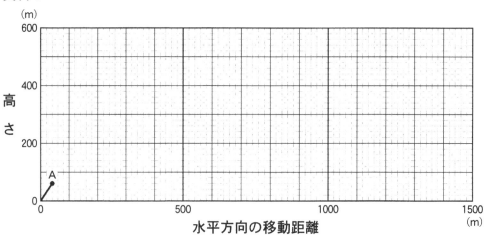

(2) 次の①，②の問いに答えなさい。

① 気球がB点を通過するときの高さは何mか，書きなさい。

② 気球がB点を通過するのは離陸から何分何秒後か，書きなさい。

(3) 下線部について，A点からD点までのグラフを解答らんにかきなさい。また，B点，C点，D点の各点をA点にならってグラフ中に●で記入しなさい。

(4) B点からC点までの水平方向の移動距離は何mか，書きなさい。

(5) G点からH点までの水平方向の距離は1500mである。資料2の エ に入る時間は何分何秒か，書きなさい。

めるひとたちが現れ始めた。地方紙の記者が記事に書くことによって、一気(いっき)にそのニュースが広まったと聞いている。

ひとの後ろに道はできる。誰かが切り開いてくれれば、後のひとたちは安心してその道をたどることができる。人類の歴史を振(ふ)り返ると、その※4感慨(かんがい)を抱(いだ)かざるを得ない。

私たち一人ひとりの人生において、多くの「できない」「無理だ」という思いこみが邪魔(じゃま)をしている。先に進むためには、「もう一人の自分」をつくる必要があるのかもしれない。「できない」と思いこんでいる自分を離(はな)れて、「とりあえずやってみよう」と前に進む自分をつくる。自分の分身が切り開いてくれた道を、※5疑心暗鬼(ぎしんあんき)の自分がよたよたとついていく。新しいことにチャレンジするときに、なんだか自分が自分ではないようなふわふわした感覚を抱くのは、右のような※6メカニズムによるのかもしれない。

（茂木(もぎ)健一郎(けんいちろう)『あるとき脳は羽ばたく』
『最初のペンギン』より）

※1 堰(せき)を切ったように……おさえられていたものごとが、急にはげしくおこるようす。
※2 顕著(けんちょ)……きわだって目につくこと。
※3 風潮(ふうちょう)……時代とともに変わっていく世の中の傾向。
※4 感慨(かんがい)……身にしみて感じること。
※5 疑心暗鬼(ぎしんあんき)……うたがいだせば何でもないことまで不安でおそろしくなること。
※6 メカニズム……しくみ。

（問い） ライト兄弟が「最初のペンギン」になった とは、どういうことか説明しなさい。ただし、「最初のペンギン」とは何かについてもふれること。

三 放送による問題一の植松努(うえまつつとむ)さんの話から聞き取ったことと、問題二の茂木健一郎(もぎけんいちろう)さんの文章から読み取ったことをふまえて、次の(1)、(2)の問いに答えなさい。

(1) 植松さんと茂木さんの考えを左の表にまとめます。①〜③に合う内容を書きなさい。

	植松さんの考え	茂木さんの考え
【新たな一歩をふみ出すために】 方法	①	②
共通点	③	

(2) あなたの友達が新たな一歩をふみ出せずにいる時に、あなたは植松さんと茂木さんのどちらの考えをその友達にすすめますか。どちらかを選び、その理由について、次の注意事項にしたがって、二百字以上、二百五十字以内で書きなさい。

（注意事項）
ア あなたがすすめる人の名前に○をつけること。
イ 選んだ考えにはどのようなよさがあるのかが分かるように、あなたの経験をふまえて書くこと。
ウ 題名、氏名は書かずに◆印のついたます目から書き始めること。
エ 文字やかなづかいなどを正しくていねいに書き、漢字を適切に使うこと。

この出会いは、神様がつくってくれた出会いだと思います。僕は永田先生と出会えてから、人との出会いの価値を信じることができるようになりました。それまで億劫であまり出歩かなかったのが、人と会えるチャンスを増やすようになりました。それだけ、人生が変わりました。

もし今の自分がちょっといやだなあと思うところがあって、変わりたいなあと思っているのであれば、人と出会えばいいんです。そして本を読めばいいんです。人と出会ったり本を読んだりしたら、昨日の自分と必ず違うからです。新しい知識が入った分、人生は変わるんです。

（植松努『NASAより宇宙に近い町工場　～僕らのロケットが飛んだ～』より）

以上で放送を終わります。それでは、問題用紙を開き、全ての問題に答えなさい。

一　放送で聞いた内容から、次の(1)、(2)の問いに答えなさい。

(1)　植松さんは、「宇宙開発を、ぼくらがやってのける」ことで、なぜ「どうせ無理」という言葉をこの世からなくすことができると考えているのですか。

(2)　宇宙開発に取り組むようになった植松さんは、永田先生と出会って「人生が変わった」と言っていますが、植松さんの考え方や行動は、どのように変わったのでしょうか。具体的に書きなさい。

二　次の文章を読み、あとの（問い）に答えなさい。

ペンギンは面白い生態を持っていて、一羽のペンギンが水の中に飛びこむまで他のペンギンは飛びこもうとしない。ところが、一羽のペンギンが飛びこむと、※1堰を切ったように次々と飛びこむ。あたかも、それで「安全」であることを確認できたかのように、他のペンギンたちが続くのである。

ペンギンほど※2顕著でなくても、私たち人間の社会にも似たような性質がある。誰かが可能性を切り開いてくれるまで、自分たちの活動の範囲はここまでと、勝手に区切ってしまう傾向があるのだ。

自分の脳の可能性は、ここまで。そのような思いこみが、一人ひとりのレベルで存在し、やがてそれが社会全体の※3風潮となる。誰かがそれを実行して、「可能」だということを示すまで、不可能だという先入観を持つ。一人がやってしまえば、それが「可能」だということに皆が気付いて、次々と試みるひとたちが現れる。まるで、私たちはペンギンの群れのようだ。

ライト兄弟が、初飛行に成功したとき、しばらくは誰もそれを信じなかったという。鉄の塊が、空中を飛ぶことができるとは思わなかったのだ。人工機械が飛ぶことは「不可能」であると、物理学的に「証明」した論文まで存在した。ライト兄弟が「最初のペンギン」になった後もしばらくは、飛ぶことができると本当に信じることができなかったのかもしれない。

しかし、ひとは、やがて現実を認めざるを得なくなる。「どうやら本当に飛んでいるらしい」という噂が立ち始め、徐々に「飛行」の事実を認

【適性検査二ー二】　（四五分）　〈満点：一〇〇点〉

【注意】　放送で指示があるまでは、開かないこと。その他、すべて放送
の指示にしたがいなさい。

〈放送用台本〉

これから、適性検査二ー二を始めます。外側の用紙が解答用紙です。
内側に問題用紙があります。内側の問題用紙は、指示があるまで開いて
はいけません。

（5秒後）最初は、放送を聞いて問題に答える検査です。それでは、
用紙を裏返して「メモらん」と書いてある面を上にしなさい。（3秒後）
「メモらん」にメモを取ってもかまいません。

（25秒後）書き終わったら元通り問題用紙を挟んで閉じてください。

それでは、外側の解答用紙を開き、受検番号と氏名を書きなさい。

（5秒後）これから、北海道で小さな町工場の社長をしている植松努さ
んが書いた文章を朗読します。植松さんの町工場では、パワーショベル
につけるマグネットを製造していますが、ロケットや人工衛星をつくる
宇宙開発にも取り組んでいます。小さな町工場にもかかわらず、植松さ
んが、宇宙開発に取り組むようになった理由を考えながら朗読を聞き、
問題用紙の問いに答えなさい。なお、朗読は1回だけです。それでは、
始めます。

（3秒後）

宇宙開発のいいところは、売っていないから買えないというところ
です。だから、お金のあるなしは関係ありません。やる気のある

なしだけが問題になる世界です。

僕が宇宙開発をできるようになったのは、北海道大学大学院の永
田晴紀教授という人と出会えたからでした。永田教授は僕と出会え
たことを喜んでくれています。僕も永田先生と出会えて本当によ
かったなあと思っています。

僕は「どうせ無理」という言葉をこの世からなくしたいと、心底
から思いました。そしてそのためには、誰もが「どうせ無理」だと
思っている宇宙開発を、僕らがやってのけたらいいんじゃないかと
思いました。

僕は小さいころから「どうせ無理」という言葉にさんざんひどい
目にあってきました。でも、自分が生き残ることができたのは、も
しかしたら飛行機やロケット、ロボットが好きだったからかなあと
思ったんです。だから、子どもたちもロケットやロボットに接触す
るようにさせたらいいんじゃないかと思いました。

でも、僕にできることは紙飛行機教室くらいのものでした。なぜ
なら、そのころはロケットをつくっていなかったからです。そして
ロケットエンジンなんかつくれるわけがなかったからかなあと
からつくってはならないと思っていたんです。危ない

紙飛行機教室を始めて間もないころ、永田先生から電話がかかっ
てきました。爆発しないロケットをつくっていますと言うんです。
信じられないと思いました。これがあれば、僕のやりたいことが
きっとできると思いました。だから、今すぐでもやりたい、とにか
くお金は全部出すからやらせて、といってスタートしたのが僕と永
田先生の宇宙開発です。

平成27年度

県立千葉中学校入試問題(一次)

【適性検査1-1】 (45分) <満点:100点>

1 ちえさんの班は,総合的な学習の時間で「食べることができるのに捨てられている食品(食品ロス)」について学習した成果を学級内で発表するために,資料と発表原稿を作っています。あとの(1)~(7)の問いに答えなさい。

資料1 ちえさんたちが食品ロスについてまとめた資料

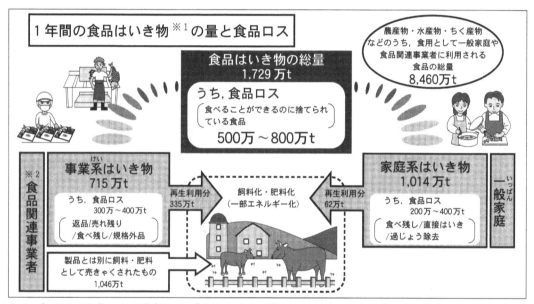

※1 食品はいき物:この資料では,「食品のうち,ごみとして捨てられたもの」を指す。

※2 食品関連事業者:食品の製造・流通に関わる業者,飲食店やスーパーなど。

(農林水産省ホームページ「食品ロス削減に向けて」(平成26年)より作成)

> ちえ:**資料1**を説明する発表原稿を考えてきたから最初の部分を読んでみるね。

> 食品ロスは,一般家庭と食品関連事業者から発生します。一般家庭での食品ロスの原因には,①「食べ残し」という食事に出た食品を捨てること,②「直接はいき」という賞味期限切れなどによって食品を調理したり食卓に並べたりすることなく捨てること,③「過じょう除去」という調理の時に食べられる部分を余分に取り除くことの3つがあります。

(1) ちえさんたちは,「食べ残し」,「直接はいき」,「過じょう除去」の具体例として次の**ア~エ**を考えました。「食べ残し」の例には①,「直接はいき」の例には②,「過じょう除去」の例には③,食品ロスではないものには④を書きなさい。

ア アサリを使った料理を作る時に,アサリの貝がらを取り除いて捨てたこと。

イ 給食に焼き肉が出たが,あぶら身がきらいなので取り除いて捨てたこと。

ウ 買ってきた玉子を冷蔵庫に入れる時，以前に買った玉子を捨てたこと。

エ 大根の皮をむく時に，食べられる部分までも厚くむいて捨てたこと。

　ちえさんたちは，よりわかりやすい説明になるように，**資料２**をもとに食品ロスの割合（食品ロス率）を計算して，原稿に付け加えることにしました。

資料２　１人１日あたりの食品使用量と食品ロス量

単位：g

食品区分	食品使用量	食品ロス量			
		計	内訳（うちわけ）		
			食べ残し	直接はいき	過じょう除去
穀（こく）類 ※１	164.1	1.6	1.3	0.3	―
野菜類	231.9	20.2	3.2	2.2	14.9
果実類	72.3	6.4	0.4	1.1	5.0
肉類	47.2	1.0	0.5	0.2	0.3
牛乳・乳製品	87.7	0.6	0.2	0.4	―
魚介（ぎょかい）類 ※２	40.2	2.4	0.7	0.1	1.6
調理加工食品	205.9	4.6	2.4	2.3	―
その他	267.1	4.2	2.4	0.7	0.9
計	1116.4	41.0	11.1	7.3	22.7

※１　穀類：種などを食用とする
　　　農作物。米，麦など。
※２　魚介類：魚類や貝類などの
　　　海産物。
（農林水産省「平成21年度食品ロス統計調査
（世帯調査）結果の概要」より作成。四捨五入
の関係で，合計が合わない場合がある。）

$$\text{家庭での食品ロス率} = \frac{\text{食品ロス量（食べ残しの重さ＋直接はいきの重さ＋過じょう除去の重さ）}}{\text{食品使用量}^{※}} \times 100$$

※　食品使用量：家庭における食事において，料理の食材として使用，またはそのまま食べられる
　　ものとして提供された食品の重さ（バナナの皮など通常食べない部分を除いた重さ）をいう。

(2)　**資料２**をもとに次の**下書き原稿**の文章中にある あ と い にあてはまる数を書きなさい。
　　ただし，小数第１位を四捨五入して整数で書くこと。

下書き原稿

> （食品ロス率の計算方法について説明した後に）
> 　例えば，家庭での１人あたりの食品ロス量は，１年間で約 **あ** kgとなり，これを茶わん１杯分のごはんの量を250gとすると，約 **い** 杯分にあたります。食品区分別の食品ロス率を求めると，食品ロス量が最も多い野菜類は約8.7％となります。また，食品全体の食品ロス率は，約3.7％になります。

　ちえさんたちは，**資料１**から事業系はいき物の再生利用の量の多さに気づき，食品関連事業者が食品ロスについても何か工夫をしているのではないかと考えました。
　そこで，食品ロスを減らす取り組みとして，近所の店では客に対してどのようなことをしているのかを調べ，**資料３**（次ページ）を作りました。

(3)　**資料３**の う ～ お に入る取り組みをそれぞれ書きなさい。

資料３　近所の店の食品ロスを減らす取り組み

　次に，ちえさんたちは，家庭の食品ロスを減らすために，自分たちにできることを考えることにしました。そこで，日常食べている食品と食品ロスの関係について調べたところ，次の**資料４**と**資料５**を見つけ，これらをもとに話し合いをしました。

資料４　家庭での主な食品区分別の食品ロス率

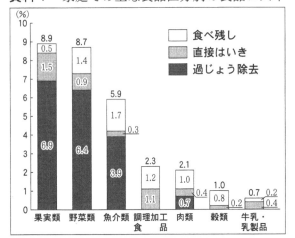

資料５　食卓に出た品数

	区　　分	朝食時	昼食時	夕食時
主食	米	4.65	2.63	5.75
	うち　白飯	3.82	1.86	4.93
	パン類	3.45	1.02	0.14
	めん類	0.16	1.38	0.77
主菜	豆・とうふ	1.22	0.42	1.19
	肉類	1.11	0.46	2.00
	たまご類	2.27	0.52	0.45
	魚介類	1.36	0.71	3.01
	その他	1.88	0.44	1.20
副菜	野菜類	4.36	2.65	7.53
	いも類	0.25	0.21	0.58
	きのこ類	0.04	0.01	0.07
	海そう類	0.63	0.18	0.43

（１週間あたりの品数）

（**資料４・資料５**　農林水産省「平成21年度食品ロス統計調査（世帯調査）結果の概要」より作成。ただし，四捨五入の関係で，合計が合わない場合がある。）

けん：直接はいきと過じょう除去を何とかしたくても，ふだん買い物はしないし，食事を作っていないぼくたちには難しいよ。

ちえ：でも，食べ残しを減らすことはわたしたちにもできそうね。あれっ，魚介類の食べ残しが目立つわ。それなのに朝昼夕の食卓に出る品数を足してみると，主菜の中で魚介類が一番多いというのは意外だわ。

　さらに，ちえさんは魚料理に関するアンケート結果（次のページの**資料６**）を見つけました。そこで，**資料４〜資料６**を参考にして，魚の食品ロスについて考えました。

資料6　魚料理に関するアンケート結果（対象：小学校4～6年生）

質問1：魚料理は好きですか，きらいですか

きらい
10.6 %

ふつう
43.6 %

好き
45.9 %

質問2：魚料理がきらいと答えた理由は何ですか（複数回答）

（%）

骨がある　72.5
食べるのがめんどう　37.6
食べるのに時間がかかる　15.6
においがきらい　14.2
見た目がいや　9.6
ぱさぱさしている　8.7
あぶらっこい　4.6
その他　3.2
特にない　15.1

（(社)大日本水産会「水産物を中心とした消費に関する調査」(平成20年度)より作成。ただし，四捨五入の関係で，合計が合わない場合がある。)

(4)　ちえさんは，**資料4～資料6**をもとに気づいたことを，次の**ア～エ**のようにまとめました。その内容として適切なものには〇を書きなさい。また，適切でないものには✕を書き，適切でないと考えた理由を書きなさい。

ア　魚介類は，果実類や野菜類に比べて直接はいきと過じょう除去の割合は低い。

イ　小学校4～6年生の7割以上は，骨があるので魚料理がきらいである。

ウ　皮や種などを取り除いて調理する食品は，過じょう除去の割合が高い。

エ　魚介類は，食卓に出た品数が多いので，食べ残しの割合が1.7%と高い。

　　ちえさんは，魚の食べ残しについてお母さんの考えを聞いてみました。

母親：お刺身の時は残さないけど，焼き魚はもったいない食べ方をしているわね。

ちえ：わたし焼き魚は大好きだから残したことなんてないのに。

母親：あら。食べられる身の部分も結構残してるわよ。

ちえ：だって，わたしのお箸だと，うまく身をほぐせないんだもん。

母親：お箸にもいろいろあるから，明日，お箸を見に行ってみましょうか。

　　ちえさんはお母さんと箸の専門店に行き，様々な種類の箸（**資料7**）を見ながら，店員と話をしています。

資料7　様々な種類の箸

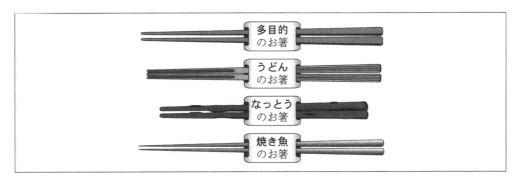

ちえ：こんなにいろいろあるんですね。

店員：使い道別に取りそろえています。手にとってお試しください。

ちえ：焼き魚用のお箸って，ずいぶん特ちょうがあるんですね。

母親：ほら。中指を使ってないわよ。家に帰って，そのお箸で練習しましょう。

⑸　うどんの箸は，箸先にみぞを入れてうどんがすべらないように工夫されていますが，焼き魚の
　　箸は，どのように工夫されていますか。魚を食べる上での利点がわかるように書きなさい。

資料8　「お箸の豆知識」

> 　「はし」は，二つの世界をつなぐ役目を持つ道具に関係している言葉です。箸
> の語源（ごげん）も，川や道路などの両側をつなぐ「橋」，高いところと地上をつなぐ「は
> しご」と同じだと言われています。お買い上げいただいた箸が，お客様の「いた
> だきます」の思いを伝え，素敵（すてき）な食事へのかけはしとなれば幸いです。
>
> **箸を正しく使って，おいしい食事を！**
>
> 　箸を右図のように持つと，手や指の筋肉（きんにく）を効率的に使う
> ことができ扱（あつか）いやすいので，伝統的で機能的な持ち方，正
> しい箸の持ち方とされています。

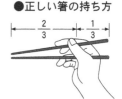

●正しい箸の持ち方

（「平成24年9月22日　日本経済新聞掲載（けいさい）記事」より作成）

　ちえさんは，店でもらった「お箸の豆知識」（**資料8**）の中の「いただきます」の思いという言葉
が気になり，図書室で調べ，**資料9**を見つけました。そこで，魚の食べ残しと箸の関係を題材にし
て，食品ロスについてまとめの原稿を書くことにしました。

資料9　「いただきます」の意味

> 　いったい何をいただいているというのだろうか。そんな問いをわざわざ考え
> なくてもよいほど，「いただきます」は日常的な習慣となっている。料理や食材
> を作った人びとに思いを致（いた）し※1，その労働を頂（ちょう）だいしている，という了（りょう）解（かい）も
> ありうるだろう。しかし，その原義（げんぎ）※2はそもそも多種多様な動物や植物の
> 「いのち」をいただいているという意味ではなかったか。こうした認識（にんしき）※3は今日
> ますます重要であると思われる。

※1　致す（とど）：届くようにする。　※2　原義：本来の意味。
※3　認識：物事を見分け，本質を理解すること。

（小長谷有紀『科学』2005年1月「『いただきます』の意味」より引用）

まとめの原稿

> 　家庭での食品ロスの3つの原因のうち，自分たちが取り組みやすいのは「食べ残し」を減ら
> すことだと考えました。たとえば，魚の場合は，箸を正しく使えるようになることで「食べ残

し」が減ると思います。なぜなら，箸を正しく使えるようになると｜　　　か　　　｜が減るからです。

　また，箸には「二つの世界をつなぐもの」という語源があるそうです。つまり，箸には「いただきます」という言葉にも込められている，自然からの命の恵みを人へつなぐという意味があるのだとわたしたちは考えました。**き**このことを意識することも，食品ロス全体を減らすためには，欠かせない心がけだと思います。

(6) ｜　か　｜に入る内容を書きなさい。ただし，句読点をふくめて15字以上25字以内で書くこと。

(7) 下線部**き**について，ちえさんたちが，「このことを意識すること」が「食品ロス全体を減らす」ことにつながると考えた理由を書きなさい。ただし，句読点をふくめて30字以上50字以内で書くこと。

2　じんさんの６年３組では，学習発表会で『西遊記』という物語の人形劇を体育館のステージを使って発表することになりました。発表会には全校児童や先生だけでなく，保護者や地域の人も参加したり，鑑賞したりします。今年の発表会のテーマは「自分らしく！自分たちらしく！」です。あとの(1)～(5)の問いに答えなさい。

ゆい：『西遊記』って，孫悟空が，三蔵法師のおともをして旅をするお話でしょ。

さき：わたしも知ってるよ。その旅の途中でいろいろな妖怪たちと戦うんだよね。

じん：うん。だから元気な３組らしく，力強く動き回るダイナミックな人形劇にしようよ。

　じんさんの意見に賛成した３組では，どんな種類の人形劇が学習発表会にふさわしいかを話し合うために，黒板に人形のイラストをはって，**表**にまとめています。なお，**表**の(う)には，３組らしさを表現するために必要な内容を付け加えたいと考えています。

表

人形劇の種類／人形の特ちょう	指つかい人形	手づかい人形	棒つかい人形	かげ絵人形	糸あやつり人形	ペープサート
人形の大きさ	ごく小さい～小さい	大きい	やや大きい	小さい～大きい	やや大きい	小さい
立体的／平面的	(あ)	立体的	平面的・立体的	平面的	立体的	平面的
(い)	差し上げる	かかえ持つ	差し上げる	差し上げる	つり下げる	差し上げる
あやつりやすさ	かんたん	むずかしい	ややむずかしい	ややむずかしい	むずかしい	かんたん
(う)						

(1) **表**の(**あ**)～(**う**)に入る言葉を書きなさい。

表をもとにして,どの種類の人形劇にするかについて話し合いをしています。

(2) 人形や人形劇の説明として内容が正しいものを,次の**ア～エ**のうちから**すべて**選びなさい。

ア

かげ絵人形は人形自体は小さくても,光の当て方しだいで大きく見せることもできると思うよ。

イ

差し上げる人形を使う劇は作りが簡単だし,3組の活発さや孫悟空の人物像が表現できないと思う。

ウ

同じ列に座れば,どの席でも見える人形の面積は同じになるから,平面的な人形がいいと思うわ。

エ

どの人形劇でも,話している人形がわかるように,周りの人形は動かさないという練習が必要だね。

話し合いの結果,手づかい人形を使った人形劇に決まりました。手づかい人形は伝統芸能の一つ,文楽で使われていることを知りました。そこで,ゆいさんが夏休みに見に行った「夏休み親子文楽」のパンフレット(**資料1**)を読んで,話し合いを進めました。

資料1 「夏休み親子文楽」のパンフレットの一部

文楽って何? 文楽は日本の伝統的な人形劇です。大夫,三味線,人形つかいの3者によって物語が進められます。また1体の人形を3人であやつるという,世界に類のない日本特有のものです。

大夫は舞台のわきに座り,三味線による曲に乗せて,すべての登場人物(数人～十数人)のせりふを1人で語り分けます。さらに話のすじや場面の説明,登場人物の心情など(ナレーション)も語ります。

三味線は舞台の進行役で,音色一つで感情を表現していきます。

人形つかいは,黒衣と呼ばれる黒い衣しょうに黒い頭きんを身につけ,1体の人形を3人であやつります。「主づかい」が首の部分を持ち全体を支えて人形の右手を動かし,「左づかい」が人形の左手を,「足づかい」が人形の足をあやつります。人形の大きさは1m50cmぐらいです。「主づかい」は黒衣を着用しないこともあります。

人形つかいが人形と一体となり,大夫,三味線との息も完全に合った時,その美しさに感動することでしょう。

(独立行政法人日本芸術文化振興会「文楽への誘い ～文楽鑑賞の手引き～」より作成)

ゆい：大夫は３人１班にして，場面ごとに他の班と交代するのはどうかなあ。

じん：そうだね，３人いっしょの方が体育館の後ろまで声が届くし，三味線の「三」も３組っぽくっていいと思う。ところで三味線をひける人はいるの。

さき：わたしのおばあちゃんが公民館で毎週練習しているよ。おばあちゃんたちにも参加してもらって，親子３代で文楽を演じるのはどうかしら。

ゆい：それいいわ。ねえ，３人で大きな人形を使って実際にあやつってみない。

　３人は練習を始めましたが，主づかい，左づかい，足づかいの人形の持ち方や立ち位置が定まらず，何度もぶつかり，きゅうくつに感じました。

(3)　３人ができるだけぶつからずに人形をあやつるには，どのような工夫が必要か，**資料１**を参考に，あなたが考える具体的な工夫を**２つ**書きなさい。また，その工夫によって，ぶつからなくなる理由もそれぞれ書きなさい。

　ある日，じんさんは，文楽に関する新聞記事（**資料２**）を見つけました。

資料２　文楽に関する新聞記事

> 　国立文楽劇場（大阪市）で上演される文楽が，海外からの観光客らが寄せる旅行サイト※1で人気順位を急上昇させている。口コミ※2では，「日本語がわからなくても面白い！日本を訪れる観光客に強くすすめたい」，「西洋のシェイクスピア※3演劇と同じく東洋の伝統芸能が残るのは理由がある」，「すばらしい！人形であることを忘れるくらい本物らしい」などと絶賛が続く。

※１　サイト：インターネット上のホームページ。　※２　口コミ：評判などが口伝えに広がること。
※３　シェイクスピア：イギリスの劇作家・詩人（16世紀〜17世紀）。

（「平成25年5月10日　毎日新聞地方版掲載記事」より作成）

じん：外国人観光客にも文楽のおもしろさって伝わるんだね。

さき：これだけ外国人観光客には人気があるのに…。実はわたし，今回の発表会まで文楽をよく知らなかったのよ。文楽ってどこに行ったら見られるのかしら。

ゆい：わたしは大阪で見たけど…。そうだ，みんなで文楽を見に行こうよ。

　文楽は大阪と東京を中心に公演していることを知って，東京での公演を予定表（次のページの**資料３**）で調べて文楽を学べる鑑賞教室の予約をしたところ，すでに空席はわずかでした。その人気におどろいたじんさんは，東京の国立劇場の入場者数等（次のページの**資料４**）も調べてみました。調べるうちに，技芸員（大夫・三味線・人形つかい）についても知ることができました。

じん：今，日本には技芸員は84人いて，そのうち人形つかいは40人なんだって。予約した公演では20体以上の人形が登場するらしいよ。

ゆい：楽しみだわ。やっぱり，鑑賞教室は文楽の勉強になるから，すごい人気なのね。

さき：人気があるなら，大阪と東京で同時に公演して，回数を増やせばいいのに。

じん：それは難しいよ。　え　から公演回数を増やせないよ。でも確かに，もっと気軽に足を運べるようになれば，文楽は　お　をもっているから，きっとぼくたちに，もっとなじみ深いものになるんだろうね。

資料3　文楽公演予定表

月	会　場	名　　称
4	国立文楽劇場	大阪公演
5	国立劇場小劇場	東京公演
6	国立劇場小劇場	若手会
6	国立文楽劇場	文楽鑑賞教室/若手会 社会人のための文楽入門
7 8	国立文楽劇場	大阪公演 夏休み文楽特別公演
9	国立劇場小劇場	東京公演
10		海外公演/地方公演
11	国立文楽劇場	大阪公演
12	国立劇場小劇場	東京公演/文楽鑑賞教室 社会人のための文楽鑑賞教室
1	国立文楽劇場	新春大阪公演 文楽研修生発表会
2	国立劇場小劇場	東京公演
3		地方公演

（公益財団法人文楽協会ホームページより作成）

資料4　国立劇場で行われた文楽の入場者数等

平成（年度）	19	20	21	22	23	24
公演回数（回）	156	156	177	156	156	156
うち鑑賞教室	24	24	24	24	24	24
入場者数（人）	78,191	79,113	85,293	79,087	73,498	74,908
うち鑑賞教室	12,366	13,239	12,963	13,159	13,155	12,933
入場率※（%）	89.7	90.7	86.2	90.7	84.3	85.9
鑑賞教室のみ	93.2	99.8	97.7	99.1	99.1	97.4

※入場率：座席数に対する入場者数の割合。

（独立行政法人日本芸術文化振興会「業務実績報告書」より作成）

(4)　会話や資料をもとに え ， お に入る言葉をそれぞれ**10字以内**で書き，あなたがそのように考えた理由もそれぞれ書きなさい。

　　『西遊記』の台本を作ることになったさきさんは，本で調べたあらすじ（**資料5**）をもとにして，大夫が語る登場人物のせりふとナレーションの言葉，そして人形と人形つかいの動きを台本（**資料6**）に書き加えるため，友だちに相談しています。

資料5　『西遊記』のあらすじの一部

> 　　ある日，魔王が猿たちの平和な暮らしを荒らし回っていました。そこへ猿の王様・孫悟空が現れます。孫悟空は神通力という不思議な力で魔王を家来にしてしまいます。思い上がった孫悟空は，悪さのし放題。都にある不老不死の桃をぬすみ食いします。
> 　　ところが，桃の番人につかまり，油がにえたぎった大きな釜の中に入れられてしまいます。死んだかと思ったその時，孫悟空が姿を現します。分身の術を使って，にげ出していたのです。その後，孫悟空は天高くのぼっていきました。

（平成24年国立文楽劇場夏休み文楽特別公演パンフレットより作成）

さき：孫悟空が大釜に入れられて脱出する場面が一番の見せどころよね。

じん：観客全員に「孫悟空が大ピンチだ」と思わせるにはどうすればいいのかな。

ゆい：家来たちの一つ一つの動きを連続させて，迫力のある演技にして，そして…。

さき：そうだ，脱出した孫悟空を客席の後ろから登場させておどろかせようよ。

ゆい：それなら，主づかいも黒衣の姿にしたら，もっとおどろくと思うよ。

(5)　話し合いをもとに，孫悟空の脱出場面で観客をおどろかそうと，台本を考えています。次のページの**資料6**の か ～ く に入る言葉を書きなさい。

資料6 『西遊記』の台本の一部

大夫の語り（登場人物のせりふとナレーション）	人形・人形つかいの動き
悟空：ああ，あの油はきっと熱かろう，こりゃ困（こま）った。どうしよう，どうしよう。	・右手から手をついて起き上がり，うつむいたまま左手で頭をかく。
と，立ったり座ったりうろうろと，すきをうかがい唱えるじゅもんとともに「ふうっ」とふく息は，空のかなたへたなびいて…	・悟空は番人に背（せ）を向け，左手を口にそえて客席に顔を突き出す。
番人：やあやあ，ものども何をしておるか，早く釜の中へ投げこめよ，さあさあ，早く早く…	・イスから立ち上がり，悟空を指さした後，釜を指さす。
との命令に従（したが）い，「承知しました」と家来たちは， 　　　　　　　　か　　　　　　　　　　。 すると，遠くの空から大きな声が…	・家来たちは悟空を頭からほうり投げた後，釜からにげ出す。 ・悟空の足だけは，釜から出しておく。
悟空：おーい，何しておる。孫悟空はここにあり。どこを見ておる。こっちだ，こっち。	・舞台上の人形は，　　き　　　。 ・登場した悟空は，　　く　　　。
と，姿をあらわす孫悟空。番人どもは「どうしたものか」と不思議がり…	・釜に入った人形つかいは姿をかくす。 ・客席後方の悟空と悟空の足とを何度も大きく首を動かして見る。
番人：たしか釜の中に入れたはず。	・舞台の最前まで飛び出てくる。
孫悟空は「わっはっはっは」とおかしがり…	・体を反らして右手で腹をたたく。
悟空：危（あぶ）ないところで助かった。これから孫悟空の宙（ちゅう）乗りのはじまり，ものども，そこでゆっくり見物せよ。	・むねを左手で強くたたいた後，上体を前のめりにして，首を左右にふる。 ・主づかいは人形の首から手を放し，悟空を宙返りさせる。
と，姿はどんどん，どんどんはるかかなたに…	・人形をロープでつるして客席の上を一周させた後，体育館の外へ出す。

（山田庄一『西遊記』釜煮（かまいり）の段より作成）

【適性検査１－２】 （45分）　　＜満点：100点＞

1　あやのさんとたけしさんは，天気予報について調べています。あとの(1)～(7)の問いに答えなさい。

あやの：天気の言い習わし（天気のことわざ）って本当に当たるのかしら。

たけし：５年生の時に調べて，「夕やけの次の日は晴れ」と言われているわけはわかったよね。

あやの：では，「朝にじは雨，夕にじは晴れ」の理由は何だったっけ？

たけし：それはよくわからないな。

先　生：にじがどうやって見えるのかは**図１**を見てごらん。にじは観察する人から見て太陽の反対側に見えているよ。

あやの：ということは，朝のにじでは　ア　の方に見えるってことよね。

たけし：朝日が出ていて，雨の範囲（はんい）が　イ　から移動してくるときには「朝にじは雨」ということだよね。

先　生：２人ともそのとおりです。

図１

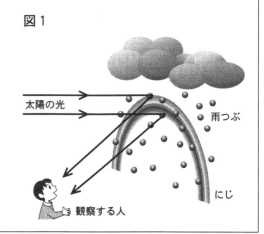

太陽の光

雨つぶ

にじ

観察する人

---

(1)　　ア　，　イ　にあてはまる方角をそれぞれ東西南北の四方位で書きなさい。

あやのさんたちは，お天気キャスターのものまねを楽しんでいます。

あやの：「千葉県南部，明日は南の風のちやや強く，くもり一時雨，最低気温は４℃，最高気温は12℃でしょう。」なんて言い方よね！

たけし：あやのは，気象予報士の資格を取ってお天気キャスターになったら？

先　生：天気予報は多くの人に正確に伝えないといけないから，予報で使う言葉には，例えば**資料１**のようなきまりがあるよ。

資料１

> 一　時：ある現象（とぎ）が途切れることなく現れ，その現象の現れている期間が予報期間の４分の１未満の場合。
>
> 時　々：現象が途切れ途切れに現れ，その現象の現れている期間が予報期間の４分の１以上，２分の１未満の場合。
>
> の　ち：予報期間内の初めと終わりで現象が異なるとき，その変化を示すときに使う。

先　生：**資料１**のきまりにしたがうと，次のページの**表１**の17日は晴れのちくもり，18日は晴れ一時くもりだよ。19日は一日を通して見るとくもりのち晴れだけど，午前だけ見ると　ウ　，午後だけ見ると　エ　だね。

表1

日付 ＼ 時刻	2	4	6	8	10	12	14	16	18	20	22
17日	晴	晴	晴	晴	晴	晴	晴	くもり	くもり	くもり	くもり
18日	晴	晴	くもり	くもり	晴	晴	晴	晴	晴	晴	晴
19日	くもり	くもり	晴	くもり	くもり	晴	晴	晴	晴	くもり	晴

（天気の表し方の例）

 晴れ 　　 くもり

(2) 　ウ　 と 　エ　 にあてはまる言葉をそれぞれ書きなさい。ただし，「**一時**」，「**時々**」，「**のち**」の
いずれかを用いること。

あやの：わたし，好きな気象予報士さんがいるんだけど，友達はその人の予報を「よくはずれ
　　　　る」って言ってた。ショック。

たけし：本当によくはずれるのかなあ。

先　　生：気象庁や気象予報会社では天気予報のうち，雨や雪などの降水予報の当たりはずれに
　　　　ついては，**資料2**のような方法を使って評価しているよ。

資料2

的中率：予想が当たった割合。降水があった場合もなかった場合も，当たった日数を予想期間全体の日数で割り，それをパーセントで表したもの。
見逃し率：降水を予想しなかったのに，降水があった割合。降水があったのに降水を予想できなかった日数を予想期間全体の日数で割り，それをパーセントで表したもの。
空振り率：降水を予想したのに，降水がなかった割合。降水がなかったのに降水を予想した日数を予想期間全体の日数で割り，それをパーセントで表したもの。
※「一時」，「時々」，「のち」でも，雨や雪が降れば降水「あり」とする。

先　　生：ちょっと考えてみようか。次のページの**表2**はある1週間の天気予報と実際の降水
　　　　で，「あり」，「なし」は1mm以上の雨が降ったかどうかを示しているよ。

あやの：降水に関しては日，火，水，土の予報が当たっているといえるから，的中率はおよそ
　　　　57%だね。

たけし：月曜日に雨が降るって言うから傘を持っていったのに，降らなかったなんてがっかり
　　　　だったよ。

あやの：わたしはぬれるのがいやだから，A「降る」っていう予報じゃないのに雨が降った木曜
　　　　日は本当に困ったわ。

表2

曜　日	日	月	火	水	木	金	土
予　報	☀	🌤☂	🌤☂	☀☁	☁	☁☂	☀☁
実際の降水	なし	なし	あり	なし	あり	なし	なし

（天気予報の表し方の例）

☂ 雨　　🌤 くもりのち晴れ　　☂ 雨時々晴れ　　☀☁ 晴れ一時くもり

(3) 下線部Aの場合，評価の方法としてもっとも適当なものは，**的中率，見逃し率，空振り率**のうちどれですか。また，**表2**の1週間の場合，その割合は何％になりますか。ただし，割り切れない場合は小数第1位を四捨五入（ししゃごにゅう）して一の位まで書きなさい。

　たけしさんとあやのさんは，気象衛星の雲画像や空の観察などをもとに，天気を予想してみました。**表3**はある2週間の2人の予想と実際の降水です。

表3

曜　日	日	月	火	水	木	金	土	日	月	火	水	木	金	土
あやの	☂	🌤	🌤	🌤	☂	🌤	☀☁	☀	☀	☀	☀☁	🌤	🌤	🌤
たけし	🌤	🌤	🌤	🌤	☂	☀☁	☀☁	☀	☀	☀☁	🌤	🌤	🌤	☂
実際の降水	あり	あり	なし	あり	あり	なし	なし	なし	なし	なし	なし	なし	なし	あり

(4) 2人は**表3**を先生に見せました。先生のアドバイスを受けて，当たりはずれの数をまとめた**表4**をつくりました。あとの①，②の問いに答えなさい。

表4

		あやのの予想	
		降水あり	降水なし
実	降水あり	4	
際	降水なし		オ

		たけしの予想	
		降水あり	降水なし
実	降水あり		カ
際	降水なし		

① **オ，カ**にあてはまる数をそれぞれ書きなさい。

② 2人の**的中率，見逃し率，空振り率**を求めたとき，それぞれどちらの予想が優（すぐ）れていますか。「**あやの**」，「**たけし**」，「**同じ**」から選んで書きなさい。

先生が台風に関する予報について教えてくれました。

先　生：暴風域と予報円をまちがえないようにね。暴風警戒域は，移動方向や移動の速さから
　　　　考えられた予報円と暴風域の半径をもとに描かれているよ（図2）。

図2

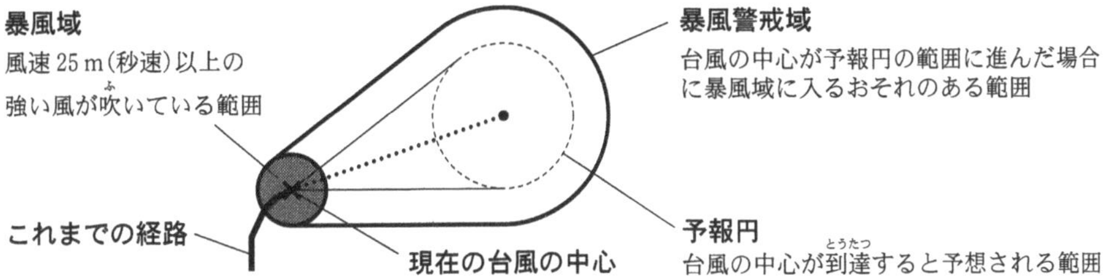

暴風域
風速25 m（秒速）以上の
強い風が吹いている範囲

暴風警戒域
台風の中心が予報円の範囲に進んだ場合
に暴風域に入るおそれのある範囲

これまでの経路

現在の台風の中心

予報円
台風の中心が到達すると予想される範囲

先　生：また，台風の経路は図3のように地図で示し，資料3のような予報文とあわせて発表
　　　　するよ。

図3

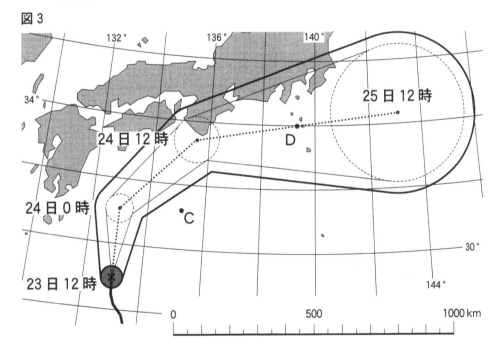

資料3

　9月23日正午，日本の南には台風△△号があって，1時間に20kmの速さで ┃ キ ┃ へ進
んでいます。中心から半径40kmの円内の範囲では風速25m（秒速）以上の強い風が吹いてい
ます。この台風は翌日0時には，北緯 ┃ ク ┃ °，東経 ┃ ケ ┃ °を中心とする半径50kmの
円内に達する見込みです。

先　生：台風のまわりでは，風が反時計回りに回転しながら中心に向かって吹き込んでいて，
　　　　風は中心からの距離が近いほど強いんだ。この台風の場合，24日の風は次のページの
　　　　図4の状態だったよ。

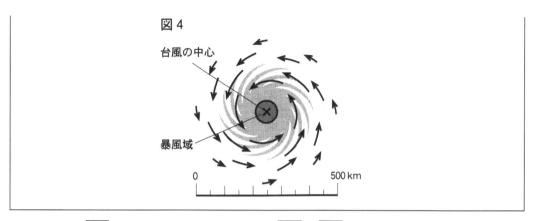

図4

台風の中心

暴風域

0　　　　　　　　　500 km

(5)　予報文の　キ　にあてはまる方角を八方位で，　ク　，　ケ　にあてはまる数をそれぞれ整数で書きなさい。

(6)　海上の点Cで，24日0時には南風が吹いていました。24日0時から24日12時まで台風が予報円の中心を結んだ点線上を移動したとき，点Cでの風の向きはどうなりましたか。途中の風の向きがわかるように書きなさい。

(7)　この台風の中心は，24日12時に図3に示された予報円の中心に到達しました。25日12時に中心が到達する範囲は，その時刻の予報円で示してあります。台風は，24日12時から25日12時までの間に一定の速さで一定の向きに進み，暴風域の半径は，23日12時から変わらないものとして，次の①～③の問いに答えなさい。

①　予想された範囲内で台風の中心が最も遠くまで到達した場合，24日12時から25日12時までの移動の速さは時速何kmですか。ただし，割り切れない場合は小数第1位を四捨五入して一の位まで書きなさい。

②　予想される範囲に到達する場合で台風の移動の速さが最も遅かった場合，台風の中心が点Dに到達するのは何日の何時ですか。書きなさい。

③　点Dで風速25m（秒速）以上の強い風に警戒しなければならないのは，何日の何時から何日の何時までの間だと予想できますか。書きなさい。

2　とおるさんとひなこさんの学校では，学習発表会の準備をしています。あとの(1)～(6)の問いに答えなさい。

　午前中は，体育館でテーマごとの発表があり，とおるさんたちは発表のしかたについて話し合っています。

> とおる：ぼくたちのクラスは次のページの表1のAからFのテーマを1か所で1つずつ順番に発表すればいいよね。
>
> 先　生：それは無理なのよ。1つずつ発表すると6回分の時間が必要になるけれど，午前中は3回分の時間しかないでしょ。
>
> ひなこ：テーマを2つずつ同時に発表したらどうかしら。
>
> とおる：それじゃあ，AとB，CとD，EとFを同時に発表すればいいんじゃない？
>
> ひなこ：AとBは大丈夫だけれど，3班はCとDの両方のテーマを発表するわよね。発表は班

の全員で担当するからCとDは同時にはでき
ないでしょ。

とおる：そうか，7班はEとFを発表するから，EとF
も同時にできないということだね。同時に発
表できるテーマがどれなのかわかるといいん
だけどね。

先　生：表1からは，同時に発表できない他の組み合わ
せもわかるわよね。これを整理するために，図
を利用してみるといいわよ。AからFのテー
マを点で表し，同時に発表できないテーマどう
しをすべて直線でつないでみたらどうかしら。

とおる：先生の言うとおりにかいてみました（図1）。これを見れ
ば，同時に発表できない組み合わせは一目でわかります
ね。

ひなこ：ₐ図1があれば，同時に発表できる組み合わせがわかる
図をかくこともできそうね。

表1

テーマ	担当する班
A	1班
B	2班，5班
C	3班，4班
D	1班，2班，3班，6班
E	5班，7班
F	4班，6班，7班

※　A〜Fの発表には，それぞれ
　同じ時間がかかる。

図1

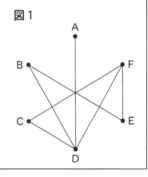

(1)　表1，図1を参考にして，Bと同時に発表できないテーマをすべて書きなさい。

(2)　下線部aについて，図1を参考にして，同時に発表できるテーマどうしをすべて直線でつなぎ
なさい。なお，解答らんには，A〜Fの6つの点がすでに示してあります。

(3)　となりのクラスは表2のG〜Lのテーマに
ついて発表します。1班〜7班が，それぞれ
2つのテーマの発表を担当します。図2はこ
のときの同時に発表できないテーマどうしを
直線でつないだ図です。表2の ア ～ オ
にあてはまる数字を書きなさい。

図2

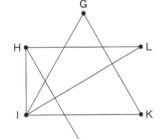

表2

テーマ	担当する班
G	4班， ア 班
H	2班， イ 班， ウ 班
I	3班，6班，7班， エ 班
J	1班
K	5班，7班
L	3班， オ 班

とおるさんたちは，学習発表会を紹介(しょうかい)するポスターのために，最寄(もよ)りの駅から学校までの案内図をかくことにしました。

> とおる：この地図（**図3**）を参考に案内図をかきたいのだけれど，何かいい方法はないかな。
>
> ひなこ：そうね。例えば，駅にある路線図は，実際とちがって，ずいぶん簡単(かんたん)な形になっているわよね。
>
> とおる：実際のとおりにかいた**図4**の左側の図よりも，右側の2つの図のほうが，すっきりしているね。
>
> ひなこ：b つながり方さえ同じであれば，ある駅からある駅までの線路の長さや方向はちがってもよいということよね。
>
> とおる：**図3**の地図も，**図4**の右側の図のように，かき直せそうだね。それじゃあ，案内図をかいてみようよ。

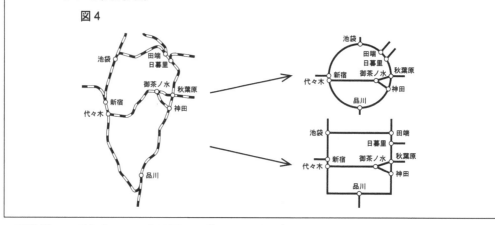

下線部 b の考え方で，2人は**図3**と道のつながり方が同じ図をかきました。**図5**はとおるさんが，**図6**はひなこさんがかいた図です。

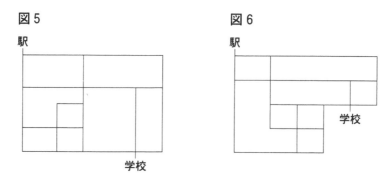

(4) **図3**の病院の位置にあたる場所は，**図5**，**図6**ではそれぞれどこになりますか。解答らんの図中に ● でかきなさい。

(5) **図3**と道のつながり方が同じものを，次の**ア～カ**のうちから**2つ**選び書きなさい。

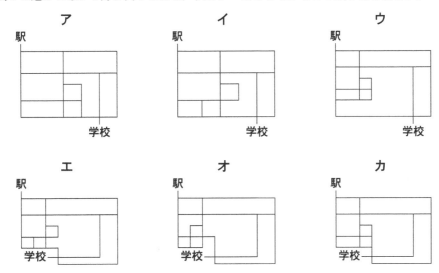

　午後は，校舎内（次ページ**図7**）で，展示物の発表があります。とおるさんたちは，**とおるさんの教室**を出発して，**ア～オ**の5か所の教室を1回ずつ見学した後，再び**とおるさんの教室**に戻ってくることを考えています。

> とおる：（**ア，イ，ウ，エ，オ**），（**ア，ウ，イ，エ，オ**）というように，**ア**を1番目に見学する場合の順番を書き出して数えてみたら，24通りあったよ。**イ，ウ，エ，オ**をそれぞれ1番目に見学することもできるから，見学する順番は全部で120通りあるね。
>
> ひなこ：ちょっと待って。何度も階段を上ったり，下りたりしないですむ順に見学しましょうよ。c階段の上り下りを最も少なくすることを考えると，見学する順番をすべて自由にはできないわね。
>
> とおる：階段のことは，考えてなかったよ。**図7**も，つながり方を表した図にかけば，どこが階段なのかを考えやすいかもしれないね。

(6) **図8**は，**図7**の▨で表された部分に示した**あ～た**の●を線でつないだ図です。なお，**図8**に**く**の位置は，すでに示してあります。次の①～③の問いに答えなさい。

（**図7**，**図8**は次のページにあります。）

① **図7**の**う**，**せ**にあたる場所は，**図8**ではどの●になりますか。**図8**の**く**の示し方にならって，解答らんの図中にそれぞれかきなさい。

② 下線部**c**について，階段の上り下りが最も少なくなるように見学するものとすると，何回階段を上り，何回階段を下りることになるか。その回数をそれぞれ書きなさい。なお，1階から2階，2階から1階へ移動したとき，それぞれ1回と数えるものとします。

　また，ひなこさんは，階段の上り下りを最も少なくするには，どうして**ア～オ**を見学する順番をすべて自由にはできないと考えたのか。その理由を書きなさい。

③ 階段の上り下りが最も少なくなるようにするとき，**ア～オ**を1回ずつ見学する順番は全部で何通りありますか。なお，どの階段やろう下を通るかは考えないものとします。

図7

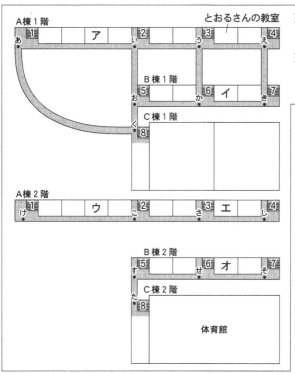

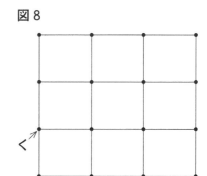

※　1～8の数字は階段を表し、同じ数字の階段はつながっている。

※　あ～たの●は、階段とろう下、ろう下とろう下がつながる場所を示している。

図8

大切なことはメモしておこうネ！

平成27年度

県立千葉中学校入試問題(二次)

【適性検査2-1】 (45分)   <満点:100点>

1　写真1は模様を描くための定規です。定規には，円形で，大きさの異なる2つのわくと3つの歯車があり，わくと歯車には，等間隔で同じ大きさの歯がついており，歯車に複数の穴があります。

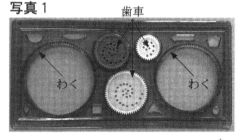

写真1

歯車

わく　　わく

　写真2のように，とりはずした歯車の穴の1つにペンを入れ，歯をかみ合わせながらわくの内側に沿って回転させると，模様を描くことができます。このとき，模様の矢印の部分を花びらと呼ぶことにします。

写真2　花びら

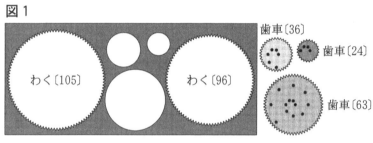

図1

わく〔105〕　　わく〔96〕

歯車〔36〕

歯車〔24〕

歯車〔63〕

　まおさんは，お父さんに図1のような歯数の定規をもらいました。なお〔 〕は歯数を表します。写真2の模様は，わく〔105〕と歯車〔36〕を使って描いたもので，花びらの数は35です。

　ただし，歯車が回転するときはすべらず回転するものとします。また，歯車は，かみ合った状態から回転によって歯車の歯数分進んだとき，1回転したといいます。次の(1)～(5)の問いに答えなさい。

(1)　図2の歯車〔24〕を，わくと同じ歯が直線上に並んだものに沿って2回転させて線を描きます。なお，aは歯車の中心から最も外側にある穴で，bはaより内側の穴です。図3はaを使って線を描いた様子です。このあとbを使って同じように線を描くとき，歯車が2回転して進む長さの比較について，正しいものをあとの①～③から1つ選びなさい。

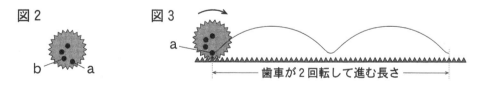

図2

b　　a

図3

a

歯車が2回転して進む長さ

　　①　aを使った方が長い　　②　bを使った方が長い　　③　a，bどちらも同じ

(2)　図4のように，わく〔96〕と歯車〔24〕のaの穴を使って模様を描きます。あとのア，イの問いに答えなさい。

ア 図4の歯車の位置から描き始め，歯車が初
めてこの位置にもどるまでに何回転するか，
書きなさい。

図4　図5

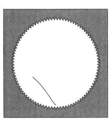

イ 図5は，アのときにできる模様の描き始め
の様子です。続きを解答らんにフリーハンド
で描き（定規を使わないで描くこと），模様を
完成させなさい。

(3) わく〔105〕と歯車〔63〕を使って模様を描きます。次のア，イの問いに答えなさい。

ア 下の①～③の模様は，図6のc，d，eの穴のいずれかを使って描いたものです。それぞれ
の模様は，どの穴で描いたものですか。

また，そのように考えた理由を書きなさい。

図6

① 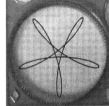 ② 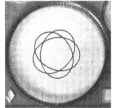 ③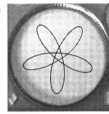

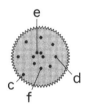

イ 図6のfの穴を使って描くと，どのような模様ができますか。できる模様を，解答らんのわ
く内にフリーハンドで描きなさい。なお，模様の向きは問わないものとします。

(4) まおさんは，わくと歯車の組み合わせによって，できる模様の花びらの数が違うことを不思議
に思い，お父さんと考えてみました。以下の会話を読み，次ページのア～エの問いに答えなさい。

まお：できる模様の花びらの数には，何かきまりがあるの？

父　：花びらの数が5の模様を描いて，5になるわけを考えてみよう。

父　：**写真3**は歯車が2回転したところだよ。わくの歯数
は105，歯車は63だから，歯車が1回転すると，わく
の歯数105のうち63まで進み，そこに1つ目の花びら
ができているね。

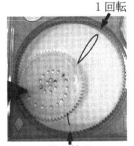

写真3

1回転

まお：続きを描いたら，歯車が5回転して，5つの花びら
ができあがったわ。

父　：まず，歯車が1回転して進んだところまでを見てご
らん。わくの63までの歯に対して，等間隔で花びら
ができているね。（次のページの**写真4**）

描き始め

花びらと花びらの間の歯数はいくつになる？

まお：　あ　ね。

父　：そうだね。このとき，わく全体を見ても，5つの花びらは　あ　ずつの間隔でできて
いるね。

まお：つまり花びらは，63と105を同時に，等間隔に分けた場
　　　所にできると考えればいいのね。

　父：そのとおり。 あ は63と105の い で， い
　　　がわかれば，花びらの数が求められるのさ。

写真4

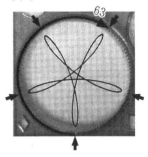

ア あ にあてはまる数， い にあてはまる言
　葉を書きなさい。

イ 表は，わくと歯車の組み合わせによってでき
　る模様について，花びらの数を途中までまとめ
　たものです。Aにあてはまる数を求めなさい。

ウ 花びらの数の求め方を，わくの歯数，歯車の
　歯数， い に解答した内容を使って，言葉の式
　で表しなさい。

表

わくの歯数 ＼ 歯車の歯数	63	36	24
105	5	35	
96		A	

エ まおさんは，花びらの数が9の模様を描こうと考えました。しかし，この定規では描けない
　ことがわかり，歯車だけ別の歯数のものをさがすことにしました。わくはこの定規の〔105〕
　と〔96〕を使うとき，花びらの数が9の模様を描くことはできますか。ウの花びらの数の求め
　方を使って説明しなさい。

後日，まおさんとお父さんは遊園地で，写真5のようなコー
ヒーカップに乗りました。

写真5

　父：このコーヒーカップに乗っている人は，こんな感じに
　　　動くはずなんだ。（図7）

まお：あの定規の模様みたい。でも，どうして？

　父：これは，全体を真上から見たとして，人が入っている
　　　カップを回転させない場合なんだけどね。このコー
　　　ヒーカップの仕組みは，次のページの図8のように，
　　　大円盤の上に小円盤があり，小円盤の上に人が入る
　　　カップがあるんだ。大円盤と小円盤はそれぞれが回転

図7

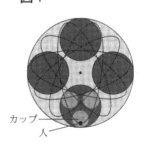

していて，回転の方向は逆なんだよ。

まお：回転するものが２つってことね。しかも，大円盤の中心は地面に，小円盤の中心は大円盤に固定されているんでしょ。定規の歯車は，回転しながらわくに沿って動いていったわ。仕組みは違いそうだけど…。

父 ：小円盤は う ので，回転しながら大円盤の周に沿って動くように見えるね。このとき人は，小円盤が１回転するごとに え 。この動きは，定規で花びらを描くときの歯車の穴の動きと同じだね。

まお：何だか同じものに見えてくるから，不思議よね。

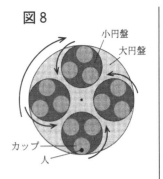

図8

小円盤
大円盤
カップ
人

(5) 下線部で父は，カップの中の人の動きが定規で描く模様のようになるわけを説明しました。 う ， え にあてはまる内容を，それぞれ書きなさい。

2 次の文章を読んで，あとの(1)～(3)の問いに答えなさい。

小学生のみおさんは，家族で食事に出かけました。そして，あるレストランに入ろうとしたところ，**写真１**のような看板（かんばん）がかかっているのを目にしました。以下は，それを見たみおさんたちの会話です。

みお：このお店，小さい子がいる家族は入れないんだね。

母 ：あなたは小学生だから，大丈夫（だいじょうぶ）よ。

父 ：でも，小さな子ども連れの家族の中には，あきらめた人もいるかもしれないね。

みお：何で勝手にそんなきまりをつくるのかな。

写真１

小学生未満のお子様の入店はかたくお断りしています。よろしくお願いいたします。

店主

(1) みおさんは，お店がこのような看板を出すことについて，入店できるお客さんが限られてしまうのに，それ以上にお店にとってのメリット（利点）があるのではないかと考えました。そのメリット（利点）について説明しなさい。

みおさんは，ある日同級生のあやさんとインターネットの投稿（とうこう）写真について，次のような会話をしました。

みお：インターネットを見ていたら，こんな電車内の写真（**写真２**）を見つけたんだ。

あや：何，この投稿写真のタイトル，「えらいですね！」って，そんなわけないでしょ。

みお：これは，あえてそう言っているのよ。つまり， あ 。そのせいか，かなり話題になったみたいよ。

あや：電車に乗るといろんな人がいるよね。

写真２

あとからお友達がくるそうです。えらいですね！

(2)　　あ　は，**写真2**につけられたタイトルに，どのような効果があるのかが述べられています。　あ　にあてはまる内容について，写真の様子をあわせて説明しなさい。

　みおさんは，あやさんと2人で電車に乗り，席にすわっていたところ，ある駅で大勢の人といっしょに初老の女性が乗車してきました。車内はすでに満席で，その女性は2人から少し離れたところに立ちました。それを見た2人は，小声で次のような会話をしました。

> みお：あの人，年をとっているみたいだから，席をゆずった方がいいよね。
> あや：わたし，以前お年寄りに席をゆずろうと声をかけたら，年寄り扱いするなって，逆に文句を言われたんだ。だから，もう_A席をゆずるのなんてこりごりだよ。それに，ここ_B優先席じゃないし。
> みお：　　　い　　　。

(3)　次の**ア**，**イ**の問いに答えなさい。

　ア　席をゆずろうと考えたみおさんは，あやさんにもいっしょに行動するように，　い　と言って説得しました。下線部A，Bのように考えているあやさんを納得させるように，　い　にあてはまる内容を書きなさい。

　イ　この場面で，お年寄りに席をゆずる際に，あなたなら快くすわってもらうためにどのような点に気をつけて話しかけますか。具体的な話し方をまじえ，下の**例**のように書きなさい。

> **例**　「(具体的な話し方)」のように，………………。

3　そうたさんとたかしさんは，てこについて調べてみることにしました。あとの(1)〜(8)の問いに答えなさい。

> 先　　生：君たちはシーソーに乗って遊んだことはあるかな。
> たかし：妹といっしょに遊んだことがあります。**図1**のように，ぼくが妹の方に近づいてすわると，シーソーがつり合って水平になりました。
> 先　　生：そのようにすると，なぜ，シーソーがつり合ったのでしょうか。
> そうた：たかしさんの方が　あ　からです。
> 先　　生：そうですね。では，等間隔の目盛りの入ったものさしと10gのおもりを使って，てこについて調べてみましょう。おもりをつるす場所は，ものさしの数字が書いてある位置です。次のページの**図2**のてこは，つり合っていますが，つり合うときのきまりはどうなっていましたか。ものさしと糸の重さは考えなくてよいですよ。

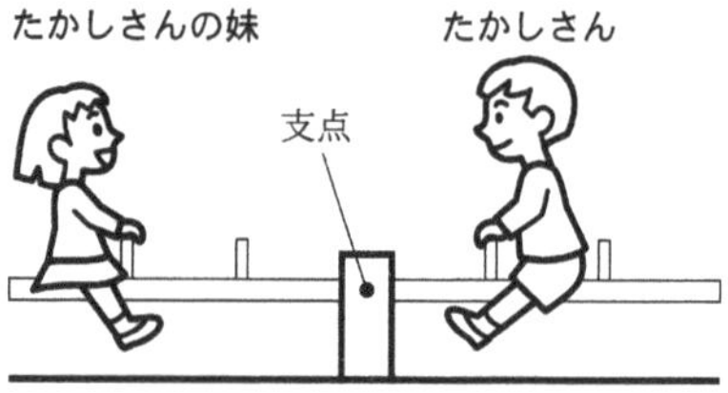

図1

たかしさんの妹　　　　たかしさん

支点

図２

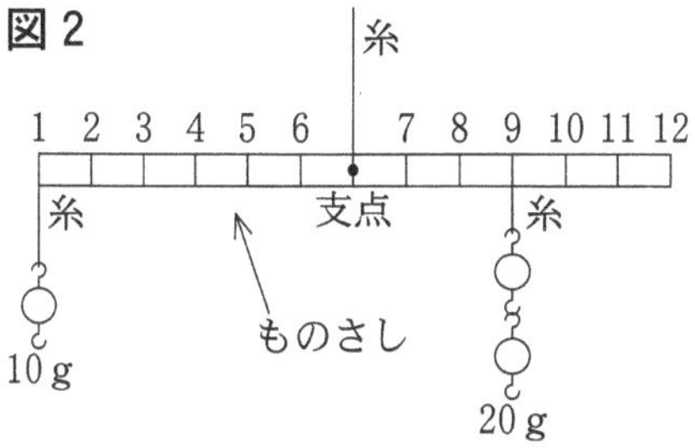

図３

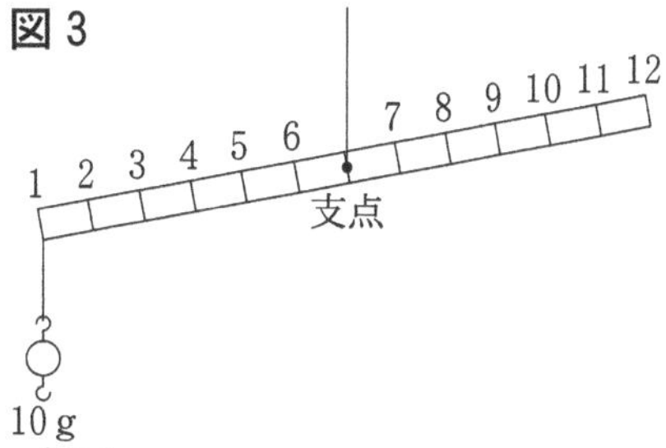

そうた：支点の左右で，おもりの重さと支点からの距離をかけた大きさが，同じになっています。

先　生：そうですね。**図３**のてこがつり合うためのつるし方は，てこの右うでのどこか１か所におもりをつるすとき，**図２**のつるし方を含めて［い］通りありますね。

(1)［**あ**］に入る言葉を書きなさい。

(2)［**い**］に入る数を書きなさい。ただし，10 g のおもりをいくつ使ってもよいものとします。

先　生：**図４**のてこは，右うでの２か所におもりがつるされているけれど，つり合いはどう考えるのかな。

たかし：９の位置につるされたおもりと，11の位置につるされたおもりについて，重さと支点からの距離をかけた大きさを求め，たし合わせれば，支点の左うで側と同じ大きさになっています。

先　生：よく気付きましたね。数か所におもりがつるされた場合も，たかしさんの考え方を使えばよいのです。**図５**のてこがつり合うためには，A<u>右うでのおもりのつるし方は，たくさんありますね</u>。

図４

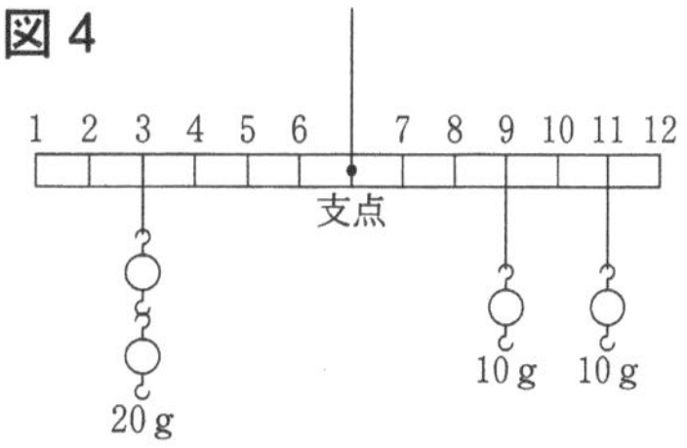

図５

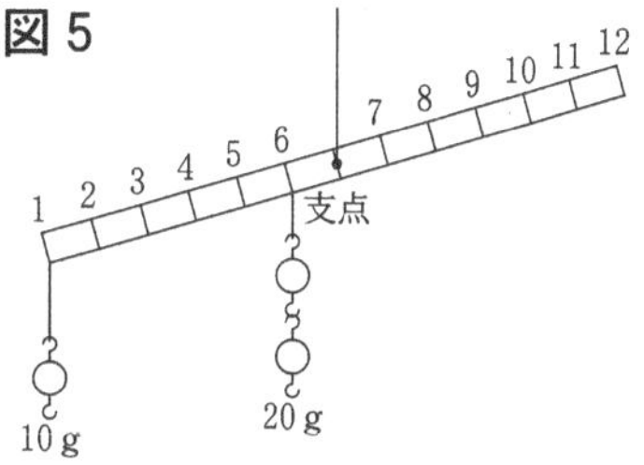

(3)　下線部Aについて，右うでの７～12の位置のどこか３か所におもりをつるして，てこをつり合わせるつるし方は何通りかあります。このうち，**２通り**のつるし方について，解答らんの**表**のおもりをつるす位置に，おもりの個数を数字で書きなさい。ただし，10 g のおもりをいくつ使ってもよいものとします。

表

つるし方＼おもりをつるす位置	7	8	9	10	11	12
つるし方１						
つるし方２						

先　生：図6のように，てこがつり合っているとき，支点がてこの重さの中心になっています。物の重さの中心のことを重心といいます。

そうた：図6のてこの支点も，重心といえるのですね。

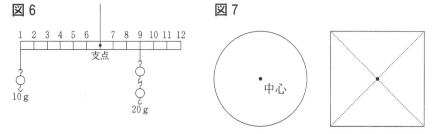

図6　　　　　　　　　　図7

先　生：そうです。図7のように，工作用紙で作った円の中心や，正方形の対角線が交わったところも重心になっています。

そうた：三角形は対角線がかけないけど，重心はどうやって求めるのですか。

先　生：図8のように，工作用紙で作った三角形ＡＢＣについて説明しますね。三角形ＡＢＣの頂点Ａのすぐ近くに穴をあけて，糸でつり下げます。このとき，三角形ＡＢＣの重心は，点線で示した糸の延長線ＡＤ上のどこかにあります。また，点線の左右にある三角形ＡＢＤと三角形ＡＤＣは，重さが等しくなっています。工作用紙は厚さが一定なので，2つの三角形の重さが等しいということは，面積も等しくなっています。

このままでは，三角形ＡＢＣの重心が，ＡＤ上のどこにあるかわからないのですが，このあと重心の位置を求めるには，どうすればよいですか。

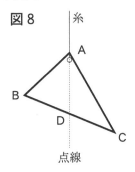

図8　糸

そうた：　　　　う　　　　が重心になっています。

先　生：そのとおりですね。

(4)　う　には，三角形ＡＢＣの重心の求め方が入ります。　う　にあてはまる内容を書きなさい。

先　生：写真1のように，三角形の重心にさした楊子を固定してから，コマのように回してみてください。

そうた：とてもよく回りますね。コマとして回らなそうなものも，重心がわかればコマになるんですね。

先　生：次のページの図9の工作用紙で作った図形もコマにすることができます。そのためには，図9の重心の位置を求めなくてはいけません。

はじめに，図9の図形を正方形と長方形の2つに分け，それぞれの重心の位置を求め

写真1

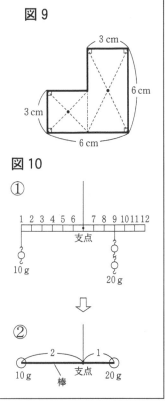

図9

図10

①

支点

10 g

20 g

⇩

②

2　　　1

10 g　棒　支点　20 g

ます。

先　生：次に，2つの重心から全体の重心の位置を求めます。正方形と長方形の重さの比はどうなっていますか。

そうた：「正方形の重さ：長方形の重さ」は面積の比と同じだから，1：2です。

先　生：そうです。では，左右のおもりの重さの比が1：2で，つり合っているてこの全体の重心の位置を考えましょう。

　　　　図10①のてこは，左右のおもりの重さの比が1：2になっています。このとき，支点から左右のおもりまでの距離の比は，6：3，つまり，2：1になっています。また，ものさしの支点が全体の重心になっています。このてこを，②のように，左右の2つのおもりと棒におきかえて考えるとわかりやすいですね。

そうた：つまり，図9では，　　え　　が重心ということですね。

(5)　　え　　には，重心の位置の求め方が入ります。　え　　にあてはまる内容を書きなさい。

(6)　図9の重心の位置を，作図によって解答らんの図に●で示しなさい。なお，解答らんの図には，方眼のマス目を示してあります。また，作図に使った線は消さずに残しておくこと。

先　生：図11の工作用紙で作った図形の重心の位置は，どのように求めますか。

たかし：図12のように，はじめに，①と②に分けます。あとは，それぞれの重心の位置を求め，重さの比から，全体の重心の位置を求めます。

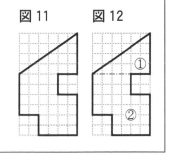

図11　図12

①

②

(7)　図11の重心の位置を，作図によって解答らんの図に●で示しなさい。なお，作図に使った線は消さずに残しておくこと。

先　生：**写真2**は，机の上に同じ大きさの板
　　　　で橋を作っているところです。

そうた：不思議ですね。一番上の板は，こん
　　　　なに机の外側に出ていても，落ちて
　　　　いません。どうしてですか。

先　生：**図13**で，板の重心の位置を考えてみ
　　　　ましょう。
　　　　板1枚の場合，重心は板の中央にあ
　　　　ります。板を机のはしからできるだ
　　　　け外側に出そうとしたとき，板の重
　　　　心は，机のはしの真上まで移動でき
　　　　ます。つまり，長さ10㎝の板の半分
　　　　を机の外側に出すことができますね。

そうた：**板2枚**の場合は，それぞれの板の重
　　　　さと，1枚目と2枚目の板の重心の
　　　　位置から，全体の重心の位置がわか
　　　　ります。2枚目の板は机から　お
　　　　㎝出せますね。

たかし：さらに，**図13**の2枚目の板の下に，1
　　　　枚ずつ板を入れていき，一番上（1枚
　　　　目）の板が，机のはしからできるだけ
　　　　外側に出るように，全部で5枚の板
　　　　を重ねました。（**図14**）
　　　　このとき，1枚目の板は机のはしか
　　　　ら　か　㎝出せます。

そうた：板の枚数が増えていくと，橋がのび
　　　　ていきますね。

写真2

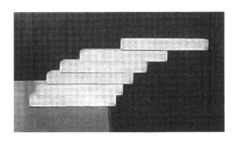

図13

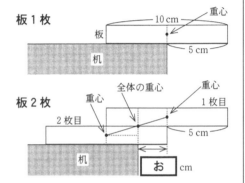

図14

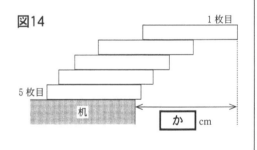

(8)　お　，　か　に入る数を，それぞれ小数第1位まで書きなさい。なお，小数第2位以下がある
　　場合には，四捨五入して小数第1位までの数にすること。

さな花をたくさん咲かせるのである。　小さな花を咲かせることはさ
ほど難しくない。しかし、「チリも積もれば山となる」の※6至言ど
おり、小さな花をたくさん集めて咲かせることで大輪の花に負けな
い大きさにするのである。（稲垣栄洋『雑草は踏まれても諦めない』より）

※1　苛酷……あまりにも厳しいこと。むごいこと。
※2　ナズナ……春の七草の一つ。白くて小さな花が咲く（左図）
※3　個体……一つ一つのもの。
※4　並大抵……ふつうの程度であること。ひととおり。
※5　巧妙……非常にやり方がうまいこと。
※6　至言……ある事がらを適切に言い当てた言葉。

(1)　筆者は、雑草の花の咲かせ方を「ゼロと1では天と地ほどのちがい
がある」とたとえていますが、それはどのようなちがいだと考えてい
るのでしょうか。

(2)　雑草にとって「小さな花を咲かせること」は、どのようなちがいにつ
ながると筆者は考えているのでしょうか。雑草の花の咲かせ方にふれ
ながら、書きなさい。

三　放送による問題一の井上裕之さんの文章から聞き取ったことと、
問題二の稲垣栄洋さんの文章から読み取ったことをふまえて、次の
(1)、(2)の問いに答えなさい。

(1)　二人の筆者は、作品を通して伝えようとしていることがそれぞれあ
ります。その中で、共通していることを考えて書きなさい。

(2)　(1)で答えたことに関連したあなたの経験と、その経験から得たこ
と、そして、それを今後の自分にどのように生かしていくかについて、
次の注意事項にしたがって、三百字以上三百五十字以内で書きなさ
い。

(注意事項)

ア　ます目の中には、題名、氏名は書かずに本文から書き始めるこ
と。

イ　文章全体は三段落構成とし、一段落目には、あなたの経験につ
いて、二段落目には、その経験から得たことについて、三段落目
には、それを今後の自分にどのように生かしていくかについて具
体的に書くこと。

ウ　原稿用紙の適切な使い方にしたがって書くこと。

エ　文字やかなづかいなどを正しくていねいに書き、漢字を適切に
使うこと。

たの？」と。

私はスタッフに、自分自身を押しつけようとはしません。もっと患者さんに心配りをしなさいなどとうるさくも言いません。ただ、スタッフに味わってほしいのです。患者さんにちょっとした心遣いをする。その患者さんが笑顔でお礼を言ってくれる。「ありがとうございました」と。その一言をもらえることが、実は成功体験なのです。たったひとつの「ありがとう」が、その後の人生を支えてくれることもある。

物事はすべて、一歩一歩しか進むことはできません。この当たり前のことをいつしか忘れ、自分の力をはるかに超えた目標ばかりに目を向けようとする人が多いのです。

小さな成功体験。自分で自分のことを褒めてあげられるような成功体験。それを大事にすることです。

（井上裕之『価値ある生き方』より）

一　放送で聞いた内容から、次の⑴、⑵の問いに答えなさい。

⑴　筆者は、自分が考える「成功体験」について二つ述べています。それはどのようなものか、それぞれ具体例にふれながら、書きなさい。

⑵　筆者が、成功体験を「大事にすることです」、と述べているのはなぜでしょうか。

以上で放送を終わります。それでは、問題用紙を開き、全ての問題に答えなさい。

二　次の文章を読み、あとの⑴、⑵の問いに答えなさい。

私たちは事を成しとげることを「花を咲かせる」と言う。しかし、雑草にとっても花を咲かせることはとても大切なことである。しかし、雑草の生きる環境は※1苛酷である。栄養分が足りない時、環境にめぐまれない時、雑草は小さな花をやっと1つしか咲かせられないことがある。

※2ナズナの花もいくつかの花が集まって咲いている。ちょうど菜の花と同じ咲き方である。しかし、たった1つか2つのごく小さな花しか咲かせていない時がある。そんなナズナの※3個体を見せて「これは何の植物でしょうか？」ときいてもわからない人が多い。私たちがイメージするナズナとはまるで別の植物なのである。

確かに、咲かせている花はたった1つか2つのごく小さな花に過ぎない。しかし、ゼロと1では天と地ほどのちがいがある。大輪の花を夢見てばかりで何もしないよりも、雑草は小さな花1つでもいいから、まず咲かせることを大切にしている。小さな花をつければわずかでも種子を残すことができる。その種子は芽を出し、やがて再び花を咲かせることだろう。そうして雑草は苛酷な環境下で命をつないでいるのである。

どうせなら大輪の花を咲かせたい、そんな思いはおそらく雑草も同じであろう。花が大きいほうが昆虫に発見されやすく、受粉の機会が増えるからである。しかし、大輪の花を咲かせる労力は※4並大抵ではない。

それではどうするのか。雑草の戦略は極めて※5巧妙である。小

【適性検査　二—二】　（四五分）　〈満点：一〇〇点〉

【注意】　放送で指示があるまでは、開かないこと。その他、すべて放送の指示にしたがいなさい。

（放送台本）

これから、適性検査2—2を始めます。外側の用紙が解答用紙です。内側に問題用紙があります。外側の用紙は、指示があるまで開いてはいけません。

それでは、外側の解答用紙を開き、受検番号と氏名を書きなさい。

（25秒後）書き終わったら元通り問題用紙を挟んで閉じてください。

（5秒後）最初は、放送を聞いて問題に答える検査です。それでは、用紙を裏返して「メモらん」と書いてある面を上にしなさい。　（3秒後）

「メモらん」にメモを取ってもかまいません。

（5秒後）これから、歯科医師の井上裕之さんが書いた『価値ある生き方』という作品の一部を朗読します。井上さんが「成功体験」というものをどのようにとらえているのか、という点に注目しながら朗読を聞き、問題用紙の問いに答えなさい。なお、朗読は1回だけです。それでは、始めます。

（3秒後）

成功体験という言葉を聞くと、どうしても結果を伴ったものと考えるでしょう。自分がやったことに対して、成長が目に見えたり、あるいは誰かから評価されたりと。もちろんそれも大切な体験ではありますが、私が考える成功体験とはそれだけではありません。

私は講演会などで、こういう話をします。

「自分だけの成功体験を重ねてください。他人の評価を求めるのではなく、自己満足でかまわない。たとえば、今日から1ヶ月、毎朝笑顔で挨拶をする。そんなことでもかまいません。そしてその目標を1ヶ月間実行してみる。そんなことでもかまいません。これもまた、立派な成功体験だと私は考えます。

自分で決めたことをやり遂げて、自分自身を褒めてあげること。その積み重ねが、自分を高める糧となっていくのです」

小さなことを大切にする。小さな行動を軽んじないこと。私は医院でもこれを実践しています。

たとえば足の不自由な患者さんがやってきます。スリッパに履き替えようとするけれど、なかなかうまくいかない。もしもそんな患者さんを見つければ、受付カウンターから外に出て、スリッパを履きやすいようにして差し上げる。

あるいは帰ろうとしたら、急な雨が降ってきた。患者さんは傘を持っていない。ならば傘を差し出して、駐車場の車まで一緒に行ってあげればいい。

これはサービスなどではありません。人として当たり前の優しさだと私は思っています。

私も気がつけば、患者さんの手を引いてあげます。スリッパを履かせてあげることも厭わない。

「先生がそんなことをしなくてもいいんじゃないですか」と言ったスタッフがいました。私はそのスタッフに聞き返しました。「どうして歯科医師がスリッパを履かせてはいけないの？　誰がそう決め

平成26年度

県立千葉中学校入試問題(一次)

【適性検査1－1】 (45分)　　＜満点：100点（推定）＞

1 　きょうこさんの学級では，総合的な学習の時間で「水産資源の保護」について考えることになりました。あとの(1)〜(6)の問いに答えなさい。

　きょうこさんたちは，世界の食用魚介類の消費量を調べました。そして，次の資料1〜資料3を見つけ，これらの資料をもとに班で話し合いをしました。

資料1　世界の食用魚介類の国，地域別年間消費量の推移

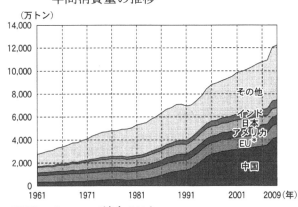

※EU：ヨーロッパ連合のこと。

資料2　世界の食用魚介類の国，地域別年間消費量(2009年)

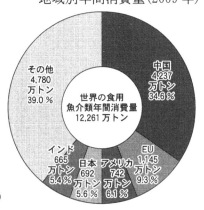

（資料1，資料2は，「平成24年度水産白書」より作成）

資料3　世界の食用魚介類の消費量について

> 　アメリカなどでの健康志向の高まりや，経済が急速に成長している国の人々の消費活動の増大などの影響により，世界の食用魚介類の消費量は，増加を続けています。特に中国の消費量の増加が目立っており，2009年の中国の国民1人あたりの年間消費量は31.0kgとなっています。今後，世界の人口が増えると，さらに消費量も増加すると考えられます。

（「平成23年度水産白書」などより作成）

きょうこ：資料1と資料3を見ると，食用魚介類の消費量は，世界全体で増加している様子がよくわかるわね。

ひ で お：特に中国が増加しているよ。資料2を見ると，2009年は世界の食用魚介類の年間消費量の34.6%を中国がしめているね。日本が5.6%だから中国は日本の約6倍になっているね。

た　か　こ：でも，日本は魚介類を多く消費する国だと聞いたことがあるよ。

あ　き　ら：中国は，日本より人口が多いから消費量が多いんじゃないかな。2009年の国民１人あた
　　　　　　りの年間消費量で比べてみるとどうだろう。

きょうこ：中国の国民１人あたりの年間消費量は，31.0kgだね。日本の国民１人あたりの年間消費
　　　　　　量は，人口を１億2800万人とすると，　ア　kgとなるわね。

ひ　で　お：これらの資料を見ると，水産資源を将来にわたって利用するためには何か取り組みが必
　　　　　　要だね。水産資源の保護につながる取り組みをぼくたちも考えてみようよ。

(1)　ア　に入る数字を，四捨五入して小数第１位までのがい数で書きなさい。

　きょうこさんたちは，水産資源についての理解を深めるために，水産資源の特徴について調べ，
次の**資料４**を見つけました。きょうこさんたちは，この**資料４**をもとにして次の**資料５**のように学
習発表会用の資料を作っています。

資料４　水産資源の特徴

> 　水産資源は，漁業による漁獲や他の生物に食べられることなどによって減少
> しますが，自然の再生産システムの中で産卵，成長，世代交代が行われ，資源が
> 維持されます。この循環に影響を与えないように適切な量の漁獲を行えば，
> いつまでも利用することが可能になるという性質をもっています。これは，
> 石油，石炭などのエネルギー資源と大きく異なる特徴です。

資料５　学習発表会用の資料

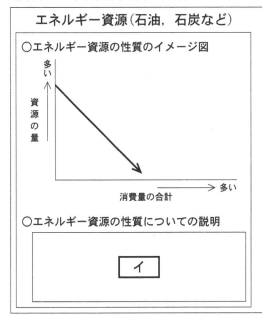

（**資料４**，**資料５**は，「平成22年度水産白書」などより作成）

(2) エネルギー資源と水産資源のそれぞれの性質を，クラスのみんなにわかりやすく説明するために，あなたなら**資料５**の学習発表会用の資料をどのように作成しますか。次の①と②の問いに答えなさい。

① ｜ **イ** ｜ に入ると思われることを，**資料５**中の「エネルギー資源の性質のイメージ図」をもとに考えて書きなさい。

② **資料５**中の「水産資源の性質のイメージ図」を，**資料４**と**資料５**中の「エネルギー資源の性質のイメージ図」と「水産資源の性質についての説明」をもとに考え，図中の線に続けてかきなさい。

　きょうこさんたちは，水産資源の保護のためには魚の生息する海の環境を守ることが重要だと考え，どのような取り組みが行われているかを調べました。すると，多くの地域で「も場」※1や「干がた」※2を守るための取り組みが行われていることがわかりました。そのような取り組みが多いのは，も場や干がたには，海の環境を守るうえで重要なはたらきがあるからではないかと考え，それぞれのはたらきを調べ，次の**資料６**のようにまとめようとしています。

※1も　場：日光が届く深さに，海そう類がまとまってはえている場所のこと。

※2干がた：満ちょうの時には海中にあるが，干ちょうでしおがひいた時にあらわれる泥や砂からできた海岸のこと。

資料６　きょうこさんたちがまとめている資料

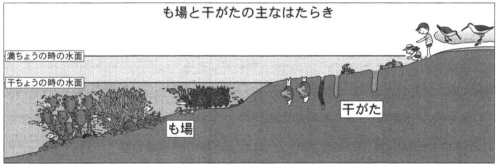

も場と干がたの主なはたらき

はたらき	も　場	干　が　た
	内　容	内　容
｜ **ウ** ｜	海そう類がチッソやリン※をとりこむことで，海中に栄養分が多くなりすぎることを防止する	植物プランクトンなどがチッソやリンをとりこむことで，海中に栄養分が多くなりすぎることを防止する
	海そう類の高さにより，波やしおの流れがおさえられ，とう明度が高くなる	
	海そう類が光合成をして，海中に酸素を送る	アサリなどの二まい貝類が，海をにごらせる物質をとりこむ
｜ **エ** ｜	生物の産卵の場となる	卵からかえったばかりの生物の成長の場となる
	卵からかえったばかりの生物の成長の場となる	
	海そうのすき間や海底などが，生物の生息の場となる	干がたにしか生息しない生物のすみかとなる
	ウミガメなど，数が少なくめずらしい生物のえさ場となる	鳥類のえさ場，休けいの場となる
海岸線を保全する	海そう類の高さにより，波がおさえられて海底が安定し，海岸がけずられることを防ぐ	波がおさえられ，海岸がけずられることを防ぐ
環境学習の場を提供する	も場をふやす活動などへの参加や，海そう類の観察や研究などができる	バードウォッチングや干がたの生物観察などができる

※チッソやリン：植物の栄養になるもの。

（水産庁ホームページより作成）

(3) ［ ウ ］，［ エ ］ に入ると思われることを，書きなさい。

　きょうこさんたちは，海の環境を守る取り組みについてさらに調べてみると，漁業にも沿岸（えんがん）の海の環境を守るはたらきがあるということを知りました。そして，次の資料7と資料8を見つけました。

資料7　漁業がもつ沿岸の海の環境を守るはたらき

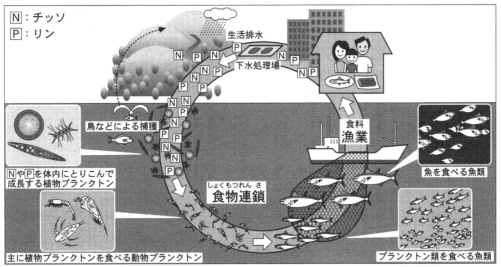

N：チッソ
P：リン

生活排水
下水処理場
食料
漁業

鳥などによる捕獲
NやPを体内にとりこんで成長する植物プランクトン
主に植物プランクトンを食べる動物プランクトン
食物連鎖（しょくもつれんさ）
魚を食べる魚類
プランクトン類を食べる魚類

（水産庁ホームページより作成）

資料8　陸から排出（はいしゅつ）されるチッソやリンの沿岸の海への影響

　沿岸の海は人間生活の影響を受けやすい海域（かいいき）で，活発な消費活動のため，陸上から排出されるチッソやリンが増加しています。チッソやリンは植物プランクトンなどの成長に必要な栄養分ですが，必要以上に海中に増えると植物プランクトンが急速に増えすぎてしまいます。すると，その増えすぎた植物プランクトンの影響で海水がにごったり，死がいがヘドロとなって海底にちく積したりします。ヘドロは水中の酸素をとりこむため，海中の酸素が減り，ついには無酸素に近い状態になり，沿岸の海の生態系（せいたいけい）※に大きな影響を与えます。

※生態系：食物連鎖などの生物どうしのつながりと，生物とそれをとりまく環境のつながりを合わせてとらえた生物社会のまとまりのこと。

（水産庁「水産業・漁村の多面的機能」より作成）

(4)　漁業には，なぜ沿岸の海の環境を守るはたらきがあると考えられますか。その理由を資料7と資料8をもとに考えて書きなさい。

きょうこさんたちは，水産資源の保護のために消費者ができる取り組みを考えてみることにしました。

先日行ったスーパーマーケットで「海のエコラベル（MSCラベル）」がついた水産物が売られていたことを思い出し，このラベルについて調べ，次の**資料9**のようにまとめました。

「海のエコラベル（MSCラベル）」

資料9 「海のエコラベル」についてきょうこさんたちがまとめた資料

「海のエコラベル」は，MSC（海洋管理協議会）が定めた原則と基準にあった漁業でとられた水産物だけに認められる証です。MSCでは，水産資源を保護し，将来にわたって漁業が続けられるように次の3つの原則を設けています。

① 過じょうな漁獲を行わず，水産資源を使いつくさないこと。水産資源が減っている場合は，回復できる方法で漁業を行うこと。

② 漁場となる海の生態系などをくずさないように漁業を行うこと。

③ 地域や国内，国際的なルールにあった漁業を行うこと。また，水産資源を保護するための制度などを作ること。

これらの原則にもとづいてきびしい審査が行われ，その審査に合格した漁業者が認証されます。さらに，これらの漁業者がとった水産物をとり扱う，流通，製造・加工，販売にかかわるすべての業者は認証を受けることが必要です。この認証制度は，審査に合格した漁業者がとった水産物に，それ以外のものが混入しないように管理されていることを証明するためのものです。このような段階を経て「海のエコラベル」をつけた商品を販売することができます。

この「海のエコラベル」がついた水産物が増え，より多くの消費者が購入するようになることが，水産資源の保護につながると期待されています。

（MSC日本事務局ホームページより作成）

(5) **資料9**に「海のエコラベル」がついた水産物が増え，より多くの消費者が購入するようになることが，水産資源の保護につながるとありますが，消費者が，この「海のエコラベル」のついた水産物を購入することが，なぜ水産資源の保護につながると考えられますか。その理由を，**資料9**をもとに考えて書きなさい。

(6) あなたがクラスのみんなに，水産資源を保護するための取り組みを提案するとしたら，「海のエコラベルのついた水産物を購入すること」以外にどのような取り組みを提案しますか。**資料4〜資料8**を参考にして，小学生としてできる取り組みを2つ書きなさい。また，その取り組みを考えた理由を書きなさい。

2 さきさんの学級では，総合的な学習の時間に，「すまいと自然の関係について考えよう」という
テーマで，班ごとに調べる内容を決めて学習をすすめることになりました。あとの(1)～(5)の問いに
答えなさい。

さきさんは，この学習のことを家庭で話題にしたところ，建築関係の仕事をしているさきさんの
おかあさんが次のようなアドバイスをしてくれました。

> すまいと自然の関係といっても考えなければならない要素はたくさんあるわ。たとえば，耐
> 震性，省エネルギー，耐久性…。だから，すまいと自然の関係の何を調べるのか，ねらいを
> しぼった方がうまく調べをすすめられるわよ。

そこで，「すまいと自然の関係」の中でも，自然をどのように生かしているかを調べていくこと
にしました。

まずどのように調べるか班で話し合い，特徴的なすまいや昔ながらのすまいと自分たちのすまい
を比べてみることにしました。そして，特徴的なすまいとして資料1の岐阜県の白川村にあるすま
いの写真を見つけ，気づいたことを書き加えました。また，このほかに次の資料2と資料3を見つ
けました。

資料1　白川村にあるすまい

・屋根のかたむきが
　急である。
・窓の面積がせまく
　かべが多い。
・ひさしが長い。

（白川村ホームページより作成）

資料2　資料1のすまいの場所

白川村

資料3　白川村の月別の平均気温と降水量
　　　　（2012年）

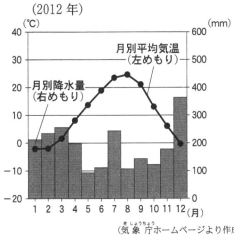

（気象庁ホームページより作成）

(1) **資料1**の写真にあるすまいの屋根について，かたむきが急になっている理由を**資料1～資料3**
をもとに考えて書きなさい。

次に，さきさんたちは千葉県内にある昔ながらのすまいを見学に行きました。そして調べたことを次の**資料4～資料9**のようにまとめました。

資料4　千葉県内にある昔ながらのすまい

・屋根は茅（かや）を重ねて作られている。

・戸口が広い。

資料5　資料4のすまいの間取り

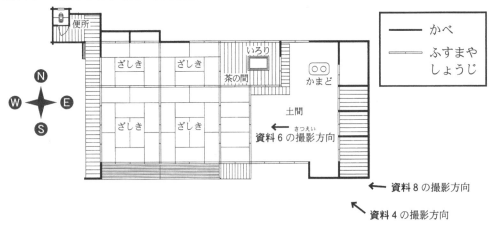

	かべ
	ふすまやしょうじ

便所

ざしき　ざしき

茶の間　いろり

かまど

ざしき　ざしき

土間

資料6の撮影（さつえい）方向

資料8の撮影方向

資料4の撮影方向

資料6　中の様子

・部屋と部屋の間は，取り外せるもので仕切られている。

資料7　床下（ゆかした）の様子

・柱だけしかなく，すまいの向こう側がよく見える。

資料8　外から見た様子

・のきが長く，せりだしている。

資料9　資料4のすまいのつくりを調べたことのまとめ

　　かべは北側と東側に集中しており，部屋と部屋との間，南側・西側と外との間は取り外すことができるふすまやしょうじで仕切られていました。開く部分が大変多く，そこを通してすまいの向こう側がよく見えました。

(2) **資料4**のすまいのつくりには，夏の暑さに対してどのような対策（たいさく）が立てられていますか。**資料 4～資料9**をもとに，「その対策とその対策による効果」を2つ書きなさい。

　さきさんたちは今まで調べたすまいと自分たちのすまいを比べることにしました。家に資料があったことを思い出したさきさんは，おかあさんから次の**資料10～資料12**をもらいました。

資料10　さきさんのすまいの外観図

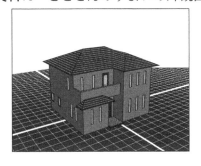

資料11　資料 10 のすまいの天 井（てんじょう）と かべの中の様子

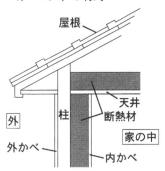

資料12　資料 10 のすまいの間取り

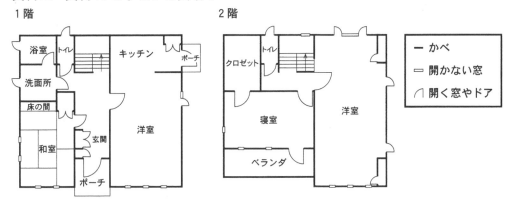

　さきさんたちは，それぞれ持ち寄った自分たちのすまいの特徴を次の**資料13**のようにまとめました。

資料13　さきさんたちのすまいのつくりに共通していたことのまとめ

- ・かべが多く，部屋と部屋の間にはふすまやしょうじはほとんどない。
- ・かべと柱，かべと窓わくの間など，家の中と外をへだてる部分はぴったりしていてどこにもすきまはない。
- ・多くの部屋にエアコンがある。
- ・サッシはガラスが2重の構造になっていて，かべは中に断熱材が入っていて分厚い。
- ・床下はわずかな通風口があるだけで，ほかはコンクリートでおおわれている。

(3)　すまいは**資料9**のようなつくりから**資料13**のようなつくりに変わってきました。そのすまいのつくりの変化とともに，どのような生活をするように変わってきたと考えられますか。さきさんの学級の学習テーマをふまえて具体的に書きなさい。

　さきさんたちは調べをすすめていくうち，自然を生かしたくらしのくふうや取り組みがあると考えるようになりました。
　そこで，自分たちが効果的に自然を生かすことができるものとして，緑のカーテンやよしずを調べました。そして，夏の晴れた日に行われた，ゴーヤを使った緑のカーテンとよしずの効果の実験に関する次の**資料14〜資料16**を見つけました。

資料14　ゴーヤを使った緑のカーテンとよしずの効果の実験の様子

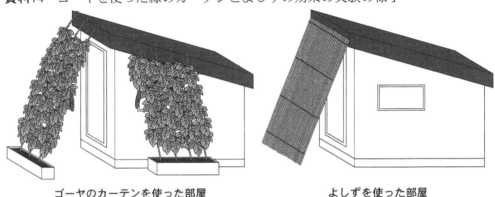

ゴーヤのカーテンを使った部屋　　　　　　よしずを使った部屋

資料15　ゴーヤのカーテンを使った部屋とよしずを使った部屋の気温と外気温の変化

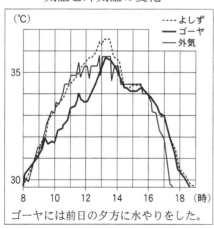

ゴーヤには前日の夕方に水やりをした。

資料16　ゴーヤのカーテン裏とよしず裏の気温の比かく

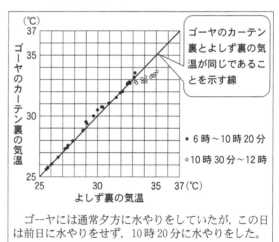

ゴーヤには通常夕方に水やりをしていたが，この日は前日に水やりをせず，10時20分に水やりをした。

（**資料15**，**資料16**とも，徳島大学　河川・水文研究室ホームページより作成。**資料15**は2008年8月12日，**資料16**は同年8月15日測定。）

(4)　次の①と②の問いに答えなさい。
　①　夏の晴れた日に，ゴーヤのカーテンはどのような効果があると考えられますか。**資料15**をもとに書きなさい。

② ゴーヤのカーテンが効果をあげるために気をつけなければならないことを，**資料15**と**資料16**をもとに考えて書きなさい。また，その理由についても書きなさい。

さきさんたちは，学習をすすめることによって，すまいのつくりや生活のくふうが長い時間をかけて変わってきたことを知りました。それは，さまざまな原因が複雑にからみあったものですが，学級のテーマにそって調べをすすめて，わかってきたことをさきさんたちは次の**資料17**のようにまとめました。

資料17　さきさんたちの調べを通してのまとめ

> すまいの構造や生活のくふうが変わってきたことにともない，日本にくらす人々の，気候や風土など自分たちをとりまく自然を生かそうとする考えがうすれてきているのではないでしょうか。
> わたしたちは，ふだんの生活の中でできることを取り入れて，今よりも自然を生かした生活を送りたいと思います。

⑸ さきさんたちは**資料17**の考えにそって自分たちにできることに取り組んでいこうと考えています。**資料4～資料17**をもとに，自然を生かした生活を送ることのよい点と，さきさんたちが取り組むうえでの課題と解決方法を具体的に書きなさい。

【適性検査1－2】（45分）　＜満点：100点（推定）＞

1　みさきさんの学校では毎年，縦（たて）の長さが6m，横の長さが7mの長方形の花だんに花を植えています。あとの(1)～(6)の問いに答えなさい。

　今年，花だんに植える花の色は赤，青，黄，白の4種類です。栽培（さいばい）委員のみさきさんは，花だんを図1のように①～⑦の7つの場所に区切り，それぞれの場所にどの色の花を植えるかを考えています。ただし，1つの場所には，同じ色の花を植え，また，となり合う場所どうしには異なる色の花を植えることにしました。

(1)　①に赤，②に青，③に黄，④に白の花を植えるとき，⑤～⑦に植える花の色をそれぞれ書きなさい。

図1　花だんの図

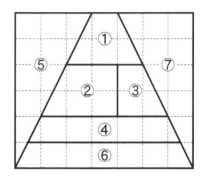

(2)　①に赤，②に青，③に黄，④に赤の花を植えるとき，⑤～⑦に植える花の色の組み合わせは5通りあります。**表**の（あ）～（け）にあてはまる花の色をそれぞれ書きなさい。

表　場所ごとに植える花の色の組み合わせ

	①の場所	②の場所	③の場所	④の場所	⑤の場所	⑥の場所	⑦の場所
組み合わせ1	赤	青	黄	赤	黄	青	白
組み合わせ2	赤	青	黄	赤	黄	白	青
組み合わせ3	赤	青	黄	赤	（あ）	（い）	（う）
組み合わせ4	赤	青	黄	赤	（え）	（お）	（か）
組み合わせ5	赤	青	黄	赤	（き）	（く）	（け）

(3)　①～⑦に植える花の色ごとの花だんの面積の合計が，広い順に，黄，赤，白，青となり，さらに黄の花を植える花だんの面積が，青の花を植える花だんの面積の6倍となる植え方があります。①～⑦に植える花の色をそれぞれ書きなさい。また，そのときの青の花を植える花だんの面積も求めなさい。

　　ただし，図1の方眼の1辺の長さは1mを表します。

　栽培委員のけんたさんは，花だんに囲いを作る作業を任され，先生から本結び（ほんむすび），巻き結び（まきむすび），ねじ結びの3通りのロープの結び方を教わりました。**資料1**は教わった3通りのロープの結び目です。

　けんたさんは，**交差するロープの表し方**にならって，**図2**中の矢印（ ▷ ）の続きをかき入れて，本結びの結び方を表しました。

（**資料1**，**図2**，**交差するロープの表し方**は次のページにあります。）

交差するロープの表し方

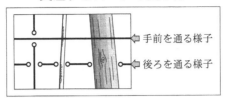

資料1 教わったロープの結び目

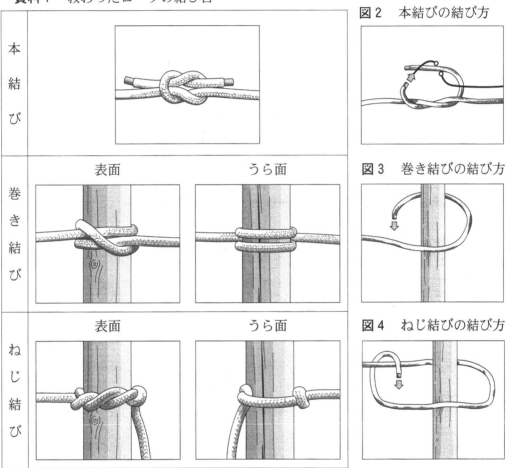

(4) **交差するロープの表し方**と**図2**にならって，解答らんの**図3**と**図4**の矢印（⇨）の続きをか
き入れ，**資料1**に示された巻き結びとねじ結びの結び方を図に示しなさい。

みさきさん（6年生）は，けんたさん（5年生）と，わたるさん（4年生）の3人で，花だんを
耕す前に，次の**作業ア～作業ク**の8つの作業を受け持つことになりました。次のページの**資料2**
は，**作業ア～作業ク**の作業をそれぞれ1人で行ったときにかかる時間と，作業の順序を書いたみさ
きさんのメモです。

資料2　みさきさんのメモ

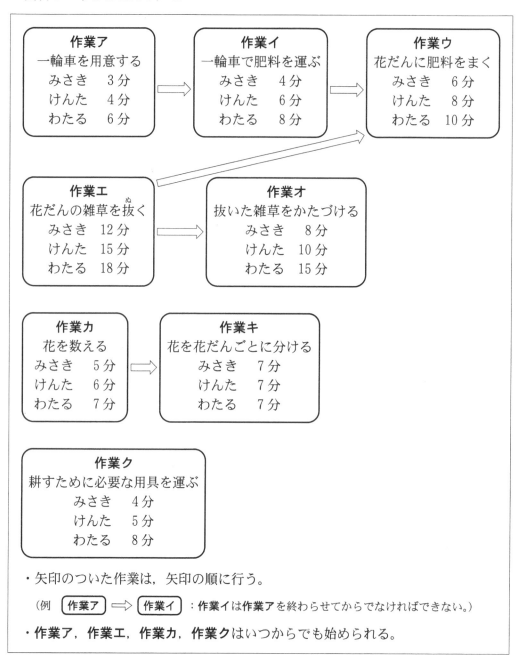

・矢印のついた作業は，矢印の順に行う。

　（例　作業ア ⟹ 作業イ　：作業イは作業アを終わらせてからでなければできない。）

・**作業ア，作業エ，作業カ，作業ク**はいつからでも始められる。

(5)　**資料2**のすべての作業（**作業ア～作業ク**）を，みさきさん，けんたさん，わたるさんの3人で分担します。作業開始から作業終了までの時間が最も短くなる分担の仕方を考えて，次のページの**記入例**にならって解答らんの分担表にかき入れて表しなさい。

　　ただし，作業は3人同時に始めること，1つの作業は任された人が初めから終わりまで1人で行うこと，作業を終えてから次の作業を開始するまでに要する時間は考えないこととする。

　　なお，分担表は25分まで用意してあるが，必要がなければ，作業をしない時間として扱うこと。

記入例

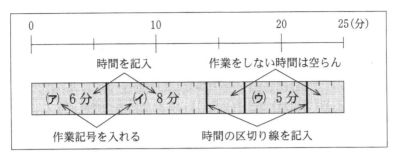

分担表　（この分担表は自由に使ってよい）

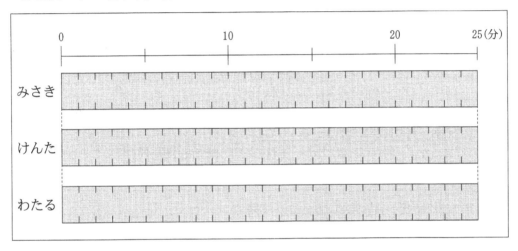

花を植える事前準備の最後として、みさきさん、けんたさん、わたるさんの3人で花だんを耕すことになりました。右の**資料3**のみさきさんのメモには、同じ花だんを、以前耕したときにかかった作業時間の記録と、その記録をもとに、3人で花だんを耕すときにかかる時間を求めるために立てた**式**が書かれています。

資料3　みさきさんのメモ

【花だんを耕したときにかかった作業時間の記録】
・みさきとけんたの2人でかかった時間　24分
・みさきとわたるの2人でかかった時間　30分
・けんたとわたるの2人でかかった時間　40分

3人で花だんを耕すときにかかる時間
式
$$1 \div \left\{ \left(\frac{1}{24} + \frac{1}{30} + \frac{1}{40} \right) \div 2 \right\}$$

(6) **資料3**について、**式**の答えを求めなさい。また、みさきさんがどのように考えてこの**式**を立てたのか、説明しなさい。

2　千葉県に住むまさおさんの家族は，月や太陽の位置からわかることについて話をしています。あとの(1)～(8)の問いに答えなさい。

> 父　：江戸時代のころの「時の決め方」は，今とはちがって日の出と日の入りの時刻（じこく）をもとに決められていたんだ。当時は，日の出の時刻を「明六つ（あけむ）」，日の入りの時刻を「暮六つ（くれむ）」として，昼夜をそれぞれ6等分した時間を一刻（いっこく）としたんだ。**資料1**を見てごらん。これは日の出が6時，日の入りが18時となる日の各時刻を表したものだよ。11時から13時までの時間帯が午（うま）の刻となっているよね。今でも12時のことを正午と言って，午の字を使うのは，このころの名残（なごり）なんだよ。
>
> まさお：日の出，日の入り以外の時刻はどうやって知ることができたの。
>
> 父　：一刻ごとに鐘（かね）の音で知らせていたそうだよ。それに，昼間は太陽の位置で，およその時刻を知ることができたんだよ。
>
> まさお：それなら，この**図**からもわかるのかな。
>
> 父　：このスケッチが，昼夜の長さがほぼ等しい日のものだとすれば，かかれた太陽の位置から　**ア**　の刻と考えられるよね。
>
> ゆうた：ところで，お父さん。季節によって昼間の長さはちがうよね。ということは，<u>A夏と冬の一刻の長さはちがう</u>っていうこと。
>
> 父　：そうだよ。明六つと暮六つが，それぞれ卯（う）の刻や酉（とり）の刻の間にくることは変わらないけどね。

資料1　江戸時代の「時の表し方」　　　**図**

 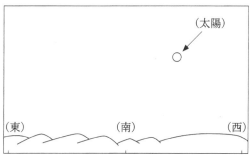

(1)　**ア**　にあてはまる漢字1文字を，**資料1**中から選んで書きなさい。

(2)　下線部Aについて，**資料1**と合わせて，夏と冬の一刻の長さについてわかることを書きなさい。

　次の**資料2**は，12月17日から31日までの月の出と月の入りの位置，月が南中※1する位置についてまとめたものです。また，次の**資料3**は**資料2**と同じ期間の月の出と月の入りの時刻，月の形をまとめたものです。（**資料2**，**資料3**は次のページにあります。）

※1　南中とは月や太陽が真南の空にあることをさし，このときの高さは上り始めてから沈（しず）むまでの間で最大となる。

資料2

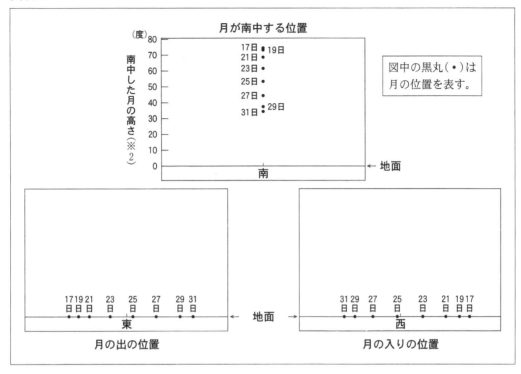

※2　南中した月の高さの表し方

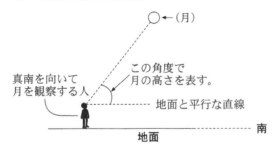

資料3　月の出と月の入りの時刻，月の形

日　付	12月17日	12月18日	12月19日	12月20日	12月21日
月　の　出	16：35	17：26	18：18	19：12	20：06
月の入り	6：09	6：57	7：40	8：20	8：56
月　の　形					

日　付	12月22日	12月23日	12月24日	12月25日	12月26日
月　の　出	21：00	21：55	22：51	23：48	―
月の入り	9：30	10：01	10：33	11：04	11：37
月　の　形					

日　付	12月27日	12月28日	12月29日	12月30日	12月31日
月　の　出	0：48	1：50	2：54	3：59	5：04
月の入り	12：12	12：52	13：37	14：29	15：28
月　の　形					

> まさお：**資料2**を見れば，日ごとの月の動きがイメージできるね。
>
> ゆうた：太陽が南中する時刻は12時ごろだけど，月が南中する時刻は，どうなっているのかな。
>
> 父　：B月の出から月の入りまでの間，月の動く速さは同じだと考えられるから，**資料3**を使えば計算で求めることができるよね。

(3)　**資料2**，**資料3**を参考に，「月の出から月の入りまでにかかる時間」と「月が南中するときの高さ」との関係について，説明しなさい。

(4)　下線部**B**のお父さんの考えにしたがって，12月17日，16時35分に月の出となる月について，月の出から月の入りまでにかかる時間と，南中する時刻を求めなさい。

次の**資料4**，**資料5**は，それぞれ月と太陽が南中するときの高さの変化を表したグラフです。

資料4　月が南中するときの高さの変化

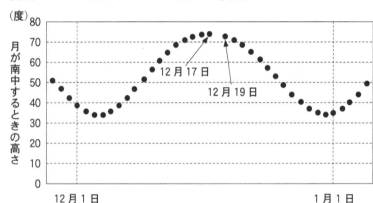

資料5　太陽が南中するときの高さ※3の変化

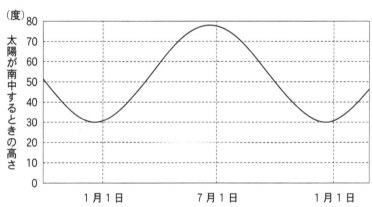

※3　太陽が南中するときの高さは，**資料2**下の「南中した月の高さの表し方」と同じように角度で表している。

> 父　：月が12月1日に南中する高さと12月17日に南中する高さとでは，ずいぶんちがうだろ。
>
> まさお：なるほど。こうして見てみると，毎日変化しているんだね。
>
> ゆうた：**資料4**を見ると12月18日の点が抜けているね。12月18日には，南中しないということかな。
>
> 父　：_Cそうだね。**資料2**と**資料3**をもとにすれば説明できるよ。

(5)　下線部Cについて，12月18日には南中しないことを説明しなさい。

> ゆうた：月が南中するときの高さは，12月17日の後，だんだん低くなり，12月31日を過ぎるとだんだん高くなっていくんだね。
>
> 父　：1月以降も**資料4**のグラフのとおり，同じように変化していくんだよ。
>
> まさお：それじゃあ，月が南中するときの高さは，何日かたてば，12月17日の高さと同じになるんだね。
>
> 父　：そういうことだよ。
>
> まさお：そうすると，12月17日に，月が南中するときの高さが一番高くなってから，次に同じ高さになる日までにかかる日数は，**資料4**から　イ　日であることがわかるよね。
>
> ゆうた：満月から次に満月になるまでの日数を30日だとすると，次に満月になるのは1月16日だよね。ということは，そのときの満月が南中する高さは，12月17日と比べて　ウ　ってことだね。
>
> まさお：満月が南中するときの高さは，いつも同じというわけではないんだね。
>
> ゆうた：_Dこのまま毎月変化していくと，満月が南中するときの高さは，6月ごろに一年で一番低くなると考えられるね。
>
> まさお：太陽が南中するときの高さは，夏高く，冬低いから，満月とはちょうど反対になっているんだね。_E30日ごとに訪れる満月が南中するときの高さを**資料5**にかき加えれば，はっきりするね。

(6)　イ　にあてはまる最も適当な整数を書きなさい。また，ウ　には，「**同じ**」，「**低い**」，「**高い**」のいずれかの言葉が入ります。最も適当なものを選び，書きなさい。

(7)　下線部Dについて，ゆうたさんがこのように考えた理由を書きなさい。

(8)　下線部Eについて，満月が南中するときの高さの変化を表す曲線を，解答らんの**資料5**にかき加えなさい。

平成26年度

県立千葉中学校入試問題（二次）

【適性検査２－１】（45分）　＜満点：100点（推定）＞

1　物の見え方について，会話文を読んであとの(1)～(6)の問いに答えなさい。

> みどり：校舎の高さってどれくらいあると思う？　調べてみましょうよ。
>
> あきお：何mくらいだろう。でも，どうやってはかるの。屋上は危ないよ。
>
> みどり：およその高さでいいなら，屋上に上がらなくてもはかれるわ。まず，校舎の壁の横幅を巻尺ではかるでしょ…。
>
> あきお：えっ，知りたいのは高さだよね。
>
> みどり：最後まで聞いてよ。ここに，校舎を撮った写真（**写真１**）があるのよ。この写真に写っている　**ア**　と　**イ**　を定規ではかって計算すれば校舎のおよその高さを求めることができるわ。

写真１

(1)　校舎の高さを知るために，写真のどの部分の長さをはかればよいですか。　**ア**　と　**イ**　にあてはまる言葉を書きなさい。

> あきお：なるほど。写真に写った大きさを使うのか。それなら，このあいだ撮ってもらったこんな写真（**写真２**）があるんだ。見てよ。
>
> みどり：えっ，何これ。なんだ，目の錯覚か。びっくりした。でも，おもしろいね。ビルの高さとあきおさんの身長がちょうど同じに見えるね。
>
> あきお：ぼくの本当の身長は152cmなんだけどね。

写真２

(2)　写真には，ビルの高さとあきおさんの身長が同じに写っています。写真を撮ったとき，カメラからビルまでの距離が100m，カメラからあきおさんまでの距離が1.6mだったとすると，ビルの高さは何mか，書きなさい。

その夜，あきおさんは家でお父さんにみどりさんとのやりとりを話しました。

> 父　：なるほど。見た目の大きさっておもしろいね。写真は，目で見たとおり記録したものだからね。
>
> ところで，人は動いている物を目で見るとき，見え方の変化を感じ取って，動きを判

断しているんだよ。

　例えば，物の見た目の大きさは，遠くにあるときは小さくて，近くになると大きくなるね。こんな**実験**があるんだ。

　実験　ある立方体の写真を，距離30ｍの位置から５ｍずつ近づきながら，同じように計６枚撮ったところ，それぞれの写真の立方体は，大きさの違う正方形に写った。そして，これらの正方形の面積を調べた。

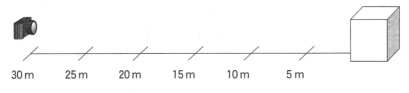

　実験の結果

距離(m)	30	25	20	15	10	5
面積(cm²)	0.25	0.36	0.56	1.0	2.25	9.0

　父　：実験の結果から，面積の変化の様子は，この図（**図1**）のようになるよ。

あきお：そうすると，もし物体が自分に近づいてくるとしたら，だんだんと近づいてきて，ぶつかる直前になると　ウ　と感じるんだね。
　　　　その変化を感じたら，「危ない」って判断してよけるのかな。

　父　：そうだね。特に意識しないけど，自然とそう判断しているんだね。

図1

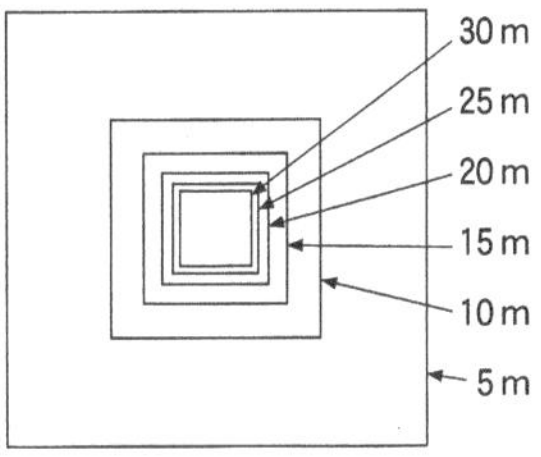

30m
25m
20m
15m
10m
5m

(3)　あきおさんが実験の結果から読み取ったことについて，　ウ　にあてはまる内容を書きなさい。

お父さんは，次のページの**図2**をかきながらさらに話を続けます。

　父　：物までの距離を判断する方法は他にもあるよ。
　　　　人間は，右目で見た映像と左目で見た映像の違いを利用しているんだ。

あきお：確かに，交互に目をつぶってみると，見える感じが違うね。

　父　：左右の目で見た映像を重ね合わせると，ぴったり重ならずにずれるよね。そして，A「ずれ」の大きさは自分との距離によって違ってくるんだ。
　　　　脳はその「ずれ」から距離を判断しているんだよ。

あきお：なるほど，そんなしくみになっていたんだね。

　父　：３Ｄのテレビや映画では，B右目用と左目用に「ずれ」を計算して作った映像を用意

して，特別なメガネを使うなどして
それぞれの目で見るようにさせるん
だ。すると，平面の映像を見ている
のに，脳が奥行きや立体感を感じる
んだ。

あきお：そうなんだ，すごいね。

父　：これらのしくみは，自動車の安全の
ための自動ブレーキシステムにも使
われているよ。カメラで自動車から
映像を撮って，人や他の車との距離
や近づき方を計算して，危ないとき
に自動でブレーキをかけるんだ。

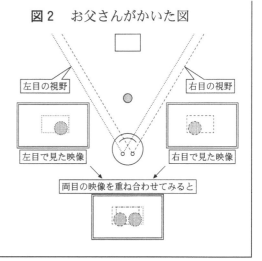

図2　お父さんがかいた図

(4)　下線部Aについて，ある物を見ながらそれに近づいていくと，左右それぞれの目で見た映像を
重ね合わせたときの「ずれ」はどう変化するか，説明しなさい。

(5)　下線部Bについて，地平線へ続くまっすぐな道に，3本の旗が立てられている様子の3D映像
を作ります。図3は，上から見た3本の旗の位置を×印で示しています。〇印の位置から見た3
D映像を作るために，2台のカメラで撮影しました。図4は，右目用のカメラで撮った映像で
す。このとき，左目用のカメラで撮った映像はどのようになりますか。解答らんの図に，2番と
3番の旗の位置を×印で示しなさい。また，×印の横に，旗の番号を書きなさい。

なお，位置を判断するためにマス目を示してあるので，参考にすること。

図3

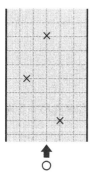

図4　右目用カメラで撮った映像

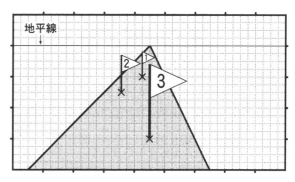

みどりさんは，お母さんが運転する自動車に乗り，学校のそばを通りかかりました。ちょうど自
転車で走る先生を追い越すところでした。みどりさんは，真横に先生がきたところで，持っていた
カメラで写真を撮りました。

次のページの図5はその写真で，先生の位置を×印で示しています。

また，みどりさんはそのあとで同じようにもう1枚写真を撮りました。

なお，自転車に乗った先生と自動車は，図5の右方向へそれぞれ速さを変えずに動いており，写
真は2枚とも自動車から真横を向いて撮りました。

図5

(6) 解答らんの図は，2枚目の写真を表したものです。図の中に，自転車に乗った先生の位置を×印で示しなさい。また，×印の位置を決めた理由を説明しなさい。

2 中学校に入学したみどりさんは1学期を終えようとしています。クラスでは1学期の清掃活動の反省について話し合いをしています。

次の会話文を読んで，あとの(1)～(3)の問いに答えなさい。

> みどり：最近は掃除のやり方も手際が良くなって，清掃終了時刻の前に仕事が終わっている分担場所もあるみたいね。
>
> たけし：そうなんだ。ぼくたちが今月やっている放送室は，早く終わっちゃうんだよね。
> そこでみんなに提案なんだけど，2学期からは掃除が終わった分担場所から昼休みにしていいっていうきまりにしたらどうですか。
>
> あやか：えっ，早く終わっているの？
> わたしたちのやっている体育館なんか一生懸命やっても終わらないから，いつも途中で切り上げているのに。
>
> たけし：そういう場所も少しはあるかもしれないけど，きちんとやって早く終わっているのに，15分間は清掃の時間っていうきまりがあるからずっと清掃場所にいなきゃいけないなんて，むだじゃないか。
>
> あやか：仕方ないでしょ，きまりなんだから。
>
> みどり：そうね。でも，A たけしさんの提案には良い点もあるわ。
> 先生，わたしたちできまりを変えることもできるんですか。
>
> 先　生：うちのクラスだけで決められることではないけれど，みんなの考えを聞いて，クラスの意見として委員会に伝えることはできるんじゃないかな。
>
> みどり：では，何か意見のある人は発表してください。
>
> あやか：今までの方法でいいと思うけど。
> たけしさんの案はうまくいくのかしら。

たけし：あのさ，時間もないことだし，平等にじゃんけんで決めたらどうですか。

あやか：そんなのだめに決まってるでしょ。

たけし：どうして。

あやか：だって，B こういうことをじゃんけんで決めたりしないでしょ。

たけし：うーん，そうか。やっぱりだめだよね。

あやか：それに，まだ話し合いが十分じゃないと思います。

みどり：確かにC 十分とはいえないわね。じゃあ，もう少し話し合ってから，たけしさんの提案を取りあげるか，これまでのやり方でよいかを決めましょう。

あやか：そのあとで，他の案をみんなで考えてもいいしね。

⑴　下線部Aについて，良い点はどのようなことだと考えられますか。その内容を書きなさい。

⑵　下線部Bのようにあやかさんが言ったのは，どのように考えたからですか。じゃんけんのもつ特徴をまじえて，説明しなさい。

⑶　下線部Cについて，このあと，クラスの話し合いの中で，どのようなことを確認することが必要ですか。その内容を2つ書きなさい。

3　みおさんは，駅前で**写真1**のようなオブジェ(造形物)を見て，卒業制作で立方体の飾りを作ろうと考えました。
　同じ大きさの透明な立方体と黒く不透明な立方体を積み重ねてはりつけ，大きな立方体にします。
　このとき，透明な立方体の後ろに黒い立方体があると，透けて黒い立方体が見えます。例えば，**図1**のように27個のうち中心の1個を黒にして立方体を作ると，**図2**で示した，上・正面・左・右など，6つの方向から見た面はどれも**図3**のように見えます。
　あとの⑴～⑸の問いに答えなさい。

写真1

図1

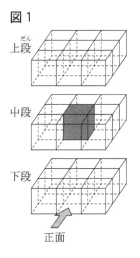

図2

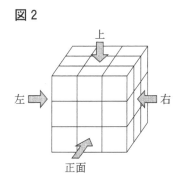

図3

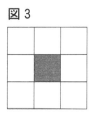

(1) 図4のように小さな立方体27個のうち5個を黒にして立方体を作ります。できた立体を上・正面・右から見ると，それぞれどのように見えますか。解答らんの図に，黒く見える場所をぬりなさい。

(2) 小さな立方体27個で，6つの方向から見た面がどれも図5のように見える立方体を作ります。**使う黒い立方体の個数が最も少ない場合**の黒の個数を書きなさい。

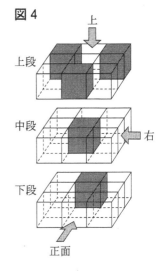

図4

図5

みおさんは自分の姓が田口なので，どの面を見ても「田」，「口」の文字に見える立方体を作ることにしました。

(3) まず，6つの方向から見た面がどれも図6のように見える，1辺に小さな立方体が5個並んだ立方体を作りました。

使う黒い立方体の個数が**最も多い**場合の配置はどのようになりますか。できた立体を上から見た1段目（上段），2段目…5段目（下段）に分け，このうちの2〜4段目を，下の**表し方**にしたがって示しなさい。

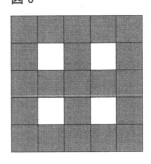

図6

表し方

立体を段ごとに分け，黒い立方体の場所をぬる。透明な立方体の場所はぬらずに，そのままにする。

例えば，図1の立体の中段は，図7のように表す。

図7　中段

（正面側）

(4) 次に，6つの方向から見た面がどれも**図8**のように見える，1辺に小さな
立方体が3個並んだ立方体を作りました。

図8

次の①，②の問いに答えなさい。

①　使う黒い立方体の個数が**最も少ない**場合の黒の個数を書きなさい。

②　使う黒い立方体の個数が**最も少ない**場合の配置はどのようになります
か。できた立体を上から見た1段目（上段），2段目（中段），3段目（下
段）に分け，それぞれを**表し方**にしたがって示しなさい。
ただし，解答らんの図，上段※の場所は黒い立方体にするものとします。

みおさんはできた立体に糸を通して，**写真2**のような飾りにしようと考えました。そこで，**図9**
のAとBの位置に○と●の印をつけ，これらを直線で結ぶ穴を開けて糸を通しました。

写真2

図9

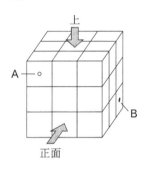

なお，**図9**について，A，Bはどちらも小さな立方体の面の中心にあります。また，透明と黒の
立方体は区別してありません。

(5) 糸を通した立体を見て，先生とみおさんが話をしています。
あとの①～④の問いに答えなさい。

> 先生：この糸だけど，27個の小さな立方体のうちの何個を通っているかわかるかな。
>
> みお：わかりません。外から見ても内部の様子はよくわからないし。
>
> 先生：もとの大きさに切り分けて，糸が通っている立方体が何個あるか調べればわかるわ
> よ。
>
> みお：せっかく作ったのに，こわすなんてだめです。
>
> 先生：それなら，外から見た様子を図にかいて，切り分けることを考えてみましょう。こわ
> さなくてもわかるわよ。

①　立体がすべて透明な立方体でできているものとすると，内部を通っている糸は，上および正
面から見ると，それぞれどのように見えますか。解答らんの図に，Aの位置を○で，Bの位置
を●で示し，糸を表す直線を三角定規でかきなさい。

先生：図がかけたようね。

あとは，図にかいた糸がどう切断されるか考えればいいのよ。

みお：えっ，なんで糸なんてすか。

先生：　　　　　　　　　　　　　　　ア　　　　　　　　　　　　　　　。

みお：そういうことか。

でも，糸は１本なのに，図は上から見たものと正面から見たものの２つがあります。どうしたらいいのでしょうか。

先生：実際に立体を切り分ける様子を想像してみて。

それを図に線で表すなら，どこに線を引けばいいのかしら。

みお：図に線を引いたらわかってきました。それぞれの図で，切り分けたことを表す線が糸のどの位置で交わっているかを調べればいいのですね。

先生：さすがね。

あとは調べたことを１つにまとめれば，答えは出たも同然よ。

みお：わかった。糸は小さな立方体を　イ　個通っているのですね。

② 先生は下線部で述べたことの理由を　ア　で説明しています。どのようなことを説明したのか，その内容を書きなさい。

③ もとの小さな立方体にすべて切り分けると，糸はどこで切断されますか。立体の内部にある糸の長さ（ＡとＢの距離）を５cmとするとき，切断されるすべての位置を，解答らんの図に×印で示しなさい。

なお，解答らんの図は５cmにしてあるので，目盛りを使って×印の位置を決めること。

④ 　イ　にあてはまる数を書きなさい。

「確かに本番で新手を試すことにはリスクはありますし、（リスクを取った分）、よく負けます。

「それでも大事な試合で新しい手を試すのは、なぜですか？」

と私が重ねて質問をすると、

「本番で試すということをやらない限り、成長はありませんから」

と、羽生さんはさらりと答えたのです。

天才棋士の羽生さんなら、あえてリスクを取らなくたって、今までの*3ちく積でじゅう分勝ち続けられるはずです。けれど、羽生さんにとっては、それでは真けん勝負とはいえないのです。

羽生さんは別の本の中で、「リスクを取らないことが最大のリスクだ」と語っています。本当にその通りだと、私も思います。

なぜなら、リスクを取らないということは現状維持であり、行動を何も起こさないということだからです。行動を起こさなければ、新しい出会いも刺激も感動も発見もなく、これまでとちがう世界はまるで見えず、変化は何も起こらない。変化がまったく起こらなければ、新しい情報も、知識も知恵も、そして新しい経験も人間関係も、何一つ自分の手に入らない。

これから先の人生で、新たに得られるものが何もなく、成長の可能性もゼロというのは、人生における最大のリスクでしょう。

（今北純一『自分力を高める』より）

（注意事項）

※1　対談……（あらたまった場で）二人で話し合うこと。

※2　メジャータイトル……将棋界の称号を競う大きな試合。名人、竜王など七つの称号がある。

※3　ちく積……ためること、たくわえること。またそのもの。

（1）「羽生さんはさらりと答えたのです」とありますが、ここからは、筆者のおどろきや感心が読み取れます。筆者は、羽生さんのどのようなところにおどろき、感心しているのでしょうか。

（2）「羽生さんにとっては、それでは真けん勝負とはいえないのです」とありますが、筆者の考える羽生さんにとっての真けん勝負とは、どのようなものでしょうか。

三　放送による問題一の野口聡一さんの文章から聞き取ったことと、問題二の今北純一さんの文章から読み取ったことをふまえて、次の（1）、（2）の問いに答えなさい。

（1）それぞれの筆者があなたに伝えようとしていることの中で、共通していることを考えて書きなさい。

（2）（1）で答えたことに関連したあなたの経験と、その経験から得たことと、そして、それを今後の自分にどのように生かしていくかについて、次の**注意事項**にしたがって、**三百字以上三百五十字以内で書きなさい。**

（注意事項）

ア　ます目の中には、題名、氏名は書かずに本文から書き始めること。

イ　文章全体は三段落の構成とし、一段落目には、あなたの経験について、二段落目には、その経験から得たことについて、三段落目には、それを今後の自分にどのように生かしていくかについて具体的に書くこと。

ウ　原稿用紙の適切な使い方にしたがって書くこと。

エ　文字やかなづかいなどを正しくていねいに書き、漢字を適切に使うこと。

思います。なぜならば僕たちの世界は、疑問と発見にあふれている場所だから。どんな日常も、見方ひとつで「なぜだろう？」「不思議だな」と感じられる日々に変わるはずです。

情報過多の現代社会では、ともすれば体験することよりも知ることのほうに重点が置かれがちです。私たちの日常生活は、情報との格闘だと言っても過言ではないでしょう。日々、膨大な量のニュースが更新されて耳に入ってきます。インターネットを利用すれば、知りたい情報はほとんど手に入る、とても便利な世の中です。

便利とはいえ、気をつけなくてはいけないこともあります。慣れてしまうと、いつのまにか、見聞きするだけでなにもかもを理解しているような気になってしまうからです。

知っているつもりになったとたん、世界は未知のものではなくなってしまいます。それは錯覚にすぎません。本当は、知らないことや経験したことのないおもしろいことでいっぱいなのです。表面的な知識を身につけただけで満足するのは、もったいない。

情報に溺れるうちにいつのまにか臆病になってしまう、ということもあるのではないでしょうか。心が「なぜ？」と問いかけることがあれば、好奇心を育てて、自分の目や耳、手足で確かめてほしい。五感を使って感じてほしい。それをいとわず、恐れず自分で行動を起こせば、世界は何百倍もおもしろくなるはずです。

誰かの情報をあてにするより、勇気も必要です。それに行動力も必要だし、勇気も必要です。それに

（野口聡一『宇宙少年』より）

以上で放送を終わります。それでは、問題用紙を開き、全ての問題に

答えなさい。

一　放送で聞いた内容から、次の(1)、(2)の問いに答えなさい。

(1)　野口さんが、初めて宇宙に行った時、地球を目の前にして、それまで当たり前だと思っていた地球のことを、もう一度自分の目で見て問い直そうとしたのは、なぜでしょうか。

(2)　野口さんが、宇宙での経験から、「表面的な知識を身につけただけで満足するのは、もったいない」と考えるようになったのは、なぜでしょうか。

二　次の文章は、筆者の今北純一さんが、棋士（職業として将棋をする人）の羽生善治さんと共に本を出版することになった時のことについて書いたものです。これを読み、あとの(1)、(2)の問いに答えなさい。

本を作るために二日間連続でトータル二〇時間にもおよぶ ＊1 対談をし、私が羽生さんにたくさんの質問をする中で、こんなやりとりがありました。

私　「新しい手（相手に勝つための戦略）を見つけた時は、いつ練習するんですか？」

羽生さん　「練習はしません。＊2 メジャータイトルをふくめて、大事な試合で試します。練習で使ったら、ライバルにわかっちゃいますから」

スポーツの試合などに置きかえればわかると思いますが、新しい作戦をいきなり本番で試すというのは、非常にリスクの高いことです。私がそう言うと、羽生さんも、

【適性検査二−二】（四五分）〈満点：一〇〇点（推定）〉

【注意】 放送で指示があるまでは、開かないこと。その他、すべて放送の指示にしたがいなさい。

（放送台本）

これから、適性検査2−2を始めます。外側の用紙が解答用紙です。内側に問題用紙があります。外側の用紙が解答用紙です。内側の問題用紙は、指示があるまで開いてはいけません。

それでは、外側の解答用紙を開き、受検番号と氏名を書きなさい。

（25秒後） 書き終わったら元通り問題用紙を挟んで閉じてください。

（5秒後） 最初は、放送を聞いて問題に答える検査です。それでは、用紙を裏返して「メモらん」と書いてある面を上にしなさい。（3秒後）「メモらん」にメモを取ってもかまいません。

（5秒後） これから、宇宙飛行士の野口聡一さんが書いた『宇宙少年』という作品の一部を朗読します。野口さんがどのような経験をしたのか、そして、その経験からどのような考えを持つようになったのかをとらえながら聞き、問題用紙の問いに答えなさい。

なお、朗読は1回だけです。それでは、朗読を始めます。

（3秒後）

そこに行かないと見えないものがある。

宇宙空間で地球を眺めながら、僕はそう感じたものでした。

（中略）

先輩宇宙飛行士である毛利衛さんから、おもしろい話を聞いたことがあります。そのころ僕はまだ宇宙に行ったことがなく、毛利さんは二度目の宇宙飛行から帰ってきたところでした。

「地球を見ながら、ふっと思ったんじゃないかなって」

と毛利さん。

「それでね、思わず地球を見直してみたんですよ。地球をぶら下げている糸がないかどうか。周りをよく見てみたんだけど、やっぱり糸になんてつながってないんだね」

毛利さんはまじめにそう言って、にっこり笑っていました。

地球が糸でつり下げられていないことぐらい、常識中の常識です。二回も宇宙に行った人が何を言うんだろう？ そんなこと当たり前じゃないか、と僕は思ってしまいました。

ところがその後、僕自身が、実際に宇宙に行ってみたら、なぜあんなことを毛利さんが言っていたのか、よくわかったのです。地球を目の前にすると、不思議なことに僕も同じように思いました。「これ、誰かが作って回しているんじゃないかな？ 本当に、浮いているのかな？」と。

果てしなく広い漆黒の宇宙空間のなかに、ぽんと浮いている地球の姿はあまりにも完璧に見えました。だから、かえって信じられないような気さえしてきて、目を凝らしてしまうのです。

地球が宇宙に浮かぶひとつの星であること、それが青く丸いこと、自転していること……。当たり前だと思っていたそれらのことを、もう一度自分の目で見て問い直そうとしてみる。それが、宇宙から地球を見たときに僕の心に起きた現象なのです。

こういう経験は、宇宙に行かないとできないわけではないと僕は

解答用紙集

○月×日 △曜日　天気〈合格日和〉

◆ご利用のみなさまへ
＊解答用紙の公表を行っていない学校につきましては、弊社の責任に
　おいて、解答用紙を制作いたしました。
＊編集上の理由により一部縮小掲載した解答用紙がございます。
＊編集上の理由により一部実物と異なる形式の解答用紙がございます。

人間の最も偉大な力とは、その一番の弱点を克服したところから
生まれてくるものである。──カール・ヒルティ──

東京学参株式会社

※115％に拡大していただくと，解答欄は実物大になります。

1	(1)	あ		
	(2)	い	万トン	
		う	万トン	
	(3)	え		
	(4)	お		
	(5)	か		
	(6)	き	□　立場だけでなく　□　立場	
	(7)	く		
	(8)	け		
	(9)	①こ		
		②さ	②し	
	(10)	す		

2	(1)	あ		
		い		
	(2)	う		
	(3)	え	ア　　イ　　ウ　　エ	
	(4)	お		
	(5)	か		
		き		
	(6)	く		
	(7)	け		
		こ		
	(8)	さ	①	A 地区　・　B 地区　・　C 地区
			②	ことで， ことができる。
			③	それにより　　　　という改善にもつながる。

※115％に拡大していただくと，解答欄は実物大になります。

	(1)	①	ア	イ	ウ	エ	オ	

			上から一番目の層	上から二番目の層
	②	カ	g	g
	③	キ	mL	

	①	ク	
	②	ケ	
(2)	③	コ	

			水は，温度の変化が一定であっても，	
	④	サ		
			と考えられる。	

	①	シ	
(3)	②	ス	

			必要なビーズの重さ	合計が最も少ない個数になるとき
	③	セ	g	F　　　個，G　　　個，H　　　個

	④	ソ	

1

2	(1)	①	ア			
			イ			
		②	ウ			
			エ			
	(2)	①	オ		カ	
			キ		ク	
			ケ		コ	
			サ		シ	
			ス			
			セ		ソ	
			タ			
		②	チ			
	(3)		ツ			
			テ			
			ト			
			ナ			
			ニ			

※ 115%に拡大していただくと，解答欄は実物大になります。

1	(1)	①	ア		度	イ		度
			ウ		秒後	エ		秒後
		②	オ		秒後	カ		秒後
		③	キ		秒後	ク		秒後
	(2)	①	ケ		cm	②	シ	
			コ		cm			
			サ		cm			
	(3)	ス						
	(4)	①	セ		m	ソ		m
			タ		秒後			
		②	鏡えが移動した長さ		m	直線 AS の長さ		m

（2）② の図：

H　　P₁　　D　　P₀　　C
F
E
G　　　　　A　　　　　B

（3）ス の図：

Q₂　H　　　D　Q₀　C　Q₁
N
M
J
I
L
K
G　　A　　B

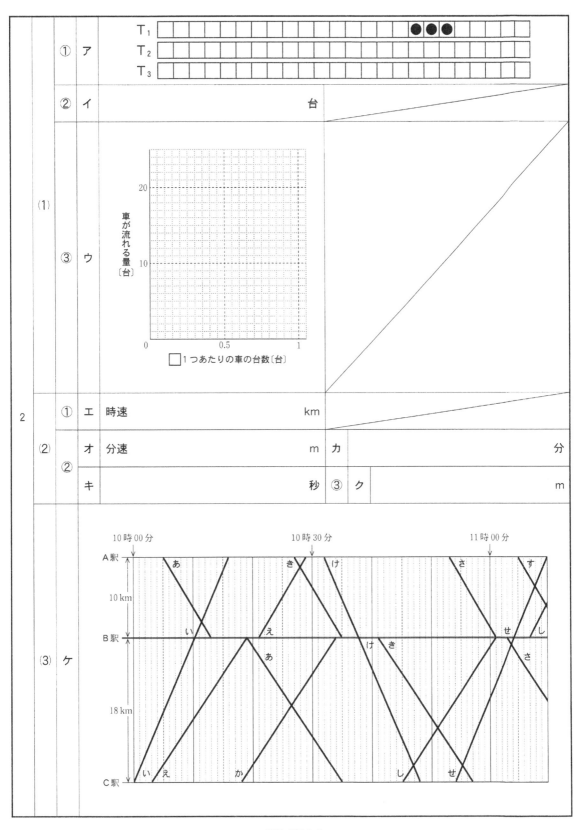

※一一五％に拡大していただくと、解答欄は実物大になります。

一　(1)

① □□□□□ 5 □□□□□□

② □□□　　③ □□

(2)
（解答欄）

二　(1)

① □□□□□□□

② □□ 10 □□□□□□□□□□□□□□□□

③ □□　　④ □□□□□□□□□□□

(2)

① □□□□□□□□□□□□□□□□□□□□

② □□□□□

(3)

テーマ □

三　(1)

① □□　② □□　③ □□　④ □□　⑤ □□□□□□

(2)

① □□□□□

② □□□□□ 10 □□□□□□□□□□□□□□

③ □□□□□□

(3)

A □□□

三 (4)

15行

20行

※ 125％に拡大していただくと，解答欄は実物大になります。

1	(1)	あ	賞味期限　令和		年		月	
		い	賞味期限　令和		年		月	
	(2)							
	(3)	う		え				
	(4)	お						
	(5)	か						
	(6)	き						
	(7)	く						
		け						
	(8)	こ						

		うみさんが取り入れる 4つ目の原則	まとめる ・ 強調する ・ 整列する ・ くり返す
(1)	あ		
(2)	い		
	う		
(3)	え		
(4)	お	か	
(5)	き		
(6)	く		
	け		
	こ		
(7)	さ	住民は [　　　　] が1回ですみ，自治体は [　　　　] を減らす
(8)	し		
	す		
		[　　　　　　　　　　　　　　　　] することで	
	せ	[　　　　　　　　　　　　　　　　] ように解決をはかる。	

※125％に拡大していただくと，解答欄は実物大になります。

1	(1)	①	ア		回り
		②	イ		
			ウ		
		③	エ		
	(2)	①	オ	秒速	m
		②	カ		度
			キ		秒
		③	(理由)		
		④	ク		
		⑤	ケ		
	(3)	①	コ		秒
		②			

2	(1)	①	ア				
			イ		ウ		
			エ		オ		
		②	カ				
		③	キ				
	(2)	①	ク		ケ		
			コ		サ		
			シ		ス		
		②	セ				
	(3)	①	ソ		タ		
			チ		ツ		
		②	テ				

※ 125％に拡大していただくと，解答欄は実物大になります。

1	(1)	①	ア			
			イ			
		②	ウ			
		③	エ			
	(2)	①	オ	m	カ	m
			キ	m	ク	m
		②	ケ		コ	m
			サ	m	シ	m
		③				
	(3)	ス				

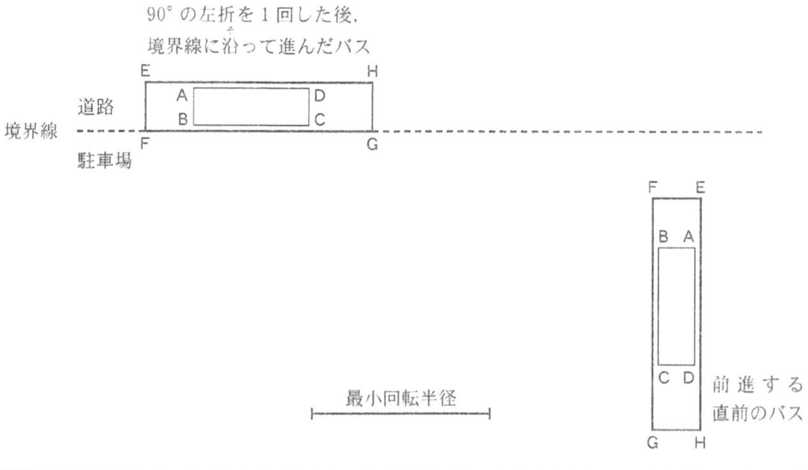

90°の左折を１回した後，
境界線に沿って進んだバス

道路
境界線
駐車場

E　　　　　　　H
A　　　D
B　　　C
F　　　　　　　G

最小回転半径

F　E
B　A
C　D
G　H

前進する
直前のバス

図7

			Aから出たテグス	A →		→ ●
(1)	①	ア	Fから出たテグス	F →		→ ●
	②	イ	9個		本	a個	本
	③	ウ				
2	(2)	エ				
	①	オ				
(3)		カ				
	②					

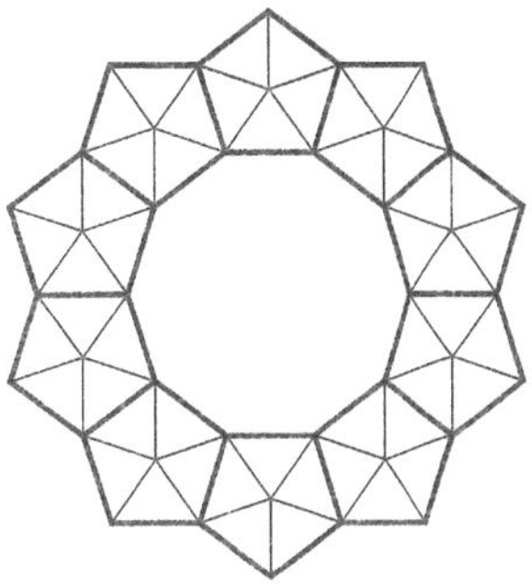

一　(1)

① 〔　　　　　　　〕 3

② 〔　　　　　　　　　　　　　〕 7

③ 〔　　　　　　　〕 3

(2) 〔　　　　　　　　　　　　　　　　　　　　　　　　　　〕

二　(1)

① 〔　　　　　　　　　　　　　　　〕

② 〔　　　　〕

③ 〔　　　　〕

(2)

① a 〔　　　　　　　　　　　　　　　　　　　　　　〕

① b 〔　　　　　　　　　　　　　　　　　　　　　　〕

② c 〔　　　　　　　〕

三　(1) 〔　　　　　　　〕 5

(2)

① 〔　　　　　　　　〕 6

② 〔　　　　　　　　〕 6

③ 〔　　　〕

三 ③

※ 119%に拡大していただくと，解答欄は実物大になります。

1

(1)

① あ　×　A　→　い

② う　×　B　→　え

③ え　÷　い　→　お

④ お　÷　C　→　約2,226円

(2) か

(3) き

(4) く

(5) け　　だけでなく

(6)

(7) こ

(8)

① ア　・　イ　・　ウ　　② A　・　B　・　C

③

2	(1)	あ	分	
		い	％	
	(2)	う		
	(3)	え		
	(4)	お		
	(5)	か	人口が ⬚ 都道府県ほど，ゴミの排出量が ⬚	
	(6)	き		
		く		
	(7)	け		
	(8)	こ		

※ 119%に拡大していただくと，解答欄は実物大になります。

1	**(1)**	①	ア	％ 以上	
		②	イ		
		③	ウ		
	(2)	①	適切であるもの		適切でないもの
			読み取れないもの		
		②			
		③	エ	図4 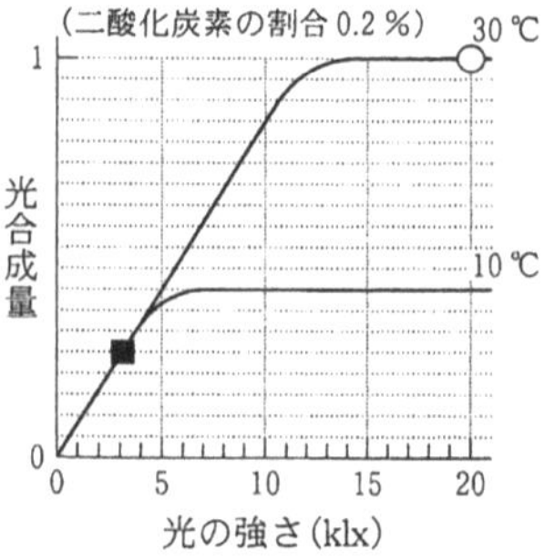 図5 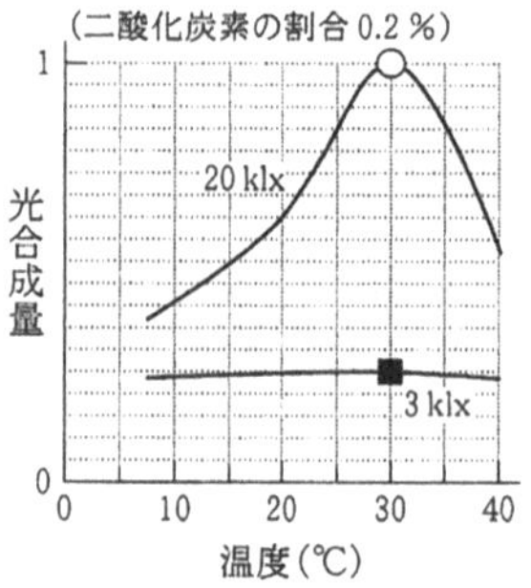	要　因
	(3)	①			
		②			
		③	オ		

図4
（二酸化炭素の割合 0.2 ％）　30℃
光合成量
10℃
0　5　10　15　20
光の強さ (klx)

図5
（二酸化炭素の割合 0.2 ％）
光合成量
20 klx
3 klx
0　10　20　30　40
温度（℃）

2	(1)	①	ア		個		
			イ		個		
			ウ	角の大きさ	度	度	度
			エ		個		
		②					
		③	オ		回		
			移動の方法				

(2)	①	カ		倍	
	②	キ			
	③	ク			
	④	ケ		回	

(3) ①

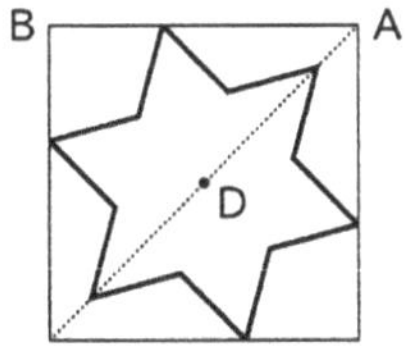

(3) ② コ　三角形 HGD について，

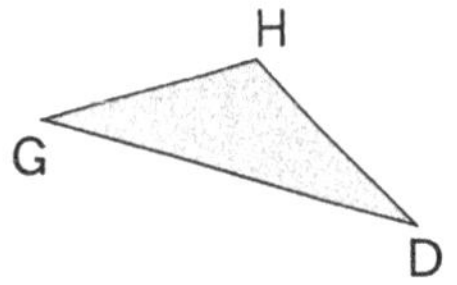

※120％に拡大していただくと，解答欄は実物大になります。

1	(1)	①	ア			②	イ	あ	cm²	い	cm
								う	cm²	え	cm	お
						③	ウ			エ	cm²
		④	オ	か		き		く		
		⑤	カ	cm²	キ					
	(2)	①	ク							
		②	理由							
	(3)	ケ								

図8

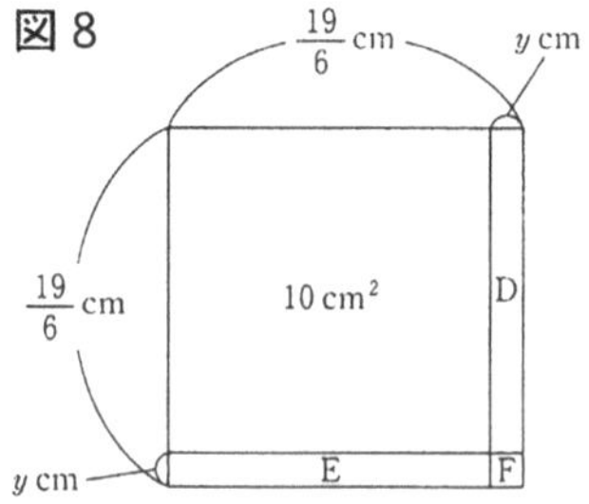

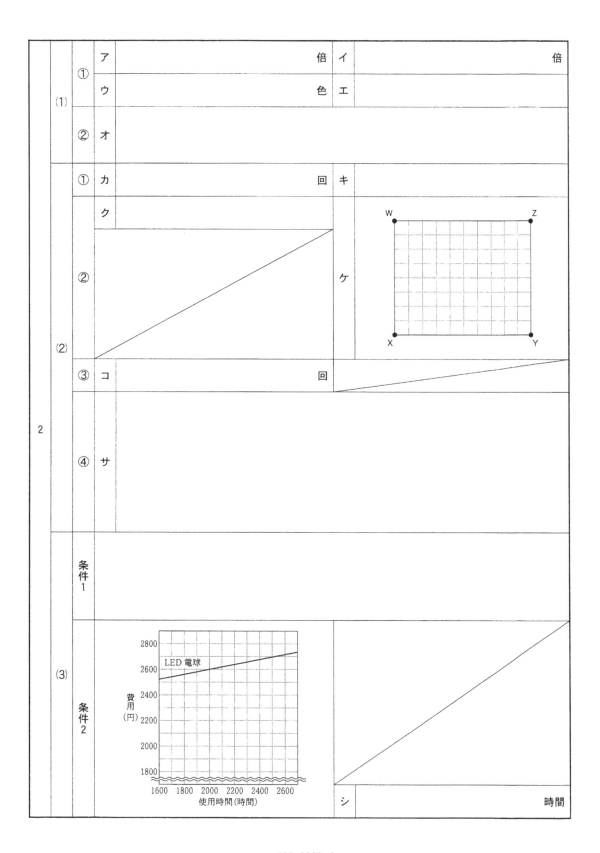

◇適性検査二ー二◇

千葉県立中学校　２０２２年度

※１１８％に拡大していただくと、解答欄は実物大になります。

一

(1) ①

②

(2)

二

(1) ①

②

③

(2) ①

②

三

(1) ①

4

②

10

(2)

三　(3)　楽しい運動会にするための案　原稿

※ 120％に拡大していただくと，解答欄は実物大になります。

1	(1)	あ		倍	い		倍
	(2)	う			え		
	(3)	お		ha			
	(4)	か					
		き					
	(5)	く	きはだ地区		まそほ地区		あさぎ地区
			あおに地区		こうろ地区		

(6) け

> まちの魅力が 向上したことで，まちをおとずれる人の まちへの（ ① ）が高まり，
> 観光客数や宿泊者数が増え，（ ② ）者数の 増加にもつながった。
> 地域にくらす人にとっては，地域の 生活かんきょうへの（ ① ）が上がった。

※ただし，２つある（ ① ）には同じ言葉が入る。

（ ① ）　　　　　　　　　　　　　（ ② ）

(7) こ

さ

(8) し

す

2	(1)	あ		万人
		い		倍

(2) う

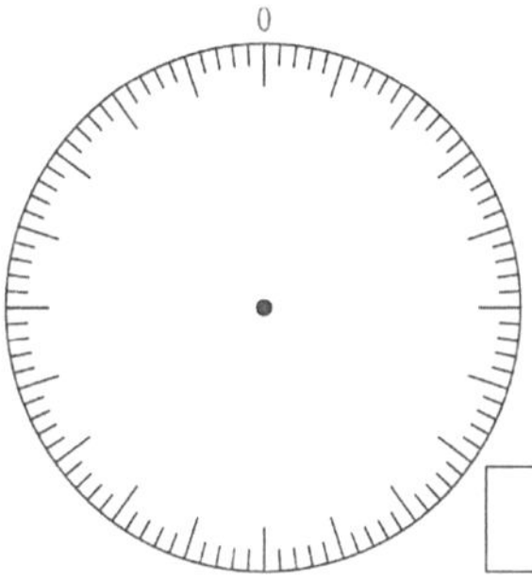

%

解答例

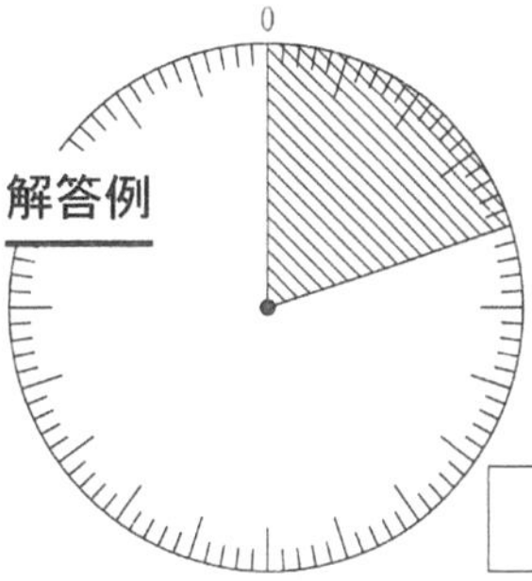

・解答が 20％の場合は，20％分を斜線で示す。

・ □ に数字を記入する。

20 ％

(3)	え	
(4)	お	

(5)	か	ア
		イ
		ウ
		エ

(6) き　　ことができる良さ。

| 3 | (1) | あ | |
| | (2) | い | |

※119%に拡大していただくと，解答欄は実物大になります。

1	(1)	①	ア　　　　　　　　　　　mm	イ　　　　　　　　　　　mm	
		②	＜接眼レンズの１めもりが示す長さ＞　　　mm	＜生き物の長さ＞　　　mm	
		③			
	(2)	①			
		②	ウ		
	(3)	①	エ　　　　　　　　（通り）		
		②	オ		
		③	カ　　　　　　4		
		④	キ		
	(4)		＜淡水の中で生活する魚＞	＜海水の中で生活する魚＞	
	(5)	①	＜淡水の中で生活する魚＞	＜海水の中で生活する魚＞	
		②			

2	(1)	ア		cm	
		イ		cm	
	(2)	ウ		cm	
		エ		cm	
	(3)	①	距離〔m〕 0 0.5 1.0 1.5 2.0	
		②	距離〔m〕 0 0.5 1.0 1.5 2.0	
	(4)	①	オ		カ
		②	キ	個	
			ク	回	
			ケ	m	
		③	コ 秒速	m	
			サ	回	

※118％に拡大していただくと，解答欄は実物大になります。

1	(1)	①	ア		イ	
		②	球b₁	点		
			球b₂	点		
			球b₃	点		
		③	ウ			
	(2)	①	エ		オ	
			カ	cm		
		②				
		③	キ			
	(3)		ク	秒		
			ケ		コ	秒
			サ		シ	秒
		図				

2	(1)	①	ア				
			イ		cm		
		②	ウ		枚		
			エ		cm	オ	種類
			カ				
		③	キ			ク	

	(2)	①		

《りつさんの説明》

正方形のかべについて，

・辺の長さを 3 でわった余りが 0 のとき，

　図 4 のタイルだけを使います。

・辺の長さを 3 でわった余りが 1 のとき，

②

図 5　余り

3 の倍数

3 の倍数　余り

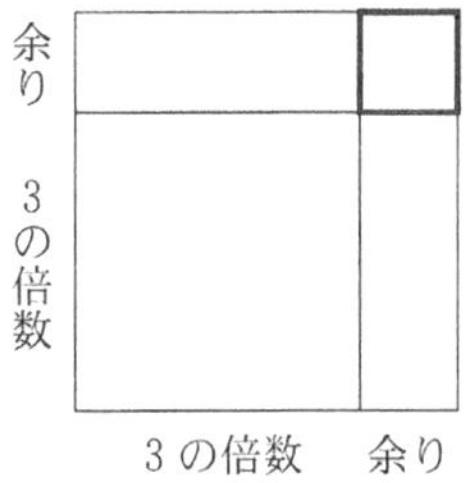

これらのことから，かべが正方形のとき，「正方形 2 個をつなげたタイル」を使うことはありません。

	(3)	①	ケ		回		
			コ		回	サ	
		②	シ				
			ス				

一 (1) ①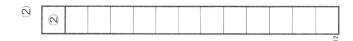

(2) ②

二 (1) ①

②

(2) A ③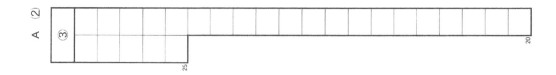

B ④

三 (1) ①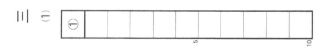

②

(2) ③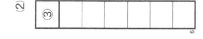

三　⑶　発表原稿

※ 120％に拡大していただくと，解答欄は実物大になります。

1	(1)	あ			%			
		い			%			
		う			%			
	(2)	え		お		か		
	(3)	き						
	(4)	く						
		け						
	(5)	こ						
		さ						
		し						

(6) 共同配送をすることにより

［　　　　　　　　　　　　　　　　　　　　　15　　　　　20　］

することができ，必要な人手も二酸化炭素排出量も減る。

(7) す

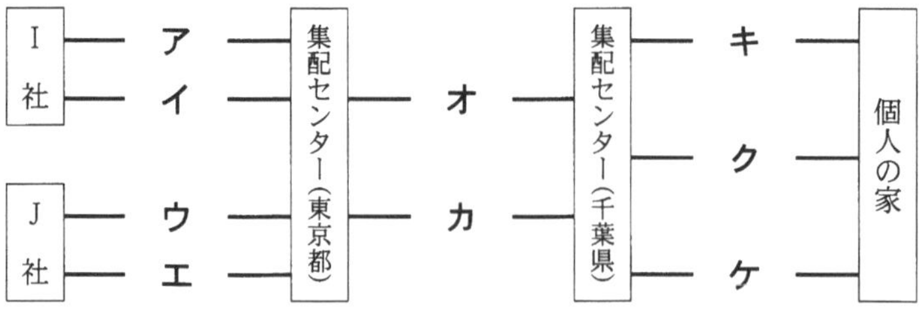

```
Ｉ社 ── ア
       イ ── 集配センター（東京都） ── オ ── 集配センター（千葉県） ── キ
Ｊ社 ── ウ                              カ                          ク ── 個人の家
       エ                                                          ケ
```

(8) せ　　配送する立場　　　　　　　受け取る立場

(1)	あ						12
(2)	い	約		m³			
	う			の状態			
(3)	え					ため,	
						と考えられる。	
(4)	ア	資料1	資料2	資料3	資料4	導き出せない	
	イ	資料1	資料2	資料3	資料4	導き出せない	
	ウ	資料1	資料2	資料3	資料4	導き出せない	
	エ	資料1	資料2	資料3	資料4	導き出せない	
(5)	お	約		秒			
(6)	か						
(7)	き				30		40
(8)	く					20	25
(9)	け					という関係をこえて,	
						関係へ変わりつつある。	

2

※ 120%に拡大していただくと，解答欄は実物大になります。

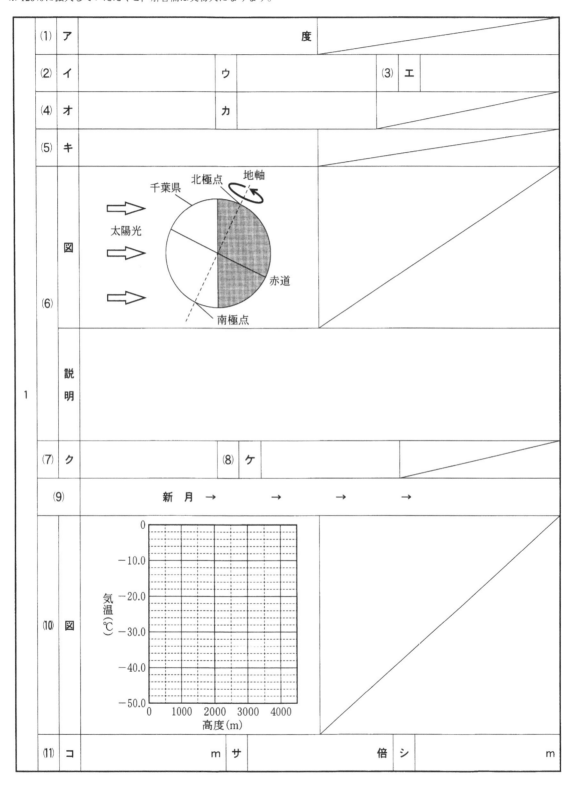

2	(1)	①	図	
			説明	
		②	ア	回
			イ	年生まれ ウ 歳
	(2)	エ		オ
	(3)	①	カ	キ
			ク	ケ
			コ	回 サ 手目
			シ	ス
		②		手目
		③		棒Ⅰ 棒Ⅱ 棒Ⅲ

※ 119％に拡大していただくと，解答欄は実物大になります。

1	(1)	ア		円	イ		円	ウ		％
		式								
		理由								

	①	エ		セット	オ		個
		カ	の倍数（またはセット）		キ		セット
(2)	②	交わる点	【　　　，　　　】				
		説明					
	③						

(3)	ク		個	ケ		組

(4)	①		②	コ		分
				サ	分 シ	組
				ス	分 セ	秒

2	(1)	①	ア		mL	
			イ		g	
		②			kg	
		③	ウ		気圧	
		④	エ			
	(2)		オ		cm³	
			カ		m	
	(3)	キ			ク	
		ケ				
	(4)	①	コ		kg	
			サ		気圧	
			シ		℃	
			ス		g	
		②	$y =$			

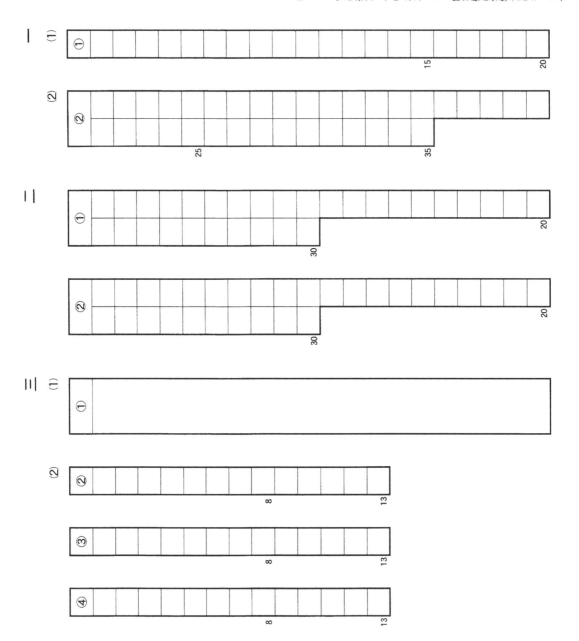

三 (3)　【話す内容】

※この解答用紙は122%に拡大していただくと，実物大になります。

1

(1)
- あ（10　15）
- い（10　15）

(2)
- う　　　　　　　　　　%
- え　　　　　　　　　　mg
- お　　　　　　　　　　倍

(3)
- ア
- イ
- ウ
- エ

(4)
- か（30　40）

(5) き

① ［　　　と　　　］ の2つを生かして，

② ［　　　5　　　15　］ に取り付けて発電し，

③ ［　　　10　　　20　］ にする。

(1)	あ	倍	

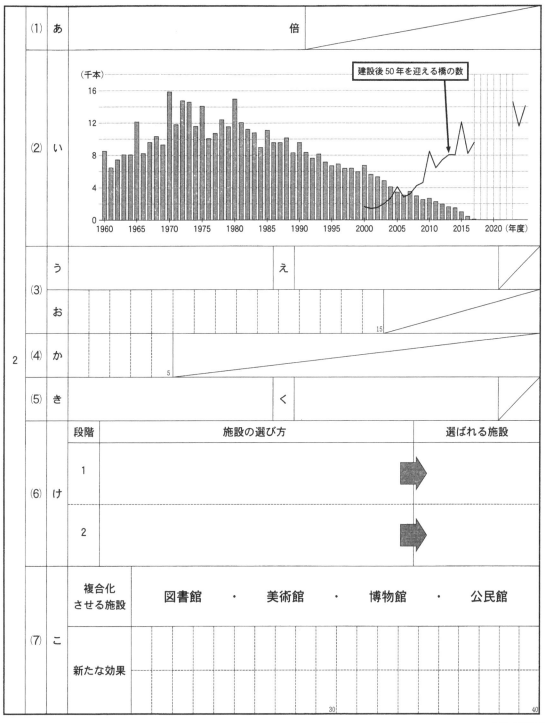

(3)	う	え	
	お		15
(4)	か	5	
(5)	き	く	

段階	施設の選び方	選ばれる施設
1		
2		

(6) け

複合化させる施設	図書館 ・ 美術館 ・ 博物館 ・ 公民館
新たな効果	

(7) こ

2

建設後50年を迎える橋の数

100

※この解答用紙は122％に拡大していただくと，実物大になります。

1	(1)		あ		い		う	
			え		お			
	(2)		か				回	
	(3)	①	き			秒		
		②	経路	1目盛り24cm　　1目盛り24cm				
			方角					
		③	く	cm	け	cm	こ	回
			さ		秒			
	(4)	①	し	cm	す			cm
		②	式					
			せ	cm²				
		③	そ	cm²				
	(5)	①		cm²	②			秒
		③		秒				

		①	ア		②		
(1)		く		分	け		度
	③	イ		分			
(2)	ウ		月	エ		月	オ	月
	カ			キ				
	①							
(3)	②	ク	cm³	ケ		分	秒
	③	コ	cm	④		m³

2	(4)	①	水そうAのグラフを見ると，水そうAの水位が1時間に ☐ cm ずつ減っていることがわかる。 水がなくならないように，☐ 時間おきに ☐ cm³ ずつ水を加えている。
		②	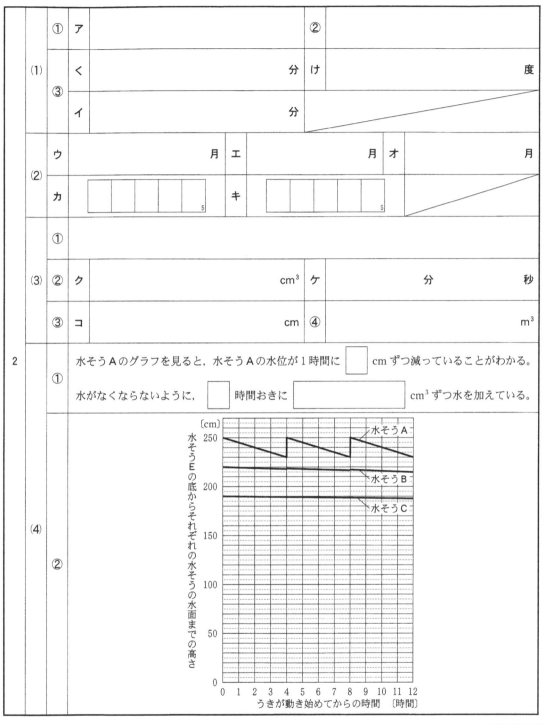

100

※この解答用紙は122%に拡大していただくと，実物大になります。

1	(1)	①	ア		イ	回転
			ウ	倍		
		②		回転	③	秒後
	(2)	①	エ	オ		
		②	L	O		
		③		mm		

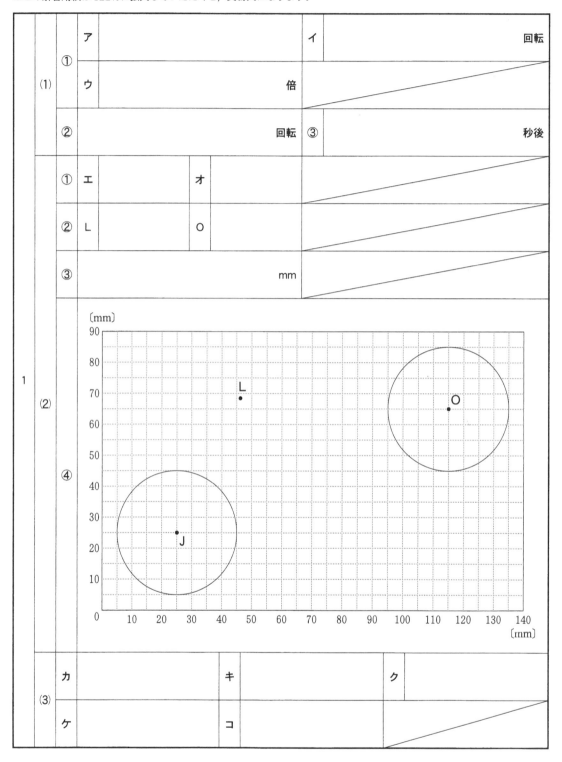

		カ		キ		ク	
	(3)	ケ		コ			

2	(1)		→ →	
	(2)	適応放散		
		収れん		
	(3)			
	(4)	①		
		②	見られる ・ 見られない	
			理由	
	(5)	① 東京	暖かさの指数	
			植物のようす	
		② 札幌	暖かさの指数	気温の上昇 ℃
	(6)			

100

一

(1)

①	
②	
③	

(2)

④	
⑤	

二

(1)

①	
②	
③	

(2)

三

MEMO

大切なことはメモしておこうネ！

公立中高一貫校適性検査対策シリーズ

攻略！ 公立中高一貫校適性検査対策問題集

総合編　※年度版商品

- 実際の出題から良問を精選
- 思考の道筋に重点をおいた詳しい解説（一部動画つき）
- 基礎を学ぶ6つのステップで作文を攻略
- 仕上げテストで実力を確認
- ※毎年春に最新年度版を発行

公立中高一貫校適性検査対策問題集

資料問題編

- 公立中高一貫校適性検査必須の出題形式「資料を使って解く問題」を完全攻略
- 実際の出題から良問を精選し、10パターンに分類
- 例題で考え方・解法を身につけ、豊富な練習問題で実戦力を養う
- 複合問題にも対応できる力を養う

定価：1,320円（本体1,200円＋税10%）／ ISBN：978-4-8080-8600-8　C6037

公立中高一貫校適性検査対策問題集

数と図形編

- 公立中高一貫校適性検査対策に欠かせない数や図形に関する問題を徹底練習
- 実際の出題から良問を精選、10パターンに分類
- 例題で考え方・解法を身につけ、豊富な練習問題で実戦力を養う
- 他教科を含む複合問題にも対応できる力を養う

定価：1,320円（本体1,200円＋税10%）／ ISBN：978-4-8080-4656-9　C6037

公立中高一貫校適性検査対策問題集

生活と科学編

- 理科分野に関する問題を徹底トレーニング！！
- 実際の問題から、多く出題される生活と科学に関する問題を選び、13パターンに分類
- 例題で考え方・解法を身につけ、豊富な練習問題で実戦力を養う
- 理科の基礎知識を確認し、適性検査の問題形式に慣れることができる

定価：1,320円（本体1,200円＋税10%）／ ISBN：978-4-8141-1249-4　C6037

公立中高一貫校適性検査対策問題集

作文問題（書きかた編）

- 出題者、作問者が求めている作文とは！？　採点者目線での書きかたを指導
- 作文の書きかたをまず知り、文章を書くのに慣れるためのトレーニングをする
- 問題文の読み解きかたを身につけ、実際に書く際の手順をマスター
- 保護者の方向けに「サポートのポイント」つき

定価：1,320円（本体1,200円＋税10%）／ ISBN：978-4-8141-2078-9　C6037

公立中高一貫校適性検査対策問題集

作文問題（トレーニング編）

- 公立中高一貫校適性検査に頻出の「文章を読んで書く作文」攻略に向けた問題集
- 6つのテーマ、56の良問…バラエティー豊かな題材と手応えのある問題量で力をつける
- 大問1題あたり小問3〜4問。チャレンジしやすい問題構成
- 解答欄、解答例ともに実戦的な仕様

定価：1,320円（本体1,200円＋税10%）／ ISBN：978-4-8141-2079-6　C6037

東京学参の
中学校別入試過去問題シリーズ

*出版校は一部変更することがあります。一覧にない学校はお問い合わせください。

東京ラインナップ

あ 青山学院中等部(L04)
　　麻布中学(K01)
　　桜蔭中学(K02)
　　お茶の水女子大附属中学(K07)
か 海城中学(K09)
　　開成中学(M01)
　　学習院中等科(M03)
　　慶應義塾中等部(K04)
　　啓明学園中学(N29)
　　晃華学園中学(N13)
　　攻玉社中学(L11)
　　国学院大久我山中学
　　　（一般・CC）(N22)
　　　（ＳＴ）(N23)
　　駒場東邦中学(L01)
さ 芝中学(K16)
　　芝浦工業大附属中学(M06)
　　城北中学(M05)
　　女子学院中学(K03)
　　巣鴨中学(M02)
　　成蹊中学(N06)
　　成城中学(K28)
　　成城学園中学(L05)
　　青稜中学(K23)
　　創価中学(N14)★
た 玉川学園中学部(N17)
　　中央大附属中学(N08)
　　筑波大附属中学(K06)
　　筑波大附属駒場中学(L02)
　　帝京大中学(N16)
　　東海大菅生高中等部(N27)
　　東京学芸大附属竹早中学(K08)
　　東京都市大付属中学(L13)
　　桐朋中学(N03)
　　東洋英和女学院中学部(K15)
　　豊島岡女子学園中学(M12)
な 日本大第一中学(M14)

日本大第三中学(N19)
日本大第二中学(N10)
は 雙葉中学(K05)
　　法政大学中学(N11)
　　本郷中学(M08)
ま 武蔵中学(N01)
　　明治大付属中野中学(N05)
　　明治大付属八王子中学(N07)
　　明治大付属明治中学(K13)
ら 立教池袋中学(M04)
わ 和光中学(N21)
　　早稲田中学(K10)
　　早稲田実業学校中等部(K11)
　　早稲田大高等学院中学部(N12)

神奈川ラインナップ

あ 浅野中学(O04)
　　栄光学園中学(O06)
か 神奈川大附属中学(O08)
　　鎌倉女学院中学(O27)
　　関東学院六浦中学(O31)
　　慶應義塾湘南藤沢中等部(O07)
　　慶應義塾普通部(O01)
さ 相模女子大中学部(O32)
　　サレジオ学院中学(O17)
　　逗子開成中学(O22)
　　聖光学院中学(O11)
　　清泉女学院中学(O20)
　　洗足学園中学(O18)
　　捜真女学校中学部(O29)
た 桐蔭学園中等教育学校(O02)
　　東海大付属相模高中等部(O24)
　　桐光学園中学(O16)
な 日本大中学(O09)
は フェリス女学院中学(O03)
　　法政大第二中学(O19)
や 山手学院中学(O15)
　　横浜隼人中学(O26)

千・埼・茨・他ラインナップ

あ 市川中学(P01)
　　浦和明の星女子中学(Q06)
か 海陽中等教育学校
　　　（入試Ⅰ・Ⅱ）(T01)
　　　（特別給費生選抜）(T02)
　　久留米大附設中学(Y04)
さ 栄東中学(東大・難関大)(Q09)
　　栄東中学(東大特待)(Q10)
　　狭山ヶ丘高校付属中学(Q01)
　　芝浦工業大柏中学(P14)
　　渋谷教育学園幕張中学(P09)
　　城北埼玉中学(Q07)
　　昭和学院秀英中学(P05)
　　清真学園中学(S01)
　　西南学院中学(Y02)
　　西武学園文理中学(Q03)
　　西武台新座中学(Q02)
　　専修大松戸中学(P13)
た 筑紫女学園中学(Y03)
　　千葉日本大第一中学(P07)
　　千葉明徳中学(P12)
　　東海大付属浦安高中等部(P06)
　　東邦大付属東邦中学(P08)
　　東洋大附属牛久中学(S02)
　　獨協埼玉中学(Q08)
な 長崎日本大中学(Y01)
　　成田高校付属中学(P15)
は 函館ラ・サール中学(X01)
　　日出学園中学(P03)
　　福岡大附属大濠中学(Y05)
　　北嶺中学(X03)
　　細田学園中学(Q04)
や 八千代松陰中学(P10)
ら ラ・サール中学(Y07)
　　立命館慶祥中学(X02)
　　立教新座中学(Q05)
わ 早稲田佐賀中学(Y06)

公立中高一貫校ラインナップ

北海道 市立札幌開成中等教育学校(J22)
宮城 宮城県仙台二華・古川黎明中学校(J17)
　　市立仙台青陵中等教育学校(J33)
山形 県立東桜学館・致道館中学校(J27)
茨城 茨城県立中学・中等教育学校(J09)
栃木 県立宇都宮東・佐野・矢板東高校附属中学校(J11)
群馬 県立中央・市立四ツ葉学園中等教育学校・
　　市立太田中学校(J10)
埼玉 市立浦和中学校(J06)
　　県立伊奈学園中学校(J31)
　　さいたま市立大宮国際中等教育学校(J32)
　　川口市立高等学校附属中学校(J35)
千葉 県立千葉・東葛飾中学校(J07)
　　市立稲毛国際中等教育学校(J25)
東京 区立九段中等教育学校(J21)
　　都立大泉高等学校附属中学校(J28)
　　都立両国高等学校附属中学校(J01)
　　都立白鴎高等学校附属中学校(J02)
　　都立富士高等学校附属中学校(J03)

都立三鷹中等教育学校(J29)
都立南多摩中等教育学校(J30)
都立武蔵高等学校附属中学校(J04)
都立立川国際中等教育学校(J05)
都立小石川中等教育学校(J23)
都立桜修館中等教育学校(J24)
神奈川 川崎市立川崎高等学校附属中学校(J26)
　　県立平塚・相模原中等教育学校(J08)
　　横浜市立南高等学校附属中学校(J20)
　　横浜サイエンスフロンティア高校附属中学校(J34)
広島 県立広島中学校(J16)
　　県立三次中学校(J37)
徳島 県立城ノ内中等教育学校・富岡東・川島中学校(J18)
愛媛 県立今治東・松山西中等教育学校(J19)
福岡 福岡県立中学校・中等教育学校(J12)
佐賀 県立香楠・致遠館・唐津東・武雄青陵中学校(J13)
宮崎 県立五ヶ瀬中等教育学校・宮崎西・都城泉ヶ丘高校附属中学校(J15)
長崎 県立長崎東・佐世保北・諫早高校附属中学校(J14)

公立中高一貫校「適性検査対策」問題集シリーズ

総合編　作文問題編　資料問題編　数と図形編　生活と科学編　実力確認テスト編

私立中・高スクールガイド

私立中学＆高校の学校生活がわかる！

ザ THE 私立

東京学参の
高校別入試過去問題シリーズ

*出版校は一部変更することがあります。一覧にない学校はお問い合わせください。

東京ラインナップ

- **あ** 愛国高校(A59)
  青山学院高等部(A16)★
  桜美林高校(A37)
  お茶の水女子大附属高校(A04)
- **か** 開成高校(A05)★
  共立女子第二高校(A40)★
  慶應義塾女子高校(A13)
  啓明学園高校(A68)★
  国学院高校(A30)
  国学院大久我山高校(A31)
  国際基督教大高校(A06)
  小平錦城高校(A61)★
  駒澤大高校(A32)
- **さ** 芝浦工業大附属高校(A35)
  修徳高校(A52)
  城北高校(A21)
  専修大附属高校(A28)
  創価高校(A66)★
- **た** 拓殖大第一高校(A53)
  立川女子高校(A41)
  玉川学園高等部(A56)
  中央大高校(A19)
  中央大杉並高校(A18)★
  中央大附属高校(A17)
  筑波大高校(A01)
  筑波大附属駒場高校(A02)
  帝京大高校(A60)
  東海大菅生高校(A42)
  東京学芸大附属高校(A03)
  東京農業大第一高校(A39)
  桐朋高校(A15)
  都立青山高校(A73)★
  都立国立高校(A76)★
  都立国際高校(A80)★
  都立国分寺高校(A78)★
  都立新宿高校(A77)★
  都立墨田川高校(A81)★
  都立立川高校(A75)★
  都立戸山高校(A72)★
  都立西高校(A71)★
  都立八王子東高校(A74)★
  都立日比谷高校(A70)★
- **な** 日本大櫻丘高校(A25)
  日本大第一高校(A50)
  日本大第三高校(A48)
  日本大第二高校(A27)
  日本大鶴ヶ丘高校(A26)
  日本大豊山高校(A23)
- **は** 八王子学園八王子高校(A64)
  法政大高校(A29)
- **ま** 明治学院高校(A38)
  明治学院東村山高校(A49)
  明治大付属中野高校(A33)
  明治大付属八王子高校(A67)
  明治大付属明治高校(A34)★
  明法高校(A63)
- **わ** 早稲田実業学校高等部(A09)
  早稲田大高等学院(A07)

神奈川ラインナップ

- **あ** 麻布大附属高校(B04)
  アレセイア湘南高校(B24)
- **か** 慶應義塾高校(A11)
  神奈川県公立高校特色検査(B00)
- **さ** 相洋高校(B18)
- **た** 立花学園高校(B23)
  桐蔭学園高校(B01)

東海大付属相模高校(B03)★
桐光学園高校(B11)
- **な** 日本大高校(B06)
  日本大藤沢高校(B07)
- **は** 平塚学園高校(B22)
  藤沢翔陵高校(B08)
  法政大国際高校(B17)
  法政大第二高校(B02)★
- **や** 山手学院高校(B09)
  横須賀学院高校(B20)
  横浜商科大高校(B05)
  横浜市立横浜サイエンスフロ
  ンティア高校(B70)
  横浜翠陵高校(B14)
  横浜清風高校(B10)
  横浜創英高校(B21)
  横浜隼人高校(B16)
  横浜富士見丘学園高校(B25)

千葉ラインナップ

- **あ** 愛国学園大附属四街道高校(C26)
  我孫子二階堂高校(C17)
  市川高校(C01)★
- **か** 敬愛学園高校(C15)
- **さ** 芝浦工業大柏高校(C09)
  渋谷教育学園幕張高校(C16)★
  翔凜高校(C34)
  昭和学院秀英高校(C23)
  専修大松戸高校(C02)
- **た** 千葉英和高校(C18)
  千葉敬愛高校(C05)
  千葉経済大附属高校(C27)
  千葉日本大第一高校(C06)★
  千葉明徳高校(C20)
  千葉黎明高校(C24)
  東海大付属浦安高校(C03)
  東京学館高校(C14)
  東京学館浦安高校(C31)
- **な** 日本体育大柏高校(C30)
  日本大習志野高校(C07)
- **は** 日出学園高校(C08)
- **や** 八千代松陰高校(C12)
- **ら** 流通経済大付属柏高校(C19)★

埼玉ラインナップ

- **あ** 浦和学院高校(D21)
  大妻嵐山高校(D04)★
- **か** 開智高校(D08)
  開智未来高校(D13)★
  春日部共栄高校(D07)
  川越東高校(D12)
  慶應義塾志木高校(A12)
- **さ** 埼玉栄高校(D09)
  栄東高校(D14)
  狭山ヶ丘高校(D24)
  昌平高校(D23)
  西武学園文理高校(D10)
  西武台高校(D06)

東京農業大第三高校(D18)
- **は** 武南高校(D05)
  本庄東高校(D20)
- **や** 山村国際高校(D19)
- **ら** 立教新座高校(A14)
- **わ** 早稲田大本庄高等学院(A10)

北関東・甲信越ラインナップ

- **あ** 愛国学園大附属龍ヶ崎高校(E07)
  宇都宮短大附属高校(E24)
- **か** 鹿島学園高校(E08)
  霞ヶ浦高校(E03)
  共愛学園高校(E31)
  甲陵高校(E43)
  国立高等専門学校(A00)
- **さ** 作新学院高校
  （トップ英進・英進部）(E21)
  （情報科学・総合進学部）(E22)
  常総学院高校(E04)
  中越高校(R03)＊
  土浦日本大高校(E01)
  東洋大附属牛久高校(E02)
- **な** 新潟青陵高校(R02)
  新潟明訓高校(R04)
  日本文理高校(R01)
- **は** 白鷗大足利高校(E25)
- **ま** 前橋育英高校(E32)
- **や** 山梨学院高校(E41)

中京圏ラインナップ

- **あ** 愛知高校(F02)
  愛知啓成高校(F09)
  愛知工業大名電高校(F06)
  愛知みずほ大瑞穂高校(F25)
  暁高校（3年制）(F50)
  鶯谷高校(F60)
  栄徳高校(F29)
  桜花学園高校(F14)
  岡崎城西高校(F34)
- **か** 岐阜聖徳学園高校(F62)
  岐阜東高校(F61)
  享栄高校(F18)
- **さ** 桜丘高校(F36)
  至学館高校(F19)
  椙山女学園高校(F10)
  鈴鹿高校(F53)
  星城高校(F27)★
  誠信高校(F33)
  清林館高校(F16)★
- **た** 大成高校(F28)
  大同大大同高校(F30)
  高田高校(F51)
  滝高校(F03)★
  中京高校(F63)
  中京大附属中京高校(F11)★

中部大春日丘高校(F26)★
中部大第一高校(F32)
津田学園高校(F54)
東海高校(F04)★
東海学園高校(F20)
東邦高校(F12)
同朋高校(F22)
豊田大谷高校(F35)
- **な** 名古屋高校(F13)
  名古屋大谷高校(F23)
  名古屋経済大市邨高校(F08)
  名古屋経済大高蔵高校(F05)
  名古屋女子大高校(F24)
  名古屋たちばな高校(F21)
  日本福祉大付属高校(F17)
  人間環境大附属岡崎高校(F37)
- **は** 光ヶ丘女子高校(F38)
  誉高校(F31)
- **ま** 三重高校(F52)
  名城大附属高校(F15)

宮城ラインナップ

- **さ** 尚絅学院高校(G02)
  聖ウルスラ学院英智高校(G01)★
  聖和学園高校(G05)
  仙台育英学園高校(G04)
  仙台城南高校(G06)
  仙台白百合学園高校(G12)
- **た** 東北学院高校(G03)★
  東北学院榴ヶ岡高校(G08)
  東北高校(G11)
  東北生活文化大高校(G10)
  常盤木学園高校(G07)
- **は** 古川学園高校(G13)
- **ま** 宮城学院高校(G09)★

北海道ラインナップ

- **さ** 札幌光星高校(H06)
  札幌静修高校(H09)
  札幌第一高校(H01)
  札幌北斗高校(H04)
  札幌龍谷学園高校(H08)
- **は** 北海高校(H03)
  北海学園札幌高校(H07)
  北海道科学大高校(H05)
- **ら** 立命館慶祥高校(H02)

★はリスニング音声データのダウンロード付き。

高校入試特訓問題集 シリーズ

- 英語長文難関攻略33選（改訂版）
- 英語長文テーマ別難関攻略30選
- 英文法難関攻略20選
- 英語難関徹底攻略33選
- 古文完全攻略63選（改訂版）
- 国語融合問題完全攻略30選
- 国語長文難関徹底攻略30選
- 国語知識問題完全攻略13選
- 数学の図形と関数・グラフの
  融合問題完全攻略272選
- 数学難関徹底攻略700選
- 数学の難問80選
- 数学　思考力―規則性と
  データの分析と活用―

都道府県別 公立高校入試過去問 シリーズ

- 全国47都道府県別に出版
- 最近数年間の検査問題収録
- リスニングテスト音声対応

公立高校入試対策 問題集シリーズ

- 目標得点別・公立入試の数学
  （基礎編）
- 実戦問題演習・公立入試の数学
  （実力錬成編）
- 実戦問題演習・公立入試の英語
  （基礎編・実力錬成編）
- 形式別演習・公立入試の国語
- 実戦問題演習・公立入試の理科
- 実戦問題演習・公立入試の社会

2404A

中学別入試過去問題シリーズ

県立千葉・東葛飾中学校　2025年度
ISBN978-4-8141-3109-9

[発行所] 東京学参株式会社
　　　　〒153-0043　東京都目黒区東山2-6-4

　書籍の内容についてのお問い合わせは右のQRコードから　⇒　

※書籍の内容についてのお電話でのお問い合わせ、本書の内容を超えたご質問には対応
　できませんのでご了承ください。

2024年5月30日　初版